Apaciguamiento

Edición exclusiva impresa bajo demanda por CreateSpace, Charleston SC.

© **Miguel Ángel Martínez Meucci, 2012**
© **Editorial Alfa, 2012**
© **Alfa Digital, 2018**

Editorial Alfa
Apartado postal 50304. Caracas 1050, Venezuela
e-mail: contacto@editorial-alfa.com
www.editorial-alfa.com

Alfa Digital
C. Centre, 5. Gavà 08850. Barcelona, España
e-mail: contacto@alfadigital.es
www.alfadigital.es

ISBN: 978-84-17014-67-4

Diseño de colección
Ulises Milla Lacurcia
Maquetación
Yessica L. Soto G.
Corrección de estilo
Magaly Pérez Campos
Retrato del autor
© Ana María Martínez Meucci
Imagen de portada
El presidente Hugo Chávez y César Gaviria.
Caracas, 28 de octubre de 2002.
© AFP / © Juan Barreto

Printed by CreateSpace, An Amazon.com Company

Apaciguamiento

El Referéndum Revocatorio y la consolidación
la Revolución Bolivariana

MIGUEL ÁNGEL MARTÍNEZ MEUCCI

Editorial **ALFA**

A mi padre, que entre otras muchas cosas,
me enseñó a escribir con todos los dedos...

ÍNDICE

CAPÍTULO XI. BALANCE GENERAL DEL PROCESO DE NEGOCIACIÓN-FACILITACIÓN

AGRADECIMIENTOS

Con toda seguridad, la parte más difícil de escribir en un libro son los agradecimientos. ¿Cómo hacer justicia a todos los que, de una u otra manera, nos ayudaron a sacar adelante este texto? Difícilmente podría materializarse una investigación de varios años sin la inestimable comprensión, ayuda y colaboración de toda una pléyade de personas que acompañan y asisten a su autor en el proceso. Si bien las tareas de investigar y escribir son siempre eminentemente solitarias, su culminación resultaría del todo imposible sin esas personas importantes que nos impulsan a mejorar y completar la labor, sin por ello tener responsabilidad alguna en las deficiencias que puedan restar valor al producto final.

En primer lugar, no puedo menos que agradecer el apoyo incondicional de mi familia. Mis padres y hermana no solo han sido el referente obligado y el respaldo necesario para la elaboración de este trabajo, sino también un motivo de lucha y persistencia en el día a día. Stefi, por su parte, desplegó siempre un enorme entusiasmo para motivarme a publicar este trabajo, estímulo sin igual que sin duda aceleró su salida a la luz. Por otro lado, y considerando que esta investigación se encuentra netamente vinculada a mi período de estudios en España, agradezco profundamente el apoyo y afecto de mi familia española, decisivos para lograr que esa etapa me resultara tan grata como fructífera. Con todos ellos, mi deuda es infinita.

En segundo lugar, doy las gracias también a mis maestros y profesores. Por un lado, quiero resaltar el papel de los docentes del programa doctoral de Conflicto Político y Procesos de Pacificación en la Universidad Complutense de Madrid, pues todos contribuyeron a mi formación y a la ampliación de mis perspectivas. Agradezco en particular a Paloma Román Marugán, Fernando Harto de Vera, Jesús De Andrés Sanz y Heriberto Cairo Carou, quienes contribuyeron de forma especial a mejorar mis capacidades, criterios y conocimientos.

Similar gratitud extiendo a mis colegas en Venezuela, especialmente a aquellos con los que comparto el día a día en la Universidad Simón Bolívar y en el Observatorio Hannah Arendt. A lo largo de tantos intercambios y conversaciones, todos ellos enriquecieron mis puntos de vista durante la elaboración de este manuscrito. Mención especial para Carole Leal, Alejandro Moreno, Aníbal Romero, Gustavo Salcedo, Pasqualina Curcio, Yetzy Villarroel, Adriana Boersner, Víctor Mijares, Ángel Almarza, Carlos Kohn, Heinz Sonntag, Caroline de Oteyza, Humberto García L., Violeta Rojo, María Eugenia Talavera, Jesús Alvarado, Colette Capriles, Makram Haluani, Servando Álvarez, Ezio Serrano, Guillermo Aveledo, Johana Vergara, Juan Cristóbal Castro, Marta de la Vega y María Elena Ludeña.

Quiero también agradecer a una serie de amigos personales y compañeros de estudio y de trabajo, todos los cuales me aportaron mucho a lo largo de la elaboración de este libro. Con ellos (viniendo desde tan diversos ámbitos, en el día a día, durante el transcurso de los acontecimientos…) pude compartir, aprender e intercambiar visiones. Jaque, Mónica, Cristina, Andrés, Joe, Rita, Roberto, Álex, Kathy, Jimena, Marcela, Ruth, Daniela, Vicky, Laura, Oliver, Madalena, Gabriel, Fran y tantos otros gozan, en tal sentido, de mi mayor gratitud.

Por último, y de forma especialísima, quiero hacer llegar mis agradecimientos a todo el equipo de la Editorial Alfa. Mención especial para Ulises Milla, cuya gentileza permitió la publicación de este libro, y a Magaly Pérez Campos. Me considero particularmente afortunado por el hecho de que la editora de este trabajo haya sido Magaly, quien (siendo profesora de teoría política) comprendió perfectamente el sentido del manuscrito y realizó un fantástico y escrupuloso trabajo de edición.

El propósito de este trabajo, ya en la versión que el lector tiene en sus manos, es ayudar a esclarecer el curso de los acontecimientos que marcaron una parte importante de nuestra historia reciente, poner de manifiesto el carácter profundamente dilemático que acompaña toda decisión política (especialmente en tiempos de aguda conflictividad), sistematizar un importante volumen de información que pudiera resultar útil para estudios posteriores y, sobre todo, ofrecer a mis conciudadanos una interpretación personal sobre la naturaleza del conflicto que hemos vivido durante los últimos años, interpretación que se encuentra completamente al servicio del valor esencial de la libertad, la de todos, pero sobre todo, la de cada uno de nosotros.

INTRODUCCIÓN

'Appeasement', where it is not a device to gain time,
is the result of an inability to come to grips
with a policy of unlimited objectives.

HENRY KISSINGER, *A World Restored*

Este libro fue escrito con el propósito de responder a una pregunta que, con toda seguridad, se han hecho millones de venezolanos y otros tantos extranjeros: ¿cómo llegamos aquí los venezolanos? Dicha pregunta, reformulada de forma algo más compleja, da pie a las siguientes interrogantes: ¿cuál es la verdadera naturaleza del conflicto vivido recientemente en Venezuela? ¿Quiénes han constituido los grupos en conflicto? ¿Qué tipo de régimen es la «Revolución Bolivariana»? ¿Cómo y por qué se tomaron las decisiones que se tomaron, especialmente en los momentos más decisivos de los últimos años? Y también, de forma más concreta, es factible preguntarse ¿qué papel jugó la intervención multilateral internacional, encabezada por la OEA y el Centro Carter, durante ese período?

Para responder a tales interrogantes, el autor consideró necesaria, en primer lugar, una minuciosa reconstrucción cronológica de los hechos acaecidos durante el período más álgido del conflicto; a saber, la etapa comprendida entre los años 2001 y 2005. Los resultados de esta reconstrucción detallada se ofrecen a lo largo de los capítulos II, III, IV, V, VI y VII. En efecto, el relato presentado en tales secciones (así como también en el capítulo I, dedicado a los antecedentes del período 2001-2005) va mucho más allá de lo periodístico y se adentra en el terreno de lo político y de lo histórico. El objetivo: rastrear la manera en que se fueron sucediendo, concatenando y enfrentando las percepciones, los intereses y las decisiones de los principales actores, hasta hacerlas plenamente inteligibles para el lector. Con esta parte «narrativa» del libro (que ocupa alrededor de un 70% de su extensión total) se busca, sobre todo, rescatar el carácter incierto y dilemático de las situaciones en las que se vieron involucrados los principales protagonistas de nuestra historia reciente.

En aras de alcanzar dicho objetivo se intenta presentar los hechos, no como si estuvieran conducidos por el destino o claramente predeterminados en función de condiciones estructurales, sino como consecuencia de una sucesión de decisiones que perfectamente pudieron haber sido diferentes, pero que en su momento obedecieron a razonamientos que, por aquel entonces, resultaban plausibles. De esta manera, el lector que vivió en carne propia esa época de zozobra podrá revisar la evolución de sus propias opiniones sobre este conflicto, rememorando dónde estaba en cada episodio y qué pensó frente a cada uno de aquellos acontecimientos; por su parte, el lector que no conoció tal época podrá ir más allá de las explicaciones teóricas que se elaboran desde el presente, y acercarse a comprender la forma en que dichos acontecimientos fueron vividos por los venezolanos de aquel momento. La cronología ubicada al final del libro será especialmente útil para el lector durante la revisión de los capítulos que van del II al VII, ya que su consulta frecuente le ayudará a no perderse a lo largo de todos los hechos allí reseñados. Asimismo, dicha cronología le suministrará una base mínima para comprender mejor la relación que existió entre los hechos que tenían lugar dentro y fuera de Venezuela.

En la segunda parte de este libro, que engloba los capítulos VIII, IX, X y XI, se presenta una síntesis de varios análisis realizados por el autor durante los últimos años, los cuales tienen por objeto responder, desde el ámbito de la teoría/ciencia política, a las interrogantes planteadas al inicio de esta introducción. La interpretación teórica y formal, que sirve de eje a la reconstrucción «narrativa» presentada en la primera parte del libro, está firmemente anclada en la argumentación de carácter teórico/analítico presente en estos últimos cuatro capítulos. Así, al llegar a esta segunda parte, el lector podrá reconocer (sobre la base de los hechos reconstruidos en los primeros capítulos) los elementos allí articulados y comprender mucho mejor los argumentos que se ofrecen en esta segunda sección.

Veamos cómo están organizados estos capítulos teórico/analíticos. El capítulo VIII –titulado «Breve anatomía de dos regímenes en conflicto»– se centra en la comprensión de todo lo que implica y representa la democracia como régimen de gobierno. Allí se intenta reconocer las características de los dos regímenes que se han mantenido en conflicto durante los últimos años en Venezuela, así como la forma en que ambos comprenden y practican la democracia. El capítulo IX –denominado «Análisis técnico del proceso de negociación/facilitación»– presenta un análisis detallado del proceso de «gestión de crisis» y «diplomacia preventiva» que diversos actores externos desarrollaron en Venezuela luego del breve derrocamiento de Hugo Chávez en abril de 2002, y durante más de dos años. Dicho análisis resultará sumamente diáfano para el lector, previamente familiarizado con los hechos descritos en la primera parte del libro. El capítulo X –titulado «Evolución de algunas variables importantes»– simplemente pretende mostrar cómo ciertas variables parecen haber resultado cruciales en el desenvolvimiento de los acontecimientos. Sin pretender establecer estrictas relaciones de causalidad entre la evolución de dichas variables y los hechos descritos en el libro, el autor sistematiza una serie de datos con la finalidad de sugerir la importancia de algunas variables. El lector, con toda la información acumulada hasta entonces, podrá establecer sus propias conclusiones al respecto. Por último –y considerando que este libro surgió como derivado de una investigación doctoral que se propuso analizar y evaluar el proceso de facilitación que condujeron la OEA y el Centro Carter en Venezuela–, en el capítulo XI, titulado «Balance general del proceso de negociación/facilitación», se sopesan los logros y carencias del proceso de facilitación externa en Venezuela. Igualmente, en ese último capítulo se hacen algunas consideraciones con respecto a las consecuencias que las decisiones tomadas en el período 2001-2005 produjeron para el país en tiempos presentes y de cara a nuestro futuro cercano.

Desde el principio conviene tener presente que este libro está articulado en torno a un planteamiento general: lo que se entiende por «democracia» hoy en día, en el ámbito de la Modernidad, es lo que en teoría política se denomina «democracia liberal». El principio básico de la democracia (de toda democracia) es que el gobierno se ejerce en función de la voluntad de las mayorías. Tal principio ha guiado a las democracias desde sus orígenes en la antigua Grecia hasta nuestros días; sin él, resulta imposible hablar de democracia. No obstante, a partir del estallido de las revoluciones estadounidense y francesa, y con la entrada de lleno en la Modernidad política, ese predominio de la voluntad mayoritaria se vio acompañado (y atemperado) por nuevos elementos de suma importancia, tales como la división de poderes, el régimen de libertades individuales, el Estado de Derecho y el constitucionalismo, entendido este último como el conjunto de garantías legales que protegen a los individuos del poder del Estado y de la voluntad (siempre cambiante y circunstancial) de las mayorías. Sin estos elementos, el individuo no significaría lo que significa hoy para la sociedad: no se prestaría demasiada atención a lo que este siente, opina y desea, sino más bien a lo que los demás (las mayorías) requieran de él. Estos elementos, añadidos por el liberalismo político a la vieja idea de democracia, son tan importantes que los derechos humanos solo pudieron surgir a la par de su conceptualización en el ámbito de la Modernidad. Por lo tanto, la democracia que conocemos hoy en día es la democracia liberal.

Sin embargo, a las puertas del siglo XXI, la democracia liberal se encuentra en franco retroceso en varias partes del planeta, siendo América Latina una de ellas. Esta situación se produce en buena medida como consecuencia de dos factores. En primer lugar, la aparentemente generalizada pérdida de confianza en esta forma de gobierno, debido a causas tan trascendentales como la falta, en muchas sociedades, de un desarrollo suficiente e igualitario en el ámbito económico, o a razones seguramente menos estudiadas, como son el cambio generacional y el hastío frente a lo convencional. Lo cierto es que con frecuencia se achacan la pobreza material y la falta de felicidad colectiva a la inoperancia de las instituciones de la democracia liberal (debido a su supuesto «eurocentrismo», conservadurismo, rigidez, formalidad, apropiación por parte de los poderosos, etc.), razón por la cual estas terminan siendo sacrificadas o desvirtuadas.

En segundo lugar, está el optimismo creciente que parecen generar, con cada vez mayor frecuencia, otras formas políticas alternativas, utopías que surgen bajo la expectativa de encarnar democracias radicales, mayoritarias, plebiscitarias, participativas o directas que, sin embargo, con demasiada frecuencia terminan disfrazando o degenerando en regímenes autoritarios o autocráticos, los cuales efectivamente logran desmantelar o banalizar las instituciones de la democracia liberal, pero sin superar las desigualdades económicas y contribuyendo, además, a aumentar la conflictividad a nivel nacional e internacional. Se da así la circunstancia de que una democracia liberal pueda ser desmontada de forma lenta, progresiva, sistemática y, paradójicamente, mediante mecanismos democráticos.

Frente al avance de estas formas políticas que a menudo representan, para muchos países, o bien un retroceso ostensible de sus democracias, o bien una democratización insuficiente, las democracias liberales (o mejor dicho, los demócratas liberales) no parecen saber muy bien qué hacer. La relativa lentitud con la que ciertos movimientos políticos destruyen o vulneran los elementos modernos de una democracia, así como el hecho de proceder «legalmente», suelen generar confusión y pasividad. En estos casos, suele suceder que la oposición política de un país no cuenta con la fuerza necesaria para preservar sus instituciones, y que tampoco recibe un respaldo firme y decidido de parte de otras democracias liberales. Se constata así que, por un lado, existe una carencia de mecanismos eficaces a nivel internacional que ayuden a preservar la democracia liberal en los países que ya disfrutan de ella (o a consolidarla allí donde aparece); por otra parte, a veces no existe la voluntad política para ayudar en esa tarea o, lo que es peor, no existe ni siquiera conciencia de la importancia de lo que es necesario preservar en medio de los procesos de necesario cambio. Muy a menudo los intereses nacionales o particulares se imponen sobre lo que (tal como sostenía sir Winston S. Churchill) parece ser el menos malo de los tipos de gobierno que han existido hasta ahora. Así las cosas, nos encontramos con que se peca tanto por exceso como por defecto; si en ocasiones se desencadenan guerras y golpes de Estado con la alegada intención de defender la democracia liberal, en otras ocasiones simplemente se termina cediendo ante los hechos consumados.

Es en este último caso (el retroceso experimentado por ciertas democracias liberales frágiles) cuando viene a la mente el concepto de «apaciguamiento», traducción castellana del término anglosajón *appeasement*. En inglés, y según el *Merriam-Webster Online Dictionary*, esta palabra significa literalmente «to buy off (an aggressor) by concessions usually at the sacrifice of principles» [sobornar a un agresor, usualmente al costo de sacrificar principios]. También ha sido definido por el *Cambridge Advanced Learner's Dictionary* como «to prevent further disagreement in arguments or war by giving to the other side an advantage that they have demanded» [prevenir desacuerdos futuros en una disputa o guerra, mediante la cesión al otro bando de una ventaja por él demandada]. El vocablo ha sido empleado a lo largo de la historia para designar la política de contemporización empleada por Gran Bretaña, y más concretamente por el primer ministro Chamberlain y su ministro de Asuntos Exteriores, lord Halifax, para tratar con la Alemania liderada por Adolf Hitler durante los años previos a la Segunda Guerra Mundial. Hoy en día podría usársele, quizás, para designar la progresiva claudicación de las democracias liberales frente a los retos que imponen los regímenes que las contravienen o amenazan, como consecuencia de la perplejidad, la inconsciencia o la satisfacción de intereses inmediatos por parte de quienes llevan las riendas de los países democráticos.

A menudo se hace referencia al apaciguamiento como una política deliberada, como un conjunto de decisiones conscientes, expresamente orientadas a satisfacer las demandas de un adversario para que este renuncie a la agresión. Sin embargo, lo que en realidad suele pasar es que, en medio de una confusión generalizada, el agresor va tomando lo que quiere por la fuerza, mientras sus adversarios se ven obligados a aceptar esas pérdidas como hechos consumados, e incluso legales. Tal como señala Henry Kissinger en *A World Restored*, el apaciguamiento suele ser el «resultado de una inhabilidad» para entenderse con oponentes de objetivos ilimitados. En otras palabras, más que tratarse de una política deliberada, el apaciguamiento suele ser lo que queda de una serie de concesiones que resultaron inútiles porque desde un principio los responsables de tomar las decisiones no tuvieron clara conciencia de la naturaleza y dimensiones del problema que estaban enfrentando. Así, el término «apaciguamiento» generalmente comienza a sonar como hipótesis interpretativa cuando el deterioro de la situación en un «momento B» induce a pensar en la conveniencia de haber ofrecido en un «momento A» una respuesta más coherente y eficaz, cuando aún había tiempo para ello y a un costo relativamente reducido.

Con todo, es preciso tener presente que el apaciguamiento puede ejercerse desde una posición de debilidad o de fuerza; esto es, frente a un adversario más fuerte, que representa una amenaza existencial, o ante un oponente más débil, cuyas amenazas no son verdaderamente importantes. Tal como señaló el propio Churchill: «Appeasement in itself may be good or bad according to the circumstances. Appeasement from weakness and fear is alike futile and fatal. Appeasement from strength is magnanimous and noble and might be the surest and perhaps the only path to world peace» [el apaciguamiento en sí puede ser bueno o malo, según las circunstancias. El apaciguamiento desde la debilidad y el miedo es tan inútil como fatal. El apaciguamiento desde la fuerza es magnánimo y noble, y podría ser el más seguro y quizás el único camino hacia la paz mundial] (citado por Ripsman y Levy, 2008: 153). Por lo tanto, para determinar el grado de acierto de una actitud apaciguadora, se hace necesario estudiar cada caso particular, y preferiblemente después de haber dejado pasar cierto tiempo.

En tal sentido, la historia política ha de servir para ayudarnos a calibrar hasta qué punto (y cuándo) las actitudes apaciguadoras resultan acertadas o no. Por lo tanto, es imprescindible que los defensores de la democracia liberal sean conscientes de sus decisiones (tanto como lo permitan las circunstancias) frente a una situación cada vez más frecuente en la actualidad, como es el progresivo desmantelamiento de las instituciones de la democracia liberal en diversas partes del mundo. Tal problemática requiere, hoy en día, que los demócratas liberales ofrezcan un conjunto de respuestas más firmes, más decididas, más creativas, más solidarias entre los diversos estados regidos por democracias liberales, las cuales necesariamente pasan por extremar los recursos del derecho y la diplomacia para salvaguardar, a toda costa, el correcto funcionamiento de las instituciones que garantizan la libertad y la igualdad de los ciudadanos ante la ley. Con toda probabilidad este tipo de medidas ayudaría a preservar, además, la paz entre las naciones, ya que es bien sabido que rara vez las democracias liberales hacen la guerra entre sí. Se trata de defender los mejores atributos del régimen que hasta ahora se ha demostrado más capaz de satisfacer, de manera eficaz, legítima, pacífica y justa, la mayor cantidad de intereses de los ciudadanos que las conforman, respetando además la pluralidad natural de toda sociedad.

La presente investigación bien puede ser considerada como el estudio de un caso en el que se verifica la problemática anteriormente señalada. Venezuela ha vivido durante los primeros años del presente siglo un conflicto que claramente ejemplifica y recrea los dilemas expuestos en los párrafos anteriores. Se trata de un caso demasiado reciente, hasta el punto de que todavía se encuentra en curso, circunstancia por la cual se hace difícil mantener un tratamiento equilibrado y sereno del tema, más aún cuando buena parte de la información disponible suele estar marcada por su orientación partidaria. Tal como suele pasar en todo conflicto, la mutua descalificación y el encasillamiento en la propia visión ha solido ser una pauta en muchos de los intentos de comprensión acerca de lo recientemente acontecido en Venezuela.

Por tales razones, a lo largo del presente estudio se trabajó siempre con la firme determinación de comprender las posturas, motivaciones e intereses de los actores involucrados, tomando en cuenta tanto la forma en que los actores se perciben a sí mismos como la caracterización que pudiera corresponderles desde el punto de vista de la teoría política. En función de respetar estos dos criterios, se parte de tres premisas que posiblemente restan atención a algunos aspectos importantes, pero que nos parecen plenamente justificadas: 1) la aceptación de la legitimidad de los intereses buscados por las partes en conflicto, de acuerdo con sus propios principios, percepciones y valores, en el entendido de que 2) los actores políticos son fundamentalmente racionales en la búsqueda de la satisfacción de sus intereses, lo cual se refleja en 3) una ineludible e inteligible relación entre su discurso y la orientación de sus prácticas políticas, más allá de las contradicciones, cambios de perspectiva y maniobras de engaño en los que pudieran incurrir.

Pensamos que solo partiendo del reconocimiento de esta coherencia primordial entre valores, interés y discurso de las partes en conflicto se puede elaborar una interpretación que, más allá de las valoraciones particulares del autor, se fundamente sobre un análisis riguroso, razonable y sistemático que se aproxime a captar satisfactoriamente la naturaleza del conflicto político aquí estudiado. Se trata así de comprender la racionalidad propia de los actores, desde la convicción de que dicha racionalidad efectivamente existe, con la finalidad de identificar y entender las bases reales sobre las cuales se asienta el conflicto analizado y la naturaleza de su evolución en el tiempo. Ahora bien, a partir de ese enfoque, es necesario precisar que la línea teórica asumida, así como la posición personal del autor, coinciden con los postulados de la versión liberal y moderna de la democracia, desde la convicción (práctica y teóricamente sustentada) de que este régimen ha logrado ofrecer el marco de convivencia más justa desarrollado hasta ahora, en términos globales.

Por último, no conviene cerrar esta introducción sin decir algunas palabras con respecto a la metodología empleada. Esta se basó en la revisión minuciosa de casi 14.000 artículos de prensa (principalmente del diario *El Universal*), múltiples libros recientemente publicados, testimonios de algunos protagonistas esenciales y diversos documentos de primordial importancia (varios de ellos reproducidos en los anexos de este libro). El énfasis se hizo en la revisión de prensa y no en las entrevistas, por diversas razones. En primer lugar, a través de Internet existe hoy la posibilidad de revisar y catalogar volúmenes de datos aparecidos en la prensa en un modo que hace tan solo unos pocos años hubiera resultado prácticamente imposible. En segundo lugar, la polarización que dio origen al conflicto venezolano reciente persistía aún durante el tiempo en el que se realizó esta investigación, razón por la cual la posibilidad de entrevistar a varios de sus protagonistas resultó ser más exigua de lo deseado. En tercer lugar, la revisión exhaustiva de prensa ofrece al método histórico aquí empleado la posibilidad de ampliar su capacidad de interpretación histórico-política en una forma que no permiten las entrevistas, puesto que con ello se logra reseñar el comportamiento y el discurso desplegados por los actores en el momento de los hechos, mientras que las entrevistas inducen al entrevistado a reconstruir los acontecimientos desde una perspectiva mucho más sesgada, donde median el paso del tiempo y el desenlace de los procesos. Se trató de reducir así el efecto pernicioso que el interés particular y la memoria selectiva suelen ejercer sobre la comprensión del pasado. Como consecuencia de tan exhaustiva revisión de prensa, la versión original de este libro contaba con más de 1.300 notas al pie de página, con las cuales se sustenta hasta la más sutil de las afirmaciones del autor. Sin embargo, de cara a esta edición, y con el propósito de facilitar su lectura, se prefirió reducir su número en una proporción significativa. De todas formas, el lector cuenta con la garantía de que casi la totalidad del contenido sustantivo de dichas notas fue incorporado al texto principal, con la finalidad de permitirle «escuchar» a los protagonistas en la forma más directa posible.

Habiéndose derivado de una investigación doctoral, algunas secciones de este volumen coinciden con versiones publicadas previamente (con importantes modificaciones y por separado) como artículos arbitrados en revistas especializadas. Por tal razón, el lector encontrará que, en algunos pasajes del texto, el tono de la redacción y la argumentación es algo más denso de lo que corresponde a trabajos de carácter, por ejemplo, más periodístico. Sin embargo, se ha considerado que tal circunstancia, lejos de representar un inconveniente, constituye seguramente una necesidad a la hora de ofrecer al gran público una interpretación coherente y bien sustentada con respecto a la conflictividad vivida por la nación durante estos últimos años.

Obviamente, la interpretación que se ofrece en este libro no será ni la primera, ni la última, ni mucho menos la única válida que pueda surgir al respecto. Es, simplemente, una entre tantas interpretaciones que se necesitan para comprender la polémica y dolorosa dinámica de confrontación política que embargó a la nación venezolana durante la última década. Su aspiración más elemental es la de servir como material documental para futuros estudios sobre la conflictividad política que registró Venezuela a principios del siglo XXI; su sello característico es la voluntad de recordarnos los dilemas que surgen y el carácter incidental o de acontecimiento que marca cada episodio dentro de esa concatenación de hechos y decisiones que luego damos en llamar «historia»; su propósito concluyente: recordarnos que sin libertades individuales no es posible hoy la democracia, ni la consecución de situaciones de paz, estabilidad y justicia.

CAPÍTULO I
LA REPÚBLICA CIVIL. LOS ANTECEDENTES
DEL CONFLICTO 2001-2005

EL SISTEMA POPULISTA DE CONCILIACIÓN DE LAS ÉLITES

Venezuela, durante la primera mitad del siglo XX y hasta 1958, estuvo regida por una sucesión de gobiernos militares, cuyos principales protagonistas se caracterizaron por su común procedencia andina, concretamente del estado Táchira, fronterizo con Colombia. Esta hegemonía militar se vio interrumpida en una única ocasión, correspondiente al trienio 1945-1948. Tal como ha señalado el historiador Carrera Damas, los requerimientos del frente internacional contra el fascismo acercaron en Venezuela a marxistas y militares, en una especie de tregua circunstancial que tuvo importantes consecuencias políticas. Una de ellas fue que un grupo de jóvenes oficiales «progresistas», que buscaban una mayor y más acelerada apertura del sistema político, decidió dar un golpe de Estado al general Medina Angarita, luego de haber acordado con Rómulo Betancourt, dirigente del partido socialdemócrata Acción Democrática, la consolidación de una Junta de Gobierno que rápidamente convocaría a elecciones abiertas y directas, comicios en los que resultó electo el afamado escritor Rómulo Gallegos. El nuevo gobierno, fuertemente influenciado por el APRA peruano, se caracterizó por su retórica antiimperialista, su vocación popular y (nos atreveríamos a añadir) cierta precipitación política, circunstancias que de algún modo explican las inquietudes y temores que sembró en el ala más derechista de las Fuerzas Armadas. La joven democracia fue derrocada en 1948 por un nuevo golpe militar que, más tarde, permitiría a Marcos Pérez Jiménez conducir los destinos del país hasta 1958. Ese año, el dictador se vio obligado a abandonar el poder y el territorio nacional, presionado por las protestas y la falta de apoyos de buena parte del Alto Mando Militar, así como por el descontento de amplios sectores de la población. La conflictividad que durante décadas había caracterizado al sistema político venezolano llegó a un punto de equilibrio con la firma de diversos acuerdos, el más importante de los cuales fue el Pacto de Punto Fijo (nombre de la casa de Rafael Caldera, en el futuro dos veces presidente).

Uno de los más importantes politólogos venezolanos, Juan Carlos Rey, se refiere al sistema político implantado a partir de entonces como un «sistema populista de conciliación de las élites». Otros la llamaron «democracia pactada». Se trató de un orden implantado por una coalición multiclasista, originalmente con tendencias populistas, y basado en un conjunto de acuerdos entre las distintas élites políticas del momento: los militares, los industriales y grandes comerciantes, la Iglesia, los sindicatos y los partidos políticos más representativos. Los distintos pactos permitieron el establecimiento de un sistema democrático sobre la base de unos consensos mínimos que favorecieron la conciliación entre las fuerzas políticas más conservadoras (Alto Mando Militar, parte del empresariado y ciertos sectores de la Iglesia) y las más progresistas (los partidos políticos multiclasistas).

Estos acuerdos denotan el grado de madurez política que para entonces habían alcanzado tanto la sociedad venezolana en general, como los líderes políticos en particular, madurez que en buena medida era fruto de las largas luchas que durante décadas habían sostenido contra las dictaduras militares y que ahora les permitía estar plenamente conscientes de la necesidad de crear instituciones sobre la base de un gran consenso nacional. El incuestionable liderazgo alcanzado por las cabezas de los principales partidos políticos (AD, COPEI y URD), así como la progresiva expansión de estos como mecanismos de articulación de la sociedad, les permitió llegar a acuerdos respaldados por la gran mayoría de la población, tal como lo atestiguan los elevados niveles de participación electoral de la época. Venezuela instauraba así un sistema democrático (que, como veremos a continuación, contaba tanto con ventajas importantes como con debilidades estructurales) y lograba mantenerlo frente a embates de diversa índole, en una época que marcó a América Latina con una sucesión de terribles regímenes militares. Tal logro no fue fácil de mantener, ya que la joven democracia venezolana tuvo que enfrentar amenazas internas y externas, provenientes tanto de sectores de la derecha como de la izquierda. Entre estas amenazas hemos de contar dos golpes de estado frustrados en 1962 (El Carupanazo y El Porteñazo, ambos protagonizados por sectores de izquierda dentro del Ejército), el peligro latente de un golpe militar de derecha y el desembarco, en 1967, de milicianos cubanos y venezolanos en Machurucuto, a 140 km. de Caracas aproximadamente, uno de tantos intentos por crear focos guerrilleros comunistas en nuestro país y derrocar los gobiernos democráticamente electos de aquella joven democracia.

Si bien Betancourt, primer presidente electo durante el período democrático que se inicia en 1958, se distinguió en su juventud por cierto radicalismo marxista y por su simpatía hacia la lucha desarrollada por Fidel Castro desde la Sierra Maestra, como presidente se caracterizó por una actitud mucho más moderada y centrista, considerada por las facciones más radicales de la izquierda venezolana y global como entreguista y traidora. Betancourt, quien tanto protagonismo tuvo en el período 1945-48 (cuando el gobierno democrático venezolano exigió a las compañías petroleras extranjeras un aumento en la cuota de beneficios por la extracción del crudo), consideraba, luego de la caída de Pérez Jiménez, que era necesario mantener buenas relaciones con los Estados Unidos y con los sectores más conservadores de la sociedad venezolana si se pretendía implantar una democracia estable en el país. Esta actitud, que a nivel interno se materializó en una democracia pactada, se vio también plasmada en la política exterior a través de lo que se denominó la «doctrina Betancourt», esto es, la política de no reconocimiento y ruptura automática de relaciones diplomáticas con todos aquellos gobiernos latinoamericanos que llegaran al poder a través de medios inconstitucionales.

En efecto, el gobierno de Betancourt a principios de los años sesenta rompió relaciones con los gobiernos de El Salvador, Argentina, Perú, República Dominicana, Honduras y Ecuador, mientras que el siguiente gobierno, con Raúl Leoni como presidente, rompió relaciones con los de Brasil, Bolivia y Argentina. Por otro lado, el presidente venezolano dejó en claro que las exportaciones de crudo a Norteamérica estaban garantizadas y que no se permitiría una rebelión comunista en Venezuela (situación que no varió incluso varios años después, cuando en 1975 la industria petrolera fue nacionalizada). En otras palabras, la orientación estratégica de Venezuela a partir de 1961 tomó un camino muy distinto al de Cuba, lo cual originó el distanciamiento diplomático entre ambos países. De hecho, Betancourt jugó un papel clave ese mismo año, cuando solicitó ante la Organización de Estados Americanos la exclusión de Cuba del organismo hemisférico.

El comportamiento de Betancourt jamás sería perdonado por Castro ni por diversos grupos de la izquierda venezolana y global. De igual modo, los dictadores de derecha tampoco se sintieron cómodos con la democracia venezolana; como prueba de ello tenemos el atentado sufrido por Betancourt en Caracas, urdido por el dictador dominicano Rafael Leónidas Trujillo, o el asilo que distintos gobiernos venezolanos otorgaron a miles de argentinos, chilenos y uruguayos durante los años setenta y ochenta. La democracia venezolana fue lo suficientemente sólida como para mantenerse en medio de una América Latina que se debatía entre dictaduras militares y movimientos guerrilleros subversivos, e incluso cooperar activamente en la región para facilitar los procesos de paz y proporcionar petróleo (al igual que México) a precios preferenciales a los países miembros del Pacto de San José. De igual modo, la defensa de la Constitución y la lucha anti-guerrillera (contra las guerrillas venezolanas de los años sesenta y setenta y contra las guerrillas colombianas en la frontera occidental) fueron los ejes fundamentales sobre los cuales se organizaron las Fuerzas Armadas.

Es un hecho que el modelo político-económico conformado en Punto Fijo permitió una acelerada modernización en muchos aspectos de la vida nacional. Durante varias décadas, Venezuela registró la mayor movilidad social de América Latina. El modelo económico de «sustitución de importaciones» y de «crecimiento hacia adentro», con políticas de corte keynesiano propugnadas por la Cepal, constituía la principal pauta a seguir en América Latina durante esas décadas, y Venezuela no era una excepción. Dicho modelo fue exitoso durante un buen tiempo, pero comenzó a fallar en la década de los setenta. La renta petrolera permitió al Estado promover y subsidiar la creación de un importante parque industrial; este, sin embargo, nunca fue capaz de desarrollar altos niveles de productividad y competitividad, debido a lo reducido del mercado y a la ausencia de competencia. La renta también favoreció el aumento del consumo, pero sin guardar relación con la capacidad de la sociedad para generar riqueza. De igual modo, el crecimiento desproporcionado y progresivo del propio aparato del Estado, sin adecuados canales de supervisión y control por parte de la sociedad, lo hizo cada vez más oneroso, corrupto e ineficiente. Por si fuera poco, el Estado venezolano también se endeudó fuertemente en el exterior a partir de la década de los setenta.

Como consecuencia de su condición rentista, Venezuela sufre recurrentemente lo que los economistas denominan «enfermedad holandesa», esto es, altas presiones inflacionarias ocasionadas por un considerable ingreso de divisas que son fruto de una renta (en este caso, petrolera) y no del crecimiento de una producción diversificada y de una alta productividad. Los significativos controles que el Estado imponía a la economía permitieron represar los efectos de la inflación hasta 1983, cuando se desató el llamado Viernes Negro; el gobierno se vio obligado a devaluar el bolívar, que durante décadas había mantenido una relación con el dólar de 4,30 Bs./$, a más de 7 Bs./$. Desde entonces, la moneda no ha dejado de devaluarse, y los niveles reales de ingreso per cápita y productividad han tendido a descender. Por otra parte, a las dificultades de índole económica es preciso añadir las demográficas. Durante la dictadura de Pérez Jiménez, Venezuela producía algo más de 3 millones de barriles diarios, más o menos lo mismo que en 1988, pero mientras que en 1958 la población era de aproximadamente unos 7 millones de habitantes, en 1988 superaba los 18,5 millones. El crecimiento acelerado de la población, así como su modernización y complejidad, se vieron además acentuados por la fuerte inmigración proveniente del sur de Europa, América Latina, Medio Oriente y China. No cabe duda de que el acelerado cambio cualitativo y cuantitativo de la sociedad venezolana la hizo más difícilmente gobernable, siendo este uno de los detonantes cruciales de crisis de la democracia pactada.

Tal como veremos más adelante, a partir de la caída del mundo soviético y la apertura global de los mercados, las presiones que imponían la reordenación de las relaciones internacionales y la globalización contribuyeron a herir mortalmente al sistema populista de conciliación de las élites. A todo ello cabe sumar las críticas poco conscientes que diversos sectores sociales lanzaban al sistema en general, sin duda incorporándose como parte del problema y no de la solución. Diversos estudios de opinión revelaron que la mayoría de la población afirmaba, a principios de los noventa, que los partidos políticos no servían de mucho y que lo que le hacía falta al país era «mano dura».

LOS AÑOS NOVENTA: UNA DÉCADA CRÍTICA. GLOBALIZACIÓN Y LIBERALIZACIÓN ECONÓMICA

En la década de los noventa, el orden internacional de la Guerra Fría sufre un descalabro. El derrumbe del muro de Berlín y la supremacía global de los Estados Unidos conllevan un período de transición e incertidumbre, con innumerables consecuencias para los países del Tercer Mundo. El fin de la influencia soviética, el surgimiento del Consenso de Washington y la creciente hegemonía del libre mercado, entre otros, son factores de nuevo cuño que ocasionarán el cambio de las relaciones internacionales y que afectarán en mayor o menor medida a todos los países del planeta. Una de las novedades más importantes fue la apertura de muchas economías nacionales y la consiguiente necesidad de competir en un mundo cada vez más globalizado. En el mercado petrolero, concretamente, múltiples yacimientos que antes se encontraban dentro de la órbita soviética se verían para entonces abiertos a los mercados internacionales, lo cual significó una cierta disminución en el valor estratégico que durante más de setenta años habían mantenido las reservas venezolanas de crudo, además de impulsar tendencias a la baja en los precios del petróleo a mediados de los noventa.

En 1988 resulta electo por segunda vez Carlos Andrés Pérez, durante cuyo período de gobierno el sistema político venezolano se vería sometido a fortísimas convulsiones que, a la postre, ocasionarían su colapso total. Pérez, cuyo primer mandato correspondió al período 1974-1979, era conocido por su carisma y fuerte liderazgo en el seno del partido Acción Democrática, y los venezolanos lo asociaban con la situación de los años setenta, con aquella «Venezuela saudita» que tanto creció durante esa década, debido a la crisis mundial de los precios del petróleo. Pérez fue reelecto, en parte, bajo la ilusión de que aquella bonanza podría repetirse. Pero, aunque durante su primer gobierno Pérez fue uno de los abanderados de la sustitución de importaciones y del crecimiento hacia adentro en América Latina, en su segundo ejercicio al frente de la presidencia optó por una política económica distinta. Ante el ostensible cambio de la política internacional, y asesorado esta vez por economistas de corte neoliberal, Pérez decidió implementar una gran apertura de la economía venezolana y apostó por un programa económico de choque, en vez de uno gradual, al tiempo que implementó medidas sociales de carácter compensatorio, mediante programas de alimentación, educación y salud. Se redujeron aranceles y subsidios, se acometieron diversas privatizaciones y se implementaron medidas para la reducción del gasto público y el déficit fiscal. En definitiva, en 1989, apenas ocupada de nuevo la Presidencia de la República, el veterano presidente comenzó a aplicar las medidas del Consenso de Washington, súbitamente y sin negociar previamente su aplicación con los distintos sectores políticos y sociales de la nación. Una de esas medidas era el aumento del precio de la gasolina, que desde siempre se ha encontrado fuertemente subsidiada por los distintos gobiernos en Miraflores.

La sociedad venezolana nunca aceptó de buena gana aquellas medidas. Las críticas se extendían desde los sectores más pobres hasta buena parte de las élites. Es difícil determinar con rigor cómo y por qué, pero lo cierto es que, durante la mañana del 27 de febrero de 1989, disturbios y saqueos sacudían la ciudad de Guarenas. El fenómeno se extendió como la pólvora por otras zonas de la Gran Caracas y para el día siguiente se registraban incidentes de gravedad en muchas de las principales ciudades del país. Durante una semana, Venezuela se encontró casi completamente paralizada. Se trató del llamado Caracazo, un estallido social de grandes dimensiones que se materializó principalmente en violentos saqueos y pillajes en las principales urbes venezolanas, y que el gobierno decidió reprimir sacando el Ejército a las calles. Las cifras oficiales hablaban de alrededor de 400 muertos como saldo final de aquella vorágine de caos y violencia.

Aunque existe un consenso general que afirma la espontaneidad de estos incidentes, ello no se encuentra del todo probado. La simultaneidad con que se dieron estos acontecimientos, así como su inusitada virulencia, generan dudas razonables en torno a la posibilidad de que ciertos grupos políticos radicales los hayan promovido. Adicionalmente, algunas personas sostienen que la transmisión de las imágenes de los saqueos por parte de los medios ayudó involuntariamente a su propagación por todo el país; los más críticos incluso acusaron a la prensa de promover la ola de saqueos. En todo caso, queda claro que Carlos Andrés Pérez (CAP) se vio sometido a un acoso incesante por parte de la prensa venezolana durante todo su mandato. No fue el único sector que lo fustigó sin cesar. Su propio partido, Acción Democrática, no lo apoyó decididamente; las clases populares resentían el peso de la represión del 27 y 28 de febrero, así como las consecuencias del nuevo modelo económico, y buena parte del sector industrial estaba descontento ante la nueva necesidad de competir abiertamente con mercancías extranjeras más baratas que las suyas, habiendo perdido una porción considerable de la protección estatal en forma de subsidios y aranceles. Si bien el sector comercio registró un auge impresionante de las operaciones y el PIB se incrementó significativamente, el clima que se respiraba era de descontento y de deslegitimación de los partidos y de la política en general.

Es indudable que el Caracazo hirió severamente al entonces recién electo gobierno de CAP. Las fechas del 27 y 28 de febrero de 1989 representan un hito de ruptura en el imaginario colectivo venezolano. Antes de esos acontecimientos, Venezuela representaba hasta cierto punto una gran excepción dentro del cuadro política y económicamente frustrante que ha solido caracterizar a América Latina. La imagen de un país petrolero con un ritmo de crecimiento económico respetable, que había atraído a cientos de miles de inmigrantes, que ofrecía libertades y oportunidades a sus ciudadanos, que podía redistribuir su riqueza entre ellos y que se mantenía al margen de los conflictos violentos que habían asolado a muchos otros países latinoamericanos, entró en crisis. Aquella nación que, de modo similar a Argentina o Uruguay, había logrado consolidar una importante y próspera clase media, y que además se había distinguido por conquistas sociales de importancia y por mantener una respetable democracia en medio de feroces dictaduras y subversiones guerrilleras que oprimían la región, demostraba ahora que la crisis que desgastaba su sociedad y su sistema político no era solo puntual, sino estructural.

De este modo, febrero de 1989 significó una toma de conciencia, repentina y traumática pero también parcial, de las tremendas fallas de un sistema político basado en la satisfacción de los diversos sectores organizados de la sociedad mediante el reparto de la renta petrolera recaudada por el Estado. Se trataba de una sociedad dominada por unos partidos políticos poco flexibles, cada vez menos acostumbrados al debate ideológico, cuyos ámbitos de influencia directa abarcaban prácticamente todas las organizaciones de la vida pública del país, que habían extendido sus redes clientelares por todo el Estado, haciéndolo ineficiente y desmesurado. La administración estatal del recurso petrolero en un sistema presidencialista había significado, en la práctica, que el partido político que ejercía temporalmente las funciones de gobierno disponía de un gigantesco poder, difícilmente controlable por la sociedad y por los organismos de contrapeso de todo sistema.

El país político constataba así, en forma verdaderamente drástica, el malestar de amplios sectores de la sociedad que se sentían desfavorecidos, marginados y no representados en el sistema democrático vigente, y que claramente constituían la mayoría. Los más pobres eran, como siempre, quienes primero resentían los embates de la ineficiencia económica; su vínculo con los partidos se había ido debilitando con el paso del tiempo.

Las clases medias, por su parte, habían prosperado durante las décadas anteriores y estaban acostumbradas a un nivel de vida que se les escurría entre las manos, con lo cual se sentían cada vez menos representadas por los partidos políticos. Y ni siquiera entre las élites políticas, económicas e intelectuales se manifestaba un particular entusiasmo en relación con el sistema político de la época. El desencanto generalizado con la política en general, y con el sistema de partidos en particular (desencanto que era en parte fundamentado y en parte morbosa e inconscientemente alimentado) resume la perspectiva general que caracterizaba entonces a la sociedad venezolana.

Sería esta la situación en la que Hugo Chávez entraría en la escena política del país. No en balde el clima de malestar y descomposición política y social creó condiciones propicias para la irrupción de nuevos actores; seguramente eran más bien pocos quienes imaginaban que entre estos podría encontrarse el joven militar barinés, recientemente ascendido al grado de teniente-coronel en el Ejército venezolano, a quien le gustaba pensar en sí mismo como líder de un proyecto revolucionario. Ya que se trataba de un militar, la vía de las armas era, por supuesto, la más accesible para dar curso a dicha revolución. Tres años después del Caracazo, en la madrugada del 4 de febrero de 1992, CAP se encontraba de regreso de un viaje oficial a Suiza, luego de asistir al Foro Mundial de Davos. En una circunstancia que no deja de tener un alto contenido simbólico, poco después de que el presidente venezolano regresara de la cúspide del capitalismo mundial, varios componentes militares asaltaron La Casona y el palacio de Miraflores, este último con varias tanquetas blindadas. Entre dichos componentes se encontraba un par de Brigadas de Paracaidistas que comandaba el propio Chávez, quien estuvo a cargo de las operaciones en Caracas, mientras que otros oficiales que hacían parte del golpe de Estado controlaban exitosamente diversas instalaciones militares en las otras tres mayores ciudades del país: Maracay (sede oficial del Ejército), Maracaibo (segunda ciudad en importancia en Venezuela y sede principal de las mayores actividades petroleras) y Valencia (principal ciudad industrial del país). Al parecer, las comunicaciones entre los diversos componentes rebeldes fallaron y, además, un delator en Caracas obstruyó el funcionamiento del golpe, con lo cual se hizo particularmente complicado continuar con este. La toma de los objetivos golpistas en Caracas resultó infructuosa, ya que el presidente CAP logró escapar de Miraflores y dirigirse a la nación a través de la televisión, hacia las 2 de la mañana, con lo cual demostró estar a salvo y continuar al frente de la presidencia.

Horas más tarde los sublevados de Caracas se rindieron. Según los testimonios del propio Chávez –especialmente los recopilados en el conjunto de extensas entrevistas recogidas en el libro de Agustín Blanco Muñoz *Habla el comandante* y otros militares rebeldes–, estos deciden abortar la intentona ante las mencionadas fallas de comunicación, algunos errores de coordinación y la falta de apoyo popular. El hecho de que nadie en las calles manifestara su apoyo a la insurrección (Blanco Muñoz, 1998: 246) fue, según Chávez, una de las causas de su rendición. Lo cierto es que el golpe tomó por sorpresa a mucha gente en Venezuela, incluido el gobierno. A pesar de que los informes internos de las Fuerzas Armadas habían venido dando cuenta reiteradamente de la actividad irregular de ciertos componentes, no se tomaron decisiones al respecto con antelación al golpe. En general, parece que los indicios acerca del movimiento subversivo fueron menospreciados. Ya en la mañana, a Chávez le dieron la oportunidad de dirigirse al país por televisión para que pidiera la rendición de sus compañeros golpistas aún alzados. Sus palabras más famosas en aquel momento («... *por ahora*, nuestros objetivos no han sido cumplidos...») y su imagen quedaron grabadas en el imaginario colectivo venezolano, con todas las repercusiones del caso. En un país al que le parecía que nadie asumía la responsabilidad de nada, el hecho de ver a un enjuto soldado asumiendo la responsabilidad de su golpe fracasado cautivó la imaginación de muchos.

Más tarde comenzaron a saberse detalles de la conspiración. El núcleo del movimiento golpista se había fundado en 1982, bajo la denominación de EBR-200 «... por Ezequiel Zamora, Bolívar y Rodríguez, en cuanto a la trilogía del árbol de las tres raíces. Y además significa Ejército Bolivariano Revolucionario y 200 por el marco del bicentenario de Bolívar...» (Blanco Muñoz, 1998: 58), luego MBR-200. Involucrados en la conspiración había tanto civiles como militares, especialmente algunos conocidos políticos, militantes de la izquierda más radical. El movimiento había ido logrando ganar adeptos dentro de las Fuerzas Armadas y conformar un grupo notablemente numeroso, hasta el punto que el sistema político se mostraría luego muy timorato a la hora de procesar a los golpistas por temor a que se produjesen más sublevaciones. Las decisiones tomadas por la Corte Marcial que se constituyó para juzgar a los militares rebeldes fueron disueltas por la Corte Suprema de Justicia, y el propio Chávez se negó a asistir a los tribunales a reconocer los cargos que se le querían imputar.

Es posible que Chávez estuviera esperando acontecimientos posteriores. En efecto, el 27 de noviembre de 1992 se produjo un nuevo golpe de Estado. No habían pasado ni nueve meses del primer golpe cuando nuevamente efectivos militares protagonizaron una nueva intentona. Hugo Chávez ha afirmado ser el «promotor» del segundo golpe, dado que desde la cárcel había seguido manteniendo contacto con los militares rebeldes que no habían sido descubiertos en la primera intentona (Blanco Muñoz, 1998: 321). Esta vez la iniciativa estuvo a cargo, principalmente, del contralmirante Hernán Gruber Odremán y del general Francisco Visconti, e incluyó la participación de aviones de combate que bombardearon (infructuosamente) el palacio de Miraflores. En esta ocasión los militares alzados lograron tomar las instalaciones de emisión de las principales cadenas de TV públicas y privadas y transmitieron un famoso video en el que unos civiles y militares, fusil en ristre, afirmaban tener control de la situación y estar instaurando un nuevo gobierno. Sin embargo, este segundo intento también fracasó. Nuevamente la gente se quedó en sus casas y, por segunda vez, problemas de comunicación impidieron que fructificaran sus acciones armadas. Algunos de los protagonistas fueron arrestados, pero otros, incluyendo a Visconti, lograron escapar a Perú, donde el gobierno de Alberto Fujimori les otorgó asilo.

En un trabajo de carácter académico (Martínez Meucci, 2008a). hemos explicado en profundidad los dos golpes militares de 1992 como el resultado de una combinación entre condiciones estructurales y comportamiento de los actores. Asimismo, allí distinguimos las «oportunidades políticas», «estructuras de movilización» y «procesos enmarcadores» que permitieron tales golpes de Estado. Aquí simplemente nos limitaremos a señalar algunos aspectos. En primer lugar, el contexto de las oportunidades políticas en el que sucedieron dichas intentonas golpistas se caracterizó por una coyuntura internacional de profundos cambios estructurales, los cuales indujeron a su vez relevantes reformas internas que alteraron los acuerdos básicos sobre los cuales se sustentaba la paz social en Venezuela (los acuerdos de Punto Fijo y el reparto de la renta petrolera).

En segundo lugar, y refiriéndonos al proceso enmarcador golpista, cabe resaltar la notable ligereza con que tanto la gente de la calle como miembros de la clase dirigente y la intelectualidad venezolanas se mostraban, si no proclives, por lo menos tolerantes con la idea de un golpe de Estado como vía plausible para intentar solucionar los males que aquejaban a la democracia venezolana. Por su parte, los golpistas (especialmente el propio Chávez) siempre dejaron en claro su voluntarismo y profunda confianza en la acción directa como vía para la materialización de un modelo alternativo a la democracia liberal, sin manifestarse por entonces como comunistas o marxistas, pero demostrando una clara simpatía hacia el régimen de Fidel Castro y autocalificándose de nacionalistas y antiimperialistas. Adicionalmente, con el tiempo se ha develado la existencia de toda una red de militantes de la izquierda radical venezolana que operaba de forma más o menos coordinada dentro del plan conspirativo de Chávez, que incluía elementos provenientes de la subversión de los años sesenta e incluso tenía vínculos con algunos partidos políticos. Y aunque la gente no apoyó abiertamente los golpes, entre otras cosas porque estos tomaron por sorpresa a la sociedad venezolana (la cual no había vivido un golpe de Estado desde hacía décadas), sí hubo un proceso de identificación progresiva durante los años siguientes, hasta el punto de que Hugo Chávez logró ganar las elecciones presidenciales de 1998. Los actores políticos que protagonizaron los golpes de 1992 capitalizaron al máximo una situación estructural crítica y un discurso generalizado que desvalorizaba el régimen democrático de aquel entonces.

En tercer y último lugar, la estructura de movilización del golpe se gestó casi por completo dentro de las Fuerzas Armadas, aun cuando contara con apoyo de ciertas organizaciones políticas de la izquierda más radical; por lo tanto, se puede afirmar que dicha estructura de movilización respondía a una mentalidad típicamente castrense. El hecho de que el movimiento naciera clandestinamente dentro del Ejército constituye una característica fundamental que ha dejado su impronta en el estilo de gobierno del presidente Chávez, así como también en los modos de acción que han caracterizado a sus partidos y organizaciones políticas. Con respecto al componente civil del movimiento en sus orígenes, se puede afirmar que, en general, durante la ejecución de los golpes, aquellos civiles que debían desempeñar alguna función no la cumplieron, recayendo toda la responsabilidad y el peso de la acción sobre los componentes militares. Chávez había planteado incorporar a civiles en acciones armadas, copiando la organización de los Batallones de la Dignidad que Noriega había preparado en Panamá (Blanco Muñoz, 1998: 153), un plan que finalmente no se materializó por completo. Asimismo, ha sostenido que contaba con, al menos, 10% del Ejército en 1992 (Blanco Muñoz, 1998: 149).

Aunque no pudieron materializar su objetivo de tomar el poder, los golpes militares de 1992 tuvieron un impacto decisivo en la posterior evolución del sistema político venezolano. A partir de entonces los hechos se sucedieron de manera tal que colapsaron la democracia nacida en 1958, dando paso a nuevas realidades políticas. Tal como dijo Chávez, refiriéndose al 4 de febrero: «Sin duda que le dimos un golpe medular al sistema político, al sistema militar» (Blanco Muñoz, 1998: 261). La consecuencia más grave de la crisis política que consumaron los golpes de 1992 fue la posterior destitución de CAP como presidente de la República, situación inédita en la historia democrática y civil del país. La sociedad, pero sobre todo el sistema político en su conjunto, optó por hacer de Pérez el chivo expiatorio de la crisis, y por negarse a asumir los cambios y reformas que este intentaba introducir en la economía y la estructura del Estado. La adicción generalizada al rentismo petrolero era para entonces demasiado fuerte, como lo sigue siendo al día de hoy.

Es probable que el descalabro no haya sido mayor debido al proceso de descentralización política que para entonces tenía lugar en Venezuela. Si los partidos tradicionales y sus dirigencias se mostraron tremendamente ineficaces a la hora de gestionar la crisis de los golpes, también es cierto que la gente tendió a depositar su confianza, durante aquellos momentos críticos, en los nuevos liderazgos que surgieron a partir de las distintas gestiones locales y regionales. Gobernadores y alcaldes, tanto de derecha –como Oswaldo Álvarez Paz o Henrique Salas Römer– como de izquierda –entre ellos Andrés Velásquez y Aristóbulo Istúriz–, representaron un refrescamiento de la clase política que, al menos durante un tiempo, concentró las esperanzas de los votantes y encarnó la opción civilista frente a la vía de las armas.

Sin embargo, tales liderazgos no lograron derrotar, en las elecciones de 1993, a la opción abanderada por el octogenario expresidente Rafael Caldera, quien en esa ocasión encabezaba un conglomerado de pequeños partidos de izquierda, conocido como el «Chiripero», el cual enarboló un discurso prácticamente «restaurador» del viejo modelo político. Durante los dos primeros años de su segundo gobierno, Caldera intentó moderar drásticamente el proceso de reformas liberales iniciado por el gobierno anterior, pero pronto se vio que la situación de las finanzas públicas requería cambios profundos: el aparato del Estado era demasiado voluminoso, costoso e ineficiente, y el peso de la deuda pública interna y externa era considerable. Además, el sistema financiero privado colapsó en 1994. La necesidad de devaluar el bolívar y de recortar el gasto público se hizo patente. Para colmo de males, el gobierno de Caldera cerró su administración en 1998 con los precios del barril por debajo de los 9 dólares. Este panorama venía de perlas a los militares golpistas de 1992, los cuales, habiendo sido previamente sobreseídos por Caldera y puestos en libertad, conservaban aún intactas sus ambiciones políticas.

EL CHAVISMO LLEGA AL PODER

Frente a las opciones que presentaron los partidos tradicionales AD y COPEI, así como los nuevos liderazgos provenientes de la descentralización –especialmente Henrique Salas Römer, de Proyecto Venezuela–, se fue erigiendo con fuerza la candidatura de Hugo Chávez, con un golpe de Estado como único mérito que mostrar. Los golpes militares no parecían despertar en Venezuela el justificado y terrible temor que suscitan hoy en día en países, por ejemplo, como Chile, Argentina o Perú; por el contrario, sembraron en muchas personas la esperanza de que las cosas pudieran cambiar en algún momento de forma inesperada y poco convencional, casi milagrosa. Nación marcada por la larga sombra del militarismo, en Venezuela todavía mucha gente recordaba con agrado la dictadura de Pérez Jiménez, a la cual consideraban un período de orden y desarrollo. Apostando por un discurso frontal, vestido de liqui-liqui, ensalzando la figura de Bolívar y con la fama de líder decidido y –paradójicamente– responsable que se ganó ante muchos con su temeraria acción del 4F, Chávez lideró el llamado Polo Patriótico, que incorporó a los partidos Patria Para Todos (PPT), Partido Comunista de Venezuela (PCV), Movimiento al Socialismo (MAS), pero sobre todo al recién creado Movimiento Quinta República, cuyas siglas (MVR) establecían una fórmula de continuidad con el subversivo MBR-200. La oferta electoral de Chávez giró en torno a la promesa de acabar con la corrupción que encarnaba la clase política tradicional, la eliminación de la pobreza y la convocatoria de una Asamblea Constituyente para «refundar la República».

Frente al reto que Chávez le lanzaba al sistema, empleando sus propias reglas, la clase política de aquel momento demostró carecer de ideas, organización y reflejos políticos. Ni la candidatura de Irene Sáez, ex-Miss Universo y exalcaldesa del municipio caraqueño de Chacao, ni la de Luis Alfaro Ucero, un octogenario que no terminó la educación primaria, entusiasmaron al electorado. Las vacilaciones de AD se mantuvieron hasta el último momento, en parte como consecuencia de los buenos resultados obtenidos en las elecciones legislativas de octubre de 1998, cuando los adecos lograron consolidarse como la principal fuerza parlamentaria del país con un 24,19%, seguidos por un *outsider* como el MVR, con un 19,83%. Así, la decisión final de apoyar a Henrique Salas Römer, quien se convirtió en la única opción viable frente a Chávez, llegó demasiado tarde.

Chávez ganó los comicios con un apoyo del 56,2% de los votos válidos, frente al 40% obtenido por Salas. Luego de tomar posesión del cargo y de jurar sobre «esta moribunda Constitución» –la de 1961– que impulsaría cambios trascendentales en el país, el nuevo presidente convocó la realización de un referéndum consultivo, a través del cual la población venezolana podría solicitar la instalación de una Asamblea Constituyente. Aunque este mecanismo no estaba previsto en la constitución de 1961, y por lo tanto fue impugnado ante la Corte Suprema de Justicia, la máxima autoridad judicial del país falló a su favor, sosteniendo la tesis de la primacía del poder constituyente sobre el poder constituido (empleada por el abad de Siéyès durante la Revolución francesa) para emprender tal tarea. El referéndum tuvo lugar el 25 de abril de 1999 y se saldó con el triunfo de la propuesta de Chávez, ya que 87,75% de los votantes se manifestó a favor, si bien la abstención registró un 62,35% (cifras del CNE).

Poco después se determinó que los miembros de la elección de la Asamblea Constituyente serían elegidos popularmente el 25 de julio de 1999. Esta elección, que registró un 53,8% de abstención (cifras del CNE), también es un indicador del impresionante entusiasmo que despertaba Chávez en la mayor parte de la población venezolana. Dado que no se empleó un sistema de representación proporcional, sino mayoritario, y tomando en cuenta que la mayoría con la que contaba el chavismo era muy homogénea en todo el país, los representantes del Polo Patriótico obtuvieron 122 de los 128 escaños en disputa (los tres que completaban los 131 estaban previamente asignados a representantes de etnias indígenas, que fueron favorables al chavismo). En otras palabras, más del 95% de los asambleístas que redactaron la nueva Constitución apoyaban a Hugo Chávez, y el 35% de la población que no votó por ellos solo contó con 6 representantes (menos del 5%) en la Asamblea Constituyente, los cuales, obviamente, no ejercieron ningún peso. Dicha Asamblea fue instalada a principios de agosto, y en su reglamento interno se autocalificó de «originaria», lo cual le permitía actuar sin limitantes impuestas por la Constitución y la institucionalidad existentes.

La Corte Suprema de Justicia ratificó poco después la «supraconstitucionalidad» de la Asamblea Constituyente, limitando así sus propias funciones y cediendo al cuerpo deliberativo recién electo unas facultades inusitadas. La nueva Constitución fue elaborada a toda velocidad y ratificada mediante referéndum el 15 de diciembre de 1999, con la aprobación de un 71,78% de los votantes y alrededor de un 56% de abstención, y entraría en plena vigencia el 30 de diciembre de 1999, día en que fueron definitivamente disueltos la Corte Suprema y el Congreso. Asombra todavía, por cierto, la facilidad con que las máximas autoridades a cargo de todos los poderes públicos aceptaron, sin ofrecer mayor resistencia, que sus mandatos fueran disueltos o menoscabados. Con el año 2000 se inició un período de transitoriedad, durante el cual las funciones de gobierno recayeron en el llamado popularmente «congresillo», una pequeña asamblea extraordinaria designada para tal efecto, dirigida por el ministro del Interior y entonces máximo consejero de Chávez, Luis Miquilena. De este modo, la conformación de todas las ramas del Poder Público nacional quedó, en cierta manera y hasta la elección de los nuevos diputados, bajo la tutela del congresillo, y por lo tanto, del Ejecutivo.

Como consecuencia de la aplicación de la nueva Constitución, muchas cosas cambiaron en el entramado institucional del país. El nuevo texto constitucional, considerablemente más extenso que el anterior (350 artículos en vez de 250), de inmediato resultó objeto de polémica. A la par que introdujo la posibilidad de hacer referendos en muchas materias y estableció numerosas garantías y nuevos derechos, suprimió la figura del Senado –algo peculiar en un país de Constitución federal–; retiró al Congreso –órgano que pasó a llamarse Asamblea Nacional– la atribución de nombrar los altos mandos militares para otorgársela al presidente; se concedió el derecho de votar a los militares; se crearon dos nuevas ramas del Poder Público, como son los poderes Ciudadano y Electoral (aparte de los tradicionales Ejecutivo, Legislativo y Judicial); se creó la figura del vicepresidente y se extendió el mandato presidencial de 5 años sin reelección a 6 años con posibilidad de una reelección. Como punto de honor, y a pesar de que la Asamblea había votado en contra de tal proposición, Chávez exigió el cambio del nombre oficial de la nación, que pasó así a denominarse República Bolivariana de Venezuela, en vez de República de Venezuela. Dentro del espíritu del constituyente se aprecia, en líneas generales, una voluntad explícita de sustituir la democracia representativa por la participativa, aspecto que analizaremos más adelante.

En un principio, el período de transitoriedad debería haber terminado el 28 de mayo de 2000, fecha para la cual estaban pautadas las popularmente llamadas «megaelecciones». En ellas deberían ser elegidos prácticamente todos los cargos públicos de elección popular del país, pues al haberse anulado todos las ramas del Poder Público era necesario volver a elegir presidente, diputados, gobernadores, alcaldes, etc. El gobierno pudo así afirmar que se había fundado una nueva República, la quinta, en contraposición a una cuarta que correspondería al período «puntofijista»; ello a pesar de que siempre se habló de la existencia de tres repúblicas en la historia de Venezuela. En cuando al período presidencial, se consideró que empezaba uno nuevo a partir de las recientes elecciones, de modo que el tiempo transcurrido desde la llegada de Chávez al poder no formaría parte de dicho período. Las «megaelecciones» finalmente no se realizaron en mayo, sino en julio de 2000, y el principal contendiente de Hugo Chávez en su intento de mantenerse en el poder fue su compañero de armas, también alzado y encarcelado el 4 de febrero, Francisco Arias Cárdenas, considerado más moderado que el barinés; esta circunstancia demuestra hasta qué punto la población venezolana descartaba a los partidos tra,dicionales como una opción política viable. La victoria de Chávez volvió a ser arrolladora. Con un registro electoral ampliado en 700.000 nuevos votantes con respecto a diciembre de 1998, Chávez se impuso de nuevo, aumentando ligeramente su apoyo tanto en el número total de votos (3.757.773, frente a 3.673.685 en 1998) como en porcentaje (59,7%, frente a 56,2% en 1998); la abstención fue de un 43,69%. Al mismo tiempo, su partido, el MVR, alcanzó la victoria en 13 –más de la mitad– de los estados del país, y el oficialismo obtuvo una sólida mayoría en el parlamento.

La Administración de Chávez contaba a partir de entonces con un panorama inmejorable para el ejercicio de gobierno. Y sin embargo, el presidente aún habría de acumular mayores facultades. Tres meses después de instalada la nueva Asamblea Nacional, de mayoría oficialista, esta emitió una Ley Habilitante (*Gaceta Oficial* n.° 37.077 Ordinaria, 14 de noviembre de 2000), que facultó al presidente Chávez para gobernar por decreto, durante 12 meses, en materias correspondientes a los ámbitos financiero, económico y social, de infraestructura, transporte y servicios, de la seguridad ciudadana y jurídica, ciencia y tecnología y de la organización y funcionamiento del Estado. Si bien los poderes concedidos al presidente se extendían por un año, no fue sino hasta el final de dicho período, en noviembre de 2001, cuando 49 decretos-leyes fueron promulgados. Dos factores marcaron la tensa calma que precedió la promulgación de dichos decretos-leyes. El primero fue la incertidumbre con respecto al contenido de dicha legislación, no conocido públicamente; el segundo lo constituyó el discurso presidencial, que había ido haciéndose cada vez más pugnaz y polémico, marcado por una retórica basada en la idea de lucha de clases y que iba distinguiendo progresivamente a los venezolanos entre «oligarcas» y «patriotas», siendo los primeros quienes se oponían a su proyecto, y los segundos quienes lo apoyaban. En efecto, este discurso, que se fue convirtiendo en un verdadero motor de la radicalización política, establecía una línea de continuidad entre el «pasado», la «Cuarta República», los «privilegiados», los «culpables» de la crisis nacional, los «traidores» y los «opuestos al proceso de cambios» (la oposición política y social). Dentro de la retórica presidencial, todo ello caía en una misma categoría, frente a la cual se oponía otro bando, en el cual se establecía, también retóricamente, una identidad o continuidad entre «el proceso de cambios», la «Quinta República», los «excluidos», los «patriotas», los salvadores y refundadores de la nación, el «pueblo» inmaculado, puro y sufrido, corazón de la nación.

Las consecuencias de esta retórica de la polarización no pueden ni deben ser menospreciadas. Por un lado, el discurso de Chávez lograba que el chavista (generalmente perteneciente a los estratos populares) se sintiera identificado con el presidente, representado al fin por un político, reivindicado en su padecer, incluido en la sociedad, tomado en cuenta para la toma de las decisiones públicas y, desde cierto punto de vista, también liberado de responsabilidades. Sin embargo, los sectores medios de la sociedad (muchos de los cuales estuvieron al principio a favor del nuevo gobierno) tendieron a ir retirándole gradualmente su apoyo en la medida en que no se sentían identificados, sino más bien atemorizados con el discurso cada vez más radical del presidente Chávez. A pesar de que en el discurso presidencial no había un ataque directo a la clase media como tal, sí existía una crítica directa contra valores consolidados en ese sector social, tales como la propiedad privada, la necesidad de protegerse frente a la delincuencia, la facultad de los padres de elegir la educación de sus hijos o el rechazo a las guerrillas.

La falta de diálogo con el sector empresarial, así como con los sindicatos –todavía controlados por AD– ocasionó que la política económica del gobierno rápidamente fuera objeto de rechazo por parte de estos sectores sociales medios. Asimismo, los intentos de reformular la educación pública, tanto a nivel escolar como universitario, fueron percibidos como amenazas por amplios sectores de la población, que temían el desarrollo de una política educativa destinada a adoctrinar a los niños y adolescentes. Por otra parte, la acelerada promoción de cuadros militares, así como la asignación a la Fuerza Armada de una serie de tareas que los llevaban a tener poder en el ámbito civil (por ejemplo, el Plan Bolívar 2000), generó grandes suspicacias y no pocas inquietudes en el seno de la institución castrense. Adicionalmente, y como herencia del «período de transitoriedad», cerca del 80% de los jueces mantenían un carácter provisional, con lo cual no tenían estabilidad en sus cargos ni confianza para fallar libremente. En resumen, de los discursos y acciones políticas del presidente Chávez comenzó a desprenderse la sensación de que el «proceso», tal como lo llaman sus seguidores, estaba por encima de la Constitución y las leyes.

El detonante del surgimiento del movimiento social (desarticulado, espontáneo, en buena medida desamparado por los partidos políticos y renegando de ellos) con el que finalmente la oposición enfrentaría al chavismo lo constituyó la promulgación en noviembre de 2001, de los famosos 49 decretos-leyes. La reconstrucción minuciosa de la evolución del conflicto durante el período 2001-2005 corresponde a los siguientes seis capítulos; de momento, aquí solo queremos indicar que en Venezuela se fueron perfilando dos identidades colectivas diferentes, cuyo enfrentamiento ha ocasionado el desarrollo de un nuevo patrón de conflicto: ya no se trataba de una población descontenta que se enfrentaba a su clase política, sino de un país polarizado en dos grupos autopercibidos como distintos y opuestos. Tal como se explicará en las siguientes páginas, no era cuestión de un choque entre dos grupos políticos; se trataba en el fondo de una confrontación vital entre dos modelos antagónicos de sociedad, entre una democracia pretendidamente liberal (con mucho de pactada y rentista todavía) y otra iliberal, totalitaria y plebiscitaria, tendiente al socialismo (igualmente rentista). La forma en la que se articuló este nuevo conflicto sobre causas ya viejas no facilitó su conducción pacífica y negociada; por el contrario, se convirtió en motor para la confrontación y la polarización social. En resumen, fue así como Venezuela comenzó a deslizarse peligrosamente desde la lógica de la paz, basada en la tolerancia y el diálogo razonado, hacia la lógica de la guerra, que consiste en la medición de fuerzas y la derrota del enemigo. Del conflicto agonal (donde los contendientes compiten pero no buscan su mutuo sometimiento) que caracterizó la etapa civil de la República, el país se fue deslizando hacia una dinámica de conflicto existencial (en el que cada bando se convence de que su oponente debe ser sometido o destruido).

CAPÍTULO II
LA ESCALADA DEL CONFLICTO
(septiembre de 2001-abril de 2002)

11 DE SEPTIEMBRE DE 2001: UNA FECHA CRUCIAL

La fecha del 11 de septiembre de 2001 será recordada como un hito en la historia de las relaciones internacionales. A partir de ese día se desencadenarían poderosas dinámicas que modificarían las relaciones de poder entre las naciones. No cabe duda de que los atentados terroristas contra los Estados Unidos y la destrucción de las torres gemelas del World Trade Center de Nueva York marcarán para siempre la memoria de tal fecha. Pero a nivel hemisférico, ese día también reviste particular importancia porque en la ciudad de Lima (poco tiempo después de la salida de Alberto Fujimori del poder) los representantes de los países integrantes de la Organización de Estados Americanos firmaron un novedoso documento, titulado Carta Democrática Interamericana. La iniciativa, adelantada personalmente por el secretario general de la organización hemisférica, el expresidente colombiano César Gaviria[1], constituía la culminación de largos esfuerzos diplomáticos[2] que pretendían dotar a la OEA de una herramienta que la constituyera como vigilante y garante multilateral de la democracia en el continente. Con la excepción de Cuba, que no formaba parte de dicha

---

1 «En su campaña para la reelección [como secretario general de la OEA], buena parte del respaldo unánime que Gaviria consiguió de los países del continente se debió a una propuesta para desarrollar mecanismos de intervención en los países que interrumpían el normal desarrollo de sus instituciones y procesos democráticos. La propuesta tomó forma a principios de 2001 y se convirtió en un borrador de declaración, pero una vez que estuvo redactada, la unanimidad inicial se rompió». Vargas, Mauricio (2001): *Tristes tigres*, Bogotá, Planeta; pp. 46-47.

2 En el preámbulo de la Carta se citan concretamente la Declaración Americana de los Derechos y Deberes del Hombre, la Convención Americana sobre Derechos Humanos, la cláusula democrática firmada en la Tercera Cumbre de las Américas en Québec, el protocolo de San Salvador, el Compromiso de Santiago, la Declaración de Nassau, la Declaración de Managua y otras iniciativas y acuerdos similares.

organización desde los años sesenta, América iniciaba el siglo XXI libre de los regímenes dictatoriales y autoritarios que tan corrientes fueron durante el siglo XX. La oportunidad parecía entonces ideal para que los gobiernos de los países miembros se comprometieran, con la firma de tal documento, a preservar la democracia en América, convirtiéndola así en una situación estructural y permanente.

Pero, ¿qué tipo de democracia se buscaba promover y preservar? A pesar de que la palabra «liberal» no aparece en toda la Carta, está claro que la democracia que defiende es la democracia liberal, ya que en dicho documento se aboga por «el respeto a los derechos humanos y las libertades fundamentales; el acceso al poder y su ejercicio con sujeción al Estado de Derecho; la celebración de elecciones periódicas, libres, justas y basadas en el sufragio universal y secreto como expresión de la soberanía del pueblo; el régimen plural de partidos y organizaciones políticas; y la separación e independencia de los poderes públicos» (artículo 3). De igual modo, se considera que «la transparencia de las actividades gubernamentales, la probidad, la responsabilidad de los gobiernos en la gestión pública, el respeto por los derechos sociales y la libertad de expresión y de prensa», así como «la subordinación constitucional de todas las instituciones del Estado a la autoridad civil legalmente constituida y el respeto al Estado de Derecho de todas las entidades y sectores de la sociedad son igualmente fundamentales para la democracia» (artículo 4). La Carta hace además referencia explícita a la democracia representativa (artículos 2 y 3), pero no así a una democracia participativa, si bien aclara que «la participación de la ciudadanía en las decisiones relativas a su propio desarrollo es un derecho y una responsabilidad. Es también una condición necesaria para el pleno y efectivo ejercicio de la democracia» (artículo 6).

Por su parte, el gobierno venezolano se encontraba claramente insatisfecho con el espíritu de la Carta. Ya a comienzos de 2001, durante la III Cumbre de las Américas que se celebró los días 20, 21 y 22 de abril en Québec, la diplomacia de Caracas había mostrado sus reticencias a apoyar las iniciativas conducentes a un consenso continental para el respaldo de la democracia, al menos entendida en los términos señalados anteriormente. Venezuela fue entonces el único país que puso reservas a la hora de firmar el documento final, que incluía una «cláusula democrática»; de hecho, en la redacción final del documento, luego de la frase «Hemos adoptado un Plan de Acción para fortalecer la democracia representativa, promover una eficiente gestión de gobierno y proteger los derechos humanos y las libertades fundamentales», consta que «Venezuela reserva su posición». La cumbre de Québec también constituyó un fuerte respaldo a las negociaciones del ALCA (Área de Libre Comercio para las Américas) por parte de los gobiernos del hemisferio, iniciativa a la cual se oponía igualmente el gobierno venezolano.

Se comprende entonces que el precedente sentado por Venezuela en Québec generase cierta inquietud y expectativa unos meses más tarde en Lima, el día de la firma de la Carta Democrática de la OEA, ya que cabía la posibilidad de que Caracas se negara a firmar el documento. Tal como lo señalara el periodista colombiano Mauricio Vargas,

> El coordinador del grupo de trabajo que tenía la misión de sacarla adelante, el embajador colombiano Humberto de la Calle, era más bien pesimista. Saltaba a la vista que Venezuela volvería a ponerse al frente de varios países del Caribe para frenar la aprobación o cuando menos conseguir que la cumbre limara los colmillos de la nueva herramienta, en cuanto a la intervención en un país para defender la integridad de su democracia (2001: 48).

Esto, sin embargo, no sucedió. Es posible que el impacto de los atentados terroristas en los Estados Unidos haya influido para que Venezuela se reservara aquel día sus críticas a la Carta y decidiera firmarla sin objeciones. Nuevamente Vargas señala que el secretario de Estado de los Estados Unidos, Colin Powell:

> (…) llegó a la sede de la reunión, recibió el apoyo solidario de los demás países de la OEA y tomó la palabra para invitar a todos a aprobar sin más dilaciones la Carta Democrática que, según él, también era una herramienta en la lucha contra el terrorismo internacional. En menos de siete minutos la Carta fue aprobada. Venezuela y los países del Caribe comprendieron que no había ambiente para atravesar nuevos obstáculos y sin ofrecer oposición, se unieron a los demás para aprobar la Carta por unanimidad (2001: 48-49).

Fue así como, sin objeciones de ningún tipo, la Carta Democrática quedó ratificada por unanimidad, quedando así la OEA facultada para vigilar el normal funcionamiento democrático de las instituciones de sus países miembros, enviar misiones exploratorias (previo consentimiento del gobierno en cuestión) e incluso suspender temporalmente a un país (mediante el voto afirmativo de dos terceras partes de los miembros) como miembro de la organización hemisférica en caso de verificarse una ruptura del orden democrático en su gobierno.

El gobierno venezolano, que ya había comenzado a desplegar una agenda internacional opuesta a la de los Estados Unidos en casi todos los aspectos, observaba con recelo el nuevo instrumento, ya que temía la posibilidad de que Washington lo empleara como mecanismo de control sobre su política *revolucionaria*. Bien sabido era que el vínculo entre el gobierno de Chávez y el régimen de Fidel Castro, así como la visita del presidente venezolano al Irak todavía gobernado por Saddam Hussein en agosto de 2000 (la primera por parte de un jefe de Estado democráticamente electo desde la primera Guerra del Golfo, en el marco de una gira por los diez países de la OPEP) eran elementos que causaban particular inquietud en Washington. Además, según afirma Eva Golinger, días antes de la firma de la Carta Democrática, Caracas había anunciado que no renovaría el acuerdo de cooperación militar bilateral con los Estados Unidos, que había estado en vigor durante 50 años (2005: 36).

A estos factores habría que sumar la actitud del gobierno de Chávez frente a la respuesta de la administración Bush a los atentados terroristas del 11 de septiembre, circunstancia que pudo haber sido la gota que derramó el vaso de la tolerancia estadounidense frente a la nueva agenda de la política exterior venezolana. La primera reacción del presidente venezolano, así como la del canciller y otros miembros del gobierno de Caracas, fue de enérgica condena a los atentados del 11 de septiembre, a los que, por radio y TV, calificó de «actos abominables», y argumentó que no existía ninguna razón para secuestrar aviones y:

> [...] embestirlos de manera salvaje, irracional y diabólica contra una estructura llena de seres humanos [...] Las armas solo pueden ser usadas por una razón suprema, por un interés superior. Lo que vimos allí fue otra cosa, salvajismo, crueldad, terrorismo, irracionalidad[3].

---

3 Carlos Contreras: «Presidente Chávez condena ataque terrorista a Estados Unidos», en http://www.eluniversal.com/2001/09/13/pol_art_13108BBB.shtml); conceptos similares fueron emitidos por quien

Chávez incluso llegó a ofrecer ayuda en las labores de búsqueda de víctimas en Nueva York. No obstante, dicha ayuda fue rechazada por la embajadora norteamericana en Venezuela, Donna Hrinak, en un evidente gesto de amarga reciprocidad a la negativa que interpuso el gobierno de Chávez para recibir ayuda de equipos militares estadounidenses, con ocasión de la tragedia natural de los deslaves del estado de Vargas, cuando decenas de miles de venezolanos quedaron damnificados (diciembre 1999).

SE DETERIORAN LAS RELACIONES CARACAS-WASHINGTON

Poco después, Caracas endureció su posición. El gobierno venezolano comenzó a marcar ciertas distancias frente a la eventual invasión de Afganistán, actitud que Washington consideró como manifestación de una peligrosa ambigüedad y potencial hostilidad. Mientras el presidente Chávez manifestaba su rechazo ante la posibilidad de que se desatara una guerra, el ministro de la Defensa, José Vicente Rangel, señalaba que Venezuela apoyaba la lucha antiterrorista, pero sin otorgar apoyo incondicional a la declaración de guerra al terrorismo (*War on Terror*) de la administración Bush, caracterizada por lo difuso de su definición. Por su parte, el embajador venezolano en la OEA, Jorge Valero, llamó a «deplorar el choque de las civilizaciones. Hay que fomentar el diálogo entre las civilizaciones, entre las religiones, entre el cristianismo y el islam». Días más tarde, el 17 de septiembre de 2001, la embajadora Hrinak se reunió con el canciller Luis Alfonso Dávila en Casa Amarilla, sede del Ministerio de Relaciones Exteriores de Venezuela. A su salida, Hrinak señaló que había pedido información y apoyo al gobierno venezolano sobre posibles movimientos de terroristas en el país. Al día siguiente, Estados Unidos comenzó la movilización militar en el marco de la operación Justicia Infinita, y pocos días después le seguirían las tropas británicas.

El 21 de septiembre, el canciller Dávila señalaba en la sede de la OEA en Washington (en el marco de una reunión convocada de emergencia con la finalidad de tratar el tema del terrorismo) que si bien Venezuela apoyaba la lucha global antiterrorista, exigía respeto al Derecho Interna-

---

entonces era canciller de Venezuela, Luis Alfonso Dávila (Sara C. Díaz: «'Venezuela es un país de paz'», en http://www.eluniversal.com/2001/09/14/pol_art_14107AA.shtml), y otros miembros del gobierno (Alicia La Rotta: «Gobierno repudia atentado», http://www.eluniversal.com/2001/09/12/pol_art_12106AA.shtml) (Consultas: junio 4, 2008).

cional y solicitaba la renovación o reformulación del TIAR (Tratado Interamericano de Asistencia Recíproca). El día 29, en un artículo de prensa,
el canciller señalaba también que la nueva política exterior de Venezuela
estaba enfocada a fortalecer la multipolaridad en el mundo. El propio
presidente Chávez señaló el día 26, en el marco de una reunión del Pacto
Amazónico que se celebraba en Colombia, que el asunto debía ser deba-
tido en las Naciones Unidas.

Pero al gobierno de Hugo Chávez se le venía acusando de ser un
potencial colaborador del terrorismo. Por aquellas fechas, el gobierno de
Andrés Pastrana se encontraba en medio de un polémico e infructuoso
proceso de negociación con las FARC, la guerrilla más antigua del continente. Como parte del acuerdo para iniciar las negociaciones, el gobierno colombiano había despejado una zona más grande que El Salvador,
en torno a San Vicente del Caguán. Las negociaciones no iban por buen
camino[4] y había rumores en torno al supuesto apoyo que Caracas brindaba
a las FARC. El 25 de septiembre, el gobierno de Venezuela pidió explicaciones al de Bogotá por unas grabaciones difundidas en un canal privado
en Colombia, en las que se veía a Diego Serna, guerrillero de las FARC,
moviéndose junto a Chávez en una visita de este a Bogotá.

El ministro de Defensa venezolano, José Vicente Rangel, echaría
gasolina al fuego al señalar días después que el gobierno venezolano no
consideraba a las FARC un grupo terrorista, «porque si lo fueran, el presidente Pastrana no hablaría con ellos. Con los terroristas no se dialoga».
Rangel condenaba firmemente los ataques norteamericanos en Afganistán,
al tiempo que afirmaba que Ilich Ramírez Sánchez, mejor conocido como
El Chacal (uno de los más connotados terroristas del siglo XX, detenido
desde 1994 y encarcelado en Francia) no sería considerado terrorista por
el gobierno venezolano hasta tanto fuera juzgado y sentenciado como tal
en el país. Para ese momento el gobierno de Chávez solicitaba la repatriación de El Chacal a Venezuela; en una entrevista publicada el día 21 de
octubre de 2001, Ramírez señalaba que no se consideraba terrorista, sino

---

4 A finales de septiembre fue encontrado el cadáver de Consuelo Araújo, exministra de cultura y esposa del
procurador general, que había sido secuestrada una semana atrás en Valledupar. Pastrana logró negociar un
pacto con las FARC para que no se viera afectado el proceso de paz, prorrogando la desmilitarización a cambio
de que los guerrilleros no secuestraran civiles; el acuerdo –que no sería precisamente cumplido- fue aplaudido
por el ministro de Defensa venezolano, José Vicente Rangel. Ver «Pacto salva diálogo con las FARC», http://
www.eluniversal.com/2001/10/07/int_art_07122AA.shtml (Consulta: junio 6, 2008).

revolucionario, y que se solidarizaba con la lucha de Osama Bin Laden contra el imperialismo yanqui.

Washington no ocultó su incomodidad ante la ambigüedad de Caracas. A pesar de que los Estados Unidos celebraron la iniciativa del gobierno venezolano de intentar controlar los precios del petróleo[5], las declaraciones de Rangel contribuyeron a alimentar el recelo de los Estados Unidos con respecto a la actitud de Caracas en torno al terrorismo. Así, la embajadora Hrinak señaló el 19 de octubre que «las declaraciones de Chávez han sido de mucho apoyo […] aunque hay que reconocer que hubo algunas confusiones, la semana pasada, con informaciones aportadas por otras personas del gobierno». Cuando Rangel le contestó días después, afirmando que todos en el gobierno habían sido sumamente claros, Hrinak dejó en claro que las declaraciones de ciertos funcionarios venezolanos habían tenido un costo para el gobierno en términos de «credibilidad», y ello llevó a la Cancillería venezolana a exigirle explicaciones.

La desconfianza entre Caracas y Washington aumentaba también por los contactos que la oposición venezolana mantenía con los norteamericanos. Durante el mes de octubre de 2001, el alcalde metropolitano de la ciudad de Caracas, el opositor Alfredo Peña, estuvo en Washington y Nueva York, donde acordó una visita del exasesor de inteligencia de la alcaldía de esta última ciudad, William Bratton, para ayudarle a mejorar el desempeño de la Policía Metropolitana. Peña era a la sazón el más duro crítico de Chávez en Venezuela, y sus contactos con los Estados Unidos siempre fueron vistos con desconfianza por parte del gobierno revolucionario de Caracas.

Las posibilidades de acercamiento entre los gobiernos de Chávez y Bush se verían truncadas de forma casi permanente a partir del 29 de octubre, cuando el presidente Chávez, a su llegada de una gira internacional, no solo acusó a Peña y a varios medios de comunicación privados de

---

5 Chávez inició el día 6 de octubre de 2001 una gira de tres semanas por varios países (en principio Suiza, Francia, Italia, Bélgica, Austria, Portugal y Reino Unido, pero luego se sumarían Argelia, Libia, Arabia Saudita y Rusia) y también incluyó la asistencia a la reunión de la ONU en Ginebra, donde Chávez achacó a la pobreza y la desigualdad la causa de los conflictos en el mundo y rechazó la guerra para su solución; información tomada de Taynem Hernández: «EE.UU. no tiene que opinar sobre viaje de Chávez a Libia», http://www. eluniversal.com/2001/10/16/pol_art_16208AA.shtml; Gustavo Méndez: «'La guerra no es el camino'», http://www.eluniversal.com/2001/10/09/int_art_09106AA.shtml y Elvia Gómez: «Oficialismo autorizó al presidente a ausentarse del país hasta el 26», http://www.eluniversal.com/2001/10/05/pol_art_05112DD. shtml (Consultas: junio 6, 2008).

estar conspirando para derrocar su gobierno, sino que condenó los ataques norteamericanos en Afganistán, mientras mostraba por TV varias fotos de niños afganos mutilados. Estas declaraciones hicieron saltar las alarmas en Washington, que procedió a llamar a consultas a su embajadora Hrinak.

Los atentados del 11 de septiembre obligaron al gobierno estadounidense a adoptar una política enérgica frente a las nuevas amenazas que le ofrecía la política internacional; así se lo demandaron los ciudadanos de los Estados Unidos. La presión por ofrecer una respuesta efectiva y coherente produjo la política de la *War on Terror*, que obligó al resto del mundo a definir sus posturas de forma tajante y radical frente al problema del terrorismo internacional. Esta iniciativa no se caracterizó precisamente por la sutil diplomacia de la administración Bush; antes bien, su apego irrestricto a una visión poco flexible de los asuntos públicos e internacionales generó no pocas dudas en el concierto internacional. Frente a esta conminación, el gobierno venezolano terminaría por asumir una postura totalmente contraria a la agenda desarrollada por Washington. Desde nuestra perspectiva, resulta crucial entender que el gobierno de Chávez se autopercibía como revolucionario y, por ende, como portador de una visión radical que esencialmente se opone al *statu quo* internacional.

Ante lo anterior, cabe hacerse un par de preguntas: en primer lugar, la adopción de esta postura radical por parte del gobierno venezolano ¿fue forzada en algún sentido por los Estados Unidos? La respuesta es *no*; al menos desde nuestro punto de vista. El gobierno venezolano bien podría haber asumido una posición menos combativa y más moderada que la adoptada por la propia administración Bush, pero de hecho no eludió el choque diplomático ni el conflicto ideológico; incluso parece haberlo buscado. En segundo lugar, ¿estuvo tal postura motivada por la firme creencia en ciertos principios acerca de lo que debe ser la política internacional, o constituyó la adopción de una postura defensiva *a priori*, de cara a potenciales presiones por parte de los Estados Unidos? Desde nuestro punto de vista, la respuesta es que ambas razones operaron de forma conjunta y se combinan para comprender la posición del gobierno venezolano.

Nuestra respuesta a ambas preguntas se fundamenta en el hecho de que la agenda de política exterior que ya venía desarrollando el gobierno de Chávez había registrado importantes encontronazos con la Casa Blanca[6],

---

6 Los choques diplomáticos habían sobrevenido como consecuencia de las visitas de Chávez a Castro y Hussein, sus posiciones heterodoxas frente a la OPEP, el ALCA y la Carta Democrática, el caso Montesinos

que además estaba ocupada por un gobierno no precisamente pragmático y sí bastante intransigente. La actitud del gobierno de Chávez, que simultáneamente desarrollaba una agenda opuesta a la estadounidense y se manejaba con sumo recelo frente a instrumentos como la Carta Democrática de la OEA, evidenciaba su clara conciencia de que la visión implícita tanto en su programa de gobierno como en su política exterior terminarían por colisionar, en un futuro no muy lejano, con la visión defendida por los Estados Unidos. En otras palabras, hay dos opciones: o el gobierno venezolano se encontraba conformado por funcionarios inconscientes, audaces hasta la torpeza y la irresponsabilidad, o bien por un conjunto de personas con conciencia y voluntad revolucionaria, esto es, conocedores de que el orden que pretendían implantar era incompatible con el *statu quo* nacional e internacional y que tarde o temprano chocaría irremisiblemente con dicho orden.

Preferimos pensar lo segundo. Si el gobierno de Chávez hubiera considerado desde un principio que las reformas radicales que pretendía acometer no chocarían tan violentamente con los valores de la democracia liberal, no habría tenido ninguna razón, más allá de una enfermiza paranoia, para temer violentas reacciones por parte de los Estados Unidos o de otros países. El punto es que en efecto las temía porque sabía que su apuesta significaría una afrenta radical al *statu quo* regional. Al mismo tiempo, la administración Bush también pareció ser la única que se tomó en serio el desafío que le presentaba el gobierno de Chávez, que sin constituir (ni mucho menos) una amenaza existencial para los Estados Unidos, sí estaba orientada a subvertir el orden hemisférico que se pretendía consolidar con la Carta Democrática de la OEA en la esfera de lo político, y que el ALCA buscaba materializar en el ámbito económico. Así, la polarización a nivel internacional en el contexto del 11 de septiembre resultó ser un potente combustible para alimentar la conflictividad que ya venía teniendo lugar en el ámbito de la política interna.

(prófugo de la justicia y exasesor de inteligencia del destituido presidente del Perú, Alberto Fujimori, quien sospechosamente se encontrara escondido en Venezuela durante varios meses y que fuera finalmente capturado en ese país el 22 de junio de 2001) o las presuntas relaciones del gobierno venezolano con la ETA, organizaciones islamistas, guerrillas colombianas y el caso «Ballestas».

NOVIEMBRE DE 2001: UN MES CRÍTICO

Retomando el hilo de los acontecimientos a nivel interno, es preciso recordar que en el año 2000 la nueva Asamblea Nacional, conformada mayoritariamente por fuerzas políticas que apoyaban a Chávez, le había otorgado al presidente amplios poderes especiales (Ley Habilitante) para que pudiera legislar durante doce meses por decreto en prácticamente todas las materias. El plazo de tales poderes especiales se vencía en noviembre de 2001, de modo que había gran expectativa en torno a cuáles serían las nuevas leyes, cuya elaboración se mantenía apartada de la opinión pública. Dichas leyes, ilusionantes para el chavismo, eran previstas por la oposición como el inicio de una arremetida del Estado contra la propiedad privada, la educación y la independencia sindical/gremial. El discurso agresivo de Chávez no ayudaba demasiado a rebajar las angustias de la oposición. Tal como lo reseñaba entonces Ernesto Villegas para *El Universal*, el presidente señalaba a principios de octubre de 2001, en el acto de juramentación de la nueva directiva del MVR y poco antes de iniciar una extensa gira internacional, que:

> «Estamos comenzado a tocar los intereses reales de la oligarquía [...] se incrementan las amenazas y conspiraciones», pero advirtió que «esta es una revolución pacífica, pero no desarmada», a diferencia de la de Allende. Aclaró, «para que no se equivoquen los enemigos», que al hablar de armas se refería a «fusiles y tanques», y apuntó que «la FAN está de este lado». También advirtió que de la Asamblea Nacional «o salen leyes revolucionarias o que no salgan». Mencionó la Ley de Educación, en la que «los escuálidos [opositores] metieron unos artículos». «Llamé a mis amigos de la AN y les dije: estoy seguro de que ustedes no van a aprobar esa ley y si llegaran a aprobarla, por Miraflores no pasa[7].

Estas declaraciones eran críticas en un momento en el que algunas secciones de Fedecámaras[8] (federación nacional de cámaras de empresarios) temían por los intereses de sus agremiados y la CTV (Confederación de

---

7 Ernesto Villegas: «Chávez al MAS: 'Agarren sus maletas y váyanse'», http://www.eluniversal.com/2001/10/05/pol_art_05112AA.shtml (Consulta: junio 6, 2008).

8 Los productores agropecuarios rechazaban las políticas del gobierno en materia agropecuaria, que incluían expropiaciones de tierras y fijación de precios. Raquel Barreiro: «Fedecámaras alerta sobre escalada de protestas», http://www.eluniversal.com/2001/10/03/pol_art_03111AA.shtml (Consulta: junio 6, 2008).

Trabajadores de Venezuela) desconocía un referéndum que amenazaba su independencia sindical. Recordemos que Chávez había convocado dicho referéndum el 3 de diciembre de 2000, para que toda la población mayor de edad decidiera sobre el futuro de la CTV. Esta, que mantenía fuertes lazos con el partido socialdemócrata Acción Democrática (AD), denunció el hecho ante la OIT, que lo condenó como un atentado a la libertad sindical y exhortó al gobierno a no realizar el referéndum[9].

Noviembre de 2001 fue un mes clave en el escalamiento del conflicto interno. El gobierno de Chávez se veía en la necesidad de desmentir la posibilidad de sufrir un golpe de Estado[10] o un estallido social, mientras que el Alto Mando Militar venezolano emitía un documento de respaldo al presidente Chávez y diversos oficiales de alto rango le ratificaban su apoyo irrestricto[11]. Ante la inminente promulgación de las nuevas leyes,

---

9 Ver el Informe Anual 2000-2001 de Provea, «Situación de los Derechos Humanos en Venezuela», http://www.uasb.edu.ec/padh/revista3/defensa/provea.htm (Consulta: junio 6, 2008). La pregunta del referéndum fue: «¿Está usted de acuerdo con la renovación de la dirigencia sindical, en los próximos 180 días, bajo Estatuto Especial, elaborado por el Poder Electoral, conforme a los principios de alternabilidad y elección universal, directa y secreta, consagrados en el artículo 95 de la Constitución de la República Bolivariana de Venezuela, y que suspendan durante ese lapso en sus funciones los directivos de las Centrales, Federaciones y Confederaciones Sindicales establecidas en el país?». Consejo Nacional Electoral, Resolución No. 001115-1979, del 15.11.00».

Contraviniendo el referéndum de diciembre de 2000, y pese al recurso de amparo admitido por el TSJ (Tribunal Supremo de Justicia), la CTV procedió a realizar sus elecciones internas el jueves 25 de octubre de 2001 (Lucylde González: «Santolo: Ratificamos la autonomía del movimiento sindical», http://www.eluniversal.com/2001/10/25/pol_art_25110AA.shtml), las cuales se saldaron con una holgada pero turbia victoria de la oposición, consagrando a Carlos Ortega como máximo directivo de la central sindical.

Los comicios fueron tachados de fraudulentos por el gobierno (especialmente por el candidato oficialista, Aristóbulo Istúriz. Gustavo Méndez: «Acuerdo político busca salvar comicios de la CTV», http://www.eluniversal.com/2001/11/04/pol_art_04106DD.shtml) a pesar de la asistencia técnica del CNE (Consejo Nacional Electoral). A partir de entonces, el oficialismo comenzaría a buscar mecanismos que le permitieran sustituir a la directiva del CNE. «Oficialismo estudia ley especial para sustituir directiva del CNE», http://www.eluniversal.com/2001/10/31/pol_art_31104HH.shtml (Consultas: junio 6, 2008).

10 Durante los primeros días de este mes se divulgó el contenido de un informe de Stratfor -una agencia privada de inteligencia- que afirmaba que Washington «no protestaría en voz alta la remoción no democrática» de Hugo Chávez, «especialmente si el suministro de petróleo no es interrumpido», ante lo cual el presidente venezolano señaló que «en Venezuela no hay el menor riesgo posible de un golpe de Estado»; Alicia La Rotta: «'No hay posibilidad de golpe'», http://www.eluniversal.com/2001/11/06/pol_art_06104AA.shtml (Consulta: junio 7, 2008).

11 El comandante general del Ejército, general Cruz Weffer, señaló el 9 de noviembre que Chávez «ha sido víctima de una guerra programada por la oposición, bien orquestada» (Rodolfo Cardona Marrero: «El presi-

las asociaciones de empresarios y comerciantes solicitaban una *vacatio legis*. Antonio Herrera Vaillant, vicepresidente entonces de la Cámara de Comercio e Industria Venezolano-Americana (Venamcham), explicaba que la solicitud de una prórroga por parte del empresariado en la discusión de las leyes que serían inminentemente emitidas era el resultado de que dichas leyes «se hayan manejado como una caja negra, cuyo contenido nadie ha leído, agravado porque sí se conocen las declaraciones y los antecedentes de algunas de las personas que las están elaborando. No puede haber sino preocupación»[12]. Tanto en el empresariado como en los sindicatos se comenzaban a escuchar convocatorias a un paro nacional. Si bien Pedro Carmona Estanga, presidente de Fedecámaras, señalaba que de momento dicho paro no estaba contemplado, Fedepetrol (el sindicato de trabajadores petroleros del cual provenía Carlos Ortega) sí realizó un paro durante 12 horas el día 9 de noviembre de 2001 en la petrolera estatal PDVSA. Por otra parte, una comisión de la Asamblea Nacional investigaba a quien entonces aparecía como principal figura de la oposición, el alcalde metropolitano Alfredo Peña, por supuesta «traición a la patria», debido a sus declaraciones con respecto a la aparente infiltración de un guerrillero de las FARC en la comitiva del presidente Chávez en una de sus visitas a Bogotá.

En el ámbito internacional las cosas seguían complicándose. Luego de haber llamado a consultas a la embajadora Hrinak, el 7 de noviembre el Departamento de Estado volvió a demandar una «posición clara e inequívoca» de todos los países de la coalición antiterrorista, a pesar de reconocer que el gobierno venezolano le había comunicado que no tenía intención de dañar las relaciones con los Estados Unidos. Sin embargo, Caracas mantenía esfuerzos diplomáticos que se oponían a la ocupación norteamericana de Afganistán. El 8 de noviembre se instaló en Caracas un Encuentro Latinoamericano y Caribeño sobre el Diálogo de Civilizaciones, basado en una resolución de la ONU que declaraba al año 2001 como «Año Internacional del Diálogo entre Civilizaciones», a raíz de una propuesta realizada por Mohammed Jatami, el líder reformista iraní. Las

---

dente es víctima de una guerra opositora» http://www.eluniversal.com/2001/11/10/pol_art_10106EE.shtml), mientras que dos días más tarde el comandante de la Guardia Nacional, Belisario Landis, sostenía que «aquellos que quieren ser presidentes antes de tiempo ¡esperen su turno!» («¡Esperen su turno a la presidencia!», http://www.eluniversal.com/2001/11/11/pol_art_11106DD.shtml (Consultas: junio 7, 2008).

12 En Pedro García Otero: «La 'caja negra' de la habilitante», http://www.eluniversal.com/2001/11/05/pol_art_05102AA.shtml (Consulta: junio 7, 2008).

declaraciones realizadas en este foro por la vicepresidenta de la República, Adina Bastidas, quien parecía justificar el terrorismo a solo un mes de los atentados del 11/S, claramente estuvieron dirigidas contra el gobierno de Washington, y en efecto le causaron una pésima impresión. En esa oportunidad, Bastidas distinguió entre lo que llamó terrorismo de los opresores y terrorismo de los oprimidos, siendo este último:

> [...] un subproducto perverso y lamentable de la dominación Wasp [*White, AngloSaxon, Protestant*], que llega a hacerse insoportable para los más radicales o violentos de los dominados, lo que los lleva a desesperadas explosiones destructivas y asesinas [y criticó lo que denominó] los mandamientos de la ley del Dios occidental en las grandes potencias dominantes [que estarían dictados por el Fondo Monetario Internacional (FMI), el Banco Mundial (BM) y la Organización Mundial del Comercio (OMC)][13].

La embajadora Hrinak contestó al día siguiente, advirtiendo que «la erradicación del terrorismo se ha convertido en el objetivo prioritario de mi gobierno [...] mediremos nuestras relaciones con los demás países de acuerdo con la cooperación que ellos aporten en este esfuerzo»[14]. Un hecho que demuestra que los Estados Unidos pensaban adoptar un perfil más duro frente a Venezuela desde principios de octubre es que desde entonces se había designado a Charles Shapiro (un diplomático de carrera que dirigía la Oficina de Asuntos Cubanos del Departamento de Estado desde 1999 y con experiencia en Chile) para sustituir a Donna Hrinak, sustitución que no tendría lugar sino hasta mucho después. Mientras tanto, en una iniciativa de diplomacia parlamentaria, los senadores estadounidenses Ballenger (republicano) y Delahunt (demócrata) se entrevistaron con Chávez en Miraflores el 12 de noviembre para tratar de limar asperezas. En el futuro, dichos senadores desarrollarían una interesante labor diplomática[15].

Septiembre de 2001 no solo había registrado importantes acontecimientos a nivel internacional que repercutirían en el conflicto venezo-

---

13 Sara C. Díaz: «'Terrorismo es subproducto anglosajón'», http://www.eluniversal.com/2001/11/09/pol_art_09106AA.shtml (Consulta: junio 7, 2008).

14 Elvia Gómez: «'Solo es un aliado quien coopere'», http://www.eluniversal.com/2001/11/10/pol_art_10104AA.shtml (Consulta: junio 7, 2008).

15 Alicia La Rotta: «Chávez recibió a representantes», http://www.eluniversal.com/2001/11/13/pol_art_13110CC.shtml (Consulta: junio 7, 2008).

lano. También fue el momento en el que, por primera vez, las encuestas señalaron que el gobierno de Chávez no contaba con el respaldo de la mayoría de la población[16]. Las fortísimas críticas emitidas en los medios de comunicación privados, el lenguaje particularmente agresivo del presidente Chávez y la falta de resultados concretos en su gestión, son factores que se combinaban para explicar tal descenso de su popularidad. En esta época las reservas internacionales del país se encontraban por el orden de los $12.400 millones, mientras el petróleo venezolano se cotizaba alrededor de los $16,5 por barril, lo cual daba poco margen de acción al gobierno de Caracas. Poco a poco los cacerolazos y las protestas callejeras se fueron haciendo más comunes. El ministro del Interior, Luis Miquilena, mantenía una posición más conciliadora que Chávez y llamaba al diálogo, pero dicha postura se encontraba fuera de la tónica general del gobierno; no en balde el experimentado Miquilena preveía el enfrentamiento por venir, y por ende llamaba a disminuir la conflictividad que venía *in crescendo*.

El 13 de noviembre, cuando se vencía el plazo de los poderes especiales otorgados por la Ley Habilitante, el presidente Chávez señaló en cadena nacional que los 49 decretos-leyes estaban listos. Las nuevas leyes afectaban desde la distribución de la tierra y el régimen de explotación petrolera hasta las operaciones bancarias, la propiedad privada y el régimen de libertades. Las protestas de una parte de la población no se hicieron esperar. A partir de ese momento, Fedecámaras, irritada por la inoperante comunicación con el gobierno, expresó su «decepción y frustración» por la forma en que se aprobaron las leyes y acordó suspender el diálogo, argumentando que se había convertido en un monólogo. Como respuesta, el presidente Chávez desacreditó a Fedecámaras como organismo interlocutor del empresariado[17]. Al mismo tiempo, el candidato del gobierno para dirigir la CTV, Aristóbulo Istúriz, solicitó al TSJ la anulación de las elecciones sindicales, medida contra la cual los sindicatos de la CTV, desconocidos por el gobierno y liderados por Carlos Ortega, estaban dispuestos a desarrollar un paro nacional. Por su parte, el ministro Rangel ofrecía el

---

16 El IVAD (Instituto Venezolano de Análisis de Datos, usualmente acusado por algunos opositores como «pro-chavista») señalaba que, entre octubre y noviembre, un 69% responsabilizaba a Chávez de los problemas del país y un 85% le pedía cambiar de actitud, en referencia sobre todo al tono de sus declaraciones. http://www.eluniversal.com/2001/11/12/pol_art_12108AA.shtml (Consulta: junio 7, 2008).

17 «Chávez, Miquilena y Cabello defienden los textos aprobados», http://www.eluniversal.com/2001/11/16/pol_art_16102FF.shtml (Consulta: junio 7, 2008).

día 17 unas declaraciones en las que se mostraba firme pero preocupado, dando a entender que el gobierno se haría obedecer.

> En Venezuela no va a haber golpe de Estado. Algunos piensan eso porque en las encuestas aparece una baja en la popularidad del presidente, pero no podemos descalificar un gobierno constitucional por esas mediciones. Además, nosotros tenemos otras encuestas y otra percepción. Aquí la única salida es el diálogo, porque lo otro es la violencia. Insisto: aquí no habrá golpe, y, si se intenta, va a ser algo sumamente cruento, porque el gobierno no va a correr. Ninguno de nosotros tiene vocación de asilo, que eso quede sumamente claro. Se pueden albergar reservas con respecto a la sinceridad de la voluntad de diálogo por parte del presidente, pero lo que no se discute es que Chávez se queda hasta el final de su mandato constitucional[18].

El 19 de noviembre, Fedecámaras decidió convocar un paro general de 24 horas de todos sus afiliados para el 10 de diciembre de 2001. Chávez señaló entonces que eran:

> [...] tan solo la cúpula. Es un poco como la Iglesia: son como los voceros de la gran mayoría, pero no son la gran mayoría. Lamento mucho que no quieran hablar, pareciera que tienen una gran contradicción: piden diálogo y entonces no quieren dialogar [...] Se alinean las cúpulas de la vieja clase política bastarda y corrupta, las que manejan la mayoría de los medios de comunicación social del país, la radio y la televisión, los adversarios del pueblo, los adversarios de Bolívar, los adversarios de la verdad[19].

Asimismo, el presidente ordenó la movilización de varios contingentes de la Guardia Nacional por Caracas, situación que el alcalde opositor Peña atribuyó a un intento por impedir manifestaciones y protestas por parte de la oposición. El día 22, José Luis Betancourt, presidente de Fedenaga (Federación Nacional de Ganaderos) rompió la Ley de Tierras ante las cámaras de TV. En medio de semejante clima de crispación, el

---

18 Milagros Socorro: «Si hay golpe, será muy cruento», http://www.eluniversal.com/2001/11/18/pol_art_18104AA.shtml (Consulta: junio 7, 2008).

19 «Chávez: 'Las cúpulas se unen'», http://www.eluniversal.com/2001/11/20/pol_art_20104AA.shtml (Consulta: junio 7, 2008).

ministro de la Defensa, Rangel, fue designado para conducir el diálogo con los empresarios, medida que fue rechazada por Carmona; este reiteró entonces que el diálogo «tiene que partir de un primer contacto con el jefe de Estado, Hugo Chávez Frías [...] No estamos descalificando a nadie, pero el interlocutor válido es el jefe de Estado»[20].

Ya para este momento la oposición, organizada en torno a Fedecámaras, la CTV y la insistente presión de los medios de comunicación privados, parecía decidida a plantarse y hacer una demostración de fuerza. El papel de los partidos políticos de oposición, desprestigiados y a la deriva, se hacía notar por su ausencia y carencia de peso específico. De las exhortaciones al diálogo y las continuas críticas se fue pasando a la acción directa, alimentada por la tentación de lograr la salida de Chávez de la presidencia, ya fuera forzando unas elecciones anticipadas (algo no contemplado de forma específica en la Constitución) o su renuncia. La coyuntura internacional (marcada por la creciente polarización global impuesta por la administración Bush) y la determinación del presidente Chávez de no dar su brazo a torcer, así como el propio discurso presidencial (cada vez más agresivo y en ocasiones soez) solo ayudaron a alimentar la creciente conflictividad interna. Tal como podemos apreciar en esta crónica, ambas partes se acusaban de no querer el diálogo y se iban mostrando cada vez más proclives a emplear la fuerza.

El 21 de noviembre, el presidente Chávez recibió a Hrinak en La Casona; allí, según afirmaría él mismo más tarde, se habría negado a aceptar presiones para retractarse de sus declaraciones con respecto a los bombardeos en Afganistán. Al día siguiente, el mandatario venezolano viajó a San Vicente y Granadinas para firmar un acuerdo de venta de petróleo, y posteriormente se trasladó a Lima para asistir a la XI Cumbre Iberoamericana, donde procedió a explicar las diferencias entre guerrilleros y terroristas, afirmando que «Terrorista es el que lance aquí una bomba y nos barra a todos. Dios nos cuide; pero el que vaya a las armas en condiciones de igualdad a luchar por sus ideas políticas, en mi criterio, no lo es»[21]. Estas declaraciones sin duda preocuparon a los gobiernos de países

---

20 Mariela León: «Carmona: 'El interlocutor válido es Chávez'», http://www.eluniversal.com/2001/11/23/pol_art_23104CC.shtml (Consulta: junio 7, 2008).
21 Andrea Benavides: «'Guerrillero no es terrorista'», http://www.eluniversal.com/2001/11/25/int_art_25114AA.shtml (Consulta: junio 6, 2008).

como España[22] y Colombia[23], que solicitaban la cooperación de Caracas en materia de lucha antiterrorista. La imagen del gobierno venezolano a nivel internacional se vio aún más deteriorada cuando la Internacional Socialista, reunida en República Dominicana los días 26 y 27 de noviembre, emitió una declaración de condena a lo que consideró como la actuación antidemocrática del Estado venezolano, pronunciándose contra lo que consideró:

> [...] la violación frecuente del Estado de Derecho, al dictar el gobierno venezolano disposiciones normativas contraviniendo el espíritu y la letra de la Constitución, convirtiendo a la democracia y sus instituciones en una mascarada y estableciendo un precedente nefasto que pareciera ser el prolegómeno para la instauración de un régimen autoritario[24].

La situación internacional repercutía a nivel interno. A pesar de que el ministro Miquilena seguía insistiendo en la necesidad de dialogar para superar diferencias, los esfuerzos de Rangel para calmar a la oposición no funcionaron, ya que esta insistía en un «diálogo sin precondiciones» y afirmaba que los guerrilleros colombianos (quienes desde hace décadas extorsionan y secuestran a ciudadanos venezolanos, muchos de ellos ganaderos) sí eran terroristas. El presidente no ayudaba tampoco al diálogo, pues a su llegada de Lima, Chávez dejó claro que estaba decidido a darle curso a

---

22 El gobierno español estaba solicitando mayor cooperación por parte de Caracas en la lucha contra ETA; según el diario español *La Razón*, se albergaban en Venezuela hasta 40 etarras. «España acusa a Venezuela de cobijar etarras», http://www.eluniversal.com/2001/11/24/int_art_24113DD.shtml; el ministro Rangel defendió la integridad del gobierno de Caracas, argumentando que los etarras estaban en Venezuela en virtud de un acuerdo firmado entre los presidentes Carlos Andrés Pérez y Felipe González. «Rangel niega que Venezuela dé protección a etarras», http://www.eluniversal.com/2001/11/26/pol_art_26112CC.shtml

El día anterior habían sido asesinados dos policías por la ETA en Beasain, Guipúzcoa. «Atentado de ETA cobra la vida de dos policías vascos», http://www.eluniversal.com/2001/11/24/int_art_24113GG.shtml (Consultas: junio 7, 2008).

23 Colombia se mostraba preocupada por las demoras en la respuesta del Estado venezolano a su petición de extradición de Jose María Ballestas –supuesto guerrillero del ELN, detenido y retenido en Venezuela por la Disip y requerido en Bogotá por apoderamiento y desvío de aeronave, secuestro extorsivo, homicidio culposo y rebelión–, realizada desde hacía más de 9 meses. El gobierno venezolano no había informado de su detención, pero la difusión de un video en 2000 en el cual se apreciaba que Ballestas estaba en manos de la Disip obligó a Caracas a admitir el hecho.

24 El texto aparece en el artículo «En Venezuela hay una 'mascarada' opina la Internacional Socialista», http://www.eluniversal.com/2001/11/30/pol_art_30106GG.shtml (Consulta: junio 8, 2008).

unas leyes que consideraba revolucionarias y que no estaba previsto «otro Punto Fijo», porque diciembre de 2001 sería el «mes de la batalla» entre «revolucionarios y reaccionarios». Y afirmaba también que «ahora dicen que solo hablan con Chávez. No. Yo ya tengo mi delegado [Rangel]. Y hasta que no pasen por ahí, no los voy a recibir»[25].

Por esas fechas se supo que 2.000 guardias nacionales custodiarían Caracas durante la Navidad y que los militares cobrarían un bono de fin de año equivalente a 90 días de sueldo, lo cual fue interpretado por la oposición como un intento de compra de la Fuerza Armada para instaurar los prolegómenos de un estado de excepción. El tema sindical seguía siendo fuente de polémica, porque a pesar de que el TSJ (Tribunal Supremo de Justicia) rechazó el recurso del chavismo contra el resultado de las recientes elecciones de la CTV[26], el oficialismo estaba determinado a controlar los sindicatos. Luego de una reunión convocada por Peña, a la cual asistieron Carmona, Ortega, el cardenal Ignacio Velasco y Pedro Palma (presidente de Venamcham), el alcalde caraqueño desestimó los frutos del diálogo ofrecido por el gobierno, preguntándose de cara a la opinión pública: «¿Cuál ha sido el resultado? 49 leyes inconsultas, la amenaza que pende sobre Globovisión para suspenderle la licencia, amenazas sobre la Iglesia y el maltrato a los periodistas y editores»[27]. A pesar de esta tirantez y de ciertos esfuerzos que se hicieron por parte de los sectores más conciliadores, tanto del gobierno como de la oposición, para lograr un diálogo fructífero, a esas alturas ya era obvio que los moderados llevaban cada vez menos el peso de las acciones[28]. Mientras la oposición hablaba

---

25 Taynem Hernández: «'Para volver atrás, no hay diálogo'», http://www.eluniversal.com/2001/11/29/pol_art_29108AA.shtml (Consulta: junio 7, 2008).

26 Dicho recurso fue presentado ante el TSJ por el líder de la «Fuerza Bolivariana de Trabajadores» y contendiente de Carlos Ortega en las elecciones sindicales, Aristóbulo Istúriz, quien se quejó de la decisión y argumentó que la sentencia al menos servía para demostrar que Chávez no controlaba al CNE y al TSJ. Sin embargo, señaló que a partir de entonces iban «a existir dos centrales de trabajadores» En Rodolfo Cardona: «Istúriz: 'Fallo del TSJ obedece al contexto político'», http://www.eluniversal.com/2001/12/06/pol_art_06106DD.shtml (Consulta: junio 8, 2008).

27 Ernesto Ecarri: «'Intentan sabotear el paro'», http://www.eluniversal.com/2001/12/01/pol_art_01102AA.shtml (Consulta: junio 8, 2008).

28 Durante los primeros días de diciembre, la Asociación Pro-Venezuela trató de canalizar los diálogos entre gobierno y oposición, proponiendo al presidente Chávez la preparación de unos talleres en los que se discutieran las leyes recién promulgadas. Miquilena, más proclive al entendimiento con la oposición que Rangel, aunque igualmente opuesto al paro empresarial, presentó la idea a Chávez, quien la habría acogido con buenos ojos,

públicamente de la necesidad de un gobierno de transición y convocaba una marcha previa al paro del 10 de diciembre, el día 8 Chávez desafiaba a sus adversarios:

> Ayer los escuálidos quisieron llegar al palacio de gobierno a pedir mi renuncia. No lograron juntar ni mil personas. Nos dan lástima. Tendremos que prestarles gente. Pero tienen que darse cuenta de que a ellos y a sus aliados corruptos los sacamos de allí para siempre. Yo me retiraré en el 2021[29].

Las declaraciones presidenciales tuvieron lugar en el Panteón Nacional, mientras se realizaba un traslado simbólico de los restos del cacique Guaicaipuro.

EL PARO EMPRESARIAL DEL 10 DE DICIEMBRE

Así llegó el día del paro empresarial, que por cierto era también el día de la Aviación Militar. Los resultados de aquel paro de 12 horas fueron considerados de forma muy distinta por las partes involucradas; mientras el oficialismo lo señaló como un fracaso, la oposición lo calificó como un éxito. Lo cierto es que se registró una evidente y sensible baja en la actividad comercial y empresarial. El presidente Chávez reaccionó muy airadamente, desafiando ya no solamente al liderazgo de Fedecámaras, sino a todos los que durante aquel día le tocaban cacerolas:

> Claro, es muy fácil esconderse detrás de un balcón lujoso con una cacerola, qué fácil es, que salgan a la calle a defender a ver con qué bandera, a ver con qué moral, queremos verles los rostros, que hablen, que le digan al país qué es lo que defienden esas minorías privilegiadas[30].

---

pero señaló que la misma simplemente se estaba evaluando. Alicia La Rotta: «Ejecutivo acepta revisión de leyes», http://www.eluniversal.com/2001/12/05/pol_art_05104EE.shtml (Consulta: junio 8, 2008).

29 «Chávez: 'El lunes, todos a la calle'», http://www.eluniversal.com/2001/12/09/pol_art_09102AA.shtml (Consulta: junio 8, 2008).

30 Palabras captadas en un video que fue proyectado durante la interpelación, por parte de la Comisión Especial Política nombrada por la Asamblea Nacional para la investigación de los hechos ocurridos los días 11, 12, 13 y 14 de abril de 2002, al general (Av) Pedro Antonio Pereira Olivares, el día 20 de mayo de 2002, a las 11:10 am; en http://www.urru.org/11 de abril/interpelaciones/PO1.htm (Consulta: junio 8, 2008).

Ante lo anterior, muchos vecinos de la base aérea desde la cual hablaba el presidente se aproximaron hasta el lugar para intensificar sus protestas. A continuación, los aviones de combate que hacían su exhibición aérea rompieron la barrera del sonido sobre la ciudad de Caracas, lo cual se interpretó por parte de la oposición como un gesto desafiante del gobierno. Fedecámaras y la CTV, reunidas luego del paro de 12 horas, consideraron que la situación había tomado un giro crítico desde aquel momento, lo cual sirvió como fundamento para su posterior endurecimiento.

A partir de entonces, algunos colaboradores del presidente Chávez, de talante más moderado, comenzarían a distanciarse del gobierno, aunque lo mantendrían en secreto por varias semanas. Tal era el caso del ministro del Interior, Luis Miquilena, y de buena parte de las personas que conformaban su denso entorno político. Aunque Miquilena sostuviera públicamente en un primer momento que su relación con Chávez «era a prueba de misiles», y aunque persistiera en el intento de conciliar a los sectores descontentos con el gobierno, finalmente hizo pública su salida del ministerio del Interior y su separación de Chávez. Para entonces, el radicalismo del presidente era evidente; así lo revelaba al señalar que, para los «revolucionarios auténticos», la confrontación del momento demostraba que iban «por el camino correcto» y al aseverar que (en alusión a la oposición y a la nueva Constitución, que cumplía dos años) «las hordas de Herodes pretenden degollar a nuestra niña»[31]. De igual modo, otros miembros del ala radical del gobierno manifestaban su complacencia con la agudización del conflicto[32], asumiendo posturas que condenarían al fracaso cualquier tentativa de diálogo con la oposición. Esta, a su vez, comenzó a optar por la insurrección como principal vía de acción[33].

---

31 Ernesto Villegas: «'No me obliguen a tomar medidas especiales'», http://www.eluniversal.com/2001/12/16/pol_art_16108AA.shtml (Consulta: junio 8, 2008).

32 Tal era el caso del viejo revolucionario Guillermo García Ponce, quien desaprobó explícitamente las declaraciones e iniciativas de Miquilena, que apuntaban a buscar un diálogo en la Asamblea Nacional para llegar a un acuerdo sobre las nuevas 49 leyes; García Ponce concordaba con Chávez al afirmar que «dialogar en el terreno del enemigo equivale a capitular». Ernesto Villegas: «García Ponce objeta discurso de Miquilena», http://www.eluniversal.com/2001/12/18/pol_art_18104DD.shtml

De igual modo, el ministro de la Secretaría, Diosdado Cabello, ratificaba también el día 18 de diciembre esta posición de cara a su propio partido, el MVR. Taynem Hernández: «Si se quieren ir que se vayan», http://www.eluniversal.com/2001/12/19/pol_art_19104AA.shtml (Consultas: junio 8, 2008).

33 Antes del paro de 12 horas, Leopoldo López, joven dirigente de la oposición, se había declarado como un «desobediente civil»; http://www.eluniversal.com/2001/11/26/ccs_art_26402AA.shtml (Consulta: junio 8, 2008).

Los acontecimientos a nivel internacional incidían sobre la dinámica del conflicto en Venezuela, animando a cada bando a radicalizar sus posturas y a perseverar en su posición. La dimisión de Fernando de la Rúa en Argentina, a mediados de diciembre, fue vista por la oposición venezolana como un ejemplo de lo que se podía lograr en el caso de Chávez. Por su parte, Colombia manifestaba su inquietud por los sucesos en Venezuela y persistía en solicitar la extradición de Ballestas, lo cual logró el 26 de diciembre de 2001. La toma de Kabul por los norteamericanos demostraba que los Estados Unidos estaban dispuestos a llegar hasta las últimas consecuencias para afirmar su política exterior, algo que fue interpretado por algunas personas como una señal de respaldo para combatir a Chávez. Simultáneamente, la administración Bush se esforzaba por lograr la aprobación por parte del congreso estadounidense del anticastrista Otto Reich como secretario de Estado adjunto para las Américas. En contraposición, el gobierno de Cuba felicitó la petición, hecha por el gobierno venezolano a Panamá, de extraditar al terrorista Posada Carriles[34], mientras que el Foro de São Paulo manifestaba desde La Habana su completa solidaridad con Chávez[35], quien a su vez firmaba acuerdos con Rusia y China en la marco de su política a favor de un «mundo multipolar».

Al finalizar el año, Chávez señaló que 2002 sería «un año difícil», negando que se quisiera «cubanizar el país» o instaurar «un neocomunismo». Al mismo tiempo, Alejandro Armas y Ernesto Alvarenga, dos diputados del chavismo moderado y ambos cercanos a Miquilena, eran removidos por el «oficialismo duro» de sendas comisiones en la Asamblea Nacional, debido a que intentaron promover el diálogo con la oposición.

LA ESCALADA DEL CONFLICTO

Las primeras semanas de 2002 solo registraron un aumento en los niveles de confrontación. La oposición seguía calentando la calle con diversas marchas y protestas. La más importante del mes de enero tuvo lugar el día 23, cuando se conmemoró un año más del derrocamiento del dictador

---

34 «Petición venezolana sobre Posada Carriles complace a Castro», http://www.eluniversal.com/2001/12/23/int_art_23115FF.shtml (Consulta: junio 8, 2008). Posada Carriles ha sido solicitado por el gobierno de Fidel Castro durante décadas por hacer explotar un avión de Cubana de Aviación con 73 pasajeros en 1976.
35 Ernesto Villegas: «Foro de São Paulo apoya a Chávez», http://www.eluniversal.com/2001/12/18/pol_art_18106AA.shtml (Consulta: junio 8, 2008).

Marcos Pérez Jiménez en 1958. El «miquilenismo» materializó su separación definitiva de la coalición gubernamental; sus diputados comenzaron a trabajar de común acuerdo con la oposición en la Asamblea Nacional y el propio Miquilena fue sustituido el 24 de enero por el capitán de navío Ramón Rodríguez Chacín, uno de los contactos del gobierno venezolano con las guerrillas colombianas.

Durante este mes también se produjo un incremento en el nivel de enfrentamiento entre el gobierno venezolano y la Iglesia, a raíz de que el presidente Chávez –que negaba estar suavizando su discurso– criticara duramente las palabras del nuncio Dupuy, quien, durante el acto de salutación al cuerpo diplomático, expresó su preocupación por la radicalización y la politización excesiva de los cambios adelantados por el gobierno. Esta situación se vio agravada por la aparición de afiches en varios templos de Caracas atacando a la Iglesia, las denuncias de algunos clérigos que aseguraban haber recibido amenazas anónimas y la negativa a dialogar con el gobierno bajo ese ambiente.

El 16 de enero se supo que la OEA preparaba la visita de una comisión a Venezuela para revisar la situación de los derechos humanos en el país, especialmente en lo relativo a la libertad de expresión. A principios de febrero llegó al país Santiago Cantón, secretario de la Comisión Interamericana de Derechos Humanos (CIDH), quien criticó las agresiones a periodistas y solicitó a la Fiscalía el cumplimiento de las medidas cautelares dictadas por ese organismo a favor de diversos medios de comunicación, los cuales iban aumentando ostensiblemente el tono de sus críticas al gobierno hasta el punto de convertirse en verdaderos agentes de la oposición y ser acusados por el presidente de ejercer un «terrorismo psicológico»[36].

A esas alturas era ya obvio que el tono con el cual se criticaban las partes había perdido el nivel que mantiene en cualquier democracia más o menos estable. Las alarmas se dispararon definitivamente el día 7, cuando un coronel activo de las Fuerzas Armadas, Pedro Soto, exigió públicamente la renuncia del presidente Chávez[37]; de forma inmediata el secretario

---

36 «Chávez acusa a medios de terrorismo psicológico»; http://www.eluniversal.com/2002/02/12/pol_art_12105BB.shtml Durante esos días el gobierno celebraba además el aniversario del golpe de Estado del 4F 1992, que Chávez consideró como una «estocada al puntofijismo». «'4F fue la estocada final al puntofijismo'; http://www.eluniversal.com/2002/02/03/pol_art_03104AA.shtml (Consultas: junio 24, 2008).

37 Rodolfo Cardona Marrero: «'75% de la FAN rechaza a Chávez'», http://www.eluniversal.com/2002/02/08/pol_art_08102AA.shtml (Consulta: junio 24, 2008).

general de la OEA, César Gaviria, rechazó de forma tajante el pronunciamiento de Soto[38], quien sin embargo fue imitado por otros oficiales. El grado de tensión dentro de la Fuerza Armada que estas manifestaciones revelaban era un claro indicio del nivel de polarización que afectaba a la sociedad venezolana, e indicaba que el gobierno estaba perdiendo el control de la situación. Paralelamente, la coyuntura mundial alimentó en la oposición venezolana la idea de que el sistema internacional podía tomar medidas contra un Chávez cada vez más «antisistema». En enero, cuando el proceso de paz en Colombia pendía de un hilo, se corrió la noticia de un decomiso de armamento supuestamente procedente de Venezuela[39]. Sin embargo, Chávez se ofreció a Bogotá para ejercer de mediador con las FARC[40]. El 21 de febrero, Pastrana daba por finalizado el proceso de paz de San Vicente del Caguán, debido a los últimos excesos de las FARC[41]. Mientras el presidente Chávez era visto como cercano aliado de las guerrillas colombianas, el presidente Toledo del Perú convocaba una cumbre andina sin invitar al mandatario venezolano, Bush se reunía con Blair para preparar la ofensiva contra Hussein y Milosevic rendía cuentas ante el tribunal de La Haya. El día 22 de febrero, la embajadora Hrinak asistía a un acto de despedida en casa del empresario venezolano Gustavo Cisneros, tres días antes de que fuera juramentado el nuevo embajador, Charles Shapiro.

En medio de tal clima de inestabilidad se generó un serio conflicto con PDVSA (la estatal petrolera, la principal industria nacional y la mayor corporación de América Latina para aquel momento), debido al anuncio de sustitución de su junta directiva por parte del Ejecutivo. Por su parte, la

---

38 El comunicado de la OEA, leído por Gaviria, considera «inaceptables» los señalamientos del coronel Pedro Soto; «Canciller satisfecho con la OEA», http://www.eluniversal.com/2002/02/11/pol_art_11102AA.shtml (Consulta: junio 24, 2008). Soto sería imitado al poco tiempo por el contralmirante Carlos Molina Tamayo, el general Román Gómez Ruiz, el teniente-coronel Hugo Sánchez y otros oficiales de menor graduación.

39 En efecto, a finales de enero se difundió la noticia de que una avioneta -que supuestamente procedía de Venezuela- era derribada en territorio colombiano, conteniendo 15.000 cartuchos para fusiles AK-47, el mismo tipo usado por las FARC. *El Espectador*: «Alimento para diez mil fusiles», artículo reproducido por *El Universal*, http://www.eluniversal.com/2002/02/11/pol_art_11104BB.shtml (Consulta: junio 22, 2008).

40 «Chávez ofrece a Pastrana la mediación venezolana», http://www.eluniversal.com/2002/01/13/int_art_13110DD.shtml (Consulta: junio 22, 2008).

41 Por esas fechas fue secuestrado el senador Gechem Turbay; igual sucedería también el día 23 con la candidata Ingrid Betancourt, en las cercanías de San Vicente del Caguán. Simultáneamente, el candidato Álvaro Uribe Vélez recibía múltiples amenazas de muerte por parte de los guerrilleros.

CTV convocó para el 27 de febrero una nueva concentración de protesta que fue acompañada por empresarios y otros grupos de la sociedad civil. Para contrarrestar las marchas de oposición, el gobierno organizó concentraciones de sus seguidores, a menudo para los mismos días que su contraparte, o «encadenaba» las emisiones de radio y TV para transmitir actos y alocuciones presidenciales. Buena parte de la movilización oficialista la llevaban a cabo los Círculos Bolivarianos (CB), organizaciones populares con respaldo gubernamental que cumplen al mismo tiempo una función social en las zonas más pobres y tareas de proselitismo político; equivalen a los CDR cubanos y han sido considerados por la oposición como violentos agitadores al servicio del presidente Chávez, encargados de implementar las directrices del régimen en todos los ámbitos de la sociedad y de amenazar a determinados objetivos políticos (periodistas, políticos, manifestantes, etc.).

El 5 de marzo los representantes de Fedecámaras y la CTV, Pedro Carmona y Carlos Ortega, junto a una representación de la Iglesia católica, realizaron un acto en el que hicieron público un documento denominado «acuerdo democrático»[42], mejor conocido luego como el «Acuerdo de La Esmeralda» (nombre del sitio donde se firmó); se trataba de la primera formalización de la voluntad de lograr un consenso entre el mayor número de organizaciones y sectores sociales posible, con la finalidad de hacer frente a un eventual «vacío de poder». Coincidencia o no, ante esta noticia, el dólar, que en el solo mes de febrero había pasado de cotizarse desde Bs.780 a más de 1.080, retrocedió hasta los 941. Para entonces, la CTV barajaba la posibilidad de hacer una huelga general indefinida y desarrollar otras «acciones de fuerza», que días más tarde serían respaldadas por Fedecámaras. El nuevo ministro del Interior, Rodríguez Chacín, desconoció a la recién electa directiva de la CTV y asomó la posibilidad de despedir a los gerentes de PDVSA, que buscaban una salida negociada que evitara un paro. El CNE (Consejo Nacional Electoral) aún no decidía acerca de la legitimidad de la nueva directiva de la CTV, mientras el chavismo presionaba en la Asamblea Nacional para que se nombrara una nueva directiva en el máximo ente comicial.

---

42 El programa, que parecía un acuerdo de cara a una transición política, planteaba algunas directrices con el supuesto objetivo de rescatar la gobernabilidad, lograr la reactivación económica del país y erradicar la pobreza. En este documento no se mencionaba al gobierno en ningún momento. Mariela León: «Suscriben acuerdo democrático», http://www.eluniversal.com/2002/03/06/pol_art_06102AA.shtml (Consulta: junio 24, 2008).

Estados Unidos también añadía presión a la situación a principios de marzo, a través de la inclusión de Venezuela en su lista de países productores de drogas y la manifestación, por parte del Comando Sur, de su «preocupación» por la actitud de Chávez; en este sentido, las aproximaciones del presidente venezolano para mediar en la liberación de Ingrid Betancourt y las reiteradas simpatías de las FARC hacia la Revolución Bolivariana no hacían más que incrementar los recelos de Washington. Dados el enfrentamiento con la administración Bush y la desconfianza creciente entre Caracas y Bogotá, así como la continua ratificación de la alianza entre Colombia y los Estados Unidos, el gobierno venezolano buscaba apoyos en otros países.

Durante el mes de marzo hubo cierta cooperación con España en cuanto a la ubicación y detención en Venezuela de varios de los etarras solicitados por Madrid, al tiempo que se consolidaban los vínculos con Brasil para oponerse a la aplicación del ALCA. A partir de entonces, Brasil comenzará a jugar un papel determinante con respecto a lo que sucedería en la nueva Venezuela «revolucionaria». La posición cada vez más contestataria que comenzaba a adoptar el gobierno venezolano llevaba a los Estados Unidos a buscar diversos mecanismos de control multilateral, en donde el rol más valioso correspondía a Brasil; sin embargo, Brasilia había encontrado en Chávez una oportunidad para aumentar su influencia en la región. En efecto, y tal como iremos viendo en el transcurso de este libro, Brasil ha jugado el papel de «policía bueno» a la hora de contener ciertas tendencias autoritarias del gobierno de Chávez, pero permitiéndole actuar en todos aquellos aspectos que coinciden con su propio interés nacional. En el tema concreto del ALCA, Brasil se oponía entonces a un tratado que derribara de golpe todas las barreras arancelarias del continente (con lo cual se acabaría la supremacía regional que ha consolidado a través del MERCOSUR); en ese sentido, la Venezuela de Chávez ha representado para Brasilia un interesante aliado, dispuesto a asumir el costo político de encabezar la oposición más férrea al tratado.

En Venezuela, durante el mes de marzo, varias encuestas registraban una clara tendencia decreciente en la popularidad de Chávez desde septiembre de 2001[43]. Los gremios médicos protestaban indefinidamente por

---

43 La encuestadora Datanálisis, que años después sería acusada de «prochavista» por sectores radicales de oposición, lo ubicaba en un 17%. «Alcalde Mayor lidera encuesta de Datanálisis», http://www.eluniversal. com/2002/03/27/pol_art_27108AA.shtml (Consulta: junio 25, 2008).

los pasivos laborales que le adeudaba el Estado y 17 universidades anunciaban que irían a conflicto nacional, mientras el alcalde Peña aseveraba que Chávez probablemente caería «por presión popular, como le pasó a De la Rúa o Fujimori» y la Iglesia pedía al gobierno una «rectificación» y una «conciliación». La CTV hizo saber a principios de abril que el día 11 de ese mes se anunciarían los términos de la huelga general. Así estaban las cosas cuando Chávez anunció el 7 de abril, por televisión y silbato en mano, el despido de un grupo de gerentes de PDVSA, hecho que contribuyó a caldear aún más los ánimos.

EL 11 DE ABRIL

La CTV convocó entonces la realización de un paro general de 24 horas para el 9 de abril, con el apoyo de Fedecámaras. Ese mismo día Irak interrumpía por 30 días sus exportaciones de crudo, en respuesta a la actitud hostil de Washington y las represalias israelíes en Palestina. La inestabilidad en ambos países contribuyó a la inquietud de los mercados energéticos internacionales, registrada en el alza de los precios del petróleo y los combustibles. Una vez cumplidas las 24 horas del paro, el mismo fue prorrogado a 48 horas y luego se hizo indefinido. Para el día 11 de abril la tensión llegó al máximo, cuando se organizó una marcha de protesta, que en principio cubriría un trayecto más bien corto, pero que repentinamente tomó dirección Miraflores, el palacio de gobierno. La marcha del 11 de abril contó con varios cientos de miles de manifestantes. La oposición habló de 1 millón, el Departamento de Estado norteamericano reseña 700.000 y el gobierno venezolano sostuvo en algún momento que fueron 40.000. Los principales canales privados de TV, opuestos al régimen de Chávez, dedicaron buena parte de su programación el día 11 a transmitir imágenes de la enorme marcha opositora, sin duda propiciando el crecimiento de la misma. Chávez denunciaba el paro como «insurreccional», «loco» e «irracional».

A mediodía, cuando la marcha ya se dirigía hacia el palacio, varios representantes del gobierno, entre ellos el ministro de la Defensa, José Vicente Rangel, convocaron airadamente a través de la TV pública a los Círculos Bolivarianos y demás partidarios del presidente en general a que se congregaran en los alrededores de Miraflores. Tal como quedaría registrado en las cámaras de TV, muchos de estos partidarios portaban armas

de fuego, que usaron para disparar en dirección a la marcha. Al menos
19 muertos y casi 200 heridos sería el saldo de la contienda. El palacio de
gobierno también fue rodeado con efectivos de la Guardia Nacional, que
se ubicó de cara a la marcha opositora, con los simpatizantes de Chávez
a sus espaldas o haciendo frente común con ellos en diversos puntos. La
marcha de oposición, que a su vez iba custodiada por la Policía Metropolitana (PM, a cargo de la Alcaldía de Caracas, a la sazón controlada por
el alcalde Peña, de oposición), logró llegar hasta tan solo dos calles del
palacio de gobierno, donde ya se podía establecer contacto visual entre
los miembros de cada bando.

A cierto punto, el presidente comenzó a emitir una alocución en
cadena. Poco después, el tiroteo entre los civiles chavistas armados y la
PM (además de presuntos francotiradores de élite que no han podido ser
identificados) ocasionaba la muerte de varias personas y hería a muchas
más. Las imágenes en vivo fueron registradas esencialmente por el equipo
reporteril de Venevisión, canal privado de TV perteneciente a Gustavo
Cisneros; la dirección del periodista Luis Alfonso Fernández sería posteriormente distinguida con el premio Príncipe de Asturias de periodismo.
Tales imágenes mostraban los muertos que iban cayendo en la marcha
de oposición, y cuando una repentina «cadena» de TV impidió que las
imágenes pudieran ser vistas, las televisoras privadas dividieron la pan-
talla y transmitieron la alocución presidencial y el tiroteo, en vivo y de
forma simultánea y paralela. El resultado fue impactante, pues se veía a
Chávez hablando con serenidad a un lado, mientras que a dos calles de
Miraflores la gente caía muerta a balazos. A continuación, la señal de los
canales de TV fue suspendida por instrucciones del presidente, quien
efectivamente así lo afirmó en medio de su alocución. Sin embargo, los
canales que contaban con la posibilidad de emitir vía satélite así lo hicieron. Eran las 4 p.m.

En medio de ese caos transmitido en vivo, fueron pasando varias cosas.
Una conversación de radio mantenida por Chávez y gente del Alto Mando
Militar, supuestamente captada por radioaficionados, dio a entender que el
presidente había ordenado el despliegue del «Plan Ávila» (operativo militar
diseñado para hacer frente a una invasión externa y que implica sacar el
Ejército a la calle), empleado por Carlos Andrés Pérez en 1989 para hacer
frente al Caracazo. En abril de 2002, sin embargo, el Alto Mando Militar
no obedeció, y durante mucho tiempo no se supo quién tenía el control

de la situación, si es que lo había. Las horas de incertidumbre se fueron prolongando durante toda la tarde-noche, mientras sucesivas alocuciones de militares iban dejando en claro que ya buena parte de estos no seguiría órdenes del presidente. Solo el general García Carneiro se movilizó en defensa de Chávez, logrando llevar una columna de vehículos blindados desde el Fuerte Tiuna para rodear el palacio de Miraflores, donde permanecía el presidente.

Los generales rebeldes negociaron con Chávez en Miraflores para lograr su renuncia, mientras políticos de oposición visitaban los principales medios de comunicación. Los altos funcionarios del gobierno desaparecieron, por temor o para preparar una reacción en la medida de sus posibilidades. En la madrugada, el Alto Mando Militar se dirigió a la nación y el inspector general de la Fuerza Armada, general Lucas Rincón, afirmó que «se le solicitó al señor presidente de la República la renuncia de su cargo, la cual aceptó». Sin embargo, el propio Pedro Carmona, en su libro *Mi testimonio ante la historia* (2004:95), sostiene que nunca dicha renuncia quedó registrada por escrito. Según Carmona, Chávez contempló la posibilidad de aceptar asilo en Cuba, que habría sido ofrecido por Fidel Castro, pero nunca firmó una renuncia. El presidente de la Conferencia Episcopal, Baltazar Porras, habría estado intercediendo durante la noche para que los militares en desobediencia permitieran la salida de Chávez del país, cosa que no hicieron. Según ciertas versiones, Castro habría llamado a José María Aznar para pedirle que recibiera al presidente derrocado en España.

No quedó claro para la opinión pública el paradero de Pedro Carmona y Carlos Ortega durante todas esas horas. Según Carmona, ciertos civiles y sobre todo militares acordaron colocarlo en la Presidencia esa madrugada, lo cual obviamente aceptó (Carmona, 2004:109). Lo cierto es que al día siguiente, el 12 de abril de 2002 al mediodía, Pedro Carmona Estanga se juramentó en Miraflores como presidente frente a un nutrido grupo de empresarios y otras personalidades de la vida civil y militar, mediante la emisión de un decreto por el cual se facultaba para disolver la Asamblea e incluso destituir a gobernadores y alcaldes, y en el que se comprometía a convocar elecciones en un plazo inferior a un año. Carlos Ortega no estuvo presente en dicho acto; posteriormente, el entonces líder de la CTV ha asegurado que el 11 de abril el pueblo venezolano realizó una «sublevación», pero que fue «objeto de una gran traición» por parte

Gustavo Cisneros y otros empresarios, quienes tenían su propio plan para hacerse con el poder[44].

Nadie ha asumido posteriormente la responsabilidad de desviar la marcha hacia Miraflores, y la decisión ha sido achacada a la voluntad espontánea de las masas. Pero está claro que, tal como ha sucedido hace pocos años en países como Serbia (octubre de 2000), Georgia (noviembre de 2003), Ecuador (abril de 2005) o Kirguizistán (marzo de 2005), o como aconteció con el derrocamiento de Ceaucescu en Rumania, un régimen puede ser derrocado si un gran volumen de gente descontenta ocupa por la fuerza el palacio de gobierno. El patrón de los acontecimientos da pie para especular con la posibilidad de que hubiera tenido lugar un nuevo caso de las llamadas «revoluciones de terciopelo», que para el gobierno y diversos especialistas a nivel internacional constituye más bien una nueva técnica del golpe de Estado que recientemente se habría desarrollado (en teoría con respaldo norteamericano) en varios países de la Europa del Este.

Cierto es que estas «revoluciones» no constituyen golpes de Estado «clásicos», y así parece confirmarse en el caso venezolano, donde algunos elementos son más propios de una rebelión popular que de un golpe de Estado. Uno de ellos es la clara existencia de la voluntad, compartida por un colectivo enorme, de lograr la salida anticipada de Chávez del poder mediante su renuncia o la convocatoria de elecciones anticipadas; así lo atestigua la participación de varios cientos de miles de personas en una marcha sin precedentes que se dirigía a Miraflores para exigir la renuncia del presidente. Las encuestas señalaban la acelerada pérdida de popularidad por parte de Chávez, al tiempo que el excesivo poder que había acumulado (duramente denunciado por los medios de comunicación privados) y la imposibilidad de llegar a un diálogo entre las partes en conflicto, convencieron a mucha gente de que era necesario lograr un cambio anticipado de gobierno, pasando por encima de los procedimientos legales. Se había generado un movimiento social de consideración, que expresaba su profundo rechazo al ejercicio del poder que llevaba a cabo Hugo Chávez, materializado a su vez mediante paros, huelgas y manifestaciones multitudinarias.

Por otra parte, lo que difícilmente no pudiera ser considerado como

---

44 Blanco M., Agustín (2006): *Habla el que se fue*, Universidad Central de Venezuela, Caracas, pp. 221-223). Para mayores detalles sobre lo ocurrido durante el 11 de abril, y para consultar dos versiones opuestas de los hechos, revisar los libros de Olivares, Francisco (2006): *Las balas de abril*, editorial Debate, Caracas; y Golinger (2005), op.cit.

parte de un golpe de Estado es la instauración del brevísimo gobierno de Carmona; de hecho, las disposiciones de su decreto para hacerse con el poder se asemejan abrumadoramente a las que el propio movimiento encabezado por Hugo Chávez en 1992 había plasmado en el «Acta Constitutiva del Gobierno de Emergencia Nacional» y en los decretos que tenían preparados en caso de haber fructificado su golpe de Estado (ver anexos). El propio Carmona dice que «el objetivo era a no dudar, abrir un brevísimo período de facto», aunque matiza que «respetuoso de los derechos ciudadanos, para convocar a los noventa días a una primera elección, la parlamentaria» (2004:124). Carmona asumió la responsabilidad de armar un gobierno de emergencia que sin duda era ajeno a la Constitución, seleccionando además sus ministros a partir de un grupo humano muy específico en términos ideológicos y sociales. Como elementos que podrían considerarse propios de un golpe de Estado se cuentan la manipulación de las circunstancias por parte de una élite, la premeditación que parece implicar la planificación previa de un «pacto para la transición» (el de «La Esmeralda», del 5 de marzo anterior), la amenaza percibida por amplios sectores de la población, la ruptura del orden constitucional y la rápida consecución de los acontecimientos. Sin embargo, al día de hoy, las interpretaciones siguen abiertas.

Un elemento crucial en este tipo de acontecimientos radica en el comportamiento de la comunidad internacional. Las delegaciones de los países miembros del Grupo de Río (que mantenían entonces una cumbre en San José de Costa Rica) emitieron una declaración el día 12 de abril en la cual se «condenaba la interrupción del orden constitucional en Venezuela, generada por un proceso de polarización creciente», al tiempo que instaba a la «normalización de la institucionalidad democrática en el marco de la Carta Democrática Interamericana y a dar los pasos necesarios para la realización de elecciones claras y transparentes, en consonancia con los mecanismos previstos por la Constitución venezolana». No se pedía, en cambio, el retorno de Hugo Chávez a la presidencia; incluso, según afirmaría tiempo después (noviembre de 2004) el ya para entonces excanciller mexicano Jorge Castañeda, las delegaciones de Estados Unidos, España, Colombia y El Salvador (con posible adhesión de Argentina, Brasil y Francia) habrían propuesto sendas declaraciones que apoyaban a Pedro Carmona, iniciativas que habrían sido bloqueadas por México y Chile[45]. Francisco Flores, presi-

---

45 «México y Chile impidieron reconocer el gobierno de Carmona», http://www.eluniversal.com/2004/11/28/ pol_art_28108D.shtml (Consulta: junio 26, 2008).

dente de El Salvador en abril de 2002, negó las acusaciones de Castañeda, considerándolas «aparte de falsas, sumamente graves»[46]. Lo cierto es que, más allá de la veracidad de esta versión acerca de lo acontecido en Costa Rica, es obvio que el gobierno de Chávez, con sus posiciones ambiguas o resueltamente contrarias al *statu quo* internacional, resultaba incómodo para las administraciones de Bush, Aznar y Pastrana, las cuales, aparte de ser políticamente conservadoras, estaban a cargo de dirigir países amenazados por el terrorismo en medio del inusitado contexto de polarización mundial que se había desatado con los atentados del 11 de septiembre y la respuesta norteamericana de la *War on Terror*. La reafirmación de esa postura se produjo el día 13 de abril a las 9 de la mañana, cuando los embajadores de EE.UU. y España en Venezuela (Charles Shapiro y Manuel Viturro, este representando en cierta medida a la Unión Europea, en virtud de que España ocupaba su presidencia rotativa en aquel momento) se hicieron presentes en Miraflores para pronunciarse en los mismos términos de la declaración del Grupo de Río del día anterior. Estados Unidos, a través de su portavoz Ari Fleischer, incluso señaló que Chávez había renunciado. Lo que para unos fue una iniciativa necesaria para restablecer el control en un contexto de gran incertidumbre, para otros fue un descarado apoyo al gobierno inconstitucional de Carmona.

Por su parte, el Consejo Permanente de la OEA emitió el 13 de abril la resolución 811 (ver anexos), en la cual resolvió «condenar la alteración del orden constitucional en Venezuela», «instar a la normalización de la institucionalidad democrática en Venezuela en el marco de la Carta Democrática Interamericana» y «enviar a Venezuela, con la mayor urgencia, una misión encabezada por el Secretario General de la OEA, con el objeto de investigar los hechos y emprender las gestiones diplomáticas necesarias, incluidos los buenos oficios, para promover la más pronta normalización de la institucionalidad democrática». Tampoco se expresaba aquí una voluntad manifiesta por devolver a Chávez a la presidencia. Como datos curiosos, cabe señalar que el Fondo Monetario Internacional no solo reconoció al gobierno de Carmona, sino que además le ofreció su colaboración; al mismo tiempo, los bonos de la deuda venezolana subieron un 6% y el bolívar se apreció hasta alcanzar los Bs.815 por dólar, luego de varias semanas de continua depreciación.

---

46 «Expresidente Flores descarta por 'falsa' acusación de Castañeda», http://www.eluniversal.com/2004/12/02/pol_art_02104B.shtml (Consulta: junio 26, 2008).

De acuerdo con la versión recogida por Eva Golinger en su libro *El código Chávez*, prácticamente todo lo ocurrido durante el breve derrocamiento de Hugo Chávez fue promovido y preparado a conciencia por los Estados Unidos. El texto presenta elementos importantes que hacen pensar que, en efecto, desde esa nación se contribuyó a la generación de la situación del 11 de abril, aunque no todas las aseveraciones cuentan con pruebas convincentes. Por ejemplo, tanto la autora como el gobierno venezolano han insistido en la presencia de embarcaciones y aviones norteamericanos en territorio venezolano el día 12 de abril (2005: 2-4), pero nunca se ha presentado alguna prueba fehaciente al respecto. Golinger fundamenta su argumentación en una serie de cables secretos y otros documentos desclasificados de la CIA de los cuales cabe deducir el apoyo manifiesto que Washington brindó a los principales autores de los hechos del 11 de abril; igualmente, señala el aumento considerable de las ayudas financieras que tanto el National Endowment for Democracy (NED) como Usaid hicieron llegar a diversas organizaciones políticas y civiles que en su mayoría formaron parte de la oposición venezolana al gobierno de Chávez, que de $232.831 en 2000, habrían pasado a $1.698.799 en 2002 (2005: 64). Por su parte, al gobierno de Aznar se le ha criticado por apoyar todas las acciones de los Estados Unidos en este caso; más adelante, durante la administración de José Luis Rodríguez Zapatero, el canciller Miguel Ángel Moratinos trataría de probar el apoyo que el gobierno del Partido Popular supuestamente brindó a Pedro Carmona, revelando para ello el contenido de algunas comunicaciones confidenciales entre Madrid y la Embajada española en Caracas.

Más de 300 personalidades de la vida pública venezolana, que luego han estado sujetas a investigación judicial, firmaron un documento que supuestamente fue el «decreto» por el cual Pedro Carmona asumió inconstitucionalmente la Presidencia de la República (ver anexos). Carmona no decretó un estado de excepción; sin embargo, durante su estadía en Miraflores se efectuó la detención de algunos importantes miembros del gobierno de Chávez, mientras que la mayoría de sus funcionarios logró ponerse a resguardo. Entre los detenidos se encontraban algunas de las personas que dispararon desde Puente Llaguno en dirección a la marcha opositora. Por su parte, Chávez fue trasladado en un primer momento al Fuerte Tiuna (base militar en Caracas); luego a la base naval de Turiamo y posteriormente a la isla de La Orchila, en el mar Caribe. Estando en Turiamo, y según el propio Carmona relata en su libro (2004: 106), Chávez logró escribir una nota en la cual negaba el hecho de haber renunciado, la cual rápidamente se difundió por fax en toda la Fuerza Armada Nacional. Este hecho, sumado a las dudas y vacilaciones que generó el modo de actuar del nuevo gobierno, fue crucial para que los principales mandos militares (incluso algunos que habían cooperado para forzar su renuncia) decidieran desobedecer a Carmona, iniciar el rescate del presidente y devolverlo al poder.

Chávez fue restablecido en el cargo de presidente de la República en la madrugada del día 14 de abril, gracias en particular a la acción del grueso del estamento militar, a la rápida actuación de algunos miembros de su gobierno y a las airadas protestas de muchos de sus seguidores, que se congregaron en torno al Fuerte Tiuna, el palacio de Miraflores y las sedes de los principales canales de TV para reclamar la restitución de Chávez a la presidencia. Previamente, en la tarde del sábado 13 de abril, el vicepresidente Diosdado Cabello (quien logró comunicarse con CNN para alertar en el exterior del derrocamiento de Chávez) había sido juramentado como presidente provisional, supuestamente con la intención de restablecer el hilo constitucional mientras se rescataba a Chávez en La Orchila. Durante la mayor parte del día 13, los canales privados no informaron prácticamente acerca de nada de lo que estaba sucediendo en el país, una política que también mantuvo la televisora estatal durante todo el día 14. Ello ocasionó una brutal ola de rumores durante esos dos días (un fin de semana), lo cual mantuvo en vilo a la población del país, atemorizándola y ocasionando que se mantuviera a resguardo[47].

Pedro Carmona y otras personas implicadas en los acontecimientos fueron detenidos por las autoridades del restaurado gobierno. Durante las semanas siguientes se llevó a cabo un proceso de interpelaciones por parte de una comisión de la Asamblea Nacional. Días después de su comparecencia ante dicha comisión, Carmona, quien fue acusado entre otros del delito de rebelión, evadió su arresto domiciliario el día 23 de abril y pidió asilo en la Embajada de Colombia, solicitud que fue aceptada el 26, precisamente el día en que los colombianos se encontraban votando

---

47 Kim Bartley y Donnacha O'Brian, de nacionalidad irlandesa y quienes curiosamente pudieron filmar buena parte de los acontecimientos durante los días 11, 12 y 13, realizaron un video denominado *The revolution will not be televised*, que ha sido ampliamente difundido en Europa y Norteamérica. El video, que los partidarios de Chávez valoran como una demostración concluyente de que efectivamente se produjo un golpe de Estado, es considerado por los opositores una visión sesgada y manipuladora.

para elegir a Álvaro Uribe Vélez (quien había salido ileso de un atentado conducido por las FARC en Barranquilla, el 14 de abril) como nuevo presidente de su país.

Como ha podido constatar el lector, el período hasta aquí reseñado se vio marcado por una evidente escalada del conflicto venezolano a nivel interno, debido en buena medida al conjunto de acontecimientos que tenían lugar a nivel internacional. En pocos meses dos bandos quedaron claramente definidos y rápidamente comenzaron a articular un sistema de alianzas externas que contribuirían a incrementar los niveles de conflictividad en vez de controlarlos. Los actores que formarían parte de este conflicto fallaron en la búsqueda de soluciones políticas o diplomáticas, y más bien aceptaron abiertamente la confrontación, con todas sus consecuencias. Los radicales de ambos bandos consideraron estratégica y moralmente correctas las acciones llevadas a cabo, más allá de las matizaciones que deseen hacer al respecto de cara a la opinión pública. En cambio, para los moderados, considerados algunas veces como pragmáticos o relativistas, lo sucedido fue el resultado de una concatenación de torpezas políticas basadas en la terquedad de ciertos actores políticos que, o bien se comportaron de forma miope, o bien demostraron su radicalismo.

En todo caso, a estas alturas ya se podía percibir que el régimen de Chávez, inexperto en muchas materias, estaba no obstante dispuesto a asumir grandes riesgos para mantener una política interna y externa apegada a su orientación ideológica. Tal como señalaba Kissinger con respecto al orden internacional, cuando este se encuentra frente a la irrupción de un Estado revolucionario: «Dondequiera que exista un poder que considera opresivo el orden internacional o la manera de legitimarlo, sus relaciones con las demás potencias serán revolucionarias. [...] La diplomacia, el arte de moderar el uso del poder, no puede funcionar en semejantes circunstancias» [traducción del autor][48].

---

48 Kissinger (1957), op.cit, p. 2.

CAPÍTULO III
INCERTIDUMBRE Y PRENEGOCIACIÓN
(abril de 2002-noviembre de 2003)

INICIO DE LA GESTIÓN INTERNACIONAL DEL CONFLICTO

En virtud de la resolución 811 del Consejo Permanente de la OEA, su secretario general, César Gaviria, llegó a Venezuela el 15 de abril, manifestando que solo se reuniría con los sectores que respetaran el orden constitucional. Gaviria constató rápidamente los altos niveles de polarización que se presentaban en el país y emplazó a todos los sectores a «dejar tranquilos» a los militares. Saludó asimismo la reposición de Chávez en la presidencia –quien, crucifijo en mano, durante esos días llamaba a la unidad de la nación y se había venido manifestando en términos bastante conciliatorios–, y explicó que en la Cumbre de Río no se pidió su restitución al poder porque en aquel momento se consideró su derrocamiento como un hecho cumplido.

Comenzarían así a consolidarse, como consecuencia de los hechos del 11 de abril, las bases del proceso de mediación y negociación que tendría lugar unos meses después. Desde el 18 de abril el secretario de Estado norteamericano, Colin Powell, proponía a Gaviria como facilitador para un diálogo de reconciliación en Venezuela. De igual modo, en la Asamblea Nacional se comenzaba a discutir la posibilidad de nombrar una Comisión de la Verdad que se encargara de investigar los hechos de abril. Asimismo, desde antes del derrocamiento de Chávez venía sonando la posibilidad de conformar una coordinadora que agrupara la dispersa pluralidad de partidos políticos y ONG de la oposición; ya desde entonces esa coordinadora albergó el propósito de organizar la convocatoria de un referéndum consultivo para presionar por la salida de Hugo Chávez del poder. Dentro de ese grupo, Timoteo Zambrano, miembro de la agrupación política Alianza Bravo Pueblo, proponía una reunión con Gaviria para plantearle la necesidad de adelantar unas elecciones al igual que la CTV y el joven partido Primero Justicia.

En efecto, estos elementos se fortalecerán y mantendrán vigentes durante más de dos años y constituirán el mecanismo fundamental para la contención y canalización del conflicto en Venezuela. El 11 de abril originó así diversas iniciativas desde el exterior, que principalmente fueron conducidas a través de la OEA, dentro del espíritu de la recientemente aprobada Carta Democrática. Si para la oposición estas medidas representaron una posibilidad de lograr apoyos externos y visibilidad internacional, para el gobierno venezolano –que se asumía a sí mismo como revolucionario– tales iniciativas representaban más bien una seria amenaza para su proyecto, en tanto se las percibía como parte de un «cerco» por parte de las fuerzas internas y externas que representaban al *statu quo*, esto es, como iniciativas de la contrarrevolución nacional e internacional.

Sin embargo, tomando en cuenta que abril de 2002 significó el momento de mayor debilidad del gobierno de Hugo Chávez, su gobierno no podía darse el lujo de rechazar sin más esas iniciativas para el restablecimiento del orden constitucional, ya que podían ayudarlo a recobrar el control y parte de la legitimidad perdida. Era preciso aceptar esas gestiones, pero de forma limitada, ya que, en el caso extremo, tal «restablecimiento» representaba el riesgo de volver a una situación de estabilidad que, si bien sería absolutamente respaldada por el *statu quo* hemisférico, significaría el aborto de la pretendida Revolución Bolivariana. Bien es sabido que los revolucionarios no buscan el equilibrio, más bien lo combaten porque suele sustentarse sobre aquellos valores que desean desplazar; solo lo aceptan de forma táctica y circunstancial, como resultado de una debilidad momentánea, o cuando ya han alcanzado la victoria.

En tal sentido, el sistema de propiedad, el régimen de libertades individuales, la división de poderes, la alternabilidad en el poder, la división de poderes y todo el conjunto de elementos que conforman una democracia liberal constituían un marco difícil de superar. El ordenamiento jurídico que todavía existía en ese momento en Venezuela, ese «orden constitucional» que la OEA se planteaba ahora respaldar y preservar, le permitía a los sectores de la sociedad venezolana que se oponían a las reformas gubernamentales presentar aún una férrea oposición al gobierno. Así las cosas, las iniciativas de la OEA podían ser quizás coyunturalmente útiles para el gobierno de Chávez, pero eran esencialmente contrarias a sus intereses estratégicos; por lo tanto, era preciso manejarlas con extrema precaución, cooperando con el organismo hemisférico en todo aquello que representara un respaldo a la legitimidad del gobierno revolucionario, pero evitando legitimar su participación más allá de los límites que exigían los objetivos revolucionarios. En tales circunstancias, el discurso de la defensa de la soberanía nacional frente a intromisiones foráneas, que habría de constituir una pauta durante los años siguientes, se encontraba implícitamente entrelazado con la aspiración de sustituir la institucionalidad democrático-liberal nacional e internacional por un nuevo régimen fundamentado en una visión distinta del poder, la política y la sociedad.

La situación límite del 11 de abril sobrevino, probablemente, como consecuencia de un error en el cálculo de los tiempos por parte del gobierno de Chávez, que había querido asumir definitivamente todas las implicaciones de su carácter pretendidamente revolucionario al mismo tiempo, y justamente en el momento más delicado a nivel internacional: cuando la única superpotencia mundial se sentía repentinamente amenazada en su propio terreno por enemigos relativamente pequeños y poco poderosos, provenientes del Tercer Mundo e intensamente aferrados a convicciones radicales. Y no solo esto: Chávez había desafiado las fuerzas del *statu quo* nacional e internacional cuando todavía no había afianzado su control absoluto sobre la maquinaria del Estado venezolano y especialmente sobre su principal recurso a todo lo largo del siglo XX: el petróleo.

En efecto, en abril de 2002 el gobierno chavista estaba apenas intentando sustituir la directiva de la estatal petrolera PDVSA, cuando el petróleo venezolano meramente rondaba los $20. Se pretendía además la implementación conjunta de 49 decretos-leyes que directamente apuntaban a un cambio del sistema de relaciones políticas y económicas en el país. La experiencia demostró que esa actitud constituía una precipitación por parte de un gobierno que, después de todo, había llegado al poder mediante elecciones y a través de un sistema democrático-liberal, en un contexto internacional caracterizado por la ausencia significativa de potencias revolucionarias potencialmente aliadas. Poco después del 11 de abril, con la presión internacional que representaba la posible mediación de la OEA, se corría el riesgo de que los «colmillos» de la revolución quedaran «limados» prematuramente.

Por aquel entonces, José Vicente Rangel, todavía ministro de la Defensa, se revelaría como un personaje crucial en los delicados manejos políticos que el gobierno de Chávez se vería obligado a desarrollar durante los siguientes meses. La habilidad política de Rangel, su dilatada experiencia en la vida pública nacional, su conocimiento del mundo del periodismo y sus numerosos vínculos con prácticamente todos los sectores políticos y económicos del país le permitieron convertirse –una vez que Miquilena abandonó la coalición gubernamental– en el principal operador político del chavismo. Rangel inició sus primeros movimientos en esta labor tendiendo puentes con el líder sindical Carlos Ortega y evitando acusar al empresario Gustavo Cisneros de estar implicado en los hechos de abril. Cisneros era acusado por muchos chavistas de haber ideado el 11 de abril (incluso la revista *Newsweek* se hizo eco de esa posibilidad); sin embargo, Rangel dijo: «No podemos empezar a ver golpistas hasta en la sopa [...] yo tengo una vieja relación con Gustavo Cisneros, una relación muy cordial, y yo creo que Gustavo Cisneros no se va a involucrar en una aventura»[1]. Días más tarde, el 28 de abril, Rangel fue nombrado vicepresidente de la República, posición desde la cual podría operar con mayor facilidad en su nueva función, y al día siguiente se encargó de instaurar una Comisión de Diálogo con la oposición.

No solo Rangel, sino todo el gobierno se movería entonces para tender puentes. El propio Chávez retomó el diálogo personal con la Iglesia, recibió personalmente a los congresistas norteamericanos Cass Balleger, Lincoln Chaffee y William Delahunt –quienes a partir de entonces tratarían de mantener canales alternos de comunicación con Caracas para facilitar el diálogo– y se reunió con Miquilena y su excompañero del 4 de febrero (para entonces, pasado a la oposición) Arias Cárdenas, ya que el presidente venezolano temía que la fracción parlamentaria del «miquilenismo» se uniera a la oposición para convertirla en mayoría dentro de la Asamblea Nacional. Así lo reconocería Chávez más adelante en Madrid, donde asistió, a mediados de mayo, a la cumbre entre la Unión Europea y América Latina. Para explicar que le querían dar «un golpe institucional», Chávez señaló que «quieren cambiar la correlación de fuerzas en la Asamblea Nacional, para nombrar un fiscal complaciente, que solicite un juicio contra mí y sacarme por esa vía»[2].

---

1 Declaraciones que aparecen en «'Empiezan a ver golpistas hasta en la sopa'», http://www.eluniversal.com/2002/04/25/pol_art_26110DD.shtml (Consulta: junio 28, 2008).
2 Esta declaración aparece en el artículo de Ángel Bermúdez: «Chávez no descarta otro golpe armado o 'institucional'», http://www.eluniversal.com/2002/05/19/pol_art_19112AA.shtml (Consulta: julio 1, 2008).

Mientras tanto, el canciller Luis Alfonso Dávila intentaba frenar las tentativas de facilitación/mediación de la OEA que particularmente los Estados Unidos buscaban implementar, acusando al organismo hemisférico de comportarse de forma «ambigua» y a Gaviria en particular de haber llamado a Carmona por teléfono[3]. Según afirmaba entonces el diario *El Universal,*

> Gaviria dijo que la población venezolana estaba «peligrosamente polarizada», producto de la retórica del presidente Hugo Chávez. Dávila rechazó el comentario, afirmando que ello no era producto del gobierno de Chávez sino de la persistencia histórica de la injusticia social que Chávez quería corregir. Powell fue constante con la posición que ha tomado Washington frente al gobierno de Chávez, un político de quien ha dicho abiertamente que es una preocupación para EE.UU. Propuso una salida para Venezuela similar a la que adoptó la OEA para Perú hace dos años[4].

Esta tensión disminuyó con la llegada de una misión OEA-CIDH que instaló una oficina temporal en Caracas (entre el 6 y el 10 de mayo) para recibir denuncias sobre violaciones de derechos humanos[5] y auspiciar una reunión entre Chávez y Gaviria, en la cual se habló de la necesidad de despolarizar el diálogo en Venezuela. Se acordó que el organismo hemisférico realizaría visitas cada dos o tres meses al país con el objeto de facilitar el diálogo entre las partes en conflicto, una iniciativa que fue aplaudida especialmente por la oposición, pero también por personalidades como el general Raúl Isaías Baduel, quien había participado en las operaciones para devolver a Chávez a la presidencia[6]. Asdrúbal Aguiar, jurista democristiano que jugaría un importante papel en el futuro proceso de mediación, señalaba entonces que:

---

3 Ernesto Villegas Poljak: «Objetan 'ambigüedad' de la OEA», http://www.eluniversal.com/2002/04/24/pol_art_24106AA.shtml (Consulta: junio 28, 2008).

4 «Venezuela polarizó a delegados de la OEA», http://www.eluniversal.com/2002/04/20/int_art_20109AA.shtml (Consulta: junio 28, 2008).

5 Las denuncias se referían tanto a los hechos del 11 de abril como a los asesinatos por parte de grupos de exterminio que operaban en algunas regiones del país. Irma Álvarez: «11 de abril encabeza agenda de la OEA», http://www.eluniversal.com/2002/05/07/pol_art_07102AA.shtml (Consulta: julio 1, 2008).

6 Argelia Ríos: «'La verdad deben buscarla órganos internacionales imparciales'», http://www.eluniversal.com/2002/05/06/pol_art_06108AA.shtml (Consulta: julio 1, 2008).

El gobierno si en el fondo está consciente de la necesidad de ir avanzando a la reconciliación nacional deben entender que el auxilio externo, la asistencia por parte de la OEA dentro del marco de las previsiones establecidas de la Carta Democrática Interamericana no es solo válida sino necesaria[7].

Una de las razones por las que se hablaba de despolarizar el diálogo era que la Comisión de Diálogo que presidía Rangel no estaba funcionando demasiado bien. Aunque Rangel se había reunido a finales de abril con los prudentes Teodoro Petkoff, Américo Martín y Pompeyo Márquez, Fedecámaras no asistió a la primera reunión de la Comisión, en solidaridad con la CTV (que no era reconocida por el gobierno ni llamada a dialogar). La Conferencia Episcopal señalaba a tal respecto que «el diálogo también pasa por reconocer al opositor». Adicionalmente, generaban desconfianza en la oposición las interpelaciones públicas en la Asamblea Nacional de los protagonistas del 11 de abril. Durante los meses de abril y mayo de 2002 fueron interpelados Pedro Carmona, los comisarios de la Policía Metropolitana, diversos militares y otras personalidades; sin embargo, se acordó que ni los dueños de medios de comunicación social, ni representantes de la Iglesia serían interpelados. Por su parte, Rangel intentaba mantener funcionando la Comisión de Diálogo, y frente a Venamcham (cámara de comercio venezolano-americana) señalaba que «el diálogo no es una treta ni una estratagema; se busca realmente el entendimiento entre los venezolanos, restañar heridas. Creo que en definitiva la gente terminará aceptando esa realidad»[8]. Sin embargo, la oposición estaba tan irritada, sentía de tal modo la debilidad del gobierno y desconfiaba hasta tal punto de la sinceridad de sus señalamientos, que 9 de sus partidos pedían la renuncia de Rangel y del fiscal general «para viabilizar una investigación imparcial del 11 de abril»[9]. Incluso se llegó a hablar de crear una Comisión de la Verdad conformada solamente por la oposición. Los opositores percibían que el diálogo ofrecido por el gobierno no se fundaba en una genuina voluntad de reconciliación y/o rectificación, sino que constituía

---

7 Alicia La Rotta: «'Se debe aceptar la mediación de la Organización de Estados Americanos'», http://www.eluniversal.com/2002/05/05/pol_art_05112CC.shtml (Consulta: julio 1, 2008).

8 Mariela León: «'La gente terminará aceptando la vía del diálogo nacional'», http://www.eluniversal.com/2002/05/14/eco_art_14202CC.shtml (Consulta: julio 1, 2008).

9 «Documento opositor unificado», http://www.eluniversal.com/2002/05/14/pol_art_14102DD.shtml (Consulta: julio 1, 2008).

una medida para calmar los ánimos y ganar tiempo, con la finalidad de retomar el control de la situación.

En definitiva, las reuniones de la Comisión de Diálogo no condujeron a una normalización efectiva de la vida política venezolana. Se pueden identificar varias razones concretas del fracaso de esta iniciativa. En primer lugar, los sectores llamados al diálogo eran seleccionados por el gobierno; en segundo lugar, las interpelaciones públicas de las personas consideradas por el oficialismo como responsables de rebelión no ayudaron a crear un ambiente propicio para el diálogo. Tercero, el hecho de que las conversaciones no se materializaran en acuerdos y medidas concretas terminó por convencer a los factores de oposición de que el gobierno solo buscaba «hacerse la foto» con ellos, para hacer creer que tenía el control de la situación ante la opinión pública nacional e internacional y negar así los argumentos que empleaba la OEA para insistir en desarrollar una mediación en el conflicto venezolano. Cuarto, no se contaba con la presencia de mediadores, de una agenda de negociaciones[10] y de interlocutores unánimemente aceptados que permitieran salvar el obstáculo que representaba la gran desconfianza entre los bandos. En otras palabras, si bien el gobierno ofrecía diálogo, no había en cambio negociación. Adicionalmente, cabe señalar como factores adicionales la profunda incompatibilidad entre las dos visiones enfrentadas (democracia liberal vs. socialismo aún no explícito), la relativa paridad de fuerzas en aquel momento y la ausencia de una larga confrontación que hubiera desgastado a las partes hasta el punto de convencerlas de la esterilidad del uso de la violencia para lograr sus objetivos. Las expectativas de ganancia mediante la vía impositiva todavía lucían esperanzadoras para ambos sectores.

Mientras tanto, continuaban las presiones de Estados Unidos para lograr una mediación internacional en el conflicto venezolano. Varios representantes de Washington (Richard Haass, Roger Noriega, Colin Powell) insistieron fuertemente a finales de mayo en la necesidad de que se desarrollara dicha mediación, preferentemente conducida por la OEA. Estados Unidos ratificó esta postura en la XXXII Asamblea General de dicho organismo, que tuvo lugar en Barbados, entre el 2 y el 4 de junio de 2002;

---

10 La CTV no aceptaba invitaciones a título personal y exigía una agenda de negociaciones para asistir a la Comisión de Diálogo. «CTV pide agenda a la comisión de diálogo», http://www.eluniversal.com/2002/05/15/ pol_art_15110EE.shtml (Consulta: julio 1, 2008).

allí se aprobó una nueva Convención Interamericana contra el Terrorismo y una Declaración sobre la Democracia en Venezuela. En esta última se acordó «alentar al Gobierno de Venezuela a que explore las posibilidades que ofrece la OEA, en la promoción del diálogo nacional que actualmente se desarrolla en Venezuela, convocado por el presidente Hugo Chávez Frías, en aras de profundizar la reconciliación nacional» y «reconocer y acoger la decisión unánime de la Asamblea Nacional de la República Bolivariana de Venezuela de conformar una Comisión de la Verdad»[11]. Esta declaración fue considerada por el gobierno venezolano como un triunfo diplomático de su nuevo embajador, Roy Chaderton, ya que, a pesar de que el gobierno venezolano no logró que la Asamblea se refiriera a los hechos de abril como un «golpe de Estado», se evitó un llamado de atención al presidente Chávez y la aprobación de un mecanismo de seguimiento al clima político del país, que era lo que deseaban Estados Unidos y la oposición venezolana.

Justo en ese momento surgió la idea de traer al expresidente estadounidense Jimmy Carter como facilitador del diálogo. A mediados de mayo, Carter –quien ese año sonaba como gran candidato al premio Nobel de la Paz– había visitado La Habana con la finalidad de acercar posturas entre los Estados Unidos y el régimen de Fidel Castro, que incluso le permitió hablar por radio y televisión en el país caribeño[12] cuando la administración Bush era partidaria de un endurecimiento de las sanciones contra Cuba. Con esa aproximación a Castro, Carter había demostrado ser una de las figuras más emblemáticas que, dentro de los Estados Unidos, se oponían a la política exterior conducida por el presidente Bush; por lo tanto, no es descabellado pensar que alguien en el gobierno venezolano –o

---

11 AG/DEC. 28 (XXXII-O/02) DECLARACIÓN SOBRE LA DEMOCRACIA EN VENEZUELA http://www.oas.org/juridico/spanish/ag02/agdec_28.htm (Consulta: julio 1, 2008). En efecto, la Asamblea Nacional había aprobado en primera discusión un proyecto sobre la Comisión de la Verdad y la Reconciliación Nacional. «Defensoría cuestiona ley de la verdad», http://www.eluniversal.com/2002/06/04/pol_art_04106DD.shtml (Consulta: julio 1, 2008).

12 «Carter emprende visita a La Habana», http://www.eluniversal.com/2002/05/12/int_art_12114AA.shtml (Consulta: julio 1, 2008). De acuerdo con Francisco Díez, del Centro Carter, esa «fue la primera oportunidad en que la oposición a Castro tuvo voz y fue Carter quien hizo público el 'Proyecto Varela' como movimiento organizado y con sustento. Fidel lo utilizó para llevar agua a su molino, por supuesto, pero también le permitió a la oposición ganar una existencia improbable hasta entonces»; testimonio publicado por Díez en «Mediadores en Red L@ Revista», cedido también de forma directa al autor.

incluso el propio Castro–[13], pudo haber observado en él una opción más «amigable», que convenía barajar y tener cerca, de cara a la posibilidad de que finalmente la presión externa lograra implementar una mediación en Venezuela. Por otra parte, dado que Carter sonaba como futuro premio Nobel, era poco probable que se negara a participar en el conflicto venezolano. Lo cierto es que Rangel invitó a Carter el 4 de junio de 2002 a participar como «facilitador» del diálogo en Venezuela, tal como lo reconoció el canciller Chaderton, quien en esa oportunidad señaló que «nos conviene que vengan observadores internacionales», pero aclarando que el gobierno los aceptaba como «facilitadores» y no para la verificación de la institucionalidad democrática y del diálogo nacional[14]. Una semana más tarde varios parlamentarios venezolanos confirmaron que el Centro Carter había aceptado dicha invitación. Esta iniciativa fue vista con escepticismo por parte de ciertos sectores de la oposición venezolana, como por ejemplo el partido Movimiento al Socialismo (MAS, izquierda opuesta a Chávez), que consideró el hecho como una «maniobra distraccionista»[15] y proponía en su lugar un plan de paz supervisado por la OEA[16].

LA SITUACIÓN INTERNA. DOS BANDOS DEBILITADOS

Mientras esto sucedía a nivel internacional, en Venezuela surgieron nuevos elementos de inestabilidad interna. A principios de junio de 2002, varios militares activos emitieron un comunicado en el que se hacía un recuento de lo que consideraban violaciones de la Constitución por parte del presidente Chávez, señalando la falta de independencia de poderes y concluyendo que no había Estado democrático y social de Derecho[17].

---

13 Los fuertes nexos de Jimmy Carter con Gustavo Cisneros, así como el hecho de que este fuera considerado entonces por muchos sectores como el «cerebro» del 11 de abril, hacen pensar también en la posibilidad de que el empresario venezolano haya tenido algo que ver en la selección e invitación del expresidente norte-americano como promotor del diálogo en Venezuela.

14 Alfredo Rojas: «'Nos convienen los observadores internacionales'», http://www.eluniversal.com/2002/06/07/pol_art_07107AA.shtml (Consulta: julio 1, 2008).

15 «Desconfían de invitación de Carter», http://www.eluniversal.com/2002/06/08/pol_art_08104CC.shtml (Consulta: julio 1, 2008).

16 Elvia Gómez: «MAS propone plan de paz supervisado por la OEA», http://www.eluniversal.com/2002/06/11/pol_art_11110AA.shtml (Consulta: julio 1, 2008).

17 Aunque dichos oficiales decían desmarcarse de una tentativa de golpe de Estado y no desarrollaron acciones concretas, este pronunciamiento obviamente contribuía a minar la estabilidad del gobierno. Francisco

Mientras tanto, otros militares pedían asilo en diversos países[18]. Chávez no tardó en responder públicamente ante tales presiones, con su estilo vehemente y peculiar[19]. A pesar de la purga que se preparaba en la Fuerza Armada luego de los hechos de abril de 2002[20], los riesgos de una nueva insurrección militar seguían, por lo tanto, presentes.

No en balde el presidente conocía bien los riesgos de esta situación, similar en buena medida a la que él mismo había contribuido a generar en 1992 con el golpe de Estado del 4 de febrero, cuando la división en el seno de las Fuerzas Armadas era tan profunda que un segundo golpe tendría lugar ese mismo año. Pero en 2002 la polarización social era, evidentemente, mucho mayor que en 1992; existía el gran temor de que el conflicto se escalara hasta convertirse en una guerra civil y muchos ciudadanos de hecho estaban comprando armas –legal e ilegalmente– de forma incontrolada[21]. Las protestas de la oposición iban en aumento, hasta el punto de que Chávez –quien entonces enfrentaba 61 denuncias interpuestas en el TSJ y la Fiscalía– llegara a pedirle a la «clase media» en uno de sus programas que no «se dejen utilizar por los enemigos de la patria, quienes convocan a marchas casi todas las semanas»[22]. Como indicador de la inestabilidad, el dólar pasó de cotizarse a Bs.815 el 11 de abril a Bs.1.151,5 el 31 de mayo. La gravedad de la situación y la falta de control estatal quedaban claramente evidenciadas en el hecho de que el gobierno venezolano no pudiera negarse en pleno a aceptar una participación externa en la solución de la crisis interna.

Olivares: «Militares desconocen a Chávez como presidente», http://www.eluniversal.com/2002/06/07/pol_art_07106AA.shtml (Consulta: julio 2, 2008).

18 Entre otros, 3 oficiales retirados se declararon perseguidos políticos y solicitaron asilo político en Estados Unidos («Tres militares solicitaron refugio en Miami»: http://www.eluniversal.com/2002/06/05/pol_art_05106FF.shtml), mientras El Salvador le otorgaba tal beneficio a Molina Tamayo. Alicia La Rotta: «Asilo diplomático para Carlos Molina Tamayo»: http://www.eluniversal.com/2002/06/05/pol_art_05106EE.shtml (Consulta: julio 2, 2008.

19 En su programa *Aló Presidente* procedió a comparar a los generales y almirantes con un «condón», que «se usa y se tira». Alicia La Rotta: «La FAN es usada como 'un condón'»: http://www.eluniversal.com/2002/06/12/pol_art_12112CC.shtml (Consulta: julio 2, 2008).

20 En julio de 2002 serían ascendidos 53 nuevos generales y almirantes, como consecuencia de las numerosas remociones. Rodolfo Cardona Marrero: «Ascendidos 53 generales y almirantes en las FAN» http://www.eluniversal.com/2002/07/02/pol_art_02104DD.shtml (Consulta: julio 3, 2008).

21 Carlos Mollejas: «Capriles reconoce aumento de ventas en las armerías», http://www.eluniversal.com/2002/06/14/ccs_art_14404BB.shtml (Consulta: julio 2, 2008).

22 Alfredo Rojas: «'Estamos dispuestos a lo que sea'», http://www.eluniversal.com/2002/06/21/pol_art_21104AA.shtml (Consulta: julio 2, 2008).

A mediados de junio comenzaron a registrarse importantes divisiones en el seno de la oposición, consecuencia en parte de los elementos revelados por el 11 de abril. A partir de entonces quedó claro que los partidos políticos existentes habían perdido la mayor parte de su capacidad de representación de la sociedad, dando lugar a que la prensa, los gremios profesionales y otras organizaciones civiles protagonizaran lo que consideraban como la defensa de sus derechos consagrados en la Constitución. Como todo movimiento social, e incluso a pesar de contar con una gran popularidad, este era a todas luces heterogéneo y desorganizado. Se evidenció también que, detrás de ese propósito común que era forzar una negociación con el presidente Chávez, o incluso su renuncia o destitución, existían varias agendas políticas, no siempre coincidentes. Esta constatación sembró la desconfianza entre los sectores de oposición y minó su capacidad para trabajar juntos.

La polémica fundamental en el seno de la oposición giraba en torno a la selección de una línea de acción para enfrentar al gobierno de Chávez, polémica que se haría más profunda y se prolongaría durante años. En aquel momento algunas de las fuerzas políticas opositoras estaban ocupadas recogiendo firmas para solicitar una enmienda constitucional que permitiera adelantar las elecciones, mientras otras seguían haciendo llamados a la desobediencia civil. Si bien la CTV sopesaba la posibilidad de llamar a un nuevo paro nacional, esta vez no todos dentro de la central sindical consideraron apropiado recibir el apoyo de Fedecámaras. Carlos Ortega rechazó estar involucrado en conspiraciones y señaló que el paro en ciernes —pensado para antes del 15 de julio— era «laboral, no político». Por su parte, voceros del MAS señalaban la necesidad de desmarcarse de iniciativas golpistas, señalando que con ello solo se lograba beneficiar al gobierno.

Entre el 17 y el 21 junio visitó el país una delegación de Human Rights Watch, encabezada por José Miguel Vivanco. Luego de reunirse con Chávez, Rangel, diputados y miembros de organizaciones civiles y políticas —aunque el TSJ no lo recibió–, Vivanco condenó los hostigamientos a organizaciones defensoras de los derechos humanos, señaló la necesidad de independencia de poderes para investigar los hechos de abril, conminó a los militares a mantenerse alejados de la política y especificó algunos elementos necesarios para hacer más efectiva la Comisión de la Verdad que se estaba intentando crear con una nueva ley. Para entonces, la Sala Plena del TSJ todavía daba indicios de no estar absolutamente plegada a Chávez, para regocijo de la prensa no oficialista[23]. El momento de debilidad del gobierno se apreciaba también en el lenguaje súbitamente conciliador del diputado Nicolás Maduro, quien entonces solicitaba a la oposición «una tregua» para frenar las marchas y contramarchas[24].

En el plano internacional, el gobierno de Chávez generaba diversas apreciaciones. Por ejemplo, Arturo Valenzuela, investigador de Georgetown, consideraba que, si bien el régimen presentaba «manifestaciones totalitarias», también «sería un error afirmar que el venezolano es un gobierno autoritario o totalitario»; sin embargo, señalaba la presencia de un modelo distinto de democracia a lo que usualmente se conoce como democracia liberal, y recordaba el concepto de «democracia totalitaria» (que emplearemos en este libro. capítulo VIII). El análisis de Valenzuela nos parece tan pertinente que citamos *in extenso* la caracterización que, para entonces, ofrecía del gobierno de Chávez:

En Venezuela hay una situación difícil por el concepto de democracia dominante. Existen dos grandes tradiciones democráticas. Una que viene de Inglaterra, con Locke, que se expresa en la democracia representativa, con chequeos mutuos muy fuertes para asegurar el Estado de Derecho y la salvaguarda de las minorías. Otra vertiente, que viene de Rousseau y pasa por la Revolución Francesa, se asienta en la democracia mayoritaria, cuyo fin es el bien común sobre la premisa de una sociedad sin divisiones. [...] Hay un libro importante, *Los orígenes de la democracia totalitaria*, de Trannen [*sic*: Talmon], que lo señala así. Los antecedentes, hasta cierto punto, de los proyectos marxistas y fascistas del siglo XX se nutren de esa veta que hasta cierto punto interpreta a la nación y al pueblo como algo único. Hay una relación directa entre el pueblo y el líder, en donde las entidades secundarias de la sociedad desaparecen al establecerse un vínculo directo entre el Duce y la población. [...] Me refiero a las experiencias europeas, que también tienen una cierta manifestación en Venezuela. [...] Manifestaciones totalitarias. Pero sería un error afirmar

---

23 Ciertas decisiones fueron consideradas entonces por la prensa de oposición como «cambio» en «el panorama político institucional» que favorecía «la división de poderes». Carlos Subero: «Decisión del TSJ abrió el juego institucional», http://www.eluniversal.com/2002/06/22/pol_art_22109AA.shtml (Consulta: julio 2, 2008).
24 Taynem Hernández: «Nicolás Maduro propone tregua con la oposición»; http://www.eluniversal.com/2002/06/21/pol_art_21110AA.shtml (Consulta: julio 2, 2008).

que el venezolano es un gobierno autoritario o totalitario. Es un sistema democrático con muchas falencias. [...] Lo interesante es que a pesar de una cierta destrucción de las instituciones, especialmente las partidistas, que cedieron lugar a esta democracia más directa, los movimientos sindical y empresarial se han mantenido independientes, así como los medios. Se observan contrapropuestas en la sociedad, aunque los venezolanos no pueden olvidar que el Presidente fue electo por abrumadora mayoría. No hay una experiencia latinoamericana similar en los últimos tiempos. Por eso no sorprende que algunas instituciones del Estado reflejen ese mandato de la soberanía popular[25].

Esa idea distinta de democracia que (según analizamos en detalle en el capítulo VIII) parecía encarnar el gobierno de Chávez, recibía algunos respaldos significativos a nivel internacional, como por el ejemplo el que le brindaba el *caucus* afroamericano en Washington[26] o la opinión favorable de académicos como Richard Gott; sin embargo, era vista con recelo por parte de la administración Bush o el grueso de la Unión Europa, en donde ocho de sus países miembros estaban regidos entonces por gobiernos conservadores.

SE CREA LA COORDINADORA DEMOCRÁTICA

A finales de junio de 2002 llega al país la misión exploratoria del Centro Carter, a cargo de Jennifer McCoy, quien venía acompañada por el expresidente de República Dominicana, Leonel Fernández. Este último es un hábil político y negociador, cercano al expresidente Carlos Andrés Pérez, al empresario Gustavo Cisneros y al propio Jimmy Carter. También formaban parte de la misión el director del Programa de Resolución de Conflictos, Benjamín Hoffman; el experto en mediación internacional, Francisco Díez; y la oficial principal del Programa de las Américas de dicho organismo, Laura Newman[27]. Desde un principio los representantes del

---

25 Entrevista concedida a *El Universal*: «En Venezuela hay signos totalitarios», http://www.eluniversal. com/2002/06/23/pol_art_23104AA.shtml (Consulta: julio 2, 2008).

26 Everett Bauman: «Reiteran su apoyo a Chávez 38 diputados de Estados Unidos», http://www.eluniversal. com/2002/06/16/pol_art_16107DD.shtml (Consulta: julio 2, 2008).

27 Alfredo Rojas: «Centro Carter comenzó evaluación», http://www.eluniversal.com/2002/06/26/pol_ art_26110AA.shtml (Consulta: julio 2, 2008).

Centro Carter vinieron con una propuesta en firme para desarrollar algún tipo de mecanismo de facilitación o mediación[28]; no en balde se trataba de una organización experimentada en materia de gestión y resolución de conflictos, y como ejemplos recientes de su participación en América Latina cabe destacar el relevante papel que jugó en las elecciones de la Panamá de Noriega y el Perú de Alberto Fujimori, donde finalmente denunció la existencia de sendos fraudes electorales. En Venezuela, McCoy y Fernández se reunieron con el vicepresidente Rangel y el canciller Chaderton, el nuevo ministro de la Defensa[29], directivos de Fedecámaras y el sindicalista Carlos Ortega. Este último recelaba del Centro Carter, debido a su condición de invitado por parte de Rangel, y por ende le solicitó un máximo esfuerzo por reflejar «objetividad» en su informe preliminar. En rueda de prensa de la CTV, el máximo líder sindical del país señaló:

> Fuimos claros en señalarles que su participación en el país debe ser imparcial, ante postura de sectores políticos y civiles, por su posible actuación dado que fueron invitados por la vicepresidencia de la República. Deben medir los pasos que puedan dar frente a esas quejas[30].

En los mismos términos se expresaba buena parte de la oposición. Tal como lo reseñaba entonces *El Universal*:

> Timoteo Zambrano, de Alianza Bravo Pueblo, dudó del papel de facilitador de la organización, dada la profundidad de la crisis nacional. «Nuestro planteamiento a la señora McCoy, fue que para la oposición la intermediación está en manos de la OEA, en la aplicación de la Carta Democrática, porque allí radica el marco jurídico para la mediación», explicó. La violencia de los Círculos Bolivarianos, la ausencia de un cronograma de discusión, la

---

28 Según Francisco Díez, «En nuestra misión previa con McCoy y otros del Centro Carter, recomendamos llevar adelante una estrategia de negociaciones puntuales facilitadas, en las que Carter funcionaría como facilitador de reuniones bilaterales entre los medios y el gobierno, entre los políticos y el gobierno, entre la Iglesia y el gobierno y entre la sociedad civil y el gobierno»; testimonio publicado por Díez en «Mediadores en Red L@ Revista», cedido también de forma directa al autor.

29 Paradójicamente, se trataba de Lucas Rincón Romero, el mismo que el 11 de abril leyó por TV un comunicado, en nombre del Alto Mando, afirmando que Chávez había renunciado al cargo de presidente de la República.

30 Gustavo Méndez: «'La misión Carter debe ser imparcial'», http://www.eluniversal.com/2002/06/29/pol_art_29104EE.shtml (Consulta: julio 2, 2008).

falta de un escenario para debatir y de un plazo para concretar resultados, son aspectos que, según Zambrano, no pueden ser abordados y resueltos por el Centro Carter. Por su parte, el secretario general de Copei, Sergio Omar Calderón, fue lacerante en su apreciación del Centro Carter: «No es un intermediario válido. Al país no le sirve su presencia, puesto que no representa ningún valor»[31].

En esos contactos preliminares quedó claro que, mientras el gobierno rechazaba el involucramiento de la OEA y solo aceptaba una facilitación (no una mediación) por parte de alguna personalidad destacada, la oposición consideraba fundamental la participación decidida del organismo hemisférico. En palabras del propio Timoteo Zambrano, quien meses más tarde sería el jefe del equipo de negociadores de la oposición:

> Las organizaciones políticas nos pusimos de acuerdo y los distintos factores, y ahí en el salón de la CTV [Confederación de Trabajadores de Venezuela, principal central sindical obrera venezolana], por allí por el mes de junio, junio o julio, hicimos una reunión de todos los factores políticos (yo fui el vocero de todos esos factores) con esa misión exploratoria del Centro Carter y le hicimos una propuesta metodológica de cómo concebíamos nosotros que deberían encararse unas futuras conversaciones entre el gobierno y la oposición, haciendo hincapié en que para nosotros era fundamental que estuviera la OEA porque era importante para la resolución final de este conflicto regirnos por el sistema interamericano [entrevista del autor].

Por su parte, José Vicente Rangel (quien luego sería el jefe de los negociadores del gobierno) advirtió que en el proceso de diálogo el Ejecutivo acepta «facilitadores» mientras que rechaza la figura del «mediador» señalada en el caso de la OEA:

> Nosotros estamos haciendo una petición no solamente para que el Centro Carter se reuniera con el Presidente de la República, vienen como facilitadores y no como mediadores, Venezuela no acepta mediadores, Venezuela acepta facilitadores y no se trata de un problema semántico sino de un problema

---

31 Gustavo Méndez: «Oposición descalifica al Centro Carter»; http://www.eluniversal.com/2002/06/27/pol_art_27108AA.shtml (Consulta: julio 2, 2008).

político, la tesis de la mediación fue derrotada por la OEA en la reunión de Barbados por todos los integrantes de la OEA, nosotros aceptamos facilitadores, si quiere venir un representante de la OEA como facilitador estamos estudiando esa posibilidad, como viene el Centro Carter, como puede venir el ex Presidente Sanguinetti o cualquier otra figura[32].

Cabe incluir aquí una breve aclaratoria acerca de cuáles son las diferencias entre la *facilitación* y la *mediación*, que tan importantes resultaban para el gobierno venezolano. De acuerdo con el International Online Training Program on Intractable Conflict, de la Universidad de Colorado, la facilitación:

> Se realiza por una tercera parte que asiste en el desarrollo de reuniones para la construcción de consensos. El facilitador ayuda a las partes a implementar reglas y agendas, fortalece ambas, y ayuda a los participantes a mantenerse trabajando de forma conjunta en la consecución de sus objetivos mutuos. Aunque parecido a un mediador, el facilitador usualmente juega un papel menos activo en las deliberaciones, y a menudo no se propone la «resolución» del conflicto como meta, tal como suelen hacer los mediadores [*traducción del autor*].

La mediación, por su parte:

> Es una técnica de resolución de conflictos, desarrollada por un intermediario que trabaja con las partes en disputa para ayudarlas a mejorar su comunicación y su análisis del conflicto, de forma tal que puedan identificar y escoger por sí mismas una opción para resolver el conflicto, opción que satisface los intereses o necesidades de todas las partes. A diferencia de lo que sucede en el arbitraje, donde el intermediario escucha los argumentos de ambos lados y toma una decisión al respecto, un mediador ayudará a las partes a diseñar una solución por sí mismos [*traducción del autor*].

En resumen, la mediación es un proceso más ambicioso que la facilitación; esta última a menudo no se propone llegar a un resultado

---

32 «'No aceptamos mediadores sino facilitadores del diálogo'», http://www.eluniversal.com/2002/06/29/pol_art_29108EE.shtml (Consulta: julio 2, 2008).

concreto y su tarea principal se remite a ayudar en el mejoramiento de la comunicación entre las partes, mientras que un mediador está facultado para hacer propuestas concretas e intervenir en el diseño de mecanismos de resolución del conflicto. La mediación encierra para las partes el objetivo de llegar a acuerdos con cuyo cumplimiento mantienen un compromiso; la facilitación no. En segundo lugar, aceptar la presencia de un mediador implica en cierto modo reconocer la existencia de un conflicto que no puede canalizarse a través de las instituciones del Estado, así como la posibilidad de tener que abrir las puertas a agentes externos que suelen tener sus propias agendas e intereses.

En el caso que nos ocupa, el gobierno de Chávez siempre hizo énfasis en que no se otorgara al Centro Carter ni a la OEA el carácter oficial de «mediadores», porque ello podría acarrear el compromiso de cumplir con eventuales acuerdos que probablemente significarían una atadura para un gobierno autopercibido como revolucionario; adicionalmente, la mediación de estos u otros factores podría servir como «cabeza de puente» para intereses externos que podrían amenazar la viabilidad de la Revolución Bolivariana.

A lo largo de su visita, McCoy y los demás miembros de la misión se hicieron eco de las inquietudes formuladas por todos los sectores, manifestaron su preocupación por la frágil gobernabilidad del país, abogaron por fortalecer las consultas de los venezolanos con otras instancias internacionales y anunciaron la pronta llegada de Jimmy Carter al país entre los días 6 y 10 de julio. También Antonio Molpeceres, representante del PNUD en Venezuela, se reunió por estas fechas con Carlos Ortega e hizo referencia pública a la experiencia adquirida por este organismo en materia de promoción y apoyo al diálogo en otros conflictos de América Latina.

Para poder tener voz y reconocimiento a nivel internacional, y con la finalidad de actuar coherentemente en tal nivel, la oposición debía superar antes un gran obstáculo: la incapacidad operativa derivada de su notable pluralidad y la carencia de una única instancia de interlocución[33]. La reunión mantenida con la misión exploratoria del Centro Carter, en la cual se vislumbraba ya la posibilidad de una facilitación apoyada por

---

33 La mayor división que se aprecia en la oposición, con respecto al mayor grado de cohesión que se registra en los gobiernos, es una circunstancia habitual en los conflictos interestatales. «The government is, as a rule, more united than opposition»: Väyrynen, Raimo –editor– (1991): *New Directions in Conflict Resolution, Conflict Resolution and Conflict Transformation*. International Social Science Research Council, Gran Bretaña, p. 8.

entidades internacionales, aclaró a la oposición su necesidad de aglutinarse en un único organismo para poder participar en un proceso de esas características. Si bien ya en abril de 2002 había sonado la idea de un Comité de Coordinación para la Democracia y la Libertad, sería finalmente la Coordinadora Democrática (CD), nacida el 5 de julio de 2002, la organización que durante más de dos años conduciría la actuación política más o menos unificada de una multiplicidad de partidos políticos, organizaciones no gubernamentales y otras asociaciones civiles. Para Golinger (2005:15), esta instancia recuerda a la Coordinadora Democrática Nicaragüense, creada con apoyo norteamericano y venezolano para organizar a la dispersa oposición de ese país y prepararla para competir electoralmente con los sandinistas en 1989-1990.

Por esos días la bancada de oposición en la Asamblea Nacional intentaba frenar la aprobación de la ley de la Comisión de la Verdad en los términos en los que la proponía el oficialismo, al tiempo que cada vez más sectores iban abandonando la mesa de diálogo coordinada por el vicepresidente Rangel, que ya se había ramificado en diversas mesas de diálogo regionales, sin muchos resultados. Así estaban las cosas cuando, el 6 de julio de 2002, llegó al país Jimmy Carter, quien se reuniría por separado con Chávez, Rangel, diversos factores de la oposición, medios de comunicación y 40 obispos de la Conferencia Episcopal Venezolana. Carter propuso crear una Comisión de Notables para facilitar los diálogos entre gobierno y oposición, y también sugirió a las partes dialogar cara a cara, pero ninguna de tales ideas fue acogida. Por un lado, la oposición alegó la ausencia de una agenda clara y de voluntad política por parte de Chávez como razones para rechazar tal invitación[34]. De acuerdo con Francisco Díez:

> Carter lamentó la decisión y le dijo: «yo no los entiendo, se quejan de que el gobierno no quiere negociar nada con ustedes y yo les ofrezco una reunión directa con el presidente para que en mi presencia le presenten sus demandas y ustedes ponen precondiciones». Asimismo, los dirigentes de los partidos estaban preparando una gran movilización popular para el jueves de esa semana y Carter les proponía reunirse con Chávez el

---

34 Eugenio Martínez: «Oposición declina la invitación», http://www.eluniversal.com/2002/07/09/pol_art_09102EE.shtml; Consulta: julio 3, 2008).

martes anterior. No estaban dispuestos a arriesgarse a desmovilizar a sus bases mandando un mensaje de no confrontación [salvo cuando se citan expresamente otras fuentes, todos los testimonios de Francisco Díez que aparecen citados en este libro fueron escritos por él hacia diciembre de 2005, publicados luego en «Mediadores en Red L@ Revista», y suministrados de forma directa al autor].

Por su parte, Chávez le dejó claro a Carter que si lo recibía era por consideración personal. Según Díez, el presidente venezolano señaló a Carter:

> Perdón, yo quiero que sepan que estoy completamente consciente de que yo soy el presidente de este país y que estoy aquí sentado aceptando hablar de cada uno de esos puntos con ustedes por consideración al Sr. Carter, y que esta es una situación completamente inusual para un presidente.

En cuanto a Rangel, este se mostró complacido con las gestiones de Carter porque se ratificó que el gobierno venezolano no aceptaba mediación, sino facilitación. Carlos Ortega, quien mantenía una posición contraria, consideró que este había sido engañado por el gobierno, asegurando que «Chávez no ha sido sincero. El presidente no fue franco al plantearle la situación de la CTV al decirle que el reconocimiento de la organización está en manos del TSJ cuando el problema está en el CNE»[35]. En consecuencia, el principal logro de Carter en esta visita lo constituyó la aceptación expresa, por parte del gobierno venezolano, de la participación de la OEA en los esfuerzos por impulsar el diálogo en Venezuela[36]. Según Carter, el gobierno venezolano le había explicado que sus recelos con respecto a la OEA se debían a que César Gaviria «había tomado algunas actitudes que indican que reconoció al gobierno de transición»; sin embargo, recordemos que las discrepancias con el organismo hemisférico vienen, como mínimo, desde la conferencia de Québec, a principios de 2001. Si bien Carter habría logrado que el gobierno aceptara la principal exigencia hecha por la oposición, cual era la inclusión de la OEA en el proceso, no fue motivo

---

35 Juan Francisco Alonso: «Carter propone crear comisión de notables para superar la crisis», http://www.eluniversal.com/2002/07/08/pol_art_08104AA.shtml (Consulta: julio 3, 2008).

36 Así se reseñan los hechos en el artículo de Juan Francisco Alonso: «Carter logró la participación de la OEA», http://www.eluniversal.com/2002/07/10/pol_art_10102AA.shtml (Consulta: julio 3, 2008).

suficiente para que la CD demostrara algún entusiasmo con respecto a las labores del expresidente norteamericano.

Parte de la desconfianza y de la negativa a entrar en conversaciones se debía al ambiente de confrontación callejera. Durante el mes de junio se registraron numerosos choques violentos entre los partidarios de ambos grupos, así como frecuentes agresiones a periodistas y medios de comunicación, considerados cómplices del golpismo[37]. Pero la razón principal del rechazo por parte de la oposición a aceptar plenamente las conversaciones con el gobierno era su propia división interna. Mientras un sector se mostraba proclive al diálogo, el ala más radical sostenía que las conversaciones no llevarían a nada y veladamente aspiraba a un derrocamiento definitivo de Chávez, tal como lo denunciaron los moderados de la Coordinadora. El vicepresidente Rangel acusó la presencia de «elementos golpistas» en la CD, que de hecho simpatizaban con la actitud de abierta desobediencia que mostraban varios militares activos, e instó al ala moderada a desmarcarse de esos sectores[38]. Frente a la desconfianza de esta parte de la oposición, los Estados Unidos sí manifestaron su complacencia por el avance que representaba la apertura de puertas a la labor de diálogo de la OEA, y de hecho instaron a la Coordinadora, a través de su secretario de Estado adjunto, Otto Reich, a aceptar el diálogo con Chávez.

Las profundas contradicciones que existían en el seno de la oposición eran consecuencia de su falta de preparación para afrontar el desafío que representaba el gobierno de Chávez. La llegada de este al poder afectó

---

37 Las agresiones sufridas por la prensa habían motivado reiteradas protestas de la SIP (Sociedad Interamericana de Prensa). «Preocupa a la SIP ola de atentados contra los medios de comunicación», http://www.eluniversal.com/2002/07/10/pol_art_10107CC.shtml (Consulta: julio 3, 2008). Entre varias agresiones, cabe resaltar la explosión de una granada (9 de julio de 2002) en las instalaciones del canal privado Globovisión, muy crítico con el gobierno de Chávez, que solo ocasionó daños materiales. Gustavo Rodríguez: «Lanzaron granada en Globovisión», http://www.eluniversal.com/2002/07/10/pol_art_10106AA.shtml (Consulta: julio 3, 2008).

Tales ataques ocasionaron la emisión de varias medidas cautelares por parte de la CIDH, que por ende era continuamente acusada de parcialización a favor de la oposición. Irma Álvarez: «La OEA refutó el comunicado de Venezuela», http://www.eluniversal.com/2002/07/10/pol_art_10107AA.shtml (Consulta: julio 3, 2008).

38 Alfredo Rojas: «'Hay que cuidarse de ciertos aliados'», http://www.eluniversal.com/2002/07/13/pol_art_13104EE.shtml (Consulta: julio 4, 2008). Por su parte, el *Financial Times* criticaba tal postura: «La oposición está empeorando las cosas con una estrategia destinada a derrocar al mandatario venezolano por cualquier medio [...] Se hace necesaria una reconsideración»; traducción de *El Universal*, que aparece en «*Financial Times* critica actitud de la oposición», http://www.eluniversal.com/2002/07/17/pol_art_17108EE.shtml (Consulta: julio 4, 2008).

seriamente el sistema de partidos que había funcionado durante 40 años; a partir de entonces, la sociedad venezolana, que apostaba por una democracia liberal, se veía enfrentada simultáneamente a una gravísima falta de representación y a un movimiento político no carente de rasgos populistas y totalitarios. La CD significó un esfuerzo –reconocido a nivel internacional–[39] por coordinar las acciones de fuerzas políticas muy heterogéneas cuyo único nexo a menudo era su oposición a Chávez; sin embargo, este precario vínculo era lo suficientemente fuerte en 2002 como para movilizar una dura oposición. La multitudinaria marcha opositora del 11 de julio reveló la relevante capacidad de movilización que la Coordinadora era capaz de desplegar en combinación con los medios de comunicación privados, hasta el punto de que el vicepresidente Rangel no pudo seguir negando que tanto las encuestas como las manifestaciones públicas evidenciaban una situación frágil para el presidente Chávez en términos de popularidad[40]. Una vez conformada la CD, el objetivo esencial de varios de los actores en conflicto fue implementar la vía del diálogo y la eventual negociación. La volatilidad de la situación se reflejaba en la depreciación de un 80% de la moneda en lo que iba de año, consecuencia de la gran incertidumbre política y de las políticas económicas del gobierno[41], que ocasionaban fugas masivas de capitales. Mientras Gaviria expresaba su preocupación por la grave polarización del país[42], Carter señalaba: «nunca vi un país tan dividido»[43].

---

39 Como ejemplo de ello, la Internacional Socialista reconoció a la Coordinadora e instó al gobierno a crear un comité de negociación. «Internacional Socialista reconoció a la Coordinadora», http://www.eluniversal.com/2002/07/21/pol_art_21106BB.shtml (Consulta: julio 5, 2008).

40 Encuestadora Datos C.A.: 23% de encuestados tenían «mucha o bastante» confianza en que Chávez podía manejar bien el país, mientras que un 60% pensaba que dicha capacidad era «poca o ninguna». Gustavo Méndez: «A 23% cayó confianza en el presidente Chávez», http://www.eluniversal.com/2002/08/06/pol_art_06108BB.shtml Por otra parte, las palabras de Rangel en señalamientos de aquel momento denotan su conocimiento de que la posición de Chávez en las encuestas no era buena. Rodolfo Cardona Marrero: «'Gobiernos no se cambian por marchas o encuestas'», http://www.eluniversal.com/2002/07/14/ccs_art_14112DD.shtml (Consulta: julio 4, 2008).

41 Ver declaraciones de Chávez en «Presidente atacó el capitalismo como modelo de dominación», http://www.eluniversal.com/2002/07/06/pol_art_06102EE.shtml (Consulta: julio 5, 2008).

42 «Gaviria preocupado por la polarización venezolana», http://www.eluniversal.com/2002/07/13/pol_art_13104GG.shtml (Consulta: julio 5, 2008).

43 Everett Bauman: «'Nunca vi un país tan dividido'», http://www.eluniversal.com/2002/07/22/pol_art_22108CC.shtml (Consulta: julio 5, 2008).

En este contexto llegó al país, el 24 de julio, una misión tripartita de la OEA, el Centro Carter y la ONU, representada respectivamente por Fernando Jaramillo (colombiano como Gaviria y su más cercano colaborador en la OEA), Jennifer McCoy y la directora regional del PNUD, Elena Martínez. Esta misión buscaba acordar con las partes en conflicto los términos bajo los cuales diversas instancias internacionales podrían participar en un eventual proceso de facilitación del diálogo. Frente a la propuesta de la tripartita, la oposición requería llevar el diálogo a una fase de negociación con mediación internacional que garantizara el cumplimiento de unos eventuales acuerdos, y aunque no se aprobó totalmente la propuesta presentada por la misión tripartita, se la valoró positivamente. Por su parte, el vicepresidente Rangel expresaba que «no puede haber negociación si no hay diálogo, y hasta ahora lamentablemente y particularmente en el caso de los partidos políticos de oposición, ha habido una resistencia al diálogo»[44].

En julio de 2002, el gobierno todavía se sentía en una posición de vulnerabilidad. Le preocupaban su pérdida de popularidad, la eventual deslealtad de la Fuerza Armada, la presión de los Estados Unidos y la pérdida de control sobre las ramas del Poder Público. En las calles había enfrentamientos cada vez más violentos entre ambos bandos, como expresión de una situación de gran volatilidad. Entre otros incidentes (generalmente asociados a las marchas y contramarchas de oposición y gobierno), durante el mes de agosto de 2002 se registraron agresiones al despacho del alcalde metropolitano Alfredo Peña y varios disturbios en el centro de Caracas, así como la explosión de 5 niples en la sede de la Comandancia de la Guardia Nacional en El Paraíso, Caracas. Las actitudes que estaba tomando el TSJ a partir del 11 de abril demostraban tal pérdida de control: si el día 23 de julio se supo que los «pistoleros de Puente Llaguno» irían a juicio[45], el 25 se rumoreó que los militares que desacataron las órdenes de Chávez en

---

44 Alfredo Rojas: «Vicepresidente está dispuesto a negociar», http://www.eluniversal.com/2002/08/02/pol_art_02106FF.shtml (Consulta: julio 5, 2008).

45 Irma Álvarez: «A juicio pistoleros de Puente Llaguno», http://www.eluniversal.com/2002/07/24/pol_art_24104AA.shtml (Consulta: julio 5, 2008). «Pistoleros de Puente Llaguno» es la denominación que la prensa crítica con el gobierno de Chávez ha otorgado a varios partidarios del gobierno que durante el 11 de abril fueron grabados disparando impunemente en dirección a la marcha de oposición y a la Policía Metropolitana controlada por el alcalde de oposición Alfredo Peña, que a su vez le devolvía los disparos; el gobierno por su parte ha tendido a otorgarles el rango de héroes que se batieron en defensa de la revolución.

abril no serían procesados por rebelión. La situación fue denunciada por el MVR, principal partido de gobierno, como una ofensiva opositora para controlar el TSJ y la Asamblea Nacional. Ciertamente, el hecho de que ahora las fuerzas del llamado miquilenismo se hubieran separado del chavismo, reagrupado en un nuevo partido llamado Solidaridad[46] e incorporado a la oposición, permitía a esta recuperar un cierto margen de maniobra en tales instancias; recordemos que la «refundación de los poderes» que implicó el proceso constituyente de 1999 había facilitado al gobierno (y a partidarios de Miquilena) el acceso a las ramas del Poder Público. Además, el gobierno de Chávez también manifestó su preocupación por el hecho de que los Estados Unidos abrieran una «oficina para la transición» en Venezuela, tal como se ha hecho en países afectados por conflictos bélicos como Kosovo, Haití, Colombia, Indonesia, Perú, Guatemala, etc. El embajador Shapiro restó importancia al nombre de la nueva oficina:

> Yo sé que el nombre de esta oficina ha sido motivo de controversia [...]
> De manera que solo quiero pedirles una cosa: olvídense del nombre burocrático que se utiliza en Washington, y en su lugar, concéntrense en lo que nuestros esfuerzos representan (Golinger; 2005:103).

Pero el vicepresidente Rangel manifestó su indignación y rechazo por tal denominación. Tal como lo reseñó *El Universal*:

> Rangel advirtió que «aquí no hay transición», y aclaró que «no comparte» la organización de una oficina con esa denominación en la Embajada de Estados Unidos en Venezuela. «No me parece», insistió, y explicó que «hay un régimen constitucional, democrático, que respeta plenamente las libertades». El vicepresidente invocó el derecho diplomático a la «reciprocidad» en las relaciones internacionales, y reclamó el «derecho» del gobierno nacional a «montar también una oficina de transición en Estados Unidos»[47].

---

46 Tal como se denominó la organización política conducida en Polonia por Lech Walesa, quien por cierto visitó Venezuela por esas fechas (agosto de 2002) y señaló que era necesario agotar las vías del diálogo. «'Hay que agotar las vías del diálogo'», http://www.eluniversal.com/2002/08/12/pol_art_12106FF.shtml (Consulta: julio 5, 2008).
47 Según el periodista Alfredo Rojas de *El Universal*: en «Vicepresidente negó 'transición' política», http://www.eluniversal.com/2002/07/30/pol_art_30106DD.shtml (Consulta: julio 5, 2008).

Las preocupaciones del gobierno de Chávez con respecto al TSJ se vieron confirmadas el 14 de agosto de 2002, cuando la mayor parte de los militares involucrados en los hechos de abril fueron sobreseídos por el máximo tribunal del país, el cual sentenció a favor de la versión (apoyada por los partidarios de Carmona) que argumentaba la existencia de un «vacío de poder» el 11 de abril. Curiosamente, la tesis del vacío de poder es la misma que manejaron los militares rebeldes encabezados por Chávez en 1992, un vacío creado *ex profeso* con la intención de ser llenado por los propios golpistas. Lógicamente, el descontento del gobierno venezolano con esta sentencia fue mayúsculo, pero fue bien recibida por la Coordinadora de oposición.

Por otro lado, el gobierno venezolano también experimentaba la sensación de que lograba encarrilar a su favor las iniciativas externas que buscaban impulsar el diálogo y la estabilidad política en Venezuela. Ese mismo día –el 14 de agosto de 2002–, el Consejo Permanente de la OEA emitió la resolución 821, titulada «Apoyo al proceso de diálogo en Venezuela», que respaldaba las iniciativas multilaterales realizadas hasta el momento, expresaba el beneplácito del gobierno venezolano por la facilitación internacional del diálogo en Venezuela, prefiguraba la modalidad de facilitación que tendría lugar en el país y proporcionaba un respaldo multilateral al proceso de negociación (ver anexos). La resolución incorporaba aspectos positivos para el gobierno, como la mención expresa a un diálogo (no mediación) y la participación del Centro Carter, más afín que a la OEA. Pero la resolución 821 también era acogida con beneplácito por la oposición, ya que incorporaba definitivamente los buenos oficios de la OEA y el PNUD y otorgaba un reconocimiento internacional tanto a la figura de la Coordinadora Democrática como a los procesos de diálogo, sin bien todavía no se especificaban los mecanismos concretos de mediación.

LA CENTRALIZACIÓN DEL PODER PÚBLICO

Luego del polémico fallo del TSJ, el chavismo se fijó como objetivo prioritario retomar y aumentar el control progresivo de las diversas ramas de los poderes públicos. Si las elecciones de la CTV habían decidido al oficialismo a «renovar» el Consejo Nacional Electoral (CNE), la sentencia del 14 de agosto lo indujo a proponerse algo similar con respecto al máximo tribunal del país. Así, mientras el MVR buscaría la destitución de los magistrados mediante la promulgación de una nueva ley orgánica y señalaba que apelaría la decisión del 14 de agosto en la Sala Constitucional de TSJ, el propio Chávez anunció un «contraataque revolucionario» contra dicho fallo y acusó a los magistrados de haber «puesto la plasta» con una sentencia «absurda»[48].

Esta delicada situación jurídica tenía ramificaciones internacionales. Si por un lado los Estados Unidos señalaron la necesidad de que se respetaran las decisiones de los poderes públicos –lo cual obviamente significaba un respaldo a la sentencia–, por otro la oposición había anunciado que los familiares de las víctimas del 11 de abril interpondrían próximamente ante la Audiencia Nacional de España un recurso que apuntaba directamente a Chávez[49]. Esto sucedía cuando el MVR era acusado de mantener vínculos con Batasuna, a punto de ser ilegalizada en España[50]. Adicionalmente, durante este mes el gobierno venezolano había sido acusado de otorgar documentos legales a guerrilleros colombianos del ELN.

Septiembre de 2002 se iniciaba así con perspectivas preocupantes para la nación. «Mi impresión es que en Venezuela todo se está viniendo abajo. Todos están perdiendo a medida que pasa el tiempo. [...] Y todo esto sucede porque nadie quiere intercambiar nada en la mesa de negociación. No se puede negociar si solo hablamos de quién va a ganar o perder», decía Jim Tull, gerente de programas del Conflict Management Group de Cambridge, Massachussets, invitado al país por la ONG Mirador Demo-

---

48 Juan Francisco Alonso: «Chávez anuncia contraataque», http://www.eluniversal.com/2002/08/18/pol_art_18106EE.shtml (Consulta: julio 5, 2008).

49 Se recurría a la máxima instancia judicial de España porque algunas de las personas que murieron en abril poseían nacionalidad española y sus familiares confiaban en una acción del juez Baltazar Garzón. Juan Francisco Alonso: «Acusarán a Chávez, Cabello y Rangel ante justicia española», http://www.eluniversal.com/2002/08/13/pol_art_13106AA.shtml (Consulta: julio 5, 2008).

50 Elvia Gómez: «Alertan de nexo de MVR con Batasuna», http://www.eluniversal.com/2002/08/23/pol_art_23106AA.shtml Batasuna se había solidarizado con Chávez en el parlamento vasco, frente a la alegada cooperación del gobierno de Aznar en los hechos del 11 de abril. Ángel Bermúdez: «Batasuna defendió al gobierno chavista ante el Parlamento Vasco», http://www.eluniversal.com/2002/08/30/pol_art_30110AA.shtml Por su parte, el chavismo se defendía diciendo que recibir a Batasuna en la Asamblea venezolana no constituía un gesto inamistoso hacia España; c omo «absolutamente baladí» consideró el diputado Juan Ramón Jiménez la presunción de nexos con el terrorismo a causa de ese acercamiento. Elvia Gómez: «'Recibir a Batasuna no es un gesto inamistoso'», http://www.eluniversal.com/2002/08/24/pol_art_24106FF.shtml (Consultas: julio 5, 2008).

crático[51]. Pero, dada la naturaleza de los actores, así como la coyuntura del momento, era difícil esperar otra cosa. Lo cierto es que un gobierno que se considera a sí mismo revolucionario solo puede buscar la conflictividad para romper con el *statu quo*; de lo contrario sería un gobierno reformista. Por su parte, en la medida en que las fuerzas del *statu quo* comprenden que se encuentran frente a un desafío radical, ¿hasta qué punto pueden reaccionar moderadamente con expectativas de éxito? ¿Estaban en capacidad en ese momento para ofrecer un proyecto alternativo a la sociedad? El presidente Chávez lo señalaba así:

> Sería inaudito que yo negara la existencia en Venezuela de un conjunto de conflictos, y es que además no se entendería Venezuela sin un conjunto de conflictos. Pero qué proceso revolucionario puede concebirse sin conflicto. La conflictividad es necesaria para transformar[52].

En términos similares se pronunciaba William Izarra, fundador del MVR, quien sostenía que en ese momento era imperioso «profundizar el proceso»:

> Si eso no se hace nos quedaremos en una de reformas y se corre el riesgo de que los espacios que está ganando la oposición desplacen definitivamente al presidente Chávez, a los grupos que están alrededor de él y acaben con el proceso. Si este proceso cae, aquí más nunca se hablará de eso, ni del chavismo ni de izquierda ni de vanguardia, ni de revolución[53].

Alguien que pensaba en términos igualmente radicales, pero desde el lado de la oposición, era el líder sindical Carlos Ortega:

> En lo que respecta a mi condición de conspirador, no tengo por qué negarlo: es verdad que toda mi vida he sido, y seré, un conspirador. Si ser golpista significa asumir el rol que me corresponde en defensa de los trabajadores,

---

51 Entrevistado por Raquel Seijas: «'En Venezuela todo se está viniendo abajo'», http://www.eluniversal.com/2002/08/24/pol_art_24106EE.shtml (Consulta: julio 5, 2008).

52 Alfredo Rojas: «Chávez justificó conflictos», http://www.eluniversal.com/2002/09/01/pol_art_01105AA.shtml (Consulta: julio 5, 2008).

53 Taynem Hernández: «'Hay que profundizar el proceso'», http://www.eluniversal.com/2002/09/04/pol_art_19150AA.shtml (Consulta: julio 5, 2008).

de sus familias y de la propia democracia, pues entonces soy, y seré mil
veces, un golpista. [...] no creo que el señor Chávez acepte las decisiones
que puedan emerger de ese diálogo. Chávez no cree en eso. El diálogo es
un mecanismo de la democracia y Chávez no es un demócrata[54].

En septiembre de 2002, el gobierno de Chávez trabajaba para neutralizar posibles nuevos desacatos por parte de la Fuerza Armada. Para ello,
conformó un Consejo de Investigación dentro de la FAN con la finalidad
de identificar los elementos adversos al gobierno. Por su parte, la oposición consideraba que era crucial lograr la celebración de unas elecciones anticipadas. Esta posibilidad no se contemplaba en la Constitución;
lo más cercano a esa opción era el recurso de convocar un referéndum
revocatorio del mandato presidencial una vez transcurrida la mitad del
período para el cual fue electo el mandatario. Esta sería, a la postre, la
única ventana legal y/o negociada que el gobierno le dejaría abierta a la
oposición (y con muchos condicionantes) para intentar resolver la grave
crisis nacional.

En efecto, cuando el 8 de septiembre arribó nuevamente al país la
misión tripartita –compuesta por Jaramillo, McCoy y Elena Martínez,
representando a OEA, Centro Carter y PNUD respectivamente– y la CD
le planteó su voluntad de contar con una mediación internacional para
lograr la celebración de unas elecciones anticipadas, el gobierno de Chávez
se atrincheró en el mecanismo del referéndum revocatorio. Al final de su
visita, la misión tripartita emitió un comunicado (13 de septiembre de
2002) a través del cual se hizo eco del interés de las partes en «relegitimar
los poderes públicos» –mediante el nombramiento de nuevas autoridades–
y anunció avances en la firma de una Declaración de Principios por la Paz
y la Democracia. En el comunicado se recomendaba «viabilizar el pleno
funcionamiento de todos los mecanismos previstos en la Constitución para
la participación ciudadana en la elección, remoción o continuidad de sus
representantes», al tiempo que se señalaba haber avanzado con las partes
«en suscribir una Declaración de Principios por la Paz y la Democracia en
Venezuela, la cual constituiría un marco orientador de un diálogo basado
en el respeto mutuo», manifestando también la preocupación por la situa-

---

54 Argelia Ríos: «'Chávez no aceptará resultado del diálogo'», http://www.eluniversal.com/2002/09/08/
pol_art_08104AA.shtml (Consulta: julio 5, 2008).

ción de la representación sindical y la deliberación de la Fuerza Armada[55]. Francisco Díez, del Centro Carter, explicaría luego la relevancia de estas gestiones de la siguiente manera:

> La etapa de la firma de la Declaración de Principios era para mí muy importante, pues más allá de establecer un marco general de valores compartidos, comprometía expresamente a las partes con un proceso –que la oposición insistía en llamar de «negociación» y el gobierno insistía en llamar de «diálogo»–. Los dos elementos fundamentales que lo estructurarían (cualquiera fuese su denominación final) eran: a) el compromiso de las partes de iniciarlo, y b) la aceptación de la Tripartita como tercero facilitador.

Por su parte, el presidente Chávez se manifestó de acuerdo con las recomendaciones de la misión tripartita en lo relativo al desarme de la población y la necesidad de renovar la directiva del CNE. Ya en aquel momento se pensaba que el tiempo necesario para preparar unas elecciones sería de 6 meses como mínimo, situación que exasperaba a la oposición más radical, que consideraba los diálogos un mecanismo del gobierno para ganar tiempo y superar la fase más crítica de la crisis; así, los portavoces de la CD solían emitir declaraciones contradictorias. Era claro que el gobierno sentía correr el tiempo a su favor, mientras que todas las urgencias recaían en el sector de oposición, especialmente la más radical, que sentía escurrirse entre sus manos el momento decisivo para lograr el derrocamiento de Chávez.

Para septiembre de 2002, se podía apreciar que el gobierno se afianzaba poco a poco en la arena internacional. Si bien es cierto que, a un año de aprobada la Carta Democrática de la OEA, tanto su secretario general Gaviria como el presidente peruano Toledo y el embajador estadounidense en el organismo hemisférico, Roger Noriega, se manifestaban a favor de emplear todas las potencialidades de ese nuevo mecanismo para «prevenir la ruptura democrática en Venezuela»[56], el gobierno de Chávez contaba ya con una serie de factores que mejoraban su margen de maniobra a nivel

---

55 Rodolfo Cardona Marrero: «Recomiendan relegitimar poderes», http://www.eluniversal.com/2002/09/14/pol_art_14102AA.shtml (Consulta: julio 6, 2008).
56 María Elena Matheus: «Venezuela preocupa a la OEA», http://www.eluniversal.com/2002/09/17/int_art_17107AA.shtml (Consulta: julio 6, 2008).

internacional. La neutralización de una mediación oficial por parte de la OEA en la Asamblea General de Barbados, la inclusión en el juego del moderado Centro Carter, el ambiente de creciente oposición internacional a las acciones de la administración Bush, el alza lenta pero sostenida que comenzaban a registrar los precios del petróleo –el barril de crudo venezolano se cotizaba a $25,28 a finales de agosto de 2002, cuando un año atrás no superaba los $17–, la depreciación del bolívar, el dudoso papel que representaba la oposición venezolana de cara al exterior y, sobre todo, el carácter de víctima del «imperialismo yanqui» con el que podía presentarse su gobierno a raíz de los hechos de abril de 2002, le facilitaron a Chávez el manejo de la delicada situación por la que transitaba su gobierno. Si bien el presidente venezolano había sido visto con sumo escepticismo en el exterior –debido a su condición de exmilitar golpista– cuando resultó electo en 1998, su discurso reivindicativo, su enorme proyección mediática y su condición de «superviviente» a un derrocamiento que habría sido respaldado por Washington lo catapultaron como un icono de la izquierda global. Mucho se ha especulado acerca del papel que tanto Fidel Castro como Ignacio Ramonet –de *Le Monde Diplomatique*– han jugado en esta progresión; uno desde su enorme valor simbólico y experiencia política, el otro desde su relevante posición en el mundo de los medios alternativos de comunicación; lo cierto es que poco a poco Venezuela comenzó a ser vista como una suerte de «epicentro de actividades antiimperialistas», e incluso –por parte de algunos sectores globales antisistema– como un modelo de gobierno que encarnaba una verdadera alternativa al capitalismo global.

De este modo, el gobierno de Chávez empezó a convertirse precisamente en el incómodo elemento que la administración Bush parece haber tratado de neutralizar desde un principio. Paradójicamente, las diversas iniciativas de oposición a Chávez que confluyeron en abril de 2002 solo parecen haber servido para fortalecerlo en vez de debilitarlo. Este nuevo prestigio que rodeaba en el exterior al presidente venezolano ayuda a entender que el jefe de Estado francés, Jacques Chirac, solicitara a Chávez su mediación para lograr la liberación de Ingrid Betancourt, ciudadana colombo-francesa secuestrada por las FARC el 23 de febrero de 2002. Hasta estos momentos, la relación entre Castro y Chávez era criticada fundamentalmente por el envío a la isla de 53.000 barriles diarios de crudo en condiciones absolutamente ventajosas, en virtud de un acuerdo firmado en octubre de 2000; salvo la presencia masiva de médicos cubanos en

Venezuela, ampliamente publicitada por el gobierno, no existían muchos otros elementos verdaderamente conocidos por la opinión pública acerca de este nexo con el régimen socialista de la isla caribeña. Sin embargo, a raíz del 11 de abril (cuando varios ciudadanos agredieron la Embajada de Cuba en Caracas) la participación del régimen de Castro en la política interna y exterior de Venezuela se iría haciendo más visible y relevante, hasta el punto de que el gobierno de Chávez llegaría a compartir y adoptar muchos de los lineamientos trazados por la política exterior cubana. La consolidación de esta alianza fue uno más entre los muchos elementos que se fueron sumando para que una gran desconfianza afectara a la economía venezolana, que ya comenzaba a mostrar signos de declive[57].

SUBEN LAS TENSIONES

Tal como se apuntó previamente, septiembre de 2002 registró un incremento en los choques entre partidarios de gobierno y oposición. Con demasiada frecuencia la prensa y la televisión reseñaban estos innumerables actos de hostigamiento y enfrentamientos callejeros, marcados por los insultos, las agresiones y diversos actos de violencia. La CTV dijo que convocaría a un nuevo paro, contara o no con el apoyo de la CD[58], ya que en esta pesaba mucho la línea moderada que imponían sobre todo los partidos políticos y las ONG. El embajador Shapiro señalaba que se estaba cayendo en una «espiral de violencia». Otras instancias buscaban medios de entendimiento. Por un lado, Francisco Díez –que había quedado a cargo, por parte del Centro Carter, de lograr la firma de las partes de la Declaración de Principios– se reunía con los Círculos Bolivarianos, en un intento por dar a conocer la faceta más social y menos violenta de

---

57 Entre tales elementos hay que contar las amenazas de toma de empresas por parte de los trabajadores «bolivarianos», las medidas contempladas a través de la Ley Habilitante y el constante clima de confrontación callejera. Como prueba de este clima de zozobra en lo económico tenemos la depreciación en casi un 100% del bolívar en el transcurso de un año (Víctor Salmerón: «El dólar se embala y salta Bs.78,75 en once días», http://www.eluniversal.com/2002/09/12/eco_art_12201AA.shtml), la caída en un 24% de la inversión extranjera directa a lo largo de 2001 («Inversión extrajera directa en Venezuela descendió 24%», http://www.eluniversal.com/2002/09/18/eco_art_18201EE.shtml) y el sensible decrecimiento del comercio binacional con Colombia en un 20% (Raquel Barreiro: «Comercio entre Venezuela y Colombia caerá 20%», http://www.eluniversal.com/2002/09/20/eco_art_20203CC.shtml). (Consultas: julio 6, 2008).

58 Gustavo Méndez: «CTV convocará el paro nacional con o sin la Coordinadora Democrática», http://www.eluniversal.com/2002/09/27/pol_art_27107AA.shtml (Consulta: julio 6, 2008).

estas organizaciones; tal como él mismo lo explicaría más tarde, la reunión con los Círculos fue una forma de destrabar una gestión que se encontraba paralizada: «el vicepresidente [Rangel] nos había pedido especialmente que nos reuniéramos con el coordinador de los Círculos Bolivarianos. [...] Ese movimiento me reabrió las puertas de la vicepresidencia». Por otra parte, varios parlamentarios crearon el «grupo de Boston», instancia generada a raíz de la visita de varios diputados venezolanos a Estados Unidos, que tenía por objeto acercar posturas con congresistas norteamericanos y diseñar una agenda para la discusión de salidas pacíficas a la crisis en Venezuela.

Sin embargo, luego de varios meses con un tono que se había caracterizado por sus señalamientos conciliadores, el discurso de Chávez recuperaba su acostumbrada vehemencia, asegurando que la Fuerza Armada estaba con el gobierno revolucionario:

> Esta revolución es pacífica, y quiere seguir siéndolo, pero no está desarmada. Eso hay que recordarlo ante las pretensiones de la contrarrevolución de buscar derrocar a este gobierno. No se le olvide a la contrarrevolución oligárquica que esta revolución es pacífica pero no está, ni estará nunca, desarmada. Tiene hombres y mujeres dispuestos a defenderla en cualquier terreno contra lo que sea y quien sea[59].

A partir de entonces, la presencia en las calles de la Fuerza Armada, así como de grupos irregulares afines al gobierno, se convirtió en un hecho habitual, un mecanismo combinado de control, por parte del gobierno, de las protestas contra Chávez; adicionalmente, el gobierno creó 8 «zonas de seguridad» en Caracas por las cuales el libre tránsito estaba condicionado (99 en todo el país), con la finalidad de evitar manifestaciones de oposición en zonas cercanas a instalaciones militares y oficiales.

En este contexto arribó al país César Gaviria, quien de inmediato reconoció que estaban «subiendo las tensiones». Luego de reunirse con los principales actores del conflicto, Gaviria ratificó el apoyo al trabajo realizado por el Grupo de Trabajo Tripartito y su interés para que se lograra la firma de la «Declaración de Principios» propuesta por dicho grupo. Aunque el gobierno se mostró dispuesto a firmar la declaración, la CD –que

---

59 Alfredo Rojas: «Chávez insistió en que 'esta revolución no está desarmada'», http://www.eluniversal.com/2002/09/28/pol_art_28109EE.shtml (Consulta: julio 6, 2008).

había estado a punto de dividirse a raíz de sus diferencias internas– prefirió postergar la firma para el momento final de la marcha que había convocado para el 10 de octubre[60]. Dicha marcha estuvo precedida –al igual que lo estuvo la del 11 de julio– por un ambiente de gran preocupación, no solo porque el gobierno aseguraba haber abortado un intento de golpe de Estado[61], sino también porque el presidente Chávez amenazaba entonces con intervenir militarmente la Policía Metropolitana de Caracas, la cual, para aquellos momentos, se encontraba dividida entre quienes seguían a las órdenes del alcalde Alfredo Peña y un grupo que se declaró partidario del presidente. Por si fuera poco, el 9 de octubre decenas de ciudadanos encolerizados impidieron que los generales Rosendo y Medina Gómez, implicados en los hechos del 11 de abril, fueran apresados por la Disip y la DIM (servicios –civil y militar– de inteligencia del Estado venezolano).

Se llegó así al 10 de octubre de 2002, cuando se produjo una concentración posiblemente superior a la del 11 de abril para pedir la renuncia de Chávez. Se trató de una importante demostración de fuerza por parte de la oposición, que sin embargo tenía serios problemas para capitalizar políticamente tales acciones, debido a las tensiones internas que existían entre los sectores moderados y los radicales. Todo lo contrario ocurría en el gobierno, donde la línea impuesta por Hugo Chávez siempre se imponía a las diferencias internas. Tal como temía la oposición, el presidente venezolano se negó a firmar él mismo la Declaración de Principios; en su lugar lo hizo el vicepresidente Rangel. Días después, la oposición –a través de Timoteo Zambrano– acusó también al presidente de frustrar, con su deliberada ausencia del país, una visita que Gaviria habría tenido pautada para entonces y con la cual se debía iniciar el diseño de la metodología del diálogo y la facilitación.

El 21 de octubre, dos días después de que el presidente Chávez regresara de una gira por varios países europeos –en la cual denunció

---

60 La oposición solicitó además la inclusión de un anexo con el cual se pedían elecciones anticipadas, además de exigir que la declaración fuera firmada por el propio Chávez y no solo por sus delegados, para que el presidente demostrara así su verdadero compromiso con los puntos acordados. Elvia Gómez: «Oposición firmará tras la marcha», http://www.eluniversal.com/2002/10/05/pol_art_05104AA.shtml (Consulta: julio 6, 2008).

61 Cuerpos de seguridad allanaron entonces la casa del octogenario excanciller Enrique Tejera París, acusado de mantener allí reuniones conspirativas; aunque Tejera negó todos los cargos en su contra, reconoció haber estado trabajando en un plan de contingencia para un gobierno de transición. «Un plan de contingencia para la transición», http://www.eluniversal.com/2002/10/08/pol_art_08104AA.shtml (Consulta: julio 6, 2008).

que en Venezuela había planes para matarlo–, tuvo lugar un nuevo paro de 12 horas convocado por la CTV y Fedecámaras. El día 23 un grupo de militares activos comenzó a reunirse en la plaza Altamira (una zona pudiente de Caracas) para declararla «territorio liberado» y llamar al resto de la Fuerza Armada a desconocer el gobierno de Chávez, en virtud de lo contemplado en el artículo 350 de la Constitución. El presidente Chávez criticó el insólito hecho, señalando que la «rebelión no se hace en tarima» y llamando a los insurrectos a «dejar el show»[62]. Tal como asevera Francisco Díez, el presidente de la Comisión de Defensa de la Asamblea Nacional le comentó entonces que:

> [...] no iban a hacer nada con los militares rebeldes. Le pregunté «¿Por qué?». Y me explicó con toda claridad que los rebeldes no representaban una amenaza real ya que, al irse de los cuarteles hacia la plaza, perdían su rango, su mando y su capacidad de montar cualquier tipo de operación militar. Al contrario, esta iniciativa le estaba permitiendo al gobierno hacer una «purga» en la Fuerza Armada Nacional que ellos «necesitaban» hacer luego del «golpe» de abril y que no sabían cómo encarar desde el punto de vista legal. Parecía hasta contento con los sucesos.

El hecho, que contribuyó a incrementar una tensión ya considerable, fue tajantemente rechazado por Gaviria, quien volvió al país el domingo 27 de octubre y reiteró su llamado a una salida electoral, el acatamiento de los militares al presidente y su no deliberación en asuntos públicos. Por su parte, Díez reconoció que la OEA, que al fin y al cabo es una organización de Estados, tendría un peso mayor que el Centro Carter en el proceso de facilitación que se intentaba implementar:

> Corría el mes de octubre de 2002, y Gaviria decidió instalarse en Caracas para poder llevar adelante la etapa de «lanzamiento» del proceso. Vino con un equipo de colaboradores que incluía a los responsables del Departamento de la OEA, que han llevado adelante procesos de negociaciones de paz en muchos países de la región y que tienen mucha experiencia en el tema. Quedó bien claro para todos que Gaviria estaba tomando la conducción

---

62 Teresa de Vincenzo: «Rebelión no se hace en tarima», http://www.eluniversal.com/2002/10/28/ pol_art_28106AA.shtml

del proceso personalmente y en forma muy activa. [...] nosotros teníamos que acoplarnos a esa dinámica.

Otra parte de la oposición, conformada principalmente por partidos políticos y ONG, recogía firmas para solicitar la realización de un referéndum consultivo que permitiera conocer si la población deseaba mayoritariamente una renuncia de Chávez. A principios de noviembre, la oposición sostenía que las firmas recogidas superaban los 2 millones, recogidas en su mayor parte por el partido Primero Justicia y auditadas por una asociación civil creada recientemente, llamada Súmate. Mientras Primero Justicia era un joven partido –originalmente de centroderecha, pero cada vez más socialdemócrata– que contó en sus inicios con el asesoramiento del International Republican Institute (IRI), Súmate era una asociación civil fundada en julio de 2002 que desde fechas muy tempranas contó con el financiamiento del National Endowment for Democracy (NED) y Usaid. Golinger (2005:17-21) aseguraría luego que existían notables paralelismos entre la venezolana Súmate y la nicaragüense Vía Cívica. Mientras tanto, el MVR señalaba que el referéndum consultivo que adelantaba la oposición sería inconstitucional. El presidente del CNE, Roberto Ruiz (afín al oficialismo), sostenía que no se podría hacer tal referéndum hasta que se nombrara una nueva directiva en dicho organismo; días más tarde, Ruiz incluso renunció a su cargo. A pesar de estas negativas, las firmas fueron consignadas en el CNE, luego de graves disturbios entre la caravana de oposición que se movilizó para entregarlas y simpatizantes chavistas que les estorbaron en su propósito.

Mientras el gobierno hablaba públicamente de dialogar, su verdadero interés era dejar pasar el tiempo mientras intentaba recuperar la afectada popularidad del presidente Chávez, el control del Estado en general y de la Fuerza Armada en particular. Por su parte, si bien la oposición también insistía en dialogar con el objetivo de llegar a unas elecciones anticipadas, por otro lado sentía que era factible forzar una salida prematura de Chávez del poder. En otras palabras, la voluntad de negociación y acuerdo era todavía demasiado espuria en ambas partes como para permitir que los diálogos realmente pudieran fructificar. En medio de este contexto adverso, Gaviria volvía nuevamente a Caracas el 4 de noviembre, mientras trabajaba aceleradamente para lograr la instalación de una Mesa de diálogo que, esperaba, podría quedar instaurada a principios de noviembre. Díez, del Centro Carter, cuenta que:

> La gente de Gaviria había preparado un largo documento para definir los extremos de la negociación, con una gran cantidad de consideraciones de carácter jurídico, político y procesal. Yo conocí ese documento el mismo día que debía regresar a Buenos Aires. Me preocupó muchísimo que fuera tan largo (tenía cuatro páginas) y en mi cuarto de hotel, a las apuradas, preparé una versión corta –que debía caber en una página– y la llamé 'Síntesis Operativa'. [...] Luego de varias rondas de conversaciones, el texto de la Síntesis quedó acordado. Se instalaría una Mesa con seis representantes de cada lado, más un asesor. Pero el problema infranqueable pasó a ser el nombre de la Mesa. El gobierno quería llamarla Mesa de Diálogo y la oposición Mesa de Negociación.

Gaviria sostuvo entonces que ya existía un preacuerdo electoral. El gobierno, por su parte, había designado a sus 6 representantes para el diálogo, pero todavía se negaba a aceptarle a Gaviria que la Mesa fuera de «negociación». La oposición aún debía nombrar a sus 6 negociadores y exigía que se llegara a un acuerdo antes del 4 de diciembre[63]. El 7 de noviembre de 2002 se conoció finalmente la Síntesis Operativa (ver anexos), la cual, tal como explica Díez:

> [...] fue un mecanismo adecuado para poder instalar de una buena vez la famosa Mesa. El principal valor político de la Síntesis, obra exclusiva de Gaviria, fue incluir en ella la definición de que su objetivo era buscar «... acuerdos para solucionar la crisis del país por la vía electoral...». Esto definía y acotaba todo el propósito de la Mesa. No estaba nada claro que, en ese momento, el gobierno estuviera convencido de que la solución a la crisis era electoral. Sin embargo aceptó el texto.

Por su parte, Timoteo Zambrano explica así el carácter de la metodología que se emplearía finalmente en las negociaciones:

---

63 Rodolfo Cardona Marrero: «Gobierno nacional objetó propuestas de la oposición», http://www.eluniversal.com/2002/11/07/pol_art_07104AA.shtml El 6 de noviembre, mientras se aguardaba a que la oposición designara su equipo negociador, el gobierno examinaba la propuesta metodológica que le ofrecía Gaviria de cara a los futuros diálogos. Alfredo Rojas: «La Mesa espera a la Coordinadora», http://www.eluniversal.com/2002/11/06/pol_art_06102AA.shtml (Consultas: julio 6, 2008).

El PNUD tenía una propuesta de negociación, y el Centro Carter tenía otra propuesta de negociación, basada en el instituto de negociación de Harvard, pero esas propuestas de negociación no eran aplicables al conflicto venezolano, porque son metodologías más dadas a conflictos político-territoriales y étnicos, lo cual no era el caso. Esa metodología la propusimos nosotros [la oposición], que fue la que finalmente fue acogida y tenía una razón estructural de ser en Venezuela porque nosotros no podíamos partir de un conflicto que tuviera componentes territoriales ni étnicos. […] había que aplicar una metodología más bien preventiva que de desarrollo mismo del conflicto [entrevista del autor].

El 8 de noviembre de 2002, un día después de establecerse la «Síntesis Operativa» que contenía la metodología del proceso de negociación, fue instalada finalmente en Caracas la Mesa de Negociación y Acuerdos, que a la postre operaría durante un período de 7 meses. La Síntesis otorgaba a César Gaviria el carácter oficial de *facilitador*, mientras que se reservaba a Díez una función de apoyo técnico[64]; también Jennifer McCoy tendría un papel destacado por parte del Centro Carter. Gaviria siempre contó con la presencia de su jefe de Gabinete, el también colombiano Fernando Jaramillo, quien lo había representado en la inauguración de la Tripartita. Por su parte, el PNUD (agencia técnica de la ONU) cedió todo el protagonismo y no se integró a la Mesa. Solo el facilitador quedó facultado para emitir el reporte oficial al público acerca de la evolución de las negociaciones en la Mesa. La sede física de la Mesa, que –de acuerdo con lo estipulado– debía ser facilitada por la Conferencia Episcopal Venezolana, se instaló en un primer momento en el Seminario San José, ubicado en las afueras de Caracas, pero pocos días después fue trasladada al Hotel Meliá, bien ubicado en el centro de la ciudad capital; en marzo de 2003 pasaría al Caracas Teleport y finalmente al Hotel Tamanaco.

---

64 Díez señala el protagonismo de Gaviria y el papel secundario del Centro Carter, que buscaba un sitio para participar y ser útil: «Pensé que, lo primero, era 'asumir' el hecho de que este proceso sería conducido íntegramente por Gaviria, a su estilo, y que eso me dejaba un margen ínfimo para actuar. De allí, seguí pensando que debía enfocarme en cómo ampliar esos márgenes de acción que podía tener».

De acuerdo con lo estipulado en la Síntesis Operativa, la representación de cada bando contaba con seis negociadores y un asesor jurídico. En el caso del gobierno, formaban parte de su equipo negociador el vicepresidente Rangel; la ministra del Trabajo, María Cristina Iglesias; el ministro de Educación, Aristóbulo Istúriz; el diputado Nicolás Maduro; el canciller Roy Chaderton y el gobernador del estado Táchira, Ronald Blanco. Del lado de la Coordinadora, se encontraban los diputados Timoteo Zambrano y Alejandro Armas; el sindicalista Manuel Cova, el gobernador del estado Yaracuy, Eduardo Lapi, el empresario Rafael Alfonzo y el exguerrillero Américo Martín. De los catorce negociadores, trece eran varones y solo una era mujer (miembro del equipo del gobierno).

Tal como constaba en la Síntesis Operativa, el objetivo fundamental de la Mesa era alcanzar «acuerdos para solucionar la crisis del país por la vía electoral, así como también sobre los siguientes temas: fortalecimiento del sistema electoral, desarme de la población civil e instalación y funcionamiento de la Comisión de la Verdad»; esta última tenía por objeto aclarar los confusos hechos de abril de 2002 y señalar las responsabilidades del caso. En cuanto a los procedimientos a seguir, se estipuló que en «la primera reunión las partes trabajarán con el facilitador sobre la definición de los procedimientos, el orden y secuencia de las sesiones y la elaboración de criterios para organizar el funcionamiento de la Mesa», al tiempo que se proponía «el establecimiento de Mesas de Trabajo Complementarias, con delegados de ambas partes, para elaborar propuestas y recomendaciones específicas en los temas de la agenda para luego llevarlas a la Mesa principal». Quedó también acordado que se establecerían los medios adecuados para que la Asamblea Nacional pudiera informarse oportunamente de aquellos avances en la Mesa que tuvieran consecuencias dentro del campo de sus competencias. Asimismo, la Síntesis señalaba que «la OEA, el Centro Carter y el PNUD, conforme sus respectivos mandatos, desarrollarán un papel de garantes del proceso para lograr el cumplimiento de los acuerdos».

Por último, es necesario reiterar que la Mesa de Negociación y Acuerdos fue instalada en el marco de la resolución 821 del Consejo Permanente de la OEA (14 de agosto de 2002), que resolvía «reiterar la disposición de la Organización de los Estados Americanos de brindar el apoyo y la ayuda que el gobierno de Venezuela requiera para la realización del proceso de *diálogo* y la consolidación de su proceso democrático» y «saludar la iniciativa del gobierno de Venezuela de impulsar y realizar un proceso de *diálogo* que cuente con la participación de todos los sectores del país y con el apoyo de la comunidad internacional» (ver anexos).

Como síntesis de este período, cabe destacar que el gobierno de Chávez (y sobre todo el vicepresidente Rangel) se movió hábilmente para recuperar el control de la Fuerza Armada y la situación interna, gracias precisamente al tiempo que le proporcionó el hecho de aceptar una mediación externa impulsada por los Estados Unidos y la OEA. Por otra parte, los riesgos que esta intervención representaban para la Revolución Bolivariana se vieron aminorados mediante la Declaración de Barbados, la inclusión del Centro Carter como facilitador y el aprovechamiento tanto de su papel de víctima frente a la política exterior de la administración Bush como de las contradicciones internas de la oposición. Fue así como Chávez superó el momento más delicado de todo su gobierno.

CAPÍTULO IV
NEGOCIACIÓN Y CONFRONTACIÓN
(noviembre de 2002-mayo de 2003)

LAS BASES DE LA NEGOCIACIÓN.
GOBIERNO UNIDO, OPOSICIÓN FRAGMENTADA

Las negociaciones entre el gobierno venezolano y la Coordinadora Democrática en el marco de la Mesa de Negociación y Acuerdos se extendieron durante siete turbulentos meses. Tal como suele ser natural, las posiciones iniciales de las partes, sus estrategias de negociación, sus ofertas e incluso sus objetivos fueron cambiando con el tiempo y con los acontecimientos. Pero además, el conflicto y la incertidumbre no solo siguieron durante la negociación, sino que se incrementaron ostensiblemente.

El tema electoral constituyó, desde el principio, el punto central de las negociaciones. La oposición partió con el referéndum consultivo como bandera, pues ya lo había solicitado formalmente el 4 de noviembre mediante la entrega de las firmas consignadas ante el CNE. Aunque dicho referéndum era solo consultivo, revestía gran importancia política porque planteaba la renuncia voluntaria del presidente Chávez, quien entonces aparecía vulnerable en las encuestas. La oposición aseguraba que las firmas recolectadas superaban ampliamente la cifra que estipula la Constitución para convocar un referéndum consultivo, y por lo tanto exigían que el CNE decidiera una fecha para su realización. Como principal recurso de presión en las negociaciones, la oposición esgrimía la posibilidad de convocar a un paro nacional indefinido a partir del lunes 2 de diciembre de 2002. El paro sería extraordinariamente contundente si al mismo se sumaba una porción mayoritaria de los trabajadores de PDVSA, la petrolera estatal venezolana; en tal caso podrían reproducirse los niveles de presión sobre el gobierno que se alcanzaron el 11 de abril, ya que, según el viejo mito político venezolano: «huelgas petroleras tumban gobiernos».

Por su parte, el gobierno alegaba que muchas de las más de dos millones de firmas que la oposición decía haber entregado al CNE eran falsas, y sostenía además que la composición de la junta directiva de dicho organismo público no era imparcial, ya que uno de sus miembros, Leonardo Pizani, incorporado el 18 de noviembre de 2002 al directorio del CNE como miembro suplente, había sido previamente un reconocido activista en diversas ONG que a la sazón se oponían férreamente al gobierno de Hugo Chávez. En aquel momento, 3 de los 5 directivos del CNE se mostraban proclives a aceptar el consultivo. Por lo tanto, el gobierno solicitó como requisito imprescindible para ir a un proceso electoral que se nombraran nuevos directivos en el máximo ente comicial –solicitud que concordaba con la postura que el gobierno había mantenido durante más de un año, cuando desconoció el resultado de las elecciones sindicales de 2001–, además de requerir una modificación de la vigente Ley Electoral, que Chávez calificó como una «colcha de retazos»[1]. Asimismo, el gobierno intentaba destituir a un magistrado del CNE, Franklin Arrieche, que estaba relacionado con la sentencia del 14 de agosto de 2002, por la cual se validó la tesis del «vacío de poder» y se sobreseyó la causa contra los militares que depusieron a Chávez el 11 de abril. En la Mesa, el gobierno exigía el cese de la amenaza de paro por parte de la oposición, esperaba la anulación del consultivo por parte de la Sala Constitucional del TSJ y no cedía más allá de la posibilidad de un referéndum revocatorio después de culminada la primera mitad del período presidencial.

Luego de la primera reunión, Gaviria se ausentó del país durante el fin de semana. Tuvieron lugar entonces varios incidentes de violencia callejera, dirigidos principalmente contra las sedes de Fedecámaras y la CTV, organizaciones que debido a su firme determinación de ir a un paro indefinido y a los acuerdos que sostenían con los militares que se habían declarado en desobediencia, mantenían por esas fechas importantes discrepancias con la Coordinadora[2]. Por su parte, la oposición se

---

1 Dijo también que «No es posible que vengan a decir que en dos días revisaron todas las firmas. No podemos aceptar chantajes ahora». Sara Carolina Díaz: «'Ley electoral es una colcha de retazos'», http://www. eluniversal.com/2002/11/11/pol_art_11104AA.shtml (Consulta: julio 8, 2008).

2 Gustavo Méndez: «Fedecámaras, CTV y militares intentan unificar criterios», http://www.eluniversal. com/2002/11/07/pol_art_07107EE.shtml Tarek W. Saab, diputado por el MVR, criticó las acciones de esas organizaciones y señaló que buscaban desestabilizar las conversaciones en la Mesa. «Oficialismo advierte que intentan impedir avances en la Mesa», http://www.eluniversal.com/2002/11/13/pol_art_13106FF.shtml (Consultas: julio 8, 2008).

mostraba particularmente irritada por el hecho de que las acciones violentas de la oposición tuvieran lugar justamente cuando Gaviria no se encontraba en el país. Ambas partes se acusaban mutuamente de tener un doble discurso.

Esta dinámica conflictiva se prolongaría durante las primeras sesiones de negociación. Al finalizar la tercera reunión de la Mesa (12 de noviembre), Gaviria lamentó el comportamiento de ambos bandos; por un lado condenó la violencia que había tenido lugar en el centro de Caracas a cargo de los seguidores del gobierno, y por otro desaprobó la incongruencia de ciertos factores de la Coordinadora que se mostraban partidarios de una «unión cívico-militar» con los militares desobedientes reunidos en plaza Altamira. Ello motivó que los partidos reunidos en la CD ratificaran su compromiso con la negociación en la Mesa y rechazaran las posturas de los sectores más radicales. Pero los ánimos volvieron a exacerbarse al día siguiente, cuando se celebraba la cuarta reunión de negociación, ya que ese día Caracas presenció la llegada de varios contingentes de la Guardia Nacional y su continua movilización por la ciudad. En la quinta sesión (14 de noviembre), Gaviria intentó infructuosamente que las partes firmaran un acuerdo de apoyo a la paz y la tolerancia. Pero la situación empeoró en la madrugada del 17 de noviembre, cuando nuevamente Gaviria se encontraba fuera del país y tropas de la Guardia Nacional intervinieron militarmente la sede de la Policía Metropolitana (PM). La oposición se negó entonces a firmar el documento por la paz que proponía Gaviria y le solicitó pronunciarse en relación con la intervención de la PM. Y más aún: el día 21 se acordó un paro general para el 2 de diciembre de 2002.

El tema fue llevado a la Mesa ese mismo día (séptima reunión), sin que se pudiera llegar a un acuerdo al respecto. Gaviria señaló entonces que se encontraba «supremamente preocupado», dado que cada lado se mostraba «apegado a su verdad, a su pensamiento, a su interpretación de los hechos». La oposición se sentía fuerte para ejercer presión, ya que en aquel momento no solo había efervescencia en la masa social opositora, sino que además la directiva del CNE se mostraba dispuesta a procesar la solicitud del referéndum consultivo y señalaba que «no se subordina ante la Asamblea Nacional»[3]; por ello Alejandro Armas, diputado disidente del cha-

---

3 Eugenio Martínez: «CNE no se subordina ante Parlamento», http://www.eluniversal.com/2002/11/23/pol_art_23106AA.shtml (Consulta: julio 10, 2008).

vismo que ahora integraba el equipo negociador de oposición en la Mesa, manifestaba que la suspensión del paro del 2 de diciembre pasaba por la fijación de una fecha para el referéndum consultivo por parte del CNE. Por su parte, Rangel retaba a la oposición a lanzar el paro: «No nos vamos a parar de la mesa, pero es inaceptable y no estamos dispuestos a dialogar con una pistola en la nuca; es decir, ¡o aceptamos el consultivo o lanzan el paro! Que terminen de lanzar el paro»[4]. En medio de tales tensiones, tiene lugar en Miraflores, el 23 de noviembre, una reunión extraordinaria del gobierno, con presencia de gobernadores, ministros, alcaldes y políticos de la coalición chavista, en la cual «acordaron convocar a manifestaciones de partidarios del gobierno desde el 1 de diciembre hasta el 23 de enero». Esta reunión fue crucial para determinar el comportamiento del gobierno en las siguientes semanas, pues a partir de entonces el oficialismo demostró la disposición necesaria no solo para mantener la unidad en el discurso y las acciones frente a las circunstancias que debería enfrentar, sino también para aprovechar la escalada del conflicto a su favor. Así, el propio Chávez señaló al día siguiente que no reconocería un eventual referéndum consultivo: «Ni que obtengan 90%, yo no voy a renunciar»[5].

Frente a este «atrincheramiento» del gobierno, los factores instigadores del paro buscaban apoyos a nivel nacional e internacional en una iniciativa que, a todas luces, buscaba forzar la salida (electoral o *de facto*) del presidente, y que hacía temer a muchos el estallido de una guerra civil[6]. Al final de la novena reunión de la Mesa, el 25 de noviembre, solo habló Gaviria, como forma de evitar malos entendidos que pudieran escalar aún más la ya delicada situación. El 27 de noviembre la directiva del CNE notificó que el referéndum consultivo tendría lugar el 2 de febrero de 2003, a menos que el TSJ declarara procedente alguno de los dos recursos de nulidad interpuestos por el oficialismo. Esta era sin duda una pésima noticia para el gobierno, lo cual paralizó cualquier avance de las negociaciones[7].

---

4 Alfredo Rojas: «Gobierno no acepta amenazas», http://www.eluniversal.com/2002/11/23/pol_art_23104BB. shtml (Consulta: julio 10, 2008).

5 Alfredo Rojas: «Ni que obtengan 90% de los votos yo voy a renunciar», http://www.eluniversal. com/2002/11/25/pol_art_25106AA.shtml (Consulta: julio 10, 2008).

6 Así lo señalaba el expresidente de Costa Rica, José María Figueres, al diario *A Folha de São Paulo*; citado por AFP y reproducido por *El Universal*: «Preocupa peligro de guerra civil en nuestro país», http://www. eluniversal.com/2002/11/26/pol_art_26109GG.shtml (Consulta: julio 10, 2008).

7 La Mesa estaba «trancada» en su 12ª reunión. Rodolfo Cardona Marrero y Juan Francisco Alonso:

Mientras el secretario general de las Naciones Unidas, Kofi Annan, señalaba su preocupación por el escalamiento del conflicto en Venezuela[8], Gaviria intentaba negociar el levantamiento del inminente paro opositor a cambio de la desmilitarización de la PM y las calles de Caracas.

Es obvio que para aquel momento ambas partes tenían grandes expectativas de alcanzar sus objetivos sin necesidad de un acuerdo negociado, contribuyendo así a alimentar el conflicto. Las facciones más radicales dentro de cada bando llevaban entonces el control de las acciones. Si por el lado de la oposición estos factores radicales estaban principalmente constituidos por la CTV, Fedecámaras y los empleados petroleros, en el gobierno los encabezaba el propio presidente Chávez. Para la oposición radical, un acuerdo electoral significaba darle oxígeno al gobierno, porque la preparación de un referéndum inevitablemente requeriría varios meses, durante los cuales necesariamente se perdería la «inercia insurreccional» acumulada a lo largo del último año. Además, la solución electoral más expedita –el referéndum consultivo– no era definitiva y ni siquiera eran claras las perspectivas de su realización. Díez da fe de todo esto cuando recuerda que:

> Uno de los miembros de la oposición me dijo: «¡¡Con el paro los matamos!! Ellos nunca se imaginaron que nosotros podíamos tener el control de la llave que hace entrar el dinero en este país. Aquí no va a haber golpe porque ni los militares de Altamira pueden hacer nada si no nos tienen a nosotros. Aquí los que manejamos el petróleo somos nosotros y el que maneja el petróleo maneja al país. ¡¡Cuando estén boqueando y se les acabe el aire, van a venir corriendo a la Mesa a negociar, ya verás tú!!».

Por su parte, el presidente Chávez parecía ver en la polarización del conflicto la oportunidad de que su Revolución Bolivariana diera un salto cualitativo difícilmente alcanzable mediante los canales institucionales; también Díez nos cuenta que recuerda:

«'Estamos trancados'», http://www.eluniversal.com/2002/11/29/pol_art_29106AA.shtml (Consulta: julio 10, 2008).

8 «Kofi Annan llamó urgentemente a buscar solución pacífica y legal», http://www.eluniversal.com/2002/11/30/pol_art_30106BB.shtml (Consulta: julio 10, 2008).

[...] a uno de los miembros de la delegación del gobierno diciéndome: «Mira, chico, nosotros estamos contentísimos con este paro. ¡Ahora sí tenemos una revolución! ¡¡Por fin!! Hasta ahora todo era puro *pico*, pero ahora, si logramos controlar PDVSA y ponerla al servicio del pueblo, ¡¡eso sí es revolucionario!! Y esto ha hecho que la gente vuelva a apoyarnos con todo. Estamos llevando unos camioncitos a los barrios con un video que muestra cómo toda la plata de PDVSA nunca le llegó a la gente y cómo ahora eso va a cambiar. Esta oposición no entiende nada.

En efecto, la radicalización del conflicto en las circunstancias propicias brindaría la oportunidad no solo de neutralizar a los principales actores «contrarrevolucionarios», sino que además permitiría el control total de la estatal petrolera, PDVSA. Claro que para entrar en semejante espiral era imprescindible haberse garantizado el apoyo de la Fuerza Armada; es probable que, para entonces, la purga efectuada luego del 11 de abril hubiera permitido al presidente sentir suficiente confianza como para no temer un posible nuevo desacato de los militares.

Aparte de los citados testimonios de Francisco Díez, varios elementos nos ayudan a sostener la idea de que estos sectores «duros» de la oposición y el gobierno alimentaron la radicalización del conflicto a principio de diciembre. Por el lado de la oposición, ya hemos visto las continuas divergencias que se presentaban entre el bando moderado (conformado principalmente por los partidos políticos y ONG agrupados en la CD) y el radical, que insistía en presentar un ultimátum en las negociaciones y no cesaba en la organización de una huelga general y potencialmente insurreccional. Timoteo Zambrano, jefe del equipo negociador de la oposición en la Mesa, da cuenta de esta división y desorganización, que tanto afectaba la coherencia de las acciones opositoras:

Había mucha presión en obtener un acuerdo rápido, pero a la vez había incoherencia entre eso que se quería y las acciones de calle. [...] Para ese momento no había una Coordinadora como la conocimos posteriormente. Eran fuerzas políticas que se reunían pero totalmente desarticuladas desde el punto de vista de la coordinación de acciones de una política unitaria, de una política bien definida. Los actores fundamentales de la oposición en ese momento tenían una diversidad de propuestas que se contradecían muchas veces entre ellas [entrevista del autor].

En cuanto al gobierno, pocos testimonios son más explícitos que las propias palabras del presidente Chávez, no solo en las citas ya incorporadas en páginas anteriores, sino también en su presentación de la Memoria y Cuenta a la Asamblea Nacional, a principios del año 2004, cuando *a posteriori* señaló haber sido el instigador de la crisis con PDVSA desde abril de 2002. Chávez señaló entonces lo siguiente:

> [...] el 2003 nos dejó nada más ni nada menos que la recuperación de Petróleos de Venezuela y sus operaciones y el manejo de sus finanzas. Yo puedo decirles que ahora sí tengo capacidad de mando en PDVSA, pero antes no tenía absolutamente nada, ¿y saben cómo me sentía?, un verdadero miserable. Bolivariano como soy, recordaba siempre aquello de Bolívar «llamarse jefe para no serlo es el colmo de la miseria», el colmo de la miseria. Esa empresa ahora es y será siempre verdaderamente de los venezolanos. Muy bien, ahora otro elemento que surgió el 2003 y también producto de la crisis; la crisis en el idioma chino creo que se escribe *guei-hi* y significa crisis o riesgo, peligro y oportunidad. Toda crisis trae eso, por eso es que las crisis muchas veces son necesarias, muchas veces son necesarias, incluso a veces hay que generarlas, midiéndolas, por supuesto. Lo de PDVSA era necesario aun cuando nosotros, bueno, no es que no la generamos, sí la generamos, porque cuando yo agarré el pito aquel en un *Aló, Presidente* y empecé a botar gente, yo estaba provocando la crisis; cuando nombré a Gastón Parra Luzardo y aquella nueva junta directiva, pues estábamos provocando la crisis. Ellos respondieron y se presentó el conflicto y aquí estamos hoy. Era necesaria la crisis[9].

Sin embargo, existía una gran diferencia entre el radicalismo de la oposición y el del gobierno: mientras el primero conducía entre divisiones y vacilaciones a una oposición desunida y desorganizada, en el gobierno todas las diferencias quedaban selladas de plano por el liderazgo incuestionable del presidente Chávez. Y más aún, las acciones conducidas por la oposición –tanto el 11 de abril como la estrategia de la huelga general masiva que preparaba la oposición– operaron como factores aglutinadores de las fuerzas políticas del oficialismo, mientras que en la CD no siempre

---

9 *Analítica.com*, «Presentación de la Memoria y Cuenta ante la Asamblea Nacional», http://www.analitica. com/Bitblio/hchavez/memoria_y_cuenta2004.asp (Consulta: julio 10, 2008).

existió la solidaridad interna que es necesaria para mantener el orden y la coherencia en medio de un conflicto agudo.

HUELGA GENERAL INDEFINIDA

Tomando en cuenta este panorama, cabía esperar que el sábado 30 de noviembre fracasaran todas las tentativas de los negociadores para detener el paro general. Gaviria decidió suspender las reuniones de la Mesa mientras la huelga tuviera lugar, ya que las partes seguían aferradas a sus posiciones: mientras la oposición quería centrar las negociaciones en el logro de una salida electoral, el gobierno quería acordar la desconvocatoria del paro. Llegó así el 2 de diciembre, cuando la oposición inició el paro general; luego de un día, el paro fue prorrogado por unas 24 horas más, al cabo de las cuales se amenazó con hacerlo indefinido. En efecto, Carlos Fernández, el principal líder de Fedecámaras desde la fuga de Carmona, ratificó entonces los términos del plazo que habían puesto a la Mesa para lograr el acuerdo de una salida electoral (el 4 de diciembre); si para entonces no se había alcanzado dicho acuerdo, el paro se haría indefinido y la oposición buscaría la renuncia del presidente Chávez, alegando que esa sería su obligación en virtud de lo que reza el artículo 350 de la Constitución de 1999[10].

El 3 de diciembre, después de confirmarse que la Sala Constitucional del TSJ no rechazaba la convocatoria del referéndum consultivo, el CNE ratificó la fecha del 2 de febrero de 2003 para la realización de dicho referéndum. Al parecer, esta noticia fue considerada por los negociadores de oposición como razón suficiente para reanudar las conversaciones en la Mesa y alcanzar un acuerdo en el que se desconvocaba el paro. Sin embargo, varios hechos que tuvieron lugar ese día terminaron por conducir a la radicalización del conflicto. En primer lugar, la Asamblea Nacional anulaba ese día la designación del magistrado del TSJ, Franklin Arrieche –ligado a la sentencia del 11 de abril–, alegando la presencia de datos falsos en su currículum. En segundo lugar, un destacamento de la Guardia Nacional

---

10 Eugenio Martínez: «Fernández: ¿Buscamos una salida electoral?», http://www.eluniversal.com/2002/12/02/ pol_art_pol4.shtml (Consulta: julio 10, 2008). El artículo 350 de la Constitución venezolana dice lo siguiente: «El pueblo de Venezuela, fiel a su tradición republicana, a su lucha por la independencia, la paz y la libertad, desconocerá cualquier régimen, legislación o autoridad que contraríe los valores, principios y garantías democráticos o menoscabe los derechos humanos».

arremetió violentamente contra un grupo más bien reducido de civiles que protestaba frente a la sede de PDVSA, en la zona caraqueña de Chuao. El incidente, que además contó con una cobertura total por parte de los medios de comunicación, fue insólito y caldeó tremendamente los ánimos: hasta entonces, no se recordaba que, en tiempos recientes, ningún cuerpo militar hubiese actuado para reprimir una manifestación de protesta con esa inusual crudeza. En tercer lugar, es muy posible que el propio Chávez se haya negado a que sus negociadores alcanzaran un acuerdo en la Mesa, pues ello hubiera significado la aceptación del referéndum consultivo.

La situación era tan explosiva que la oposición decidió desconvocar una marcha que tenía planeada para el día 5 de diciembre en la avenida Libertador[11], por temor a más episodios de violencia. Por si esto fuera poco, el viernes 6 de diciembre, un individuo llamado João de Gouveia fue apresado en la plaza Altamira, justo después de disparar a mansalva sobre una concentración de civiles que protestaban allí contra el gobierno; las imágenes de TV multiplicaron el impacto político del hecho. El incidente dejó como saldo tres muertos y cerca de una veintena de heridos. Horas después, dos efectivos de la DIM (Dirección de Inteligencia Militar) fueron detenidos por la Policía del municipio Chacao –controlada por la oposición– por presuntamente haber disparado contra la misma concentración en la plaza Altamira; poco después una juez suplente los dejó en libertad condicional. El presidente Chávez consideró todo esto como un montaje de la oposición, ofreciendo una versión de los hechos por radio y TV antes –según se supo por la prensa– de que el propio Gouveia rindiera declaración[12].

Los hechos de los días 6 y 7 fueron el detonante final para hacer que los ánimos terminaran de exacerbarse y la oposición se radicalizara por completo; así, el paro general, que había empezado el lunes 2 de diciembre con más bien escaso entusiasmo, terminó convirtiéndose en indefinido. Para el lunes 9 de diciembre –mientras Jimmy Carter recibía en Oslo el premio Nobel de la Paz–, el paro se encontraba en su apogeo; ya entonces una gran cantidad de trabajadores de PDVSA –a la postre, la mitad de todos sus empleados– había decidido sumarse a la huelga general, jugándose el todo por el todo. Mientras empleados petroleros reducían al

---

11 Eugenio Martínez: «'Íbamos a una masacre'», http://www.eluniversal.com/2002/12/06/pol_art_061102AA. shtml (Consulta: julio 12, 2008).

12 Rodolfo Cardona Marrero: «Chávez acusa a televisoras», http://www.eluniversal.com/2002/12/09/ pol_art_09105AA.shtml (Consultas: julio 12, 2008).

mínimo las operaciones de extracción de crudo, los marinos de la flota de PDV Marina fondeaban los buques tanqueros de la compañía en el canal de navegación del Lago de Maracaibo, bloqueando así la entrada y salida de embarcaciones a la zona que producía la mitad del petróleo exportado por Venezuela. Las actividades de extracción, procesamiento y comercialización del crudo se redujeron al mínimo, al igual que la producción de gasolina y gas. Para mediados de diciembre, la escasez de combustible en todo el país era abrumadora. Simultáneamente, muchas empresas y negocios privados se sumaban al paro, al tiempo que se convocaban concentraciones y marchas de protesta todos los días. Los ciudadanos que apoyaban al gobierno realizaron manifestaciones para apoyarlo y protestar contra el paro, que definitivamente afectó de modo radical y peligroso la vida cotidiana de la población. La polarización creciente condujo a la proliferación de hechos de violencia, cuyo efecto se vio multiplicado por la acción de los medios de comunicación; mientras los privados, mayoría en aquel momento, presentaban un enfoque favorable a la oposición, los medios públicos y otros creados con fondos del Estado ofrecían una versión progobierno. Fuerzas militares reprimieron –con dureza pocas veces vista en los medios de comunicación en Venezuela– diversas manifestaciones de protesta de la oposición en todo el país y comenzó a hacerse habitual observar en la calle a civiles de ambos bandos armados o en actitudes agresivas.

La comunidad internacional se hacía eco de la gravedad de la situación en Venezuela, que cada vez más se asemejaba a los prolegómenos de una guerra civil. El editorial del *Financial Times*, del 4 de diciembre, se titulaba «Una nación al borde del caos» y señalaba que si bien la violencia no era brutal, sí crecía de forma sostenida; asimismo, apuntaba la conveniencia de que los países vecinos apoyaran la labor de Gaviria, sugiriendo particularmente que Brasil (donde había sido electo Luiz Inácio «Lula» Da Silva) podría jugar un papel determinante en este sentido[13]. El 5 de diciembre, mientras los negociadores de oposición pedían la inmediata «activación» de la Carta Democrática de la OEA, Gaviria recibió el respaldo de 22 embajadores de países miembros de ese organismo hemisférico y de 12 de la Unión Europea, todos los cuales manifestaban su total apoyo a las gestiones de facilitación y exhortaban a encontrar una salida pacífica.

---

13 «Una nación al borde del caos», traducción de un editorial del *Financial Times* para *El Universal*, http://www.eluniversal.com/2002/12/05/int_art_05110BB.shtml (Consulta: julio 12, 2008).

Luego del tiroteo de Altamira, que convirtió la situación en verdaderamente explosiva, Gaviria urgió a las partes a reanudar los diálogos en la Mesa, que se encontraban paralizados desde hacía una semana, e inició una serie de gestiones extraordinarias para buscar una reacción internacional que ayudara a neutralizar la escalada del conflicto. En efecto, una vez finalizada la reunión N.º 14 de la Mesa (7 de diciembre, en la cual se habló del paro y la eventual salida electoral), Gaviria conversó telefónicamente con Colin Powell, con los presidentes Uribe y Lagos (ambos en Bogotá) y con el canciller peruano Wagner; igualmente se reunió con el embajador Shapiro y canceló su visita a Costa Rica para el 10 de diciembre, con la finalidad de permanecer en Venezuela hasta el 13[14]. La presencia de Gaviria en el país era importante porque parecía calmar los ánimos y disuadir a los violentos de protagonizar incidentes mayores. Por ejemplo, el lunes 9 de diciembre de 2002 –justo el día en el que Carter recibía en Oslo el premio Nobel de la Paz–, grupos coordinados de simpatizantes del gobierno agredieron y saquearon diversas plantas de radio y televisión afines a la oposición en varias ciudades el país; la situación recibió de inmediato la más enérgica condena por parte de Gaviria, y partir de ese momento los ataques cesaron[15].

A mediados de diciembre el gobierno venezolano se encontraba en una situación bastante delicada, debido a varios factores: la polarización social era total; todavía existía la posibilidad de un nuevo desacato por parte diversos sectores de la Fuerza Armada; el CNE le había puesto fecha al referéndum consultivo; PDVSA se había sumado a la huelga y un importante sector de la oposición se sentía tan seguro de lograr la victoria sin negociar que ahora no aceptaba algo distinto a la renuncia de Chávez. La apuesta de resistir sin negociar era, por tanto, bastante arriesgada. En este contexto, el gobierno aceptó negociar en la Mesa una eventual salida electoral, pero exigiendo la generación de un clima acorde para ello y la creación de la Ley Orgánica del Poder Electoral, con la cual se permitiría elegir nuevas autoridades para el CNE y realizar una profunda depuración del padrón electoral. Si bien los negociadores de oposición y la mayor parte de los integrantes de la CD se mostraron receptivos, las presiones desde los

---

14 Rodolfo Cardona Marrero: «Powell y Gaviria conversaron caso venezolano», http://www.eluniversal.com/2002/12/08/pol_art_08105AA.shtml (Consulta: julio 12, 2008).

15 Kenny Aguilar y Blanca Santos: «Cacería contra los medios», http://www.eluniversal.com/2002/12/11/pol_art_11102AA.shtml (Consulta: julio 12, 2008).

sectores radicales (CTV, Fedecámaras, militares de Altamira) era muy fuerte, algo que fue aprovechado por el vicepresidente Rangel para cuestionar la unidad de la oposición, la estrategia insurreccional de los radicales y la falta de liderazgo y capacidad de interlocución de los moderados[16].

La situación era tan crítica que el 13 de diciembre se reunió de emergencia el Consejo Permanente de la OEA para tratar el tema. En esa primera reunión, los países miembros rechazaron la petición del embajador venezolano Valero, que solicitaba un apoyo irrestricto de los demás países al gobierno de Chávez; por su parte, los Estados Unidos se manifestaron a favor de unas elecciones anticipadas como mecanismo para mitigar la conflictividad en Venezuela. El consenso necesario para emitir una resolución se logró en una segunda reunión, que tuvo lugar el 16 de diciembre. La resolución 833 del Consejo Permanente acordó «urgir al gobierno de Venezuela y a la Coordinadora Democrática para que en negociaciones de buena fe alcancen una solución constitucional, democrática, pacífica *y electoral* en el marco de la Mesa de Negociación y Acuerdos que cuenta con la facilitación del Secretario General de la OEA» [cursivas del autor].

Esta resolución presentaba un tono muy diferente al que manifestaba la 821, ya que revelaba la preocupación por la veloz escalada del conflicto venezolano y conminaba definitivamente a dirigir las negociaciones hacia una salida electoral, tal como el propio Jimmy Carter había solicitado poco antes de que se le entregara el Nobel. El mismo día en el que fue emitida la resolución 833, que fue considerada una gran conquista por el equipo negociador de oposición, el presidente Chávez manifestó su disgusto por el comportamiento de gobiernos externos y organismos internacionales, señalando que no se podía poner en un mismo nivel al gobierno y a la oposición:

> En algunos sectores o voceros internacionales ha surgido la idea de que en Venezuela hay que aplicar la Carta Democrática, y expresan que en Venezuela hay dos contendores en el mismo nivel. No. Hay un gobierno legítimo y relegitimado, elegido democráticamente por un pueblo una y dos veces, y cuando lo tumbaron los golpistas lo volvió a traer el pueblo. Tres legitimaciones tiene este gobierno. No puede ningún cuerpo inter-

---

16 «Vicepresidente cuestionó a voceros de la oposición en Mesa de diálogo», http://www.eluniversal.com/2002/12/11/pol_art_11108DD.shtml (Consulta: julio 12, 2008).

nacional, ni ningún país del mundo, pretender que en Venezuela hay una confrontación de dos iguales[17].

Se comprende entonces que por esta época el gobierno venezolano comenzara a fortalecer sus relaciones con regímenes como los de Irán, Libia y Rusia, los cuales brindaban un respaldo irrestricto al gobierno venezolano en medio de la coyuntura tremendamente delicada que atravesaba.

Al finalizar la reunión N.º 21 de la Mesa, del 17 de diciembre –cuando por cierto el embajador estadounidense Shapiro ya había visitado la sede de las negociaciones en cuatro ocasiones–, Gaviria señaló a la prensa que las partes le habían solicitado trabajar para la redacción de una propuesta que integrara las demandas del gobierno y la oposición; ello no implicaba superar sus atribuciones de facilitación, ya que se trataba de una solicitud hecha por las partes. El 23 de diciembre Gaviria presentó su propuesta a los dos grupos de negociadores, que constaba de 24 puntos y que constituiría en cierto modo el esqueleto del acuerdo que se alcanzaría varios meses después. Una subcomisión conformada a los asesores jurídicos de cada bando –Omar Meza por el gobierno y Juan Raffalli por la oposición– se encargó de revisar el documento. En esa reunión, la oposición rechazó una «tregua navideña» propuesta por Rangel, que en un país tradicionalmente pacífico y festivo como Venezuela hubiera significado una desmovilización casi total de la oposición.

BRASIL ENTRA EN JUEGO. EL GRUPO DE LOS PAÍSES AMIGOS

Mientras tanto, la hábil diplomacia brasileña ya había comenzado a mover sus fichas para tratar de jugar un papel importante en la gestión del conflicto venezolano. Si por un lado el presidente saliente, Fernando Henrique Cardoso, recomendó a Chávez «tener cuidado» y buscar una conciliación[18], el presidente electo Lula envió a Caracas a su hombre de confianza para las relaciones internacionales, Marco Aurelio García, quien se reunió con el vicepresidente Rangel, el canciller Chaderton y el propio

---

17 Alfredo Rojas: «'No me iré por presión de un grupo'», http://www.eluniversal.com/2002/12/16/pol_art_16104AA.shtml (Consulta: julio 12, 2008).
18 «Cardoso propone conciliación», http://www.eluniversal.com/2002/12/21/pol_art_21110CC.shtml (Consulta: julio 12, 2008).

presidente Chávez[19]. El mandatario venezolano rápidamente trató de capitalizar el apoyo brasileño, que sabía más afín a sus intereses y orientación política que el resto de países miembros de la OEA o la Unión Europea. No en balde el presidente Chávez pidió apoyo a Petrobras para la reactivación de la paralizada PDVSA, y hasta se convirtió en el invitado de honor para los actos de toma de posesión del presidente electo Lula; este, por su parte, prometió ayudar con el abastecimiento de gasolina y alimentos en Venezuela durante esos momentos de emergencia. Mientras tanto, el precio del crudo venezolano seguía elevándose y se cotizaba ya sobre los 26 dólares el barril. Por su parte, la CD recibió con sumo desagrado la gestión iniciada por el nuevo gobierno brasileño, pues la consideró un «acto inamistoso contra la oposición» que se apartaba de la línea de estricta neutralidad mantenida por el presidente Cardoso. Tal como señaló Timoteo Zambrano a *El Universal*:

> Si el futuro gobierno de Lula, según lo expresado por (su asesor internacional) Marco Aurelio García, cumple su compromiso de enviarle a Venezuela un supertanquero petrolero, es evidente que se aparta de la línea de neutralidad en este conflicto que el gobierno de (Fernando Henrique) Cardoso ha venido sosteniendo y lo expresado por la vía de su adhesión a la resolución 833 del Consejo Permanente de la Organización de Estados Americanos, la cual expresa en su espíritu fortalecer la institucionalidad democrática del país, a la Mesa y redoblar su apoyo al secretario general[20].

La Mesa se declaró en sesión permanente el jueves 26 de diciembre[21], centrando la discusión sobre los 24 puntos del borrador preparado por Gaviria; este intentaba también que se negociara la desconvocatoria del paro, que tantos estragos estaba causando en la economía. La oposición

---

19 Marco Aurelio García, quien para entonces era secretario de cultura de la Alcaldía de São Paulo, «manifestó la voluntad de Brasil a ayudar sin intervenir en asuntos internos del país, debido a que 'Venezuela dispone de las condiciones constitucionales y políticas para resolver la crisis que la afecta'». «Lula Da Silva envió observador a Venezuela», http://www.eluniversal.com/2002/12/20/pol_art_20106BB.shtml (Consulta: julio 12, 2008).

20 «Zambrano criticó que Brasil envíe gasolina al país», http://www.eluniversal.com/2002/12/26/pol_art_26103DD.shtml (Consulta: julio 15, 2008).

21 Esto significaba que se reuniría todos los días, aun sin la presencia de todos los negociadores, y que se realizarían reuniones bilaterales. «Mesa de Negociación se declara en sesión permanente», http://www.eluniversal.com/2002/12/27/pol_art_27106CC.shtml (Consulta: julio 15, 2008).

quería para ello asegurar la precaria situación laboral en la que quedarían casi 20.000 trabajadores petroleros que se habían adherido a la huelga general, incluyendo el tema en las conversaciones. Ya para entonces el gobierno estaba logrando tomar el control de los supertanqueros que bloqueaban el canal de navegación del lago de Maracaibo, aunque no así de la industria petrolera; la producción total de petróleo había caído desde los más de 3 millones de barriles diarios hasta menos de 700.000.

A finales de diciembre comenzaban a verse indicios de que la situación se revertía, ya que el largo paro opositor perdía apoyo social y difícilmente lograría la salida anticipada de Chávez. Esta vez, a diferencia de lo que había sucedido en abril, la Fuerza Armada en su conjunto, más allá de las manifestaciones de protesta de los llamados «militares de Altamira», no cooperaría con quienes buscaban terminar anticipadamente con el gobierno revolucionario. En cuanto al referéndum consultivo, el MVR interponía en el TSJ un nuevo amparo contra el mismo, objetando la pregunta que tendría lugar en dicha consulta electoral. Además, el gobierno se negaba a proporcionar fondos para financiar dicho referéndum. Por otra parte, la propuesta alternativa de negociar una enmienda constitucional tampoco parecía demasiado viable, ya que en la medida en que el gobierno iba retomando el control de la situación y ganando en legitimidad, las armas de negociación que la oposición había escogido desde la apertura de la Mesa iban perdiendo efectividad. Por si fuera poco, la huelga de los productores nacionales comenzaba a ser neutralizada por las importaciones de alimentos –en su mayoría brasileños– que directamente gestionaba el Estado venezolano, resuelto a emplear las reservas internacionales para aguantar los embates del paro. Una vez más, la renta petrolera inclinaba la balanza a favor del Estado en Venezuela. A pesar de que el viento cambiaba a favor del gobierno y muchos opositores se desanimaban, Carlos Ortega (CTV) y la directiva de Fedecámaras seguían firmes en su determinación de llevar el paro hasta sus últimas consecuencias, y proponían incorporar la desobediencia tributaria como medida adicional de protesta[22].

---

22 Teresa de Vincenzo: «Ratifican desobediencia tributaria», http://www.eluniversal.com/2002/12/31/pol_art_31102AA.shtml (Consulta: julio 15, 2008). *The Economist* describió la situación de la siguiente manera: «El presidente Hugo Chávez dice estar a punto de poner a Pdvsa bajo el control de su 'revolución bolivariana'. Si es así, ello puede asegurar su supervivencia en la primera magistratura un tiempo, pero a un costo pasmoso para el país. El peor error de cálculo de la oposición venezolana fue creer que Chávez negociaría antes que el costo del paro fuera demasiado grande, pero él luce decidido a aferrarse al poder, aunque tenga

Sin embargo, para enero de 2003 los sectores moderados de la oposición comenzaban ya a reconocer la inviabilidad de proseguir con la huelga general. Cuando, a principios de mes, Américo Martín (exguerrillero, ahora liberal, uno de los negociadores de oposición) habló del «levantamiento parcial del paro», la noticia se regó como la pólvora. Así las cosas, la CD necesitaba urgentemente modificar el plan de acción seguido hasta el momento, que se había demostrado estéril y contraproducente. Fue este el contexto en el que se materializó la posibilidad de crear un grupo de países amigos que respaldara las negociaciones en Venezuela. No está claro a quién compete la autoría de esta idea; si bien los negociadores de oposición solicitaron a Gaviria –a finales de diciembre y por escrito– la conformación de un grupo de países amigos[23], otras fuentes señalan que al parecer la iniciativa habría sido expuesta originalmente por el presidente ruso Vladimir Putin[24] y aplaudida por Fidel Castro. En cualquier caso, la idea fue recibida con beneplácito por Hugo Chávez y anunciada por él desde Brasil, donde se encontraba asistiendo a la toma de posesión de Lula[25]. Pero lo más importante para el posterior curso de los acontecimientos es que el nuevo presidente brasileño no solo respaldó la idea –que fue concebida e implementada con gran habilidad diplomática–, sino que la convirtió oficialmente en una iniciativa de Brasilia.

La propuesta de conformar un grupo de países amigos fue acogida en un principio con escepticismo por parte de los Estados Unidos. Su portavoz, Richard Boucher, expresó:

> No pensamos que haya necesidad de que se forme un grupo de amigos. Hemos subrayado la importancia de la misión del secretario general Gaviria, y la importancia de que las dos partes cooperen con él, tomen

---

que dirigir una economía en ruinas»; traducido y citado por *El Universal* en «Hugo Chávez se aferra al poder», http://www.eluniversal.com/2003/01/03/pol_art_03180CC.shtml (Consulta: julio 15, 2008).

23 Así lo afirma una fuente informal ligada a los negociadores de la oposición: «Coordinadora Democrática propone crear «Grupo de Países Amigos de Venezuela» para evitar saboteo oficialista a gestión de Gaviria», http://www.urru.org/mesanogociacion/DocTripartito/CD_20021229_GrupoAmigos.htm (Consulta: julio 15, 2008).

24 Esta es la opinión sostenida por el exdiplomático venezolano Adolfo R. Taylhardat en su artículo «Venezuela necesita amigos», http://www.eluniversal.com/2003/01/01/opi_art_01331BB.shtml (Consulta: julio 15, 2008).

25 Revisar Alfredo Rojas: «Chávez logra apoyo internacional», http://www.eluniversal.com/2003/01/03/pol_art_03103AA.shtml (Consulta: julio 15, 2008).

seriamente su misión y trabajen con Gaviria para resolver las diferencias políticas.

Asimismo, el canciller de México, Jorge Castañeda, criticó la audaz aproximación de la nueva administración brasileña al gobierno de Chávez, expresando días después que tanto Estados Unidos como México sostenían que:

> [...] una solución para Venezuela debe reflejar los puntos de vista tanto de Estados Unidos como de México. La propuesta de Chávez incluía a Cuba, China y Rusia. [...] No podemos confundir la defensa de la institucionalidad con el apoyo a una de las partes porque el apoyo a apenas una de las partes inevitablemente va a ser visto por el otro bando como un acto hostil[26].

Por su parte, el canciller brasileño, Celso Amorim, persistía en su propósito y explicaba que el Grupo de Amigos podría crearse en Quito, en ocasión de la toma de posesión del presidente electo de ese país, Lucio Gutiérrez[27]. La iniciativa del Grupo de Amigos posiblemente hubiera restado mucha influencia a Gaviria de haber seguido por donde iba, pero al parecer el secretario general de la OEA comenzó a neutralizarla mediante hábiles gestiones diplomáticas, logrando finalmente que la conformación del grupo de países amigos fuera favorable a su visión del conflicto venezolano, hasta el punto que la denominación oficial del mismo sería finalmente la de «Grupo de Países Amigos del Secretario General de la OEA». Díez, protagonista de excepción, lo explica así:

> Lula da Silva y Chávez hablaron y, según dicen, este último le pidió sus buenos oficios para integrar un «Grupo de Países Amigos de Venezuela» y Lula estuvo de acuerdo. Gaviria leyó rápidamente la iniciativa como un intento de restarle influencia y se movió muy rápida e inteligentemente en un escenario que conoce al dedillo: los niveles gubernamentales en la región. Empezó a hacer contactos y fue generando un movimiento de gobiernos favorables a la idea de armar un grupo «balanceado» que incluyera

---

26 Las declaraciones de Boucher y Castañeda aparecen, respectivamente, en «EE.UU. propone negociación flexible», http://www.eluniversal.com/2003/01/04/pol_art_04108AA.shtml y en «México critica actitud de Lula», http://www.eluniversal.com/2003/01/07/pol_art_07107AA.shtml (Consultas: julio 15, 2008).
27 María Elena Matheus: «Powell y Castañeda discuten crisis», http://www.eluniversal.com/2003/01/08/pol_art_08107AA.shtml (Consulta: julio 15, 2008).

a EE.UU. y a otros países que el gobierno venezolano no necesariamente considerara «aliados». Chávez tenía la expectativa de armar un grupo de países amigos de él y terminó siendo un grupo de amigos de Gaviria. Tanto así, que el nombre oficial es «Grupo de Países Amigos del Secretario General de la OEA».

De este modo, las labores diplomáticas de Gaviria facilitaron la inclusión de los Estados Unidos y México dentro del Grupo de Amigos, a pesar de que el gobierno de Lula se mostraba decidido a participar activamente en la gestión del conflicto venezolano con una visión distinta a la de Washington. En efecto, la realidad era que Brasilia no apoyaba un adelanto de elecciones en Venezuela; su canciller, Celso Amorim, se pronunciaba entonces en los siguientes términos:

> Es necesario recordar que Chávez fue elegido en forma legítima. ¿De qué sirve realizar una elección en un clima como ese? Existe el riesgo de salir de una crisis y entrar en otra. No importa quién gane la elección, el país continuaría dividido. [...] esa idea de anticipar las elecciones, una idea por encima de la Constitución y por encima de la voluntad de Chávez, es una propuesta complicada y puede no resolver nada. [...] No queremos que se cree una situación de nuevos focos guerrilleros ni queremos un Salvador Allende en América Latina[28].

El primer objetivo de este Grupo de Amigos sería lograr la finalización del paro opositor y la reactivación de la industria petrolera venezolana; en este sentido, es necesario señalar que la inestabilidad en Venezuela, Nigeria y el Medio Oriente estaba ocasionando alzas sostenidas en los precios del crudo –de 45% en un año y de casi 25% en los últimos 2 meses–, y que los países del Caribe –que representan hasta un tercio de los votos en la OEA– dependen en buena medida del suministro de petróleo proveniente de Venezuela. Con Otto Reich designado enviado especial para América Latina y Roger Noriega en espera de la aprobación del Congreso para convertirse en subsecretario de Estado para el hemisferio occidental, los Estados Unidos –y seguramente también Gaviria– continuaron actuando

---

28 «EE.UU. apoya otro grupo de amigos», http://www.eluniversal.com/2003/01/11/pol_art_11107AA. shtml (Consulta: julio 15, 2008).

diplomáticamente para lograr la participación de países europeos en el Grupo de Amigos y neutralizar la composición que deseaba Chávez; este, ante las dudas y presiones que le planteaban las democracias liberales de Occidente, encontraba un respaldo diplomático y técnico cada vez más sólido en regímenes como los de Irán[29], Argelia y Rusia y deseaba incorporarlos al grupo.

A mediados de enero, la canciller española, Ana Palacio, dejó saber que su gobierno encontraba «interesante» la propuesta de la creación de un Grupo de Amigos «en el que estén Estados Unidos, España, Portugal y algún otro país europeo» y se mostraba dispuesta a integrarlo; por su parte, el comisario europeo de relaciones exteriores, Chris Patten, estimó que la medida era positiva si reforzaba en vez de entorpecer la labor de Gaviria y la OEA. Por estas fechas, los opositores Timoteo Zambrano y Carlos Ortega se encontraban en Washington, entrevistándose con Tom Shannon, subsecretario adjunto del Departamento de Estado para asuntos andinos, y expresaban su desacuerdo con la posible inclusión de países limítrofes con Venezuela en el Grupo de Amigos (tal era el caso de Brasil y Colombia). Pero más allá de las preferencias de gobierno y oposición, y tal como había previsto el canciller brasileño, el grupo definitivo se conformó rápidamente en Quito, en ocasión de la toma de posesión de Lucio Gutiérrez, 15 de enero de 2003, y quedó finalmente integrado por los cancilleres de Brasil, Chile, México, Estados Unidos, España y Portugal en calidad de facilitadores del diálogo. El Grupo de Amigos, según señaló Gaviria, iba a «estar cooperando con nosotros (OEA) en las tareas de pacificación».

Ese mismo día llegaba a Venezuela el flamante nuevo premio Nobel de la Paz, Jimmy Carter, quien se trasladó al aeropuerto de Maiquetía en vuelo privado; es interesante notar que allí no fue recibido por el Estado venezolano, sino por el empresario Gustavo Cisneros y una comitiva de seguridad de la Embajada de los Estados Unidos. Carter anunció: «Me encontraré con el presidente (Hugo Chávez) y el secretario general de la OEA, César Gaviria, el 20 de enero. [...] Esta semana estaré con mis amigos en el río Orinoco, pescando»[30]. Igualmente el 15 de enero, Teodoro Petkoff, Eduardo Fernández y Ovidio Pérez Morales –un socialdemócrata

---

29 «Llegan indios, iraníes y libios para reactivar la petrolera», http://www.eluniversal.com/2003/01/12/pol_art_12114FF.shtml (Consulta: julio 15, 2008).

30 Sara Carolina Díaz: «Jimmy Carter se reunirá con Chávez y Gaviria el lunes», http://www.eluniversal.com/2003/01/16/pol_art_16107AA.shtml (Consulta: julio 15, 2008).

exguerrillero, un socialcristiano y un obispo, todos conocidos por sus puntos de vista moderados y prudentes– presentaron al presidente Chávez un proyecto de enmienda constitucional respaldado por 700.000 firmas.

Mientras tanto, las partes realizaban avances moderados en las negociaciones de la Mesa, relativos a la redacción de un acuerdo final prediseñado por Gaviria. A la salida de la reunión n.º 29 (8 de enero de 2003), Gaviria señaló que se había avanzado en la aprobación de los 24 puntos que figuraban en el preacuerdo, ya que existía un consenso significativo en 20 de esos puntos. En palabras del propio Gaviria:

> Se hizo una lectura al documento de 24 puntos y se han consolidado algunos de esos artículos. Se han revisado minuciosamente. Solo falta hacer una revisión al tema de la Comisión de la Verdad y de PDVSA. Ya hay un texto de acuerdo listo; faltaría terminar esos dos puntos y, por supuesto, la salida electoral[31].

La gente del Centro Carter, por su parte, estimaba necesario avanzar con otro tipo de propuestas; en palabras de Díez:

> Gaviria había redactado una propuesta de veintidós puntos en varias páginas, con una gran cantidad de conceptos propios de teoría política, referidos a la democracia, las instituciones y la necesidad de evitar la violencia. Las delegaciones se abocaron a «trabajar» punto por punto, y había coincidencia general en veinte de esos puntos. Las sesiones de enero se nos pasaron en esa faena, completamente al margen de la realidad de la calle y esperando los resultados de la pelea que representaba el paro [...]. Pensamos que era hora de hacer una propuesta que se ocupara de lo que era el eje de la negociación y que había sido cuidadosamente evitado hasta ese momento por la delegación del gobierno: una salida electoral a la crisis.

Por esta razón (y tal como veremos más adelante) llegaría Carter a Venezuela: para hacer tres propuestas; a la postre, dos. Pero no nos adelantemos. En la reunión n.º 32, del 13 de enero, los asesores de las partes entregaron informes sobre la metodología para discutir la salida electoral

---

31 Sara Carolina Díaz: «Gobierno y oposición llevarán a la Mesa propuestas electorales», http://www.eluniversal.com/2003/01/09/pol_art_09105CC.shtml (Consulta: julio 15, 2008).

y se estudió la posibilidad de la enmienda constitucional. Pero el funcionamiento de la facilitación se vería nuevamente alterado a partir del 16 de febrero, cuando, una vez conocida la conformación del Grupo de Amigos, Chávez condicionó desde Nueva York su apoyo a esa iniciativa (que señaló como una idea suya, propuesta en primera instancia a Putin) y exigió la incorporación de otros países al grupo, tales como Rusia, Francia, China y Argelia. Al mismo tiempo, el presidente Chávez puntualizó que las labores de facilitación de Gaviria no le permitían llegar al punto de hacer propuestas concretas en el marco de las negociaciones, y señaló que el colombiano no se encontraba en Venezuela por mandato de la OEA, sino «a título personal» y por invitación suya. En la oposición, sin embargo, existía el anhelo y la expectativa de que Gaviria pudiera pasar a ser un mediador de manera formal, para agilizar las negociaciones.

La incomodidad de Chávez con el giro imprevisto que había dado la iniciativa del Grupo de Amigos, conformado íntegramente por democracias liberales y occidentales, se evidenció una vez más el día 17 de enero, cuando el presidente venezolano señaló en la Asamblea Nacional y ante el cuerpo de embajadores que no aceptaba restricciones en la conformación de dicho Grupo, e insistió nuevamente en que no se podía equiparar al gobierno con la oposición, a la que acusó de «terrorista»: «Con el golpismo, con el terrorismo y con el fascismo ni se dialoga ni se negocia, se les derrota […]. Si algún país pretende reconocer a este grupo de terroristas, ¡no me ayudes, compadre!»[32]. Al día siguiente partió para Brasil con la finalidad de convencer a Lula de modificar la composición del grupo, y desde allí llegó a afirmar que el gobierno venezolano estaba barajando la posibilidad de retirarse de la Mesa de Negociación. Sin embargo, el canciller Amorim le explicó que el grupo encarnaba ya un «delicado equilibrio»[33]. Por su parte, el presidente brasileño se mantuvo en su posición, hábilmente estructurada en función de los intereses de Brasil, en lo que consideramos una actitud de apoyo moderado a Chávez. Por un lado, Lula defendió la composición del Grupo de Amigos, pero por otro se distanció de Washington y de la oposición venezolana:

---

32 Elvia Gómez: «'Con el fascismo no se negocia'», http://www.eluniversal.com/2003/01/18/pol_art_18104AA.shtml (Consulta: julio 15, 2008).

33 «Lula le dice 'no' a plan de Chávez», http://www.eluniversal.com/2003/01/19/pol_art_19105AA.shtml (Consulta: julio 15, 2008).

Estados Unidos tiene un pensamiento más próximo al de la oposición venezolana que al mío. […] es necesario tener personas con ideologías antagónicas para construir un consenso. La pluralidad es la que posibilitará la construcción de un proceso de paz […]. Hay gente que cree que la solución del problema se dará con una simple elección. No creo. Antes de un proceso comicial hay que respetar el calendario constitucional; tenemos que tener en cuenta que es preciso encontrar un pacto para la sociedad venezolana[34].

No sin cierto tono de amargura, Chávez insistiría días más tarde en Brasilia: «Cada día me convenzo más de que Venezuela y las demás naciones suramericanas no tienen otro camino que la revolución»[35]. Por su parte, el vicepresidente Rangel rechazaba la composición del Grupo de Amigos y la posibilidad de aceptar a Felipe González como mediador:

No puede ser un factor de mediación; es un hombre absolutamente sesgado. No creo que tenga ninguna razón el Estado venezolano para aceptar en términos de diálogo y de persona que facilite los acuerdos de entendimientos a alguien que está en una posición que hemos conocido como adversa al proceso de cambio en Venezuela[36].

Ajenos a las quejas del gobierno venezolano, los cancilleres del Grupo de Amigos comenzaron el trabajo de inmediato: mientras Ana Palacio viajaba a Brasilia para definir mecanismos y tareas con Amorim, el canciller portugués preparaba una reunión con Colin Powell.

Desde nuestro punto de vista, la intervención brasileña en el conflicto venezolano no solo atemperó la presión que la OEA y los Estados Unidos estaban ejerciendo sobre el gobierno venezolano para que llegara a una salida negociada con la oposición –objetivo mucho más difícil de alcanzar luego de que la oposición agotara la vía de la huelga general–, sino que además significó la antesala del giro que el gobierno de Lula imprimiría,

---

34 «Lula admite divergencias con EE.UU.», http://www.eluniversal.com/2003/01/18/pol_art_18105AA.shtml (Consulta: julio 15, 2008).

35 «Mandatario da su receta revolucionaria», http://www.eluniversal.com/2003/01/19/pol_art_19105BB.shtml (Consulta: julio 15, 2008).

36 Joan Izaguirre: «Gobierno rechaza a Felipe González», http://www.eluniversal.com/2003/01/19/pol_art_19104BB.shtml (Consulta: julio 15, 2008).

a partir de entonces, a la política exterior brasileña. Con la creación del Grupo de Amigos, Brasil involucró a más jugadores externos en el conflicto venezolano, pero sobre todo se involucró a sí mismo como actor principal en la política hemisférica. Desde aquel momento, la OEA comenzaría a jugar un papel cada vez más secundario en la gestión de los conflictos en el continente, la Carta Democrática dejaría de ser la «hoja de ruta» para la defensa de la democracia en el hemisferio y Brasil intervendría (mediante el mecanismo de Unasur, que crearía más adelante) en las siguientes crisis de la región (Bolivia 2008, Honduras 2009, Ecuador 2010).

A mediados de enero de 2003, la huelga general agonizaba; las secuelas económicas del mismo eran devastadoras y la incertidumbre era total. Por lo tanto, el paro no había logrado la mayor parte de sus objetivos, y los que había conseguido (atraer el interés y la cooperación internacionales en el conflicto venezolano, aunque no siempre a su favor) se habían obtenido a un precio demasiado alto. Para mediados de enero de 2003, el apoyo popular a la oposición comenzaba a debilitarse, muchas empresas habían cerrado o quebrado, y tanto la Fuerza Armada como PDVSA habían quedado absolutamente bajo el control del gobierno. La caída del PIB nacional se estimaba en un 10% y la polarización social era tremenda. Por su parte, el gobierno de Chávez lograba paliar los efectos del paro con las reservas del Estado, que le permitían la importación de alimentos y combustibles, provenientes en buena medida de Brasil. Un buen indicador de la situación lo constituía la paridad cambiaria. El dólar, que había iniciado el año 2002 cotizándose a 758 bolívares, se encontraba el 31 de diciembre de ese mismo año en 1.402; un mes después, al cerrar enero de 2003, la divisa norteamericana rozaba los Bs.2.500.

CHÁVEZ RETOMA EL CONTROL

Ante semejante inestabilidad, de importantes repercusiones internacionales, ya que afectaba los precios del petróleo (ver figura 9), era previsible que los países más influyentes del entorno venezolano buscaran un mecanismo diplomático que permitiera restablecer la normalidad en Venezuela, pacificando el país y ayudando a restablecer tanto la producción de petróleo como el equilibrio de sus precios en un contexto de alzas sostenidas del crudo. En el caso particular de Brasil, fue además una oportunidad idónea para «retocar» el equilibrio hemisférico y aumentar su influencia en la región. Alcanzar esa «normalidad» en Venezuela pasaba por el reconocimiento del poder, las agendas y los intereses de los principales actores involucrados, lo cual implicaba: 1) el reconocimiento del peso de Brasil en la región y su compromiso para cooperar en el mantenimiento del nuevo y «retocado» equilibrio de poder, para lo cual era necesaria: 2) la definitiva aceptación de la legitimidad del gobierno de Chávez y su poder real en Venezuela, a cambio de: 3) moderar la orientación potencialmente autocrática de su gobierno.

Se trató por lo tanto de un ejercicio de *diplomacia preventiva*, por el cual los esfuerzos de seis democracias occidentales se añadieron y coordinaron con los ya existentes de un organismo multinacional como la OEA y una ONG como el Centro Carter. Esta coordinación internacional terminó en la práctica por convertir en *mediación* el proceso de *facilitación* cuando el *Centro Carter elaboró 3 propuestas a negociar en la Mesa*. Tal como lo explica Díez:

> Carter estuvo dispuesto a venir a Venezuela a presentar una propuesta de salida electoral y le ofreció a Gaviria que hicieran la propuesta juntos. Gaviria declinó la oferta, pero afirmó que era muy buena idea que la hiciera el presidente Carter. [...] Gaviria mantenía su política de no intervenir en lo sustancial y esperar que algo pasara en la calle que llevara a las partes hacia un acuerdo en la Mesa. Nosotros no coincidíamos con esa postura [...]. Carter nos pidió que elaboráramos una propuesta de salida electoral para que él se la presentara al Secretario General de la ONU, Kofi Annan y al Secretario de Estado de EE.UU., Colin Powell, y viajar así con el apoyo de ambos. Finalmente hicimos una propuesta principal y dos secundarias.

A saber: 1) enmienda constitucional con disminución del período presidencial, elecciones inmediatas pero sin segunda vuelta; 2) referendo revocatorio el 19 de agosto de 2003, *without tricks* –en palabras del propio Carter, aludiendo a la necesidad de evitar trucos legales que demoraran la realización del referéndum–; y 3) referendo consultivo, pero preguntando esta vez a la población sobre la revocación del mandato en todas las instancias electas democráticamente. Dado que Chávez no aceptaría la tercera[37],

---

37 Sara Carolina Díaz: «Mesa de Negociación y Acuerdos recibe al expresidente», http://www.eluniversal.com/2003/01/21/pol_art_21106BB.shtml (Consulta: julio 16, 2008).

Carter –quien señaló entonces ser tan amigo de Cisneros como de Chávez– solo dio a conocer las dos primeras propuestas[38], las cuales se trataron en la sesión n.º 33 de la Mesa, el lunes 20 de enero. Díez explica que:

> El movimiento sirvió para «desempantanar» las conversaciones en la Mesa y para incluir el tema electoral bajo el formato de un intercambio de documentos de cada lado, en respuesta a las propuestas de Carter. La oposición primero dijo que el mecanismo idóneo era el de la enmienda y, por cuidarse de dar un paso más allá, se refirió a una iniciativa de enmienda que ya estaba circulando entre los diputados de la oposición –y que sabían que el gobierno jamás apoyaría–. El gobierno, por su parte, contestó que el referendo revocatorio era el mecanismo constitucional idóneo para perseguir el objetivo que la oposición tenía, pero que eso era una tarea de la oposición, no de ellos.

El hecho de que Carter llegara con propuestas concretas para agilizar la concreción de un acuerdo ayuda a entender el frío recibimiento que Chávez le dispensó al principio. Sin embargo, el presidente venezolano prontamente se vio animado por la sentencia que emitió la Sala Constitucional del TSJ (22 de enero de 2003) que ordenaba al CNE «abstenerse de iniciar la organización de procesos electorales, referendarios u otros mecanismos de participación ciudadana»[39]. En otras palabras, el referéndum consultivo convocado por la oposición fue desautorizado a tan solo 10 días de la fecha pautada para su realización. La oposición optó entonces por emplear la fecha del 2 de febrero, una vez frustrada la realización del consultivo, para levantar oficialmente un paro que en la práctica ya había muerto y convocar a través de Súmate la recolección, en un acto masivo a nivel nacional denominado El Firmazo, de las firmas necesarias para activar el referéndum revocatorio que proponía el gobierno. Este, sin embargo, nunca otorgó reconocimiento a dichas firmas, y además se mantuvo firme en el argumento de que la composición del directorio del CNE no era imparcial.

---

38 Sara Carolina Díaz: «Dos propuestas sobre la mesa», http://www.eluniversal.com/2003/01/22/pol_art_22105AA.shtml (Consulta: julio 16, 2008).
39 Sala Accidental. Magistrado ponente: Luis Martínez Hernández. Exp. n.º AA70-E-2003-000001, http://www.tsj.gov.ve/decisiones/selec/Enero/3-220103-X-0002.htm (Consulta: julio 16, 2008).

Era claro que el gobierno venezolano se encontraba ya en una posición de fuerza, pero relativa. Mientras la Mesa y la presión internacional representaban entonces para la oposición la última oportunidad de capitalizar en alguna medida tantos meses de protesta, movilización e incluso tentativas insurreccionales, para el gobierno era claro que las negociaciones y la facilitación externa se habían convertido en un estorbo que frenaba su ejercicio del poder. Frente a las dos propuestas de Carter –que oxigenaron una Mesa de Negociación que se encontraba en punto muerto–, los actores involucrados pronto observaron que la enmienda constitucional constituiría un método más engorroso que el referéndum revocatorio; en consecuencia, a partir de entonces las negociaciones tendieron a enfocarse en la posible materialización (anticipada o no) de dicho referéndum.

Tanto había cambiado el panorama después del fracaso del paro que ahora la oposición aceptaba la única propuesta que el gobierno había estado dispuesto a ofrecer dos meses antes. Dicho de otra forma, los términos del posible acuerdo se limitarían a que el gobierno se comprometiera con el cumplimiento de lo estipulado en la Constitución, algo que si bien parecía un avance para algunos, no pasaba de ser papel mojado para otros. Estos términos no eran más que la constatación realista de que la oposición se había quedado sin poder real para amenazar la estabilidad del gobierno de Chávez, así como la demostración de que existía la expectativa generalizada –a nivel nacional e internacional– de que este sobrepasara los límites de la legalidad para reprimir a la oposición.

La primera reunión de los cancilleres miembros del Grupo de Amigos, que tuvo lugar en Washington el 24 de enero de 2003, confirmó todo lo anterior[40]; la segunda reunión tuvo lugar en Caracas, el 30 del mismo mes, y también tuvo un efecto positivo en las negociaciones de la Mesa[41]. Mientras tanto, Chávez no se mostraba complacido por estos avances, sino todo lo contrario. A finales de enero se dirigió a Brasil para participar en el Foro Social de Porto Alegre[42], donde amenazó con cerrar plantas de

---

40 «Países Amigos revisan revocatorio», http://www.eluniversal.com/2003/01/23/pol_art_23108AA.shtml (Consulta: julio 16, 2008).

41 Sara Carolina Díaz: «Los Países Amigos dan oxígeno a la Mesa», http://www.eluniversal.com/2003/02/02/pol_art_02105CC.shtml (Consulta: julio 16, 2008).

42 Y ello a pesar de que dicho Foro tenía por política no aceptar la participación de jefes de Estado. «Primer mandatario viaja a Porto Alegre», http://www.eluniversal.com/2003/01/23/pol_art_23107EE.shtml (Consulta: julio 16, 2008).

TV en Venezuela. El 2 de febrero, de regreso en Caracas, señaló que los Países Amigos «no van a apoyar de ninguna manera a una oposición terrorista, fascista y golpista», pero volvió a insistir en la necesidad de ampliar dicho grupo[43]. Según algunas encuestadoras, la popularidad de Chávez se encontraba en alrededor de un 40%[44].

Febrero de 2003 se inició así con el desmontaje de lo que quedaba del paro opositor, la fijación de un tipo de cambio bolívar/dólar por parte del Estado venezolano para frenar la imparable devaluación del bolívar, la realización de El Firmazo por parte de la oposición (recolección de firmas para solicitar el referéndum revocatorio del mandato de Chávez) y la negativa del gobierno tanto para negociar una fecha de realización del referéndum revocatorio como para aceptar la validez de las firmas recogidas[45], ya que consideraba ambas materias competencia de la nueva junta directiva del CNE –para cuyo nombramiento tampoco había fecha definida– y de la Asamblea Nacional, respectivamente.

De forma paralela, el gobierno revolucionario emprendió en la Asamblea Nacional la tarea de aprobar dos polémicas leyes. La primera era la Ley Orgánica del TSJ, con la que se buscaba elevar de 20 a 32 los magistrados que integraban el Tribunal Supremo de Justicia; ello permitiría la inclusión de nuevos magistrados afines a Chávez, con lo cual cambiaría a su favor la correlación de fuerzas en la máxima instancia judicial del país. El problema era que las leyes orgánicas debían ser sancionadas por dos tercios de la Asamblea, una fuerza con la que no contaba entonces el oficialismo. La segunda era la Ley del Responsabilidad Social de Radio y Televisión, popularmente conocida como Ley Resorte (un acrónimo de sus siglas) pero de inmediato bautizada por la prensa y la oposición como «Ley Mordaza»; con esta ley se buscaba controlar el acoso constante de los medios de comunicación privados contra el gobierno de Chávez, mediante la creación de un marco legal que permitía imponer medidas que podrían

---

43 Alicia La Rotta: «'Amigos no apoyarán a oposición golpista'», http://www.eluniversal.com/2003/02/03/pol_art_03105AA.shtml La actitud victoriosa de Chávez habría preocupado a los vicecancilleres del Grupo de Amigos. «Amigos disgustados por actitud de Chávez», http://www.eluniversal.com/2003/02/05/pol_art_05153BB.shtml (Consultas: julio 16, 2008).

44 Revisar «6 de cada 10 venezolanos rechazan al presidente», http://www.eluniversal.com/2003/02/06/pol_art_06186AA.shtml (Consulta: julio 16, 2008).

45 De acuerdo con Súmate y el gobernador opositor del estado Miranda, Enrique Mendoza, las firmas ascendían a 3 millones. Teresa de Vincenzo: «Tres millones por el revocatorio», http://www.eluniversal.com/2003/02/20/pol_art_20102AA.shtml (Consulta: julio 16, 2008).

afectar la libre expresión y la libertad de información, dos de los pilares de la democracia liberal.

En efecto, una vez agotada la vía del paro, los medios de comunicación quedaron como punta de lanza de la oposición. Con frecuencia el lenguaje empleado en dichos medios resultaba agresivo y provocador[46], situación que preocupaba a Carter y sus colaboradores. Tal como lo señala el argentino Francisco Díez:

> Este es un país en el que las emociones están todo el tiempo a flor de piel. Ellas tienen un peso específico muy importante en el proceso de toma de decisiones de los actores y han sido el motor de más de una escalada [...]. La clave aquí son los medios masivos de comunicación, pues las emociones se asientan en los relatos y en las imágenes que construyen el relato social del conflicto desde cada lado [...]. El enfrentamiento entre los medios de comunicación privados –tanto de la TV como de la prensa escrita– con el gobierno de Chávez, siempre fue un tema de primera magnitud, a mi entender.

El Centro Carter aplaudía la discusión de una salida electoral entre los actores en conflicto, y le recomendaba además que se comprometieran con un eventual resultado electoral para desarrollar luego un proceso de *reconciliación nacional*[47]. Papel importante en este sentido lo jugó William Ury, destacado experto en negociación de Harvard, quien a instancias del Centro Carter trabajó en la implementación del programa Tercer Lado (técnica de despolarización) y comenzó a dialogar con los actores de la Mesa y los directores de medios de comunicación públicos y privados para mitigar el grado de hostilidad que se respiraba en el ambiente. Díez cuenta que durante el primer desayuno mantenido con los directores de medios privados, Ury les explicó la inoperancia de la actitud insurreccional adoptada durante 2002, y les recomendó «No entrar en la provoca-

---

46 Así lo entendía, por ejemplo, la canciller española Ana Palacio, quien, a pesar de no mostrarse de acuerdo con la «Ley Resorte», también solicitó «autocontención» a los medios de comunicación venezolanos. «España insta a respeto a prensa pero también su 'autocontención'», http://www.eluniversal.com/2003/02/12/pol_art_12154DD.shtml (Consulta: julio 16, 2008).

47 Sara C. Díaz: «Carter se muestra optimista con negociaciones en la Mesa», http://www.eluniversal.com/2003/02/08/pol_art_08153CC.shtml y «'Las posiciones privan sobre los intereses'», http://www.eluniversal.com/2003/02/11/pol_art_11153CC.shtml) (Consultas: julio 16, 2008).

ción, y negociar una forma razonable de coexistir»[48]. Más adelante, Ury tuvo que viajar a Brasil por un compromiso familiar, usando para ello un avión prestado por el gobierno venezolano; esta situación ayudó a equilibrar el hecho de que Carter hubiera llegado recientemente a Venezuela en un avión prestado por el empresario Cisneros, magnate de los medios de comunicación y, por aquel entonces, adversario de Chávez.

Los eventos impulsados durante febrero y marzo por el Centro Carter fueron el inicio del Programa Fortalecer la Paz en Venezuela (FPV), una iniciativa de reconciliación nacional que se desarrollaría durante dos años más, abarcando desde los niveles medios y bajos –profesionales y comunidades– hasta las más altas instancias –Chávez, Gaviria y el embajador norteamericano–. Pero el objetivo fundamental de las gestiones del Centro Carter fue disminuir el nivel de agresividad en el discurso de los políticos y los medios de comunicación. Para ello, el Centro Carter impulsó negociaciones entre el ministro de Infraestructura, Diosdado Cabello, y los directores de medios privados, en el marco de lo que se denominó el «acuerdo de los *baby steps* o pequeños pasos» (ver anexos) para la construcción de confianza entre las partes, una iniciativa que al parecer ofreció unos resultados bastante limitados. Según Díez, «la dinámica de la confrontación política arrasaba con toda buena intención…».

EL GOBIERNO SE RESISTE

Con todas sus limitaciones, este entramado de negociaciones encabezadas por distintos actores fue crucial para que el 17 de febrero de 2003 se alcanzara el primer acuerdo firmado entre las partes, la Declaración contra la Violencia, por la Paz y la Democracia (ver anexos). La escalada del conflicto durante los primeros tres meses de la negociación había llevado a Gaviria a proponer la firma de un documento conjunto en el que se expresara un unánime rechazo a la violencia y a cualquier mecanismo antidemocrático de ocupación y ejercicio del poder. Sin embargo, no todos los sectores se mostraron complacidos con la firma de tal documento. Dos días después, y casi como una demostración de que el gobierno venezolano no se dejaría controlar por disposiciones auspiciadas internacionalmente,

---

48 Sara Carolina Díaz: «Medios deben dar mayor espacio al 'Tercer Lado'», http://www.eluniversal. com/2003/02/15/pol_art_15158EE.shtml (Consulta: julio 16, 2008).

fue apresado en un restaurante caraqueño Carlos Fernández –presidente de Fedecámaras desde la fuga de Carmona– por cuerpos de seguridad del Estado no identificados; Chávez se mostró satisfecho y dijo que celebraría la detención comiendo un dulce de lechosa que le había enviado su madre. De inmediato el líder sindical Carlos Ortega hizo saber que no se entregaría y pasó a la clandestinidad durante algunas semanas, hasta que Costa Rica le brindó asilo diplomático el 17 de marzo. Según el partido AD, la lista de personas solicitadas por tribunales controlados por el gobierno ascendía a treinta e iría en aumento.

Tan solo una semana después, el 25 de febrero, la Embajada de España y el Consulado de Colombia en Caracas fueron víctimas de sendas detonaciones. Aunque no parecen existir pruebas concluyentes en torno a la autoría de los atentados, el hecho de que Chávez se pronunciara públicamente contra Gaviria y los gobiernos de Estados Unidos, España y Colombia unos días antes fue usado por ambas partes para acusarse mutuamente de la autoría de las explosiones[49]. De inmediato la oposición pidió una reunión urgente del Grupo de Amigos en Caracas, ante lo que consideró un intento de Chávez por desvirtuar esta instancia. Los países de dicho grupo acordaron entonces desarrollar su tercera reunión el día 10 de marzo de 2003, pero en Brasilia. Los negociadores del gobierno, por su parte, emitieron un comunicado el día 26 de febrero, en el cual rechazaron que la existencia de la Mesa de Negociación y Acuerdos «implique declinación por parte de los poderes públicos venezolanos de sus específicas funciones, las cuales están establecidas, con toda precisión, en la Constitución Bolivariana, en la que además está contenido el principio de la separación de poderes públicos», y condenaban la participación en el país «de factores ajenos a la política nacional, que implique injerencia en los asuntos internos con menoscabo de la soberanía de Venezuela». Adicionalmente, el gobierno suspendió en más de una ocasión las reuniones de la Mesa, alegando falta de seguridad. Tal como lo explica Díez:

> Gaviria había gastado casi todo su capital político en neutralizar la maniobra internacional de Chávez, que había intentado reemplazar a la Mesa

---

49 Los señalamientos del presidente Chávez contra Gaviria y los gobiernos de EE.UU., España y Colombia aparecen en el artículo de Alicia La Rotta: «Chávez fustigó a tres gobiernos», http://www.eluniversal.com/2003/02/24/pol_art_24105AA.shtml (Consulta: julio 16, 2008).

con el Grupo de Amigos. Gaviria fue muy eficiente y logró transformarlo en el Grupo de Amigos del Secretario General de la OEA, en lugar del Grupo de Amigos de Venezuela. Pero perdió definitivamente la relación con Chávez.

Es necesario mencionar aquí que durante los meses de febrero, marzo y abril tuvo lugar una crisis diplomática con Colombia. Las habituales denuncias acerca de los vínculos del gobierno de Chávez con las guerrillas colombianas adquirieron un tono mayor cuando la ministra de Defensa de ese país, Marta Lucía Ramírez, señaló a principios de febrero que varios secuestrados en Colombia eran trasladados a territorio venezolano para evadir los operativos militares de rescate, y que Venezuela brindaba poca cooperación en el control de grupos armados y narcotraficantes en la frontera. Para entonces eran frecuentes las denuncias en torno a la presunta pretensión, por parte del gobierno venezolano, de «exportar su revolución», mediante el apoyo a diversas organizaciones de indígenas en Bolivia, Perú y Ecuador. Luego de pasar por diversos altercados[50], para el mes de mayo la tensión entre Venezuela y Colombia tendió a amainar; sin embargo, la

---

50 «'Ministra Ramírez maneja relaciones según su estado de ánimo", http://www.eluniversal.com/2003/03/10/pol_art_10106AA.shtml). En abril la ministra colombiana señalaba la investigación de una presunta incursión de aeronaves militares venezolanas el 21 de marzo en Tibú, Norte de Santander. «Colombia», http://www.cajpe.org.pe/cronolog/abrco7.htm).

Después de algunas semanas de tensión, el vicepresidente Rangel, conocido en Colombia como un «colombianófobo», añadió leña al fuego señalando que el gobierno colombiano protegía a los paramilitares en la frontera. Alfredo Rojas: «Gobierno denuncia protección a paramilitares en Colombia», http://www.eluniversal.com/2003/03/30/pol_art_30109AA.shtml) y que Venezuela limitaba con zonas cuyo Estado era *de facto*. Alfredo Rojas: «Rangel denunció que Venezuela limita en zonas con un Estado de facto», http://www.eluniversal.com/2003/04/05/pol_art_05156FF.shtml). A los pocos días Bogotá envió nota de protesta a Caracas. «Bogotá emitió nota de protesta a Chaderton», http://www.eluniversal.com/2003/04/13/pol_art_13105JJ.shtml).

Aunque ambos gobiernos se comprometieron a finiquitar la «diplomacia de micrófono» durante la cumbre binacional que tendría lugar en la ciudad venezolana de Puerto Ordaz el 23 de abril. Alfredo Rojas: «Uribe y Chávez acaban disputa verbal», http://www.eluniversal.com/2003/04/16/pol_art_16154AA.shtml), el senador colombiano Jimmy Chamorro y el propio presidente Chávez contribuyeron a encender aún más los ánimos poco antes de dicho encuentro bilateral. Así, mientras Chamorro acusó al gobierno venezolano de alojar en Caracas al guerrillero de las FARC, Andrés París. «Otro contrapunteo sobre presencia de jefe de las FARC en Caracas», http://www.eluniversal.com/2003/04/22/pol_art_22153FF.shtml), Chávez señaló que «La élite empresarial colombiana, con excepciones, hizo una fiesta» el 11 de abril, cuando fue fugazmente derrocado. «Los negocios se reservan para los países 'amigos'», http://www.eluniversal.com/2003/04/23/pol_art_23102EE.shtml) (Consultas: julio 17, 2008).

crisis dejó en evidencia que la convivencia entre los gobiernos de Chávez y Uribe no sería fácil en el futuro y que las distancias ideológicas entre ambos gobiernos no podían ser mayores.

Si la alianza de Bogotá con Washington había sido fuerte en tiempos de Pastrana –cuando se ideó el Plan Colombia–, con Uribe había alcanzado su mayor solidez. La ayuda diplomática, financiera y militar de los Estados Unidos convertía a esta nación en un aliado insustituible para el Estado colombiano en su lucha por erradicar definitivamente la subversión interna. Pero el papel de Estados Unidos para Colombia era incluso más importante luego de la llegada de Chávez al poder, y sobre todo, luego de que los equilibrios regionales se vieran «retocados» a partir de la conformación del Grupo de Países Amigos. En efecto, la llegada de Chávez al poder, su actitud de neutralidad formal frente al conflicto colombiano –los gobiernos de la República Civil venezolana siempre tendieron a cooperar con el ejército colombiano en su lucha antisubversiva–, las constantes denuncias de vínculos de toda índole con las guerrillas de las FARC y el ELN y la «militarización» del gobierno de Venezuela[51] generaban algo más que recelo en Bogotá, razón por la cual la asistencia militar y diplomática de los norteamericanos constituía a partir de entonces un elemento crucial para la seguridad nacional de Colombia. Igualmente, Bogotá pasó a convertirse en el aliado más confiable de Estados Unidos en la región. De ahí que el gobierno revolucionario de Chávez haya considerado siempre a la Colombia de Uribe como el principal rival geopolítico, la personificación misma de la oligarquía latinoamericana y la «cabeza de puente» de la intervención yanqui en América del Sur. Por todo lo anterior, a partir de 2003 se hace crucial llevar un seguimiento de la dinámica binacional entre Venezuela y Colombia, identificando los momentos de mayor tensión entre ambos países. No hay duda de que abril de 2003 fue uno de ellos.

El distanciamiento de Venezuela con respecto a Estados Unidos y Colombia operaba a la misma velocidad que su aproximación a Brasil y Rusia, además de Cuba, China y las naciones musulmanas. En efecto,

---

51 Según reseña *El Universal*, de las 24 gobernaciones que hay en Venezuela, 8 estaban dirigidas por militares retirados, lo cual representaba 53,3% de las 15 gobernaciones que fueron ganadas por el chavismo. Alejandra M. Hernández: «Militarismo se extiende a las regiones», http://www.eluniversal.com/2003/05/04/pol_art_04192AAA.shtml). Por otra parte, hasta 176 militares activos y retirados ocupaban cargos directivos en el Estado venezolano para mayo de 2003; «176 oficiales ocupan cargos directivos», http://www.eluniversal.com/2003/05/04/pol_art_04192BB.shtml (Consultas: julio 17, 2008).

Estados Unidos, Colombia y España no solo eran los tres mayores socios comerciales, sino también los países tradicionalmente más cercanos a Venezuela en muchos sentidos –social, cultural, histórico e incluso geográfico–; sin embargo, la nueva orientación geopolítica que imponía la Revolución Bolivariana ameritaba un esquema de alianzas diferente, máxime cuando esos tres países eran regidos entonces por gobiernos conservadores. Frente al cerco que las principales democracias liberales parecían estar imponiendo al gobierno de Hugo Chávez, presionándolo para la firma de un acuerdo que imponía restricciones a sus pretensiones revolucionarias, Brasil y Rusia aparecían como polos de poder alternativos dispuestos a ganar influencia sobre Caracas y, por consiguiente, a respaldar en alguna medida la determinación del nuevo gobierno venezolano de distanciarse de Washington, Bogotá y Madrid. Si bien Brasilia parecía jugar hábilmente para que esta ganancia diplomática y comercial no fuera directamente en desmedro de la democracia liberal, también es cierto que Moscú, Beijing, La Habana y otras cancillerías no demostraban tal preocupación.

Dada esta nueva orientación geopolítica, no extraña entonces que el presidente Chávez, dos días después de su reunión con Uribe en Puerto Ordaz, viajara nuevamente a Brasil, esta vez a Recife, para afinar detalles acerca de una serie de convenios binacionales. Además, Chávez no solo declaró que la CAN –Comunidad Andina de Naciones, a la cual pertenecían tanto Venezuela como Colombia y Perú, que por entonces otorgaba asilo diplomático a dos militares disidentes venezolanos[52]– era «anacrónica y neoliberal», sino que se fijó como meta integrar a Venezuela en el Mercosur antes de que terminara 2003 y propuso su proyecto de la ALBA –Alternativa Bolivariana para las Américas– para sustituir la iniciativa del ALCA.

En cuanto a las relaciones con Cuba, en este mismo mes de abril Venezuela fue el único país latinoamericano que votó a favor de Cuba en las Naciones Unidas cuando el régimen de Castro fue condenado por el arresto y enjuiciamiento de una centena de personas en la isla, y a mediados de mayo ambos gobiernos firmarían en Caracas 15 convenios de cooperación sobre diversas materias. El descontento de la oposición venezolana con respecto a la relación Chávez-Castro alcanzó nuevas cotas cuando el

---

52 «Gobierno de Perú otorgó asilo a dos militares disidentes», http://www.eluniversal.com/2003/04/28/pol_art_28106AA.shtml (Consulta: julio 17, 2008).

embajador de Cuba en Venezuela, Germán Sánchez Otero, llegó al punto de enviarle una carta al generalato venezolano para ponerlo al tanto de asuntos internos de su país[53]. Más adelante, como para dejar en claro que la política exterior venezolana obedecía entonces a nuevos lineamientos, Chávez afirmó —cuando la guerra en Irak llevaba ya un mes de haberse iniciado— que estaba orgulloso de haber visitado a Saddam Hussein. En cuanto a la Rusia de Putin, a mediados de mayo el embajador Chaderton viajó a Moscú para crear un «grupo de contacto» con ese país, algo que no fue bien visto por Washington.

Obviamente, el nexo con Brasil era más ambiguo, aunque era indudable que las relaciones con el gigante sudamericano, ya no tan dormido, se estaban fortaleciendo. A mediados de mayo de 2003 se supo que, en diciembre de 2002, el gobierno venezolano había acordado la compra a Brasil de 20 aviones militares por $500 millones. Además, en la cumbre de Recife se sentaron las bases para futuras inversiones brasileñas en Venezuela[54] y se trató el tema de los negocios petroleros que Chávez ofrecía desarrollar con Brasil. Sin embargo, a pesar de que el gobierno de Lula «se dejaba querer» por Chávez y de hecho aprovechaba el acercamiento de este para expandir la fuerza comercial y diplomática de Brasil en la región, tampoco descuidaba su función primordial dentro del Grupo de Amigos y su compromiso con las democracias occidentales. Desde el 12 de febrero la cancillería brasileña venía instando al gobierno venezolano a trabajar en un cronograma electoral. Posteriormente, en la reunión del Grupo de Amigos en Brasilia, celebrada 10 de marzo, los diplomáticos brasileños volvieron a mostrarse contrarios a una ampliación de dicho grupo, y a finales de abril, en la ya citada cumbre de Recife, Lula habría instado nuevamente a Chávez para que firmara un acuerdo con la oposición en la Mesa.

Pero más allá de esos obstáculos, lo cierto es que el gobierno de Chávez parecía estar ganando espacios de acción a nivel internacional que progresivamente lo irían salvaguardando de la presión de las democracias liberales. El desarrollo de nuevas alianzas internacionales y el progresivo

---

[53] «Embajador de Cuba envía carta a generalato venezolano», http://www.eluniversal.com/2003/05/08/pol_art_08157CC.shtml (Consulta: julio 17, 2008).

[54] Aparte de reunir a empresarios brasileños con empresarios «bolivarianos», en el encuentro se discutió la implementación de una línea de crédito de $1.000 millones que el Banco Nacional de Desarrollo de Brasil ofreció a Venezuela. «Presidente afina convenios con Brasil», http://www.eluniversal.com/2003/04/25/pol_art_25155AA.shtml (Consulta: julio 17, 2008).

despliegue de una importante propaganda en el exterior fueron elementos cruciales en este sentido. El inicio de la impopular guerra en Irak ofreció a Chávez nuevas oportunidades para mejorar su imagen a nivel internacional, convirtiéndose desde el principio en uno de sus más acérrimos críticos. Ello casi coincidió con el Encuentro Mundial de Solidaridad con la Revolución Bolivariana, la conmemoración oficial, por parte del gobierno venezolano y varios invitados extranjeros –intelectuales, artistas, políticos–, de los acontecimientos de abril de 2002.

SE LANZAN LAS MISIONES

En aquel Encuentro Mundial de Solidaridad, Chávez celebró el hecho de que una encuesta le otorgara un 40% de popularidad[55], lo cual indicaba la gravedad de la situación por la que había pasado en los meses anteriores y reafirmaba la sensación –que predominaba ahora en el seno del gobierno revolucionario–, de haber retomado el control. Chávez era consciente de que, para afrontar con suficientes garantías una nueva consulta electoral, debía previamente mejorar el nivel de su gestión y aumentar su popularidad. De este modo, si por un lado comenzó a publicitar vehementemente lo que consideraba como logros conseguidos hasta entonces por su administración, por otra parte anunció nuevos programas sociales –bautizados con el nombre de Misiones– que emplearían directamente la renta petrolera para satisfacer urgentes carencias de los más necesitados[56]. Una de las primeras iniciativas fue la apertura de almacenes de alimentos a coste subsidiado, denominados Mercal, a través de los cuales se sistematizaría la red de distribución de alimentos que el gobierno organizó como medida de emergencia durante el paro opositor. Buena parte de los víveres surtidos por la red de Mercal provenía entonces de Brasil, a cuyo gobierno, en un gesto más de aproximación a ese país, Chávez propuso intercambiar petróleo por alimentos y viviendas.

Entre tanto, la oposición seguía enfrentando la necesidad de superar las contradicciones existentes entre sus múltiples integrantes y constituir una estructura más operativa. Agotadas las vías del radicalismo y cifran-

---

55 Alfredo Rojas: «Gobierno preparado para su defensa», http://www.eluniversal.com/2003/04/12/pol_art_12154AA.shtml (Consulta: julio 17, 2008).
56 Alicia La Rotta: «Chávez anuncia planes sociales», http://www.eluniversal.com/2003/03/17/pol_art_17107AA.shtml (Consulta: julio 17, 2008).

do las mayores esperanzas en la mediación externa, la Coordinadora no podría seguir funcionando si no se producía la separación definitiva entre los sectores moderados y radicales. Fue así como el llamado Bloque Democrático, foro en el que se reunían los grupos menos proclives al diálogo y la negociación, terminó de materializar su distanciamiento definitivo de la CD, mientras esta continuó concentrando sus esfuerzos en la Mesa y la solución electoral negociada. En la reunión con el Grupo de Amigos y el gobierno en Brasilia que tuvo lugar el 10 de marzo de 2003, los negociadores de la CD solicitaron formalmente que se elevara el estatus de Gaviria a mediador, para agilizar así la concreción de una solución electoral al conflicto venezolano[57]. Por su parte, los negociadores del gobierno dejaron en claro que no aceptarían una modificación de la Constitución para permitir unos comicios adelantados, sino que se debería esperar a que transcurriera la mitad del mandato presidencial (19 de agosto de 2003) no solo para realizar el referéndum revocatorio, sino incluso para convocarlo; esta actitud implicaba el desconocimiento de las firmas recogidas por la oposición el 2 de febrero[58]. El gobierno pidió en la Mesa la redacción de un Reglamento de Referendos, y contemplaba la posibilidad de que el funcionario revocado pudiera competir electoralmente de forma inmediata a su revocación; ello facultaría a Chávez a competir en unas elecciones presidenciales inmediatamente después de una hipotética revocación de su mandato. La contrapropuesta del gobierno fue estudiada por la CD en los días subsiguientes, y el 20 de marzo, en una reunión en la que no participó Gaviria pero que contó con la presencia de Díez (Centro Carter) y Jaramillo (OEA), las partes acordaron solicitar a los facilitadores que crearan una propuesta conjunta que recogiera las demandas de ambos bandos[59]. El 25 de marzo, cuando los facilitadores entregaron a las partes un documento con siete puntos para desarrollar el referéndum revocatorio, el vicepresidente Rangel señaló entonces que ya no se necesitaba la facilitación de

---

57 «'Gaviria debe ser mediador'», http://www.eluniversal.com/2003/03/11/pol_art_11153AA.shtml (Consulta: julio 18, 2008).

58 «Oficialismo presenta contrapropuestas a oposición», http://www.eluniversal.com/2003/03/12/pol_art_12104AA.shtml (Consulta: julio 18, 2008).

59 El gobierno pedía la participación de Chávez en unas elecciones generales en el caso de ser revocado, mientras la oposición solicitaba celeridad en el proceso electoral. «Gobierno y oposición divergen en revocatorio», http://www.eluniversal.com/2003/03/21/pol_art_21157AA.shtml (Consulta: julio 18, 2008).

Gaviria, mientras la oposición insistió en la necesidad de su presencia[60]. Durante los días siguientes las partes trabajaron en el documento de los siete puntos[61], mientras el Centro Carter y Jaramillo lograban concertar una reunión entre representantes de los medios de comunicación y los negociadores de la Mesa, con la finalidad de bajar el tono de la confrontación ante la población.

El 12 de abril, cuando tenía lugar en Caracas el «Encuentro Mundial de Solidaridad con la Revolución Bolivariana», se llegó a un preacuerdo entre las partes[62]; se esperaba que el acuerdo definitivo, según informó Gaviria desde Washington, fuera firmado el martes 22 de abril, después de Semana Santa. Así lo cuenta Díez:

> Jaramillo y yo reunimos a las dos delegaciones y le dimos lectura al texto consensuado. Todavía se le hicieron unos mínimos retoques y «cerramos» el trabajo en ese texto. Cuando nos estábamos levantando de la mesa, Jaramillo dijo en voz alta que quedaba claro que ese era el texto final. [...] En el ambiente se podía respirar la sensación de triunfo del gobierno. El paro había desaparecido, los militares de Altamira también, y en la Mesa de Negociación la oposición había tenido que aceptar la tesis del referendo revocatorio.

---

60 Alfredo Rojas: «Gobierno dispuesto a firmar compromiso de revocatorio», http://www.eluniversal.com/2003/03/26/pol_art_26158AA.shtml La oposición sentía que sin participación internacional no se podría lograr nada. Por eso, a principios de abril de 2003, la oposición recibió con beneplácito los buenos oficios del expresidente argentino Raúl Alfonsín, quien se reunió con Chávez y Gaviria, señalando la necesidad de que el presidente venezolano se reuniera directamente con los representantes de la oposición. Andrea Benavides: «Alfonsín insta a Chávez a hablar con la oposición», http://www.eluniversal.com/2003/04/03/pol_art_03188BB.shtml (Consultas: julio 18, 2008).

61 A pesar de que se mantenía el consenso sobre 20 de los 24 puntos del documento anterior, los 7 puntos del nuevo documento sobre el referéndum revocatorio (RR) seguían dividiendo a las partes. «En discusión», http://www.eluniversal.com/2003/04/02/apo_art_02156FF.shtml), de modo que se delegó la negociación de este aspecto a una subcomisión de 3 negociadores de lado y lado. Sara Carolina Díaz: «Firmas son válidas si Chávez participa», http://www.eluniversal.com/2003/04/04/pol_art_03186CC.shtml (Consultas: julio 18, 2008).

62 Había consenso en torno a la necesidad de desarmar a la población y la conveniencia de nombrar prontamente una nueva directiva para el CNE, exhortar a la Asamblea Nacional para que culminara la Ley de la Comisión de la Verdad, defender la libertad de expresión y respetar los plazos estipulados en la vigente Ley Orgánica del Sufragio y la Participación Política (LOSPP) para la realización del RR; por su parte, los *facilitadores serían los garantes del cumplimiento del acuerdo*. Teresa de Vincenzo: «Mesa alcanza acuerdo político y electoral», http://www.eluniversal.com/2003/04/12/pol_art_12159AA.shtml (Consulta: julio 18, 2008).

Pero las cosas se complicaron al día siguiente. El vicepresidente Rangel señaló que el gobierno aún no se encontraba listo para firmar el documento, pues este debía primero pasar la revisión del presidente Chávez. En la oposición, mientras a unos el acuerdo les parecía bueno, a otros les parecía un desastre. Para colmo de males, el edificio Teleport, en el que se desarrollaban entonces las negociaciones, fue objeto de una gran explosión que dañó parte significativa de sus instalaciones, sin que hasta el día de hoy se pueda determinar con precisión quiénes fueron los autores de semejantes atentados. Luego de condenar el hecho, el Grupo de Amigos emitió un comunicado desde Brasilia, en el cual se instaba a las partes a que el acuerdo fuera «rápidamente implementado».

Mientras los líderes de la oposición se afanaban en la difícil tarea de explicarle a sus partidarios por qué el acuerdo era positivo, era obvio que el gobierno no deseaba comprometerse con su firma; ello explica que los negociadores del oficialismo se presentaran el 25 de abril con un nuevo documento para ser discutido en la Mesa. La iniciativa fue rechazada por la oposición, pero el vicepresidente Rangel la justificó, señalando que:

> Hay aspectos del preacuerdo que rechazamos, como cualquier interferencia que menoscabe la soberanía nacional, como el punto relacionado con el desarme. Podemos buscar asesoría internacional pero no aceptamos ninguna clase de inspección porque eso podría comprometer la seguridad[63].

Mientras tanto, en la Asamblea Nacional no se terminaba de alcanzar un consenso para promulgar la Ley sobre la Comisión de la Verdad. Explica Díez que:

> No supimos nada de ellos [los negociadores del gobierno] por unos días. Finalmente, nos entregaron un texto casi completamente nuevo que, si bien mantenía la estructura general del anterior, tenía una gran cantidad de cambios, tanto en la redacción como en el contenido. La reacción de la oposición fue muy airada al principio. Jaramillo trabajó mucho con ellos y consiguió acordar que nosotros usaríamos el texto original y la nueva versión del gobierno como una base para ofrecer un texto de consenso que

---

63 Sara Carolina Díaz: «'El gobierno respalda el 90% del preacuerdo'», http://www.eluniversal.com/2003/04/28/pol_art_28104DD.shtml (Consulta: julio 18, 2008).

recogiera lo más relevante de ambos. Él hizo todo el trabajo y generó un texto que reflejaba bastante bien un equilibrio, entre la sustancia que le importaba a la oposición y la nueva redacción introducida por el gobierno. Yo introduje alguna pequeña observación, mandamos el texto a las dos delegaciones y nos sentamos a esperar la reacción. A los dos o tres días la oposición nos dijo que solo responderían después de conocer la reacción del gobierno y que, para ellos, seguía vigente el texto acordado el 11 de abril. El gobierno se llamó a silencio.

Es preciso señalar que el clima de inestabilidad en el país, a pesar del creciente control de la situación por parte del gobierno, era preocupante. Nuevos incidentes de violencia callejera seguían sucediendo; algunos se saldaron con la muerte de varias personas y no faltaron nuevos atentados con explosivos, aunque de menor magnitud que el que destrozó los estacionamientos de Teleport. Según el diario *El Universal*, desde enero de 2002 hasta el 25 de mayo de 2003, la violencia política había dejado como saldo 293 fallecidos (de los cuales 240 correspondían a disputas agrarias en zonas rurales, a menudo vinculadas a ocupaciones de tierras), al menos 818 heridos, 68 artefactos explosivos y 108 atentados[64]. Por su parte, la Conferencia Episcopal, acusaba al gobierno de tener una «vocación totalizante» y al jefe de Estado de emplear un «lenguaje violento».

Este nuevo bloqueo de las negociaciones explica que el Grupo de Amigos decidiera reunirse por cuarta ocasión y cuanto antes. Esta vez, y para ejercer mayor presión, la reunión tendría lugar en Caracas, los días 6 y 7 de mayo de 2003. En este contexto se reunió el Grupo de Amigos en Caracas, para incomodidad del gobierno revolucionario. De hecho, los principales partidos de la coalición oficialista insistieron en proponer la disolución de la Mesa de Negociación. Por su parte, Aristóbulo Istúriz, ministro de Educación y representante del gobierno en la Mesa, propuso acelerar la firma de un acuerdo a cambio de disolver esta y terminar con la facilitación extranjera. La posibilidad fue totalmente rechazada por la oposición, que ofreció como contrapartida la firma de un acuerdo reducido que contemplara los tres aspectos más importantes para sus intereses[65]. El

---

64 Eugenio Martínez: «Van cincuenta y tres muertes», http://www.eluniversal.com/2003/05/26/pol_art_26122AA.shtml (Consulta: julio 18, 2008).

65 Según reseña *El Universal*, «referendo revocatorio 'sin trucos', que se aprobarán normas claras que 'no serán modificadas' y que se permitirá la presencia de supervisores internacionales en el proceso electoral». Teresa de

episodio se saldó finalmente con un comunicado del Grupo de Amigos, que exhortó «a hacer máximos y urgentes esfuerzos para superar con voluntad política y dentro de un espíritu de buena fe y confianza las divergencias que todavía persisten»[66].

La presión internacional terminó por surtir efecto sobre las partes. Todavía tomó un par de reuniones bilaterales promovidas por Gaviria durante las siguientes dos semanas, así como también los denodados esfuerzos de Jennifer McCoy y Francisco Díez (Centro Carter). En un vívido relato, Díez comenta que el día 19 de mayo:

> El día 19 por la mañana fuimos con Jennifer a ver al vicepresidente [Rangel], que nos recibió junto con otros miembros de la delegación del Gobierno a la Mesa.
>
> Hablamos de la situación en términos generales, dijeron que la Mesa estaba totalmente agotada y que ya no se podía esperar nada más de ella. Pero cuando McCoy les pidió que nos dijeran si ellos aceptaban o no el texto que les habíamos propuesto, respondieron elusivamente diciéndonos: «Las diferentes fuerzas políticas que apoyan al gobierno tienen derecho a opinar y ese es un proceso que lleva tiempo porque es muy complejo». Al retirarnos, ya de pie y camino a la salida, el vicepresidente nos dijo: «Ustedes tienen una reunión esta noche con el presidente, ¿no? Bueno… ¡pregúntenle a él!». Nos quedó clarísimo que la opinión sobre la complejidad de las fuerzas políticas se reducía al presidente mismo. Esa tarde le dijimos a Gaviria que veríamos al presidente y que buscaríamos una respuesta clara. Nos pidió que lo llamáramos al salir de la reunión, cualquiera fuese la hora. Esa noche, llegamos al Palacio de Miraflores como a las 9 p.m. Nos recibió el presidente, solo en su despacho. Nos sentamos en los sillones y comenzamos a conversar. Luego de una pequeña conversación protocolar, Jennifer fue directamente al grano y le dijo que nos extrañaba mucho el silencio del gobierno y que pensábamos que el texto de acuerdo propuesto era muy positivo y que queríamos saber su opinión personal. El dijo que sí, que lo había estado mirando y que tenía algunas «cositas» que no le gustaban. Jennifer insistió, pidiéndole que miráramos juntos el texto y entonces él

Vincenzo: «Coordinadora propone acuerdo reducido para la Mesa», http://www.eluniversal.com/2003/05/08/pol_art_08154BB.shtml (Consulta: julio 18, 2008).

66 Sara Carolina Díaz: «Grupo de Amigos exhorta a lograr acuerdo urgente», http://www.eluniversal.com/2003/05/10/pol_art_10154AA.shtml (Consulta: julio 18, 2008).

llamó a su asistente y le pidió «los papeles en los que estaba trabajando». Nos trasladamos a la mesa y nos sentamos los tres. Yo saqué de mi maletín el texto impreso y el presidente comenzó a leernos las correcciones que de su puño y letra había escrito en el margen del texto que él tenía. Yo no podía creer lo que estaba pasando. Leímos casi todos los puntos, uno por uno, del acuerdo propuesto. Había varias correcciones de lenguaje, expresiones generales que le preocupaban porque podían entenderse de otras formas y que yo sabía que eran completamente insustanciales para la oposición. Hasta que llegamos a los tres últimos puntos. Allí, con todo respeto, le explicamos claramente los temores e intereses de la oposición utilizando preguntas y reformulaciones. En la conversación, y analizando el texto juntos, a nosotros nos quedó clarísimo que el principal interés en firmar un acuerdo era, para él, sacarse a la Mesa de encima. Por otro lado, sabíamos que se aproximaba la Asamblea de la OEA y que todos los jefes de Estado estarían allí –también Gaviria– y que habría muchas expectativas sobre la situación en Venezuela. Ese era el momento para «cerrar» el acuerdo. Estuvimos viendo cada una de las palabras. Yo anoté todas sus correcciones en mi texto y redactamos con cuidado todas las frases que acordamos como nuevas. Él también anotaba y volvía a repasar y a leer cada punto. Me impresionó su manera de trabajar. Al terminar Jennifer le dijo: «Presidente, necesito su palabra de que este texto no tiene que aprobarlo nadie más por su lado». Chávez no entendió lo que le decía. Ella insistió, y le agarró sus manos sobre el escritorio y lo miró fijamente a los ojos diciendo: «Necesito su compromiso de que si la oposición acepta este texto, el gobierno firma el acuerdo. Que no nos van a decir después que los partidos y movimientos sociales que le apoyan tienen que opinar sobre el texto». El se rio a carcajadas y le dijo: «No, Jennifer, despreocúpate, yo te lo aseguro». […] Salimos de allí exultantes como a la 1 a.m. del día 21 de mayo de 2003. En el camino, llamamos a Gaviria, que ya dormía, y le dijimos que teníamos un texto, cerrado por el mismo presidente.

Así lograron los representantes del Centro Carter que Chávez quedara, al menos aparentemente, comprometido con la firma del acuerdo. Durante los días 21 y 22 de mayo se supo por boca del vicepresidente Rangel y del diputado Alejandro Armas –negociador de oposición– que prácticamente todo estaba listo para la firma de un acuerdo. Todo dependía entonces de que la oposición aceptara firmar el texto ya aprobado por

Chávez. El temor de Gaviria y el Centro Carter era que la oposición no lograra llegar a un consenso. Y en efecto, las dudas asaltaron a las múltiples fuerzas políticas de la oposición cuando Gaviria les presentó el texto del acuerdo. Nuevamente Francisco Díez, protagonista de primera línea, nos ofrece un testimonio directo (note el lector la enorme diferencia con el fragmento citado anteriormente: mientras del lado del gobierno la última palabra la tenía siempre el presidente Chávez, en la oposición nadie ejercía el liderazgo de las negociaciones):

> Las siguientes cuarenta y ocho horas fueron una maratón. Nos instalamos en la *suite* de Gaviria, a la que fue en primer lugar la delegación de la oposición luego de una prolongada discusión entre ellos. Gaviria los conminó a considerar muy seriamente el texto. Luego fueron viniendo diferentes actores políticos del amplio espectro opositor: jefes de partidos políticos, empresarios, sindicatos, medios, etc. Para todos Gaviria tuvo paciencia y mucha firmeza. Mientras tanto, Jennifer, por su lado, se juntaba con los líderes de los partidos políticos para presentarles el texto y animarlos a firmar un acuerdo sobre esa base. Luego, los mismos venían al hotel de Gaviria. Los titulares de dos de las televisoras –Globovisión y Venevisión– se transformaron en «operadores políticos» de Gaviria. Hablaban con todos, traían a dirigentes díscolos a hablar con él, empujaban a otros y mantenían largas conversaciones con todo el mundo para que se aceptara un acuerdo. En un punto crítico de ese confuso proceso, Gaviria conminó a los representantes de la oposición en la Mesa a que le dijeran si iban a trabajar en el texto o no, porque si no estaban dispuestos a trabajar sobre el papel, en el texto, en algún que otro punto específico, de forma de tener un texto consensuado, él se iba. Al día siguiente, 22 de mayo, desde temprano comenzamos a ensayar algunas correcciones al texto. Nosotros discutíamos con la oposición, Gaviria hablaba por teléfono con el vicepresidente y le enviábamos la propuesta de párrafo por fax. El vice consultaba con el presidente, que estaba por el interior del país, y luego de eso respondía con contrapropuestas que nosotros debíamos a nuestra vez consultar con la oposición. Fue agotador. En el medio, la Presidencia le confirmó a Gaviria que el presidente lo invitaba a viajar con él a la cumbre de la OEA en su avión presidencial, que saldría a las 12 de la noche de ese día. Ya teníamos un límite temporal clarísimo. Si no «cerrábamos» un texto consensuado antes de ese viaje, luego de él no habría ningún acuerdo.

Algunos miembros de la delegación de la oposición a la Mesa se quedaron en la *suite* con nosotros hasta las 11:45 p.m., hasta que el último punto en discusión se aprobó finalmente. Cuando terminamos de repasar todo el texto, Gaviria les dijo a los representantes de la oposición: «Este texto no se puede cambiar más. Yo vuelvo de mi viaje y si están preparados, lo firmamos. Pero no aceptaré ni un cambio más, ni de la oposición ni del gobierno. Esta fue la primera vez que tuvimos al mismo Chávez del otro lado negociando, y eso no va a volver a pasar». Clarísimo. Se fue de ahí directo al aeropuerto a esperar el avión que lo llevaría a la cumbre de la OEA a la que Chávez llegaría ahora, con el acuerdo bajo el brazo y Gaviria a su lado. Tal cual.

Y así fue como pudieron asentarse los últimos flecos del acuerdo, cuya aprobación por parte de Chávez se materializó el 23 de mayo en Cuzco, cuando anunció en la XVII Cumbre de Jefes de Estado del Grupo de Río que el acuerdo con la oposición sería finalmente firmado. Es posible que la expectativa internacional del momento haya influido para que Chávez aceptara definitivamente la firma del acuerdo; según Timoteo Zambrano, «fue inevitable lograr el acuerdo a partir de Cuzco».

Antes de comentar cómo se firmó finalmente el acuerdo negociado en la Mesa, conviene detenerse un momento para analizar la significación de la cumbre de Cuzco para los intereses de la Revolución Bolivariana. Un indicio de la relativa incomodidad en la que se sintió el presidente venezolano es que los dos documentos emitidos al final de la cumbre del Grupo de Río, tanto el «Consenso de Cuzco» como la «Declaración sobre Colombia», fueran firmados con reservas por el gobierno venezolano. Este hecho no constituye una casualidad, ya que dicha cumbre venía a ser una apuesta internacional por la búsqueda de soluciones multilaterales, en el marco de una diplomacia preventiva, a las crisis internas en diversos países[67]. Mientras el «Consenso de Cuzco» contemplaba la decisión de los países de la región de trabajar por un futuro ingreso a la ALCA, la «Declaración sobre Colombia» exhortaba:

---

67 Los textos del «Consenso de Cuzco» y de la «Declaración sobre Colombia» aparecen en «Declaración del Grupo de Río sobre la situación en Colombia», http://www.resdal.org/ultimos-documentos/docs-presidentes. html#colombia (Consulta: julio 18, 2008).

[...] a los movimientos guerrilleros que operan en dicho país a firmar un acuerdo de cese de hostilidades y entrar a un diálogo abierto y transparente que, a través de un cronograma con plazos, discutido y aprobado por las partes, permita llegar a una solución pacífica y definitiva al conflicto colombiano, que cada vez afecta más a los países vecinos de la región. Si este proceso no tiene el éxito deseado, el Grupo de Río, junto al Secretario General de Naciones Unidas y en coordinación con el Gobierno de Colombia, buscará en una nueva consulta otras alternativas de solución.

La agencia oficial de noticias del Estado venezolano, antes llamada Venpres y ahora denominada Agencia Bolivariana de Noticias, señaló entonces que el presidente Chávez:

[...] subrayó que Venezuela no comparte la visión que el documento tiene con respecto a la búsqueda de una solución del conflicto granadino, pues, pensar en una intervención internacional multinacional en el vecino país es un precedente muy delicado para nuestras naciones.

Por otra parte, de acuerdo con *El Universal*, el presidente venezolano aseveró que «Lo que se ha establecido en el Consenso de Cuzco en torno a Colombia es muy peligroso. Abre las puertas a un problema mucho más grave que una guerra: el intervencionismo»[68]. Aquí, como en cumbres anteriores, va quedando definida la postura que la Revolución Bolivariana mantendrá en su política exterior, y que más adelante, tal como veremos en este libro, ayudará a dar origen a organizaciones como la ALBA, Unasur y la Celac: no someterse a ningún estándar democrático (liberal) internacional.

Pero veamos cómo se firmó el acuerdo de la Mesa en Caracas. Por parte de la oposición, el consenso se mantuvo en vilo hasta el día mismo de la firma del acuerdo, el 29 de mayo de 2003; en efecto, todavía entonces varios gobernadores de oposición (uno de cuyos miembros, Eduardo Lapi, era negociador en la Mesa) vacilaron en aprobar los términos alcanzados. A pesar de todo esto, el acuerdo se firmó. A través de este segundo

---

68 Ambas noticias aparecen reproducidas, respectivamente, por Aporrea en «Presidente Chávez firmó Consenso de Cusco con reservas. 'El ALCA es una amenaza para nuestro pueblo'», http://www.aporrea.org/actualidad/n6987.html y por Gustavo Méndez: «Chávez único inconforme con el 'Consenso de Cuzco'», http://www.eluniversal.com/2003/05/25/pol_art_25106AA.shtml (Consultas: julio 18, 2008).

documento alcanzado en la Mesa de Negociación y Acuerdos[69], las partes convinieron conjuntamente en que el referendo revocatorio –luego de cumplida la mitad del mandato presidencial– era la solución «pacífica, constitucional, democrática y electoral» que exigía la resolución 833 del Consejo Permanente de la OEA (documento en anexos), además de precisar otros elementos con los cuales se buscaba garantizar el restablecimiento de un mínimo clima de paz y concordia en el país.

Tal como se señaló en páginas anteriores, los términos del acuerdo (analizados técnicamente en el capítulo IX de este libro) reflejaban la correlación de fuerzas que quedó vigente entre los principales actores del conflicto a raíz del fracaso del paro opositor. El aparente agotamiento de las vías insurreccionales había dejado a la oposición sin más alternativas que aceptar los canales de la legalidad. Ahora bien, parece claro que existía la percepción generalizada, en el sistema hemisférico y las naciones que conformaban el Grupo de Amigos, de que el gobierno de Chávez –una vez recuperado el control de la situación interna por parte del Estado– podría excederse en sus funciones o incumplir los términos de esa legalidad, debiérase ello o no a un afán revolucionario o a una tentación autoritaria. En consecuencia, tanto en la redacción del acuerdo como en las iniciativas diplomáticas posteriores, se percibe la voluntad internacional de contener al gobierno de Chávez dentro de su propia legalidad, conduciéndolo a una salida electoral prevista en la Constitución de 1999.

Los términos de este acuerdo eran lamentables para la oposición radical, que no creía en la posibilidad de establecer acuerdos con Chávez; sin embargo, resultaron esperanzadores para la oposición moderada, que confiaba en la ayuda de la comunidad internacional para preparar una solución electoral, a pesar de que ello no constara expresamente en el acuerdo. En cuanto al gobierno revolucionario, la presión internacional que significó el proceso de la Mesa de Negociación y Acuerdos se saldó de una forma bastante positiva, puesto que le ayudó a recuperar el control de la situación interna, ganar tiempo para superar momentos sumamente críticos e introducir en el juego a actores moderados como Brasil o el Centro Carter. Sin embargo, el recelo que experimentaba un gobierno que se

---

69 El nombre oficial del documento es Acuerdo entre la representación del gobierno de la República Bolivariana de Venezuela y los factores que lo apoyan y la Coordinadora Democrática y las organizaciones políticas y de la sociedad civil que la conforman. El texto completo, fotocopiado del original, aparece en los anexos de este libro.

consideraba a sí mismo revolucionario frente a la diplomacia preventiva ejercida por parte de un grupo de naciones que (es necesario recordarlo) se manejaban bajo los criterios de la democracia liberal, no había cesado por completo. Por algo Chávez señaló –a mediados de junio de 2003, en una alocución por radio y TV y en referencia a los esquemas de comercio internacional e integración regional– que su gobierno tenía la «limitación» de tener que «cambiar el modelo neoliberal dentro del marco de la democracia formal»[70]. No en balde esa «intromisión» o «tutela externa» podría eventualmente significar la muerte prematura de la Revolución Bolivariana como tal.

Para el momento en el que se firmó el acuerdo, el gobierno de Chávez había comprendido que le sería muy complicado evadir por completo la influencia internacional. Los episodios vividos durante el último año habían enseñado a la Revolución Bolivariana que tocaba saber jugar bien en ese tablero. Un gobierno afín a Chávez, como era el de Lula, que incluso se pronunció en contra de una salida electoral anticipada (por estar fuera de la Constitución)[71] y que le suministró gasolina y alimentos durante el paro, había terminado también enredándolo en el cerco impuesto por un Grupo de Amigos no precisamente afín a Chávez. A diferencia de lo que evidenciaría la oposición en el futuro, el gobierno parecía haber aprendido que los países suelen tener intereses y no amigos.

Hasta este punto, la diplomacia de las democracias occidentales había jugado un papel importante en el desescalamiento del conflicto interno venezolano, mientras estas, de paso, salvaguardaban sus propios intereses. Gracias en parte a estos esfuerzos internacionales, aunque también al agotamiento de la estrategia insurreccional de la oposición radical y al congelamiento temporal de las 49 leyes impulsadas por Chávez, el país parecía haber retomado la vía para recuperar una cierta estabilidad. Por su parte, el Centro Carter insistiría en ir más allá, auspiciando iniciativas de reconciliación y entendimiento entre las partes en conflicto,

---

70 «'Ya no somos peones de otros'», http://www.eluniversal.com/2003/06/15/pol_art_15106DD.shtml (Consulta: agosto 3, 2008).

71 Según *A Folha de São Paulo*, Lula aseguró en Francia a finales de enero de 2003 que si la Constitución venezolana era violada para salir de la crisis que enfrentaba a Chávez con la oposición, «mañana será mi turno, después el de Argentina, de Chile». También dijo que Chávez es «bien intencionado, pero lamentó que tuviera poca experiencia política». «Lula teme efecto dominó con Chávez», http://www.eluniversal.com/2003/01/30/pol_art_30107DD.shtml (Consulta: julio 18, 2008).

con miras a que el proceso de *peacemaking* hasta entonces desarrollado por la comunidad internacional pasara a un verdadero nivel de *peacebuilding* (conceptos empleados con frecuencia en los procesos de resolución de conflictos, y que conviene explicar aquí brevemente). De acuerdo con el International Online Training Program On Intractable Conflict de la Universidad de Colorado:

> *Peacemaking* [pacificación] es el término habitualmente empleado para referirse a la tarea de negociar la resolución de un conflicto entre personas, grupos o naciones. El término va más allá del de *peacekeeping* [mantenimiento de la paz], pues verdaderamente aborda los temas en disputa, pero es menos ambicioso que el de «peacebuilding» [construcción de la paz], el cual aspira a la reconciliación y normalización de las relaciones entre las personas comunes, y no solo a la resolución formal que queda escrita en un papel [traducción del autor].

Faltaba ahora saber hasta qué punto a la comunidad internacional le interesaba que esa pacificación (*peacemaking*) diera paso a una efectiva construcción de la paz (*peacebuiling*). Desde nuestro punto de vista, en el caso venezolano, ello significaba seguir involucrándose más profundamente en los asuntos internos de Venezuela y velar por el respeto y/o establecimiento de instituciones y reglas del juego que pudieran ser consideradas justas por las partes en conflicto[72]. Ello habría implicado, en definitiva, influir en el resultado de la confrontación que tenía lugar entre dos visiones radicalmente distintas de la política y la democracia. Esta operación habría sido, sin duda, delicada y polémica, con resultados impredecibles, y habría sentado un precedente importante en la aplicación de la recién estrenada «era» de la Carta Democrática.

Sin embargo, la comunidad internacional no consideró oportuno involucrarse hasta ese punto. Tal como quedó ratificado en el Acuerdo de la Mesa, predominó la posición que Brasil propuso al Grupo de Amigos: no forzar las cosas desde el exterior y dejar que el conflicto interno venezolano evolucionara dentro de sus propios cauces legales. La tarea

---

72 Para entonces Venezuela era considerada en un informe del Banco Mundial como el segundo país más ingobernable del hemisferio, después de Paraguay. «Gobernabilidad venezolana es la penúltima en la región», http://www.eluniversal.com/2003/06/07/int_art_07112FF.shtml (Consulta: julio 18, 2008).

de *peacebuilding* fue así dejada, exclusiva y marginalmente, en manos del Centro Carter. A nuestro entender, una tarea de este tipo, acometida con decisión y compromiso, habría implicado la continuidad en el ejercicio de una diplomacia preventiva, dedicada a cooperar en la defensa de las instituciones democráticas y a velar por el cumplimiento de los diversos elementos de la democracia liberal en Venezuela. En cambio, la realidad es que el sistema internacional no hizo mayor énfasis en la preservación de la democracia en su versión liberal, pues este elemento no fue considerado como un aspecto crucial para la preservación de la paz en Venezuela y de la estabilidad en la región. Quedaba así abierta la vía para que en ese país se produjera una modificación radical del sistema de gobierno, siempre y cuando fuera avalada por los votos.

CAPÍTULO V
CANALIZACIÓN INSTITUCIONAL DEL CONFLICTO
(junio de 2003-febrero de 2004)

LA ESTRATEGIA DEL CHAVISMO DE CARA A LA CONSULTA ELECTORAL

La principal conclusión del acuerdo firmado el 29 de mayo (copia del original en los anexos) quedó plasmada en su artículo 12: la aplicación del artículo 72 de la Constitución venezolana –el cual regulaba la realización de referendos revocatorios– encarnaba la salida «pacífica, constitucional, democrática y electoral» que demandaba la resolución 833 de la OEA. Por consiguiente, la dinámica política de los próximos meses estaría relacionada con la implementación de los referendos revocatorios (en adelante, «RR»), para lo cual el acuerdo estipulaba la renovación de la directiva del CNE y el respeto a los plazos consagrados en la Ley Orgánica del Sufragio[1]. Se contemplaba también el compromiso con el propósito de la Declaración contra la Violencia, por la Paz y la Democracia –firmada el 18 de febrero de 2003–, la agilización del proceso de elaboración de la Ley de la Comisión de la Verdad y el desarme de la población civil[2], así como el respeto

---

1 En el artículo 13 las partes declaraban que resultaba «indispensable contar a la brevedad posible con un árbitro electoral confiable, transparente e imparcial, a ser designado en la forma prevista en la Constitución»; este árbitro, tal como se acordaba en el artículo 17, determinaría la «fecha en la que deberán realizarse los referendos revocatorios ya solicitados, así como aquellos que puedan llegar a solicitarse». En el artículo 15 se señalaba que la Constitución y las leyes «prevén los requisitos y mecanismos idóneos y necesarios para que proceda, por parte de la Autoridad Pública competente, la financiación oportuna de los referendos revocatorios y cualquier otro mecanismo de consulta popular».
2 A través del artículo 8, las partes ratificaban «la vigencia y nuestra plena adhesión y compromiso con la «Declaración contra la Violencia por la Paz y la Democracia» suscrita el 18 de febrero de 2003», exhortaban «a los grupos parlamentarios de opinión representados en la Asamblea Nacional a concluir la Ley para la conformación de la Comisión de la Verdad» (artículo 11) y se comprometían a «adelantar una vigorosa campaña de desarme efectivo de la población civil, basada en la ley aprobada en la Asamblea Nacional» (artículo 10).

a diversos principios, tratados y convenciones acordados a nivel internacional[3]. Se estipulaba además el funcionamiento de una Comisión de Enlace entre las partes, la cual velaría por materializar el cumplimiento de los diversos puntos acordados. Los términos del acuerdo daban por finalizada la labor de Gaviria en Venezuela y concedían un papel muy discreto a las organizaciones internacionales a partir de ese momento en la canalización del conflicto venezolano[4].

Dichos términos reconocían implícitamente la recuperación del control de la situación interna por parte del gobierno de Hugo Chávez, pues en la práctica se limitaban a ratificar lo que ya se encontraba estipulado en la Constitución y leyes de Venezuela. El único elemento que parecía un logro concreto para la oposición era el compromiso implícito de que se respetaran los plazos que marcaba la vigente Ley Orgánica del Sufragio y Participación Política, que permitirían la eventual realización de un hipotético referéndum revocatorio a Chávez en el mismo año 2003. La celeridad en la realización del mismo era un elemento crucial para la oposición, por varias razones.

En primer lugar, todos los grupos opositores compartían de uno u otro modo la sensación de que Chávez estaba «destrozando el país» y que

---

3 Las partes se comprometieron a «garantizar una democracia participativa, pluralista, vigorosa y auténticamente representativa» (artículo 4) y a invocar «los principios de la Carta de la Organización de Estados Americanos, OEA, y la Convención Interamericana de Derechos Humanos; el derecho internacional como norma de conducta de los estados en sus relaciones recíprocas; el respecto a la soberanía y a la no-intervención; a la autodeterminación de los pueblos» (artículo 7). Igualmente, los firmantes del acuerdo declararon estar «comprometidos con la libertad de expresión, tal como está consagrada en nuestras normas constitucionales y legales; así como en la Convención Interamericana de Derechos Humanos y en la Carta Democrática Interamericana» (artículo 14).

4 En el artículo 18 las partes se limitaban a reconocer «la importancia de la labor de acompañamiento que estas instituciones pueden cumplir en el futuro para la materialización de este Acuerdo y expresamos nuestra voluntad de seguir contando con la colaboración internacional»; para ello en el artículo 19 se ratificaba lo ya estipulado en el apartado 8 de la declaración del 18 de febrero, esto es, la creación, por cada una de las partes en conflicto, de una Comisión de Enlace «con el fin de abrir canales de comunicación y ejercer acciones dirigidas al cumplimiento efectivo de los contenidos de dicha declaración y de este acuerdo, manteniendo el contacto con la facilitación internacional cuando lo consideren necesario».

Tal como explica Díez, «El acuerdo había establecido la constitución de un Mecanismo de Enlace entre gobierno y oposición como sucedáneo de la Mesa. Era en realidad una fórmula de transacción entre el deseo del gobierno de terminar definitivamente con la presencia internacional (personalizada en Gaviria) y el deseo de la oposición de mantener un espacio de negociación con el gobierno frente a 'testigos' internacionales permanentes».

era necesario detenerlo antes de que los daños fueran mayores. En segundo lugar, la mayoría de las encuestas reflejaban que el presidente había perdido buena parte de su popularidad y que se encontraba en una situación delicada en ese sentido, situación que sus opositores consideraban preciso aprovechar. Tercero, la previsión del alza sostenida de los precios del petróleo implicaba que el gobierno gozaría pronto de dinero suficiente para fortalecer su posición. Como cuarto elemento, podría mencionarse cierta inexperiencia y falta de coordinación que caracterizaban a una oposición conformada por una multiplicidad de organizaciones entre las cuales no había partidos políticos fuertes.

Durante los próximos meses, la oposición se lanzaría a las calles en periódicas marchas y concentraciones con el objeto de mantener a sus partidarios movilizados y preparar así el eventual referéndum contra Chávez[5]. Este, por su parte, era consciente de que lo peor ya había pasado, y así lo señalaba por aquel entonces:

> Hemos definitivamente dejado atrás los graves peligros por los cuales pasamos todos de que el país se despeñara, o más bien que lo despeñaran, porque es un grupo de venezolanos apátridas, en connivencia con sectores o individualidades internacionales, que echó a rodar un plan para despeñar a Venezuela y echarla por el abismo[6].

A partir de entonces, el chavismo se dedicaría a perfeccionar su estrategia para afrontar esta nueva etapa del conflicto, para hacerlo canalizable por el gobierno a través del nuevo orden legal. Este plan pasaba por fortalecer el control del Estado por parte del chavismo y aumentar los niveles de eficacia de la gestión pública, que hasta entonces mostraba un alcance bastante limitado. El primero de estos elementos –el control del Estado– pasaba por la neutralización de fuerzas contrarias a la Revolución Bolivariana en las cinco ramas del Poder Público consagradas por la Constitución de 1999. Esto implicaba: 1) no perder la mayoría oficialista

---

5 En un acto celebrado a principios de junio, representantes de la Coordinadora Democrática todavía se permitían decir que defenderían el acuerdo hasta con la «insurrección popular». Alejandra M. Hernández: «Defenderán referendo hasta con la 'insurrección popular'», http://www.eluniversal.com/2003/06/02/pol_art_02108AA.shtml (Consulta: agosto 2, 2008).

6 Alfredo Rojas: «Chávez señala que 'hemos dejado atrás graves peligros'», http://www.eluniversal.com/2003/06/04/pol_art_04106CC.shtml (Consulta: agosto 2, 2008).

en la Asamblea Nacional (Poder Legislativo) y modificar las reglas de su funcionamiento para operar favorablemente en 2) el nombramiento de una nueva directiva para el CNE (Poder Electoral) que no fuera «contrarrevolucionaria», así como 3) la ampliación y depuración del TSJ (Poder Judicial). Mientras el Poder Ejecutivo era directamente controlado por el presidente, el Poder Ciudadano (conjunción de la Procuraduría, la Defensoría del Pueblo y la Fiscalía) no se había presentado hasta ahora ningún obstáculo a los objetivos de la Revolución Bolivariana, pues sus miembros fueron elegidos después de la Constituyente.

En cuanto a la gestión pública, por diversas razones el gobierno de Chávez encontraba demasiados obstáculos en la implementación de sus políticas públicas a través del aparato formal de la Administración Pública. La mentalidad, intereses y hábitos de trabajo de los funcionarios que trabajaban en estas instancias no calzaban bien con las prácticas «revolucionarias» que el presidente Chávez intentaba impulsar, pues estaban organizados en sindicatos y gremios profesionales que a menudo se oponían a las políticas del gobierno, defendían un conjunto de ideas y prerrogativas que de una u otra forma eran propias de la democracia liberal y funcionaban de acuerdo con parámetros de gestión y administración bastante regulares. Frente a esta estructura, el gobierno de Chávez impulsó las llamadas Misiones sociales, una serie de programas paralelos a la estructura formal del Estado, destinados a satisfacer las necesidades más urgentes de la población de menos recursos en materia de salud, educación, alimentación y vivienda. El financiamiento de estos programas provenía en su mayor parte de los excedentes presupuestarios de la renta petrolera y sería manejado a través de entidades controladas por el Ejecutivo, tales como el Fonden, Fonendógeno y Fondespa, los cuales recibían aportes económicos de las reservas internacionales, banca pública y PDVSA, respectivamente. Su diseño e implementación, aparte de implicar el trabajo de miles de voluntarios, cooperantes y funcionarios venezolanos, contó con el crucial asesoramiento y cooperación del gobierno de Cuba y más de 20.000 ciudadanos de ese país con diversos grados de preparación médica[7], elemento

---

7 Esta cifra no se alcanzó desde un primer momento, pero con el paso del tiempo se ha convertido en la más manejada habitualmente. Diversas fuentes hablan de cantidades incluso mayores de cubanos en Venezuela, pero señalamos aquí 20.000 porque es la cifra que el propio presidente Chávez ha citado en varios ocasiones, por ejemplo en Argentina. Eleonora Gosman: «Hugo Chávez: 'Tenemos una fuerte carta petrolera para jugar en la integración regional'», http://www.clarin.com/diario/2005/10/02/elmundo/i-02415.htm (Consulta: agosto 2, 2008).

que se convirtió en el principal objetivo de las críticas opositoras a dichos programas sociales.

El programa emblemático fue denominado Misión Barrio Adentro, orientado a brindar servicios básicos de salud directamente en las comunidades más desfavorecidas. El hecho de que este programa funcionara básicamente con personal cubano ha contado siempre con la oposición frontal de la Federación Médica Venezolana y, en su momento, de la Coordinadora Democrática, que constantemente acusaron a las misiones en general de ser un mecanismo de proselitismo, ideologización y «cubanización», desarrollado a expensas de las necesidades de la población más pobre del país. Otras misiones estaban dirigidas a superar el analfabetismo de adultos (Misión Robinson), brindar educación secundaria y profesional a jóvenes sin cupo en las universidades (Misión Ribas y Misión Sucre, respectivamente), vender alimentos subsidiados en zonas populares (Misión Mercal), ofrecer atención oftalmológica (Misión Milagro) o facilitar viviendas a familias de escasos recursos (Misión Hábitat), hasta completar un total de 13 que fueron lanzadas en el año 2003 y constituyeron la primera etapa de estos nuevos programas.

No nos compete hacer aquí un análisis pormenorizado del alcance, virtudes y defectos de las misiones como políticas sociales, puesto que hay diversos estudios especializados en este sentido, entre los cuales citamos en particular los de Yolanda D'Elia (2008)., por su rigor en las cifras y equilibrio en los juicios. Solo nos remitimos a señalar que hoy en día parece haber un amplio consenso en que, por un lado, las misiones efectivamente fueron favorablemente valoradas por una parte considerable de la población venezolana más pobre como una verdadera oportunidad de acceder a diversos tipos de beneficios, a pesar de que su rendimiento, eficiencia y continuidad en el tiempo dejan mucho que desear. Tal como veremos más adelante, las misiones contribuirían a recuperar espectacularmente la popularidad de Chávez durante los años 2004, 2005 y 2006, y serían cruciales para que el presidente venezolano lograra la victoria en el referéndum de agosto de 2004 y su reelección en 2006.

Desde nuestro punto de vista, las misiones corresponden a una visión radicalmente diferente de la política, la democracia y la gestión pública a la que existía hasta entonces en Venezuela. Podría objetarse lo anterior argumentando que dichos programas no son más que una nueva versión de las viejas prácticas del populismo latinoamericano, y que por lo tanto existe cierta continuidad con el pasado; sin embargo, a pesar de la connotación populista que eventualmente pudieran albergar, y de haber sido estas concebidas inicialmente como programas sociales de emergencia, pensamos que la particularidad esencial de las misiones es el hecho de haber sido desarrolladas de forma paralela a las estructuras del Estado demócrata-liberal con la intención de ir progresivamente desplazándolas, constituyendo así la base de la nueva institucionalidad del pretendido Estado socialista[8]. Por lo tanto, es obvio que existe una nueva visión de los asuntos sociales en la concepción y ejecución de tales programas, así como la intención implícita y políticamente orientada de introducir y popularizar dicha visión en la población.

La estrategia oficialista señalada (control del Estado y misiones), que amenazaba con extender abrumadoramente la influencia personal de Chávez sobre el aparato del Estado y la sociedad, ocasionó que diversos intelectuales y sectores de la oposición comenzaran a señalar con mayor frecuencia la presencia de rasgos totalitarios en el gobierno de Chávez. Así lo señalaba, entre otros, Asdrúbal Aguiar, quien entonces argumentaba que ya en la propia Constitución de 1999 «el hombre y sus libertades, pasaron a ser objetivos del Estado, y no sujetos de la democracia» (Aguiar pasaba en aquel momento a conformar junto con Timoteo Zambrano la comisión de enlace de la oposición con los facilitadores extranjeros, contemplada en los acuerdos de la Mesa de Negociación)[9]. Chávez, a pesar de todo, se mostraba resuelto a avanzar. Para recuperar el control de la Asamblea Nacional, en la cual la oposición había logrado torpedear durante los últimos meses las principales iniciativas del chavismo (ley Resorte y ley del TSJ), este aprobó irregularmente un nuevo Reglamento Interior y de Debates. Para ello, los parlamentarios del chavismo decidieron sesionar en El Calvario, un espacio al aire libre frecuentemente ocupado por simpatizantes del gobierno de Chávez al cual temían acercarse los diputados opositores. Aunque días después el TSJ se negó a declarar como inexistente el acto de El Calvario,

---

8 Esto explica por qué, a pesar de su orientación popular, el gobierno de Chávez demorara, por muchos años, la entrega a la Asamblea Nacional de un plan para la conformación de una nueva institucionalidad de la seguridad social («Se vence plazo para presentar instituciones de la seguridad social», http://www.eluniversal. com/2003/06/10/eco_art_10164CC.shtml; Consulta: agosto 3, 2008)., un tema en el que Venezuela presenta un retraso sustancial en comparación con otros países de América Latina.

9 «El pecado original está en la Constitución Bolivariana», http://www.eluniversal.com/2003/06/02/ pol_art_02102BB.shtml (Consulta: agosto 3, 2008).

se comprometió a tramitar las denuncias de inconstitucionalidad interpuestas por la oposición. Mientras tanto, Chávez promocionaba las misiones y desarrollaba diversas acciones para asegurar el control de la fuerza pública nacional, como por ejemplo la reestructuración de la Fuerza Armada Nacional y el desarrollo de planes para la posible nueva intervención de la Policía Metropolitana y la Policía del estado Miranda, a las cuales consideraba fuerzas subversivas al estar controladas por fuerzas de oposición.

Mientras tanto, la violencia no cesaba en las calles. Muchas de las marchas y concentraciones que la oposición realizaba por todo el país con el objeto de recuperar terreno en las zonas populares (El Petarazo, El Maracayazo, El Barinazo, El Merideñazo, etc.) terminaron en enfrentamientos contra civiles organizados en favor del gobierno o con fuerzas del orden controladas por instancias oficialistas, que a su vez también se movilizaban a nivel nacional. Se había popularizado la sensación de que había «zonas chavistas» y «zonas de oposición» en todas las ciudades de Venezuela, y la incursión de manifestantes del bando opuesto era frecuentemente considerada una provocación. A finales de junio había 180 expedientes interpuestos en la Fiscalía por agresiones a manifestaciones, saldadas con más de 400 heridos de bala[10]. Igualmente, en Caracas varios militares disidentes exhortaban públicamente a desconocer la autoridad de Chávez si su gobierno obstaculizaba la realización del referéndum. Tal era el caso del general Manuel Rosendo, exjefe del Comando Unificado de la Fuerza Armada, quien indicó entonces:

> Nosotros como venezolanos hemos fijado como fecha tope el 19 de agosto de 2003 para defender el revocatorio como un derecho político nuestro. Después de este día, si aquí no hay definición para ir al referendo, nosotros tenemos que olvidarnos del revocatorio y defender la democracia[11].

En el panorama internacional, las cosas seguían evolucionando en función de la nueva política exterior venezolana. El gobierno de Washington

---

10 Declaraciones del fiscal general en Irma Álvarez: «'El país rechazó la violencia'», http://www.eluniversal.com/2003/06/23/pol_art_23104AA.shtml (Consulta: agosto 3, 2008).

11 Alejandra M. Hernández: «Disidentes exhortan a la FAN a desconocer autoridad de Chávez», http://www.eluniversal.com/2003/06/13/pol_art_13104CC.shtml (Consulta: agosto 3, 2008). El 19 de agosto se cumplía la mitad del período presidencial y en consecuencia podría comenzar a funcionar, de acuerdo con lo estipulado por la Constitución, la opción de un referéndum sobre el mandato del presidente.

intentaba desmarcarse de posiciones que pudieran alimentar la hipótesis de que apoyaba iniciativas golpistas en Venezuela. Por ejemplo, desde el 21 de mayo de 2003 se le había revocado la visa al general Medina Gómez, una figura emblemática de la «oposición dura» en Venezuela y exagregado militar de la Embajada venezolana en Washington, por sus presuntos vínculos con actividades consideradas terroristas[12]. Sin embargo, funcionarios norteamericanos como Otto Reich continuaban acusando al gobierno de Chávez de querer copiar el modelo cubano. En cambio, las relaciones entre Chávez y el Mercosur se fortalecían; mientras el primero lograba aumentar su margen de juego diplomático, los países del sur no solo veían ampliarse sus oportunidades de negocio en un país como Venezuela –perteneciente a la Comunidad Andina, con gran capacidad de pago gracias a su renta petrolera y que ofrecía la posibilidad de vender energía barata–, sino que además encontraban una gran oportunidad para aumentar su peso diplomático en la región. En aquel momento se firmó un acuerdo comercial con Argentina por $1.000 millones, y se incrementaban las compras de pollo congelado al Brasil para venderlo en Mercal, con amplios perjuicios para la producción venezolana.

El año 2003 sería terrible para la economía venezolana. A mediados de año, Venezuela pasó del segundo al cuarto puesto entre los mayores exportadores de crudo a los Estados Unidos. Pero la caída del PIB coincidía con un aumento de la influencia del Estado en la economía. Desde febrero de 2003 el gobierno había venido aumentando su control sobre las finanzas de la nación, gracias a las restricciones cambiarias y al manejo directo de las operaciones de PDVSA. Para julio, las reservas internacionales habían aumentado hasta superar los $18.000 millones (recordemos que en noviembre de 2001 se encontraban en $12.400 millones). El nuevo manejo de la economía permitiría al gobierno programar las grandes compras de armamento ruso que preocupaban sobre todo a Colombia. Precisamente en julio de 2003, el para entonces exministro de Hacienda colombiano, Juan Manuel Santos, aseguró que Venezuela planeaba com-

---

12 María Elena Matheus: «Gobierno estadounidense revocó visa a Enrique Medina Gómez», http://www. eluniversal.com/2003/06/12/pol_art_12108CC.shtml. Según el *Financial Times*, la decisión habría sido recomendada por el embajador de EE.UU. en Caracas, Charles Shapiro, a instancias de informaciones que le habría suministrado el «principal rabino de Venezuela». «Rabino alertó a Shapiro sobre intenciones golpistas en Venezuela», http://www.eluniversal.com/2003/06/14/pol_art_14108BB.shtml (Consultas: agosto 3, 2008).

prar a Rusia 50 cazabombarderos MIG-29, operación que en Colombia era vista con gran inquietud. A pesar de que el hecho fue desmentido por portavoces del gobierno venezolano, el tiempo terminaría confirmando parcialmente la veracidad de la información (aunque al final los aviones adquiridos fueron Suhkoi y no MIG).

Con Cuba los nexos seguían estrechándose cada vez más. Si por un lado el gobierno de Castro brindó asesoramiento y cooperación a Chávez en cuanto a las misiones y otras materias, por otro el régimen de La Habana recibía a cambio 53.000 barriles de petróleo diariamente (cifra que se vería incrementada posteriormente) y otros tipos de suministro, que permitían a Cuba reducir su dependencia con respecto a Europa y Estados Unidos y ofrecer mayor resistencia a las presiones que recibía para la flexibilización y apertura de su régimen. Luego de más de una década de aproximaciones a las democracias occidentales, motivadas por el derrumbe del sistema soviético, el gobierno castrista volvía a adoptar una actitud intransigente a finales de julio de 2003, consecuencia del «oxígeno» que ya le brindaba Chávez. De hecho, las relaciones de Cuba con la Unión Europea quedaron prácticamente congeladas a raíz de las condenas emitidas por Bruselas en relación con el reciente encarcelamiento de disidentes en la isla. De hecho, en aquella oportunidad, cuando se celebraban los 50 años del asalto al cuartel Moncada, Castro se pronunció en términos que hubieran sido impensables sin el nuevo respaldo que le brindaba Caracas:

> La UE se hace ilusiones cuando asegura que el diálogo político (con Cuba) debe proseguirse. La soberanía y la dignidad de un pueblo no se discuten con nadie, mucho menos con un grupo de antiguas potencias coloniales, responsabilizadas históricamente con el tráfico de esclavos, el saqueo e incluso el exterminio de pueblos enteros [...]. El gobierno de Cuba, por elemental sentido de dignidad, renuncia a cualquier ayuda o restos de ayuda humanitaria que pueda ofrecer la Comisión Europea y los gobiernos de la Unión [...]. Calumniar y sancionar a Cuba, además de injusto y cobarde, es ridículo [...]. Ni Europa ni Estados Unidos dirán la última palabra sobre los destinos de la humanidad[13].

---

13 «Castro rompe con la Unión Europea», http://www.eluniversal.com/2003/07/27/int_art_27102AA. shtml (Consulta: agosto 5, 2008).

Por su parte, la Unión Europea se mostraba comprometida con la paz en Venezuela y con el proceso refrendario, que era ahora la clave para la canalización pacífica del conflicto en ese país. En efecto, el 7 de julio de 2003 arribó a Caracas una misión de la UE, que ofreció asistencia técnica en el eventual referéndum presidencial y observación electoral durante el mismo. Esta asistencia era importante, ya que el clima de conflictividad en Venezuela no solo recomendaba la presencia de observadores, sino que además los problemas que aquejaban entonces al sistema electoral venezolano eran considerables. Para aquel momento, el sistema nacional de identificación (conocido como DIEX) presentaba un «atraso de dieciocho años». Un informe presentado al nuevo director de la DIEX, revelado por *El Universal*, señalaba lo siguiente:

> Existe un atraso de 18 años en el ordenamiento de tarjetas decadactilares (las que contienen las huellas digitales). Seis millones de tarjetas alfabéticas no han sido registradas en la base de datos. La dinámica de trabajo permanece inalterable desde hace 61 años. No existen tarjetas de fallecidos y las que se encuentran no están vaciadas en la base de datos. Los cambios de estado civil no se asientan con la frecuencia que los ciudadanos lo tramitan por la falta de máquinas de escribir[14].

Tal como veremos a continuación, esta era tan solo una de las dificultades que se presentaban entonces para la realización de unas elecciones limpias.

DIFICULTADES PARA INICIAR EL PROCESO REFRENDARIO

El gran problema en aquel momento, y la clave para destrabar todos los demás, era la necesidad de nombrar una nueva directiva para el Consejo Nacional Electoral (CNE), compuesta por cinco miembros. Existía un gran recelo tanto en el gobierno como en la oposición con respecto a este tema, ya que si alguno de ambos bandos lograba predominar en esta instancia, obviamente la inclinaría a su favor. Luego de varias negociacio-

---

14 «Misión europea conoce *in situ* realidad venezolana», http://www.eluniversal.com/2003/07/07/pol_art_07106BB.shtml y Eugenio Martínez: «Seis millones de identidades en el piso», http://www.eluniversal.com/2003/06/09/pol_art_09102AA.shtml (Consultas: agosto 5, 2008).

nes, al final se acordó la elección de cuatro directivos a partir de dos listas presentadas por cada bando, con lo cual cada uno de ellos contaría con dos miembros «afines». El punto duro de la discusión pasó a centrarse entonces en la elección del quinto miembro, que era el principal[15] y de cuya orientación política dependería en buena medida el grado de imparcialidad de los futuros procesos comiciales.

Con respecto a este tema, el tiempo seguía corriendo a favor del gobierno. La mayor parte de las encuestas señalaban por aquellas semanas que el presidente se encontraba en una situación desfavorable. El propio Chávez lo reconocería públicamente, pero mucho más adelante (noviembre de 2004), cuando controlaba plenamente la situación:

> Ustedes deben recordar que, producto del golpe y todo el desgaste aquel, la ingobernabilidad que llegó a un grado alto, la crisis económica, nuestros propios errores, hubo un momento en el cual nosotros estuvimos parejitos, o cuidado si por debajo. Hay una encuestadora internacional recomendada por un amigo que vino a mitad de 2003, pasó como dos meses aquí y fueron a Palacio y me dieron la noticia bomba: «Presidente, si el referéndum fuera ahorita usted lo perdería». Yo recuerdo que aquella noche para mí fue una bomba aquello, porque ustedes saben que mucha gente no le dice a uno las cosas, sino que se las matiza. Eso es malo. «No, estamos bien, estamos sobrados». Entonces fue cuando empezamos a trabajar con las misiones, diseñamos aquí la primera y empecé a pedirle apoyo a Fidel[16].

---

15 Taynem Hernández: «Comisión parlamentaria se pone plazo para designar ente comicial», http://www.eluniversal.com/2003/06/27/pol_art_27106EE.shtml (Consulta: agosto 5, 2008).

16 «Intervenciones del presidente el día 12 de noviembre de 2004 (Teatro de la Academia Militar)», http://www.aporrea.org/audio/2004/12/intervencin_del_presidente__en_la_reunin_de_alto__nivel__viernes_12_nov_04.pdf Otra encuesta (no tenemos bases para afirmar que fuera la misma), realizada por Greenberg Quinlan Rosner Research (GQR) y Public Opinion Strategies (POS) –firmas encuestadoras vinculadas a los partidos estadounidenses Demócrata y Republicano, respectivamente– y que habría sido efectuada «a solicitud de líderes del sector privado venezolano», señalaba que 60% de los posibles votantes habría votado en aquel momento para revocar el mandato de Chávez, mientras que 38% lo habría respaldado. «Estudio de opinión da como perdedor a Chávez», http://www.eluniversal.com/2003/06/27/pol_art_27105AA.shtml Encuestadoras nacionales ratificaban esta tendencia. A mediados de junio Seijas señalaba 59,6% en contra de Chávez y 33,6% a favor (Pedro García Otero: «Chávez pierde si oposición va unida», http://www.eluniversal.com/2003/06/20/pol_art_20104FF.shtml); Datos sostenía que en mayo 62% consideraba negativa la labor del gobierno («62% de los venezolanos califica negativa labor del gobierno», http://www.eluniversal.com/2003/06/29/pol_art_29105GG.shtml), mientras que en julio Datanálisis aseguraba que 67,5% de sus encuestados rechazaba la gestión de Chávez («La encuesta ómnibus de Datanálisis en julio ubica el rechazo

Obviamente, la oposición quería aprovechar esta debilidad llegando a una consulta electoral lo antes posible, ya que esa situación podría revertirse si el gobierno seguía aumentando su control sobre las finanzas públicas, proseguía con las recién creadas misiones y fortalecía alianzas internacionales alternativas. Dado que en la Asamblea Nacional el chavismo podía demorar la elección de la nueva directiva del CNE, la Coordinadora terminó avalando la postura de quienes deseaban que fuera nombrada por el TSJ, una entidad que, mientras no se aprobara la nueva Ley del TSJ que propugnaba el gobierno, permanecía todavía fuera de su control absoluto. En efecto, el máximo tribunal de la nación tenía esa facultad si consideraba que la Asamblea Nacional no cumplía con la labor que era de su competencia. La Coordinadora ratificó esta postura a principios de julio, cuando propuso el 9 de ese mes como última fecha para que la Asamblea se pronunciara al respecto; a partir de ese momento abogarían por una selección desde el TSJ[17]. Para el 10 de julio, el vigente presidente del CNE, Alfredo Avella (cercano a la oposición), solicitó formalmente a la Asamblea Nacional que agilizara la designación del quinto miembro de la nueva directiva del CNE. A los pocos días, tanto el vicepresidente José Vicente Rangel como Germán Mundaraín (el defensor del pueblo) se pronunciaron contra esa posibilidad. Dijo entonces Rangel: «el Consejo Nacional Electoral lo tiene que designar la Asamblea Nacional. El que existe es espurio. Nadie tiene confianza en ese Consejo Nacional Electoral para que haga una elección»[18]. Por otra parte, también existía una polémica en relación con la validez de las firmas que la oposición había recau-

---

al mandatario en 67,5%», http://www.eluniversal.com/2003/07/24/pol_art_24104DD.shtml). (Consultas: agosto 5, 2008).

17 Teresa de Vincenzo: «Oposición da plazo a legislativo para escoger a directiva», http://www.eluniversal. com/2003/07/02/pol_art_02104BB.shtml Esa posición correspondía al cronograma que se había planteado la propia CD para la realización del referéndum, según los plazos (decían) que estipulaba la ley; de acuerdo con estos plazos, el referéndum podría tener lugar el 20 de diciembre de ese mismo año 2003. Teresa de Vincenzo: «Oposición define cronograma electoral», http://www.eluniversal.com/2003/07/04/pol_art_04105FF.shtml (Consultas: agosto 5, 2008).

18 Para declaraciones de Avella, ver Irma Álvarez: «Oposición requirió a Sala Político que designe a su quinto miembro», http://www.eluniversal.com/2003/07/11/pol_art_11104DD.shtml Para las declaraciones de Rangel, ver Alfredo Rojas: «'Elecciones de gobernadores y alcaldes son más importantes'», http://www.eluniversal. com/2003/07/15/pol_art_15106AA.shtml). La negativa de Mundaraín puede ser revisada en el artículo de Irma Álvarez: «'No existe plazo legal para designar al CNE'», http://www.eluniversal.com/2003/07/22/ pol_art_22104CC.shtml (Consultas: agosto 5, 2008).

dado en El Firmazo del 2 de febrero para solicitar la realización del RR presidencial. Estaba claro que bajo ningún concepto el presidente Chávez aceptaría la validez de las firmas de la oposición, ni reconocería cualquier decisión que tomara la vigente directiva del CNE, que su miembro principal Avella trataba de defender. Según la crónica de *El Universal*, Chávez afirmó entonces que:

> [...] no reconocerá «jamás» una decisión que tome el «fulano» Consejo Nacional Electoral (CNE) actual, por considerar que «no tiene fuerza moral y jurídica» para ello. Hugo Chávez Frías pidió a «los señores golpistas» que tomen nota «porque no nos vamos a dejar atropellar». Acusó a la dirigencia opositora de «engañar a su propia gente al decirle que habrá referendo revocatorio en agosto» y precisó que «eso es perder tiempo en forma irresponsable»[19].

Dado que la situación parecía estar en un punto muerto, se reiniciaron las exhortaciones desde el exterior. Los representantes de la OEA y el CC (Patricio Corbacho y Francisco Díez, respectivamente) se reunieron con diputados de la Asamblea Nacional para exhortarles a que llegaran a un acuerdo en la designación de la directiva del CNE, y con los miembros designados por el gobierno y la oposición en la Comisión de Enlace (Nicolás Maduro y Desirée Santos Amaral por el oficialismo, Timoteo Zambrano y Asdrúbal Aguiar en la oposición) para que las partes ratificaran la agenda del acuerdo sobre los temas para una solución electoral e incluyeran un nuevo punto: el diálogo político[20]. Sin embargo, la Comisión de Enlace brilló por su inoperatividad; tal como explica Díez: «desde la facilitación, habíamos cometido el error de intentar 'meternos' en una negociación propuesta por los representantes formales de la oposición, pero no avalada por los verdaderos decisores». Esta disyuntiva en torno a la designación de la nueva directiva del CNE se prolongaría durante varias semanas.

Por otra parte, el Centro Carter prosiguió con sus diversas iniciativas de construcción de la paz (*peacebuilding*); para ello promovió la llegada al país de diversos expertos en resolución de conflictos. John Paul Lederach

---

19 Teresa de Vincenzo: «'Esas firmas no tienen valor'», http://www.eluniversal.com/2003/07/28/pol_art_27157BB.shtml (Consulta: agosto 5, 2008).

20 Texto completo del comunicado conjunto en «OEA y Centro Carter urgen al Parlamento a nombrar el CNE», http://www.eluniversal.com/2003/07/17/pol_art_17105BB.shtml (Consulta: agosto 5, 2008).

habló sobre la necesidad de que los venezolanos buscaran vías de diálogo y soluciones por sí mismos, mientras que Eileen Dzik y Francis Rolt, de Search for Common Ground, se enfocaron específicamente a propiciar el diálogo entre periodistas y a desescalar la conflictividad entre el gobierno y los medios privados de comunicación. Con respecto a este tema, el gobierno venía lamentando durante las últimas semanas la dureza de las críticas de la prensa privada, acusándola de orquestar una «ofensiva mediática» contra sus programas sociales y señalando lo que consideraban un grave desequilibrio en la información[21]. Según señaló el 8 de julio el ministro de Comunicación e Información, Jesse Chacón, «todos los análisis hechos por expertos señalan que la cobertura en Venezuela está sesgada en un 95% en noticia contraria a la gestión del gobierno». Por aquellas fechas, el gobierno estaba molesto por la crítica de la prensa al más reciente desfile militar del 5 de julio, en el que se incluyeron carrozas alegóricas a las misiones del gobierno y a PDVSA.

A la presión ejercida por la OEA y el Centro Carter para que se nombrara a la nueva directiva del CNE, se sumaban las críticas al gobierno por parte de diversos organismos internacionales. En julio de 2003, el tema principal giró en torno a la emisión de la sentencia 1.942 de la Sala Constitucional del TSJ, considerada una «ley de desacato» por Eduardo Bertoni, relator para la Libertad de Expresión de la OEA. Bertoni sostuvo entonces que «las leyes de desacato no pueden justificarse diciendo que su propósito es defender el orden público, ya que ello contraviene el principio de que una democracia que funciona adecuadamente constituye la mayor garantía del orden público». Por su parte, tanto la Sociedad Interamericana de Prensa (SIP) como José Miguel Vivanco, representante de Human Rights Watch (HRW), criticaron el proyecto de la denominada Ley Resorte, por violar la libertad de expresión. El vicepresidente Rangel le contestó a Vivanco en particular con un comunicado, del 2 de julio, en el que afirmaba:

> Tanto usted, señor Vivanco, como la organización que dirige, Human Rights Watch, perdieron para mí como interlocutores –y para la mayoría del pueblo venezolano– toda credibilidad y confianza. Yo en particular

---

21 Alfredo Rojas: « 'Nos preocupa cercanía de escenario electoral sin equilibrio informativo'», http://www.eluniversal.com/2003/07/09/pol_art_09103AA.shtml

estoy perfectamente consciente de que algún mecanismo innombrable debió operar sobre usted para adoptar esa posición pública, ratificada ahora en la carta que dirige al presidente Chávez[22].

Otro tema importante a mediados de 2003 era el grado de cohesión dentro del gobierno y la oposición. En el oficialismo, el vicepresidente Rangel se encargaba entonces de organizar la coordinación progresiva de las fuerzas políticas que integraban la alianza de gobierno, mientras el MVR (Movimiento V República) realizaba sus primeras elecciones internas. Por su parte, los opositores seguían sin terminar de superar sus problemas para convertirse en un frente político con unidad de propósitos. Las diversas facciones de su bancada en la Asamblea Nacional no actuaban conjuntamente en la elección de la directiva del nuevo CNE, mientras dentro de la CD se ensayaban diversos mecanismos para dotar de operatividad a la alianza opositora. Por estas fechas se propuso que nueve partidos y tres personas asumieran la dirección de todas las decisiones políticas antes y después del revocatorio, mediante la firma de un «pacto de gobernabilidad»; sin embargo, sectores encabezados por Salas Römer adelantaban su propio Plan de Unidad Nacional, que la mayoría de la oposición se negaba a firmar. Después de varias semanas de deliberaciones, el 7 de agosto de 2003 la oposición firmó un «Acuerdo por la Unidad y la Democracia»[23], que mantendría su vigencia durante un año.

---

22 La información sobre las denuncias de Bertoni aparece en Irma Álvarez: «Relatoría de la OEA lamentó sentencia», http://www.eluniversal.com/2003/07/17/pol_art_17102BB.shtml Para acceder a una reseña de las críticas de la SIP (Sociedad Interamericana de Prensa) y Human Rights Watch, ver «'Decisión del TSJ desprecia libertades'», http://www.eluniversal.com/2003/07/19/pol_art_19106F2.shtml El comunicado de Rangel es citado en Alfredo Rojas: «Vicepresidente califica de fraude posición de José Miguel Vivanco», http://www.eluniversal.com/2003/07/04/pol_art_04105DD.shtml (Consultas: agosto 6, 2008).

23 En el acuerdo, los firmantes se comprometían a «avanzar en la definición de una estrategia que permita la elección de un presidente de la República con vocación unitaria, producto de la voluntad popular, que sea capaz de conducir a la reconciliación nacional […] demostrarle al mundo que somos un país pacífico y democrático y, en tal sentido, exigimos la cooperación activa de la OEA, ONU, Centro Carter, Grupo de Amigos y de toda la comunidad internacional para garantizar que la salida de la crisis política venezolana sea pacífica, electoral, constitucional y democrática […] restaurar la institucionalidad de la FAN […] a la vez que exhortamos a la FAN a respetar y hacer respetar el derecho constitucional de los ciudadanos a acudir al referendo revocatorio […] constituir un órgano de coordinación y consulta de muy alto nivel destinado exclusivamente a establecer, por consenso, lineamientos y acciones a emprender para la realización oportuna del revocatorio». Elvia Gómez: «La unidad por el revocatorio», http://www.eluniversal.com/2003/08/08/pol_art_08102AA.shtml (Consulta: agosto 6, 2008).

En el plano internacional, varios representantes de la CD se desplazaron a Bogotá y Brasilia a mediados de agosto para mantener contactos
con ambos gobiernos. En Colombia, según aseguraron los comisionados de
la oposición venezolana, el presidente Álvaro Uribe les habría manifestado
su preocupación por el estado de las relaciones bilaterales, señalando que
«Venezuela se está convirtiendo en una Siria en Latinoamérica»[24]. A los
colombianos les preocupaba además el notorio declive de los intercambios
comerciales binacionales durante los últimos meses (Cavecol señalaba en
julio de 2003 que el comercio binacional se había contraído un 40% en
lo que iba de año). Pero además, si en abril de 2003 la tensión entre Venezuela y Colombia había aumentado, en agosto se vio agravada por nuevos
incidentes. Una información falsa, aparecida en la prensa colombiana, afirmaba que Raúl Reyes, importante miembro del Secretariado de las FARC,
había sido trasladado a Venezuela por oficiales venezolanos[25]. El hecho,
que causó gran malestar en Caracas, se agravó cuando el jefe del Estado
Mayor conjunto de las Fuerzas Armadas de los EE.UU., Richard B. Myers,
reclamó a continuación una mayor «asistencia vecinal» de Caracas a Bogotá
en su lucha antiterrorista. Poco después, el presidente Chávez demostró en
Paraguay que los sentimientos de animadversión eran mutuos, cuando el
16 de agosto de 2003 se abstuvo de firmar la Declaración de Asunción de
lucha contra el terrorismo y el narcotráfico, y de apoyo al gobierno de Álvaro
Uribe, emitida en el marco de lo acordado en la Declaración de Cuzco que
había sido firmada cuatro meses antes. Al día siguiente, el vicepresidente
Rangel justificó el hecho afirmando que las FARC «son una realidad. No
son ni hermanitas de la Caridad ni demonios, no son un problema nuestro».
Acto seguido, las FARC –con Raúl Reyes de vocero principal– rechazaban

---

24 Así lo aseguraron Timoteo Zambrano y Asdrúbal Aguiar a *El Universal*: «Oposición manifestó su confianza
a Lula», http://www.eluniversal.com/2003/08/14/pol_art_14106AA.shtml Varios años después, ya en 2008,
Chávez señalaría a su vez que «No vamos a aceptar por nada del mundo, que Colombia se convierta en el Israel
de esta tierra. Uribe no te vamos a permitir que siembres en Sudamérica otro Israel»; http://www.elpais.com/
articulo/internacional/Chavez/Colombia/amenaza/paz/estabilidad/region/elpepuint/20080303elpepuint_2/
Tes (Consultas: agosto 7, 2008).

25 *El Espectador* publicaba el 10 de agosto un artículo en el que un supuesto teniente venezolano, Moisés
Boyer (quien alegó haber sido piloto del avión presidencial venezolano), afirmaba haber trasladado personal-
mente a Raúl Reyes a territorio venezolano por órdenes superiores. Posteriormente el hecho fue desmentido
por el DAS (inteligencia colombiana), Boyer fue expulsado de Colombia («DAS de Colombia desmiente a
Boyer», http://www.eluniversal.com/2003/08/13/pol_art_13106FF.shtml; consulta: agosto 7, 2008). y *El
Espectador* ofreció disculpas.

públicamente la propuesta de diálogo del Grupo de Río y ofrecían a cambio «una reunión de los gobiernos con las FARC, el lugar y fecha a convenir»[26]. Uribe dejó entrever su molestia por la negativa del gobierno venezolano para integrarse a la presión internacional sobre las FARC, y sutilmente lo acusó de mantener contactos con esa organización, al decir:

> La semana pasada le decía a Chávez, le dije: «Presidente, deja de preocu-parte tanto por la política de seguridad en Colombia, hazles saber a las FARC que si están muy aburridos con ella, que conmigo negocian en cinco minutos»[27].

Por el contrario, las relaciones de Venezuela con Brasil se fortalecían rápidamente en el ámbito económico, aunque Brasilia siguiera tratando de mantener un discreto equilibrio en el aspecto político. El 25 de agosto arribó a Venezuela el presidente Lula, con la finalidad de firmar dos convenios bilaterales y visitar las obras del segundo puente sobre el río Orinoco, construido por una compañía brasileña; sin embargo, también ratificó su compromiso con el mecanismo del Grupo de Amigos y los acuerdos de la Mesa.

La nueva política exterior de Chávez intentaba aprovechar la creciente disponibilidad de recursos proveniente del control de cambios y el manejo directo de las operaciones de PDVSA (ambos ejecutados a partir de febrero de 2003) para fortalecer, mediante la firma de convenios energéticos, comerciales y de cooperación, sus vínculos con diversos países miembros de la OEA. En general, existía la sensación de que estos convenios obedecían más a razones políticas e ideológicas que a un criterio de rentabilidad. Y aunque la «petrodiplomacia» ha sido un rasgo inherente a

---

26 La organización guerrillera entregó la responsabilidad de la vocería al comandante Raúl Reyes, integrante de su Secretariado Nacional. «FARC quieren dar su versión a la comunidad internacional», http://www.eluniversal.com/2003/08/19/int_art_19203aa.shtml (Consulta: agosto 7, 2008).

27 «Uribe pone a Chávez de mensajero», http://www.eluniversal.com/2003/08/21/int_art_21180AA.shtml Ante la posibilidad de que esto se entendiera como una solicitud de mediación por parte de Uribe a Chávez o Castro, el alto comisionado para la Paz del gobierno de Bogotá, Luis Carlos Restrepo, se vio obligado a señalar: «No les estamos pidiendo que sean facilitadores o mediadores... Quisiéramos que este mensaje llegue a las FARC (Fuerzas Armadas Revolucionarias de Colombia), entendiendo que en algún momento el presidente Castro y el presidente Chávez pueden tener comunicación con algún miembro de la guerrilla». «Bogotá envía 'mensaje a García'», http://www.eluniversal.com/2003/08/23/int_art_23107AA.shtml (Consultas: agosto 7, 2008).

Venezuela desde hace varias décadas, nunca se habían alcanzado tan altos niveles de discrecionalidad, ni el insólito volumen de las cifras involucradas en este último gobierno. Solo durante agosto de 2003 el gobierno venezolano firmó la renovación del Acuerdo de San José, un acuerdo energético con Trinidad y diversos acuerdos con Paraguay[28].

En el ámbito de la política interna, agosto de 2003 fue un mes de definiciones. Apenas transcurrida la mitad del período presidencial (19 de agosto), la oposición entregó las firmas recolectadas el 2 de febrero al CNE[29], comenzando a correr así los plazos para la realización del RR. Por otra parte, al vencerse el plazo para que la Asamblea Nacional nombrara la nueva directiva del CNE (14 de agosto), el TSJ dispuso de 10 días para realizar dicha designación. Durante esos días, el presidente Chávez sorprendió a muchos al señalar públicamente que, a pesar de su disconformidad con diversas sentencias del TSJ, confiaba en que este organismo cumpliera esta vez con la función de elegir a unos directivos imparciales, pero dejando en claro que no obedecería ninguna decisión de los demás poderes públicos que contraviniera su voluntad:

> Yo estoy seguro que el TSJ va a lograr derrotar la campaña –la conspiración–, que está siendo dirigida una vez más en las sedes de los comandos de las jineteras del Apocalipsis, para tratar de que se nombre un CNE subordinado a esa oligarquía grosera[30].

---

28 En palabras de Chávez: «Podemos dar algunos microcréditos a los microempresarios, a las cooperativas o las comunidades más pobres del Paraguay. Eso queremos hacerlo. Es una posibilidad. Incluso pudiéramos tener varios millones de dólares en los próximos meses para microcréditos a los más pobres, a esas personas que pueden sembrar, hacer artesanía, pescadores, y todo lo que podamos hacer estamos dispuestos a hacerlo por el Paraguay». «Chávez ofreció microcréditos de Bandes para pobres de Paraguay», http://www.eluniversal.com/2003/08/16/pol_art_16105DD.shtml (Consulta: agosto 7, 2008).

29 La sentencia emitida por el TSJ el 13 de agosto reducía ostensiblemente la incertidumbre que existía con respecto a varios temas relativos al RR. La sentencia señalaba que las firmas que solicitaban la revocación del mandato de Chávez sí podían recogerse antes de gestionarse referéndum ante Poder Electoral, pero debían entregarse al CNE después de transcurrida la mitad del período presidencial (en este caso, el 19 de agosto de 2003), siendo este organismo el único competente para determinar su validez. Solo entonces la oposición se atrevió a entregar las firmas recolectadas el 2/2/2003. Irma Álvarez: «Ordenan entrega de firmas después del 19A», http://www.eluniversal.com/2003/08/14/pol_art_14104AA.shtml (Consulta: agosto 7, 2008).

30 Alfredo Rojas: «'No nos calamos un CNE subordinado a las jineteras'», http://www.eluniversal.com/2003/08/25/pol_art_25107AA.shtml (Consulta: agosto 7, 2008).

Igualmente, fustigó a los tres magistrados de la Corte Primera en lo Contencioso Administrativo, por emitir una sentencia que inhabilitaba a los médicos cubanos para ejercer la medicina en Venezuela: «El pueblo venezolano no le va a hacer caso a esa decisión inconstitucional [...]. Váyanse con su decisión no se pa' dónde. La cumplirán ustedes en su casa si quieren»[31].

Finalmente, el 25 de agosto de 2003, el TSJ dio a conocer los nombres de los integrantes de la nueva directiva del CNE, abriendo de este modo el camino para procesar un eventual RR presidencial. Los ciudadanos electos para conformar dicha directiva fueron Jorge Rodríguez y Óscar Battaglini (ambos simpatizantes del gobierno; mientras el primero es psiquiatra, hijo de un guerrillero venezolano que fue asesinado luego de la pacificación de los años 70 y 80, el segundo es historiador de orientación marxista), Ezequiel Zamora y Sobella Mejías (cercanos los dos al partido Acción Democrática) y Francisco Carrasquero, designado presidente del CNE y pretendidamente imparcial, según él mismo reivindicó desde un principio. Con el tiempo, su posición se fue decantando con claridad a favor del chavismo.

En este libro se describe el proceso por el cual la Revolución Bolivariana irrumpió en Venezuela, avanzando paso a paso en el desmontaje de la democracia liberal, mientras superaba una serie de acciones ineficaces por parte de los demócratas liberales en su intento por detenerla. ¿En qué momento se encontraba este proceso en septiembre de 2003? Tal como acabamos de ver, y tal como había exigido al firmar los acuerdos de mayo de 2003, el chavismo había logrado que –en agosto– se nombrara un nuevo CNE, cuyo desempeño todavía era una incógnita. Sin embargo, la presión internacional sobre el gobierno venezolano era todavía apreciable. Tal es la sensación que se desprende al revisar las declaraciones de ambos bandos en aquel momento. Por ejemplo, Manuel Cova, sindicalista y ya para entonces exmiembro del equipo negociador de la oposición en la Mesa de Negociación y Acuerdos, señalaba que el gobierno de Chávez «está cercado nacional e internacionalmente, y no podrá impedir por más que quiera que aquí se realice el referendo revocatorio y entregue el gobierno»[32]. Por su parte, el presidente Chávez señalaba –el 29 de agosto de 2003, en

---

31 «'Váyanse con su decisión no sé pa' dónde'», http://www.eluniversal.com/2003/08/25/pol_art_25107D2.shtml (Consulta: agosto 7, 2008).

32 «Cova insta al gobierno a preparar entrega de cuentas», http://www.eluniversal.com/2003/08/25/pol_art_25104BB.shtml (Consulta: agosto 7, 2008).

traje militar, frente al Alto Mando castrense, y en referencia al presidente de Liberia, Charles Taylor, quien ese mismo mes se había visto obligado a dimitir por la presión internacional– que:

> Alguien dijo que a Venezuela le van a aplicar el plan Liberia. Vaya a ver si alguien se atreve a pensar que Venezuela es Liberia [...]. Ustedes, soldados, tendrían entonces que escoger –con los fusiles en la mano– qué hacer, hacia dónde apuntar los fusiles: si al pecho de la oligarquía traidora o al pecho del pueblo noble de Venezuela[33].

Por otro lado, todavía existían algunas ramas del Poder Público que limitaban el ejercicio absoluto del poder por parte de Chávez, tal como lo demuestran no solo las sentencias judiciales, sino también las duras críticas vertidas por Chávez contra el TSJ y los magistrados de la Corte Primera en lo Contencioso Administrativo (citadas en páginas anteriores). Sin embargo, a estas alturas, y tal como se evidencia en esas mismas acusaciones, estaba muy claro que el respeto a las libertades individuales y la división de poderes no significaban más que un par de obstáculos para el chavismo, dos estructuras propias del régimen que quería desplazar. El chavismo evidenciaba ya, con la mayor crudeza, su más completo rechazo a la concepción liberal de la democracia. Y en congruencia con dicha actitud, el gobierno presionaría cada vez más para hacerse con el control total del Estado[34]. Veamos cómo evolucionó el tema en cada uno de los poderes públicos.

En primer lugar, el TSJ (Poder Judicial) todavía no se pronunciaba con respecto a la posibilidad de que Chávez pudiera competir en unas

---

33 Alfredo Rojas: «'No nos van a imponer el referendo'», http://www.eluniversal.com/2003/08/30/pol_art_30106A.shtml (Consulta: agosto 8, 2008).

34 El MVR, principal partido de la coalición de gobierno, introdujo en agosto de 2003 la llamada «enmienda Varela», por la cual buscaba modificar dos artículos de la Constitución que exigían el voto de dos tercios de la Asamblea Nacional para designar a los 15 rectores del CNE (artículo 296) y destituir a los 20 magistrados del TSJ (artículo 265). Juan Francisco Alonso: «Introdujeron enmienda 'Varela'», http://www.eluniversal.com/2003/08/13/pol_art_13104AA.shtml Aunque la enmienda como tal no prosperó, el objetivo se lograría posteriormente mediante otros mecanismos, como veremos más adelante. Adicionalmente, en agosto de 2003 comenzaron a aparecer denuncias sobre los consejos de investigación que se estarían abriendo entonces a más de 200 militares que firmaron el 2 de febrero (en el llamado «Firmazo») para solicitar la realización del referéndum contra Chávez. Alejandra M. Hernández: «200 oficiales a consejos de investigación», http://www.eluniversal.com/2003/08/13/pol_art_13105CC.shtml (Consultas: agosto 8, 2008).

elecciones inmediatamente posteriores a una hipotética revocación de su mandato[35]. En cuanto al CNE (Poder Electoral), la nueva directiva tenía como primera tarea estudiar la validez de las firmas entregadas por la oposición, pero tampoco parecía mostrarse muy diligente en este sentido[36]. A su vez, el presidente Chávez presionaba desde Cuba al nuevo CNE, señalando que «quedaría inhabilitado moralmente» si aprobaba la validez de las firmas entregadas por la oposición. Y como si respondiera a tales presiones, el 12 de septiembre de 2003 la nueva directiva del CNE sentenció que las firmas recogidas en febrero y entregadas en agosto no eran válidas para convocar la realización de un RR del mandato del presidente Chávez[37]. A partir de entonces, las suspicacias en la oposición no cesaron de multiplicarse. Cuando días después se conoció el borrador del reglamento sobre referendos, este fue rechazado por la CD, que lo consideró ampliamente ventajoso para el gobierno[38]; por ende, exigió la redacción de unas nuevas normas y criticó además el hecho de que los presidentes del TSJ, el CNE y

---

35 Para este momento, el máximo tribunal llevaba ya 9 meses sin pronunciarse con respecto a esta materia. Irma Álvarez: «TSJ tiene 9 meses sin pronunciarse sobre si Chávez puede postularse», http://www.eluniversal. com/2003/09/04/pol_art_04103C.shtml Para mayor incertidumbre, septiembre se inició con la comunicación por parte del TSJ de una sentencia presuntamente forjada, que hubiera impedido a Chávez participar en unas elecciones luego de su hipotética revocación de mandato en un referéndum. Irma Álvarez: «Para Rincón lo que sucedió fue un 'forjamiento vulgar'», http://www.eluniversal.com/2003/09/03/pol_art_03104A.shtml (Consultas: agosto 8, 2008).

36 Tal situación incrementaba la inestabilidad en el país, tal como lo reconoció la Unión Europea, que emitió un comunicado señalando su confianza «en que el nuevo Consejo Nacional Electoral pueda cumplir rápida y efectivamente con su deber institucional» y exhortando a las partes a cumplir con lo acordado en la Declaración contra la Violencia y por la Democracia. «Unión Europea confía que CNE cumpla su deber», http://www.eluniversal.com/2003/09/11/pol_art_11104C.shtml Igualmente, el embajador estadounidense Charles Shapiro ofreció la asistencia técnica electoral de su país de cara a un eventual referéndum. «Embajador Shapiro ofrece ayuda técnica electoral», http://www.eluniversal.com/2003/09/04/pol_art_04102B.shtml (Consultas: agosto 8, 2008).

37 El CNE se comprometió entonces a presentar, el día 15, el reglamento para la convocatoria de referendos. Eugenio Martínez: «Revocatorio inadmisible», http://www.eluniversal.com/2003/09/13/pol_art_13104A. shtml (Consulta: agosto 8, 2008).

38 La CD estimó que 14 de sus artículos contravenían de alguna manera las disposiciones de la Constitución, entre ellos la automatización de los procesos refrendarios y la necesidad de estampar la huella dactilar junto a la firma en el acto de solicitar la realización de un referéndum. «14 artículos en discordia», http://www. eluniversal.com/2003/09/18/pol_art_18102B.shtml En respuesta, el Ejecutivo, a través del Consejo de Ministros, de inmediato instó al CNE a no ceder en los temas de la automatización y la huella dactilar. Alfredo Rojas: «Ejecutivo insta a CNE a no ceder en huella dactilar ni automatización», http://www.eluniversal. com/2003/09/24/pol_art_24104C.shtml (Consultas: agosto 8, 2008).

la Asamblea Nacional vivieran entonces dentro del Fuerte Tiuna, situación que el ministro de Comunicación, Jesse Chacón, consideró «normal».

Sin embargo, el reglamento definitivo fue aprobado (25 de septiembre de 2003); en él se reafirmaban los puntos rechazados por la oposición –automatización del proceso electoral y necesidad de tomar la huella dactilar– y se establecía un cronograma de los procedimientos que, como mucho, permitirían la realización del revocatorio presidencial para el 29 de febrero de 2004 (nueve meses luego de firmarse el acuerdo de la Mesa). En todos los puntos polémicos, el presidente del CNE, Francisco Carrasquero, terminó inclinando la balanza hacia el lado de las reivindicaciones oficialistas, sin que los «miembros de oposición» de la junta directiva (Mejías y Zamora) pudieran hacer nada para contrarrestarlo. Y con respecto a la Asamblea Nacional (Poder Legislativo), a finales de septiembre el oficialismo logró la aprobación de un nuevo reglamento de debates, el segundo del año, con la finalidad de intentar la agilización de las leyes que consideraba más importantes: la Ley del TSJ –por la cual lograría controlar esta instancia– y la llamada Ley de Responsabilidad Social en Radio y TV –ley Resorte–.

A este progresivo avance en el control de los poderes públicos hay que agregar que, también a partir de este mes de septiembre de 2003, por primera vez comenzaba a revertirse –en una forma que luego se revelará como sostenida– la tendencia decreciente de la popularidad de Hugo Chávez. Al menos así comenzaban a indicarlo algunas encuestas[39] y a reconocerlo parcialmente algunos destacados columnistas contrarios al gobierno. Tal era el caso de Roberto Giusti, quien entonces escribía:

> A estas alturas, y con los resultados de los últimos sondeos, nos encontramos con que en realidad los problemas ahora son dos, el ya existente de un referendo aún sin fecha ni reglas y el de la posibilidad de que Hugo Chávez continúe su ascenso en las encuestas[40].

Entre las causas de este repunte se mencionaron entonces la imagen confusa que ofrecía la Coordinadora –que no mostró una postura preci-

---

39 De acuerdo con Datanálisis, la aprobación de la gestión del presidente Chávez aumentó del 30,8 al 35,9%. Teresa de Vincenzo: «Labor presidencial repuntó», http://www.eluniversal.com/2003/09/23/pol_art_23105A. shtml (Consulta: agosto 8, 2008).

40 Roberto Giusti: «Mitos y taras de la oposición», http://www.eluniversal.com/2003/09/24/pol_art_24102A. shtml (Consulta: agosto 8, 2008).

samente firme ante la emisión del reglamento del CNE, recibido como un jarro de agua fría por muchos opositores–, las divisiones en el seno de la oposición, el pase de factura a esta por las funestas consecuencias económicas del paro de dos meses[41], la recuperación del vínculo emocional que indudablemente existía entre Chávez y buena parte de la población, y quizás lo más importante de todo: el aumento del gasto público, que fue empleado en una proporción considerable para el financiamiento de las misiones[42], que gozaban de gran aceptación en la población más pobre y desasistida.

LA DIFÍCIL POSICIÓN DEL CENTRO CARTER

A estas alturas comenzaban a verse las repercusiones fundamentales del proceso de mediación en Venezuela. El acuerdo de la Mesa en mayo de 2003 encarriló la canalización institucional del conflicto, algo que sin lugar a dudas era positivo, pero los pilares sobre los cuales ha de sustentarse una democracia liberal comenzaban a resentirse cada vez más. Los representantes del Centro Carter (Díez y McCoy) estimaron a finales de agosto que, en líneas generales, se observaba una «evolución positiva» del conflicto, pero evitaron pronunciarse con respecto al polémico proyecto de ley sobre el TSJ que adelantaba la mayoría simple del oficialismo en la Asamblea Nacional, que le permitiría al gobierno colocar jueces favorables en la máxima instancia judicial del país[43], amenazando la independencia de poderes en Venezuela (hemos visto que la postura de organizaciones como HRW, la CIDH o la SIP era muy distinta). Se consideraba que un pronunciamiento con respecto a las maniobras del gobierno –contrarias

---

41 De acuerdo con cifras del Banco Central de Venezuela, publicadas en *El Universal*, «en el primer semestre de este año el PIB registra una caída de 18,5% y la inflación acumulada al cierre de agosto es de 18,9%», al tiempo que «el consumo privado retrocede en el segundo trimestre de este año 5,6% versus 12,3% en el primer trimestre; la inversión se encoge 47,8% versus 63,6%». Víctor Salmerón: «La inversión cayó 47,8%», http://www.eluniversal.com/2003/09/03/eco_art_03102A.shtml (Consulta: agosto 9, 2008).

42 Víctor Salmerón: «Ciclo económico favorece a Chávez», http://www.eluniversal.com/2003/10/05/eco_art_05166A.shtml Ya a principios de agosto el ministro de Finanzas, Tobías Nóbrega, había señalado que era preciso «soltar las amarras al gasto» y comenzó a trabajar en ello. Víctor Salmerón: «'Hay que soltar las amarras al gasto'», http://www.eluniversal.com/2003/08/05/eco_art_05111AA.shtml (Consultas: agosto 8, 2008).

43 Juan Francisco Alonso: «'Retórica no ayuda a la reconciliación'», http://www.eluniversal.com/2003/08/31/pol_art_31176A.shtml (Consulta: agosto 8, 2008).

a la democracia liberal– para controlar todas las ramas del Poder Público habría significado una intromisión indebida en los asuntos internos del país. En otras palabras, el compromiso del Centro Carter era con la paz, no con la defensa o promoción de las instituciones propias de un determinado tipo de democracia o régimen de gobierno. Así lo revelaba Francisco Díez en un memorándum enviado a Atlanta el 30 de septiembre de 2003, en el cual sostenía la siguiente postura:

> Pensar que estamos enfrentando el riesgo de que el gobierno debilite el «sistema democrático» es una aproximación muy inocente y además improductiva. En especial, porque este país, en realidad, «produjo» esta situación profundamente injusta ¡utilizando el sistema democrático!, ¡basado en el sistema democrático este país se hundió en la decadencia! Entonces, *la «democracia» por sí misma, no es algo en lo que nos debamos enfocar*. Sí lo es el consenso, el acuerdo, la coexistencia, las maneras de compartir un futuro común, los desacuerdos civilizados, el Estado de Derecho, y muchos de los *elementos de la democracia* que son increíblemente importantes, y que debemos entenderlos como «instrumentos» útiles para enfrentar los conflictos del presente. Yo aún pienso que el propósito principal de nuestra presencia aquí es ayudarles a evitar la violencia; no intentar fortalecer un verdadero sistema democrático, sino, más bien, ayudarles a encontrar una manera de coexistir, y, al mismo tiempo, a enfrentar cohesionados sus graves problemas sociales y económicos. *Y no podemos ponernos en posición de jueces* [cursivas del autor].

El párrafo anterior es revelador, porque en él se reflejan algunos de los dilemas más importantes que enfrenta cualquier mediador, facilitador externo o «constructor de la paz» en conflictos intraestatales. Por un lado, está la voluntad –que denota un profundo anhelo de justicia, y que es un requerimiento práctico para poder mediar– de mantener la imparcialidad entre los bandos enfrentados. Pero por otro lado, al obedecer la mediación a un propósito ético, ¿no implica esto asumir una posición con respecto a lo que es mejor y lo que es peor, en términos concretos? ¿No se alcanza la justicia, precisamente, cuidando que los procedimientos y las reglas del juego sean justos? ¿No conlleva eso, necesariamente, la necesidad de decantarse a favor de un cierto tipo de normas, y por ende, de un cierto modo de entender la democracia? ¿No implica ello, necesariamente, emitir algún tipo de juicio de valor? En última instancia, ¿compete a quien ejerce una función política –como parte en un conflicto o como mediador– mantenerse en una posición imparcial, o colocarse en una posición justa –en el entendido de que no siempre imparcialidad equivale a justicia–?

Desde nuestro punto de vista, preocuparse por esos «elementos de la democracia» a los que se refiere Díez era, precisamente, preocuparse por «la democracia por sí misma». Tales elementos son, precisamente, las características propias de la democracia liberal. Defender la democracia como el mejor régimen –y más específicamente, la democracia liberal– implica la defensa de todos y cada uno de sus procedimientos. Por estas razones –y tal como veremos en el capítulo IV, donde analizaremos técnicamente la gestión multilateral del conflicto venezolano–, es (y era) preciso tener muy clara la definición de democracia. En el conflicto venezolano, las diferencias en torno al tipo de democracia que se quería defender o instaurar en Venezuela constituían precisamente el eje de todo el conflicto. Era necesario no perder de vista que un gobierno revolucionario, por definición, tiene la voluntad y la pretensión de cambiar las reglas del juego para instaurar un régimen político distinto, generalmente incompatible con el anterior. En el caso venezolano, ese gobierno revolucionario se sustentaba sobre una visión de la democracia que era mayoritaria, plebiscitaria, potencialmente «totalitaria» y en todo caso iliberal, todo lo cual, tal como se ha visto en otros casos históricos, suele desembocar en regímenes autocráticos (los conceptos de democracia totalitaria e iliberal se tratarán en el capítulo VIII).

Nuestro argumento en este libro es que, en el caso venezolano, ante este tipo de amenaza, el conjunto de actores políticos que tuvieron que lidiar con el movimiento liderado por Hugo Chávez se vio obligado a enfrentar constantemente el dilema que se presentaba entre, por un lado, la necesidad de mantenerse dentro de la legalidad y el respeto a las decisiones electorales, y por otro, el imperativo de enfrentar a un movimiento que pretendía, en última instancia, vulnerar todas las defensas y garantías que la democracia liberal preserva para el ciudadano. Se trataba de luchar contra un adversario que intentaba desmontar la democracia liberal desde adentro, empleando para ello los mecanismos que ofrece la propia democracia liberal, para posteriormente desmontar sus instituciones y sustituirlas por un sistema en el que el apoyo de mayorías circunstanciales es puesto al servicio de un líder cuyo poder termina por hacerse absoluto.

Tal como se temió siempre Francisco Díez, de semejante conflicto no podría salirse mediante una operación meramente electoral:

> Yo sentía una tensión interna alrededor del tema electoral que me costaba definir. Por un lado, todas las negociaciones de la Mesa y la mayor parte de los esfuerzos de la facilitación se habían dirigido hacia el objetivo de lograr que oficialismo y oposición acordaran una «solución electoral». El supuesto básico fue siempre que la lucha de poder la debía resolver el pueblo en las urnas, democráticamente. Por el otro lado, *yo tenía clara conciencia de que la polarización y el enfrentamiento que lastimaba al cuerpo social no se resolverían con unas elecciones, sino que, al contrario, la dinámica de la competencia profundizaría la división y ahondaría la confrontación.* Lo que hacía falta era un esfuerzo de aceptación de la diversidad y fortalecimiento de la convivencia de los contrarios. Esa era la razón básica por la cual habíamos lanzado el Programa FPV [Fortalecer la Paz en Venezuela], y en casi todos los comunicados de prensa y declaraciones del Centro Carter se hacía alusión a esta idea, llamando a todos a pensar más allá de la solución electoral [cursivas del autor].

En efecto, lo que Francisco Díez intuía acertadamente en aquel momento, y lo que reconocería más tarde en estos testimonios, es que un conflicto como el que ha vivido Venezuela durante los últimos años no podía alcanzar una paz estable siguiendo, únicamente, procedimientos electorales. En sus propias palabras, escritas en diciembre de 2005: «Las 'soluciones' electorales sin duda no resuelven los conflictos en este país, en este período de su historia. Hoy lo sabemos bien». La paz sustentable solo puede fundamentarse sobre principios positivos y efectivos, que ineludiblemente implican la asunción clara de ciertas posturas políticas y el establecimiento (y cumplimiento) de reglas del juego comunes. Resulta, por tanto, imposible mantener una imparcialidad absoluta en medio de un conflicto político, incluso si se es un mediador externo. Sin embargo, tal como intuirá el lector políticamente maduro, lo anterior constituye una verdad relativamente fácil de enunciar, pero con la que resulta muy difícil lidiar en la práctica.

Hasta ahora hemos visto que los acuerdos de mayo de 2003 fueron un intento por sentar esas reglas del juego comunes mayoritariamente circunscritas a lo que estipula la Constitución de 1999, pero a lo largo de este relato iremos viendo que, ante cada paso dado por el gobierno revolucionario para controlar las diferentes ramas del Poder Público, a la oposición y a los mediadores externos se les presentaba el dilema de elegir entre 1) tolerar una violación de las normas y 2) abortar el proceso electoral. Como resultado de ese dilema, la oposición se mantendría dividida en posturas contrarias, los actores externos se harían la vista gorda, acomodándose a sus intereses particulares, y la Revolución Bolivariana tomaría total control del Estado, frente a la aquiescencia de los demás actores. De ahí que describamos todo este proceso como un caso de «apaciguamiento», esa actitud que consiste en ceder progresivamente, sacrificando los propios principios y valores, ante las acciones de fuerza de un oponente que no respeta ningún límite, permitiéndole que tome lo que quiere, y que –como decía Kissinger– suele ser muchas veces, no la consecuencia de una política deliberada, sino el «resultado de una inhabilidad» –que nace de errores de cálculo, contradicciones, temores, vacilaciones y no pocas dosis de buena voluntad– para lidiar con ese tipo de oponentes.

EVOLUCIÓN DEL ENTORNO INTERNACIONAL

En la medida en que la Revolución Bolivariana iba recobrando el control de la situación interna, la política exterior de Caracas recuperaba la heterodoxa actitud que mantuvo con relación al 11 de septiembre. Mientras continuaban los roces con Colombia (a mediados de septiembre de 2003, Bogotá reconoció una «posible» violación del espacio aéreo venezolano), el gobierno chileno evitaba que el presidente Chávez se desplazara a ese país para sumarse a la conmemoración de los 30 años del derrocamiento y asesinato de Salvador Allende, temeroso del tipo de cosas que pudiera decir en tal ocasión. Por otro lado, Caracas exigió a República Dominicana la repatriación del expresidente venezolano Carlos Andrés Pérez –contra quien Chávez encabezó el golpe del 4 de febrero de 1992–, quien se encontraba entonces viviendo en ese país; ante la negativa de Santo Domingo, Caracas decidió suspender los suministros de petróleo a la isla caribeña, bajo la consigna de que «no vamos a permitir que nuestro petróleo financie el terrorismo»[44]. Por si fuera poco, Venezuela señaló que desconocería a la

---

44 Alfredo Rojas: «'Nuestro petróleo no financia terrorismo'», http://www.eluniversal.com/2003/09/20/ pol_art_20105A.shtml (Consulta: agosto 8, 2008). El suministro de crudo no se subsanó hasta que Pérez

delegación iraquí que asistiría a la cumbre de la OPEP 24 de septiembre, y entró en un nuevo intercambio de acusaciones con los gobiernos de España y Estados Unidos. Más pacífica fue la actitud hacia Guyana[45].

Estas dinámicas a nivel interno y externo se consolidarían durante octubre de 2003. A principios de mes Venezuela prorrogó, por cuarto año consecutivo, el Convenio Integral de Cooperación con Cuba. Sin embargo, la CIDH otorgó entonces medidas cautelares a Globovisión (canal privado de TV, muy crítico con el gobierno, el cual había incautado parte de sus equipo), decisión que fue fustigada con dureza por el presidente Chávez:

> Quedó demostrado que en Globovisión violan las leyes y después comienzan a llorar, a chillar más que un camión de cochinos, y empiezan a llamar a la Comisión Interamericana, la OEA y a pedirles apoyo a otros países [...]. Pero pobrecitos esos que son manipulados y se comportan como imbéciles y emiten comunicados diciendo que el gobierno está violando la libertad de expresión[46].

Este tema –al igual que la posible observación por parte de la OEA y el Centro Carter en los próximos comicios venezolanos, ofrecida por sus representantes Díez y Corbacho– volvió a emerger días más tarde, al celebrarse en la isla venezolana de Margarita la Cumbre de la OEA sobre la Pobreza en el hemisferio; allí Gaviria y Jaramillo se reunieron con representantes de los medios de comunicación venezolanos, en un gesto que fue condenado por el gobierno[47]. Durante esa cumbre en Margarita, el embajador estadounidense ante la OEA, John Maisto, señaló que la solución a la conflictividad en Venezuela pasaba por la aplicación de la Carta

---

abandonó la República Dominicana, cinco semanas después. Yolanda Ojeda Reyes: «Dominicanos esperan notificación de PDVSA», http://www.eluniversal.com/2003/11/01/pol_art_01108C.shtml (Consulta: agosto 21, 2008).

45 Los cancilleres de Venezuela y Guyana aceptaron los buenos oficios de Kofi Annan para hablar del viejo diferendo limítrofe existente entre ambos países. «Venezuela y Guyana reconocen buenos oficios de las Naciones Unidas», http://www.eluniversal.com/2003/09/28/pol_art_28157I.shtml (Consulta: agosto 8, 2008).

46 Irma Álvarez: «Chávez llama 'imbéciles' a organismos internacionales», http://www.eluniversal. com/2003/10/06/pol_art_06106A.shtml (Consulta: agosto 9, 2008).

47 A través del ministro de Comunicaciones, Jesse Chacón. Este alegó que la reunión «contradice la posición de mediador que tuvo» Gaviria meses antes. «Para Chacón reunión con medios contradice mediación de la OEA», http://www.eluniversal.com/2003/10/09/pol_art_09106D.shtml (Consulta: agosto 9, 2008).

Democrática, posición que fue respaldada por la oposición venezolana. Decía entonces Alejandro Armas, exnegociador en la Mesa, diputado del partido Solidaridad y una de las voces más sensatas y ponderadas en la oposición:

> La comunidad internacional debe estar muy atenta en la defensa de los valores fundamentales del sistema democrático. Sin una presión de esa naturaleza difícilmente el gobierno aceptará una fórmula que concluya en su derrota [...]. No estoy hablando de intervenciones de tipo militar porque en el escenario de la OEA eso no resulta factible, pero sí de severas sanciones que trasciendan a ese organismo [.... Chávez sabe que no puede darle un patada a la lámpara impunemente y que si no mantiene un mínimo barniz de legalidad, difícilmente va a sobrevivir. Por eso busca desesperadamente que la Asamblea Nacional le apruebe un paquete de leyes autoritarias que le permita consolidarse en el poder[48].

En respuesta, el presidente Chávez denunció que «sectores desesperados están buscando que la OEA intervenga. No lo van a lograr aunque trataron de provocar conflictos para incentivar esa intervención» (en ese *Aló, Presidente* también se anunció el aumento de 30% del salario a los militares a partir de enero de 2004)[49]. Igualmente, acusó a los funcionarios de la OEA de ser unos «cínicos» por no intervenir de la misma forma en Bolivia[50]; allí, por aquellas fechas, el hasta entonces presidente Gonzalo Sánchez de Lozada se había visto obligado a dimitir por una revuelta popular que se había prolongado durante más de un mes, siendo sustituido por Carlos Mesa. Días más tarde, el jefe de Estado venezolano también calificó la decisión de la CIDH de otorgar medidas cautelares a Globovisión como «una ridiculez»[51], mientras que el canciller Chaderton

---

48 Roberto Giusti: «'Sin presión externa Chávez no se va'», http://www.eluniversal.com/2003/10/12/pol_art_12104A.shtml (Consulta: agosto 9, 2008).

49 Yolanda Ojeda Reyes: «Comprometidos con los más pobres», http://www.eluniversal.com/2003/10/09/pol_art_09102A.shtml y Taynem Hernández: «'Desesperados buscan que la OEA intervenga'», http://www.eluniversal.com/2003/10/13/pol_art_13104H.shtml (Consultas: agosto 9, 2008).

50 «'Tragedia boliviana demuestra cinismo del sistema internacional'», http://www.eluniversal.com/2003/10/20/pol_art_20108C.shtml (Consulta: agosto 9, 2008).

51 «'CIDH cometió una ridiculez al dar medida cautelar'», http://www.eluniversal.com/2003/10/27/pol_art_27106F.shtml (Consulta: agosto 9, 2008).

aseguraba que Venezuela era «objeto de un asalto internacional, concertado para debilitarlo con miras a una eventual consulta popular»[52]. Sin embargo, durante esos días la Audiencia Nacional española señalaba la improcedencia de procesar la acusación que contra el presidente Chávez introdujo un grupo de familiares de las víctimas de la violencia política en Venezuela, pero aconsejaba remitir el caso a La Haya. Por su parte, Bogotá solicitaba a Caracas la reactivación de los contactos entre los ministerios de Defensa de ambos países, mientras el Comando Sur de los Estados Unidos reconocía no tener pruebas concluyentes que evidenciaran supuestos vínculos entre Caracas y las FARC.

Entre tanto, el Centro Carter señalaba que los acuerdos de mayo venían cumpliéndose en el tema electoral «tal y como estaba previsto», a pesar de que la Comisión de Enlace no se había reunido en 3 semanas. Mientras el gobierno parecía tener una estrategia política, las rencillas internas en la CD seguían siendo una constante e impedían que la oposición presentara un frente de acción verdaderamente unido. Por ejemplo, partidos como AD y el MAS fueron por aquel entonces acusados por otros opositores de pactar en secreto con el MVR la ampliación del TSJ, a cambio de colocar algunos magistrados afines en la máxima instancia judicial[53]. Sin embargo, la oposición todavía era capaz de bloquear en la Asamblea Nacional la aprobación de la Ley del TSJ, aunque el oficialismo seguía forzando cambios en el reglamento de debates (el 8 de octubre, por tercera vez en 2003, y una cuarta vez en las semanas siguientes)[54]. La oposición se mostraba particularmente preocupada por la posibilidad de que se aprobara dicha ley y seguía solicitando a la OEA la aplicación en

---

52 Yolanda Ojeda Reyes: «'Oposición interpone obstáculos para realizar referendo'», http://www.eluniversal. com/2003/10/23/pol_art_23106D.shtml Este recelo no se fundamentaba exclusivamente en el comportamiento de la OEA y otros gobiernos, sino también en la actuación de ONG como Human Rights Watch, que aunque reconocía la existencia de «amplios márgenes de libertad de expresión» en Venezuela, condenaban «medidas o proyectos de ley que pudieran restringir la libertad de expresión». «Posición de Human Rights Watch 'fue distorsionada por Venpres'», http://www.eluniversal.com/2003/10/29/pol_art_29106C.shtml (Consultas: agosto 9, 2008).

53 Irma Álvarez: «AD y MAS niegan pacto para incrementar magistrados», http://www.eluniversal. com/2003/10/18/pol_art_18106A.shtml (Consulta: agosto 9, 2008).

54 Taynem Hernández: «Regresa el alicate al parlamento», http://www.eluniversal.com/2003/10/09/ pol_art_09104AA.shtml), y semanas después propondría una cuarta («Chavismo propondrá otra reforma de normas de la AN», http://www.eluniversal.com/2003/10/29/pol_art_29105B.shtml) (Consultas: agosto 9, 2008).

Venezuela de las sanciones que contempla la Carta Democrática para los gobiernos que violan la democracia. El temor al posible control del poder judicial por parte del gobierno se vio ratificado el 30 de octubre, cuando la Comisión de Funcionamiento y Reestructuración del Poder Judicial destituyó, a través de un cuestionado procedimiento, a cuatro de los magistrados de la Corte Primera de lo Contencioso Administrativo (Juan Carlos Apitz, Perkins Rocha y Ana María Ruggeri, y también se vio afectada Laura Morales), quienes habían firmado cinco sentencias que limitaban al gobierno –entre ellas, la que impedía la práctica de los médicos cubanos en el país–[55]. A la oposición le preocupaba también la posibilidad de que se cometieran atropellos contra las personas que firmarían la solicitud para convocar el RR presidencial, dado que estas debían dejar su firma y huella dactilar al hacer tal solicitud; por lo tanto, exigía al CNE que los datos de los firmantes fueran manejados con máxima discreción[56]. El presidente Chávez, en cambio, se dedicaba a generar dudas y zozobra, diciendo el 17 de octubre que quienes firmaran la petición de revocarlo:

> […] no van a lograr sacarlo, pero sí van a lograr que su firma, su nombre y su huella digital queden grabadas para la historia […] estarán firmando contra la patria, contra el futuro […]. Estarán firmando contra la Misión Robinson y el Plan Barrio Adentro[57].

---

55 «Comisión de Reestructuración Judicial destituyó a 4 magistrados», http://www.eluniversal.com/2003/10/31/pol_art_31106E.shtml (Consulta: agosto 9, 2008). Habiendo sido llevado el caso a la CIDH, en agosto de 2008 este tribunal interamericano falló a favor de los magistrados destituidos, argumentando que estos no habían gozado del derecho al debido proceso y a ser juzgados por un tribunal «imparcial»; la sentencia puede ser consultada en el sitio en Internet de la CIDH, a través de la dirección http://www.corteidh.or.cr/casos.cfm?idCaso=292

56 Eugenio Martínez: «CNE continuará aprobando normas para revocatorios», http://www.eluniversal.com/2003/10/20/pol_art_20108A.shtml El tema afectaba especialmente a los militares. Tanto el presidente Chávez (Gustavo Méndez: «Presidente advierte que solo los 'civiles' podrán firmar para el revocatorio», http://www.eluniversal.com/2003/10/19/pol_art_19108D.shtml) como el ministro de la Defensa, Jorge García Carneiro («Oficiales y tropa no pueden firmar para revocar el mandato de nadie», http://www.eluniversal.com/2003/10/26/pol_art_26102C.shtml), se pronunciaron en contra de que los militares pudieran firmar la petición. La oposición recomendó a los militares que no firmaran. Juan Francisco Alonso: «Recomiendan a militares activos que no firmen», http://www.eluniversal.com/2003/10/22/pol_art_22106A.shtml (Consultas: agosto 9, 2008).

57 María Lilibeth Da Corte: «'La oposición tiene la derrota pintada en la frente'», http://www.eluniversal.com/2003/10/18/pol_art_18106D.shtml

Además, prometía desembolsar Bs.48 millardos (para la época, más de $17 millones) en becas destinadas a más de 300.000 estudiantes de las misiones Robinson I y II, Ribas y Sucre, programas educativos alternativos. También afirmaba que los militares no podían firmar para solicitar la revocación de su mandato, situación ante la cual la oposición también terminó por recomendar a los militares que no firmaran.

Mención especial requiere el tema de las tensiones crecientes entre el gobierno de Chávez y la Iglesia católica. El gobierno recelaba de la Iglesia por la colaboración que algunos religiosos supuestamente habrían brindado a la oposición radical durante los hechos de abril de 2002; por otra parte, la Iglesia temía, entre otras cosas, el nuevo modelo educativo que proponía el gobierno, que reducía notablemente el apoyo a las escuelas privadas e instituciones de beneficencia conducidas por religiosos católicos, que desde 1958 recibían importantes subsidios por parte del Estado. La Conferencia Episcopal Venezolana (CEV) había realizado hasta entonces algunos pronunciamientos contundentes en relación con el proyecto gubernamental. La tensión se incrementó en octubre de 2003, en parte debido a que un templo en Barquisimeto fue allanado por cuerpos de seguridad de esa ciudad. Si por un lado el presidente de la CEV, Baltazar Porras, señalaba que el chavismo repetía prácticas propias del fascismo y el nazismo, el padre Ugalde, rector jesuita de la Universidad Católica Andrés Bello (UCAB), alertaba contra los «gérmenes totalitarios» que estaban apareciendo en Venezuela.

En materia internacional, cabe recordar que en octubre se suscitó una polémica entre los gobiernos de Caracas y Washington, a raíz de las acusaciones de espionaje y conspiración que los diputados chavistas Nicolás Maduro y Juan Barreto vertieron sobre el gobierno norteamericano. Se publicó una grabación que vinculaba al presidente de Fedecámaras, Carlos Fernández, con algún presunto representante de la CIA, así como otra que registraba una conversación entre el exiliado Carlos Ortega y su sucesor en la CTV, Manuel Cova. Dado que Ortega se encontraba asilado en Costa Rica, el gobierno de ese país decidió hacer indagaciones. El chavismo pidió a la OEA investigar los hechos, considerados por la CD como maniobras para cercenar la libertad sindical en Venezuela. Si Colin Powell calificó las acusaciones de «absurdas», el embajador Shapiro consideró que eran «pura paja».

Por su parte, la CD reclamó también al gobierno que diera continuidad a la labor de la Comisión de Enlace y exigió al CNE concretar las normas de observación externa en los procesos de recolección de firmas para solicitar los RR que tendrían lugar en las siguientes semanas (concretamente los días 21-24 de noviembre para diputados y 28 de noviembre al 1 de diciembre para el presidente)[58]. Es importante señalar que, tal como había quedado estipulado en los acuerdos de mayo, el del presidente no era el único referéndum revocatorio que se quería poner en marcha; de hecho, ambos bandos desarrollaron iniciativas para revocar el mandato de varios diputados del sector contrario. No dedicamos muchas palabras a este tema porque finalmente dichas iniciativas no condujeron a nada concreto. Solo creemos oportuno mencionar que, a pesar de que la CD acordó que las fuerzas de oposición se concentrarían solo en la revocación del presidente Chávez, el partido AD decidió seguir por su cuenta con el intento de revocar diputados del grupo parlamentario oficialista. En todo caso, a finales de octubre el CNE aceptó la participación de observadores de la OEA, el Centro Carter y el PNUD, siendo definidos los términos de dicha observación a mediados de noviembre. Se supo entonces que Gaviria formaría parte del grupo de 40 observadores que llegarían hacia el 19 de noviembre, luego de acordarse con el CNE que el secretario general de la OEA tendría la potestad de presenciar los procesos de recolección de firmas, pero no de pronunciarse al respecto. Fernando Jaramillo explicó entonces que:

> [...] no somos árbitros, no somos mediadores, ni somos policía electoral. Tampoco somos encuestadores, ni ejerceremos un rol de facilitadores. Somos una misión y tenemos una responsabilidad con el pueblo de Venezuela y las personas que quieren expresar libremente su voluntad [...]. Ante todo vamos a responder al pueblo de Venezuela para que ellos se sientan que pueden expresar su voluntad, libre de toda presión e intimidación, y también apoyo indispensable al gobierno como al CNE, que son inmediatamente responsables por este comienzo de un proceso [...]. Vamos a tener la gente más capacitada y con mayor experiencia de la organización trabajando en esta misión[59].

---

58 Juan Francisco Alonso: «Los adecos respondieron», http://www.eluniversal.com/2003/10/11/pol_art_11104A.shtml (Consulta: agosto 9, 2008).

59 Yolanda Ojeda Reyes: «La OEA y el Centro Carter vigilarán cualquier 'presión'», http://www.eluniversal.com/2003/11/19/pol_art_19104C2.shtml; Eugenio Martínez: «Firmazos con Gaviria y sin Carter», http://

Pero el camino en la canalización institucional del conflicto no estaría libre de obstáculos. En noviembre de 2003, el presidente Chávez acusó a la oposición de tener preparado un fraude en esa futura recolección de firmas, instando a sus seguidores a «impedir legal y cristalinamente el fraude que pretenden hacer de nuevo los adecos, copeyanos y sus derivados, porque eso es lo que tienen planteado»[60] y exhortando incluso a los militares que custodiarían el proceso electoral para que impidieran posibles acciones de saboteo por parte de la oposición[61].

En el plano internacional, las polémicas seguían en aumento. En noviembre de 2003, el gobierno de España firmó un acuerdo con Colombia para venderle diversos tipos de armamento, una parte del cual (por ejemplo, los tanques AMX-30) no tenía aplicación directa en la lucha antisubversiva; de hecho estaba en función de una guerra convencional. El acuerdo entre Madrid y Bogotá fue en cierto modo una respuesta a la nueva orientación política e ideológica de la diplomacia de Caracas y sus planes de adquisición de armamento ruso. El estrechamiento de los lazos entre Moscú y Caracas no se limitaba a la venta de armamento, sino que apostaba por una cooperación más fuerte en el ámbito energético y diplomático. Ya en diciembre, el canciller ruso, Serguei Ivanov, firmó en Caracas un memorándum de entendimiento entre ambos países para que PDVSA vendiera sus acciones en la petrolera alemana Rühr Oel a la rusa Alfa Group. Chávez defendió la operación justificando que la refinería vendida no rendía beneficios a Venezuela:

> Yo no tengo nada que esconder. Estamos defendiendo los intereses de Venezuela. Se firmó un memorando de entendimiento, una carta de intención, entre PDVSA y una empresa privada rusa que está interesada en comprar la refinería –la parte que le corresponde a Venezuela–, porque no

---

www.eluniversal.com/2003/11/11/pol_art_11102A.shtml y Eugenio Martínez: «Observación similar a 2000», http://www.eluniversal.com/2003/11/05/pol_art_05102A.shtml). (Consultas: agosto 21, 2008).

60 Alfredo Rojas: «'Tenemos que impedir el fraude'», http://www.eluniversal.com/2003/11/08/pol_art_08104A. shtml (Consulta: agosto 25, 2008).

61 Alfredo Rojas: «El Plan República está destinado a evitar la violencia y el fraude'», http://www.eluniversal. com/2003/11/13/pol_art_13106F.shtml (Consulta: agosto 25, 2008). Desde la década de los sesenta –cuando la democracia era incipiente y se temían ataques y saboteos a los comicios-, en Venezuela se convirtió en algo normal el hecho de que efectivos militares custodien los centros de votación en todas las elecciones, en lo que desde siempre se ha denominado el «Plan República».

hacemos nada con eso. Pudiéramos vender la refinería. ¿Cuánto cuesta? Mil millones de dólares, mil doscientos, no sé, ya se verá en los estudios, y solo con colocar ese dinero en un banco ganamos más, por los intereses en dólares. No nos da un centavo esa inversión[62].

A partir de entonces se comenzó a hablar de la posibilidad de una carrera armamentista en la región y Venezuela comenzó a compartir con Chile la primacía en la compra de armamentos en América Latina. Precisamente con Chile tendría el gobierno venezolano otro encontronazo diplomático por estas fechas. En ocasión de celebrarse en Bolivia la XIII Cumbre Iberoamericana, se organizó igualmente, de forma paralela, una Cumbre Social, en la que participaron diversas organizaciones y líderes políticos, entre ellos el presidente Chávez, quien en esa ocasión expresó su deseo de «bañarse algún día en una playa boliviana». De inmediato el gobierno de Santiago llamó a consultas a su embajador en Caracas, una reacción que el vicepresidente Rangel consideró «exagerada». El incidente tensó las relaciones entre ambos países durante varios meses, y motivó que el escritor peruano Mario Vargas Llosa calificara al gobierno de Caracas como «el mayor problema» político de la región, asegurando además que Chávez se dirigía hacia «el totalitarismo absoluto»[63].

Las relaciones con el gobierno brasileño, por el contrario, seguían mejorando progresivamente. A diferencia de Colombia o Chile, Brasil no veía en la Revolución Bolivariana una amenaza o un incómodo vecino, sino un socio comercial muy interesante, un gobierno rico y contestatario cuya agresividad podía ser convenientemente administrada por la hábil diplomacia brasileña para su propio provecho. No extraña pues que el ministro brasileño de la Casa Civil, José Dirceu, se pronunciara entonces contra el propósito de la oposición venezolana de convocar un RR contra Hugo Chávez, comentando a varios expresidentes hispanoamericanos que «faltan apenas dos años de mandato y van a tener elecciones en 2006. Dos años pasan rápido»[64]. A su vez, el presidente Lula destacaba algunos

62 «Rusos negocian compra a PDVSA de acciones de petrolera alemana», http://www.eluniversal.com/2003/12/25/eco_art_25A1430548.shtml, así como también «'No nos da un centavo refinería en Alemania'» http://www.eluniversal.com/2003/12/29/pol_art_29104C.shtml (agosto 25, 2008).

63 María Elena Matheus: «Para Vargas Llosa Venezuela es el mayor problema de la región», http://www.eluniversal.com/2003/11/19/pol_art_19108C.shtml (Consulta: agosto 25, 2008).

64 Según señaló *O Globo* a mediados de noviembre. «Ministro de Lula mostró rechazo por referendo

de los logros del gobierno venezolano, y se pronunciaba en los siguientes términos:

> El compañero Chávez no quería que Estados Unidos participase en el Grupo de Amigos y yo le decía: Chávez, no pueden ser solo tus amigos (los que integren el grupo). Es necesario colocar a aquellos que se oponen a lo que estás haciendo [...]. Hoy puedo decir que el Grupo de Amigos de Venezuela es responsable de la tranquilidad política que vive Venezuela e incluso por la tranquilidad política del referendo, si es que la oposición consigue el número de firmas necesarias[65].

SÚMATE Y EL REAFIRMAZO

Mientras tanto, en Venezuela llegaron los días para recoger las firmas, proceso en el que la asociación civil Súmate cumplió un papel crucial. El proceso transcurrió con bastante normalidad durante los días 21 al 24 de noviembre, cuando se recogieron las rúbricas para solicitar la destitución de 38 diputados de oposición. Así lo reconocieron el Centro Carter y la OEA en un comunicado conjunto. Gaviria llegó a afirmar entonces que:

> [...] el proceso de negociación ha surtido efecto, pues al final se acordó que era necesario encontrar una solución dentro de la Constitución y el Estado de Derecho [...]. Creo que hoy hay un sector mucho más amplio del país que cree en la moderación, en encontrar salidas que le garanticen la defensa de su democracia y le ofrezcan salidas democráticas y civilizadas[66].

No obstante, el nerviosismo aumentó entre el 28 de noviembre y el 1 de diciembre, durante el turno de la oposición para solicitar la revocación de Chávez y varios diputados oficialistas. La ocupación militar de diversos

---

presidencial», http://www.eluniversal.com/2003/11/11/pol_art_11104C.shtml (Consulta: agosto 25, 2008).

65 «Para Lula, 'Grupo de Amigos tranquilizó al país'», http://www.eluniversal.com/2003/11/22/pol_art_22108A.shtml (Consulta: agosto 25, 2008).

66 María Lilibeth Da Corte: «Observadores escucharon a medios oficiales», http://www.eluniversal.com/2003/11/25/pol_art_25104CC.shtml y Juan Francisco Alonso: «'El país halló salida a la crisis'», http://www.eluniversal.com/2003/11/23/pol_art_23104A.shtml (Consultas: agosto 25, 2008).

aeropuertos, el cierre de la frontera con Colombia y diversos incidentes de violencia que se registraron entonces en varios de los centros de recolección de firmas hicieron temer cosas peores. Mientras Jennifer McCoy exhortó a mantener la calma y se reunió con Chávez, Gaviria comentó el día 29, luego de reunirse con el CNE, que el 97% de los centros funcionaba normalmente y que la OEA estaba haciendo las gestiones para participar en la verificación de las firmas.

Sin embargo, la tensión aumentó aún más al día siguiente, cuando el propio Chávez señaló que El Reafirmazo se perfilaba como un megafraude[67]. El presidente señaló que confiaba en la «gente seria del Centro Carter. Por allí anda el doctor Gaviria, que sé es un hombre honesto que no se va a prestar para estar avalando nada de esto». El resto del oficialismo avaló los señalamientos hechos por el presidente, que de paso coincidían con lo que ya decía días antes de la recolección de las firmas. No cabe descartar que la reciente dimisión del presidente de Georgia y antiguo barón de la Unión Soviética, Eduard Shevarnadze —el 24 de noviembre, forzada por la presión popular en una nueva «revolución de terciopelo»— hubiere por entonces acrecentado los temores del gobierno venezolano. Díez recuerda la situación de la siguiente manera: «No había terminado la recolección cuando Chávez denunció la existencia de un 'gigantesco fraude'. Le pedimos a su gente que nos acercaran pruebas, y, luego de muchas vueltas, nos dieron un par de carpetas con fotocopias poco convincentes».

La respuesta de Gaviria ante el pronunciamiento presidencial fue ratificar la legitimidad del proceso y aclarar que le competía al CNE, y no a la observación internacional, procesar las denuncias realizadas por el oficialismo. En su comunicado conjunto al final de El Reafirmazo, los representantes del Centro Carter y la OEA señalaron su inquietud por las denuncias de fraude vertidas por el gobierno venezolano, y el 2 de diciembre Chávez y Gaviria se reunieron personalmente para resolver el asunto. La presión internacional para que el proceso no se viera truncado contó también con la visita a Caracas del enviado del Departamento de Estado, Peter DeShazo (quien permanecería allí durante tres días) y la declaración del Grupo de Países Amigos, que felicitó el civismo del proceso. Además, el CNE aceptó el 3 de diciembre la presencia de observadores de la OEA

---

67 María Lilibeth Da Corte: «'Reafirmazo se perfila como un megafraude'», http://www.eluniversal.com/2003/12/01/pol_art_01108A.shtml (Consulta: agosto 25, 2008).

y del Centro Carter en el conteo de las firmas. Sin embargo, durante las semanas posteriores a la recolección de las firmas, la presión del gobierno revolucionario sobre el resultado llegó a ser inquietante. Tal como lo señalaría posteriormente Díez:

> Treinta días después de entregadas, supuestamente, el CNE debía finalizar la «verificación» de las firmas. Este período fue el más traumático de mi estadía en Caracas. La verificación se extendió hasta fines de marzo (¡más de 90 días!). Estaba cada vez más claro que el gobierno no quería enfrentar un referendo revocatorio, y que las presiones sobre el CNE para que anulara firmas era cada vez mayor.

Durante todo diciembre, el presidente Chávez manifestó varias veces que la oposición había ejecutado un «golpe electoral», señalando que podría desconocer el fallo del CNE si este consideraba válidas las firmas, y poniendo en duda todo el proceso en general:

> A mí me tienen que convencer firma por firma, y huella por huella, para que haya juego; si no, no hay juego, pero los golpistas, que quieren esconderse detrás de la Constitución, y utilizar todas sus mañas para tratar de [dar] un golpe electoral ahora, están equivocados[68].

Por su parte, el diputado Ismael García –chavista acérrimo en aquella época– aseguraba que la oposición había recogido 1.953.967 –y no 3.602.051, como aseguraba la CD–, cifra que era insuficiente para convocar el RR presidencial (para solicitar la realización del RR, la Constitución estipulaba la necesidad de que al menos un 20% de las personas inscritas en el padrón electoral manifestaran su voluntad de apoyar la iniciativa). Recordemos que García era director del Comando Ayacucho, organización creada por el chavismo para manejar toda la movilización relativa al proceso revocatorio. Además, el fiscal general de la República, Isaías Rodríguez, no dudaba de la existencia de «hechos que pueden calificarse de fraude», aunque no sabía «si ese fraude afecta a todo el proceso». Ante este panorama, y a pesar de que Francisco Carrasquero, director del CNE,

---

68 Alfredo Rojas: «Chávez amenaza con desconocer revocatorio», http://www.eluniversal.com/2003/12/08/pol_art_08108A.shtml (Consulta: agosto 25, 2008).

asegurara que este organismo estaba «blindado frente a las presiones», la oposición acusó al gobierno de estar fraguando el desconocimiento de casi la mitad de las firmas recogidas, negándose a entregarlas mientras el CNE no publicara las normas de verificación. En palabras del secretario general de la CTV, Manuel Cova:

> […] el gobierno de Hugo Chávez ha diseñado un plan siniestro que pretende convencer a los venezolanos y a la comunidad internacional en torno a la existencia de un presunto megafraude electoral. En ese plan están involucrados no solamente altos personeros del gobierno sino también otros actores, insertados en puestos clave de algunas instituciones públicas […]. Las autoridades del CNE deben dar muestras concretas de imparcialidad y ecuanimidad. No pueden dejarse presionar por nadie, ni por la oposición ni por el gobierno. Yo no quiero dudar de los rectores del CNE, pero es indudable que en estos últimos días se han producido decisiones que nos preocupan, como por ejemplo el haber designado una comisión de abogados en la que tiene mayoría el oficialismo. Otra decisión que nos ha causado preocupación es el hecho de que todavía a estas alturas no se han definido las normas de verificación. […] la oposición no puede entregar las firmas hasta tanto se conozcan las normas de verificación.

Ante cada irregularidad o gesto de arbitrariedad por parte del gobierno revolucionario, la oposición buscaba desesperadamente el respaldo internacional; por ello manifestó su voluntad de entregar una copia de la relación de firmas a la OEA. Mientras Díez y Jaramillo trabajaban con el CNE para acordar los términos de la observación internacional –que finalmente se compuso de la presencia de unos 30 observadores externos–, el Centro Carter continuaba trabajando para lograr que los medios de comunicación públicos y privados moderaran su discurso y ayudaran a desescalar la conflictividad en el país. Finalmente, las firmas de la oposición fueron entregadas al CNE el 19 de diciembre, mientras el embajador de la OEA, Patricio Carbacho, celebraba que el CNE hubiera «ido dando los pasos necesarios, para que todo se desarrolle en un clima de tranquilidad». No obstante, el gobierno seguía asegurando que las firmas recolectadas por la oposición no eran suficientes y que la oposición desconocería el resultado del CNE. El mismo presidente Chávez afirmó a finales de mes que, según sus estimaciones, las firmas recaudadas para solicitar la revocación de su mandato serían apenas algo más de un millón.

Este clima de zozobra, así como los coletazos del devastador paro del año anterior, influían de forma terrible en la economía. Para estas fechas se estimaba una caída de casi 12% en el PIB, mientras era un hecho la quiebra de miles de empresas, el ascenso de la deuda externa a más de $23.000 millones y un desempleo de 15,5%. La inflación era la más alta de América Latina: casi 25%. Sin embargo, durante el período enero-octubre de 2003, el gasto público se había incrementado en un 34,3% con respecto al mismo período del año anterior. Parte de este dinero había sido destinado a las misiones y estaba impulsando el ascenso en las encuestas del presidente Chávez, quien además amenazaba con intervenir el Banco Central si no le entregaba $1.000 millones de las reservas internacionales, las cuales estaban entonces por el orden de los $14.000 millones:

> En el Banco Central todavía existe una cuña del neoliberalismo. Así como era PDVSA así es el Banco Central. Hace varios meses, cuando yo comencé a tocar este tema, porque les doy en la llaga –ellos manejan eso como han querido durante mucho tiempo–, comenzaron a amenazar con que iban a parar el Banco Central, que iban a hacer una huelga; bueno, háganla para intervenirlos como a PDVSA [...]. No es ninguna amenaza sino que yo cumplo con mi obligación y solo les digo lo que voy a hacer: si pasan dos semanas del mes de enero y no tenemos respuesta del Banco Central, yo voy al TSJ [...]. Se supone que el Banco Central maneja esos recursos que entran sobre todo por el petróleo y es autónomo, pero en verdad no es autónomo. Tiene regulaciones impuestas por poderes transnacionales en contra de los intereses del país[69].

Durante las festividades navideñas de 2003, hubo una ligera reducción de los niveles de conflictividad, debido al hastío generado por un año de continuas luchas políticas y al optimismo momentáneo que El Reafirmazo generó en la oposición. En el ámbito internacional, Chávez se reunió en Caracas con Castro y el entonces dirigente social Evo Morales, el día 21 de diciembre, y Cuba ratificó la posición de Caracas con respecto

---

69 Alfredo Rojas: «Chávez da ultimátum al BCV por reservas internacionales», http://www.eluniversal.com/2003/12/29/pol_art_29104A.shtml (Consulta: agosto 25, 2008).

a la salida al mar de Bolivia. Sin embargo, a nivel interno, todavía no se definía una fecha para comenzar a revisar las firmas por parte del CNE, demora que la oposición atribuía a una «táctica dilatoria» que otorgaba prioridad a las próximas elecciones regionales y no al RR. Este tema profundizaba las ya crónicas divergencias internas de la CD[70]. Finalmente, la revisión de firmas fue asignada para el 13 de enero de 2004 (con lo cual debía terminar el 13 de febrero), mientras que, el 19 de enero, el CNE fijó las elecciones regionales para el 1 de agosto. Y antes de que los partidos reaccionaran a esta definición de las reglas del juego, afectados como parecían estar por el parón navideño, el nuncio André Dupuy señaló que «los mesianismos políticos, dice el Papa, desembocan, muy a menudo, en las peores tiranías». Igualmente, el presidente de la CEV, Baltazar Porras, indicó entonces la conveniencia del RR como la salida a la crisis. Estas palabras fueron respondidas por el vicepresidente Rangel, quien recordó su preocupación por el «silencio» de Porras durante los hechos de abril de 2002 y el paro opositor.

El año 2004 comenzaba para la política hemisférica con la II Cumbre Extraordinaria de las Américas en Monterrey. Días antes, la Consejera Nacional de Seguridad de los Estados Unidos, Condoleezza Rice, había recomendado públicamente a Chávez que permitiera la realización del RR y que demostrara así ser un demócrata. En respuesta, el presidente Chávez la tachó de «analfabeta»[71] y la invitó a sumarse a los programas de alfabetización de la Misión Robinson; asimismo, denunció en Monterrey la intromisión de los Estados Unidos en los asuntos internos de Venezuela, culpando a ese país de planificar su derrocamiento o asesinato. Al igual que hiciera en Québec casi tres años atrás, el gobierno venezolano firmó la Declaración de esta cumbre con objeciones. Días más tarde, el canciller Chaderton señaló, en clara alusión a los Estados Unidos y a España, que:

---

70 Mientras los partidos políticos tradicionales querían que las elecciones regionales se realizaran en una fecha relativamente temprana, como julio o agosto de 2004 (Elvia Gómez: «AD, MAS, COPEI y Unión optan por prepararse para las regionales», http://www.eluniversal.com/2004/01/13/pol_art_13104D.shtml), otros partidos (básicamente Primero Justicia, Proyecto Venezuela y La Causa Radical) consideraban que eso solo serviría para distraer a la oposición de la tarea de lograr la realización del RR y para entorpecer la posibilidad de ganarlo. «Primero Justicia abandonará la CD si la mayoría de los partidos no los apoyan».

71 Alfredo Rojas: «Chávez se refiere a Condoleezza Rice como 'una verdadera analfabeta'», http://www.eluniversal.com/2004/01/11/pol_art_11108D.shtml (Consulta: agosto 26, 2008).

[...] más de uno de los países autocalificados de amigos han asumido posiciones abiertas o encubiertas en contra del gobierno de Venezuela [...] su tarea [...] es de facilitadores; no de opinadores y si se opina, hay que hacerlo de manera equilibrada, sin tomar parte en favor de ninguno de los actores; lo contrario es intervencionismo [...] es una interpretación falsa decir que el gobierno busca inhabilitar al Grupo de Amigos [...]. Si se muere, será por acciones de francotiradores dentro del mismo grupo[72].

Las molestias del gobierno venezolano eran comprensibles, máxime cuando el canciller argentino, Rafael Bielsa, reveló por esos días a la prensa de su país que Bush pedía a Lula y Kirchner que le expresaran a Chávez que Washington no aceptaría una victoria ilegal en el RR[73]. No extraña entonces que Marco Aurelio García, asesor de Lula para asuntos internacionales, señalara de forma casi simultánea que «no queremos aislar a ningún país de Suramérica. Creemos que eso no es bueno para la estabilidad suramericana»[74].

Era obvio que los Estados Unidos presionaban para forzar la realización de un RR en Venezuela y mantener la homogeneidad del sistema hemisférico, políticas dentro de las cuales la OEA constituía un elemento muy importante. El hecho de que la Secretaría General de dicho organismo estuviera presidida por César Gaviria, hábil expresidente colombiano, constituía un factor adicional de preocupación para el gobierno venezolano, pues Colombia ha sido el principal país afectado por el proyecto revolucionario del chavismo; por ende, era casi natural que Gaviria velara de una u otra forma por el interés nacional de su nación desde la posición que ocupaba en la OEA. Para Venezuela era entonces muy importante que la próxima designación del nuevo secretario general de la OEA, que tendría lugar en junio de 2004, le fuera favorable. De momento los candidatos que sonaban con mayor fuerza eran el ministro del Interior chileno, José Miguel Insulza, y el expresidente de Costa Rica, Miguel Ángel Rodríguez.

---

72 Yolanda Ojeda Reyes: «'La facilitación no es opinión'», http://www.eluniversal.com/2004/01/17/pol_art_17105A.shtml (Consulta: agosto 26, 2008).

73 Declaraciones a *Página 12*. «Bush advierte que 'será difícil avalar fraude en revocatorio'», http://www.eluniversal.com/2004/01/19/pol_art_19106C.shtml (Consulta: agosto 26, 2008).

74 «Brasil no dejará que se aísle a ningún país latinoamericano», http://www.eluniversal.com/2004/01/17/int_art_17106G.shtml (Consulta: agosto 26, 2008).

Sería precisamente Fernando Jaramillo, el jefe de gabinete de Gaviria en la OEA, colombiano como él y principal delegado del organismo hemisférico para el seguimiento del proceso revocatorio en Venezuela, quien el 23 de enero de 2004 solicitara la autorización del CNE para que los observadores internacionales pudieran presenciar el proceso de revisión física de las planillas y las reuniones del Comité Técnico Superior, que consideró como «áreas neurálgicas del proceso» de verificación. Luego de reunirse con Jaramillo, los rectores «de oposición» del CNE, Ezequiel Zamora y Sobella Mejías, denunciaron un presunto «saboteo» en el proceso de verificación de las planillas, declaraciones que habrían sido consideradas «temerarias» por el rector principal, Francisco Carrasquero[75]. En medio de este revuelo –y tal como había previsto con varios días de antelación– llegó al país Jimmy Carter, quien procedió a reunirse con todos los sectores involucrados para facilitar la comunicación entre ellos: Chávez, la Asamblea Nacional, el CNE, el TSJ, Jaramillo, medios de comunicación y factores de oposición.

Para estas fechas, la actitud del presidente Chávez con respecto al CNE había dado indicios de un viraje importante. A pesar de que en diciembre hubiera amenazado varias veces con desconocer el eventual fallo del ente comicial, el 15 de enero señaló ante la Asamblea Nacional que respetaría la decisión del CNE[76]. Cuando los rectores Zamora y Mejías acusaron la presencia de irregularidades en el proceso de verificación de las firmas, Chávez los tildó de «francotiradores de los dirigentes de oposición», pidió a la OEA y al Centro Carter que «revisen todo» e instó a la oposición a que se comprometiera a acatar el fallo del CNE, sea este cual fuere. El cambio en la actitud de Chávez hacia el CNE no hacía más que aumentar las dudas y suspicacias en el seno de la oposición, que ya para entonces estaba convencida de que dicho organismo respondía a los intereses del gobierno.

---

75 Eugenio Martínez: «CNE dividido por verificación física», http://www.eluniversal.com/2004/01/25/pol_art_25107A.shtml (Consulta: agosto 26, 2008). Carrasquero había señalado el día 22 de enero que, en caso de no haber retardos imprevistos, los RR tendrían lugar casi con toda seguridad en mayo. «Carrasquero ofrece referendos para mayo», http://www.eluniversal.com/2004/01/23/pol_art_23104J.shtml (Consulta: agosto 26, 2008).

76 La oposición había decidido no asistir. Alfredo Rojas: «Chávez garantizó respetar decisión que tome el CNE», http://www.eluniversal.com/2004/01/16/pol_art_16104A.shtml (Consulta: agosto 26, 2008).

Carter procedió a calmar los ánimos luego de sus contactos con las partes implicadas. En una rueda de prensa ofrecida el 26 de enero, el expresidente norteamericano mostró su complacencia con la labor del CNE y señaló que al Centro Carter se le habían facilitado todas las informaciones e inspecciones requeridas. En palabras de Díez:

> El propósito básico [de la visita de Carter] fue comprometer a los principales actores a trabajar con transparencia. Hicimos una reunión clave con el presidente del Tribunal Supremo de Justicia y el presidente del Consejo Nacional Electoral, juntos […]. Con Chávez, Carter estuvo brillante. Primero le alabó las misiones y le confesó sus impresiones positivas, y se comprometió a pedirle al *New York Times* que enviara reporteros para dar cuenta de la transformación social que él estaba liderando. Chávez estaba emocionado con tanto reconocimiento. Acto seguido, le dijo que debía abrirle camino al revocatorio de una buena vez, que debía aceptar medirse pronto, porque solo una elección relegitimaría su mandato, nacional e internacionalmente. Se le fue la emoción a nuestro anfitrión, se echó para atrás y comenzó a defenderse hablando del supuesto fraude en la recolección de firmas.

La posición de la OEA, en cambio, era más reservada. A través de un comunicado de prensa, el organismo hemisférico manifestó que era «importante para el desempeño adecuado de nuestras funciones tener acceso directo a estas instancias, a los efectos de poder observar que los criterios allí utilizados estén ajustados a las normas y a los principios de equidad». La OEA incluso habría manifestado que estaría dispuesta a retirarse del proceso si no tenía acceso a la revisión física de las planillas y las reuniones del Comité Técnico Superior[77].

Al día siguiente, el Centro Carter señaló en una rueda de prensa que había venido «a darle apoyo a las autoridades de Venezuela en reconocimiento pleno de su soberanía» y que no habían encontrado evidencia alguna de fraude electoral; por otra parte, sus representantes reconocieron que el CNE estaba progresando «a un ritmo más lento del estipulado, que posiblemente retrase en 10 días el lapso de verificación de las firmas»

---

77 Eugenio Martínez: «OEA contempla abandonar proceso de validación de firmas», http://www.eluniversal.com/2004/01/27/pol_art_27102A.shtml (Consulta: agosto 27, 2008).

–que estaba previsto concluir el 13 de febrero–, pero descartaron que el hecho se debiera a un «retraso deliberado». Por último, puntualizaron que «está claro que tanto los observadores del Centro Carter como de la OEA deben tener acceso libre a todas las etapas del proceso revocatorio» y manifestó su esperanza de que «todo esté listo para el 1 de marzo»[78].

Ante tal situación, el CNE decidió días después, por unanimidad, extender la observación internacional, en los términos requeridos por la OEA. Es importante señalar que a estas alturas existían mecanismos altamente confiables para comprobar la autenticidad de las firmas recogidas por la oposición, disponibles para los observadores internacionales y para cualquiera que quisiera revisarlos. La asociación civil Súmate, encargada de la organización y clasificación de las firmas recogidas en El Reafirmazo, entregó –el 29 de enero– a Carter y a la OEA un disco duro que contenía copia escaneada de cada una de las planillas entregadas al CNE (cada una de las cuales recogía 10 firmas, con sus respectivas huellas dactilares y números de cédula de identidad), además de una base de datos que permitía localizar la planilla en la que se encontraba cualquiera de los más de tres millones de firmas, simplemente introduciendo el número de la cédula de identidad. Este elemento permitía a los observadores verificar por su cuenta, de modo aleatorio, la veracidad de la voluntad de cualquier persona que apareciera solicitando el RR contra Chávez[79].

Pero mientras el atropellado avance hacia el RR seguía su curso, a finales de enero de 2004 se emitió una sentencia que prácticamente significaba la aprobación definitiva de la Ley Orgánica del TSJ –por la cual quedaría estipulado el incremento de los magistrados de 20 a 32–, ya que facultaba a la Asamblea Nacional para sancionar dicha ley mediante mayoría simple, en vez de requerir para ello dos tercios del parlamento, tal como lo estipula la Constitución para todas las leyes orgánicas. El hecho fue definido por el Colegio de Abogados de Caracas como un paso decisivo en la construcción de una «dictadura constitucional», ya que permitiría al chavismo, que tenía mayoría simple en la Asamblea Nacional, designar magistrados afines a la causa revolucionaria; hasta ese momento, y tal

---

78 Teresa de Vincenzo: «Habrá retraso en la verificación», http://www.eluniversal.com/2004/01/28/pol_art_28104A.shtml (Consulta: agosto 27, 2008).

79 Eugenio Martínez: «CNE aprobó ampliar observación», http://www.eluniversal.com/2004/01/28/pol_art_28102A.shtml y Teresa de Vincenzo: «Súmate entregó a Carter plataforma digital de firmas», http://www.eluniversal.com/2004/01/30/pol_art_30102D.shtml (Consultas: agosto 27, 2008).

como lo había demostrado la nueva ausencia del presidente Chávez en la ceremonia de apertura del año judicial, el oficialismo no se sentía conforme con las actuaciones del vigente grupo de magistrados. A estas alturas el gobierno revolucionario contaba con 1) una Fuerza Armada depurada, 2) mayoría en el Poder Legislativo, 3) una nueva junta directiva en el CNE (Poder Electoral) que ya había demostrado, cuando menos, no estar del lado de la oposición, 4) un Poder Ciudadano (Fiscalía, Procuraduría y Defensoría del Pueblo) que hasta entonces no había fallado nunca contra el Ejecutivo, y 5) una popularidad creciente, basada en el impacto de las misiones y la nueva estructura de gasto público, amparadas en el control total de PDVSA y el cambio de divisas. Solo restaba alcanzar el control absoluto del Poder Judicial (objetivo para el cual la reciente sentencia abría el camino) para que el chavismo materializara la concepción del Estado que albergaba su proceso revolucionario, la cual no aparecía aún definida en la Constitución de 1999.

De hecho, la nueva Constitución representaba para el chavismo «duro» —tal como representa hoy día— un paso intermedio, una solución temporal y transitoria hacia la consolidación de un modelo de Estado y sociedad «socialistas». Como todo proceso revolucionario, o que al menos se perciba a sí mismo como tal, el chavismo se debatía entre la conveniencia de actuar con el mínimo grado de violencia posible y, al mismo tiempo, trabajar en la implantación de un nuevo modelo de Estado, en teoría socialista. Pero esta situación, desde el punto de vista de la democracia liberal, no era sino una amenaza vital a la división de poderes, el régimen de libertades, el Estado de Derecho y la alternancia en el poder. Al control de las ramas del Poder Público se sumaba la creciente hegemonía económica por parte del Estado, de por sí tradicionalmente voluminoso en Venezuela. Por si fuera poco, en febrero de 2003 el precio del crudo venezolano alcanzó un máximo histórico de casi $29 por barril, lo cual no solo daba mayor margen de maniobra al gobierno a nivel nacional, sino también en su política exterior. Una vez encaminado el país por la senda de la pacificación, y luego de ajustadas las esferas de poder e influencia en el hemisferio, el sistema internacional no se mostraría tan resolutivo a la hora de preservar la democracia liberal en Venezuela.

CAPÍTULO VI
CAMPAÑA DEL REVOCATORIO
(febrero de 2004-agosto de 2004)

LAS «FIRMAS PLANAS»

Hasta febrero de 2004, en Venezuela se presentaban importantes indicios de una significativa división de poderes, tal como lo demuestra el descontento de ambos bandos en conflicto con respecto a diversas decisiones de los poderes públicos. Pero a partir de entonces prácticamente todas las decisiones importantes que debieron tomar los distintos funcionarios públicos pasaron a concordar de forma sustancial con la voluntad presidencial. Desde febrero de 2004, las protestas del presidente Chávez contra las acciones del TSJ, el CNE o el Poder Ciudadano cesaron casi en su totalidad, y en varias oportunidades dieron lugar, incluso, a felicitaciones públicas del máximo mandatario.

El sistema político que Dahl consideró una «cuasipoliarquía» sería así sustituido por un nuevo régimen que concentraba cada vez más poder en un cuerpo Ejecutivo de orientación revolucionaria, lo que significa en este caso que estaba decidido a desmontar las bases culturales e institucionales de la «sociedad capitalista» (léase, liberal) para sustituirlas progresivamente por un sistema de corte socialista, pero sobre todo autocrático. Lo que para los defensores de la democracia liberal no era más que un paso evidente hacia la autocracia, constituía para el chavismo y sus partidarios un ejercicio necesario para lograr una modificación radical e incluso pacífica.

Frente a esta obvia y progresiva concentración de poder, la oposición se encontraba frente al dilema esbozado en páginas anteriores. La vía insurreccional había fracasado y no sería tolerada por el conjunto de la comunidad internacional, pero al mismo tiempo los caminos legales se encontraban cada vez más controlados por el gobierno. Solo quedaba, pues, el RR presidencial, la única vía de acción respaldada por el acuerdo de la Mesa y el sistema internacional; sin embargo, la posibilidad de victoria en esta instancia pasaba por su realización casi inmediata, ya que el tiempo corría a favor del gobierno: la progresiva concentración de los poderes del Estado en el presidente Chávez le permitiría postergar la consulta hasta que esta tuviera lugar en condiciones absolutamente favorables. La paradoja era que denunciar esta situación significaba demorar aún más la realización del RR y competir en condiciones cada vez más desfavorables, además de incrementar la sensación a nivel interno y externo de que en la oposición predominaban las tendencias del «golpismo», razón por la cual la oposición finalmente optó por ir cediendo ante los hechos consumados. Así, los principios mismos sobre los cuales se fundamenta la democracia liberal fueron puestos en segundo lugar, en función de aprovechar la ventaja circunstancial que representaba el apoyo de una frágil mayoría, que sin embargo parecía irse diluyendo en la medida en que los meses iban pasando y las misiones lograban elevar la popularidad de Chávez. Esta disyuntiva generaría fuertes divisiones en el seno de la oposición, tal como veremos en esta sección.

A principios de febrero de 2004, la oposición comenzó a denunciar una serie de irregularidades que supuestamente se estaban cometiendo en el CNE al revisar las firmas. El partido Primero Justicia denunció que el 60% de las planillas del estado Zulia (el más grande del país, fuertemente opuesto a Chávez) habían sido «eliminadas» en la revisión que adelantaba el máximo organismo comicial. Se objetaban además los despidos y vacaciones forzosas que se estaban imponiendo a una serie de empleados del CNE, y se pedía reconstituir el Comité Técnico para que su conformación fuera paritaria, así como la destitución del funcionario Leonardo Hernández, jefe de Informática, a quien consideraban responsable en buena medida del retraso del proceso. Jorge Rodríguez, uno de los rectores chavistas del ente electoral, señaló que el Comité Técnico Superior comenzaría a trabajar en breve y reconoció que en algunos estados (los que fueron revisados hacia el final del proceso) la cifra del porcentaje de planillas objetadas era mucho mayor que en otros, lo cual no era «normal desde el punto de vista estadístico»[1]. Era inevitable que tales denuncias pusieran en duda

---

1 Gustavo Méndez: «60% de las planillas del Zulia fueron eliminadas», http://www.eluniversal.com/2004/02/01/pol_art_01111B.shtml y Teresa de Vincenzo: «Despidos llevados al directorio», http://www.eluniversal.com/2004/02/03/pol_art_03103A.shtml, así como también Elvia Gómez: «Exigen al CNE integración paritaria», http://www.eluniversal.com/2004/02/03/pol_art_03103D.shtml). (Consultas: agosto 29, 2008).

la imparcialidad de la directiva del CNE. Los propios rectores opositores, Zamora y Mejías, se sumaron a las denuncias, situación que molestó a Carrasquero, el rector principal, quien los acusó de seguir pautas externas al organismo electoral; además, el rector principal aseveró que él mismo y su condición «imparcial» garantizaban la paridad en la conformación del Comité Técnico Electoral. A pesar de las quejas y afirmaciones de Carrasquero, lo cierto es que todas las votaciones polémicas dentro del CNE se saldarían a favor del oficialismo por 3 votos contra 2, pues él siempre asumió las posiciones que favorecían al chavismo[2].

En vista de que el proceso era cada vez más cuestionado, el Centro Carter instó a los medios de comunicación para que emprendieran una campaña publicitaria de respaldo y confianza en el CNE, y propuso que se tomara una muestra numérica de cada uno de los procesos de verificación, con la finalidad de hacer una proyección que despejara las dudas. Sin embargo, Francisco Díez calificó como «llamativa» la curva que llevó de 2% a 61% el porcentaje de planillas en observación después de pasar por la verificación física, y precisó que el hecho fue reportado por el Centro Carter a la Junta Nacional Electoral «como parte de sus tareas»[3]. Mientras tanto, representantes de la oposición se desplazaron por estas fechas a Washington para hablar con Gaviria y Otto Reich, pues temían que las normas de verificación de las firmas fueran modificadas por el CNE, tal como de hecho pasó.

En efecto, las nuevas normas implicaron que cientos de miles de firmas fueran objetadas[4]. Los funcionarios del CNE detectaron la presencia de numerosas firmas escritas con caligrafía supuestamente similar, que hacían pensar en la posibilidad de que muchas planillas hubieran sido

---

2 Tal como figura en el informe de Ricardo Valverde, miembro de la Misión de Observación Electoral del Centro de Asesoría y Promoción Electoral (CAPEL) del Instituto Interamericano de Derechos Humanos (IIDH) que observó el RR, en la Junta Directiva del CNE había «dos rectores claramente identificados con la oposición (Zamora y Mejía), dos con el chavismo (Battaglini y Rodríguez) y un tercero, el presidente Carrasquero, que debía ser un fiel de la balanza. Desde muy temprano, este equilibrio no funcionó, pues se fueron polarizando las decisiones en un sólido 3 a 2». José Zalaquett D. y Álex Muñoz W.: «Transparencia y probidad pública. Estudios de caso de América Latina», http://www.transparenciacdh.uchile.cl/media/publicaciones/syllabus/44Valverde_Notas.pdf (Consulta: agosto 29, 2008).

3 Teresa de Vincenzo: «Más observadores para el Centro Carter», http://www.eluniversal.com/2004/02/04/pol_art_04104E.shtml (Consulta: agosto 29, 2008).

4 «Muestra por la vía rápida», http://www.eluniversal.com/2004/02/08/pol_art_08104A.shtml (Consulta: agosto 29, 2008).

rellenadas como una plana; muchas de tales firmas correspondían a planillas «itinerantes», que no fueron rellenadas en centros determinados porque contaban con la posibilidad de ser llevadas por los promotores de la solicitud a lugares como hospitales, ancianatos o zonas poco comunicadas de la geografía nacional. Tales firmas –que popularmente serían conocidas a partir de entonces como «firmas planas»– fueron objeto de sospecha por parte de las autoridades electorales cercanas al chavismo, quienes impusieron su criterio de que no podían ser aceptadas sin ser sometidas a un mayor control. El CNE decidió así publicar en la prensa nacional la situación de todas las firmas, diferenciando entre firmas aprobadas, rechazadas y objetadas, con la finalidad de que los ciudadanos cuyas firmas fueran «dudosas» volvieran a firmar para solicitar el RR en lo que se conoció como un proceso de «reparos».

Esta circunstancia ocasionó que la oposición terminara de perder la confianza en el CNE, por varias razones. En primer lugar, se introducía un elemento no previsto en las normas acordadas sobre referendos y se forzaba su modificación. En segundo lugar, se retrasaba nuevamente el proceso, lo cual le permitía al gobierno seguir subiendo en las encuestas gracias al vertiginoso aumento del gasto público[5]. Tercero, a partir de una actitud de desconfianza del CNE hacia los ciudadanos, se penalizaba la voluntad de estos, invirtiendo el principio jurídico de la carga de la prueba, porque se obligaba al acusado a probar su inocencia, cuando universalmente se entiende que es competencia del acusador probar sus denuncias. Cuarto, las incógnitas podían ser subsanadas con la base de datos digital, preparada por la organización Súmate, ya que esta permitía un chequeo exhaustivo e individualizado, perfectamente auditable, de la situación de cada una de las firmas.

Por otra parte, dada la desproporción entre las irregularidades registradas en las planillas de los estados que fueron revisados en último lugar y los que se chequearon al principio, el CNE decidió que era necesario volver

---

5 De acuerdo con *El Universal*: «Los datos del BCV reflejan que la deuda de la República por bonos DPN aumenta de 14,5 billones de bolívares en junio de 2003 a 19,4 billones en diciembre, y en el año acumula un incremento de 6,9 billones que se traduce en una expansión de 55%. [...] Las cifras del Ministerio de Finanzas indican que al cierre de junio de ese año el total de la carga, incluyendo letras del Tesoro y el resto de los compromisos, suma 20,6 billones de bolívares, una magnitud que comparada con 1998 se traduce en un salto de 234% medido en dólares». Víctor Salmerón: «La deuda interna pisa el acelerador», http://www.eluniversal.com/2004/02/15/eco_art_15124A.shtml (Consulta: agosto 29, 2008).

a revisar las planillas de los 11 primeros estados, con lo cual el número de firmas «objetadas» aumentaría aún más. Además, el chavismo en el CNE insistía en automatizar los procesos electorales, posibilidad que siempre generó desconfianza en la oposición. Para esta época, la actitud del presidente Chávez con respecto al CNE había cambiado por completo con respecto a la que había mantenido dos meses atrás; en febrero de 2004 lo apoyaba plenamente e incluso amenazaba con responder «civil y militarmente» contra la oposición si esta desconocía las decisiones del máximo ente electoral[6].

LAS «GUARIMBAS» DE LA OPOSICIÓN RADICAL

Frente a tal situación, la CD desarrolló varias iniciativas en «defensa de las firmas», tanto frente a los observadores externos como de cara a la ciudadanía. La CD remitió, el 12 de febrero, un documento a las misiones de observación del Centro Carter y la OEA, solicitando a estos organismos presionar al gobierno para que –en palabras de Juan Raffalli, consultor jurídico de la oposición– se «cumpla el acuerdo del 29 de mayo de 2003, en el cual se comprometían a no modificar las reglas para que el juego fuera limpio»[7]. Igualmente, el 14 de febrero la organización Súmate desarrolló un acto público en Caracas, por el cual todas las personas que quisieran asistir podrían llevarse una fotocopia de la planilla en la cual firmaron, con lo cual daban así testimonio de su veracidad; según sus organizadores, en el evento se entregaron unas 300.000 constancias[8]. Francisco Díez, representante del Centro Carter, mantuvo conversaciones a principios de febrero con diversos actores, dejando ver su disconformidad con el criterio de las «firmas planas»; su testimonio personal en este sentido es sumamente interesante:

---

6 Alicia La Rotta: «'Si desconocen al CNE responderé civil y militarmente'», http://www.eluniversal.com/2004/02/09/pol_art_09106F.shtml Las tensiones se agravaron aún más cuando tuvo lugar un supuesto altercado entre el diputado del partido AD, Edgar Zambrano –quien se encontraba con la rectora «de oposición», Sobella Mejías, en un restaurante– y unos oficiales de la Guardia Nacional. Elvia Gómez: «La oposición acentuará su presencia en la calle», http://www.eluniversal.com/2004/02/10/pol_art_10104A.shtml (Consultas: agosto 29, 2008).
7 «Solicitan a la OEA y Centro Carter cumplimiento del acuerdo de mayo», http://www.eluniversal.com/2004/02/13/pol_art_13102E.shtml (Consulta: agosto 29, 2008).
8 Elvia Gómez: «'¿Para donde hay que ir?'», http://www.eluniversal.com/2004/02/15/pol_art_15104A.shtml (Consulta: agosto 29, 2008).

A medida que avanzaba la verificación, el CNE «inventaba» nuevos criterios para considerar que más y más firmas colectadas no podían admitirse como válidas. Una de esas «categorías» fue la denominada «planillas planas», aquellas en las que los datos de los firmantes habían sido llenados por la misma letra, aunque la firma fuera diferente. Consideraron inválidas todas las firmas en las que había tres o más renglones llenados con la misma letra. Eso significaba invalidar más de un millón de firmas en contra del presidente. Yo me indigné, porque eso sí me parecía lisa y llanamente fraudulento. Intenté convencer a Jorge Rodríguez del CNE de que «inventara» una categoría nueva para esas firmas, que le permitiera ponerlas en una situación de *no válidas*, pero no como *inválidas* –por ejemplo, sujetas a ratificación por 30 días luego de publicadas–. Con la OEA, le propusimos tomar el universo de firmas en planillas planas y hacer una muestra aleatoria y chequear la veracidad de las firmas seleccionadas. No hubo caso. Yo informé al Centro Carter y le manifesté a McCoy que si el CNE finalmente invalidaba todas esas firmas, yo era de la opinión de retirarnos de la observación. Me parecía que quedarse como observadores internacionales significaba avalar una maniobra muy injusta. Para estar completamente seguro de que era posible que el CNE tomara esa decisión, fui a ver al presidente del TSJ, que era quien tendría la última palabra en este tema. Con la confianza personal que ya había generado con él, discutí con franqueza la interpretación de la regulación en la que se apoyaba el CNE, cuestionando la legalidad de una decisión así, y él fue terminante en su respuesta. Más duro aún que el mismo CNE. Opinó que las firmas eran nulas y ni siquiera deberían ir a «reparos». Mi desaliento fue total. Estaba seguro ya de que nada pararía la decisión de anular firmas por estar asentadas en planillas «planas». Por casualidad, tenía inmediatamente después de esa reunión con el presidente del TSJ, una reunión con una docena de embajadores en la residencia del embajador de EE.UU. Cuando me preguntaron mi opinión sobre el tema de las planas, fui muy negativo, aunque no revelé mis conversaciones en el TSJ. Los embajadores se escandalizaron de mi análisis negativo, diplomáticamente, y me di cuenta de que debía callarme la boca y solo informar al Centro Carter. Así lo hice. A los dos días, McCoy me comentó que la habían llamado del Departamento de Estado americano para preguntarle por qué el representante en Caracas estaba tan alarmado, si no había motivos.

Al día siguiente[9], ante la petición de la CD, el Centro Carter y la OEA solicitaron conjuntamente al CNE, mediante una declaración de McCoy y Jaramillo, publicar un cronograma de las actividades de verificación de las firmas hasta el 28 de febrero –la nueva fecha fijada para finalizar la revisión de las firmas–, y exhortaban al ente electoral a privilegiar la voluntad popular por encima de «excesivos tecnicismos». Ya para entonces era obvio que el plazo estipulado en un principio para decidir si había o no RR (13 de febrero) no sería cumplido. Igualmente, era un secreto a voces que el gobierno revolucionario se sentía muy incómodo con la presencia en Venezuela del colombiano (y mano derecha de Gaviria) Fernando Jaramillo, quien diplomáticamente negó haber sido víctima de una agresión por parte de simpatizantes chavistas, aunque sí reconoció que el vehículo en el que se desplazaba «desafortunadamente fue víctima de unos cohetes [de pirotecnia] en un incidente menor».

En medio de tal crispación, el gobierno brasileño volvió a mover sus fichas para bajar los ánimos en Venezuela. En la semana del 7 al 15 de febrero, Marco Aurelio García estuvo en Venezuela para tratar de convencer al presidente Chávez de la conveniencia de usar un tono más moderado en sus declaraciones. Pocos después el presidente Lula hizo un llamado a «evitar la radicalización y preservar la credibilidad del Consejo Nacional Electoral; si no, tendremos una guerra»; adicionalmente aseguró que «en la Cumbre de Monterrey llamé al presidente Hugo Chávez y le dije que no debía meterse en la cuestión del mar de Bolivia»[10]. Pero las exhortaciones brasileñas parecían tener escaso resultado, frente a un gobierno chavista que reaccionaba vehemente ante los Estados Unidos.

Por aquellos días tuvo lugar una nueva reunión entre el subsecretario adjunto para Asuntos del Hemisferio Occidental de los Estados Unidos, Peter DeShazo, y el vicepresidente Rangel; al parecer, el estadounidense habría intentado que el gobierno venezolano aceptara privilegiar la observación de la OEA y el Centro Carter sobre las atribuciones del CNE, lo cual fue considerado una arrogancia inaceptable por Rangel, quien a su vez reprochó a DeShazo el financiamiento que EE.UU. (a través de orga-

---

9 Eugenio Martínez: «Rodríguez: 'Decisión será en febrero'», http://www.eluniversal.com/2004/02/13/ pol_art_13102A.shtml (Consulta: agosto 29, 2008).

10 «Lula Da Silva exige a Chávez 'bajar el tono'», http://www.eluniversal.com/2004/02/18/int_art_18177F. shtml y «Lula alerta que 'puede haber una guerra' en Venezuela», http://www.eluniversal.com/2004/02/14/ pol_art_14107B.shtml (Consultas: agosto 29, 2008).

nismos como el NED) ofrecía a organizaciones como Súmate[11], al que calificó como un «CNE paralelo» (cabe recordar que el 21 de febrero, la procuradora general, Marisol Plaza, señaló que «Súmate es un disfraz de asociación civil», tras la cual «se oculta es un partido político»; poco después, Ismael García introdujo ante Fiscalía una denuncia contra Súmate, acusándola de «traición a la patria»). Rangel le solicitó entonces a Gaviria (vía Jaramillo) que se pronunciara contra la actitud de DeShazo, mientras el presidente Chávez volvió a fustigar la actitud del gobierno de EE.UU. y la OEA:

> El gobierno del señor George W. Bush tiene responsabilidad en la masacre del puente Llaguno [...] debe responderle al mundo y al pueblo venezolano por la sangre que corrió en Venezuela los días 11, 12 y 13 de abril del año 2002 [...] ¡Qué cosa tan extraña que ni la OEA ni los representantes de Washington hayan dicho nada de la abundantísima cantidad de pruebas de fraude que se han presentado al país![12].

Se aprecia así en qué medida las exhortaciones de la OEA y el Centro Carter al CNE generaron rechazo y desconfianza por parte del gobierno, cuyos representantes se movieron en todos los niveles para contrarrestar la presión externa. Mientras el Comando Ayacucho presentaban denuncias ante el Centro Carter, Jorge Rodríguez afirmaba que los acuerdos de mayo no obligaban al gobierno a su cumplimiento (la oposición sostenía lo contrario, en virtud de que esos acuerdos respondían a la resolución 833 del Consejo Permanente de la OEA, a su vez sustentada sobre la Carta Democrática Interamericana) y el propio Chávez sostenía:

> No hay ningún tipo de declaración de funcionario de gobierno extranjero alguno, o de algún observador, que refleje alguna preocupación porque hasta ahora la oposición no ha dicho que aceptará la decisión del CNE, y además han amenazado con una guerra, con un golpe, con la intervención

---

11 A partir de entonces, la vigilancia sobre Súmate y otras organizaciones financiadas desde el exterior se incrementaría. «Presentada denuncia contra Súmate en Fiscalía», http://www.eluniversal.com/2004/02/26/pol_art_26105C.shtml (Consulta: agosto 29, 2008).

12 Alfredo Rojas: «Chávez acusa a Bush de masacre de abril», http://www.eluniversal.com/2004/02/18/pol_art_18105A.shtml (Consulta: agosto 29, 2008).

internacional si el CNE no les complace en su aspiración fraudulenta de ir a un referendo revocatorio[13].

Por su parte, Díez relata así su reunión con Chávez:

Ese mes de febrero y ante mi pedido, McCoy vino a Caracas y juntos fuimos a ver a Chávez [...]. Nos recriminó la posición que teníamos sobre el tema de las planas [...]. Yo decidí no argumentar nada y simplemente le dije, «Ud. sabe, presidente, que yo trabajo de muy buena fe y siempre digo lo que pienso. En este caso tiene Ud. razón». Y realmente él tenía razón. Yo había estado intentando convencer a la autoridad legal de un país soberano de que tomara una decisión diferente de la que quería tomar. Esa no era mi misión.

Como las exhortaciones de los veedores externos fueron, en cierto sentido, solicitadas por la oposición, así como aprovechadas por los medios de comunicación privados para cuestionar la imparcialidad del árbitro electoral, tanto la OEA como el Centro Carter solicitaron a la prensa venezolana –en aras de mantener el mayor grado de neutralidad posible y no perder su capacidad de interlocución con el gobierno venezolano– ser más prudente en sus comentarios, y ratificaron además la cooperación que siempre les había brindado el CNE[14].

Por estos días, tanto Washington (a través de su portavoz Richard Boucher) como Bruselas (mediante comunicado de la presidencia irlandesa) presionaban para que el CNE acelerara los trámites del proceso revocatorio; igualmente lo hacía Aznar desde Bogotá, mientras cerraba con Uribe la venta de 40 tanques a Colombia para que esta resguardara su frontera con Venezuela[15]. Adicionalmente, Amnistía Internacional exigía a Chávez

---

13 Taynem Hernández: «Chavismo presentó informe de pruebas al Centro Carter», http://www.eluniversal.com/2004/02/21/pol_art_21104E.shtml; María Lilibeth Da Corte: «Aguiar advierte que acuerdos son vinculantes», http://www.eluniversal.com/2004/02/20/pol_art_20102C.shtml; y Alfredo Rojas: «'Debemos mantenernos alertas'», http://www.eluniversal.com/2004/02/19/pol_art_19105A.shtml (Consulta: agosto 30, 2008).

14 «OEA y Centro Carter apoyan a directiva», http://www.eluniversal.com/2004/02/18/pol_art_18102E.shtml (Consulta: agosto 30, 2008).

15 Víctor Salmerón: «Aznar espera 'decisión limpia'», http://www.eluniversal.com/2004/02/25/pol_art_25104A.shtml (Consulta: agosto 30, 2008). También se daba la circunstancia durante estos días de que tropas norteamericanas habían ingresado en Haití, país que se encontraba sumido entonces en fuertes combates entre

retractarse de las «acusaciones fortuitas e infundadas contra organizaciones de derechos humanos, tales como Cofavic, Provea y Red de Apoyo». Ante estos niveles de presión internacional, el gobierno venezolano entendía la necesidad de ganar la batalla de la opinión pública fuera de Venezuela, y para ello desarrolló una serie de acciones destinadas a contrarrestar la presión que existía para que tuviera lugar el RR. Una de ellas fue aproximarse de forma amistosa al gobierno de Guyana, uno de los países más influyentes de la Comunidad de Naciones del Caribe anglófono y francófono (Caricom), agrupación que concentra alrededor de un tercio de los votos en la OEA. De visita en Georgetown, el 19 de febrero de 2003, el presidente Chávez concedió a esa nación, por primera vez en la historia venezolana, derechos de explotación sobre el Esequibo, un territorio de más de 150.000 kilómetros cuadrados que históricamente ha sido reclamado por Venezuela[16].

Otra iniciativa de Chávez a nivel internacional fue emplear a su favor la reunión del G-15 en Caracas, pautada para finales de febrero. Esta cumbre se inició en medio de un clima enrarecido, a raíz de la declaración que el CNE emitió casi a la medianoche del 25 de febrero, martes de carnaval. En tal alocución, la directiva de este organismo electoral informó con respecto a su polémica decisión –con los votos salvados de los rectores «de oposición», Zamora y Mejías– de enviar a «reparos» 148.190 de las planillas en las cuales se solicitaba el RR contra Chávez. Tomando en cuenta que cada planilla contenía 10 firmas, que el total de firmas recogidas era de 3.448.747 y que se requerían 2.456.789 para solicitar el RR contra el presidente Chávez, el rector Zamora consideró que:

Este procedimiento hace casi ilusoria la realización de un referendo revocatorio. No se están respetando las normas establecidas [...]. Las firmas presentadas fueron desconocidas, se ha invertido la carga de la prueba obligando a los ciudadanos a demostrar que firmaron[17].

el gobierno de Jean-Bertrand Aristide y rebeldes de Gonaives, que desde entonces se harían llamar *Frente Nacional de Resistencia para la Liberación de Haití*.

16 «Chávez permitirá a Guyana desarrollar área del Esequibo», http://www.eluniversal.com/2004/02/21/pol_art_21105A.shtml (Consulta: agosto 30, 2008).

17 Eugenio Martínez: «Reparos comenzarán el 11 de marzo», http://www.eluniversal.com/2004/02/25/pol_art_25192A.shtml y «Zamora: 'Es un golpe bajo para el referendo'», http://www.eluniversal.com/2004/02/25/pol_art_25A435411.shtml (Consultas: agosto 30, 2008).

Frente a tal resolución, la misión conjunta de la OEA y el Centro Carter se permitió proponer «muy respetuosamente» un mecanismo alternativo de verificación de las firmas dudosas, sugiriendo que se tomara una muestra aleatoria y estadísticamente representativa de las 148.000 planillas y luego cotejar una a una las huellas y firmas que allí aparecían con las suministradas directamente por los firmantes[18]. La propuesta fue suscrita por la oposición y respaldada por los Estados Unidos (Boucher dijo que «la voluntad del ciudadano está por encima de consideraciones técnicas excesivas»)[19]; sin embargo, el CNE se negó a admitir tal posibilidad. Por su parte, el Grupo de Amigos, siempre liderado por Brasil, emitió un comunicado en el que expresaban su confianza «en que la verificación de la autenticidad de las firmas se hará con transparencia, de manera que prevalezca la expresión de la voluntad de los electores»[20].

A estas alturas, la CD manifestaba su preocupación por el hecho de que la lista de firmantes –luego denominada «Lista Tascón»– estuviera siendo utilizada por el oficialismo para presionarlos[21] con el objeto de que no ratificaran, en el próximo proceso de «reparos», su voluntad de convocar el RR. Tascón incluso abrió un sitio en Internet donde publicó la lista de quienes firmaron para solicitar el RR presidencial. Ante tal panorama, la oposición se propuso efectuar una marcha hasta la sede de la Cumbre del G-15, con la finalidad de dejar constancia allí de su descontento con respecto a un gobierno el que consideraban autocrático. Como detalle pintoresco, cabe recordar que el presidente venezolano, quien durante esa mañana del 27 de febrero se encontraba reunido con los presidentes de Brasil y Argentina, había protagonizado el día anterior un acto especial con la finalidad de honrar a Robert Mugabe, jefe de Estado de Zimbabwe desde 1980, con la entrega de una réplica de la espada de Bolívar y las siguientes palabras: «Para ti que, como Bolívar, tomaste las armas para libertar a tu pueblo, y eres, y serás siempre, un verdadero guerrero de la libertad»[22].

---

18 Alejandra M. Hernández: «OEA propone verificación muestral», http://www.eluniversal.com/2004/02/25/pol_art_25A435415.shtml (Consulta: agosto 30, 2008).

19 María Elena Matheus: «EE.UU. exige respeto a la voluntad popular», http://www.eluniversal.com/2004/02/26/pol_art_26102H.shtml (Consulta: agosto 30, 2008).

20 «Grupo de Amigos confía en transparencia de los reparos», http://www.eluniversal.com/2004/02/27/pol_art_27104F.shtml (Consulta: agosto 30, 2008).

21 Lucylde González R.: «Tascón: Aunque haya firmas legales, son parte del 'megafraude'», http://www.eluniversal.com/2004/02/20/pol_art_20A434781.shtml (Consulta: agosto 29, 2008).

22 http://www.eluniversal.com/2004/02/27/pol_art_27109AA.shtml (Consulta: agosto 30, 2008).

Horas después, la marcha de oposición que se encaminó hacia la sede de la cumbre del G-15 degeneró en choques violentos entre los manifestantes civiles y los contingentes de la Guardia Nacional, que dejaron como saldo múltiples detenidos y heridos de diversa gravedad. Poco después, otras zonas de Caracas y del país registraron también enfrentamientos entre civiles y efectivos de la Guardia Nacional, en una suerte de enfrentamiento que adquirió el nombre de guarimba y que se prolongó durante 4 o 5 días[23]. El guion de las guarimbas (palabra de origen indígena que significa «guarida» o «refugio») pasaba por el bloqueo masivo de calles y autopistas del país, evadiendo el enfrentamiento con las fuerzas estatales. La finalidad –si es que existía tal grado de organización– era hacer entrar en crisis al gobierno y forzar un desconocimiento del mismo por parte de la fuerza pública. Es un hecho que, más allá de la espontaneidad y desorden con el que se manifestó en la práctica, esta reacción pareció instigada deliberadamente por grupos políticos que consideraban inviable la ruta electoral como solución al conflicto; así lo demuestra la gran cantidad de correos electrónicos que circularon durante los días previos a su estallido, prácticamente girando instrucciones acerca de cómo llevar a cabo la guarimba. Ante tales hechos, el vicepresidente Rangel anunció que el gobierno actuaría para preservar el orden público.

Por su parte, el presidente Chávez felicitaba públicamente a los rectores «chavistas» del CNE (Carrasquero, Battaglini y Rodríguez; este último sería elegido por Chávez vicepresidente de la República el 3 de enero de 2007) y amenazaba con cortar los suministros de petróleo a los EE.UU. si se le aplicaban a Venezuela alguna de las sanciones contempladas en la Carta Democrática de la OEA:

> Aquí no vendrá la OEA ni nadie […] ¡Bastantes cojones hay aquí para defender a la patria de cualquier extranjero que pretenda humillarla, carajo! […]. Si se le ocurre la locura de bloquear a Venezuela o peor aún intentar invadirla, pues sepa el pueblo de Estados Unidos que no les llegará ni una gota de petróleo[24].

---

23 Gustavo Méndez: «Manifestantes tomaron autopista en defensa del revocatorio», http://www.eluniversal.com/2004/02/28/pol_art_28102C.shtml (Consulta: agosto 30, 2008).

24 Juan Francisco Alonso: «Chávez: Ni la OEA ni nadie vendrá», http://www.eluniversal.com/2004/03/01/pol_art_01104AA.shtml (Consulta: agosto 30, 2008).

Desde los incidentes del paro de oposición (diciembre de 2002-enero de 2003), el país no registraba escenas de tal grado de violencia política; el conflicto, que había sido canalizado institucionalmente gracias a los acuerdos de mayo de 2003, se estaba descarrilando nuevamente. No extraña, pues, que durante la última semana el Centro Carter y la OEA hubieran (tal como afirmaron) «rebasado un poco el rol de observadores para tomar el rol de facilitadores»; al mismo tiempo, sus representantes dejaron saber su malestar frente a los continuos y reiterados reclamos de la oposición, la cual parecía depositar todas sus esperanzas en una condena formal al gobierno por parte de los observadores externos[25]. Como fruto de dicha «facilitación», la misión conjunta de observación había logrado elevar de 600 a 1.000 los centros en donde se efectuarían los «reparos» de las firmas objetadas. Además, el Centro Carter intentaba facilitar el diálogo dentro de la propia directiva del CNE, que se encontraba profundamente dividida a raíz del envío a «reparos» de casi 150.000 planillas. Pero facilitar diálogos no es una tarea fácil. El 1 de marzo de 2004, McCoy y Díez se encontraban ayudando en este proceso cuando la rectora Mejías (opositora) decidió manifestar ante la prensa su inconformidad ante la decisión de enviar tantas planillas a «reparos», hecho que motivó la airada respuesta del rector principal Carrasquero y que ocasionó la suspensión temporal de la facilitación del diálogo por parte del Centro Carter. Carrasquero afirmó también que el 22 marzo culminaría el proceso para saber si tendría lugar o no el RR contra Chávez. Por otro lado, la oposición criticó severamente que Carrasquero ofreciera a la BBC, antes que al país, las cifras definitivas acerca de las firmas válidas, objetadas y descartadas[26]. En definitiva, la situación era crítica en aquel momento: el gobierno rechazaba la observación internacional y colocaba en entredicho las firmas recogidas, ya que consideraba válido un número que oscilaba entre 1.700.000 y 1.800.000 (hacían falta casi 2.500.000 en total) y había «en observación» entre 600.000 y 700.000. A la postre, las firmas validadas por el CNE eran tan solo 1.832.493 (insuficientes para convocar el RR),

25 «OEA y Centro Carter solicitan no malinterpretar sus gestiones», http://www.eluniversal.com/2004/02/29/pol_art_29102C.shtml (Consulta: agosto 30, 2008).

26 Eugenio Martínez: «Reparos sin lógica jurídica»: http://www.eluniversal.com/2004/03/02/pol_art_02102A.shtml (Consulta: septiembre 1, 2008). y Gustavo Méndez: «Carrasquero adelantó informe de firmas a la BBC de Londres», http://www.eluniversal.com/2004/03/03/pol_art_03164B.shtml (Consulta: septiembre 1, 2008).

mientras que casi 800.000 iban a «reparos» y más de 600.000 fueron consideradas inválidas.

Después de casi una semana de disturbios protagonizados por manifestantes de oposición y efectivos militares, el Centro Carter y la OEA emitieron, el 2 de marzo de 2004, un comunicado conjunto en el que manifestaban su desacuerdo con el criterio empleado mayoritariamente por la directiva del CNE para objetar casi 150.000 planillas. En tal comunicado (ver anexos), OEA y Centro Carter afirmaron que:

> En el caso de las planillas en las que los datos del firmante, aunque no así las firmas, fueron aparentemente llenados con una caligrafía similar, no compartimos el criterio del CNE, en el sentido de separar estas firmas para que sean ratificadas por los ciudadanos. Esta decisión podría afectar el resultado del proceso.

Díez explica las circunstancias y motivaciones que dieron pie a tal comunicado:

> La discusión sobre qué hacer fue muy dura. McCoy habló muy francamente con la OEA y constató que ellos no estaban dispuestos a retirarse, con lo que una retirada del Centro Carter sería vista con extrañeza. Al final, se elaboró un comunicado de prensa conjunto que marcaba el desacuerdo, pero que servía para mantener el proceso.

Ese mismo día, representantes de la oposición realizaron una rueda de prensa, con la vocería de julio Borges y Antonio Ledezma, expresando su apoyo al comunicado de los observadores externos, condenando la violencia y llamando a proseguir con la protesta pero de modo pacífico (cesar las guarimbas). A partir de entonces se materializaría el predominio de la línea moderada dentro de la CD, la cual se había visto fuertemente dividida a raíz de la polémica decisión del CNE de enviar a reparos casi 150.000 planillas.

DESAPARECE LA DIVISIÓN DE PODERES

Los sectores más radicales de la oposición no dejaron de expresar su disconformidad con dicho mensaje de moderación. Tal fue el caso de

Eduardo Lapi, gobernador de Yaracuy, quien entonces sostuvo que ir a «reparos» significaba convalidar el fraude:

> No podemos seguir aceptando diálogos absurdos que no garantizan el derecho de los ciudadanos [...]. Yo fui engañado en la Mesa de Negociación y Acuerdos, o por lo menos tuve que aceptar el engaño y aquí estamos convulsionados y no podemos seguir aceptando engaño, aquí la única salida es elecciones ya. ¿Qué más trampa nos van a poner en el camino?

Por su parte, Salas Römer, empresario y exgobernador del estado Carabobo, padre del entonces en funciones gobernador Henrique Salas Feo, señaló:

> Aquí no hay espacio para la negociación. Los derechos del pueblo no los negocia nadie. [...] si nosotros fuésemos a un proceso de reparación, que es una vergüenza y atropello que no estamos dispuestos a aceptar, estaríamos admitiendo que nosotros cometimos un error, cuando no es cierto[27].

Sin embargo, pesaron más los denodados esfuerzos de los representantes de la OEA y el Centro Carter para facilitar el diálogo entre las partes, el optimismo reflejado en los criterios técnicos emitidos por Súmate –que consideró factible recolectar en los «reparos» las firmas necesarias para convocar el RR presidencial– y, sobre todo, la autoridad del liderazgo más veterano en la oposición. Cabe señalar aquí las palabras del octogenario exguerrillero Pompeyo Márquez:

> ¡Sí, estamos negociando, porque político que no negocia no merece la dirección de nada! Toda confrontación, toda lucha, lleva implícita la negociación. ¡Aquí hay que quitarle esa satanización, con esos que quieren condenar a quienes buscamos diálogo! ¡Venezuela necesita diálogo y estamos ofreciendo diálogo a quien quiera dialogar![28].

---

27 María Lilibeth Da Corte: «Solo queda la desobediencia civil», http://www.eluniversal.com/2004/03/03/pol_art_03105A.shtml y Juan Francisco Alonso: «Salas Römer: Si vamos a reparo convalidamos el fraude electoral», http://www.eluniversal.com/2004/03/04/pol_art_04102C.shtml (Consultas: septiembre 1, 2008).

28 Elvia Gómez: «'El revocatorio es la prioridad'», http://www.eluniversal.com/2004/03/04/pol_art_04102A.shtml (Consulta: septiembre 1, 2008).

Además, Washington, Bruselas y el Grupo de Amigos seguían ejerciendo presión, mediante sendos comunicados y declaraciones. Bruselas en particular informó que «comparte la preocupación de la OEA acerca de la aplicación del CNE de criterios específicos de verificación y sus posibles consecuencias sobre el resultado del proceso»[29]. Por si fuera poco, la dimisión del embajador venezolano ante la ONU, el experimentado diplomático Milos Alcalay, también contribuyó a deteriorar la imagen del gobierno venezolano a nivel internacional. Hasta ese momento, Alcalay había acatado las decisiones del gobierno, pero justificó su renuncia señalando que «tristemente, Venezuela está ahora desprovista de los principios fundamentales con los que estoy profundamente comprometido», a saber, «la protección de los derechos humanos, la indeclinable necesidad de la plena vigencia de un régimen democrático, y la necesidad de que se actúe a través del diálogo»[30]. Esta renuncia tuvo una importante repercusión en un momento en el que las imágenes que reseñaban los noticieros internacionales sobre Venezuela mostraban la violencia callejera y la innegable dureza de la represión estatal. Por su parte, César Gaviria consideró que el caso venezolano había representado un verdadero reto para la OEA, y recordó que la democracia implica no solo elecciones libres, sino también transparencia, respeto a los derechos humanos, eficacia y participación ciudadana[31], si bien también lamentaba los insuficientes logros sociales y económicos que la democracia había logrado generar en el continente.

En este punto, era obvio que el entorno internacional más relevante no compartía la postura de los tres rectores «chavistas» del CNE (Carrasquero, Battaglini y Rodríguez) quienes ponían en duda la autenticidad de cientos de miles de firmas que solicitaban el RR presidencial. El rector Carrasquero, en declaraciones al diario *Panorama*, afirmaba que:

---

29 Por su parte, el secretario de Estado de EE.UU., Colin Powell, ratificó el derecho de los ciudadanos venezolanos de hacer valer su voluntad a través de los «reparos». «Unión Europea insta a las partes a agotar la negociación», http://www.eluniversal.com/2004/03/05/pol_art_05107B.shtml (Consulta: septiembre 1, 2008).

30 «En Venezuela no se respetan los DDHH», http://www.eluniversal.com/2004/03/05/pol_art_05107A.shtml (Consulta: septiembre 1, 2008).

31 Mariángela Lando Biord: «'Democracia es más que elección libre'», http://www.eluniversal.com/2004/03/06/pol_art_06106A.shtml (Consulta: septiembre 1, 2008).

La OEA y el Centro Carter tienen una opinión sesgada cuando dicen que no están de acuerdo con los criterios utilizados en las planillas planas […]. Es sesgada porque esa interpretación es acomodaticia, y es incorrecta desde el punto de vista jurídico, y desde ese punto de vista ellos han excedido la observación: no es el papel de la OEA ni del Centro Carter actuar de esa manera y se lo hemos dicho personalmente en las reuniones celebradas aquí.

El gobierno revolucionario experimentaba precisamente lo que había temido desde antes de que se iniciara el conflicto con la oposición en Venezuela: una reacción internacional contra su progresivo desplazamiento de las instituciones de la democracia liberal. En tal sentido, la Carta Democrática de la OEA era el instrumento que facultaba a los demás países para, en cierta forma, intervenir en el ascenso de la Revolución Bolivariana. Por eso el gobierno revolucionario de Caracas se había opuesto, de forma sistemática, a todas las resoluciones y declaraciones multilaterales que fortalecieran esos mecanismos de vigilancia internacional. Y por eso seguía considerando su desmantelamiento –dentro y fuera de Venezuela– como un objetivo esencial de su política interna y exterior.

La primera mitad del año 2004 fue el momento decisivo, durante el cual se comprobaría hasta dónde estaban dispuestas a presionar las demás naciones en la preservación de la democracia liberal en Venezuela. En consecuencia, durante estas fechas el gobierno venezolano reaccionó con fuerza contra las instituciones hemisféricas. Chávez reafirmó la validez de los criterios del CNE y cuestionó el papel de la OEA en el hemisferio, calificando de «sabia» la decisión del CNE sobre los reparos (150.000 planillas puestas en duda) y cuestionando a Milos Alcalay. Por su parte, el ministro de Infraestructura, Diosdado Cabello, afirmaba que:

Nos preocupa muchísimo que los representantes de la OEA vivan reunidos con la oposición. Eso es medio sospechoso […]. No nos acompleja la presencia de observadores en Venezuela, lo que sí tenemos claro es que no es la OEA ni el Centro Carter quienes deciden. Quien decide, en materia electoral, es el CNE»[32].

---

32 «Para Carrasquero observadores están sesgados», http://www.eluniversal.com/2004/03/08/pol_art_08107C. shtml Elvia Gómez: «Hugo Chávez defiende por 'sabia' decisión del CNE», http://www.eluniversal. com/2004/03/08/pol_art_08107A.shtml Alfredo Rojas: «Diosdado Cabello sospecha de gestión de la OEA en Caracas», http://www.eluniversal.com/2004/03/09/pol_art_09106C.shtml

La reacción del gobierno revolucionario fue igualmente desafiante frente a la CIDH y organismos defensores de derechos humanos. En marzo de 2003, la CIDH manifestó su preocupación por lo que consideró una impune violación de los derechos humanos en Venezuela y por la precariedad de la independencia del sistema jurídico venezolano. En efecto, para aquel momento, el 80% de los jueces venezolanos eran provisorios, no gozando así de estabilidad en el cargo y pudiendo ser removidos o suspendidos libremente, «lo que supondría un condicionamiento a su actuación, porque no se sienten jurídicamente protegidos frente a indebidas interferencias o presiones del interior o fuera del sistema judicial[33]. Días después, el 26 de marzo, el defensor del pueblo, Germán Mundaraín, entregaba su informe sobre los sucesos violentos de las últimas semanas, en el cual las cifras discrepaban ostensiblemente de las señaladas por la CD, afirmando además que no había presos políticos en el país. Si para la Defensoría los muertos fueron 9 y no había desaparecidos ni presos políticos, la oposición aseguraba que el saldo era de 12 fallecidos, 9 torturados, 1.758 heridos, 410 encarcelados por razones políticas y 8 desaparecidos. Ahora bien, la Defensoría sí reconoció la existencia de tratos crueles a los detenidos[34]. Por su parte, el ministro de Educación en Venezuela, Héctor Navarro, respondió también a la OEA, aseverando que esta «ha sido permanentemente un ministerio más del gobierno norteamericano porque de otra manera no se justifica la ausencia de Cuba en el sistema interamericano»[35]. El presidente Chávez cuestionó además la

---

Asimismo, el gobierno venezolano aseveró ante la OEA que el gobierno de Washington «ha recurrido a procedimientos deleznables para quebrantar y obstaculizar la buena marcha de un gobierno democráticamente electo». Yolanda Ojeda Reyes: «Entregarán denuncia formal contra EE.UU.», http://www.eluniversal. com/2004/03/10/pol_art_10107A.shtml (Consultas: septiembre 1, 2008).

33 Ver extracto del informe de la CIDH que se cita en el artículo de Yolanda Ojeda Reyes: «Jueces provisionales no garantizan justicia'», http://www.eluniversal.com/2004/03/20/pol_art_20104A.shtml (Consulta: septiembre 1, 2008). Igualmente, revisar Everett Bauman: «OEA alarmada por impunidad en violación de Derechos Humanos», http://www.eluniversal.com/2004/03/13/pol_art_13198A.shtml

34 Morelia Morillo Ramos: «Defensor reconoce tratos crueles de GN y policías», http://www.eluniversal. com/2004/03/26/pol_art_26102B.shtml). Un informe de Amnistía Internacional, publicado en mayo de 2004, indicaba 12 fallecidos, alrededor de 200 heridos y 500 detenidos durante las protestas del 27 de febrero al 4 de marzo, así como varios casos de tortura. «Derechos Humanos bajo amenaza», http://www.eluniversal. com/2004/05/12/pol_art_12150A.shtml (Consultas: septiembre 1, 2008).

35 «'OEA es un ministerio más del gobierno de EE.UU.'», http://www.eluniversal.com/2004/03/14/ pol_art_14110C.shtml (Consulta: septiembre 1, 2008).

reciente intervención de Estados Unidos en Haití, que ocasionó la salida del poder del presidente Aristide[36].

A pesar de todo lo anterior, no todo marchaba mal para el chavismo a nivel internacional. La inestabilidad política en Venezuela contribuyó durante estas semanas a la inestabilidad de los mercados petroleros –ya inquietos por la guerra en Irak–, algo que redundaba en beneficio del gobierno venezolano; en efecto, en marzo de 2004, el crudo venezolano sobrepasó la cota histórica de los $32 por barril. Otro hecho que fue recibido con beneplácito por el gobierno de Caracas fue el cambio de gobierno en España, hecho que tuvo lugar ese mismo mes y que se vio marcado por el atentado terrorista del 11 de marzo[37]. A propósito de estos acontecimientos, el vicepresidente Rangel consideró que:

> De este evento electoral resultó derrotado uno de los más agresivos y violentos adversarios del presidente Chávez, el señor José María Aznar, que fue un factor que participó en el golpe del 11 de abril, y que repitió su actividad en el paro petrolero de diciembre de 2002.

Sin embargo, la oposición venezolana, de orientación fundamentalmente socialdemócrata y vinculada al PSOE, consideraba que el nuevo gobierno de Rodríguez Zapatero no daría su respaldo al régimen de Chávez. Así se desprende de las palabras de Alfredo Coronil Hartmann, representante de AD en la Internacional Socialista y secretario de Asuntos Internacionales de ese partido, quien entonces consideró que el gobierno de Chávez «no tiene nada que celebrar. Yo creo que es un grave error pensar que el advenimiento al poder del Partido Socialista Obrero Español (PSOE) vaya a significar un cambio hacia Chávez». El optimismo adeco se cifraba en la esperanza de que se mantuvieran los tradicionales lazos del pasado, en virtud de los cuales Felipe González siempre fue considerado una figura cercana a los demócratas de América Latina. Precisamente una semana después, González emitía los siguientes conceptos sobre Chávez a la revista colombiana *Cambio*:

---

36 «Venezuela cambia agenda de la OEA», http://www.eluniversal.com/2004/03/09/int_art_09158D.shtml Días más tarde, Caracas afirmó que no reconocía al nuevo gobierno haitiano. Alfredo Rojas: «'Nosotros no reconocemos al nuevo gobierno de Haití'», http://www.eluniversal.com/2004/03/17/pol_art_17158A.shtml (Consultas: septiembre 1, 2008).

37 «Fue derrotado uno de los más agresivos y violentos adversarios», http://www.eluniversal.com/2004/03/17/pol_art_17158C.shtml (Consulta: septiembre 1, 2008).

Es un presidente votado arrolladoramente por una crisis política tremenda y por un hundimiento de los partidos políticos. No conviene olvidar que lo intentó por las botas y después por los votos, y que hizo una Constitución a su medida[38].

A nivel interno, el proceso revocatorio se vio marcado durante marzo de 2004 por lo que luego sería conocido como la «guerra de las salas del TSJ por el RR» (Brewer Carías y otros, 2004), dinámica que paralizaría durante 15 días el proceso refrendario y que traería como consecuencia el control total del Poder Judicial (y por ende, de todo el Estado ya) por parte de la Revolución Bolivariana. Se trató del conflicto que tuvo lugar entre la Sala Constitucional y la Sala Electoral del TSJ para dirimir la procedencia de las decisiones del CNE con respecto a las firmas de la oposición y, en última instancia, la validez de las mismas. Ante los recursos que interpusieron los abogados de la CD en la Sala Electoral –donde predominaban los magistrados afines a la oposición– para analizar las decisiones del CNE con respecto al RR, el oficialismo exigió que fuera la Sala Constitucional –controlada en su mayoría por el chavismo– la encargada de resolver el tema.

Poco después de que ambos bandos solicitaran la inhibición en el caso por parte de los magistrados no afines a su causa[39], los magistrados «chavistas» de la Sala Constitucional ordenaron a la Sala Electoral que se inhibiera de tomar decisiones en los casos relacionados con el RR mientras aquella se pronunciaba sobre el avocamiento solicitado por los represen-

---

38 Yolanda Ojeda Reyes: «Con el PSOE habrá un cambio de enfoque pero no de principios», http://www.eluniversal.com/2004/03/16/int_art_16192E.shtml Las palabras de Felipe González están reseñadas en «Felipe González ve a Venezuela 'más desgarrada que nunca'», http://www.eluniversal.com/2004/03/24/pol_art_24108C.shtml (Consultas: septiembre 1, 2008).

39 El 9 de marzo tanto el oficialismo como la oposición recusaron a magistrados que consideraban como parcializados hacia el bando opuesto. El diputado Ramón José Medina, del partido Primero Justicia –oposición– fue el primero en objetar la actuación del magistrado Luis Martínez en los casos relativos al RR, alegando que este «carece de la imparcialidad requerida», «tiene interés en la causa» y «es enemigo» de los representantes de las toldas políticas que están exigiendo la validación de las planillas planas. Por su parte, el oficialista Ismael García requirió la inhibición de los magistrados Alberto Martini Urdaneta y Rafael Hernández Uzcátegui en los casos del RR, alegando supuestos nexos con la oposición y «conducta contra el presidente Chávez». «Guerra de recusaciones entre partidos», http://www.eluniversal.com/2004/03/10/pol_art_10106C.shtml (Consulta: septiembre 2, 2008).

tantes del chavismo[40]. Pero, desconociendo tal decisión, la Sala Electoral ordenó (15 de marzo) la validación de 876.017 firmas que habían sido pasadas a revisión por supuesta caligrafía similar, con lo cual se alcanzaba la suma de firmas necesarias para que el RR pudiera ser convocado inmediatamente, sin necesidad de ir a «reparos»[41]. Ante semejante incertidumbre, el Grupo de Amigos emitió un nuevo comunicado desde Brasilia, en el que se consideraba que «una prolongada indefinición sobre los resultados de un proceso que se ha iniciado hace algunos meses, no ha contribuido a solucionar los graves problemas políticos», al tiempo que lamentaba «la pérdida de vidas humanas por causa de recientes manifestaciones» y consideraba «imperativo que se mantenga la moderación y la prudencia, en total respeto a las libertades democráticas»[42].

Ante la decisión tomada por la Sala Electoral, la Sala Constitucional decidió hacer valer su fallo y publicó la sentencia (a pesar de que esta fue emitida, al parecer por primera vez en la historia de ese tribunal, solo con la firma de 3 de sus 5 magistrados[43]); adicionalmente, anuló el fallo de la Sala Electoral y la acusó de desacato[44]. De inmediato, el presidente Chávez celebró la actuación de la Sala Constitucional:

---

40 La orden fue emitida el 11 de marzo por el presidente del TSJ, Iván Rincón, y los magistrados Jesús Eduardo Cabrera y José Delgado Ocando decidieron, aparentemente sin consultar a los jueces «opositores» Antonio García García y Pedro Rondón Haaz (Irma Álvarez: «Versiones contradictorias sobre un avocamiento», http://www.eluniversal.com/2004/03/16/pol_art_16104D.shtml, e Irma Álvarez y Eugenio Martínez: «Sala Constitucional vs. Electoral», http://www.eluniversal.com/2004/03/12/pol_art_12156A.shtml (Consultas: septiembre 2, 2008).

41 La suma de esas firmas con las ya consideradas como válidas por el CNE alcanzaba un total de 2.780.510 solicitudes (Irma Álvarez: «Revocatorio después de reparos», http://www.eluniversal.com/2004/03/16/pol_art_16102A.shtml). Además, el magistrado Martini Urdaneta, uno de los autores de tal dictamen, acusó de «violentar el Estado de Derecho» a los tres magistrados de la Sala Constitucional que llamaron a la Electoral a abstenerse de fallar en el caso del RR («Por 'violar Estado de Derecho' denuncian a tres magistrados», http://www.eluniversal.com/2004/03/16/pol_art_16102D.shtml). (Consultas: septiembre 2, 2008).

42 «Grupo de Amigos alerta sobre una 'prolongada indefinición'», http://www.eluniversal.com/2004/03/16/pol_art_16106N.shtml (Consulta: septiembre 2, 2008).

43 «Sentencia fue publicada con solo tres firmas», http://www.eluniversal.com/2004/03/18/pol_art_18104B.shtml (Consulta: septiembre 2, 2008).

44 Esta decisión fue adoptada unánimemente por los magistrados Iván Rincón, José Delgado Ocando, Jesús Eduardo Cabrera, Argenis Riera y Carmen Zuleta de Merchán; estos dos últimos habían reemplazado a los magistrados disidentes Antonio García García y Pedro Rondón Haaz, quienes fueron separados del caso por orden del presidente Rincón, al dar este como válidos los argumentos de parcialidad esgrimidos por el oficialismo contra los jueces. Juan Francisco Alonso: «Anulan validación de las 'planas'», http://www.eluniversal.com/2004/03/24/pol_art_24102A.shtml (Consulta: septiembre 2, 2008).

En la batalla entre la mentira y la verdad, el bien y el mal, entre el pasado y el futuro, la Sala Constitucional del TSJ sencillamente volvió a colocar las cosas en su sitio, en el orden constitucional que había sido roto, precisamente, por las componendas de esta oligarquía contrarrevolucionaria que no tiene ningún tipo de ética ni de moral [...]. No se trata, como dicen los voceros de la oligarquía y las campañas mediáticas nacionales e internacionales, de que hay unos magistrados chavistas. No, sencillamente hay una Constitución y leyes[45].

En términos similares se pronunció el vicepresidente Rangel, quien sostuvo que con esta decisión:

[...] se restablece plenamente el orden democrático y constitucional del país [...]. Es una sentencia muy bien elaborada, integral desde el punto de vista jurídico. Creo que es una buena respuesta a los aventureros que pretendían traficar con el Estado de Derecho. [...] es la mejor respuesta que puede darse a un adefesio jurídico como lo es la sentencia de la Sala Electoral[46].

Los magistrados de la Sala Electoral apelaron a la Sala Plena, realizaron diversas iniciativas para forzar su postura en el tema de las firmas[47] y emitieron una sentencia firme a favor de su validez a principios de abril, pero nada de esto tuvo efecto alguno. Más bien, lo que sucedería semanas más tarde es que el consejo Moral Republicano (organismo que reúne al fiscal general, al Contralor y al defensor del pueblo, todos afines a la revolución) emitiría una condena unánime contra los magistrados «opositores» de la Sala Electoral, amparándose para ello en la nueva Ley del TSJ, aprobada a mediados de mayo, ocasionando así la jubilación de

---

45 Alfredo Rojas: «'No se trata de que hay unos magistrados chavistas'», http://www.eluniversal.com/2004/03/25/pol_art_25102C.shtml (Consulta: septiembre 2, 2008).

46 Alfredo Rojas: «Rangel exalta decisión como mejor respuesta», http://www.eluniversal.com/2004/03/24/pol_art_24102E.shtml (Consulta: septiembre 2, 2008).

47 Entre tales iniciativas, hay que resaltar la convocatoria por Martini Urdaneta de una reunión de conciliación, a la cual, sin embargo, no asistieron ni el chavismo, ni los rectores del CNE, ni los observadores externos; por su parte, Díez excusó la ausencia del Centro Carter alegando que, como observadores, preferían «participar lo menos posible» en los procedimientos judiciales y mantener el máximo respeto por el Poder Judicial en el país. Yolanda Ojeda R.: «Centro Carter privilegia al CNE», http://www.eluniversal.com/2004/04/03/pol_art_03104C.shtml (Consulta: septiembre 2, 2008).

tales magistrados[48]. De este modo, para abril de 2004 el control del chavismo sobre todas las ramas del Poder Público era un hecho consumado, con lo cual Venezuela entraba de lleno en lo que podría denominarse una democracia iliberal (para usar el término empleado por Fareed Zakaria, ver capítulo VIII).

EL GOBIERNO FUERZA LA SALIDA DE JARAMILLO (OEA)

Mientras tanto, no cesaba la tensión entre el gobierno venezolano y los organismos internacionales. No cabe duda de que, para los revolucionarios de Caracas, el elemento más incómodo a estas alturas era el colombiano Fernando Jaramillo. Este se sintió en la necesidad, el día 19 de marzo, de enviarle una carta a Francisco Carrasquero, rector principal del CNE, pidiéndole respetuosamente que le presentara pruebas de su actitud «sesgada»; ese mismo día le robaron al colombiano su *laptop*, sustraída de su habitación en el hotel Tamanaco[49]. Y aunque a finales de marzo la OEA y el Centro Carter lograron limar sus recientes asperezas con el CNE, acordando que seguirían participando como observadores en el proceso revocatorio, el presidente Chávez no vaciló en calificar a dichos organismos de «fariseos e hipócritas». Carter rechazó dichos calificativos y los consideró «negativos y desfavorables»[50].

Entre tanto, la oposición seguía dividida en torno al tema de las elecciones regionales, fijadas por el CNE para el 1 de agosto. El plazo para la inscripción de los candidatos se iba agotando, mientras la oposición analizaba posibles pactos para postular candidatos de unidad a las elecciones regionales. Por su parte, el ministro de Salud, Roger Capella, no tenía ningún empacho en señalar que «quienes hayan firmado contra el presidente Chávez» serán despedidos «porque se trata de un acto de terrorismo»[51].

---

48 «Jubilan a Martini Urdaneta Hernández y Pérez Perdomo», http://www.eluniversal.com/2004/07/07/pol_art_07106A.shtml (Consulta: septiembre 2, 2008).

49 Teresa de Vincenzo: «OEA exhorta a Carrasquero a mostrar pruebas de sesgo», http://www.eluniversal.com/2004/03/20/pol_art_20177A.shtml (Consulta: septiembre 2, 2008).

50 Jimmy Carter se vio en la necesidad de rechazar tales calificativos, al considerarlos «negativos y desfavorables» al clima político venezolano «de entendimiento». «Jennifer McCoy se reunirá hoy con rectores del ente comicial», http://www.eluniversal.com/2004/03/30/pol_art_30102D.shtml (Consulta: septiembre 2, 2008).

51 Yolanda Ojeda Reyes: «'Firmar contra Chávez es un acto de terrorismo'», http://www.eluniversal.com/2004/03/21/pol_art_21108A.shtml (Consulta: septiembre 2, 2008).

Estas declaraciones no hacían más que confirmar los temores de la oposición, que denunciaba despido sistemático de funcionarios públicos, con base en la llamada «Lista Tascón». Según la CTV, el número de despidos ascendía ya a 7.600[52]. Por su parte, el exdirectivo de la CTV, Carlos Ortega, era expulsado de Costa Rica por violar las convenciones del asilo diplomático con su incesante actividad política y presuntamente conspirativa. No sorprendía entonces que algunos opositores «duros» dieran por agotada la vía institucional y que incluso llamaran al derrocamiento de Chávez por parte de los militares[53].

Dentro del propio gobierno, la consigna era cerrar filas y radicalizar las posturas. Hugo Chávez no dejaba lugar para vacilaciones: «Corrientes internas llaman a moderar, pero aquí no hay que moderar nada. Buena parte de esas corrientes han sido expulsadas por el proceso»[54]. Por estas fechas, y en el marco de esta nueva política exterior, el gobierno de Caracas celebraba el «II Encuentro Mundial de Solidaridad con la Revolución Bolivariana»[55], al cual fueron invitadas más de 300 personalidades de movimientos alternativos de todo el mundo; entre tales personalidades estaban el comandante sandinista Tomás Borge, Hebe de Bonafini, de las Madres de la Plaza de Mayo, el dirigente campesino hondureño Rafael Alegría y el líder indígena boliviano Evo Morales, así como el parlamentario colombiano del Polo Democrático Independiente, Gustavo Petro. Allí se propuso la creación de una «Carta Social de la OEA», que respondía a una visión alternativa –y no precisamente complementaria– al espíritu que dio origen a la Carta Democrática. El gobierno de Chávez enarboló la bandera de la defensa de los pobres, y los resultados positivos de las misiones (verdaderos o falsos) comenzaban a ser elogiados fuera del país. Tal como señalara entonces el representante residente del PNUD y coordinador del Sistema

---

52 Gustavo Méndez: «CTV contabiliza 7.600 despidos en todo el país», http://www.eluniversal.com/2004/03/23/pol_art_23106B.shtml (Consulta: septiembre 2, 2008).

53 «Costa Rica invita a Ortega a salir del país tras acto político en Miami», http://www.eluniversal.com/2004/03/30/pol_art_30106E.shtml). (Consultas: septiembre 2, 2008). «Costa Rica invita a Ortega a salir del país tras acto político en Miami», http://www.eluniversal.com/2004/03/30/pol_art_30106E.shtml). (Consultas: septiembre 2, 2008). y Taynem Hernández: «La FAN debe derrocar a Chávez», http://www.eluniversal.com/2004/03/21/pol_art_22156A.shtml.

54 «Chávez niega posibilidad de moderación de la revolución», http://www.eluniversal.com/2004/04/02/pol_art_02106B.shtml (Consulta: septiembre 9, 2008).

55 «350 invitados para encuentro de Solidaridad con la Revolución», http://www.eluniversal.com/2004/04/11/pol_art_11105C.shtml (Consulta: septiembre 9, 2008).

de Naciones Unidas en Venezuela, Antonio Molpeceres (en Miraflores, frente a Chávez, el Gabinete Social y los representantes regionales de las distintas organizaciones que integran el Sistema de las Naciones Unidas –PNUD, Acnur, FAO, Unicef, OPS/OMS y Unfpa–):

> Yo creo que es muy importante que las diferentes misiones sociales sean reflejadas en el Informe por muchas razones, una de las cuales es porque hay un gran interés de muchos países por conocer más sobre estas»[56].

Una semana después, el Senado colombiano solicitó, precisamente, aplicar las sanciones previstas en la Carta Democrática a Venezuela «para evitar la instauración definitiva de una dictadura» en ese país. Igualmente, el gobierno norteamericano, a través de Roger Noriega, solicitó a la comunidad internacional ser «rigurosa» con el gobierno venezolano. Tales hechos, condenados por Chávez y Rangel –quienes señalaron que «la oligarquía colombiana responde a Washington»–, se agravaron con las denuncias del congresista colombiano Gustavo Petro, quien aseguró en Caracas que grupos paramilitares de su país operaban en Venezuela «para participar en asesinatos de dirigentes populares»[57]. Finalmente, las tensiones fueron rebajadas por ambos presidentes[58].

La nueva política exterior de Caracas, característica de ciertos Estados revolucionarios, acarreaba una redefinición de las amenazas a la seguridad de la nación. Así lo atestiguan los crecientes recelos del gobierno venezolano frente al lanzamiento en Colombia del «Plan Patriota» y la inquietud manifestada por Caracas frente a supuestos planes de invasión por parte de

---

56 «Venezuela insiste en la Carta Social Interamericana», http://www.eluniversal.com/2004/04/06/pol_art_06106B.shtml y Alfredo Rojas: «'Hay un gran interés de muchos países por conocer más sobre las Misiones'», http://www.eluniversal.com/2004/04/22/pol_art_22104E.shtml (Consultas: septiembre 9, 2008).

57 «Denuncian plan paramilitar para Venezuela», http://www.eluniversal.com/2004/04/15/pol_art_15106D.shtml (Consulta: septiembre 9, 2008).

58 Si por su lado Uribe reprochó los señalamientos del Congreso de su país («Gobierno de Uribe mantiene otra posición», http://www.eluniversal.com/2004/04/16/pol_art_16104J.shtml), Chávez afirmó que había que dejar pasar los pronunciamientos de la «ultraderecha conservadora» colombiana y privilegiar las relaciones binacionales, porque Colombia es un país «esencial» para el proyecto bolivariano. Elvia Gómez: «Chávez está permanentemente alerta para repeler 'emboscada sangrienta'», http://www.eluniversal.com/2004/04/19/pol_art_19107C.shtml (Consultas: septiembre 9, 2008). A partir de entonces se convirtió en una constante entre ambos gobiernos que las crisis se centraran en los presidentes Uribe y Chávez y no en sus respectivas cancillerías.

la OTAN (el general Melvin López Hidalgo denunció entonces un supuesto «Plan Balboa»). Igualmente, el acelerado crecimiento del comercio con los Estados Unidos preocupaba al gobierno de Chávez, pues acentuaba la dependencia de Venezuela de ese país; de ahí también las conversaciones para lograr, en el futuro, la venta de un millón de barriles diarios de petróleo a China[59] y el impulso por parte del Estado venezolano para que aumentara el comercio con países como Argentina (se calculaba que los recientes acuerdos comerciales firmados entre los dos países sudamericanos elevarían el comercio binacional en un 250% en un solo año)[60]. Más adelante, a principios de mayo, el presidente Chávez realizó fuertes críticas a las torturas de prisioneros iraquíes en Abu Ghraib y desmintió las acusaciones de la diplomacia norteamericana sobre su supuesta afinidad ideológica con las FARC y el ELN. Sin embargo, pocos días después, las propias FARC, a través de su portavoz Raúl Reyes, declararían que:

> Las FARC tienen simpatía por el gobierno del presidente Hugo Chávez, porque es un gobierno bolivariano que está desarrollando un proceso bolivariano, es un gobierno bolivariano comprometido con los ideales de nuestro Libertador[61].

A estas alturas, ya estaba absolutamente claro que el conflicto venezolano tendría implicaciones significativas a nivel regional. Así lo entendía Roger Noriega, quien señaló a principios de mayo que Venezuela «no es un país cualquiera, es un país donde la estabilidad política y económica o la falta de ellas tiene un profundo impacto en el resto de las Américas y el mundo»[62]. Además, por estas fechas, el precio del barril de petróleo alcanzó los $40 y el crudo venezolano sobrepasó los 33. Los inesperados aumentos de precios permitían al gobierno de Chávez obtener ya 45% más de los ingresos planificados en el presupuesto nacional, dotándolo de

---

59 «Chávez planea vender un millón de b/d de petróleo a China», http://www.eluniversal.com/2004/04/26/eco_art_26126B.shtml (Consulta: septiembre 9, 2008).

60 «Intercambio entre Venezuela y Argentina crecerá 250%», http://www.eluniversal.com/2004/04/25/eco_art_25123B.shtml (Consulta: septiembre 9, 2008).

61 «FARC dan su apoyo a lucha bolivariana de Hugo Chávez», http://www.eluniversal.com/2004/05/05/int_art_05158C.shtml (Consulta: septiembre 10, 2008).

62 Declaraciones de Noriega aparecen en «Powell destaca papel 'vital' de observadores en revocatorio», http://www.eluniversal.com/2004/05/04/pol_art_04106A.shtml (Consulta: septiembre 10, 2008).

un gran margen de maniobra. Varias encuestas seguían señalando que la popularidad del presidente venezolano iba en ascenso gracias, principalmente, al éxito de las misiones. El escenario interno y externo comenzaba a ser cada vez más favorable al gobierno de Chávez; para entonces, sus preocupaciones se concentraban en la posibilidad de que la comunidad internacional no aceptara los resultados que un CNE favorable al gobierno pudiera emitir con respecto a una posible consulta electoral. En tal sentido, la Revolución Bolivariana tenía conciencia de lo importante que era ganar la batalla de la opinión pública mundial, especialmente en los Estados Unidos, y por ello dedicó parte de sus energías controlar este aspecto mediante empresas de cabildeo.

En cuanto al proceso refrendario, el 15 de abril el CNE comunicó las fechas en las que tendrían lugar los «reparos» de las firmas para el RR presidencial y anunció el diferimiento de las elecciones regionales para el 19 de septiembre de 2004. En un principio, los reparos tendrían lugar entre el 21 y el 23 de mayo de 2004, aunque días después esas fechas se modificaron por las del 27 al 31 del mismo mes; por otra parte, la decisión de postergar los comicios regionales permitía a las fuerzas políticas concentrarse completamente en el RR hasta agosto[63]. A continuación el CNE aprobó el reglamento de los «reparos» (los rectores «opositores», Zamora y Mejías, salvaron su voto) y dio a entender que la oposición debería recoger nuevamente unas 580.231 firmas si quería convocar el RR presidencial (el número definitivo de firmas válidas era de 1.910.965)[64].

Ante el panorama que le ofrecía el CNE, el dilema de la oposición se resumía en elegir entre: 1) aceptar los reparos en las circunstancias que imponía el CNE, para así lograr que el RR tuviera lugar antes del 19 de agosto (casi 15 meses después de haberse firmado el Acuerdo de la Mesa de Negociación), o bien, 2) acogerse a la decisión de la Sala Electoral, que validaba las firmas suficientes, y esperar la emisión de una resolución definitiva del TSJ, lo cual implicaba perder –dada la escasez de tiempo– la opción de validar las firmas objetadas por el CNE. Si, por un lado, el grueso de la CD (especialmente sus negociadores con el CNE, Felipe Mujica y Alberto Quirós Corradi) se mostraba proclive a asistir a los «reparos»,

---

63 Eugenio Martínez: «CNE llama a reparos», http://www.eluniversal.com/2004/04/15/pol_art_15102A.shtml (Consulta: septiembre 9, 2008).

64 Eugenio Martínez: «Aprobado reglamento de reparos», http://www.eluniversal.com/2004/04/21/pol_art_21102A.shtml (Consulta: septiembre 9, 2008).

todavía existían sectores políticos más intransigentes, encabezados principalmente por Henrique Salas Römer, que dudaban acerca de la viabilidad de insistir en el camino que planteaba la institucionalidad de un Estado cada vez más controlado por el gobierno chavista[65]. Por otra parte, si Chávez hubiera sido revocado después del 19 de agosto, en virtud del artículo 233 de la Constitución le hubiera correspondido al vicepresidente (para entonces, José Vicente Rangel, pero podría ser otro) asumir los dos años restantes del mandato, con lo cual no se produciría el cambio de régimen que anhelaba la oposición.

Mientras la Coordinadora debatía su decisión final, el Grupo de Amigos emitía, el 23 de abril, un nuevo comunicado de apoyo al proceso refrendario, en el que señalaba haber «tomado nota de la definición del período del 27 al 31 de mayo para la verificación de las firmas objetadas» e instaba a las partes a persistir en un «diálogo constructivo» en pos de una salida pacífica, democrática, constitucional y electoral al conflicto venezolano[66]. Por su parte, el Centro Carter se afanaba por mantener su capacidad de interlocución y observación ante el CNE, que para entonces lucía algo comprometida. En efecto, Jennifer McCoy, tuvo que hacer una aclaratoria pública para que el contenido de una carta enviada por Jimmy Carter al rector principal del CNE, Francisco Carrasquero, no fuera interpretada como una respuesta a la resolución de dicho organismo sobre los «reparos», pues al parecer dicha misiva había ocasionado cierto malestar en el ente electoral[67]. El 27 de abril, finalmente, la Coordinadora decidió por mayoría asistir a los «reparos» a finales de mayo y bajo las condiciones que planteaba el CNE, algunas de las cuales eran verdaderamente polémicas; por ejemplo, se permitía que un firmante se «arrepintiera», esto es, que asistiera a los reparos, no para ratificar, sino para retirar su firma –dando pie a que funcionaran posibles mecanismos de intimidación y coacción–. Las condiciones eran tan adversas que, tal como lo señala Francisco Díez:

---

65 Teresa de Vincenzo: «Se inicia debate interno opositor», http://www.eluniversal.com/2004/04/22/pol_art_22102A.shtml y «Para Salas Römer condiciones son un atropello y una burla», http://www.eluniversal.com/2004/04/23/pol_art_23104D.shtml). (Consultas: septiembre 9, 2008).

66 «Grupo de Amigos insta a un 'diálogo constructivo'», http://www.eluniversal.com/2004/04/24/pol_art_24106D.shtml (Consulta: septiembre 9, 2008).

67 «McCoy aclara que Carter no opinó sobre fallo del CNE», http://www.eluniversal.com/2004/04/23/pol_art_23104H.shtml (Consulta: septiembre 9, 2008).

La decisión de la Coordinadora Democrática de participar en los «reparos» los tomó por sorpresa [a los chavistas] y reavivó la discusión interna entre aquellos que pensaban que había que «evitar a toda costa» el revocatorio y aquellos que pensaban que era mejor enfrentar el proceso y relegitimar el mandato de Chávez. En el gobierno, como era su reflejo habitual, se replegaron, pero también atacaron con procesamientos judiciales a dirigentes opositores y a algunos militares vinculados con el golpe de abril de 2002.

Otro de los puntos acordados fue la presencia en los «reparos» de 120 observadores internacionales, avalados por la OEA y el Centro Carter; entre ellos estarían Carter y Gaviria. Ambos organismos felicitaron la decisión de la CD mediante un comunicado conjunto (ver anexos) en el cual anunciaron la presencia de Carter y Gaviria para los reparos[68]. De este modo, el 4 de junio de 2004 se sabría si finalmente el RR presidencial tendría o no lugar.

Pero los ánimos no se calmaron ante esta concreción de la vía refrendaria, y nuevos hechos de diversa índole seguirían enturbiando el proceso. El domingo 9 de mayo fueron detenidos por la Guardia Nacional alrededor de 80 colombianos en una finca de la zona metropolitana de Caracas («Daktari», propiedad del cubano-venezolano Robert Alonso). Ese mismo día, el ministro de Información, Jesse Chacón señaló lo siguiente:

> Véanlo, quiénes son estos paramilitares, en qué hacienda estaban, de quiénes son las haciendas circunvecinas, que irá saliendo toda la información […] la OEA, el Centro Carter, la ONU, la Unión Europea revisen esto; quiénes en Venezuela están jugando a la violencia. Esta oposición irracional que no puede llegar por los votos, quiere llegar al poder por la sangre. Rechacemos esta escalada de violencia que los actores de la Coordinadora Democrática quieren implantar.

Por su parte, el ministro del Interior, Diosdado Cabello, declaró que:

---

68 Eugenio Martínez: «Arrepentidos pueden eliminar firmas», http://www.eluniversal.com/2004/04/29/ pol_art_29104A.shtml y Teresa de Vincenzo: «Carter y Gaviria vendrán a reparos», http://www.eluniversal. com/2004/04/30/pol_art_30102A.shtml) (Consultas: septiembre 9, 2008).

[…] esta investigación va a traer cola y vamos a ver cuál va a ser la actitud de los gobiernos, tanto colombiano como norteamericano […] En esta zona está una hacienda gigantesca de un señor dueño de un medio de comunicación que ha estado muy en boga últimamente. Vaya usted a saber si ese sitio también haya sido tomado para entrenar a algunas personas. Allí está la Disip, la DIM, el Cicpc [cuerpos de seguridad del Estado venezolano] investigando a fondo y van a llegar hasta los responsables[69].

En respuesta al hecho, la CD condenó todo tipo de violencia, pero rechazó las acusaciones oficiales que le atribuían albergar semejantes planes y exhortó al gobierno a aclarar los detalles de la situación, que contaba con «elementos dispersos e imprecisiones». Al día siguiente, el vicepresidente Rangel acusó a la oposición de «banalizar» el hecho, afirmó que el expresidente Carlos Andrés Pérez y Pedro Carmona se encontraban relacionados con el mismo y emplazó al embajador Shapiro y a Gaviria a pronunciarse sobre el tema. Dijo Rangel:

Señor Shapiro, lo emplazo a que diga cuál es la posición de su gobierno frente a la presencia de paramilitares criminales, terroristas y narcotraficantes en Venezuela […]. Evidentemente que hay una triangulación Miami-Colombia-Venezuela. Esto tiene connotaciones nacionales e internacionales […]. Usted no puede guardar silencio, Gaviria. Usted sabe lo que es la violencia, lo que representan los paramilitares, sabe que son un azote para la sociedad colombiana. Nosotros no queremos tener el azote colombiano en Venezuela, no queremos paramilitarizar a Venezuela.

Al tercer día, el director de la Disip, Miguel Rodríguez Torres, afirmó que los supuestos paramilitares –a quienes, por cierto, encontraron desarmados– pretendían «producir una rebelión cuyo objetivo final es la eliminación del presidente», y con respecto a los autores intelectuales, afirmó que:

[…] hay líderes que hacen vida en la Coordinadora Democrática, hay líderes que hacen vida en el Bloque Democrático, hay líderes de otros grupos que no están ligados a estos dos, hay de todo un poquito[70].

69 «'Oposición descubre su verdadera agenda'», http://www.eluniversal.com/2004/05/10/pol_art_10104C. shtml (Consulta: septiembre 10, 2008).
70 Teresa de Vincenzo: «CD exige al gobierno aclarar en detalle los hechos», http://www.eluniversal.

El hecho generó revuelo, malestar y confusión, y ameritó pronunciamientos por parte de César Gaviria y el Centro Carter, ambos respaldando el orden constitucional, abogando por una solución pacífica y democrática a los conflictos en Venezuela y rechazando enfáticamente toda tentativa de violencia[71]. Igualmente, el gobierno colombiano aplaudió la cooperación del venezolano en tareas de seguridad y manifestó su voluntad de investigar los hechos (Bogotá confirmó a los 3 días del hecho que al menos 28 de los detenidos habían prestado servicio militar en ese país)[72]. El presidente Chávez, sin embargo, acusó a ciertos sectores del Estado colombiano como cómplices de la presunta conspiración, señalando: «Sabemos muy bien que el actual comandante del Ejército colombiano es, y ha demostrado serlo, adversario de este gobierno, y ha mentido descaradamente», en referencia al general colombiano Martín Carreño[73].

Días más tarde, el 13 de mayo, cuando cuerpos de seguridad se encontraban en las inmediaciones de la hacienda «Daktari» en busca del único fusil que existía en el campamento en el que se habrían estado entrenando los irregulares, se encontraron con otro supuesto paramilitar que se entregó a las autoridades voluntariamente. En sus primeras declaraciones a la prensa, el joven detenido aseguró que:

> [...] los comandantes nos darían cédulas para votar por Chávez... estábamos indocumentados [...] nos fueron a buscar a cada una de las casas allá en Cúcuta [Colombia], todos éramos campesinos, y nos ofrecían trabajo de agricultura y confección textil con un sueldo de 400 mil bolívares... desde Cúcuta nos llevaron a Ureña [Venezuela] y allí abordamos unos autobuses... nos engañaron, yo no tengo la culpa de nada[74].

---

com/2004/05/10/pol_art_10104E.shtml; Alfredo Rojas: «'Me preocupa que un hecho de gravedad sea banalizado'», http://www.eluniversal.com/2004/05/11/pol_art_11104A.shtml y Alicia La Rotta: «Buscan a militares activos», http://www.eluniversal.com/2004/05/12/pol_art_12104AA.shtml (Consultas: septiembre 10, 2008).

71 «Centro Carter rechaza presencia de irregulares», http://www.eluniversal.com/2004/05/12/pol_art_12106C.shtml (Consulta: septiembre 10, 2008).

72 «Colombia confirma servicio militar de 28 detenidos», http://www.eluniversal.com/2004/05/12/pol_art_12108B.shtml (Consulta: septiembre 10, 2008).

73 Alfredo Rojas: «Chávez advierte que están en juego relaciones con Colombia», http://www.eluniversal.com/2004/05/13/pol_art_13106A.shtml (Consulta: septiembre 10, 2008).

74 María Isoliett Iglesias: «'Nos dijeron que nos darían cédulas para votar por Chávez'», http://www.eluniversal.com/2004/05/14/pol_art_14104C.shtml (Consulta: septiembre 10, 2008).

A la postre, este caso no desembocó en nada concluyente, más allá de la detención de varios civiles y militares poco conocidos. Con el paso del tiempo, los irregulares detenidos fueron liberados y trasladados a su país de origen. Sin embargo, el hecho tuvo una gran repercusión en los medios de comunicación durante algunas semanas y contribuyó a enrarecer aún más el clima de crispación que marcaba el proceso revocatorio. *The Economist*, traducido al castellano para *El Universal*, comentaba así el hecho:

> ¿Acaso se trata de una conspiración de grupos opositores que pretendían utilizar paramilitares colombianos para sacar al presidente del poder? ¿O más bien es un *show* montado por el gobierno con el fin de desacreditar a una débil oposición y distraer la atención de sus propias maniobras para evitar que se realice el referendo revocatorio? Independientemente de cuál sea la verdad tras el arresto de casi un centenar de hombres uniformados, pero desarmados, supuestamente terroristas de derecha, el caso implicará más problemas para la oposición en Venezuela. Chávez está a un paso de alcanzar el poder absoluto en su país. Los intentos de la oposición por apelar a la Constitución y someter al mandatario a un revocatorio parecen estar condenados al fracaso. Peor aún, una nueva legislación permite al presidente controlar el Tribunal Supremo de Justicia (TSJ). Ahora el incidente con los paramilitares es la excusa perfecta para adoptar medidas enérgicas[75].

En todo caso, las preocupaciones de los observadores internacionales seguían centradas en lograr la pulcritud suficiente durante el conteo de votos de una eventual consulta electoral, y no tanto en las condiciones dentro de las cuales esta podría tener lugar. Lo contrario hubiera significado denunciar abiertamente las prácticas antidemocráticas que estaba llevando a cabo la institucionalidad revolucionaria y, por ende, perder capacidad de interlocución. El 12 de mayo la OEA y el Centro Carter emitieron un comunicado conjunto en el que dieron a conocer que la misión conjunta ejecutaría un conteo rápido durante los reparos:

> La misión conjunta también conducirá un conteo rápido, proyección estadística de los resultados basada en la observación del conteo de firmas

---

75 «A un paso del poder absoluto», http://www.eluniversal.com/2004/05/16/pol_art_16107A.shtml (Consulta: septiembre 10, 2008).

realizado cada día en un número representativo de centros. Este conteo rápido proveerá a la misión conjunta y al CNE una información independiente a fin de corroborar los resultados oficiales[76].

Asimismo, OEA y Centro Carter sostuvieron que «la petición al firmar es un acto único de expresión de voluntad y no puede cambiarse durante los reparos». Esta última expresión generó gran molestia en los rectores «chavistas» del CNE, Jorge Rodríguez y Francisco Carrasquero, que casi cortaron la relación con los observadores externos porque contrariaba las normas que el CNE había emitido para los reparos. En efecto, Carrasquero señaló, en rueda de prensa al día siguiente, que los observadores se «extralimitaron en sus funciones y violaron el acuerdo suscrito el 20 de noviembre de 2003 con el ente electoral», razón por la cual el rector principal del CNE afirmó que «no me siento con ellos hasta que recuperen su posición de imparcialidad» y exigió una disculpa por parte de dichas organizaciones[77].

Ante las quejas de los directivos del CNE, la misión conjunta de la OEA y el Centro Carter ratificó su respeto al ente electoral venezolano, pero también reiteró la naturaleza de su trabajo como observadores. En un nuevo comunicado conjunto, ambas organizaciones ratificaron su respeto y consideración para con la autoridad electoral y ratificaron que sus opiniones «no son vinculantes, pero recordaron que «las tareas de la misión incluyen realizar reportes y recomendaciones privadas al CNE y reportes públicos periódicos destinados a la sociedad venezolana y a la comunidad internacional», con el objeto de «colaborar con la autoridad electoral y con los actores del proceso para contribuir a que este último sea transparente y refleje la voluntad del elector»[78]. Nuevamente quedaba a la luz pública la incomodidad que los observadores internacionales representaban para el gobierno venezolano. Mientras la CD temía que el CNE suspendiera la observación por parte del Centro Carter y la OEA, Fernando Jaramillo continuaba defendiéndose de las acusaciones que el

---

76 «Observadores harán conteo rápido durante los reparos», http://www.eluniversal.com/2004/05/13/pol_art_13109B.shtml (Consulta: septiembre 11, 2008).

77 Teresa de Vincenzo: «CNE exige disculpas a observadores», http://www.eluniversal.com/2004/05/14/pol_art_14106A.shtml (Consulta: septiembre 11, 2008).

78 «'Nuestras evaluaciones son objetivas'», http://www.eluniversal.com/2004/05/14/pol_art_14106B.shtml (Consulta: septiembre 11, 2008).

chavismo vertía sobre él de forma cada vez más frecuente, con la evidente finalidad de lograr su remoción de la misión de observación de la OEA. Por ejemplo, el 14 de mayo, la OEA emitió un breve comunicado en el que afirmaba lo siguiente:

> En relación a recientes declaraciones periodísticas efectuadas por el diputado Ismael García, en las que se acusa a representantes de la OEA de recibir dinero de sectores de la oposición, la Misión de la OEA desea informar que las mismas son completamente falsas

Para el día 17 de mayo, el partido *Patria Para Todos* (PPT), de la coalición oficialista, declaró que «no queremos más a Jaramillo [OEA] ni a Díez [Centro Carter] como intermediarios. Sus opiniones son sesgadas y por eso no queremos que estén aquí durante los procesos de reparos»[79]. A pesar de estas tensiones, el CNE y los observadores externos volvieron a superar sus diferencias el 17 de mayo, según lo manifestaron en un comunicado conjunto[80].

Por otro lado, es necesario mencionar que la oposición venezolana, desde principios de mayo, venía solicitando una auditoría de la OEA y el Centro Carter a la DIEX, organismo encargado de la emisión de documentos de identidad e inscripción en el Registro Electoral (RE)[81]. La preocupación de la CD surgía porque dicho registro crecía a un ritmo inusual; en efecto, alcanzaría los 14.037.900 inscritos en agosto de 2004, en comparación con los 11.720.660 que había en 2000. Parte del inusual crecimiento era achacada por la oposición a un irregular proceso de identificación y a una nacionalización de extranjeros supuestamente indiscriminada. Lo que el gobierno defendía como un proceso de inclusión de millones de personas que hasta entonces habían estado fuera del sistema, en la oposición era visto como una adulteración poco transparente del registro electoral.

---

79 «OEA desestima señalamientos», http://www.eluniversal.com/2004/05/15/pol_art_15108B.shtml y «Solicitan cambio de voceros de observadores», http://www.eluniversal.com/2004/05/18/pol_art_18107D.shtml). (Consultas: septiembre 11, 2008).

80 «Rectores del CNE, OEA y Centro Carter 'limaron asperezas'», http://www.eluniversal.com/2004/05/18/pol_art_18107C.shtml (Consulta: septiembre 11, 2008).

81 «Oposición quiere que se audite a la DIEX», http://www.eluniversal.com/2004/05/06/pol_art_06159A.shtml

Lo cierto es que la ambición gubernamental de fagocitar todo el Estado seguía su curso, amparada en buena medida por el sostenido ascenso de los precios del petróleo. En efecto, el precio del crudo venezolano superaba para finales de mayo los \$35 por barril; este incremento había permitido que las reservas internacionales de Venezuela se ubicaran ya en mayo de 2004 por el orden de los \$23.000 millones, cuando un año antes todavía no alcanzaban los \$18.000 millones, y considerando que al final del paro opositor (febrero 2003) apenas superaban los \$11.000 millones[82]. Así, el control de la Revolución Bolivariana sobre cada una de las ramas del Poder Público seguía expandiéndose. Por un lado, el 18 de mayo de 2004 se sancionó definitivamente la nueva Ley Orgánica del TSJ; recordemos que una sentencia del TSJ, de finales de enero de 2004, le permitió al chavismo la aprobación de esta ley orgánica con mayoría simple (como si fuera una ley ordinaria) y no con dos tercios de la Asamblea Nacional, tal como lo expresa la Constitución. Por otra parte, diversos organismos de oposición eran hostigados a través del aparato del Estado, entre ellos Súmate y el alcalde del municipio Baruta, Henrique Capriles Radonski[83].

Al mismo tiempo, el presidente Chávez anunciaba la ampliación del contingente de tropa y la compra de nuevo armamento militar, en una reorganización de los cuerpos armados de la nación bajo «el concepto de la defensa nacional popular integral», doctrina ajena a la tradición militar venezolana y según la cual «cada ciudadano debe considerarse un soldado»; el presidente explicó que «se trata ahora de la incorporación masiva del pueblo venezolano a la defensa integral del territorio en todas partes»[84]. Días más tarde, el ministro de Defensa, Jorge Luis García Carneiro, explicó las tres líneas estratégicas en las cuales se fundamentaba el nuevo concepto de defensa de la nación. En primer término estaría «el fortalecimiento del componente militar, en el incremento de la operatividad, aumento de efectivos regulares y de la reserva, es decir, aumentar la tabla de organización y equipo de la Fuerza Armada Nacional». En segundo lugar figuraba la reserva, que debía colaborar en el desarrollo nacional junto a las cooperati-

---

82 Banco Central de Venezuela; http://www.bcv.org.ve/cuadros/2/252.asp?id=40 (Consulta: septiembre 11, 2008).

83 Juan Francisco Alonso: «Fiscalía imputará a miembros de Súmate», http://www.eluniversal.com/2004/05/19/pol_art_19184A2.shtml (Consulta: septiembre 11, 2008).

84 Alfredo Rojas: «'Cada ciudadano debe ser un soldado'», http://www.eluniversal.com/2004/05/17/pol_art_17158A.shtml (Consulta: septiembre 11, 2008).

vas y las misiones, y en tercer término se concebía la movilización popular como servicio militar sustitutivo, prestado durante los fines de semana e incluido en la legislación militar. Según señaló entonces García Carneiro, es vital «enseñar al pueblo que sin armas también se puede defender a la nación, como por ejemplo con información de inteligencia»[85]. La CD rechazó el plan de defensa nacional pautado por el presidente, afirmando que Venezuela «no se convertirá en un país de milicianos y seguirá siendo un país de ciudadanos». El ambiente de tensión que se vivía en el país se reflejaba en los continuos comunicados del Grupo de Amigos, que nuevamente se pronunció el 20 de mayo para llamar a las partes a mantener «la moderación y la prudencia».

Así las cosas, los reparos se iniciaron finalmente el 21 de mayo. El primer turno correspondió a las solicitudes de revocación del mandato de los diputados opositores[86], ocasión en la que el oficialismo arreciaría en sus críticas contra Jaramillo. El problema surgió porque el colombiano afirmó públicamente, el segundo día de reparos, que el proceso se estaba desarrollando con normalidad, aunque «no estaba acudiendo tanta gente como se esperaba». Para el 24 de mayo, el MVR, principal partido de la coalición de gobierno, se sumó a las demandas del PPT para solicitar la sustitución de Jaramillo y Díez como representantes de la OEA y el Centro Carter en Venezuela, respectivamente, ya que además el colombiano se había referido a la investigación que se le seguía a la organización Súmate como «persecución». Al mismo tiempo, el CNE anunció que posiblemente amonestaría a Jaramillo por «indebida injerencia» en sus funciones de observación. Frente a estas acusaciones, el representante del Centro Carter, Gordon Streeb, señaló que la organización no tenía intención de cambiar a sus representantes en Venezuela, mientras que Jaramillo señaló que ya había ofrecido sus explicaciones al chavismo[87].

---

85 «Entrenarán a civiles en labores de inteligencia», http://www.eluniversal.com/2004/05/25/pol_art_25107A.shtml (Consulta: septiembre 11, 2008).

86 La oposición denunciaba que si bien solo un 17% de las firmas de las solicitudes contra parlamentarios chavistas fueron enviadas a reparos por el CNE, el oficialismo logró que 34% de las que entregó contra legisladores opositores fueran enviadas a tal instancia. «Coordinadora denuncia fraude en reparos del chavismo», http://www.eluniversal.com/2004/05/24/pol_art_24104C.shtml (Consulta: septiembre 11, 2008).

87 «Segunda jornada con lluvias y poca gente», http://www.eluniversal.com/2004/05/23/pol_art_23107A.shtml; Taynem Hernández: «MVR exige al CNE cambio de observadores», http://www.eluniversal.com/2004/05/25/pol_art_25104D.shtml; «Publicidad restringida», http://www.eluniversal.com/2004/05/25/pol_art_25102A.shtml y Teresa de Vincenzo: «La OEA y el Centro Carter no cambiarán sus representantes», http://www.eluniversal.com/2004/05/25/opi_art_25102B.shtml)

Para cuando Gaviria llegó a Venezuela (28 de mayo), la presión sobre su colaborador principal se había hecho insostenible, y aunque el secretario general de la OEA defendió en un primer momento la labor de su compatriota, el vicepresidente Rangel presentó una solicitud formal para que se le retirara de la misión de observación, en la que se comunicaba que:

No aceptamos que el señor Jaramillo siga presidiendo la representación en calidad de observador de la OEA en nuestro país. No vamos a aceptar, bajo ningún respecto, algún comunicado o acuerdo que suscriba la OEA con el nombre del señor Jaramillo[88].

A Gaviria no le quedó más opción que ceder, para no poner en riesgo toda la misión de observación por parte de la OEA, y Jaramillo fue finalmente apartado de la observación del proceso de reparos.

LOS REPAROS

Chávez, por su parte, aseguraba –días antes de que comenzaran los reparos en contra de la oposición– que ya había 3 millones de venezolanos inscritos en las distintas misiones educativas del gobierno[89], aseguraba que no habría represalias en contra de quienes firmaran en tal oportunidad, y apostaba a que los «arrepentidos» serían más que los que ratificarían su firma en los reparos. Es importante señalar que, según el Banco Central, el gasto público se había duplicado en el primer trimestre de 2004, en comparación con el mismo período del año anterior. Sin embargo, el proceso estuvo marcado por diversos incidentes; por ejemplo, el día 30 de mayo la Disip irrumpió en las sedes de los partidos opositores AD y Copei para incautar lo que denunciaron como lotes de cédulas «clonadas», algo que negaron los representantes de dichas organizaciones políticas[90]. Además, por si hubiera ya poca confianza en el proceso refrendario, se supo

---

88 Alfredo Rojas: «Rangel exige reemplazo de Jaramillo», http://www.eluniversal.com/2004/05/28/pol_art_28106A.shtml (Consulta: septiembre 11, 2008).

89 Juan Francisco Alonso: «Chávez augura que los 'arrepentidos' superarán a los que repararán», http://www.eluniversal.com/2004/05/24/pol_art_24108D.shtml y «Gasto público se aceleró en el primer trimestre», http://www.eluniversal.com/2004/05/31/eco_art_31114C.shtml (Consultas: septiembre 11, 2008).

90 «Irrumpen en sedes de Acción Democrática y COPEI», http://www.eluniversal.com/2004/05/31/pol_art_31188BB.shtml (Consulta: septiembre 11, 2008).

públicamente que el gobierno había comprado un 29% de las acciones de SBC, consorcio que se encargaría de la producción y programación de las unidades de votación que se emplearían en las elecciones regionales y en el eventual RR[91]. Por estas fechas, la CIDH decidía informar a la Asamblea General de la OEA acerca del incumplimiento, por parte del Estado venezolano, de diferentes medidas cautelares interpuestas por ese organismo judicial.

Otros elementos de tensión tuvieron lugar durante los días previos a los reparos presidenciales. El general Francisco Usón, quien había sido dado de baja de la Fuerza Armada a raíz de haberse sumado al grupo de oficiales que desconocieron la autoridad del presidente Chávez en abril de 2002, y que mantenía numerosas reuniones con los diversos grupos de oposición durante el proceso revocatorio, fue detenido por la Dirección de Inteligencia Militar (DIM) el 22 de mayo, en el aeropuerto de Puerto Ordaz. Por otra parte, el diputado oficialista Luis Tascón proponía inter-pelar en la Asamblea Nacional a los ciudadanos Gustavo Cisneros, Alberto Federico Ravell y Marcel Granier, propietarios o directores respectivamente de los canales de TV Venevisión, Globovisión y Radio Caracas Televisión, por el tratamiento desdeñoso que tales medios de comunicación habrían brindado al «caso de los paramilitares»[92].

El 26 de mayo, poco antes de que empezaran los reparos de la oposición, apareció en el *Washington Post* un artículo firmado por Hugo Chávez, explicando brevemente en qué consistía el proceso de reparos, condenando al gobierno de Bush por haber respaldado su breve derro-camiento en abril de 2002 y haciendo votos para que «en esta ocasión respete nuestra democracia republicana». En dicho artículo, el presidente Chávez explicaba que:

> De acuerdo con el Consejo Nacional Electoral de Venezuela, un organismo tan independiente como la Comisión Electoral Federal de Estados Uni-dos, más de 375.000 firmas en apoyo a la solicitud de referendo fueron falsificadas y otras 800.000 tenían caligrafía similar.

---

91 Eugenio Martínez: «CNE resta importancia a participación del Estado en SBC», http://www.eluniversal. com/2004/05/30/pol_art_30106D.shtml (Consulta: septiembre 11, 2008).

92 Alicia La Rotta: «Detenido y trasladado a la DIM general Francisco Usón Ramírez», http://www.eluniversal. com/2004/05/23/pol_art_23106D.shtml, y «Proponen interpelar a dueños de TV», http://www.eluniversal. com/2004/05/26/pol_art_26107E.shtml). (Consultas: septiembre 11, 2008).

Al tiempo que aseguraba que tanto él como sus partidarios:

[...] repetida y públicamente hemos prometido acatar los resultados de ese proceso transparente, sean cuales fueren. Mis oponentes políticos no se han comprometido de manera similar; algunos incluso han dicho que solo aceptarán un fallo en favor de un referendo revocatorio[93].

El artículo de Chávez era, sin duda, una respuesta al que previamente había publicado Roger Noriega, subsecretario de EE.UU. para asuntos hemisféricos, quien a su vez había señalado lo siguiente:

El proceso de referendo en Venezuela también pondrá a prueba el compromiso de la región con la Carta Democrática Interamericana, la hoja de ruta de las naciones de la OEA en la promoción y defensa de la democracia en el continente. Estados Unidos seguirá trabajando con nuestros socios en el continente en apoyo a la democracia en Venezuela.

Asimismo, Noriega sostenía que:

La recolección de firmas del año pasado recabó cerca de tres millones 400 mil firmas, muy por encima de la cifra requerida por la Constitución de dos millones 400 mil firmas, en un proceso que tanto la Organización de Estados Americanos y el Centro Carter determinaron que había cumplido rigurosos controles y verificaciones. Sin embargo, una controvertida decisión del Consejo Nacional Electoral (CNE), cuestionada por los observadores de la OEA y del Centro Carter, trajo como resultado la exclusión arbitraria de más de 800.000 firmas. Estas firmas deben ser sometidas ahora a una segunda etapa de verificación, o sea el proceso de reparo[94].

No solo Chávez, sino también otras instancias del gobierno venezolano rechazaron las palabras de Noriega. Tal fue el caso de Jorge Rodríguez, directivo «chavista» del CNE, quien calificó el pronunciamiento de Noriega como «una clara injerencia, inmiscuirse de manera inadecuada,

---

93 Traducido por *El Universal* en «Listo para el revocatorio», http://www.eluniversal.com/2004/05/27/pol_art_27108AB.shtml (Consulta: septiembre 11, 2008).
94 «Preservar la democracia en Venezuela», http://www.eluniversal.com/2004/05/26/pol_art_26104C.shtml (Consulta: septiembre 11, 2008).

sin tener ningún tipo de consideración con el Poder Electoral». Por su parte, el vicepresidente Rangel exigió una rectificación por parte de Washington, pues «de lo contrario no podemos confiarnos en la buena fe de un país que forma parte de un Grupo de Amigos, cuando está haciendo este tipo de declaraciones lesivas a la dignidad nacional»[95]. Sin embargo, el Departamento de Estado no hizo más que ratificarlas a través de Colin Powell[96], pues constituían la visión de Estado de Washington ante lo que se consideraba un gobierno esencialmente opuesto a sus valores e intereses. El problema para Washington, así como para la oposición interna, era que el entorno hemisférico cada vez parecía alejarse más de sus enfoques sobre el conflicto venezolano.

Precisamente cuando tenían lugar los reparos de la oposición, el presidente Chávez se encontraba en Guadalajara, México, en la III Cumbre de Europa y América Latina. Allí –donde al parecer el presidente Lula se rehusó a mantener una reunión privada con el mandatario venezolano– se discutieron diversos temas relativos a ambos continentes, pero las subidas sostenidas del petróleo sin duda representaban una de las mayores preocupaciones de los países asistentes. Por ejemplo, el presidente uruguayo, Jorge Batlle, le planteó sus inquietudes en este sentido a Hugo Chávez y le sugirió que ofreciera petróleo subsidiado a los países de la región:

> Le estuve preguntando a mi vecino, el presidente Chávez, si él no creía que el precio de 42 dólares por barril estaba por encima de lo conveniente para el mundo entero, y si no entendía que había una posibilidad de tener solidaridad con los países que no tenemos petróleo, poniéndolo a 38 o a 39 dólares[97].

También Leonel Fernández, presidente electo de República Dominicana –cargo que asumiría el 16 de agosto–, asistió entonces a la Cumbre y reconoció que «Le planteamos a Chávez la posibilidad de una fórmula

95 Gustavo Méndez: «Rodríguez insiste en la injerencia», http://www.eluniversal.com/2004/05/27/pol_art_27104A.shtml y Alfredo Rojas: «Rangel exige reemplazo de Jaramillo», http://www.eluniversal.com/2004/05/28/pol_art_28106A.shtml (Consultas: septiembre 11, 2008).

96 «EE.UU. exhorta al gobierno a 'honrar voluntad del pueblo'», http://www.eluniversal.com/2004/05/28/pol_art_28104B.shtml (Consulta: septiembre 11, 2008).

97 «Uruguay solicitó a Hugo Chávez solidaridad en precios del crudo», http://www.eluniversal.com/2004/06/01/eco_art_01136D.shtml (Consulta: septiembre 13, 2008).

alternativa, que vamos a discutir más adelante». En interesante recalcar que Fernández asumiría la presidencia el 16 de agosto de 2004, y Chávez podría enfrentar un delicado referéndum revocatorio en ese mes; en otras palabras, existía la posibilidad de que no coincidieran mucho tiempo como presidentes[98]. También conviene recordar que Leonel Fernández había formado parte de la misión exploratoria del Centro Carter en Venezuela a mediados de 2002 (razón por la cual estaba bastante familiarizado con el conflicto venezolano) y que más recientemente, en septiembre de 2003, el gobierno venezolano había suspendido temporalmente los envíos de crudo a la isla como consecuencia de un altercado diplomático.

Así evolucionaban las cosas a nivel internacional cuando finalizaron los reparos que solicitaban la realización del RR contra Chávez. Se trató de un momento delicado, tal como veremos a continuación. Ya desde el penúltimo día (domingo 30 de mayo), la oposición se alarmó porque, según afirmaban, había irregularidades con la actitud de los militares en los centros de votación y en la recepción de las actas provenientes del interior del país, lo cual motivó al expresidente Carter a movilizarse hasta la sede del CNE. Sin embargo, los rectores «chavistas» no recibieron a los representantes del Centro Carter. Desde allí el expresidente norteamericano aseveró que los observadores internacionales estaban preocupados «por la lentitud en la entrega de las actas [...]. Vinimos al CNE para constatar los motivos del atraso [...]. Estamos deseosos de entender las razones de esta demora y mañana nos reuniremos con los rectores»[99]. He aquí la versión de los hechos de Francisco Díez:

> El domingo al mediodía, recibimos la denuncia de miembros de la oposición de que el CNE no estaba recibiendo las actas del interior del país, que los militares no las llevaban por orden del gobierno y que ellos temían un fraude masivo. Organizamos una reunión de los líderes de la oposición con Carter y Gaviria. Yo comencé a llamar al CNE para hablar con sus directivos y chequear la denuncia, pero Jorge Rodríguez no me atendía. Antes de ir a la reunión con la oposición, Carter me preguntó qué pensaba yo que debía hacer él, y le dije que creía que él y Gaviria debían ir perso-

---

98 «Dominicana negocia trato con Venezuela» http://www.eluniversal.com/2004/06/03/eco_art_03137E.shtml (Consulta: septiembre 13, 2008).

99 Eugenio Martínez: «Controversia por totalización», http://www.eluniversal.com/2004/06/01/pol_art_01102A.shtml (Consulta: septiembre 13, 2008).

nalmente al CNE, para hablar con las autoridades y ver qué pasaba. En la reunión escuchó a los opositores y anunció que en ese mismo momento salía para el CNE a verificar la denuncia. Yo logré hablar con la secretaria privada del presidente del CNE, que me dijo que los rectores estaban reunidos en el despacho y no los podía interrumpir, así que le dije que les pasara un papelito diciéndoles que Carter y Gaviria se encaminaban hacia el CNE para hablar con ellos. En el camino, a los diez minutos, me llamaron de Protocolo del CNE para avisarme que solamente estaba en el edificio el vicepresidente Ezequiel Zamora (de la oposición), y que él nos recibiría. Al llegar se produjo un gran revuelo entre los medios de prensa, nos llevaron al despacho de Zamora, que nos dijo que efectivamente no se recibía nada desde hacía horas. Carter pidió ver las instalaciones donde se debían recibir las actas y salimos todos a subir escaleras y caminar pasillos, rodeados de cámaras de TV transmitiendo en vivo. Los reporteros ponían sus caras y tonos más dramáticos y decían que Carter y Gaviria estaban «fiscalizando» al CNE frente a un presunto fraude. En ese momento me llamaron a mi celular, primero Jorge Rodríguez y luego el Presidente Carrasquero, indignados por lo que se veía en TV, con improperios y amenazas, diciéndome que ese «espectáculo» era inaceptable en observadores internacionales invitados por ellos y que reverían la invitación que nos habían hecho por «inconducta». Les dije que si no se hubieran «desaparecido» del edificio, estaríamos con ellos. Le avisé de las llamadas a Carter, quien hizo unas declaraciones muy discretas y tranquilizadoras a la prensa. Cinco minutos después de que nos habíamos ido del CNE, apareció Jorge Rodríguez ante esas mismas cámaras de TV diciendo que era inaceptable la conducta de los observadores internacionales y que todo estaba funcionando perfectamente bien.

Si bien el retraso cabía dentro de las posibilidades pautadas en un principio (se había establecido previamente que el día tope para comunicar si el RR procedía o no era el 4 de junio)[100], las demoras generaban inquietud en la oposición. Gaviria y Carter se reunieron entonces, el lunes 31 de mayo, con representantes de los medios de comunicación privados. A la salida de esta reunión, uno de los propietarios de Globovisión, Guiller-

---

100 «CNE prometió a Carter divulgar resultados el 4 de junio», http://www.eluniversal.com/2004/05/31/pol_art_31102D.shtml (Consulta: septiembre 13, 2008).

mo Zuloaga, señaló que «está muy claro que tanto el CNE, el gobierno, la oposición y los observadores internacionales tienen la información del resultado y la influencia de Carter y Gaviria para que se anuncie lo más pronto para evitar tensiones acumuladas»[101]. Por otro lado, el martes 1 de junio, luego de reunirse con los rectores del CNE, los representantes del Centro Carter cenaron con Chávez. Así lo cuenta Díez:

> Esa misma noche teníamos que cenar con Chávez. Carter, McCoy y yo fuimos a Miraflores. El presidente nos recibió de un buen humor especial. Como siempre, habló mucho sobre sus planes y programas sociales, sobre el escenario internacional y finalmente llegamos al punto de los reparos. Carter le dijo que estaba muy preocupado porque no había podido hablar directamente con Carrasquero en el CNE y que tenía la impresión de que no quería recibirnos, y le pidió expresamente si él podía interceder. Chávez dio instrucciones para que lo llamaran a Carrasquero y, delante nuestro, habló con él. En un tono respetuoso le dijo: «Quiero pedirle si Ud. puede recibir a mi amigo, el presidente Carter, en quien yo confío, que quisiera visitarlo mañana», mientras Jennifer McCoy, con la agenda del día siguiente en la mano, le decía: «A las 9:30 a.m., ¡a las 9:30 a.m.!», y Chávez repetía: «A las 9:30 a.m., si Ud. puede, claro». ¡Fue increíble! Terminada la cena en la que participaron los cuatro ministros de confianza de Chávez, Carter le pidió hablar a solas un minuto y se fueron de la mesa. Luego nos contaría que le dijo que tenía que aceptar el revocatorio y dedicarse a intentar ganarlo y que Chávez había reaccionado bien, diciéndole que había que «ver si estaban las firmas», pero ratificándole que si estaban, él aceptaría el desafío. Después me enteraría de que también volvió a insistir en facilitar él mismo una reunión de Chávez con su archienemigo Gustavo Cisneros, el magnate de los medios, y que el presidente había aceptado. A las 9:30 de la mañana siguiente nos recibió el Presidente del CNE, Francisco Carrasqueño, junto con el vicepresidente Ezequiel Zamora, muy amables, como si nunca hubiera pasado nada. A los pocos minutos entró Battaglini, quien, en cuanto tuvo oportunidad, hizo un discurso, sin mirar nunca a los ojos de Carter, sobre la naturaleza de la observación internacional y los límites que impone la soberanía nacional y que estos no

---

101 «Reunión de Jimmy Carter y Gaviria con los medios», http://www.eluniversal.com/2004/06/01/ pol_art_01104B.shtml (Consulta: septiembre 13, 2008).

deberían «mancillarse». Carter tomó aire, se sentó en la punta de su sillón y enfrentó a Battaglini mirándolo fijamente a los ojos. Le contestó con suavidad, pero con una firmeza impresionante. Battaglini miraba el suelo mientras Carter se dirigía solo a él, diciéndole que como expresidente sabía muy bien lo que significaba la soberanía nacional y que luego de haber observado decenas de elecciones en todo el mundo no sería en Venezuela donde él aprendería sobre la naturaleza de la observación electoral.

Luego de estas reuniones, los expresidentes Carter y Gaviria señalaron públicamente que durante la noche del lunes se sintieron «sumamente preocupados por el hecho de que se interrumpió la transmisión de los datos hacia nuestras organizaciones y a ese fin visitamos el CNE», pero aseguraron que en breve el país contaría con los resultados de los reparos. Igualmente expresaron lo siguiente:

> Cuando llegamos, no había allí ninguna actividad ni en la recepción de las actas, ni en la totalización, ni en el trabajo con las computadoras; sin embargo, aseveraron que «el viernes, a más tardar el sábado, el país podrá encontrar, en la decisión que tome el Consejo Nacional Electoral (CNE), el tipo de solución pacífica, electoral y constitucional que se ha venido buscando desde los acuerdos de mayo[102].

Gaviria, por su parte, aseguró que era muy difícil, tal «como quedó diseñado el sistema, hacer fraude y sobre todo, hacer fraude masivo. Se necesitaría la complicidad de muchas personas de ambos sectores y creemos que eso es altamente improbable». La presión internacional sobre el CNE era, por tanto, tan tenaz como evidente. Muchos rumores circularon acerca de un posible desconocimiento de los resultados por parte del gobierno, y al parecer las diversas facciones del chavismo se debatían entre reconocer o no los resultados, pero lo cierto es que finalmente el presidente Chávez apareció en público (vestido de pelotero, en medio de un partido de béisbol con «amigos» en el Fuerte Tiuna) para manifestar que era necesario darle un «tiempo prudencial» al CNE, que no era fácil para los observadores internacionales detectar los posibles fraudes cometidos por la oposición, y que en cualquier caso él respetaría la decisión del

---

102 Teresa de Vincenzo: «Fraude 'supremamente' difícil», http://www.eluniversal.com/2004/06/02/ pol_art_02104A.shtml (Consulta: septiembre 13, 2008).

máximo ente electoral[103]. Solo entonces el chavismo y el CNE parecieron sentirse libres de aceptar, finalmente, el jueves 3 de junio, que la oposición había recogido las firmas; así, el RR presidencial ya tenía fecha: sería el 15 de agosto de 2004. Recordemos que, de acuerdo con la Constitución venezolana, si la consulta hubiera tenido lugar después del 19 de agosto, su resultado no habría implicado la posibilidad de lograr un cambio de gobierno. En efecto, a partir de esa fecha, la revocación del presidente no habría dado lugar a unas nuevas elecciones presidenciales, sino que hubiera facultado al vicepresidente para ejercer la presidencia durante los dos años restantes de mandato. En otras palabras, el gobierno había logrado postergar el RR hasta el último momento en el que podía representar un posible cambio de administración.

Apenas conocido el dictamen del CNE, la CD se refirió al acontecimiento como una «victoria moral». Dijo entonces el gobernador del estado Miranda, Enrique Mendoza, que «a pesar de todos los tropiezos que nos pusieron en El Firmazo, en El Reafirmazo y en los reparos, lo logramos, logramos el objetivo, gracias al espíritu firme del pueblo venezolano de vivir en democracia y libertad»[104]. Washington, mediante su portavoz Adam Ereli, expresó que «El proceso constitucional que se desarrolla ha sido notablemente pacífico y exitoso hasta el momento, en el sentido de que se ha seguido el procedimiento y se han respetado los resultados»[105]. El gobierno de Lula, mediante su canciller Celso Amorim, resaltó el papel del Grupo de Amigos en la canalización pacífica del conflicto en Venezuela. Amorim afirmó entonces que:

> [...] la aceptación democrática del presidente Chávez y el ingreso a la fase para discutir el referendo, son muy importantes. Creo que son una demostración de que con persistencia y equilibrio y con respeto a la democracia y la constitucionalidad, pueden encontrarse soluciones [...] Brasil siempre basó sus acciones en la no injerencia equilibrada con la no indiferencia[106].

---

103 Alfredo Rojas: «'El árbitro tiene que tomar tiempo prudencial para estudiar situación'», http://www.eluniversal.com/2004/06/02/pol_art_02105E.shtml (Consulta: septiembre 13, 2008).

104 Elvia Gómez: «'Esta no es una victoria política, es fundamentalmente una victoria moral'», http://www.eluniversal.com/2004/06/04/pol_art_04102B.shtml (Consulta: septiembre 13, 2008).

105 «Washington se declara satisfecho», http://www.eluniversal.com/2004/06/04/pol_art_04104A.shtml (Consulta: septiembre 13, 2008).

106 «Brasil elogia al presidente Chávez por acatar los resultados», http://www.eluniversal.com/2004/06/05/pol_art_05104E.shtml (Consulta: septiembre 13, 2008).

Por su parte, Chávez señaló que la contienda apenas estaba empezando:

> He oído a sectores de la oposición que me han derrotado; debo decirles, a ustedes y a los que me siguen, que aquí en mi alma, no tengo ni la más mínima pizca de una derrota. Aún no he jugado, ahora es que comienza el juego. No se equivoquen en la oposición. Han venido jugando solos, ojalá se hayan olvidado para siempre de golpes, guarimbas y se vengan de verdad con fe y optimismo por el camino de la democracia. No es bueno cantar victoria antes de tiempo.

Chávez pidió además a sus seguidores iniciar la «batalla de Santa Inés», en alusión a un combate que tuvo lugar en Venezuela durante la Guerra Federal del siglo XIX (1859); tal como explicaba el historiador Manuel Caballero, el concepto estratégico del bando vencedor en dicha batalla fue atraer al enemigo hasta el propio terreno, donde las condiciones le eran ventajosas[107]. Obviamente, con esta metáfora el presidente Chávez se refería a las maniobras que realizó durante muchos meses para lograr que el referéndum fuera postergado hasta que las circunstancias finalmente le resultaron favorables. Por su parte, Francisco Díez describe así la actitud de Chávez en aquella alocución:

> Hubo unos incidentes de protesta de partidarios chavistas cerca del CNE con bombas incendiarias, pero de inmediato se comenzó a transmitir un mensaje de Chávez a la nación por cadena presidencial de radio y televisión. Cómo reaccionará ahora era lo que se preguntaba todo el mundo. Su mensaje fue una pieza magistral de iniciativa política, llena de simbolismos, con él caminando en el despacho presidencial desde su escritorio con un cuadro de Bolívar al lado, hacia una esquina donde estaba la Virgen, y llamando al pueblo a dar ahora la «batalla de Santa Inés». Impresionante. Convirtió, en un instante, una derrota política en una plataforma de victoria.

---

107 Taynem Hernández: «No tengo una pizca de derrota», http://www.eluniversal.com/2004/06/04/pol_art_04104J.shtml y «La batalla de Santa Inés», http://www.eluniversal.com/2004/06/13/opi_art_opi1.shtml (Consulta: septiembre 13, 2008).

Durante los días siguientes, Chávez prosiguió con la promoción de sus nuevos programas sociales, las misiones. También la prensa internacional se hizo eco del asunto. Desde un punto de vista que resumía el más inmediato interés de la comunidad internacional en los asuntos internos de Venezuela, *The Economist* consideró que poner fin a la turbulencia en el quinto exportador de petróleo del mundo también ayudaría a disipar los temores de una crisis energética que había disparado los precios del crudo[108], mientras que el *New York Times* aplaudió el «comportamiento responsable» de las partes involucradas y la «hábil mediación» de la OEA y el Centro Carter[109].

LA REUNIÓN CHÁVEZ-CARTER-CISNEROS

La OEA tuvo la oportunidad de ratificar oficialmente los avances en la pacificación de Venezuela en la XXXIV Asamblea General de ministros de asuntos exteriores (Quito, junio de 2004), pero la delegación brasileña se opuso a la elaboración de una declaración sobre el caso venezolano, aunque aceptó incluir algún párrafo alusivo en la declaración final de la cumbre. Se supo además que el sustituto del colombiano Jaramillo, como jefe de misión de observación de la OEA en Venezuela, probablemente sería un brasileño[110]. Consideramos que este hecho es importante para comprender la naturaleza de lo que estaba sucediendo en el hemisferio, en donde la institucionalidad liberal que caracteriza a la OEA y la primacía de los Estados Unidos se estaban viendo remplazadas por nuevas dinámicas de poder, en las cuales el ascenso de Brasil y China es esencial. En efecto, a pesar de que la suspensión de un viaje de Chávez al Brasil pudo hacer pensar que Caracas sentía alguna desconfianza con respecto a las maniobras brasileñas, todo indica que la sustitución del colombiano Jaramillo por un diplomático brasileño (que a la postre sería Valter Pecly Moreira) fue impulsada de forma más o menos concertada por los gobiernos de Chávez y Lula.

---

108 Traducción para *El Universal* «Revocar al presidente Chávez», http://www.eluniversal.com/2004/06/06/pol_art_06105A.shtml (Consulta: septiembre 13, 2008).

109 Editorial traducido para *El Universal* «Un referendo revocatorio en Venezuela», http://www.eluniversal.com/2004/06/11/pol_art_11105C.shtml (Consulta: septiembre 13, 2008).

110 «Brasil cree que será útil veeduría para revocatorio», http://www.eluniversal.com/2004/06/08/pol_art_08102BB.shtml (Consulta: septiembre 13, 2008).

Francisco Díez reseña el tema de la siguiente manera:

Mientras tanto, dentro de la OEA, en Washington, Venezuela se había estado moviendo para bloquear la participación del organismo como observador internacional. Eso hubiera representado una derrota política para Gaviria que, como secretario general de la OEA, estaba a unos meses de terminar su mandato. Secretamente, Gaviria acordó con el presidente del CNE, Carrasquero, que viajaría a Caracas para «negociar» la forma de participación de la OEA. Jorge Rodríguez me dijo que el gobierno aceptaría a la OEA, pero solo si la misión estaba encabezada por un diplomático y no por Gaviria y su jefe de Gabinete, Fernando Jaramillo [...] Gaviria aceptaría desplazar a Jaramillo y nombrar a un diplomático brasilero, Walter Pecly, como jefe de misión, pero él mismo participaría como secretario general de la OEA. Así fue.

Por su parte, el propio Walter Pecly Moreira –el diplomático brasileño que en julio de 2004 se haría cargo de la misión de observación de la OEA– se expresaría de la siguiente manera más adelante, en una entrevista que se le realizó poco antes de la realización del RR, el 12 de agosto de 2004:

¿Por qué fue sustituido el anterior jefe de la misión [Fernando Jaramillo]*?* Fue sustituido por la situación que se presentó en la etapa anterior, y aquí no estoy realizando ningún juicio de valor. El gobierno y el Consejo Nacional Electoral quedaron con mucha desconfianza de la misión de la OEA. Estaban dispuestos a no invitar a ninguna observación internacional de este tipo. Después de algunas conversaciones decidieron que si fuese un brasileño quien encabezara la misión, podrían considerar cambiar su decisión. Encontraron de común acuerdo con César Gaviria, que mi nombre era aceptable. El gobierno brasileño fue consultado, y yo asumí esta misión.
¿Por qué esa preferencia por un embajador brasileño? Brasil tiene en la OEA una tradición de mediador en conflictos, de apoyar los actos adecuados en los momentos precisos. No buscamos el protagonismo, pero al mismo tiempo tenemos conciencia de nuestra influencia. En el momento en que se anunció que sería propuesto un brasileño, el embajador de Venezuela en la OEA (Jorge Valero) lo encontró excelente, y los otros 32 miembros de la organización también. Brasil logra la unanimidad por las posturas internacionales que mantiene, por la seriedad de su diplomacia. Todos estos elementos inspiran confianza.

Usted fue uno de los embajadores que participó en la elaboración de la Carta Democrática. En su opinión ¿podría aplicarse este recurso a Venezuela, como sugirió hace algunos meses el secretario para Asuntos Americanos de los Estados Unidos, Roger Noriega? En este momento no. Había países que creían que era el caso, pero siempre se encontraban detenidos frente a las condiciones necesarias para su aplicación. Para ella es necesario garantizar que el primer paso dado no puede ser el último. En un primer momento es el gobierno quien tiene que solicitar su aplicación, privilegiando la cooperación de todos para solucionar el conflicto. Por eso hubo dificultad para aprobar una resolución de aplicación. Además, una resolución en ese sentido tiene que contar con los votos a favor de las dos terceras partes de los miembros de la organización. La aplicación de la Carta Democrática no es tan fácil como se piensa[111].

Brasilia, y más concretamente el gobierno de Lula, encontró en el conflicto venezolano la oportunidad perfecta para iniciar una nueva, extrovertida y ambiciosa etapa en la política exterior de ese país. Si bien los postulados básicos de la política exterior brasileña son célebres por mantenerse constantes con el paso del tiempo, los mecanismos para su implementación pueden experimentar variaciones, en función de las capacidades y las oportunidades. Lula aprovechó los conflictos que (no solo en Venezuela) ocasionó la Revolución Bolivariana para aumentar el perfil diplomático de Brasil en las Américas. Así, la manera en la que la comunidad hemisférica gestionó el conflicto venezolano sentaría las bases para posteriores acciones mediadoras de Brasilia, por ejemplo en Bolivia, Honduras y Ecuador, en detrimento del papel de la OEA y de la defensa de la democracia liberal en el continente, y para beneficio de la influencia brasileña en la región. Este mecanismo sería bienvenido por los demás gobiernos latinoamericanos –salvo el de Uribe–, que verían así la posibilidad de manejar conflictos internos sin que su comportamiento frente a sus respectivas sociedades fuera sometido a la vigilancia de organismos como la OEA, y cotejada con estándares como los que aparecen en la Carta Democrática. Como consecuencia de ello, se entraría en una nueva

---

111 Claudia Jardim –ALAI-AMLATINA 12/08/2004, Caracas–: «Entrevista exclusiva, Pecly Moreira, jefe de la misión de la OEA en Venezuela», http://www.sodepaz.net/modules.php?name=News&file=print&sid =2134 (Consulta: diciembre 2, 2008).

etapa, caracterizada por la creación de organismos como Unasur y Celac, mucho más celosos del poder de los gobiernos que de la independencia y autonomía de las sociedades.

Gracias a las gestiones brasileñas, el gobierno venezolano vería reducido el peso de los Estados Unidos y la OEA sobre sus acciones internas. Por aquel entonces, aunque Gaviria estaba de salida en la OEA, ya estaba previsto su relevo en la Secretaría General (15 de septiembre) por el costarricense Miguel Ángel Rodríguez, quien en principio mantendría la misma línea (de hecho, se había pronunciado a favor de que el organismo hemisférico siguiera ejerciendo el papel de observador en el RR)[112]. Sin embargo, y tal como veremos más adelante, la sustitución de Jaramillo por Pecly Moreira daría más oxígeno al chavismo, el cual, una vez mitigada la presión de la OEA, a partir de entonces trataría de hacer lo propio con la observación del Centro Carter.

Por estas fechas, el diputado chavista Tarek William Saab señaló con evidente molestia que «durante las elecciones fraudulentas de Estados Unidos y que ganó Al Gore, yo no vi a Carter moviendo una paja en Florida. Hubiera tenido mucho peso y no hizo nada». De igual manera, el canciller Jesús Pérez –quien hacía poco tiempo había sustituido a Roy Chaderton, y que en la reciente cumbre de la OEA había sido el encargado de presentar la propuesta venezolana de creación de una «Carta Social»– pedía regular a los observadores internacionales para evitar el «desbordamiento» de sus funciones. Por su parte, el vicepresidente Rangel acusaba a los representantes de la OEA y el Centro Carter de haberse comportado «más como fuerzas de ocupación que como verdaderos observadores». Igualmente, uno de los rectores «chavistas» del CNE, Óscar Battaglini, manifestó su desacuerdo con la posibilidad de que esos dos organismos participaran como observadores en el RR, alegando que su comportamiento había sido «sesgado»[113]. Por su parte, Díez señala con relación a Battaglini, rector «chavista» del CNE:

---

112 «'Resultados desvirtúan crítica a Gaviria'», http://www.eluniversal.com/2004/06/07/pol_art_07107B. shtml (Consulta: septiembre 13, 2008).

113 Teresa de Vincenzo: «Informe de Carter en controversia», http://www.eluniversal.com/2004/06/10/ pol_art_10106A.shtml; «Canciller solicita regular a la OEA y al Centro Carter», http://www.eluniversal. com/2004/06/12/pol_art_12102C.shtml; «Observadores a raya y militares a votar», http://www.eluniversal. com/2004/06/19/pol_art_19107D.shtml; «Battaglini votará contra presencia de la OEA y el Centro Carter», http://www.eluniversal.com/2004/06/10/pol_art_10102B.shtml). (Consultas: septiembre 13, 2008).

El tipo de observación integral del Centro Carter (como el de la OEA y la Unión Europea) requiere un acceso amplio. Battaglini, en cambio, proponía que los observadores llegaran al país dos días antes y siguieran al pie de la letra un «programa» de reuniones y visitas guiadas organizadas por el CNE. Me reuní con Jorge Rodríguez, jefe de la unidad encargada de realizar todo el trabajo técnico de preparación y desarrollo de la elección (la Junta Electoral Nacional) y negocié con él un acuerdo escrito de varios puntos muy detallados sobre el acceso de nuestros observadores a los preparativos, que él firmó. Vinieron al país nuestros técnicos y varios fueron desplegados al interior. Cuando Battaglini se enteró, armó un escándalo enorme. Le escribió dos cartas de protesta a Carter directamente, e hizo declaraciones amenazantes en los medios. Nosotros nos escudamos en el acuerdo firmado con Jorge Rodríguez y las disidencias entre ellos salieron a la luz. Finalmente, Rodríguez «se lavó las manos» y Carrasquero me anunció que ese acuerdo no tenía validez.

Ante tales hechos, resulta evidente que, para el gobierno revolucionario de Caracas, era crucial que la comunidad internacional no cuestionara la transparencia del próximo RR, razón por la cual sus más importantes voceros demostraban sus profundos recelos, no solo con respecto a cualquier tipo de observación externa, sino también hacia las organizaciones de derechos humanos. En junio de 2004, Human Rights Watch condenó la Ley Orgánica del TSJ, señalando que:

> [...] con la nueva ley, la coalición gobernante podrá usar su escasa mayoría en la Asamblea Nacional para obtener una mayoría abrumadora de magistraturas en el TSJ. También tendrá potestad para anular las designaciones de magistrados actualmente en ejercicio. Le permitirá al gobierno copar y purgar el Tribunal Supremo.

En efecto, la nueva ley había permitido al chavismo controlar el máximo tribunal del país para que emitiera decisiones favorables al gobierno, como la que permitía a Chávez competir electoralmente inmediatamente después de haber sido eventualmente revocado su mandato, o anular con mayoría simple en la Asamblea Nacional la designación del magistrado Franklin Arriechi. Los señalamientos de José Miguel Vivanco (HRW) fueron totalmente rechazados por diversos representantes del gobierno revolucionario. Mientras la vocería de Casa Amarilla aseveró entonces que «los diferentes poderes gozan de autonomía e independencia», el diputado Ameliach (MVR) lo invitó a abandonar el país «antes de que lo echemos» y se preguntó «No sé si llamarlo brutanco» (en clara alusión al apellido del chileno). Por su parte, Rangel lo calificó como un «mercenario» y un «provocador permanente» al servicio de Bush[114].

Si las preocupaciones del chavismo se concentraban en lo que consideraban una excesiva injerencia de los observadores internacionales y la posible ejecución de sanciones contempladas en la Carta Democrática, las de la oposición tenían que ver con la automatización del proceso electoral (vista como una verdadera «caja negra» que, según se sabía ya, estaría en manos de Smartmatic)[115], la cedulación masiva de venezolanos y extranjeros y el progresivo control que el gobierno supuestamente iba extendiendo sobre el organismo comicial. Por ejemplo, para estas fechas el rector «opositor» Ezequiel Zamora temía el despido de 117 funcionarios del CNE, por haber firmado contra Chávez[116].

Además de todo esto, el fuerte enfrentamiento que mantenían el presidente Chávez y el empresario Cisneros era uno de los principales factores de conflictividad en Venezuela. Esta pugna, de hecho, no amainaba. El 11 de junio la Disip allanó instalaciones del canal de TV Venevisión, tercera compañía de Cisneros en ser visitada por cuerpos policiales, quienes supuestamente buscaban allí indicios de cooperación entre el empresario y los paramilitares de la finca Daktari. De ahí el particular interés que el expresidente Carter tenía en concertar una conversación entre ambos, y que desde un principio estuviera orientado a mediar en tal propósito. Finalmente, las gestiones tuvieron efecto. El 18 de junio de 2004 tuvo lugar una

---

114 La información y declaraciones sobre las apreciaciones de Vivanco y las respuestas del gobierno de Chávez aparecen en Yolanda Ojeda Reyes: «Dejar sin efecto la Ley del TSJ», http://www.eluniversal.com/2004/06/18/pol_art_18105A.shtml; María Yolanda García: «Chávez podrá relanzarse aun revocado», http://www.eluniversal.com/2004/06/16/pol_art_16104A.shtml, «AN aprobó anular designación del magistrado», http://www.eluniversal.com/2004/06/16/pol_art_16104E.shtml, «Cancillería: plena autonomía de los poderes», http://www.eluniversal.com/2004/06/19/pol_art_19106D.shtml, María Lilibeth Da Corte: «Habrá nuevos magistrados 'a más tardar' el 20 de agosto», http://www.eluniversal.com/2004/06/19/pol_art_19108A.shtml y Alfredo Rojas: «Rangel acusa a Vivanco de ser un 'mercenario' al servicio de Bush», http://www.eluniversal.com/2004/06/18/pol_art_18105F.shtml). (Consultas: septiembre 14, 2008).

115 Eugenio Martínez: «Revocatorio será el 15 de agosto», http://www.eluniversal.com/2004/06/09/pol_art_09104A2.shtml (Consulta: septiembre 13, 2008).

116 http://www.eluniversal.com/2004/06/11/pol_art_11102A.shtml (Consulta: septiembre 13, 2008).

reunión privada entre ellos y Carter[117], la cual contribuiría notablemente a rebajar la conflictividad. Así describe Díez la entrevista:

> Tal como lo habían acordado Carter y Chávez, sin que nadie supiera nada, se estaba armando la reunión con Cisneros. Me avisaron que debía coordinar la fecha y lugar con un edecán militar de Chávez, pero me advirtieron que ni siquiera sus ministros sabían. Con mucho esfuerzo, la reunión se hizo en absoluto secreto. Carter y Cisneros aterrizaron en Caracas y subieron a un helicóptero militar que los llevó a una residencia presidencial en el destacamento de La Orchila. Participaron solamente ellos tres, e incluso, en algún momento de la reunión, Carter los dejó solos. El reporte de Carter fue escueto, diciéndonos que la reunión había salido muy bien, que se había hablado con mucha franqueza y que el clima había sido excelente. Cisneros se había preparado mucho para esa reunión. Pidió a nuestra colega, Gachi Tapia, que viajara a Santo Domingo a ayudarle a prepararse, y ella se enfocó en que hubiera un primer movimiento de legitimación y reconocimiento que permitiera «abrir» la conversación. Y así fue. Por supuesto, a los pocos días, la noticia de la reunión se comenzó a filtrar en la prensa y Chávez decidió salir en su programa dominical a contar la reunión, diciendo: «¡Por mi pueblo me reúno hasta con Lucifer si hace falta!». Si en sectores chavistas causó mala impresión y miradas de soslayo hacia el líder, en la oposición cayó como un balde de agua fría, esta tildó de traidor a Cisneros y acusó de conspiración a Carter. Finalmente, los tres actores hicieron sus declaraciones públicas, más o menos consistentes, intentando restarle importancia a la reunión.

Este encuentro, que dio pie a todo tipo de comentarios y rumores acerca de un eventual «acuerdo de convivencia» o «pacto de no agresión» entre el gobierno y las empresas del Grupo Cisneros, habría generado el compromiso —según comunicado del Centro Carter— de «honrar los procesos constitucionales y apoyar futuras conversaciones entre el gobierno de Venezuela y los medios de comunicación social, con el fin de asegurar el clima más adecuado para el proceso constitucional del referendo». Por su

---

117 Previamente la agencia Reuters había difundido la noticia de que Cisneros tenía previsto anunciar la creación de un fondo de $200 millones para realizar inversiones en Brasil, país al cual quería ayudar «a convertirse en un Tigre Asiático». «Cisneros invertirá $200 millones en Brasil», http://www.eluniversal.com/2004/06/18/eco_art_18166C.shtml (Consulta: septiembre 14, 2008).

parte, Cisneros emitió un comunicado en el que se expresó en los mismos términos manifestados por el Centro Carter, aclarando que «no tuvo el encuentro un propósito distinto a los ya esclarecidos, ni tampoco se llegó a pacto alguno. El objetivo de la reunión fue conversar sobre Venezuela y su democracia». El presidente Chávez negó días después haber sellado un pacto con Cisneros y alegó estar simplemente dando un ejemplo de diálogo y convivencia:

> No hubo ningún pacto de honor. Esto yo lo desmiento. No hay ningún pacto ni voy a hacer ningún pacto con nadie. Mi único pacto de honor es con el pueblo venezolano […]. Si para defender los intereses sagrados del pueblo venezolano y la soberanía de Venezuela yo tengo que bajar al quinto infierno a verle los cachos a Mandinga, no tengo problema, siempre con la claridad en mi pecho porque estoy defendiendo los intereses irreductibles del pueblo[118].

Luego de la reunión, el Centro Carter propició, a partir del 22 de junio, varios encuentros entre el sector oficial y los medios de comunicación privados, que fueron guiados por el mediador William Ury y que tenían por objeto mejorar el clima de opinión pública de cara al RR[119]. Ciertamente, la conflictividad era alimentada por la retórica de los medios de comunicación. Si el lenguaje de los revolucionarios chavistas se caracterizaba por su persistente rudeza y el uso continuo de un tono belicoso y agresivo, abiertamente propiciador de la confrontación social, también es cierto que la televisión privada (en su mayoría opuesta al gobierno de Chávez) albergaba una significativa cantidad de periodistas y programas en donde la referencia despectiva a los funcionarios gubernamentales se convirtió en un hábito, acostumbrándose al profuso ejercicio de una crítica visceral que con demasiada frecuencia carecía de profundidad y equilibrio. Esta vehemencia, aunada a la deplorable situación del sistema de partidos en Venezuela, había convertido a la televisión privada en el más combativo

---

118 «Partes acuerdan necesidad de diálogo», http://www.eluniversal.com/2004/06/20/pol_art_20106C. shtml. Elvia Gómez: «Chávez negó haber hecho 'pactos por debajo de la mesa'», http://www.eluniversal. com/2004/06/21/pol_art_21108F.shtml y «Cisneros aclara que no hubo pacto sino compromiso», http:// www.eluniversal.com/2004/06/23/pol_art_23106C.shtml (Consultas: septiembre 14, 2008).

119 Teresa de Vincenzo: «Procuran relaciones menos tensas para revocatorio», http://www.eluniversal. com/2004/06/22/pol_art_22106B.shtml (Consulta: septiembre 14, 2008).

adversario del régimen chavista. La ausencia de partidos políticos coherentes, organizados y arraigados impedía una mejor canalización política del conflicto, y más bien ocurrió que los actores políticos se contagiaron de la lógica y el lenguaje de la televisión, casi siempre marcada por el inmediatismo y cierta superficialidad.

Ahora bien, tal encono en el uso del lenguaje respondía al escalamiento del conflicto entre dos visiones sobre la política y la sociedad que, en efecto, eran difícilmente conciliables. A mediados de junio el intelectual Heinz Dieterich, uno de los ideólogos cercanos al gobierno de Hugo Chávez, consideraba que el próximo RR era:

> [...] en términos militares, la batalla decisiva de los cuatro años de guerra entre el eje oligárquico-imperial y el eje presidencial-patriótico... No se puede sobreestimar la importancia del referendo que viene... Perder esta batalla significa perder la guerra. Significa, perder todo [...] la liquidación del proceso bolivariano será el fin de todo intento de unión latinoamericana, porque su elemento dinámico, el presidente venezolano, desaparecería... La derrota sería equivalente al triunfo del ALCA, del Plan Colombia, de la dolarización, de la extraterritorialidad hemisférica de la jurisdicción estadounidense y de la Carta Democrática, será el fin del potencial progresista y latinoamericanista de la política de Kirchner y Lula: creará una situación extremadamente peligrosa para Cuba y dejaría al MAS de Bolivia, a las FARC y el ELN de Colombia, a la Conaie del Ecuador y los demás movimientos sociales progresistas en toda la Patria Grande, sin horizonte estratégico concreto[120].

Las palabras de Dieterich, a pesar su tendencia a la grandilocuencia, dan cuenta de la importancia política, simbólica y material que la Revolución Bolivariana y Hugo Chávez revestían para la izquierda radical latinoamericana. Los únicos actores políticos en el hemisferio que parecían hacer un diagnóstico similar acerca de las potencialidades de la Revolución Bolivariana para incidir a nivel regional, y que además actuaban en consecuencia, eran precisamente los adversarios principales de esa visión de cambio revolucionario: los gobiernos de Washington y Bogotá. En

---

120 «'Si el gobierno pierde el RR lo pierde todo'», http://www.eluniversal.com/2004/06/17/pol_art_17108F. shtml (Consulta: septiembre 14, 2008).

efecto, la administración Bush movía sus influencias en la región para, a través de la OEA, dirigir sus esfuerzos en la defensa del *statu quo* hemisférico. Sin embargo, el único apoyo decidido que recibían los Estados Unidos en esta materia provenía de Colombia, principal país afectado por la «influencia revolucionaria» de Caracas; el resto de los países de la región parecía haber respaldado las iniciativas de Washington más por inercia que por convicción. Esta moderación se debía al efecto ambiguo que el gobierno de Chávez ejercía sobre los gobiernos latinoamericanos, cuyas sensaciones con respecto al «proceso bolivariano» oscilaban entre un discreto temor y una abierta simpatía, pasando por la franca curiosidad y la mera indiferencia.

Ahora bien, la escalada de los precios del petróleo, muy acelerada a partir de mediados de 2004, así como la posibilidad de que Venezuela suministrara combustibles a bajo costo, ayudarían significativamente a que esta parsimonia se trocara en vivo interés. En una coyuntura de veloz incremento en los precios del crudo, el interés nacional de muchos Estados latinoamericanos obligaba a reconsiderar la naturaleza de las relaciones diplomáticas con la Venezuela revolucionaria. De este modo, el sistema hemisférico comenzó a ceder progresivamente en sus presiones a Caracas, mientras cada Estado pasaba de soslayo a privilegiar sus relaciones con un cercano y generoso abastecedor de petróleo. Un sencillo y pragmático cálculo aconsejaba sopesar: 1) el balance de poder dentro de Venezuela, donde ya todos los poderes públicos operaban a favor del gobierno y la oposición no mostraba claridad ideológica ni programática; 2) mirar la tendencia que se perfilaba en varias encuestas que, gracias a las misiones, comenzaban a apuntar un sostenido aumento de la popularidad del presidente venezolano. Ambos elementos parecían augurar la permanencia de Chávez al frente de los destinos del país.

Son muchos los hechos que tuvieron lugar durante las semanas previas al RR que confirman las afirmaciones anteriormente formuladas. Por un lado, estaban las cifras e interpretaciones generadas por ciertas encuestadoras. El 27 de junio el presidente Chávez aseguraba que diversas encuestas le daban un 60% de apoyo. Días después, el ministro Jesse Chacón señalaba que:

> [...] algo interesante en estas encuestas, que supuestamente resultan favorables a la oposición, es que todas reconocen que la gestión del gobierno es

positiva. Datanálisis y Mercanálisis admiten que los venezolanos, en más de 60%, están de acuerdo con la política social del gobierno.

Una encuesta de Greenberg Quinlan Rosner Research Inc, difundida por Reuters y realizada a mediados de junio, aseguraba que Chávez superaba 49% sobre 44 a la oposición. También el vicepresidente Rangel se mostraba optimista con respecto a las encuestas a principios de julio de 2004. A finales de ese mes, el presidente Chávez invitó a las encuestadoras Mercanálisis y Datanálisis a publicar los resultados de sus sondeos, que según él mantenían ocultos. El 30 de julio se supo que Hinterlaces registraba 11 puntos de ventaja (51% vs. 40%) del gobierno sobre la oposición, mientras que North American Opinion Research, INC. otorgaba 60% sobre un 35% a favor de ratificar a Chávez en la presidencia. El 7 de agosto, Datanálisis señalaba que la tendencia general durante 2004 era de crecimiento en el respaldo a la gestión de Chávez y de descenso en el rechazo al presidente, situación que apuntaba a darle la victoria en el RR y que debía mucho al éxito de las misiones[121].

Por otro lado, para aquel momento ya había demasiados indicios acerca del control de los poderes públicos por parte del gobierno. Por ejemplo, entre las situaciones que se producían por estas fechas, y que hacían entrever el control total del aparato del Estado por parte de Chávez, cabe referirse a la acumulación de las denuncias de hostigamiento que recibían los funcionarios del CNE que habían firmado para solicitar la realización del RR contra el presidente. Según la CTV, para la fecha se había despedido a 55 funcionarios del CNE, a 62 se les había dado vacaciones de cara al RR y 63 jubilaciones habían sido forzadas, para un total de 189 funciona-

---

121 La información aquí suministrada sobre las encuestas y las declaraciones realizadas sobre sus números aparece en: 1) Alfredo Rojas: «Chávez denuncia que oposición manipula encuestas para 'justificar cualquier cosa'», http://www.eluniversal.com/2004/06/28/pol_art_28108B.shtml; 2) Alfredo Rojas: «Chacón dice que encuestas de oposición reconocen gestión del gobierno», http://www.eluniversal.com/2004/06/30/pol_art_30106G.shtml; 3) «Chávez ganará revocatorio según encuesta de EE.UU.», http://www.eluniversal.com/2004/07/02/pol_art_02104D.shtml; 4) «Hay que organizarse para defender la victoria en la calle», http://www.eluniversal.com/2004/07/04/pol_art_04109B.shtml; 5) María Lilibeth Da Corte: «'Las tienen encaletadas, porque no hay encuesta que aguante la realidad'», http://www.eluniversal.com/2004/07/26/pol_art_26112B.shtml; 6) Alfredo Rojas: «Encuesta de Hinterlaces ubica al NO con 11 puntos arriba en revocatorio», http://www.eluniversal.com/2004/07/30/pol_art_30106B.shtml; 7) Alfredo Rojas: «North American Opinion Research advierte repunte del NO en 60%», http://www.eluniversal.com/2004/07/31/pol_art_31108D.shtml, y 8) «Escenarios de Datanálisis favorecen ratificación del mandato de Chávez», http://www.eluniversal.com/2004/08/08/revo_art_08104D.shtml). (Consultas: septiembre 14, 2008).

rios inhabilitados. Llamaba asimismo la atención la postulación del rector principal de dicho organismo, Francisco Carrasquero, para formar parte de los nuevos magistrados del TSJ (los cuales serían elegidos en agosto por la Asamblea Nacional de mayoría chavista). Tal como vimos anteriormente, era obvio el rechazo por parte del rector del CNE, Óscar Battaglini, a la realización de un conteo paralelo por parte del Centro Carter. Battaglini precisó que solo se permitiría a los observadores participar en la auditoría que tendría lugar al final de la votación del 15 de agosto –aunque, y tal como veremos más adelante, la OEA y el Centro Carter sí realizaron un conteo rápido el día del RR–.

Otro indicio de escasa o nula independencia de poderes era el irregular procesamiento judicial que impunemente se adelantaba contra varias personalidades de la oposición. Según voceros de la CD, para principios de julio de 2004 había en el país 31 «presos políticos» y 234 «perseguidos políticos»; para usar tales calificativos, los opositores al gobierno alegaban la presencia de juicios amañados, sometimiento de civiles a la justicia militar e intimidación. También es necesario mencionar la designación de nuevos magistrados para ocupar la Corte Primera en lo Contencioso Administrativo; en efecto, fueron designados los magistrados Ileana Margarita Contreras Jaimes, Oscar Enrique Piate Espidel y Trina O. Zurita, en sustitución de los destituidos Juan Carlos Aptiz, Perkins Rocha y Ana María Ruggeri, quienes fallaron en varias ocasiones contra los intereses del gobierno. Por último, baste recordar la metáfora elegida por el propio presidente Chávez para describir su estrategia de cara al RR: la batalla de Santa Inés, o lo que es lo mismo, llevar al adversario a un terreno conveniente antes de entrar en combate. Chávez había tomado control de todo el Estado y fulminado la independencia de los poderes públicos antes de atreverse a afrontar la consulta electoral[122].

De igual modo, el estrechamiento de los vínculos entre el gobierno de Chávez y otros gobiernos latinoamericanos en materias que empeza-

---

122 La información relativa a los indicios de nula autonomía de los poderes públicos que aparece en estos dos párrafos proviene de 1) Gustavo Méndez: «La CTV denuncia razzia laboral en áreas estratégicas del CNE», http://www.eluniversal.com/2004/06/29/pol_art_29104E.shtml; 2) María Lilibeth Da Corte: «Francisco Carrasquero se postuló a magistrado», http://www.eluniversal.com/2004/07/01/pol_art_01107A.shtml); 3) Eugenio Martínez: «Battaglini descarta conteo paralelo», http://www.eluniversal.com/2004/07/03/pol_art_03102A.shtml); 4) Pilar Díaz: «31 presos y 234 perseguidos políticos», http://www.eluniversal.com/2004/07/04/pol_art_04102A.shtml); y 6) «Designados magistrados de Corte Primera», http://www.eluniversal.com/2004/07/16/pol_art_16108G.shtml (Consultas: septiembre 19, 2008).

ban con la firma de acuerdos comerciales y terminaban en convenios de observación electoral revelaban el escaso interés del sistema hemisférico por preservar la democracia liberal en Venezuela. A finales de junio, el CNE intentó privilegiar, durante la redacción de las normas de observación internacional, la labor de observadores latinoamericanos en el RR, sobre los cuales Caracas estaba en capacidad de ejercer alguna influencia, pero esta propuesta no fue finalmente incluida en las normas emitidas para el caso, aunque el gobierno logró que el informe final que presentarían las misiones internacionales tuviera carácter confidencial. En cambio, el 23 de julio se supo que la Unión Europea no participaría como observadora en el RR, dado que no fue invitada por el CNE, circunstancia que deja entrever la desconfianza por parte de dicho organismo con respecto a Bruselas. Igualmente, en la visita de cinco días que realizó a Venezuela el enviado especial de Kofi Annan, Diego Cordovéz, se reveló que la ONU tampoco enviaría observadores, alegando no haber recibido una invitación con suficiente tiempo de antelación[123].

La influencia que Caracas podría ejercer sobre los países latinoamericanos se relacionaba con sus petrodólares y con el interés –compartido por otros gobiernos– en reducir la influencia de la OEA en el desempeño de las democracias de la región. Durante el mes de junio de 2004, pocas semanas antes del RR, el gobierno de Chávez se apresuró a firmar toda una variedad de acuerdos comerciales con diversos países. El 7 de julio, en el marco de la Cumbre de Jefes de Estado de Mercosur y estados asociados que tuvo lugar en Puerto Iguazú, los presidentes Chávez y Kirchner crearon Petrosur, una alianza energético-petrolera en la que estaba previsto integrar a otros países; asimismo, se previó la creación de un canal de TV con alcance internacional, que posteriormente adquiriría el nombre de Telesur. Un mes después, a principios de agosto, la empresa argentina Astilleros Río Santiago ratificó que estaba en capacidad de reparar buques tanqueros de la estatal petrolera venezolana PDVSA[124]. En esa misma Cumbre, el presidente chileno Ricardo Lagos, quien en varias oportunidades había

---

123 Eugenio Martínez: «Los informes serán confidenciales», http://www.eluniversal.com/2004/06/24/ pol_art_24104A.shtml; «Por falta de invitación UE desiste de enviar misión», http://www.eluniversal. com/2004/07/24/pol_art_24102E.shtml; y Teresa de Vincenzo: «'Donde sea, dijo el presidente Chávez'», http://www.eluniversal.com/2004/07/24/pol_art_24102A.shtml). (Consultas: septiembre 19, 2008).

124 «Firman acuerdo de Petrosur», http://www.eluniversal.com/2004/07/08/pol_art_08107H.shtml y «Argentina recibirá buques nacionales», http://www.eluniversal.com/2004/08/07/eco_art_07172B.shtml (Consultas: septiembre 19, 2008).

mantenido enfrentamientos verbales con el mandatario venezolano a raíz del espinoso asunto de la salida al mar de Bolivia, hizo una inesperada alusión al «coraje» de Chávez en su forma de enfrentar el RR:

> Habría que brindarle un apoyo a la forma como el gobierno está enfrentando la notable solución política en su país. En materia de coraje, Chávez es un hombre corajudo y lo que no se puede permitir es que luego de contarse los votos, se vuelva al mismo punto[125].

Adicionalmente, ya para entonces se anunciaba una densa agenda de negocios con República Dominicana, Panamá y Brasil, que Chávez visitaría entre agosto y noviembre de 2004, esto es, luego del RR, independientemente de su resultado. En efecto, Chávez visitaría la República Dominicana el 16 de agosto –justo el día después del RR– para asistir a la toma de posesión del presidente Leonel Fernández; por el mismo motivo se desplazaría a Panamá, donde había resultado electo Martín Torrijos, hijo de Omar Torrijos, admirado por Chávez desde sus tiempos de cadete). En septiembre tendrían lugar la I Macro Rueda [*sic*] de Negocios entre Venezuela y Brasil en Manaos, el Encuentro de Líderes Mundiales contra la Pobreza y luego la Asamblea General de la ONU en Nueva York. La programación de los viajes incluía a España –ahora conducida por Rodríguez Zapatero–, China, India e Irán.

Incluso había ahora gestos de amistad y cooperación hacia los Estados Unidos y sus compañías petroleras[126], con quienes se incrementaban vertiginosamente los intercambios comerciales debido al alza sostenida de los precios del petróleo (ver figura 9). Señaló por esas fechas el canciller Pérez que «Washington ha dado muestras de una actitud menos hostil hacia Venezuela», al tiempo que señaló que «se ha incrementado el volumen de las exportaciones entre ambos. EE.UU. tiene la seguridad de que Venezuela es un suplidor energético, seguro y confiable» [127]. A principios de agosto de 2004, el gobierno venezolano concedió a Chevron Texaco

---

125 «Mercosur enviará observadores a Venezuela», http://www.eluniversal.com/2004/07/09/pol_art_09104A.shtml (Consulta: septiembre 19, 2008).

126 Alfredo Rojas: «'Aunque no nos comprendan muy bien, somos sus amigos'», http://www.eluniversal.com/2004/08/07/revo_art_07104B.shtml (Consulta: septiembre 19, 2008).

127 «Presidente viaja el 16 de agosto a República Dominicana», http://www.eluniversal.com/2004/08/07/pol_art_07104F.shtml (Consulta: septiembre 19, 2008).

una licencia para exploración y explotación de gas no asociado del bloque 3 de la plataforma Deltana (gran reservorio de gas natural en mares venezolanos) y pidió al presidente para Latinoamérica de esta corporación, Alí Moshirí, que expresara «al pueblo y al gobierno de Estados Unidos que aunque no nos comprendan muy bien, somos sus amigos».

Algo similar sucedía también con Colombia, el segundo mayor socio comercial de Venezuela. El 14 de julio, en el marco del Tercer Encuentro Binacional, los gobiernos de Colombia y Venezuela firmaron varios acuerdos comerciales, principalmente referidos a la cooperación en materia energética y la construcción de un gasoducto entre ambos países. El presidente Uribe señaló entonces:

> [...] respeto a las instituciones democráticas de Venezuela, mis votos para que en este paso de la democracia venezolana el resultado los una. Nada hay más importante para los pueblos que la posibilidad de practicar la democracia, nada hay que alegre más a los pueblos que practicar la democracia.

Por su parte, el presidente Chávez dio su respaldo al presidente colombiano por las negociaciones de paz que adelantaba con grupos paramilitares y aprovechó la oportunidad para ratificar la posición del gobierno venezolano de combatir todo grupo armado que incursione en su territorio. El clima de concordia que se reflejó en este encuentro binacional sirvió al vicepresidente Rangel para aseverar que «un hombre insospechable de ser chavista», como Álvaro Uribe, ya daba por hecha la victoria de Chávez en el RR. Explicó Rangel que Uribe:

> [...] estableció un programa de actividades que se va a desarrollar en el mes de octubre con una visita del presidente Chávez a Colombia y luego en el mes de noviembre, con una invitación que ya aceptó el presidente Uribe para visitar Barinas. Es decir, que para el presidente Uribe el 15 de agosto ya está resuelto [a favor de Chávez].

De igual modo, comentó el apuntalamiento reciente de las relaciones con Colombia y Chile, y aseguró que se debía a:

> [...] la coherencia y la seriedad de la política exterior del país. [...] la oposición ha cometido un gravísimo error al no calibrar exactamente la

dimensión de la política exterior del presidente Chávez, que es una política sumamente coherente, muy audaz [y añadió que la oposición apostó equivocadamente al deterioro de las relaciones con] aquellas naciones sobre las cuales había una serie de prejuicios por parte de la oposición al señalar que podían tener políticas contrarias al proceso venezolano[128].

Es interesante apuntar que este entendimiento con Colombia se producía a pesar de que las FARC habían seguido evidenciando el deseo de fortalecer vínculos con el gobierno de Chávez. A mediados de julio, las FARC solicitaron la mediación de Venezuela, Cuba y México en un eventual canje entre guerrilleros capturados por el gobierno colombiano, y secuestrados –o «retenidos», como prefieren decir las guerrillas– por los insurgentes, hecho que sin duda contribuía a aumentar el peso diplomático de la Venezuela *revolucionaria* en la región[129]. El clima de entendimiento alcanzado entre Bogotá y Caracas sirvió incluso para que el contrato de compra-venta de tanques AMX-30, que el gobierno español había acordado vender al colombiano durante el mandato del presidente Aznar, quedara entonces –bajo el gobierno del PSOE– anulado[130].

Tal como cabía esperar, el papel desarrollado por Brasil en estas fechas fue crucial. Por una parte, el 20 de julio arribó al país Valter Pecly Moreira, embajador permanente de su país en la OEA, designado el día anterior para relevar al colombiano Jaramillo como jefe de la Misión de Observación del organismo hemisférico. Destacó entonces Gaviria que dicho nombramiento «es el reflejo del compromiso del gobierno del Brasil con las actividades de observación electoral que lleva a cabo la OEA en Venezuela»[131]. Desde el principio, la relación de Pecly Moreira con el gobierno venezolano fue impecable. Su primera visita como jefe de la misión OEA duró tres días y señaló, luego de reunirse con el presidente

---

128 Alejandra M. Hernández: «El RR 'tiene que terminar bien'», http://www.eluniversal.com/2004/07/15/pol_art_15102AA.shtml y Alfredo Rojas: «'Para el presidente Uribe el 15 de agosto ya está resuelto'», http://www.eluniversal.com/2004/07/17/pol_art_17107E.shtml (Consultas: septiembre 19, 2008).

129 «Proponen mediación de Venezuela», http://www.eluniversal.com/2004/07/13/int_art_13139C.shtml (Consulta: septiembre 19, 2008).

130 «Colombia cancela compra de tanques a España», http://www.eluniversal.com/2004/07/17/int_art_17138E.shtml (Consulta: septiembre 19, 2008).

131 Teresa de Vincenzo: «Llega a Caracas jefe de misión de observadores de la OEA», http://www.eluniversal.com/2004/07/20/pol_art_20104B.shtml (Consulta: septiembre 19, 2008).

Chávez, que la OEA tendría «una actuación profesional, respetuosa de la soberanía del país, de Venezuela, imparcial, ecuánime». El brasileño regresó a Venezuela el 29 de julio y permanecería allí hasta el 16 de agosto, una vez concluido el RR. A principios de agosto, el embajador venezolano ante la OEA, Jorge Valero, calificaría a Pecly Moreira como «un diplomático de carrera, cuyo desempeño demuestra que es un demócrata»[132]. Por su parte, Francisco Díez describe así la nueva relación del CNE con el diplomático brasileño:

> Entre el enojo de Battaglini con el Centro Carter y la fascinación que despertó en Carrasquero y Battaglini la habilidad del nuevo jefe de la misión de la OEA, Pecly, las relaciones con el organismo electoral se dieron vuelta. Ahora los de la OEA eran los «amigos» y los del Centro Carter los «hostiles» [...]. Yo me junté varias veces con Pecly y acordamos que él negociaría primero un acuerdo de condiciones de observación para la OEA y pediría las mismas condiciones para el Centro Carter [...]. Finalmente, luego de innumerables episodios de «tira y afloje» –el número de observadores que recibirían acreditación oficial, los días que podrían estar en el país, los lugares a los que podrían acceder, las reuniones a las que debían asistir y las que no podían tener, etc.–, terminamos teniendo las mismas condiciones que la misión de la OEA, consideradas «aceptables» por los técnicos del Centro Carter.

Al final de la visita de Pecly Moreira, se firmó el acuerdo de observación con la OEA[133]. Pero las buenas relaciones entre Caracas y Brasilia no terminaban ahí. Tal como señalamos anteriormente, el 26 de julio de 2004 se conoció que, en septiembre de ese año, los presidentes Lula y Chávez se reunirían en Manaos para desarrollar la I Macro Rueda [sic] de Negocios entre Venezuela y Brasil[134]. Adicionalmente, el 6 de agosto,

---

132 Alfredo Rojas: «OEA garantiza a Chávez imparcialidad el 15 de agosto», http://www.eluniversal. com/2004/07/23/pol_art_23104B2.shtml; «Jefe de misión de la OEA llega el jueves», http://www.eluniversal. com/2004/07/28/pol_art_28104G.shtml; y «Valero asegura que Ejecutivo respalda misiones de observación», http://www.eluniversal.com/2004/08/03/pol_art_03102D.shtml (Consultas: septiembre 19, 2008).

133 «CNE firmó acuerdo de observación con la OEA», http://www.eluniversal.com/2004/07/24/pol_art_24102B. shtml (Consulta: septiembre 19, 2008).

134 «Lula y Chávez se reúnen en septiembre», http://www.eluniversal.com/2004/07/27/pol_art_27106G. shtml (Consulta: septiembre 19, 2008).

el «Partido de los Trabajadores» de Brasil –el principal dentro de la coalición del gobierno de Lula– aprobó, en reunión plenaria, un manifiesto de apoyo a Chávez[135]. Cuestionado ante tal manifestación de solidaridad, el asesor de política exterior de presidente Lula, Marco Aurelio García, señalaba que «no somos parte en este referendo, eso sería una injerencia en los asuntos internos de Venezuela, que nunca tuvimos. La posición del gobierno brasileño es de neutralidad en el proceso venezolano»[136].

Luego de varios desencuentros, la relación entre el gobierno, la OEA y el Centro Carter tendía a mejorar lentamente. En el caso del organismo hemisférico, el entendimiento ya se preveía desde principios de julio, cuando Carrasquero y Rodríguez, ambos de tendencia oficialista, explicaron que la OEA y el Centro Carter tendrían acceso a todas las etapas del proceso, pero ratificaron que «no se va a permitir doble auditoría y eso incluye proyecciones de los medios anticipadas a los resultados oficiales»[137]. Las asperezas, como vimos, fueron definitivamente limadas después, con la llegada de Pecly Moreira. Por su parte, el Centro Carter persistía en sus intentos por lograr que los medios de comunicación de ambas tendencias políticas se esforzaran por alcanzar un mayor equilibrio e imparcialidad. A tal fin, el Centro Carter instaló a mediados de julio un «Observatorio de Medios», organismo financiado por la embajada de Noruega que se encargaría de monitorear el equilibrio en la información por parte de los medios de comunicación públicos y privados. El primer informe del

---

135 A través de tal manifiesto el Partido de los Trabajadores se congratulaba «con la decisión democrática del Gobierno de Venezuela de implementar el referendo» y manifestaba además que «la victoria del gobierno representa la consolidación de la democracia y la ampliación de las conquistas sociales del pueblo venezolano» («Partido de Lula respalda a Chávez para el 15A», http://www.eluniversal.com/2004/08/07/revo_art_07102C. shtml). Esta declaración le fue entregada personalmente al presidente Chávez en Miraflores el 12 de agosto, por una delegación de dicho partido («Partido de los Trabajadores apoya el proceso», http://www.eluniversal. com/2004/08/13/revo_art_13110B.shtml (Consultas: septiembre 19, 2008).

136 «Brasil asegura que es neutral frente al referendo», http://www.eluniversal.com/2004/08/13/revo_art_13110C. shtml (Consulta: septiembre 19, 2008).

137 Los señalamientos fueron hechos en Washington, en atención a la invitación de Inter American Dialogue, el Woodrow Wilson International Center for Scholars y del Proyecto Venezuela del Centro de Estudios Latinoamericanos de la Universidad de Georgetown («Carrasquero y Rodríguez exponen sobre referendo en Estados Unidos», http://www.eluniversal.com/2004/07/06/pol_art_06108C.shtml). En esa oportunidad, los representantes del CNE también apuntaron que la organización Súmate era «un organismo totalmente ilegal» porque «no está registrado como organización política» (Everett Bauman: «CNE invitará a la OEA y al Centro Carter», http://www.eluniversal.com/2004/07/07/pol_art_07104A.shtml). (Consultas: septiembre 19, 2008).

Observatorio, consignado al CNE una semana después de su instalación, revelaba la importante falta de equilibrio de información en los medios venezolanos, especialmente en la estatal VTV y en la privada RCTV. No obstante, persistían algunas protestas por parte del CNE con respecto a ciertas actividades del Centro Carter, circunstancia que motivó a Francisco Díez a explicar, mediante una carta al rector Battaglini, el comportamiento de su organización. Finalmente, tanto la OEA como el Centro Carter se mostraron complacidos luego de una prueba logística que se realizó para determinar la eficiencia en la distribución de materiales electorales y la presencia efectiva de los operadores de unidades de votación.

EN LA VÍSPERA DEL REFERÉNDUM

Ya en los prolegómenos del RR presidencial, la oposición venezolana seguía más desunida que el gobierno. Sostenía Chávez el 22 de julio que:

> [...] en la revolución hay un solo jefe, que se llama Hugo Chávez, y no hay más jefes. En la llamada Coordinadora de oposición, en cambio, se echan cuchillo. A ver cuántos jefecitos tiene la oposición. Hay muchos caciques y pocos indios, pero no son caciques ni son nada[138].

Por su parte, la Coordinadora ensayaba acuerdos de unidad. El 9 de julio se presentó el «Plan Consenso País» y el día 20 se anunció la firma de un próximo «Acuerdo Nacional por la Justicia Social y por la Paz Democrática», un compromiso de unidad entre las principales fuerzas de oposición que se daban cita en la CD. También se barajaba la posibilidad de desarrollar unas primarias entre las múltiples organizaciones civiles y políticas que la integraban, con la finalidad de definir un candidato a unas eventuales elecciones presidenciales luego del RR[139]. Frente a la fórmula cesarista de Hugo Chávez, potenciada al máximo con la presencia de nuevos petrodólares, la oposición venezolana no parecía capaz de ofrecer algo mejor que una reedición un tanto insustancial de la «democracia pactada», con el agravante de que dicha unidad ni era verdaderamente sólida

---

138 «Presidente afirma que 'en esta revolución hay un solo jefe'», http://www.eluniversal.com/2004/07/23/pol_art_23157C2.shtml (Consulta: septiembre 19, 2008).

139 Yolanda Ojeda Reyes: «Promueven primarias para escoger candidato», http://www.eluniversal.com/2004/07/18/pol_art_18114B.shtml (Consulta: septiembre 19, 2008).

ni contaba con la presencia de fuertes partidos políticos. Francisco Díez describe así la evolución de la campaña:

> Chávez no paraba de subir en las encuestas y ninguno de los líderes de la oposición podía «sacar la cabeza» para enfrentarlo. Estos estaban caminando hacia una elección sin candidato propio y sin poder ofrecerles nada palpable a sus electores. En cambio, la campaña de Chávez era simple, superabundante y muy efectiva. Además, el gobierno lanzó la «Misión Identidad», registrando legalmente y otorgando documentación a casi un millón de personas que habían estado en el país como inmigrantes ilegales por años. Cuando yo le dije a un dirigente opositor si eso no le parecía preocupante, me contestó que no era relevante porque de los nuevos cedulados, la gran mayoría terminaría votando contra Chávez en el revocatorio. Lo cierto es que ya en el mes de julio todas las encuestas –incluso las encargadas por las empresas privadas en general opositoras al gobierno– indicaban una ventaja a favor del NO en el referendo.

La misión de observación del RR de la OEA inició oficialmente sus actividades el 9 de agosto de 2004, cuando tuvo lugar la auditoría de las máquinas de votación que serían empleadas en el RR. La misión, encabezada por Pecly Moreira e integrada por 50 observadores, varios de ellos destacados expresidentes latinoamericanos, expresó su satisfacción con el desarrollo del proceso. Sin embargo, la CD expresó sus temores con respecto a la transparencia del proceso y la posibilidad de que se desarrollasen incidentes violentos durante la jornada electoral. De hecho, muchos ciudadanos de oposición temían ser identificados y posteriormente hostigados por su voto contra el presidente, ya que antes de sufragar los votantes debían registrar su huella dactilar en las llamadas «máquinas captahuellas» que serían usadas para verificar su identidad. El 8 de agosto señalaba Alberto Quirós Corradi, uno de los negociadores de la CD frente al CNE, que la oposición estaba «tratando de revisar los documentos que avalan el *software*», denunciando además que las captahuellas «no funcionan» y «no son confiables» (un margen de error de 2% significaba restringir el derecho de 200 mil personas)[140]. Frente a tales inquietudes, Pecly Moreira señaló que

---

140 «'CD no se dejará confiscar los resultados», http://www.eluniversal.com/2004/08/10/revo_art_10104D2. shtml (Consulta: septiembre 19, 2008).

«si alguien tenía el temor de que al votar pueda ser identificado, les decimos que no lo tenga porque su decisión es secreta»[141]. Con respecto a la pulcritud del registro electoral, la propia Súmate aseguró que, de acuerdo con sus auditorías, las irregularidades del padrón electoral solo eran de un 1%[142].

Mientras tanto, los temores que públicamente expresaba el gobierno venezolano giraban en torno a la posibilidad de que algún fraude pudiera ser cometido a nivel de las transmisiones de datos desde las máquinas de votación hasta la sala de totalización del CNE, las cuales debían efectuarse a través de la red telefónica de la compañía CANTV, parte de cuya propiedad correspondía a capital norteamericano. Por ello el vicepresidente Rangel alertaba a los socios estadounidenses de tal compañía del «grave riesgo que corren si involucran a la empresa en un acto fraudulento, sea del tipo que sea»[143]. El 9 de agosto tanto Rangel como el canciller Pérez aseguraron al cuerpo diplomático acreditado en el país que el gobierno reconocería cualquier resultado en el RR; dos días después, ya casi en la víspera del referéndum, el vicepresidente hacía un inusual llamado conciliador a la oposición para recuperar el diálogo y la tranquilidad política:

> Le digo a la oposición que vamos a recoger los vidrios y a sentarnos a hablar. Somos venezolanos, ustedes y nosotros. Hasta cuándo carajo vamos a estar en esto […]. Aquí se puso en práctica una política perversa de no cruzar palabras entre los dirigentes políticos, de considerar que una reunión con gente del gobierno rayaba [desprestigiaba]. Se impusieron esas actitudes infantiles cuando el diálogo es base de cualquier política para discutir los grandes problemas y los pequeños también. Lo primero después del 16 de agosto es hablar. Para iniciar cualquier proyecto de entendimiento y de reconciliación tiene que ser a partir del diálogo, y para eso es necesario sentarse en torno a una mesa[144].

---

141 Sara Carolina Díaz: «OEA: 'Diremos si el resultado refleja los votos de los venezolanos», http://www.eluniversal.com/2004/08/12/revo_art_12172B.shtml (Consulta: septiembre 19, 2008).

142 Gustavo Méndez: «Súmate solo captó 1% de fallas en registro electoral», http://www.eluniversal.com/2004/08/12/revo_art_12178A.shtml (Consulta: septiembre 19, 2008).

143 «Actuarán si hay sesgo de Cantv», http://www.eluniversal.com/2004/08/12/pol_art_12174A.shtml (Consulta: septiembre 19, 2008).

144 Alfredo Rojas: «'Se puede abrir un diálogo sin que signifique un pacto'», http://www.eluniversal.com/2004/08/13/revo_art_13106A.shtml (Consulta: septiembre 19, 2008).

Finalmente, la pregunta que se haría en el RR era la siguiente: «¿Está usted de acuerdo con dejar sin efecto el mandato popular otorgado mediante elecciones democráticas legítimas al ciudadano Hugo Rafael Chávez Frías como presidente de la República Bolivariana de Venezuela para el actual período presidencial?». Cuando llegó el día decisivo, la sensación que existía entre los representantes del Centro Carter en Venezuela era que Chávez ganaría la consulta de forma holgada. Así lo asevera Díez:

> Antes del referendo, Jimmy Carter pidió a los miembros de la delegación del Centro Carter que pusieran en un papelito sus predicciones, los recogió y los guardó. Solo uno de los miembros pensaba que el SÍ podría sacar el 51% de los votos (una joven idealista de 19 años). Todos los demás dábamos por ganador al NO, con diversos márgenes. Yo pensaba que habría diez puntos de diferencia a favor del NO (55% al NO – 45% al SÍ).

De acuerdo con la interpretación que *The Economist* presentó antes de la realización de la consulta electoral, la «revolución bolivariana tiene ambiciones que van más allá de las fronteras de Venezuela»; asimismo, si Chávez ganaba el RR, tal «como predicen sus partidarios, será por una combinación de tres factores», a saber: 1) el acelerado gasto por parte del gobierno, amparado en la subida sostenida de los precios del petróleo; 2) la orientación oficialista del CNE; 3) el verdadero sentido de inclusión política que Chávez había logrado generar en una población que venía de sentirse excluida por un sistema bipartidista y corrupto, y que ahora no encontraba atractiva a una fragmentada oposición venezolana que estaba conformada mayoritariamente, pero no totalmente, por demócratas. El principal problema que observaba *The Economist* con respecto a Chávez y su modelo era que «sustituye los valores de la democracia liberal –pluralismo, apertura, pesos y contrapesos, además de la igualdad de los ciudadanos ante la ley– por los del populismo»[145].

En efecto, hasta entonces la caracterización de «populista» parecía la más acertada para categorizar al gobierno de Hugo Chávez, ya que la verdadera naturaleza de su movimiento político no había sido totalmente revelada. En agosto de 2004, el gobierno venezolano aún no se había

---

145 «Misiones tienen un efecto político», http://www.eluniversal.com/2004/08/13/revo_art_13111B.shtml (Consulta: septiembre 19, 2008).

declarado «socialista», ni se había constatado el alcance potencial de su ambiciosa agenda en política exterior (que desde nuestro punto de vista mantiene un perfil revolucionario porque apunta a modificar los equilibrios de poder en el continente), ni se había concretado su voluntad de consolidar alianzas con polos de poder mundial opuestos a Occidente y la democracia liberal.

Sin embargo, ya para aquel momento estos elementos eran más que previsibles, si se tomaban en cuenta factores tales como la ideología y el discurso oficial, el progresivo control del aparato del Estado y la forma de ejercer del poder. Todos estos elementos se fueron materializando durante y a pesar de la vigilancia que la comunidad internacional impuso mediante el acompañamiento del proceso refrendario, y a pesar de los recelos y cuestionamientos que indudablemente se generaron, el proceso en su conjunto fue avalado. La tolerancia del sistema hemisférico frente al evidente desplazamiento de la democracia liberal en Venezuela obedeció a la combinación de varios factores, entre ellos la decisión multilateral de concentrarse en la pacificación el país, las divergencias entre las agendas de poder de varios Estados y la satisfacción de los intereses comerciales de cada uno de ellos.

El año 2004 marcó así la consolidación del uso del petróleo por parte del gobierno venezolano como herramienta para minar la resistencia internacional a la Revolución Bolivariana. Gracias al petróleo y sus precios en alza, el gobierno venezolano ablandaría cada vez más a las fuerzas opuestas que se le presentaban en la OEA, mientras lograba aprovechar los resquicios y desajustes que presentaba el orden hemisférico para consolidar su proyecto de poder. Las dudas y contradicciones del sistema internacional llevaron a los demás países a aceptar este hecho, incluso hasta el punto de recibirlo, en ciertos casos, con beneplácito.

CAPÍTULO VII
AFIANZAMIENTO HEGEMÓNICO
DE LA REVOLUCIÓN BOLIVARIANA
(agosto de 2004-marzo de 2005)

Y LLEGÓ EL REFERÉNDUM

Tal era la situación cuando finalmente llegó el día del RR, el 15 de agosto de 2004. Las imágenes habituales que registró la TV durante esa jornada mostraban largas colas en la mayoría de los centros de votación. El propio Carter señaló en esa oportunidad que «el Centro Carter ha participado en más de cincuenta elecciones en el mundo, y esta es la presencia de votantes más grande que he visto hasta ahora»[1]. Tanto la alta participación como las máquinas «captahuellas» fueron elementos que contribuyeron para que el proceso de sufragio en el RR presidencial se hiciera inusitadamente lento. Luego de una reunión entre el CNE, Carter y Gaviria, se decidió que los militares del Plan República no verificarían los documentos de identidad de los votantes, tal como estaba inicialmente planteado. A pesar de que el tiempo límite para votar era las 4 p.m., todas las partes involucradas estuvieron de acuerdo con permitir que la gente siguiera votando hasta horas muy posteriores.

Cerradas las mesas, los resultados tardaron mucho en hacerse públicos. Pasada la medianoche, y a pesar de la automatización del proceso (por primera vez en la historia de Venezuela), no se tenía conocimiento de ellos. La demora en la publicación de los números finales generó una notoria intranquilidad. No fue sino hasta las 3:47 a.m. cuando el CNE emitió una rueda de prensa en la que se notificó que el NO (la opción a favor de Chávez) había ganado con 58,32% de los votos (4.991.483), mientras que el SÍ obtuvo 41,74% (3.576.517). La abstención había sido de 39%, la

---

1 Sara Carolina Díaz: «Nunca había visto tanta gente», http://www.eluniversal.com/2004/08/16/revo_art_16114A.shtml (Consulta: septiembre 20, 2008).

más baja de los últimos 12 años. De inmediato los rectores «de oposición» del CNE, Zamora y Mejías, notificaron que no reconocían los resultados del proceso hasta que se hiciera la auditoría del proceso de votación. Díez nos cuenta los acontecimientos de esa noche:

> Escrutados más de 6 millones de votos sobre un total estimado de diez, los resultados eran del 57% para el NO y del 43% para el SÍ, afirmando Rodríguez que como lo que faltaba computar era el voto rural, se esperaba que la tendencia no cambiara, sino que en realidad se profundizara la diferencia. Carter y Gaviria acordaron volver al hotel y llamar a la oposición. Recibimos los resultados de nuestro propio «conteo rápido», que nos daba un resultado consistente con el que brindaba el CNE. Hicimos una gran reunión con los dueños de los medios y varios de los dirigentes políticos de la oposición. Carter y Gaviria compartieron los resultados de nuestros números y los del CNE. Las reacciones fueron muy diversas, pero la reunión fue un desastre, todos hablaban, algunos enojados y críticos, otros diciendo que esto se veía venir. Carter intentó enfocarlos en una estrategia hacia el futuro, pero no hubo caso.

Al cabo de unas horas, la misión conjunta de la OEA y el Centro Carter respaldó los resultados ofrecidos por el CNE, dado que no encontraron diferencias sustantivas con sus propios datos; tal como dijo en esa oportunidad Gaviria: «Mientras no aparezca un elemento de fraude no pondremos en tela de juicio los resultados que dio el CNE»[2]. Adicionalmente, Gaviria y Carter señalaron que las organizaciones a las que representaban se encontraban realizando una auditoría en 192 mesas seleccionadas aleatoriamente. De acuerdo con la versión de Eva Golinger (2005:147), que no parece congruente con la de Francisco Díez:

> [...] en la madrugada del 16 de agosto, James Carter y César Gaviria se encontraron frente a frente. Gaviria no cambiaba de opinión; no coincidía con Carter. Si la decisión en Gaviria hubiera estado basada en pruebas y hechos sólidos, probablemente Carter se habría sumado a él en el rechazo a los resultados oficiales del CNE; pero como el giro de último minuto que

---

2 Sara Carolina Díaz: «Observadores respaldaron resultados del CNE», http://www.eluniversal.com/2004/08/17/revo_art_17102A.shtml (Consulta: septiembre 20, 2008).

dio Gaviria fue motivado por su alineación política con la oposición, Carter estaba resuelto a convencerlo de lo contrario.

Por su parte, la Coordinadora señaló que los observadores externos aceptaban los resultados oficiales porque coincidían con los que las máquinas de votación imprimieron en las actas, pero exigió el conteo manual del 100% de las papeletas, y protestó que ni a ella ni a los observadores internacionales se les permitiera asistir a la fase de totalización en el CNE. También Súmate expresó «serias dudas de que la voluntad de los venezolanos que votaron haya quedado reflejada correctamente en las actas de cierre de las máquinas electorales».

Ese mismo lunes, algunos disturbios focalizados tuvieron lugar, con el saldo de una persona muerta y varias heridas de bala, entre ellas, el diputado opositor Ernesto Alvarenga. Por su parte, el presidente Chávez se felicitó por los resultados y sostuvo que «este es un caso único en el mundo, donde unos dirigentes de oposición se niegan, y con declaraciones de todo tipo se aferran terca y antidemocráticamente a aceptar los resultados claros, transparentes y cristalinos»[3]. El vicepresidente Rangel condenó los hechos de violencia, pidió una pronta acción de la justicia e insinuó una posible implicación en los hechos del canal privado de TV Globovisión, puesto que sus periodistas transmitieron imágenes en vivo de los hechos violentos del lunes. Por su parte, la Conferencia Episcopal Venezolana llamaba a aceptar los resultados, aunque exhortaba a «aclarar dudas».

Mientras tanto, representantes de los gobiernos de Estados Unidos y Chile felicitaron el desarrollo de los comicios, pero evitaron pronunciarse sobre los resultados, que consideraron provisionales. El 17 de agosto, el Departamento de Estado, a través del portavoz Adam Ereli, urgió «a los observadores internacionales a que ayuden a conducir una auditoría transparente para resolver esas preocupaciones que todavía quedan, como parte de un proceso de reconciliación nacional»; por su parte, el Grupo de Amigos se mostraba confiado en que el diálogo prevalecería[4]. El gobierno venezolano recibió la inequívoca felicitación de gobiernos como los de China y Argelia, y de destacadas personalidades como Rigoberta

---

3 Alfredo Rojas: «'Resultados son claros, transparentes y cristalinos'», http://www.eluniversal.com/2004/08/17/revo_art_17107A2.shtml (Consulta: septiembre 20, 2008).

4 «Estados Unidos exige aclarar las dudas», http://www.eluniversal.com/2004/08/18/revo_art_18154A.shtml (Consulta: septiembre 20, 2008).

Menchú, quien aseveró que «la oposición venezolana básicamente es parte de fuerzas políticas conservadoras alentadas desde el exterior, pero el
referendo ha legitimado a Chávez y es un hecho que cualquier gobierno
tiene que respetar»[5]. Al día siguiente del RR, el gobierno de Costa Rica
revocó el asilo diplomático otorgado al líder sindical y opositor acérrimo
Carlos Ortega, luego de que se supiera que este había regresado clandestinamente a Venezuela. Dos semanas después, durante los actos de toma
de posesión de la Presidencia de Panamá por parte de Martín Torrijos, el
gobierno de ese país nombraría «hijo meritorio» y «huésped de honor» al
presidente Chávez.

Los titulares de la prensa internacional reseñaban los acontecimientos
de diversa manera, pero en general había incertidumbre acerca del futuro
en Venezuela, críticas a la oposición venezolana por sus reiteradas manifestaciones de torpeza política y optimismo con respecto a la estabilidad
de los precios del petróleo. *El Universal* recogió varios de estos titulares.
Por ejemplo, *El País* de España señalaba que «la verdadera importancia del
referendo celebrado en Venezuela radica en si permitirá o no que el país
caribeño salga de la profunda crisis política y social en la que vive inmer-
so». Para el diario *La Repubblica* de Italia:

> [...] el presidente Hugo Chávez ha ganado, la subida del petróleo se ha de-
> tenido, la confirmación de Chávez en la Presidencia de Venezuela ha sido
> recibida en Wall Street con una subida. Se trata sobre todo de la estabilidad
> y el petróleo. Pero Venezuela se encuentra al borde de una guerra civil.

En cuanto a *Libération,* de Francia, destacaba que:

> [...] no existe duda de que Chávez ha aprovechado el odio de clases de
> los pobres contra aquellos que durante largo tiempo dirigieron el Estado
> venezolano. Pero solo hace falta escuchar a algunos de sus oponentes para
> saber que este odio es respondido.

Mientras tanto, el *Wall Street Journal* de Estados Unidos señaló
que la victoria del NO representaba una «metáfora del estado penoso de

---

5 «Amigos y socios felicitan a Chávez por resultados obtenidos», http://www.eluniversal.com/2004/08/19/
revo_art_19156C.shtml (Consulta: septiembre 20, 2008).

la 'democracia' en Venezuela. No hay división de poderes, no hay transparencia y el país se está convirtiendo en un estado autoritario». Para el *New York Times* era «el momento para que los oponentes del presidente de Venezuela dejen de pretender que hablan en nombre de la mayoría de los venezolanos», y *The Guardian* comentaba la victoria de Chávez como «una resonante derrota para las élites». Por su parte, *The Economist* calificaba a Chávez como «el populista más exitoso desde Juan Domingo Perón», y vaticinaba tanto la invulnerabilidad del gobierno chavista mientras los precios del petróleo siguieran subiendo, como la pronta desintegración de la CD. *Le Figaro* argumentaba que:

> Chávez se ha erigido como uno de los principales detractores de los movimientos antiliberalismo y antiglobalización, mientras moviliza a América del Sur contra EE.UU. y forma alianzas con el régimen comunista de Cuba; [sin embargo] la irritación de Washington no va muy lejos. EE.UU. desea que se preserve la estabilidad de uno de sus principales proveedores de petróleo[6].

En este sentido, pocos eran tan elocuentes como el *Financial Times*, que en su portada del 17 de agosto titulaba *Chávez success helps to ease pressure on oil*, con una gran foto del presidente venezolano vestido de rojo (ver anexos). Días más tarde, en declaraciones ofrecidas al *New York Times*, Jimmy Carter señalaba que «no hay dudas en mi mente de que, cuando menos en la Casa Blanca, existía un profundo deseo de ver a Chávez perdiendo la votación»[7].

La amargura y el desconcierto en la oposición eran indescriptibles. Descartados desde hace tiempo los llamados a la insurrección y habituados durante más de un año a confiar en la presión internacional sobre el gobierno de Chávez, los políticos de la Coordinadora solicitaban una y otra vez la acción de los observadores externos ante sus múltiples y confusas denuncias de fraude. Enrique Mendoza, quien en la práctica fungía como

---

6 «Diarios auguran inestabilidad en Venezuela», http://www.eluniversal.com/2004/08/18/revo_art_18154C. shtml; «Diarios ponen su atención en el resultado de la consulta», http://www.eluniversal.com/2004/08/19/revo_art_19156D.shtml; y «Más firme que Juan Domingo Perón», http://www.eluniversal.com/2004/08/21/revo_art_21138E.shtml). (Consultas: septiembre 20, 2008).

7 «Washington encara dura normalización de relaciones», http://www.eluniversal.com/2004/08/21/revo_art_21138D.shtml (Consulta: septiembre 20, 2008).

cabeza de la CD, advertía a Gaviria y Carter que «si el fraude tecnológico no es detenido, aquí y ahora, muchos países de la región pueden convertirse en víctimas de esa situación»[8]. Pero lo cierto es que la evaluación final de la OEA, difundida el 18 de agosto, no mencionó las denuncias de fraude hechas por la oposición, e incluso el gobierno norteamericano avaló los resultados de una nueva auditoría adelantada por el Centro Carter, organización que no encontró indicios de fraude. El precio del petróleo, que había superado los $50, comenzó a estabilizarse.

Los argumentos de la oposición para asegurar que existió un fraude masivo se reducían a una serie de indicios que generaban ciertas sospechas, pero que no daban lugar a hipótesis suficientemente articuladas ni verdaderamente convincentes. El sondeo de la firma Penn, Schoen & Berland Associates ofrecía unos resultados inversos a los oficiales[9], pero el chavismo ha querido restar credibilidad a esta encuestadora. Según Golinger (2005:17), Penn & Schoen.

> [...] había sido utilizada exitosamente como parte de la intervención de los Estados Unidos en las elecciones en Panamá. Posteriormente, Penn & Schoen devino la firma encuestadora preferida para estos tipos de intervenciones y, desde entonces, ha sido utilizada en la antigua Yugoslavia durante las elecciones que removieron a Slobodan Milosevic del poder y, más recientemente, en Venezuela, durante el referéndum revocatorio contra el presidente Chávez.

En todo caso, la CD se negó a participar en la auditoría que efectuarían el CNE, la OEA y el Centro Carter días después del RR, porque no compartía las condiciones en las que esta tendría lugar, como por el ejemplo el hecho de que se auditaran solo unas 150 mesas[10]. Los representantes de la CD en la Comisión de Enlace sostuvieron que la OEA y el Centro Carter se precipitaron al aceptar los resultados del CNE, denunciaron que más de 1.800 máquinas de votación detuvieron su conteo de votos a favor

---

8 Elvia Gómez: «'Si no detienen el fraude se repetirá en Latinoamérica'», http://www.eluniversal.com/2004/08/19/revo_art_19102A.shtml (Consulta: septiembre 20, 2008).

9 «Encuestadora cree que hubo problemas en la votación», http://www.eluniversal.com/2004/08/20/revo_art_20102F.shtml (Consulta: septiembre 20, 2008).

10 Sara Carolina Díaz: «Oposición no participa en recuento del CNE», http://www.eluniversal.com/2004/08/19/revo_art_19104A.shtml (Consulta: septiembre 20, 2008).

del SÍ en el mismo número tope, y argumentaron que la misión encabezada por el brasileño Moreira no tomó en cuenta las denuncias hechas por la oposición durante julio y agosto. Tales denuncias aludían a la cedulación masiva realizada recientemente, los cambios de residencia de votantes que aparecían erróneamente en el registro electoral, la sustitución de miembros de juntas electorales por funcionarios del partido de gobierno y las declaraciones de militares afirmando que intervendrían de manera activa en el proceso de votación, así como también la supuesta existencia de tarjetas marcadas en las pocas mesas que registraron una votación manual y la utilización de una sola urna para varias máquinas de votación[11].

El problema para la oposición era que, aun cuando tales denuncias pudieran probarse, probablemente no habrían cambiado el resultado final. De hecho, aunque no había un consenso al respecto, varias compañías encuestadoras venezolanas coincidieron en que Chávez era el favorito para el RR. Mientras el encuestador Alfredo Keller afirmaba que «prevalece un clima de duda más que razonable sobre la existencia de un fraude que probablemente nunca podrá dilucidarse en su extensa dimensión», su colega Félix Seijas aseguraba que:

> [...] no tenía casi dudas de que el NO iba a ganar [...] Las personas que indicaban que había que salir de Chávez, pero que no el 15 de agosto sino en el año 2006 con las elecciones presidenciales, fundamentalmente lo hacían movidas por el efecto de las misiones. Esto es exageradamente importante.

Por su parte, Óscar Schemel sostenía que «los resultados definitivos del referendo presidencial reconfirman los hallazgos de más de 50 *focus groups* y cinco encuestas nacionales que Hinterlaces viene realizando desde mayo de 2003». Adicionalmente, un reportaje especial de *El Universal* a finales de agosto daba a entender que mientras el gobierno parecía entusiasmarse con el tema de las encuestas desde el mes de junio, la oposición tendía a comentar el tema cada vez menos desde esas fechas[12].

---

11 Sara Carolina Díaz: «'Los observadores se precipitaron'», http://www.eluniversal.com/2004/08/21/revo_art_21104A.shtml (Consulta: septiembre 20, 2008).

12 «'Ha sido una inmensa estafa a la democracia y a los ciudadanos'», http://www.eluniversal.com/2004/08/29/pol_art_29184C.shtml; «'Yo no tenía casi dudas de que el NO iba a ganar en el referendo'», http://www.eluniversal.com/2004/08/29/pol_art_29184B.shtml; «Una nueva cultura político-electoral se abre paso»,

Más que la presencia de un fraude masivo el día del RR, lo relevante en el caso venezolano era la sustitución de un sistema político democrático-liberal por otro iliberal o «democrático-totalitario» (ver capítulo VIII), en donde la división de poderes, el régimen del libertades y las instituciones representativas eran reemplazadas por la concentración de poder en un único líder, la legitimidad plebiscitaria y una relación cesarista entre el presidente y la población, todo lo cual implicaba un colectivismo poco definido y la disolución de las instituciones. En un entorno liberal-democrático, la estabilidad descansa en las instituciones y no depende mayormente del gobierno de turno; no así en un sistema plebiscitario. De ahí que unas elecciones difícilmente sean capaces de generar estabilidad.

Ante la insistencia en la tesis del fraude por parte de la oposición, Gaviria pedía cordura, mientras el brasileño Marco Aurelio García expresaba que:

> Nos preocupa lo que está ocurriendo. Una parte de la oposición se está poniendo al margen de la ley, lo que demuestra que hay sectores de la oposición que tienen una postura golpista y antidemocrática[13].

Por su parte, y aunque no dudaba de la victoria de Chávez, el Centro Carter reconoció la existencia de múltiples elementos generadores de desconfianza en el proceso revocatorio, pues en un comunicado emitido el 23 de agosto señaló la necesidad de hacer esfuerzos para mejorar la transparencia de los próximos procesos electorales en Venezuela, y exhortó al gobierno *revolucionario* a «reconocer los derechos y preocupaciones de esta enorme minoría (41%)». Entre otras cosas, los representantes del Centro Carter reclamaban «mayor transparencia a todos los niveles, a fin de asegurar la confianza en los futuros procesos electorales», y consideraban que en los «últimos ocho meses, la ausencia de una política de información del CNE (Consejo Nacional Electoral) al público de Venezuela, los partidos políticos y hasta los observadores internacionales ha generado preocupaciones y sospechas innecesarias», y que el CNE «sufrió con la ausencia de

http://www.eluniversal.com/2004/08/29/pol_art_29184D.shtml; y Alfredo Rojas: «Encuestas acertaron pero sin precisar la diferencia», http://www.eluniversal.com/2004/08/29/pol_art_29184A.shtml (Consultas: septiembre 20, 2008).

13 «'Intransigencia preocupa a Brasil», http://www.eluniversal.com/2004/08/24/apo_art_24104C.shtml (Consulta: septiembre 20, 2008).

comunicación y coordinación interna», razones por las cuales se permitían formular recomendaciones. Entre estas, se urgía «a los rectores a compartir información y a desarrollar una mayor comunicación y coordinación entre ellos y con los miembros de las otras instancias del CNE». Igualmente, el Centro Carter exhortó a la ciudadanía a tener confianza en los procesos electorales automatizados, y expresó que «aunque pensamos que las máquinas de votación funcionaron bastante bien, creemos que una posterior evaluación e información generada por otras compañías de tecnología similar ayudaría a informar mejor al público venezolano sobre los diversos sistemas automatizados»[14].

CHÁVEZ: «NO SE ASUSTEN: ES UNA REVOLUCIÓN»

A partir de entonces, el gobierno de Hugo Chávez se sentiría más fuerte que nunca para terminar de afianzarse en el poder y sacudirse la incómoda tutela internacional que, durante más de dos años, se había visto obligado a soportar. Así, por ejemplo, el canciller Pérez expresó en Brasilia, en la XXIII Reunión de Cancilleres del Grupo de Río, que el Grupo de Amigos ya había cumplido su función y no tenía más razón de ser. Chávez, por su parte, no ocultaba su complacencia por el reconocimiento de Estados Unidos:

> Washington reconoció nuestro triunfo... No es una luna de miel, pero sí una señal y estamos interesados en recuperar el nivel de relaciones que teníamos con el gobierno de (el expresidente demócrata) Bill Clinton[15].

Sin embargo, tanto él[16] como el vicepresidente Rangel señalaron que ya no reconocerían a la Coordinadora de oposición. En palabras del propio Chávez:

---

14 «Centro Carter sostiene que 'transparencia es confianza'», http://www.eluniversal.com/2004/08/24/revo_art_24104B.shtml (Consulta: septiembre 20, 2008).

15 «Chávez quiere hacer paces con Estados Unidos», http://www.eluniversal.com/2004/08/20/revo_art_20141A.shtml (Consulta: septiembre 20, 2008).

16 Elvia Gómez: «'Hay que eliminar a la CD del mapa del continente'», http://www.eluniversal.com/2004/08/23/pol_art_23106A.shtml (Consulta: septiembre 20, 2008).

Hay que eliminar a la CD del mapa del continente. […] yo no reconozco a esta Coordinadora (Democrática) como la oposición política. ¡No la reconozco ya! Y no hay diálogo con esa Coordinadora; no podemos dialogar con quienes desconocen la Constitución y al pueblo.

El 25 de septiembre de 2004, la misión de observación de la OEA presentó ante el Consejo Permanente el informe final sobre el RR, en el cual el brasileño Pecly Moreira reafirmó no haber encontrado indicios de fraude. Sin embargo, en su exposición ante el Consejo, el colombiano Gaviria señaló la existencia de ciertos problemas de «equidad», «porque el presidente Chávez tenía una enorme mayoría en la Asamblea Constituyente y en los procesos hay una concentración de amigos del presidente y de gente de sus partidos en el CNE, en el Tribunal Supremo». Dijo asimismo Gaviria:

> No fue un lecho de rosas llegar al revocatorio. Hubo toda clase de problemas, muchos problemas, hasta discusiones del presidente (Chávez) conmigo, pero finalmente se dio la solución electoral […]. Tuvimos muchísimas tensiones con el CNE, tuvimos muchos problemas y por eso se atrasó el proceso unos meses. Algunos miembros del CNE tuvieron una actitud muy dura casi hasta el final y decían que éramos como los demás invitados, que solo podíamos ir a sitios fijos y que no podíamos tener el mecanismo de conteo rápido porque les parecía inaceptable. Yo la verdad pensé en un momento que no nos iban a invitar (al revocatorio) a pesar de que los habíamos acompañado en todo el proceso […]. Cuando un presidente en Latinoamérica va por la reelección inmediata es supremamente difícil crear condiciones de equidad. Lo hemos visto en otros países[17].

Aunque Gaviria aclaró que todo esto no viciaba el proceso, señaló que tenía efectos inconvenientes para la democracia. Durante el primer día, la falta de consenso entre los países miembros hizo que se difiriera para el día siguiente la emisión de una declaración conjunta sobre el tema de Venezuela. Particularmente los Estados Unidos, a través de su embajador, John Maisto, trabajaron duro en sesión cerrada «durante ocho horas para

---

17 Sara Carolina Díaz: «Gaviria resalta 'problemas de equidad en el proceso'», http://www.eluniversal. com/2004/08/26/revo_art_26104A.shtml (Consulta: septiembre 26, 2008).

negociar el cambio de algunos de los términos del proyecto de resolución presentado por el embajador venezolano, Jorge Valero, y un grupo de once países», según sostuvo *El Universal*. Maisto llamó a los observadores internacionales a estar preparados:

> [...] para recibir y escrutar cualquier evidencia creíble de un posible fraude. [...] es imperativo que reconozcamos el hecho de que el proceso ha estado cargado con muchos problemas [tales como el clima de] miedo e intimidación que amenazó con minar el proceso; el uso de los recursos del Estado para influenciar los resultados, y las dificultades para el acceso libre y sin obstáculos de los observadores internacionales[18].

Al segundo día pudo emitirse la Resolución 869 (ver anexos), con la cual se hacía un llamado a todos los actores a respetar los resultados oficiales del RR, avalados por los observadores internacionales, y se exhortaba «a todos los sectores nacionales a abstenerse de promover la violencia y la intolerancia, con el fin de facilitar la necesaria búsqueda de la reconciliación nacional»; asimismo, se daba por cumplido el mandato de la resolución 833 y se finalizaba la labor de la OEA en el conflicto venezolano. Ese mismo día Jorge Rodríguez, rector «chavista» del CNE, destacó el equilibrio del trabajo realizado por Pecly Moreira y fustigó la actitud de Gaviria, señalando entonces que:

> [...] al expresidente de Colombia César Gaviria le ha debido costar mucho aceptar los resultados del pasado referendo presidencial llevado a cabo en nuestro país [ya que el expresidente colombiano] desde un principio mantuvo una actitud amigable con los sectores de oposición adversos al presidente Hugo Chávez[19].

El presidente Chávez fue más lejos y acusó a Gaviria de ser «mentiroso, indigno, ambicioso y calculador»[20], mientras manifestaba a sus

---

18 María Elena Matheus: «Maisto llama a revisar pruebas de un fraude», http://www.eluniversal.com/2004/08/27/revo_art_27104F.shtml (Consulta: septiembre 26, 2008).

19 «Jorge Rodríguez cuestionó declaración de Gaviria», http://www.eluniversal.com/2004/08/27/revo_art_27102D.shtml (Consulta: septiembre 26, 2008).

20 Estas declaraciones fueron emitidas durante un acto en el que Chávez fue recibido por el CNE para ser ratificado en su cargo. Gustavo Méndez: «Para Chávez 'Gaviria es mentiroso e indigno'», http://www.eluniversal.com/2004/08/28/revo_art_28102A.shtml (Consulta: septiembre 26, 2008).

partidarios que el próximo objetivo era hacerse con el control de «todas las gobernaciones» en las próximas elecciones regionales, nuevamente diferidas, esta vez para el 31 de octubre[21]. A principios de ese mes, Chávez señalaría que:

> Realmente hemos entrado en una nueva etapa del proceso revolucionario, y que nadie se asuste cuando hablamos de proceso revolucionario. Es una revolución absolutamente necesaria, que siempre ha querido ser pacífica y es su signo la paz. Es una revolución democrática que ha respetado, respeta y respetará los derechos de todos y de todas, pero es una revolución, y tiene que ser cada día más auténtica esta revolución, más profunda. Hemos entrado en un nuevo ciclo a partir del 15 de agosto[22].

El 6 de octubre, con la marcha de Francisco Díez, culminó la misión de observación y asistencia electoral del Centro Carter en Venezuela, aunque sus programas para el fortalecimiento de la paz seguirían funcionando durante un buen tiempo todavía. Jennifer McCoy, por su parte, todavía respondía por aquel entonces a la oposición, que acusaba al Centro Carter de haber avalado un fraude. Para avalar tales sospechas, la oposición se basaba en el informe de los profesores Ricardo Hausmann y Roberto Rigobón –profesores en Harvard y MIT, respectivamente–, así como en las contradicciones en las que parecía incurrir Jonathan Taylor, uno de los matemáticos consultados por el Centro Carter. Pero Taylor, quien reconoció parte de sus posibles errores, también fue criticado por Jorge Rodríguez, quien lo acusó entonces de haber obedecido a «presiones» de McCoy para cambiar su versión de los hechos[23]. Ante ese cruce de acusaciones, Jennifer McCoy explicó a *The Economist* –de forma que consideramos creíble, concisa y detallada– su versión de los hechos[24]. Por su

---

21 Eugenio Martínez: «CNE diferirá regionales para el 31 de octubre», http://www.eluniversal.com/2004/08/26/ revo_art_26106A.shtml (Consulta: septiembre 26, 2008).

22 Alfredo Rojas: «'Tiene que ser cada día más auténtica esta revolución'», http://www.eluniversal. com/2004/09/04/pol_art_04107A2.shtml (Consulta: septiembre 26, 2008).

23 Teresa de Vincenzo: «Informe plantea hipótesis de fraude», http://www.eluniversal.com/2004/09/07/ revo_art_07102AA.shtml; Sara Carolina Díaz: «Taylor se corrige otra vez», http://www.eluniversal. com/2004/09/07/revo_art_07102F.shtml y Óscar Medina: «Lo que trajo la varita del CNE», http://www. eluniversal.com/2004/09/12/pol_art_12152A.shtml). (Consultas: septiembre 26, 2008).

24 Jennifer McCoy: «¿Qué ocurrió en Venezuela durante el revocatorio?», http://www.eluniversal. com/2004/09/04/pol_art_04106A.shtml (Consulta: septiembre 26, 2008).

parte, Asdrúbal Aguiar, de la CD, contestó a McCoy con otro artículo en *The Economist*, en el cual aseguró que la auditoría realizada por el Centro Carter fue «limitada y apresurada»:

> Carter confió en la invulnerabilidad de las máquinas de Smartmatic como no lo hiciera en las máquinas electorales de la Florida cuando reclamó que contasen uno a uno los votos sufragados a fin de salvar de su derrota al entonces vicepresidente demócrata Al Gore.

En nueva respuesta, el Centro Carter ratificó que su auditoría fue correcta, a pesar de que el CNE rechazara su sistema de generación de muestras aleatorias y le obligara a usar el propio, hecho al que se aferraba la oposición para cuestionar la auditoría del organismo estadounidense[25]. Dos semanas después, el 27 de septiembre, cuando Carter escribió en el *Washington Post* un artículo titulado «Todavía en la búsqueda de un voto justo en Florida», el analista del *think tank* conservador Heritage Foundation, Stephen Johnson, lo criticaría señalando que «lamentablemente el Centro Carter no estableció las mismas exigencias al Consejo Nacional Electoral de Venezuela»[26]. Mientras tanto, el líder opositor Enrique Mendoza anunciaba que impugnaría los resultados oficiales del RR. Con todo, a finales de septiembre, el informe final del Centro Carter reconoció algunas de las deficiencias del proceso revocatorio en Venezuela. Entre otras cosas, afirmaba que dicho proceso había sufrido de «irregularidades, retardos, politización e intimidación», especialmente durante la verificación de firmas, y que fue «conducido por el CNE por primera vez sin reglas claras, múltiples retardos y en el que se le dio prioridad a la posible detección de fraude antes de reconocer la buena fe de los firmantes»[27].

---

25 «El Centro Carter garantiza que la auditoría fue correcta», http://www.eluniversal.com/2004/09/17/pol_art_17105A.shtml (Consulta: septiembre 26, 2008).

26 Sara Carolina Díaz: «'La observación fue limitada y apresurada'», http://www.eluniversal.com/2004/09/11/pol_art_11104F.shtml y María Elena Matheus: «Lo que es bueno para Florida no fue necesario para Venezuela», http://www.eluniversal.com/2004/09/28/pol_art_28106D.shtml (Consulta: septiembre 2008).

27 Sara Carolina Díaz: «Centro Carter recomienda auditar registro electoral», http://www.eluniversal.com/2004/09/30/pol_art_30106A.shtml El informe completo del proceso revocatorio está en «Observing the Venezuela Presidential Recall Referendum. Comprehensive Report», http://www.cartercenter.org/documents/2020.pdf (Consulta: septiembre 26, 2008).

Es indudable que Gaviria se mostró más receptivo que el Centro Carter a las quejas de la oposición venezolana, y así lo atestigua su informe final, entregado el 14 de septiembre de 2004, día en el que terminaba su mandato como secretario general de la OEA. Gaviria señaló en su informe que el sistema electoral venezolano dejó:

> [...] excesivo espacio para diferentes interpretaciones de las normas [por lo que debería] restructurarse en su totalidad de forma que provea agilidad, rapidez y transparencia y confiabilidad. Ello implicaría simplificar en la mayor medida posible los procedimientos, manteniendo las garantías que permitan un proceso transparente, verificable e incluyente[28].

Aguiar, por parte de la CD, celebró dicho informe, al cual consideró:

> [...] adecuado y propicio para continuar nuestra lucha», y estimó que, a través del mismo, Gaviria aceptaba «que la solución electoral no es una vía actual para resolver la grave crisis venezolana, que amenaza con derivar en violencia. Con ello admite, tácitamente, que el referendo revocatorio perdió su sentido[29].

No obstante, Gaviria declaró una semana después al diario bogotano *El Tiempo*, el 21 de septiembre, que «nadie puede esperar que la OEA reemplace a las instituciones de los países»[30]. Y es que, en efecto, buena parte de la oposición seguía sin reconocer la victoria electoral de Chávez en el RR, en una actitud que fue duramente criticada a nivel internacional. Según el informe de Ricardo Valverde, miembro de la Misión de Observación Electoral del Centro de Asesoría y Promoción Electoral (CAPEL) del Instituto Interamericano de Derechos Humanos (IIDH), que observó el RR:

---

28 Sara Carolina Díaz: «'Están surgiendo divisiones que parecen insalvables'», http://www.eluniversal. com/2004/09/14/pol_art_14104B.shtml (Consulta: septiembre 26, 2008).

29 «Aguiar estima que el informe 'es adecuado y propicio'», http://www.eluniversal.com/2004/09/14/ apo_art_14104C.shtml (Consulta: septiembre 26, 2008).

30 «'La OEA no puede reemplazar a las instituciones'», http://www.eluniversal.com/2004/09/22/pol_ art_22106E.shtml (Consulta: septiembre 26, 2008).

A través de un proceso tortuoso (para la gente), muy mediatizado por ambas partes, y muy «seguido» desde las distintas instancias del poder, el Presidente ganó. La aventura de la denuncia de fraude es un reflejo de la inmadurez y de la falta de visión de una oposición traicionada por sus propios errores[31].

Por su parte, *The Economist* consideraba que:

[…] no hay pruebas de que algún tipo de fraude hubiera cambiado los resultados (aunque habría podido inflar el margen de la victoria de Chávez). La oposición haría bien en reconocer esto, incluso si tiene razón al desconfiar de la autoridad electoral.

Durante el mes de septiembre, el embajador venezolano en la OEA, Jorge Valero, también realizó interesantes declaraciones en entrevista telefónica realizada en el programa «En Confianza», de VTV. Valero expresó que EE.UU.:

[…] debe tratar al gobierno democrático que preside Hugo Chávez Frías con igualdad, dejando su obsesión contra su mandato legítimo y permitir que el proceso democrático siga su curso. […] la opinión de la OEA ya ha sido expresada a través de la resolución que recientemente ha dado su Consejo Permanente, la cual avaló el informe presentado por el jefe de la Misión de Observación Electoral, Valter Pecly Moreira. […] afortunadamente fue Pecly Moreira el que asumió la conducción del proceso refrendario, habría que imaginar lo que hubiera hecho Fernando Jaramillo al frente de la misión [y afirmó que Gaviria] siempre estuvo interesado en favorecer a los factores de oposición, eso era público y notorio, él estaba con la intención de avalar planes de ese sector político, por fortuna sus propósitos resultaron frustrados y está reaccionando a destiempo, ya que existe una decisión tomada por el Consejo Permanente [finalmente indicó que las opiniones dadas por César Gaviria sobre la formación del Tribunal

---

31 José Zalaquett y Álex Muñoz (ed.): «Transparencia y Probidad Pública. Estudios de Caso de América Latina», http://www.transparenciacdh.uchile.cl/media/publicaciones/syllabus/44Valverde_Notas.pdf (Consulta: agosto 29, 2008). y «Una oposición que no puede seguir adelante», http://www.eluniversal.com/2004/09/18/pol_art_18106C.shtml (Consulta: septiembre 26, 2008).

Supremo del país eran] un irrespeto a la patria y una clara señal de hostilidad frente al proceso revolucionario que se está dando en Venezuela[32].

A estas alturas[33] el presidente Chávez consideraba que la Revolución Bolivariana entraba en una nueva etapa que (según afirmó en Manaos, en el marco del foro «Las Macro Ruedas [*sic*] de Negocios: Una Estrategia para Profundizar la Integración Latinoamericana») ameritaba una reforma de la Constitución de 1999, sin la cual sería muy difícil superar lo que consideraba trabas culturales y burocráticas:

> El principal enemigo de nuestro gobierno y por tanto de nuestro pueblo no está en el Pentágono, ni en los adversarios internos, está en la burocracia, una verdadera macolla histórica con unos valores, una cultura y a veces uno se ve obligado a hacer lo que hizo Alejandro Magno, de sacar la espada y cortar los nudos porque tienden a ahogar las más caras y buenas intenciones[34].

Por si fuera poco el poder ya acumulado hasta entonces, Chávez quería modificar una Constitución que su propio movimiento político había generado (sin oposición alguna) 5 años atrás; en ello se evidenciaba su voluntad netamente revolucionaria. Sin embargo, el mandatario venezolano rechazó en ese momento un proyecto de enmienda constitucional que le propuso el diputado Luis Velázquez Alvaray, quien había renunciado a su escaño para optar a un cargo en el nuevo TSJ. En efecto, aunque la aprobación de dicha enmienda le permitiría ser relegido indefinidamente[35], el presidente la rechazó, alegando que era necesaria una consulta con los partidos de la coalición gubernamental y porque «con dos períodos de 6 años era más que suficiente»[36] (recordemos, sin embargo, que el tema de

---

32 «Embajador Valero exige a EE.UU. trato igualitario hacia Venezuela», http://www.eluniversal. com/2004/09/16/pol_art_16106F.shtml (Consulta: septiembre 26, 2008).

33 «Gobierno deplora retiro de ayuda estadounidense», http://www.eluniversal.com/2004/09/12/pol_art_12106A.shtml (Consulta: septiembre 26, 2008).

34 Sara Carolina Díaz: «'Seremos más activos en Mercosur'», http://www.eluniversal.com/2004/09/16/pol_art_16107A.shtml (Consulta: septiembre 26, 2008).

35 María Lilibeth Da Corte: «Dudan de enmienda para este año», http://www.eluniversal.com/2004/09/16/pol_art_17152A.shtml (Consulta: septiembre 26, 2008).

36 «Chávez rechazó propuesta de Velázquez Alvaray», http://www.eluniversal.com/2004/09/20/pol_art_20106C.shtml (Consulta: septiembre 26, 2008).

la relección indefinida del presidente formó parte central de los proyectos de reforma y enmienda constitucional que Chávez presentó a la nación, los cuales fueron sometidos a referéndum el 2 de diciembre de 2007 y el 15 de febrero de 2009, respectivamente). Por otra parte, lo que Chávez sí se permitió a finales de septiembre de 2004 fue emitir sus mejores conceptos con respecto al CNE («Al CNE vaya mi palabra de apoyo, de aliento y de reconocimiento y, sépanlo, rectores, que ustedes están llamados a seguir jugando un papel fundamental en la ruta y el camino democrático que señala la Constitución»[37]), luego de que dicho organismo recomendara disminuir progresivamente la observación externa en las próximas elecciones regionales.

LA OPOSICIÓN SE DESMORONA

Por su parte, la CD se desmembraba. Para mediados de septiembre, la oposición, que en principio se había propuesto presentar candidaturas unitarias de cara a las próximas elecciones regionales, presentaba acuerdos de unidad en tan solo un tercio del país. Mientras algunos radicales acusaban al resto de ser los culpables de la derrota en el RR y se negaban a participar en las regionales, otras organizaciones como Primero Justicia alegaban que la Coordinadora ya había cumplido su función. Por si fuera poco, el fiscal Danilo Anderson iniciaba un proceso de interpelaciones a quienes firmaron el «decreto Carmona». Si por un lado la CD acusaba al CNE de no suministrarle la información necesaria para solicitar la impugnación del RR, la ONG Provea acusaba ante el TSJ a la Defensoría del Pueblo de negarle el acceso a información en materia de violación de derechos humanos.

En el ámbito internacional, se seguía perfilando la política exterior de la Revolución Bolivariana, reafianzada tras el triunfo en el RR. Por estas fechas, nuevos incidentes en la frontera colombo-venezolana mantenían viva la tensión entre Venezuela y Colombia. Una semana después de que dos colombianos fueron supuestamente heridos por guardias nacionales de Venezuela, el gobierno de Bogotá acusó a las FARC de haber asesinado a 5 militares y una civil, todos ellos venezolanos; por su parte, el Alto

---

37 María Lilibeth Da Corte: «Chávez anuncia ataque 'despiadado' al CNE», http://www.eluniversal.com/2004/09/27/pol_art_27106AA.shtml (Consulta: septiembre 27, 2008).

Mando de Caracas acusó de la masacre a los paramilitares colombianos[38]. Luego de responder a las acusaciones de «terrorismo verbal» que le espetó el congreso colombiano, el vicepresidente Rangel anunció su próximo viaje a Rusia para instalar la Comisión Intergubernamental de alto nivel Ruso-Venezolana. Mientras tanto, las relaciones del gobierno de Caracas con el de Madrid mejoraban rápidamente; si por un lado el ministro de Defensa español, José Bono, viajaba hasta Barquisimeto (24 de septiembre) para entrevistarse con Chávez y sondear la venta de transportes militares a Venezuela, el canciller venezolano manifestaba el apoyo de Venezuela a la política de Alianza de Civilizaciones impulsada por el gobierno español.

Vemos así cómo la victoria de Chávez en el RR no solo había reforzado la legitimidad de su gobierno a nivel interno, sino que, en el plano internacional, su revolución logró convertirse en una especie de ícono para la izquierda global, el nuevo símbolo de la resistencia del Tercer Mundo frente a las continuas arremetidas de los Estados Unidos. El escepticismo que en un principio habían despertado sus tendencias militaristas y autoritarias dio paso entonces a la imagen de un gobierno que lucía más progresista y menos militarista, signado por la popularidad de sus programas sociales y un amplio respaldo social. La Revolución Bolivariana pasó a ser considerada una realidad consolidada en América Latina, que se vería a partir de entonces fortalecida por sus crecientes nexos petroleros con naciones que tradicionalmente no habían sido importantes socios comerciales de Venezuela.

En efecto, el petróleo era la gran baza a jugar por la Revolución Bolivariana, y las perspectivas apuntaban a que esa renta petrolera solo podría aumentar. En aquellos días, el gobierno venezolano aprovechó la situación de altos precios (que oscilaba entre los $40 y los $50, pero que Chávez consideraba que podían fijarse en $126, un precio que alcanzaría 4 años después) para decretar el aumento de 1% a 16,66% de las regalías cobradas a las concesionarias extranjeras que explotaban la Faja Petrolífera del Orinoco[39]. Gracias a este factor, de 2003 a 2004 el gobierno venezo-

---

38 «Denuncian que ataque de GN deja a dos colombianos heridos», http://www.eluniversal.com /2004/09/12/pol_art_12106D.shtml; «Gobierno de Colombia acusa a las FARC», http://www.eluniversal. com/2004/09/19/pol_art_19109C.shtml y «Capturan a sospechoso del ataque en Apure», http://www. eluniversal.com/2004/09/20/pol_art_20106D.shtml). (Consultas: septiembre 27, 2008).

39 Sara Carolina Díaz: «Elevan las regalías petroleras», http://www.eluniversal.com/2004/10/11/pol_art_11106A. shtml y «'Venezuela será la primera potencia productora de crudo'», http://www.eluniversal.com/2004/10/10/ eco_art_10124C.shtml). (Consultas: septiembre 27, 2008).

lano aumentó el gasto público en un 40% (cifra asciende a 58% si se analiza solo el período enero-julio en términos reales)[40], mientras firmaba de acuerdos de suministro de crudo a precio moderado con pequeños países de América Latina, o bien la compra de barcos y armas a países como Rusia, Brasil o España. Con el aumento de su influencia en la región, el gobierno venezolano dejó de temer a la OEA y tomó la ofensiva en ese organismo, aprovechando la dimisión del costarricense Miguel Ángel Rodríguez (quien había sido elegido por unanimidad para sustituir a Gaviria el 15 de septiembre, pero que luego se vio obligado a dejar el cargo para hacer frente en su país a diversas acusaciones de corrupción) para apoyar decididamente la candidatura, a la Secretaría general de dicho organismo, del chileno José Miguel Insulza, quien enfrentaba al salvadoreño Francisco Flores, respaldado por Washington[41].

A mediados de octubre se supo que ni la OEA ni el Centro Carter participarían como observadores en las elecciones regionales venezolanas, alegando falta de tiempo para la preparación de sus misiones de observación y el rechazo explícito de la Coordinadora para justificar sus declinaciones. Un par de semanas antes, Fernando Jaramillo había reconocido a la prensa venezolana, de forma bastante diplomática, que Gaviria lo sustituyó al frente de la misión de la OEA durante el RR a raíz de las presiones recibidas por parte del CNE y sectores chavistas, a pesar de ser él (sostuvo) quien tenía mejor conocimiento del proceso[42]. Parecía entonces que solo los Estados Unidos y Colombia seguían observando al gobierno de Chávez con recelo. En efecto, el congreso norteamericano se propuso estudiar los nexos de Caracas con los guerrilleros colombianos y otras fuerzas irregulares, mientras Bogotá solicitó a la ONU investigar a Venezuela por iniciar una «carrera armamentista» y se planteaba comprar 24 aviones Tucanos brasileños.

Mientras tanto, la oposición llegó completamente dividida a los comicios regionales. Varios de sus miembros simplemente retiraron sus

---

40 Mayela Armas: «Gasto público aumentó 40,3% en 2004», http://www.eluniversal.com/2005/02/12/eco_art_12152B.shtml y Mayela Armas: «Gasto público ha crecido 53%» http://www.eluniversal.com/2004/10/11/eco_art_11172A.shtml (Consultas: septiembre 27, 2008).

41 «Venezuela apoyará a Insulza», http://www.eluniversal.com/2004/10/13/int_art_13110AA.shtml (Consulta: septiembre 27, 2008).

42 Sara Carolina Díaz: «En Venezuela es necesario refrescar las instituciones», http://www.eluniversal.com/2004/10/03/pol_art_04184A.shtml (Consulta: septiembre 27, 2008).

candidaturas y se abstuvieron de participar, con el objeto de desconocer el vigente sistema electoral; otros en cambio consideraron que las condiciones estipuladas por el CNE eran mejores que las que hubo en el RR. Diversos hechos deterioraron el ambiente de cara a las elecciones regionales; entre ellos podemos citar las denuncias de ajusticiamientos en varios estados del país por parte de sicarios supuestamente al servicio de la oposición, las denuncias de Chávez de presuntos intentos de asesinarlo, el impune derribo de la estatua de Cristóbal Colón por parte de simpatizantes del gobierno, la condena de 8 opositores en el estado de Táchira por sus acciones durante el 11 de abril de 2002, y el rechazo, por parte del TSJ, a ordenar al CNE la entrega de información sobre el RR a la oposición.

Las elecciones regionales del 31 de octubre de 2004 contaron con la presencia de 400 observadores, 100 extranjeros y el resto nacionales y adscritos en su totalidad a la organización Ojo Electoral. Al igual que sucedió durante El Reafirmazo, nuevamente se cerró la frontera con Colombia durante estos comicios. La abstención registró un 55%, pero el chavismo literalmente arrasó en estas elecciones, haciéndose con 21 de las 23 gobernaciones (solo los estados Zulia y Nueva Esparta permanecieron en manos de la oposición) y alrededor de un 80% de las alcaldías del país. De los nuevos gobernadores, 9 serían militares retirados. Si la unidad en la oposición era precaria antes de estas elecciones, a partir de entonces quedó dinamitada por completo, situación que perduraría por, al menos, un par de años más. Henry Ramos Allup, secretario de Acción Democrática, señaló entonces que «la unidad es un fetiche» y que «la Coordinadora Democrática se acabó», al tiempo que se permitió afirmar que AD era «el primer partido de la oposición por número de votos obtenidos»[43].

Días después, el presidente George W. Bush lograba ser elegido para un segundo mandato, y aunque esta circunstancia no auguraba mejorías en las tensas relaciones de Caracas con Washington, lo cierto es que la segunda administración del presidente norteamericano se caracterizaría, a la postre, por bajar ostensiblemente el tono de su política hacia la Venezuela de Chávez, especialmente a raíz de sus fracasos a la hora de manejar la crisis del llamado «caso Granda», tal como veremos más adelante.

---

43 Teresa de Vincenzo: «AD denuncia que se vulneró a las minorías», http://www.eluniversal.com/2004/11/02/ereg_art_02147AA.shtml (Consulta: septiembre 28, 2008).

LA «AUTOPISTA DESPEJADA» AL SOCIALISMO

Con la oposición venezolana desmembrada, desunida y derrotada, y una vez finiquitada la participación de los mediadores externos, el chavismo inició la reorganización de su gobierno para entrar en una nueva etapa de su proceso revolucionario. El 12 de noviembre de 2004 se instaló en Fuerte Tiuna el «Taller de Alto Nivel de la Revolución Bolivariana. Nueva etapa-Nuevo mapa estratégico», con la presencia del presidente Chávez, los miembros del Gabinete ejecutivo, y los gobernadores y alcaldes de la alianza oficialista[44]. Allí se tocaron aspectos relativos a la nueva organización del Estado venezolano, el nuevo modelo económico y social —marcado por las misiones, la organización comunal y el llamado «desarrollo endógeno»—, la lucha contra la corrupción, la nueva doctrina militar y la nueva política de comunicación. En palabras del vicepresidente Rangel, se trataba de un «salto adelante» para desarrollar «la revolución dentro de la revolución»[45]. Superada la fase de mayor conflicto interno, se iniciaba la etapa de consolidación del Estado socialista, en consonancia con las bases del «Proyecto Simón Bolívar», el programa original de las células conspirativas del MBR-200.

Para ello, el chavismo contaba ya con un control prácticamente total de las cinco ramas del Poder Público. En noviembre, el TSJ rechazó tres solicitudes de antejuicio de mérito contra el presidente Chávez y se aceleró el proceso judicial contra la organización Súmate, que al haber sido financiada por el National Endowment for Democracy (NED) era consideraba por el gobierno venezolano un brazo intervencionista de la administración Bush. En defensa de su política de financiamiento a Súmate, Carl Gershman, presidente del NED, se desplazó a Caracas a principios de noviembre, donde se reunió con el fiscal general y el presidente del TSJ. De igual modo, hasta 70 personalidades mundiales (entre ellas Vaclav Havel y Violeta Chamorro) firmaron una carta en la que manifestaban que el proceso contra Súmate «parece ser el primer paso de un esfuerzo por criminalizar la solicitud y el uso de fondos internacionales por parte de organizaciones no gubernamentales venezolanas», hipótesis que se verificaría con el

---

44 María Lilibeth Da Corte: «Mandatarios chavistas trazan mapa estratégico», http://www.eluniversal.com/2004/11/12/pol_art_12108C.shtml (Consulta: septiembre 28, 2008).

45 «Anunciarán plan contra pobreza en 40 días», http://www.eluniversal.com/2004/11/15/eco_art_15126A.shtml (Consulta: septiembre 28, 2008).

paso del tiempo. Tal presión logró que finalmente el TSJ decidiera que los miembros imputados de Súmate fueran juzgados en libertad[46].

El ambiente se enrareció aún más el 18 de noviembre de 2004, cuando fue asesinado, mediante la detonación de un potente explosivo colocado en su vehículo personal, el fiscal Danilo Anderson, quien investigaba, entre otros casos, la participación en los hechos del 11 de abril de 2002 de los firmantes del llamado «decreto Carmona». El caso permanece todavía en la mayor incertidumbre, no solo porque tanto el gobierno como la oposición se hayan acusado mutuamente de la autoría del atentado (que fue tajantemente condenado por el presidente Chávez), sino por el asombroso enredo que se suscitaría años después con el testigo Giovanny Vásquez, reconocido como falso por la propia Fiscalía General. La misma Fiscalía que, en noviembre de 2004, solicitó revisar la polémica sentencia de la Sala Constitucional del TSJ, del 14 de agosto de 2002, por la cual se absolvió a 4 miembros del Alto Mando Militar por los hechos de abril de 2002. La medida fue considerada por la oposición como una violación del principio de la cosa juzgada.

Durante noviembre de 2004, el presidente Chávez dedicó buena parte de su agenda a viajar a otros países para fortalecer el nuevo sistema de alianzas que permitiría a la Revolución Bolivariana obtener mayor estabilidad frente a la abierta oposición de los Estados Unidos. A principios de mes, el mandatario venezolano asistió a la cumbre del Grupo de Río en Brasil (donde fustigó las políticas del FMI y señaló que la política exterior de Bush podía desencadenar «muchos Vietnams»[47]), se reunió con Uribe en Cartagena de Indias, firmó dos acuerdos de cooperación energética en República Dominicana y realizó una visita fugaz a La Habana. Más adelante emprendió una larga gira internacional que le llevaría a España[48], Rusia, Irán, Catar y otros países.

---

46 María Lilibeth Da Corte: «Acusan al NED de 'descaro' por disfrazar intervencionismo», http://www.eluniversal.com/2004/11/11/pol_art_11104B.shtml; «Isaías Rodríguez sostiene que ONG sí cometió delito», http://www.eluniversal.com/2004/11/12/pol_art_12108E.shtml; Juan Francisco Alonso: «'Persecución a Súmate amenaza la democracia'», http://www.eluniversal.com/2004/11/12/pol_art_12108G.shtml e Irma Álvarez: «Ordenan a tribunal 41 juicio en libertad en caso Súmate», http://www.eluniversal.com/2004/11/17/pol_art_17104A.shtml). (Consultas: septiembre 28, 2008).

47 «Chávez advierte a Bush sobre nuevos Vietnam», http://www.eluniversal.com/2004/11/06/pol_art_06108N.shtml (Consulta: septiembre 28, 2008).

48 («Califican de revolucionario discurso de Zapatero», http://www.eluniversal.com/2004/11/23/pol_art_23186DD.shtml). (ver «Relación bilateral fructífera y positiva», http://www.eluniversal.com/2004/11/24/apo_art_24102B.shtml). (Consultas: septiembre 28, 2008).

En Madrid, donde permaneció durante cinco días, el presidente Chávez realizó una ofrenda a las víctimas del 11 de marzo en Atocha, y se reunió con la familia real y con el presidente Zapatero, cuyo discurso calificó de «revolucionario». También dialogó con representantes de los empresarios y sindicatos, y finalmente acordó la reparación de buques venezolanos en los astilleros de IZAR, que estaban a punto de ser cerrados y cuyos trabajadores protagonizaban notorias manifestaciones. Curiosamente, de visita en el Parlamento, Chávez se mostró impresionado ante los agujeros que quedaron en el techo del edificio, ocasionados por los disparos efectuados durante el golpe de Estado de Tejero (1981). Pero la polémica se desató cuando Chávez acusó al expresidente Aznar de haber cooperado junto a los Estados Unidos en el golpe del 11 de abril de 2002. El hecho sirvió para atizar aún más la ya maltrecha relación entre el PSOE y el PP a raíz de los atentados del 11 de marzo. Justo esa semana se desclasificaron unos documentos de la CIA que alimentaban la hipótesis de que ese organismo había estado al tanto de un posible golpe de Estado en Venezuela en abril de 2002, si bien el embajador norteamericano en Caracas, William Brownfield –quien un tiempo atrás había sustituido a Shapiro–, negó días después cualquier implicación de su gobierno en dichos acontecimientos[49].

Ya en Rusia, el presidente venezolano firmó un memorándum de entendimiento entre PDVSA y Lukoil, manifestó su intención de adquirir 100.000 fusiles Kalashnikov y otros armamentos, y señaló –en plena crisis ucraniana– que ambos países debían defenderse de la injerencia extranjera. En Teherán, Chávez fue recibido por Mohammed Jatami, quien señaló en esa oportunidad que «Irán y Venezuela tienen numerosos intereses en común y objetivos comunes y por eso debemos estrechar nuestras relaciones tanto políticas como económicas al más alto nivel»[50].

Mientras tanto, en Venezuela se realizaban diversos allanamientos y detenciones en función del caso Anderson. El 26 de noviembre los excomisarios de la Policía Metropolitana (PM), Henry Vivas y Lázaro Forero (acusados por el chavismo de dirigir dicho cuerpo policial durante lo que

---

49 «Chávez desata tormenta en España», http://www.eluniversal.com/2004/11/24/pol_art_24102A.shtml; «Desclasifican documentos de CIA sobre caso de 11 de abril», http://www.eluniversal.com/2004/11/25/int_art_25142C.shtml y Yolanda Ojeda Reyes: «'Nuestra relación es mejorable'», http://www.eluniversal.com/2004/12/02/pol_art_02186A.shtml). (Consultas: septiembre 28, 2008).

50 «Jatami elogió la 'resistencia de Chávez a los Estados Unidos'», http://www.eluniversal.com/2004/11/29/pol_art_29110A.shtml (Consulta: septiembre 28, 2008).

consideraban como un asalto al palacio de gobierno el 11 de abril) solicitaron asilo político en la Embajada de El Salvador[51]. Aunque el presidente
Elías Saca negara que el gobierno venezolano lo estuviera presionando con
el tema petrolero para impedir que ese país otorgara asilo a los policías[52],
se les negó tal beneficio el 3 de diciembre de 2004.

Lo cierto es que, aunque la influencia de Venezuela parecía incre-
mentarse en la región, la Revolución Bolivariana basaba su política exterior
en el petróleo y las ventajas que ofrecía a los demás países en un entorno
de precios crecientes, tal como se fue constatando en múltiples oportunidades. Por ejemplo, en diciembre, en el marco del encuentro prepara-
torio de la X Reunión Ordinaria del Consejo de Ministros de la Asociación de Estados del Caribe (AEC), Venezuela fue elegida por aclamación
para ocupar el cargo de presidente del Fondo Especial de esta asociación,
posición que estaba vinculada a la donación de fondos especiales para la
cooperación internacional. Luego se firmaría un acuerdo con Cuba, por el
cual el gobierno de la isla garantizaba que pagaría el crudo venezolano por
un precio no inferior a los $27, cuando el petróleo venezolano se vendía
entonces a más de $31. Por otra parte, el 13 de diciembre, el diputado
Rafael Correa Flores, miembro del partido venezolano Movimiento Quinta
República (MVR), fue reelecto para un segundo mandato (2004-2006)
como secretario general del Parlamento Latinoamericano, conocido como
«Parlatino»[53].

A partir de esta época, la ambición del gobierno de Caracas por
ocupar una posición de preeminencia en la región comenzaría a tener
ciertos roces con la agenda exterior de Brasil, circunstancia que no precisamente quitaba el sueño en Itamaratí. Durante la reunión del Grupo

---

51 «Lázaro Forero y Henry Vivas solicitaron asilo», http://www.eluniversal.com/2004/11/27/pol_art_27108BB.
shtml (Consulta: septiembre 28, 2008).

52 «'No hay presión para decidir sobre asilo'», http://www.eluniversal.com/2004/12/01/pol_art_01188B.
shtml; sin embargo, el vicepresidente Rangel se había reunido con Hugo Carrillo, embajador de El Salvador
en Costa Rica y enviado especial a Caracas para tratar el tema de los policías de la PM («Enviado especial
se reúne con Rangel», http://www.eluniversal.com/2004/11/29/apo_art_29108C.shtml). (Consultas: septiembre 28, 2008).

53 «Venezuela preside asociación del Caribe», http://www.eluniversal.com/2004/12/16/pol_art_16110C.shtml;
«Cuba pagará petróleo a 27 dólares», http://www.eluniversal.com/2004/12/15/pol_art_15106A.shtml; «Barril
venezolano se recupera y sube a $31,62», http://www.eluniversal.com/2004/12/18/eco_art_18152B.shtml y
«Rafael Correa reelecto secretario del Parlatino», http://www.eluniversal.com/2004/12/14/pol_art_14105C.
shtml (Consultas: septiembre 28, 2008).

de Río que había tenido lugar en ese país a principios de noviembre, Chávez manifestó su desacuerdo con que una fuerza de cascos azules interviniera en la crisis de Haití, una posición contraria a la sostenida por Brasilia. Más adelante, en la III Reunión de Presidentes de América del Sur, celebrada en Cuzco el 8 de diciembre de 2004, Brasil dio un gran paso para consolidar su hegemonía sudamericana con la creación de la «Comunidad Sudamericana de Naciones». Al parecer, allí volvieron a evidenciarse ciertas discrepancias entre Lula y Chávez; este último volvió a recalcar que la integración regional no debería priorizar lo comercial sobre lo social[54]. En una nueva visita a Brasil a mediados de diciembre –que podría haber tenido el objetivo de limar esas asperezas con Lula–, Chávez manifestó oficialmente el apoyo de Venezuela a la candidatura del chileno Insulza para la Secretaría General de la OEA, quien a la postre saldría victorioso.

A nivel interno, el chavismo proseguía con su ocupación de diversas esferas de poder. Durante 2004, el gobierno venezolano había gastado, según cifras oficiales, 3.700 millones de dólares mediante fondos especiales, que recibían sus asignaciones directamente desde PDVSA[55]. Adicionalmente, las presiones de Chávez para que el presidente del Banco Central renunciara a su cargo fueron más que notorias:

> El doctor Diego Luis Castellanos tiene ya la edad para estar en su casa; si es que un juez ordena prisión, pues estará en su casa, o que renuncie y se vaya, que le dé paso a quien quiera cumplir con el país, porque ese BCV no es del presidente del Banco Central[56].

Y por si fuera poco, el 13 de diciembre de 2004 se concretó, en tan solo tres horas, el nombramiento de los 49 nuevos magistrados del TSJ (17 principales y 32 suplentes) por parte de la Asamblea Nacional, de mayoría simple chavista. El hecho fue criticado por los Estados Unidos, cuyas objeciones calificó el vicepresidente Rangel como una «injerencia

---

54 «Crean Comunidad Suramericana de Naciones», http://www.eluniversal.com/2004/12/09/pol_art_09106D.shtml (Consulta: septiembre 28, 2008).

55 «$3,7 millardos se gastaron a través de fondos especiales», http://www.eluniversal.com/2004/12/29/eco_art_29153E.shtml (Consulta: octubre 3, 2008).

56 «Chávez instó a renunciar al presidente del BCV», http://www.eluniversal.com/2004/12/21/eco_art_21152H.shtml (Consulta: octubre 3, 2008).

inaceptable». El control del Poder Judicial fue denunciado también por organizaciones como la CIDH o Human Rights Watch, que asimismo cuestionaron el proyecto de la llamada «Ley Resorte» (Ley de Responsabilidad Social de Radio y TV, que finalmente entraría en vigencia el 7 diciembre de 2004), por considerarla antidemocrática. El panorama de control por parte de la coalición revolucionaria era tan completo que llevó a Rangel a reconocer que el gobierno había entrado en una «autopista despejada», permitiéndose decir que 2004 era un «año terminal» para la oposición venezolana[57].

EL «CASO GRANDA»

En diciembre de 2004 se inició una nueva crisis con Colombia, la más grave que se había presentado durante muchos años entre ambos países. Se trata de un incidente que merece ser estudiado en detalle, pues revela el nuevo estatus regional a partir de la consolidación de la Revolución bolivariana en Venezuela. El 15 de diciembre de 2004 se supo públicamente que el gobierno de Bogotá había capturado a Rodrigo Granda Escobar, alias *Ricardo*, conocido también como «el canciller» de las FARC y un importante miembro del Secretariado de esa organización. En un principio se aseguró que la detención había tenido lugar en la ciudad colombiana de Cúcuta, fronteriza con Venezuela, pero pocos días después se difundió la información de que Granda no habría sido detenido en Cúcuta, sino en Caracas, en una especie de operación comando[58]. A principios de enero de 2005, las FARC afirmaron que su «canciller» había sido secuestrado en Caracas gracias a «la asesoría gringa y al apoyo cómplice de sectores corruptos de la policía venezolana»; asimismo, aseguraron que se encontraba asistiendo allí al II Congreso Bolivariano de los Pueblos por invitación expresa del gobierno venezolano, razón por la cual le exigieron a este que fijara «una posición clara frente a las garantías a las demás organizaciones bolivarianas que eventualmente visiten su país para participar en futuros eventos». Según la revista *Resistencia Internacional 32*, en dicho Congreso «1.400 delegados de países de América Latino-caribeña y el mundo, sesio-

---

57 María Lilibeth Da Corte: «El gobierno entró a una autopista despejada», http://www.eluniversal.com/2004/12/26/pol_art_26104A.shtml (Consulta: octubre 3, 2008).

58 «Arresto de canciller de las FARC se hizo en Venezuela», http://www.eluniversal.com/2004/12/23/pol_art_23105B.shtml (Consulta: octubre 3, 2008).

naron en Fuerte Tiuna –bastión de la Revolución Bolivariana–, unificando criterios para adelantar el programa político de Bolívar»[59].

Ante semejante exigencia, el gobierno venezolano tendió a negar el hecho, aunque de forma poco rotunda. El ministro venezolano de Interior y Justicia, Jesse Chacón, aseguró el 4 de enero que su gobierno no sabía que Granda se encontraba en Venezuela, y que menos aún le había cursado invitación alguna, pues no constaba su ingreso legal al país; sin embargo, el ministro confirmó que una persona había sido plagiada en Caracas durante la tarde del 13 de diciembre. Al día siguiente, Chacón ratificó esta postura, señalando que:

> [la] pretensión de las Fuerzas Armadas Revolucionarias de Colombia (FARC) de presentar al gobierno venezolano como responsable de una invitación que no cursó y de la protección de un ciudadano que ingresó clandestinamente al país, resulta irresponsable a la vez de completamente absurda.

Igualmente, el embajador venezolano en Bogotá manifestó su sorpresa por el reclamo de las FARC[60]. No obstante, el abogado de Granda afirmó que su defendido «desde hace varios años» tenía doble nacionalidad (venezolana/colombiana), y que residía en Venezuela desde hacía largo tiempo con pleno conocimiento del gobierno venezolano, razón por la cual demandaba su protección de parte de Caracas[61]. Los medios de comunicación mostraron la *Gaceta Oficial* n.º 5.722, del 9 de julio de 2004, en la que constaba la nacionalización de Granda como venezolano, a pesar de que según la Constitución venezolana se pide como requisito a los latinoamericanos la residencia en Venezuela durante al menos 5 años. De igual manera, se supo que en enero de 2002 el entonces ministro del Interior venezolano, Ramón Rodríguez Chacín, había autorizado expresamente el ingreso al país de la mujer e hija de Granda; además, supuestos

---

59 Alicia La Rotta: «Las FARC afirman que 'el canciller' fue secuestrado en Caracas», http://www.eluniversal. com/2005/01/04/pol_art_03184D.shtml (Consulta: octubre 3, 2008).

60 Juan Francisco Alonso: «'Captura de Rodrigo Granda no fue una operación conjunta'», http://www.eluniversal.com/2005/01/05/pol_art_05105A.shtml; «Hay indicios de captura de Granda en Caracas», http://www.eluniversal.com/2005/01/06/pol_art_06105J.shtml; y «Embajador venezolano sorprendido por reclamo de FARC», http://www.eluniversal.com/2005/01/05/pol_art_05105C.shtml). (Consultas: octubre 3, 2008).

61 «'Rodrigo Granda posee nacionalidad venezolana'», http://www.eluniversal.com/2005/01/07/pol_art_07104A.shtml (Consulta: octubre 3, 2008).

testigos habrían afirmado que el «canciller» de las FARC votó en el RR y las elecciones regionales de 2004. Varias semanas más tarde, a mediados de febrero, el alcalde chavista de Caracas, Freddy Bernal, confirmaría incluso que la hija de Granda trabajó en esa alcaldía durante unos 8 meses[62].

Cuando la realidad se hizo evidente, el presidente Chávez decidió intervenir, pues el «caso Granda» comenzaba a afectar notoriamente la imagen internacional de su gobierno, acusado de apoyar diversos grupos radicales por todo el continente. De hecho, a Chávez ya se le vinculaba con el peruano Antauro Humala, hermano del futuro candidato presidencial Ollanta Humala y líder del llamado Movimiento Etnocacerista, que por esas fechas se había tomado por la fuerza una comisaría de policía en Andahuaylas, con 17 secuestrados y 4 policías muertos. Cabe resaltar que, justamente esa semana, el chileno José Miguel Insulza visitaba Caracas y se mostraba esperanzado por el posible apoyo del gobierno venezolano a su candidatura a la Secretaría General de la OEA[63].

Chávez sostuvo que la nacionalización de Granda era nula y que la policía colombiana mentía cuando afirmaba haberlo capturado en Cúcuta, ya que el guerrillero «fue secuestrado en las calles de Caracas y sacado del país»[64]. Como respuesta a estas declaraciones, el ministro de Defensa colombiano, Jorge Uribe, negó que la policía de su país hubiese violado el territorio venezolano y que Colombia tuviera grupos comando operando en otros países. Sin embargo, reconoció el pago de una recompensa por la información que permitió la captura de Granda[65]. Este hecho fue calificado por el vicepresidente Rangel como un «autogol»:

---

62 «Nacionalización de Granda apareció en Gaceta Oficial», http://www.eluniversal.com/2005/01/08/pol_art_08105A.shtml; Alicia La Rotta: «Granda tenía contactos en la Disip», http://www.eluniversal.com/2005/01/09/pol_art_09107A.shtml; Alicia La Rotta: «Esposa e hija de 'el canciller' permanecen escondidas en Venezuela», http://www.eluniversal.com/2005/01/10/pol_art_10104F.shtml; e «Hija de Granda trabajó en Alcaldía de Libertador», http://www.eluniversal.com/2005/02/15/pol_art_15182B.shtml (Consultas: octubre 3, 2008).

63 «Exigen libertad de líder etnocacerista», http://www.eluniversal.com/2005/01/10/int_art_10109D.shtml y María Lilibeth Da Corte: «Insulza es 'optimista' por posible apoyo de Venezuela», http://www.eluniversal.com/2005/01/08/pol_art_08104D.shtml (Consultas: octubre 3, 2008).

64 María Lilibeth Da Corte: «Tribunales revisarán nacionalidad de Granda», http://www.eluniversal.com/2005/01/10/pol_art_10104A.shtml (Consulta: octubre 3, 2008).

65 María Lilibeth Da Corte: «'Colombia se metió un autogol'», http://www.eluniversal.com/2005/01/14/pol_art_14104B.shtml (Consulta: octubre 3, 2008).

No sé si el ministro de la Defensa (de Colombia, Jorge Uribe) ha calibrado la gravedad de aceptar públicamente que pagaron un soborno por secuestrar a una persona en un país extranjero. Está haciéndose partícipe de un delito que puede tener implicaciones internacionales.

Por su parte, las FARC siguieron presionando y, en un nuevo comunicado, calificaron la captura de Granda en Caracas como un «acto de piratería». Entre tanto, el presidente Chávez exigía disculpas por parte del gobierno colombiano, y anunciaba:

> He ordenado paralizar los acuerdos y todo negocio con Colombia. Se paraliza el gasoducto transcaribeño, lamentablemente, pero hasta que no sea reivindicada la soberanía violada de Venezuela, yo me veo obligado a tomar estas decisiones», [...] Con mucho dolor he retirado al embajador en Bogotá y no regresará mientras Colombia no ofrezca disculpas y rectifique acerca de lo que ha hecho»[66].

Igualmente, Chávez confirmó la firma del memorándum de entendimiento entre PDVSA y Gazprom, así como una próxima visita de Lula a Venezuela en febrero. La prensa norteamericana manifestaba entonces preocupación por el estado de la democracia venezolana, razón por la cual el *Wall Street Journal* y el *Washington Post* pedían la aplicación de la Carta Democrática de la OEA contra Venezuela. Ante las exigencias de Caracas, Bogotá se negó a ofrecer disculpas, alegando en un comunicado de su Presidencia que «la ONU prohíbe a los países albergar terroristas de manera activa o pasiva». Sin embargo, la Cancillería colombiana buscaba solucionar el *impasse* a través del apoyo de otros gobiernos del continente –incluso el de La Habana–, mientras el embajador colombiano en Caracas, Enrique Vargas, señalaba que la situación era «bastante difícil y grave». Bogotá propuso una reunión «cara a cara» entre los presidentes de ambos países en el marco de alguna cumbre multinacional, pero esa opción fue rechazada por el presidente venezolano, quien ofreció a su vez una reunión binacional en Barinas.

Por su parte; el gobierno venezolano descartó que la OEA mediara en el conflicto, consideró «deplorable» el último comunicado de Bogotá

---

66 «Venezuela suspende relaciones comerciales con Colombia y retira embajador», http://www.voltairenet. org/article123564.html (Consulta: octubre 3, 2008).

y propuso que, una vez que Colombia investigara y estableciera las responsabilidades del caso Granda, un mecanismo binacional podría «examinar otros hechos que estimen convenientes las partes»[67]. En un gesto algo disparatado, la Fiscalía venezolana incluso anunció que solicitaría la extradición del ministro de Defensa de Colombia[68]. Por aquel entonces, el embajador de EE.UU. en Bogotá, William Wood, señaló que su gobierno apoyaba «ciento por ciento el comunicado de Colombia»[69]. Bogotá aseguró que entregaría a Caracas diversas pruebas de la presencia en Venezuela tanto de campamentos de guerrilleros colombianos como de 7 jefes rebeldes, mientras que el ministro Uribe recordó que el gobierno venezolano también ofrecía recompensas por la detención de varios prófugos. Entre tanto, el paso a través de ciertas importantes vías binacionales se mantenía parcialmente suspendido.

En este punto terceros países y organizaciones se ofrecieron para mediar en la crisis colombo-venezolana, posiblemente como respuesta a la solicitud de Bogotá[70], que parecía más interesada que Caracas en llegar a una pronta solución. Recordemos que mientras el gobierno de Chávez se sostenía por su renta petrolera y estaba acostumbrado a gobernar en contra del sector privado venezolano (y por lo tanto, podía darse el lujo de decretar temporalmente una suspensión del comercio binacional), el gobierno de Uribe se apoyaba de forma sustancial en el respaldo del empresariado colombiano, el cual, ante una interrupción de sus exportaciones a Venezuela, presionaba al Ejecutivo de su país para que superara la crisis lo antes posible. La más visible de estas iniciativas de mediación la encabezó nuevamente el presidente Lula, quien aprovechó una reunión que tenía prevista con Uribe en la ciudad de Leticia para ofrecer sus buenos oficios[71]. Luego de la reunión de tres horas con Uribe, en la amazónica ciudad colombiana

---

67 Sara Carolina Díaz: «Cancillería llama a Bogotá a establecer responsabilidades», http://www.eluniversal. com/2005/01/17/pol_art_17102D.shtml (Consulta: octubre 3, 2008).

68 El hecho fue calificado como una «exageración» por la Fiscalía colombiana. «Fiscalía colombiana cree 'exagerada' extradición de su ministro de Defensa», http://www.eluniversal.com/2005/01/17/pol_art_17102EE. shtml (Consulta: octubre 3, 2008).

69 «Washington apoya 'en 100%' a Bogotá», http://www.eluniversal.com/2005/01/16/pol_art_16107A. shtml (Consulta: octubre 3, 2008).

70 «Castro fue pieza clave en la solución», http://www.eluniversal.com/2005/01/30/pol_art_30106D.shtml (Consulta: octubre 3, 2008).

71 «Lula dispuesto a mediar si se lo solicitan», http://www.eluniversal.com/2005/01/18/pol_art_18102F. shtml (Consulta: octubre 3, 2008).

de Leticia, Lula llamó a Chávez y le confirmó la disposición del presidente colombiano para superar la crisis[72]. La OEA también se ofreció para interceder en la crisis binacional, al igual que los gobiernos de México y Perú[73]. Pero lo más importante fue que Fidel Castro se puso a trabajar de lleno en el tema. Ante tales iniciativas, el nuevo canciller venezolano, Alí Rodríguez, agradeció «todo lo que los amigos puedan hacer».

En todo momento Washington se mantuvo absolutamente alineado con Bogotá, acusando a Caracas de amenazar la estabilidad de la región. Así lo reafirmó la recién nombrada secretaria de Estado, Condoleezza Rice, para quien el gobierno de Chávez no era «constructivo», sino una «fuerza negativa en la región». También el jefe del Comando Sur de los Estados Unidos, James Hill, echaba leña al fuego al aseverar que el gobierno de Chávez «no se ha convertido en un factor de desestabilización porque no ha hecho nada grande. Pero ciertamente tiene todo el potencial de convertirse en un factor de desestabilización», porque, aseguró, ya se encontraba financiando al boliviano Evo Morales y al FMLN salvadoreño[74].

Cuando el gobierno de Uribe entregó a Venezuela la información sobre los guerrilleros que supuestamente se refugiaban en territorio venezolano[75], Caracas calificó el documento como «improvisado» y afirmó que las FARC eran un problema de Colombia y no de Venezuela[76], tal como había venido haciendo desde hacía ya algunos años. En medio de

---

72 «Lula conversó con Chávez y hay disposición para superar la crisis», http://www.eluniversal.com/2005/01/21/pol_art_21184B.shtml (Consulta: octubre 3, 2008).

73 Teresa de Vincenzo: «Mecanismos diplomáticos impulsan diálogo binacional», http://www.eluniversal.com/2005/01/20/pol_art_20104A.shtml; días más tarde, el presidente dominicano, Leonel Fernández, ofrecería también sus buenos oficios, por petición del Senado colombiano. «Leonel Fernández podría mediar por petición de Bogotá», http://www.eluniversal.com/2005/01/27/pol_art_27A527037.shtml (Consultas: octubre 3, 2008).

74 http://www.eluniversal.com/2005/01/19/int_art_19148B.shtml y «Jefe militar de EE.UU. asegura que Chávez financia a Evo Morales», http://www.eluniversal.com/2005/01/21/pol_art_21186E.shtml). (Consulta: octubre 3, 2008).

75 «Barco asegura que la lista fue entregada anoche en Caracas», http://www.eluniversal.com/2005/01/21/pol_art_21184C.shtml; se trataba de 7 miembros de las FARC –alias Raúl Reyes, Iván Márquez, Grannobles, Roberto Zamora, Andrés París, Lucas Iguarán y Juan Santrich– y uno del ELN -Nicolás Rodríguez Bautista, alias Gabino. «Fiscalía colombiana reveló dossier de irregulares», http://www.eluniversal.com/2005/01/22/pol_art_22104GG.shtml (Consultas: octubre 3, 2008).

76 Palabras del ministro Chacón ante la Asamblea Nacional venezolana. Alejandra M. Hernández: «'FARC son problema de Colombia, no de Venezuela'», http://www.eluniversal.com/2005/01/21/pol_art_21A525197.shtml (Consulta: octubre 3, 2008).

tales desaguisados, los gobiernos de La Habana y Brasilia encabezaban las gestiones para la superación del conflicto. Con tal fin, el canciller cubano, Felipe Pérez Roque, arribó a Caracas el 21 de enero de 2005. Al parecer, Pérez Roque estuvo buena parte del día trabajando con Chávez en los posibles mecanismos de entendimiento con Bogotá. Esa misma noche, el canciller cubano volvió a La Habana, donde informó a Castro, quien a su vez llamó a Uribe para ponerlo al tanto de la situación y acordaron que su vicecanciller, Abelardo Moreno, viajaría a Bogotá el mismo día 22 para informar por escrito al presidente colombiano acerca de la disposición de Chávez de superar el conflicto[77]. Al día siguiente, llegó también a Venezuela el asesor de Lula para asuntos internacionales, Marco Aurelio García, quien para entonces seguramente estaba ya en conocimiento de la iniciativa diplomática de La Habana. García no dio detalles de las propuestas que llevó ante Chávez, aunque se mostró confiado en la pronta superación del *impasse* diplomático. Un par de días después, García señaló al diario colombiano *El Tiempo*, que «el conflicto entre Colombia y Venezuela conspira contra el intento de fortalecer a América del Sur. Por eso es que les estamos diciendo a los presidentes de ambos países: traten de solucionar el problema», y afirmó haber viajado a Caracas para transmitirle a Chávez «algunas posibles soluciones que el presidente Lula ideó para salir de esta situación», luego de que este se las transmitiera personalmente al presidente Uribe en Leticia. El funcionario brasileño explicó que «no se puede decir que Brasil esté haciendo exactamente el papel de «mediador», porque los gobiernos de Colombia y Venezuela no están con las comunicaciones interrumpidas»; el término exacto sería el de «facilitador» de las conversaciones. «Nuestra perspectiva es que hay buenas posibilidades para que el conflicto se resuelva pronto, porque vimos en Chávez una voluntad muy fuerte de resolver este problema cuanto antes»[78]. Nuevamente, se aprecia así cómo Brasil veía crecer su influencia regional a costa de los conflictos en los que se veía envuelto Chávez.

Mientras tanto, los Estados Unidos presionaban (infructuosamente) a los países latinoamericanos para que forzaran a Venezuela a aclarar el

---

77 «Castro fue pieza clave en la solución», http://www.eluniversal.com/2005/01/30/pol_art_30106D.shtml (Consulta: octubre 3, 2008).

78 «EE.UU. preocupado por crisis entre Colombia y Venezuela», http://www.eluniversal.com/2005/01/23/pol_art_23190A.shtml y «Lula recomienda a Chávez y Uribe resolver impasse», http://www.eluniversal.com/2005/01/24/pol_art_24104B.shtml (Consultas: octubre 3, 2008).

alcance de sus supuestos vínculos con las guerrillas colombianas. En una nota del Departamento de Estado, el gobierno norteamericano:

> [urgía] al gobierno del presidente Chávez a que explique por qué permitió a un alto terrorista de las Fuerzas Armadas Revolucionarias de Colombia (FARC), movilizarse libremente dentro de su territorio y que inclusive obtenga pasaporte venezolano[79].

Todo esto sucedía mientras el gobierno de Chávez no solo bloqueaba el comercio binacional, sino también las exportaciones de carbón desde Colombia y la venta de energía eléctrica al departamento colombiano de Arauca, fronterizo con Venezuela. A estas alturas, la prensa y el empresariado de Colombia –una parte del cual ha sido muy dependiente del comercio con Venezuela– comenzaban a preguntarse si la actitud de Uribe beneficiaba más a Washington que a los colombianos. Por ejemplo, *El Espectador* de Bogotá cuestionaba:

> [...] hasta qué punto el endurecimiento de la política frente al gobierno de Hugo Chávez es una decisión inspirada en la defensa de los intereses colombianos, o más bien es un apoyo irrestricto a la administración Bush. [...] la información que el Gobierno colombiano ha ido revelando de forma paulatina deja sin resolver dudas razonables sobre la operación, particularmente sobre los datos que se habrían compartido con las autoridades venezolanas y con las personas que actuaron a cambio del pago de una recompensa[80].

Poco después, Allan Wagner, secretario general de la Comunidad Andina de Naciones, solicitó a los Estados Unidos que no se inmiscuyeran en la crisis colombo-venezolana. Mientras tanto, la canciller de Colombia, Carolina Barco, analizaba la posible mediación del Perú, posiblemente porque desde Bogotá se consideraba a Lula como demasiado cercano a Chávez, y que por lo tanto se prefiriera la mediación de un país más

---

79 María Elena Matheus: «EE.UU. se pregunta por qué Granda se movía libremente en Venezuela», http://www.eluniversal.com/2005/01/26/pol_art_26104B.shtml (Consultas: octubre 3, 2008).
80 «Interrogantes ante apoyo de Washington a Colombia», http://www.eluniversal.com/2005/01/25/pol_art_25104B.shtml (Consulta: octubre 3, 2008).

próximo a Colombia, como el Perú de Alejandro Toledo[81]. En cuanto al Departamento de Estado, este seguía solicitando a los países de América Latina que exhortaran a Caracas a tener una actitud «menos agresiva» con Colombia, pero aplaudía la facilitación de Brasil[82]. Por su parte, el presidente del gobierno español, Rodríguez Zapatero, suspendió la visita que tenía programada a Caracas para finales de enero[83] –posiblemente a petición de Bogotá, ya que la venta de equipos militares a Venezuela no hubiera sido considerada como un gesto amistoso–, si bien su ministro de Defensa, José Bono, volvió a viajar a Venezuela para cerrar unos acuerdos de «cooperación industrial».

Cabe aquí mencionar un hecho que no afectaba directamente el *impasse* diplomático entre Caracas y Bogotá, pero que coincidió en el tiempo e incumbía al proceso político que vivía entonces Venezuela, sobre todo si se lo ve en retrospectiva. A finales de enero de 2005, durante la apertura de la Cátedra de las Américas, el expresidente norteamericano Jimmy Carter llamaba a los países del hemisferio occidental a respetar la Carta Democrática de la OEA, que consideraba débil porque «no define con rigor lo que es una ruptura del orden constitucional», una conclusión que sin duda extrajo de su polémica experiencia en el caso venezolano. De acuerdo con *El Universal*:

> [...] en su discurso, Carter presentó ocho situaciones que pudieran considerarse interrupciones del hilo democrático, incluyendo la no celebración de elecciones periódicas o la realización de elecciones que no satisfagan los parámetros internacionales mínimos; la remoción arbitraria de miembros del Poder Judicial o de los cuerpos electorales, y el uso sistemático de los cargos públicos para silenciar las actividades de la oposición, la prensa o la sociedad civil[84].

---

81 «CAN instó a EE.UU. a no interferir en crisis colombo-venezolana», http://www.eluniversal. com/2005/01/27/pol_art_27104C.shtml y «Uribe sugiere prudencia y firmeza ante la crisis», http://www. eluniversal.com/2005/01/26/pol_art_26104E.shtml). (Consultas: octubre 3, 2008).

82 A través del portavoz Richard Boucher. «EE.UU. insta a Chávez a romper lazos con las FARC», http:// www.eluniversal.com/2005/01/27/pol_art_27104A.shtml (Consulta: octubre 3, 2008).

83 En dicho encuentro estaba previsto que ambos gobiernos firmaran la venta a Caracas de varios barcos y aviones, principalmente militares. «Suspendida visita del presidente del gobierno español a Venezuela», http:// www.eluniversal.com/2005/01/22/pol_art_22104D.shtml (Consulta: octubre 3, 2008).

84 «Carter exhorta a países hemisféricos a hacer cumplir Carta Democrática», http://www.eluniversal. com/2005/01/26/pol_art_26106F.shtml (Consulta: octubre 3, 2008).

Pero volvamos a nuestro relato. Poco después de que tuviera lugar una reunión de cancilleres andinos en Lima[85], en la cual los cancilleres de Venezuela y Colombia, Barco y Rodríguez, mantuvieron un encuentro privado, se reveló que un principio de acuerdo entre ambos gobiernos había sido alcanzado, posiblemente gracias a la mediación de Castro. Así lo reconocía también el vicepresidente Rangel, quien sostuvo entonces que «Castro, a quien siempre se le atribuye la desestabilización en la región, demostró todo lo contrario, sirviendo para impulsar el diálogo, mientras que Estados Unidos hizo todo lo posible por atizar el enfrentamiento». También el embajador Valero agradeció la facilitación de Cuba, Brasil, Perú, España y Argentina, que «echó por tierra la pretensión imperialista de atizar el conflicto e inyectarle dimensiones internacionales»[86].

El acuerdo, que contemplaba una pronta visita de Uribe a Venezuela y que eximía a Colombia de tener que disculparse, fue saludado por el presidente colombiano, quien se desplazaba por esos días a lo largo de la frontera binacional para atender las quejas de los comerciantes que sufrían pérdidas por la paralización del comercio entre los dos países. Desde Brasil, en donde asistía al Foro Social de Porto Alegre –foro al que no suelen asistir presidentes–, el presidente Chávez señaló que la solución de la crisis dependería del «tono, la franqueza y las respuestas» de su homólogo colombiano en el encuentro personal que sostendrían a principios de febrero[87], en una fecha que Bogotá pospuso por algunos días (se alegó que Álvaro Uribe sufría una laberintitis).

Casualidad o no, en esos días era detenido el general venezolano Felipe Rodríguez Ramírez, alias *El Cuervo*, quien se encontraba prófugo del gobierno revolucionario y era buscado por posible implicación en la comisión de los delitos de rebelión civil, instigación a la insurrección, conspiración contra el presidente Chávez, porte ilícito de arma de fuego y de

---

85 «Cancilleres Barco y Rodríguez se reúnen hoy en Lima», http://www.eluniversal.com/2005/01/27/pol_art_27104B.shtml (Consulta: octubre 3, 2008).

86 «Castro fue pieza clave en la solución», http://www.eluniversal.com/2005/01/30/pol_art_30106D.shtml; María Lilibeth Da Corte: «Vicepresidente considera que encuentro de presidentes será positivo para la región», http://www.eluniversal.com/2005/02/03/pol_art_03188D.shtml; y «Venezuela agradece en la OEA mediación de países amigos», http://www.eluniversal.com/2005/02/03/pol_art_03102C.shtml (Consultas: octubre 3, 2008).

87 Eugenio Martínez: «'Del encuentro con Uribe depende fin del conflicto con Colombia», http://www.eluniversal.com/2005/01/31/pol_art_31108A.shtml (Consulta: octubre 3, 2008).

guerra, e incendio ocasionado en sedes diplomáticas. Aunque sus familiares lo negaron, se especuló entonces con la posibilidad de que su captura hubiera sido ejecutada en Colombia[88]. El caso es que el 9 de febrero se pautó la reunión entre Chávez y Uribe para el día 15 del mismo mes, dos días después de la visita que Lula haría a Caracas. La reunión entre los presidentes de Venezuela y Colombia sirvió para sellar la crisis del «caso Granda», aunque el futuro depararía incidentes similares e incluso más graves, que han marcado un patrón de tensión y confrontación en las relaciones mantenidas por ambos gobiernos.

LA REVOLUCIÓN BOLIVARIANA SE CONSOLIDA EN EL HEMISFERIO

Poco antes de la cumbre binacional que reunió a Chávez y Uribe, César Gaviria, el ya para entonces exsecretario general de la OEA, recomendaba en una entrevista otorgada a principios de febrero a CNN en Español:

> [...] estar vigilante de la situación de la democracia venezolana [porque el gobierno de Chávez] tiene una gran ascendencia en todos los poderes del Estado [situación que tendería a] poner en peligro los contrapesos que siempre debe haber en una democracia [...] Creo que la comunidad internacional, los gobiernos, los medios tienen mucho por hacer sobre Venezuela y asegurarnos que la plenitud de las formas democráticas se puedan conservar[89].

En efecto, para estas alturas, Hugo Chávez ya tenía completo control del aparato judicial. Después de dos años de haberse negado a participar en la ceremonia de apertura del año judicial, el presidente venezolano decidió asistir a la ceremonia de 2005, cuando ya estaba conformado el nuevo Tribunal Supremo de Justicia de 32 magistrados de acuerdo con la

---

88 Irma Álvarez: «Juez ratificó reclusión del general Rodríguez», http://www.eluniversal.com/2005/02/07/pol_art_07104A.shtml y «Detalles de la captura», http://www.eluniversal.com/2005/02/07/apo_art_07104B.shtml (Consultas: octubre 4, 2008).

89 «Gaviria aconseja vigilar de cerca a Venezuela», http://www.eluniversal.com/2005/02/10/pol_art_10106G.shtml (Consulta: octubre 4, 2008).

nueva Ley del TSJ[90]. Por estas fechas, además, el mapa de la nueva política exterior de la Venezuela revolucionaria estaba ya claramente dibujado. A finales de enero de 2005, antes de su viaje a Brasil para asistir al Foro Social de Porto Alegre, el presidente Chávez recibió al vicepresidente de China, Zeng Qinghong, para la firma de 19 de acuerdos de cooperación entre ambos países. En esa oportunidad, Chávez rechazó la independencia de Taiwán y señaló que China «ha demostrado que no es necesario atropellar a nadie para ser una potencia mundial»[91].

Dos semanas más tarde, en el encuentro que Chávez y Lula mantuvieron en Caracas durante los días 13 y 14 de febrero, los gobiernos de Venezuela y Brasil firmaron 26 acuerdos de cooperación en diversas materias que van desde lo energético a lo militar. Con los acuerdos firmados en esta ocasión, empresas brasileñas consolidaron importantes ventajas en la explotación de yacimientos venezolanos de petróleo y gas que aún se mantenían sin explotar[92]. Ambos presidentes recordaron que, de 2003 a 2004, el comercio binacional había pasado de $880 millones a 1.600. Una semana después, el diario *El País* revelaba que el gobierno español se planteaba venderle al venezolano cuatro corbetas y seis aviones militares de transporte, una venta que finalmente sería vetada por el gobierno norteamericano, debido a los derechos que este mantenía sobre ciertos componentes que formaban parte de los equipos que Caracas deseaba comprar.

Por su parte, Roger Noriega, secretario de Estado adjunto de los Estados Unidos, manifestaba nuevamente a principios de febrero la incomodidad de su gobierno con las compras de armamento ruso por parte de Venezuela, al tiempo que el Departamento de Estado ratificaba que Washington había protestado oficialmente ante Moscú la materialización de dichas ventas[93]. Lo cierto es que las políticas desplegadas por los Estados Unidos para manejar a la incómoda Venezuela de Chávez lucían a estas

---

90 «Castigar corrupción y aplicar Ley de Tierras exigió Iván Rincón», http://www.eluniversal.com/2005/01/28/pol_art_28189B.shtml (Consulta: octubre 3, 2008).

91 «China demuestra que es potencia, sin atropellar», http://www.eluniversal.com/2005/01/30/pol_art_30111A.shtml (Consulta: octubre 4, 2008).

92 Marianna Párraga: «Brasil toma delantera energética», http://www.eluniversal.com/2005/02/16/eco_art_16154A.shtml (Consulta: octubre 4, 2008).

93 Palabras del portavoz Adam Ereli. Everett Bauman: «Confirman que EE.UU. protestó a Rusia venta de armas a Venezuela», http://www.eluniversal.com/2005/02/11/pol_art_11182B.shtml (Consulta: octubre 4, 2008).

alturas como evidentemente ineficaces e inapropiadas. Colombia, por su parte, entró en una fase de relativo aislamiento con respecto a los demás países de América Latina, que duraría varios años. Es probable que las autoridades de Bogotá no se esperaran el nivel de la respuesta de Chávez ante el «caso Granda», que tan sensiblemente afectó los intereses del sector privado de ambos países; en cambio, es muy factible que tuvieran la expectativa de un rechazo más firme por parte de los demás gobiernos de América Latina hacia Caracas, por haber albergado al «canciller de las FARC». Sin embargo, y posiblemente para la sorpresa de diversos sectores en Bogotá y Washington, el rechazo más bien se materializó contra los Estados Unidos, debido a su insistencia en que se condenara regionalmente al gobierno de Chávez. El «caso Granda» sirvió así para demostrar que Washington necesitaba cambiar su forma de abordar el «problema venezolano», pues la Revolución Bolivariana efectivamente estaba aumentando su influencia en la región –en un contexto de elevados precios del petróleo– y, como tal, habría que reconocerla. En palabras del analista Michael Shifter:

> [...] el poder y la efectividad del gobierno de EE.UU. se debilitó en la disputa [entre Venezuela y Colombia] por haber tomado partido por [el presidente colombiano, Álvaro] Uribe tan rápida y abiertamente [...]. Aunque la preferencia de Washington por Uribe no es un secreto, lo que se logró con ese respaldo público ilimitado fue, más que nada, irritar a Chávez, lo cual le permitió deslizar el centro de atención de Colombia a Estados Unidos e inhibir a otros países latinoamericanos de involucrarse[94].

En la reunión del Consejo Permanente de la OEA que tuvo lugar el 23 de febrero de 2005, el canciller venezolano, Alí Rodríguez, destacó en su intervención que:

> [...] resulta un error de muy graves consecuencias cierta pretensión de imponer un pensamiento único y con él, modelos y prácticas políticas de un país con historias y circunstancias propias a otros países [...] sin autodeterminación no hay democracia [...] cada nación es un resultado en el cual se sintetizan los más diversos factores históricos, políticos, económicos

---

94 «Instan a EE.UU. a cambiar relación con Venezuela», http://www.eluniversal.com/2005/02/16/pol_art_16104E.shtml (Consulta: octubre 4, 2008).

y culturales [...] a realidades distintas corresponden distintas formas de construir la democracia.

En ese sentido subrayó que la aplicación del modelo democrático en Venezuela:

> [...] pasa por darles participación y protagonismo a las mayorías [...] pequeñas oligarquías políticas y económicas, degustando las llamadas mieles del poder, fueron los grandes beneficiarios de una democracia representativa que, cada día, excluía y despreciaba más a esa inmensa masa de seres empujados por ellos mismos a la pobreza generada por la irritante concentración de riqueza y privilegios[95].

Al final de su visita a los Estados Unidos, Alí Rodríguez señaló también que la raíz del problema entre ambas naciones era que Washington debía reconocer la existencia de un modelo de democracia en Venezuela[96]. Por esas fechas, en el acto de instalación de la IV Cumbre de la Deuda Social que organizó el Parlamento Latinoamericano (Parlatino), el presidente Chávez propuso —por fin de una forma expresa y abierta— calificar a su proyecto político como «socialista», e instó a «inventar el socialismo del siglo XXI»[97].

Termina aquí el relato pormenorizado del período estudiado. Un conjunto de hechos (el «caso Granda», el fin de la misión de facilitación/observación/construcción de la paz del Centro Carter, el discurso del canciller Alí Rodríguez en la OEA y la proclama de Chávez acerca de la necesidad de construir lo que desde ese momento quedó bautizado como el «socialismo del siglo XXI») nos parecen el corolario adecuado para cerrar la comprensión de un lustro de la historia contemporánea de Venezuela que estuvo particularmente marcado por un agudo conflicto interno.

En este sentido, las palabras del canciller venezolano en febrero de 2005 captan con precisión lo que, desde nuestro punto de vista —y tal como

---

95 Declaraciones de Rodríguez aparecen en «'Sin autodeterminación no hay democracia'», http://www.eluniversal.com/2005/02/24/pol_art_24104A.shtml (Consulta: octubre 4, 2008).

96 Declaraciones de Rodríguez en «'Relaciones pueden mejorar si hay respeto mutuo'», http://www.eluniversal.com/2005/02/27/pol_art_27110C.shtml (Consulta: octubre 4, 2008).

97 Elvia Gómez: «Chávez insta a 'inventar el socialismo del siglo XXI", http://www.eluniversal.com/2005/02/26/pol_art_26182C.shtml (Consulta: octubre 4, 2008).

lo esbozamos en la introducción del presente libro–, constituye el meollo del conflicto que durante la última década ha tenido lugar en Venezuela: el enfrentamiento entre dos formas o visiones más o menos incompatibles de democracia. Las ventajas y carencias de las democracias liberales en América Latina están a la vista de todos y no constituyen un secreto para nadie; por otra parte, los logros y fallas del modelo chavista (a todas luces iliberal), que durante el período aquí estudiado solo podían ser, hasta cierto punto, materia de especulación y conjeturas, son ya, también, evidentes. La realidad es que las democracias iliberales tienden a degenerar en un ejercicio despótico del poder, y cuando pierden el favor de las mayorías, incluso coquetean con la posibilidad de transformarse en dictaduras. En el caso venezolano, y tal como se explicará en el siguiente capítulo, el talante democrático que todavía en 2005 podía esgrimir la Revolución Bolivariana –en virtud de sus victorias electorales, y alegando el propósito de desarrollar una democracia más participativa, popular, anticapitalista y, en resumen, iliberal–, comenzó a ser muy seriamente cuestionable a partir de finales de 2007.

Una vez repasados los hechos del lustro 2001-2005, invitamos ahora al lector a proseguir con la lectura de los últimos cuatro capítulos, que hemos denominado «teórico-analíticos», mediante los cuales podrá aproximarse a los fundamentos sobre los cuales se desarrolló la interpretación que ha servido como eje conductor a nuestros primeros siete capítulos, los «narrativos». Estos últimos cuatro capítulos son muy importantes para que el libro pueda cumplir su función de aportar al debate público una interpretación coherente y articulada sobre la conflictividad recientemente experimentada en Venezuela.

CAPÍTULO VIII
BREVE ANATOMÍA DE DOS REGÍMENES EN CONFLICTO

En este libro se analiza la confrontación entre dos formas de entender la democracia, las cuales aspiran a establecer regímenes distintos en Venezuela. Tales fuerzas políticas terminaron por entrar en conflicto a partir del año 2001, hasta que finalmente, a finales de 2004, una desplazó a la otra, por un lapso aún indefinido. Luego de haber conocido ya, de forma pormenorizada, la manera en que se produjo la sustitución de un régimen por otro, resulta conveniente que el lector se aproxime ahora a la caracterización que, desde la teoría política, ofrece aquí el autor para referirse a estos dos regímenes. Solo entonces adquiere pleno sentido el relato desarrollado a lo largo de los capítulos anteriores. Procedemos, pues, a explicar brevemente lo que asemeja y lo que distingue a los dos regímenes que se han mantenido en pugna en la Venezuela del siglo XXI.

¿QUÉ ES LA DEMOCRACIA?

Los estudios de la democracia distinguen entre diversas modalidades de dicho régimen. La teoría política nos habla, en tal sentido, de democracia moderna, antigua, representativa, directa, participativa, liberal, burguesa, popular, mayoritaria, deliberativa, delegativa, económica, social, y muchas otras variedades. Conviene, pues, recordar brevemente en qué consiste lo particular del régimen democrático, independientemente de los «apellidos» que pueda adquirir. En tal sentido, Giovanni Sartori explica que en toda democracia: 1) la titularidad del poder pertenece a los ciudadanos y no se acepta que dicho poder se derive de la fuerza; el poder ha de ser legítimo y sustentarse sobre consensos explícitos y verificados, 2) aspira esencialmente al autogobierno por parte de todos los ciudadanos, y 3) necesariamente implica que estos «se crean la democracia», en tanto que una sociedad formalmente democrática cuyos ciudadanos no piensan ni se comportan como demócratas tiende a degenerar rápidamente en otro tipo de régimen. Dice Sartori que «las monocracias, las autocracias, las dictaduras son fáciles, se derrumban por sí solas; las democracias son difíciles, deben ser promovidas y 'creídas'» (1999: 31).

Lo que importa aquí es dejar sentado que la democracia es, ante todo, una forma de gobierno en la que la titularidad del poder corresponde a todos los ciudadanos, lo cual, por definición, implica la presunción y el establecimiento de un mínimo grado de igualdad política. Esta igualdad característica de la democracia va más allá de una igualdad ante la ley y, por lo tanto, constituye una igualdad más profunda, significativa y ambiciosa que la igualdad sobre la cual se basa la república (entendida esta última como imperio de la ley e igualdad de los miembros de la comunidad política frente a la ley). La república se interesa por alcanzar el gobierno de las leyes, en tanto que concentra su razón de ser en la necesidad de impedir la arbitrariedad del poder. Por su parte, la democracia se esfuerza en garantizar la posibilidad de participación de todos los ciudadanos en el poder, así como también en estimularla; por consiguiente, la democracia se orienta sobre todo a fortalecer el poder. Así lo entendió, entre otros, Alexis de Tocqueville. El aristócrata francés comprendió que la sustitución de una instancia de poder centralizada por un gobierno popular, mediante la incorporación de todos los ciudadanos a la política, lejos de debilitar a un cuerpo político, lo que hace es liberar una fuerza extraordinaria; una fuerza que puede y pretende operar de forma constructiva, pero que también puede conducir a resultados trágicos. Por lo tanto, la democracia debería funcionar óptimamente cuando se dan las siguientes dos circunstancias: en primer lugar, la participación de todos y cada uno de los ciudadanos en los asuntos públicos, con la finalidad de que nadie pueda alegar después que no fue consultado y que se ve obligado a cumplir con un mandato arbitrario; en segundo lugar, que durante su participación en los asuntos públicos, se evidencie la inclinación de cada ciudadano, no solo a proponer, sino también a comprender razones, a aceptar la proposición que emerge como la más justa y racional en medio de una deliberación (de lo contrario, no habría posibilidad de ponerse de acuerdo mediante el diálogo).

Por consiguiente, la mayor bondad del régimen democrático consistiría en ser el único régimen que, al asumir explícitamente la consideración de que cada ser humano es un ser racional por naturaleza, permite actuar en consecuencia y brinda (pero también demanda) a los ciudadanos la posibilidad de ponerse de acuerdo de forma racional, pacífica y voluntaria. De esta manera, la participación en los asuntos públicos es la principal salvaguarda del individuo; si este se abstiene voluntariamente de participar, el hecho necesariamente ha de lucir ante una mentalidad genuinamente democrática como una incongruencia con la propia naturaleza racional del ciudadano. El abstencionista vendría a ser, por fuerza, lo que los griegos denominaban *idiotes*, esto es, una persona aislada, ensimismada, encerrada en el espacio de lo «privado», y por ende, «privada» por voluntad propia de ejercer su papel dentro de la comunidad. Para la mentalidad griega antigua, esto resultaba irracional y, por lo tanto, expresión de una humanidad degradada o insuficiente.

DEMOCRACIA ANTIGUA Y DEMOCRACIA MODERNA (LIBERAL)

Sin embargo, es un hecho que ni todos los ciudadanos son suficientemente «participativos», ni todos se encuentran igualmente orientados a dejarse llevar por el mismo argumento, independientemente de que en un momento dado pueda lucir como el mejor. Dicho de otra manera: habitualmente la gente no es ni tan altruista, ni tan solidaria, ni tan pudiente y/o desocupada como para dedicar lo mejor de su tiempo y esfuerzo a participar en política en pro del bienestar colectivo, y tampoco parece estar siempre por la labor de ponerse de acuerdo. Más bien, bastante parece hacer la mayoría de las personas con tratar de llevar adelante su propia vida y la de su familia, como para encontrarse en disposición de conversar sobre los asuntos públicos hasta alcanzar el consenso, y mucho menos para encargarse de ellos. O como lo dijera ya Benjamin Constant hace doscientos años: mientras que los ciudadanos griegos eran varones libres, pudientes y mayores de edad, dueños de esclavos de cuyo trabajo vivían, reunidos en pequeñas comunidades políticas en las cuales todos se conocían, y en constante peligro de guerra con comunidades vecinas, el hombre de la Modernidad suele vivir de su propio trabajo, no tiene esclavos, pertenece a comunidades políticas de millones de habitantes en donde pocos se conocen entre sí, no conoce la guerra como una amenaza constante y cercana y disfruta de adelantos tecnológicos que los griegos nunca soñaron, los cuales amplían y mejoran considerablemente las bondades de la vida privada. Mientras que el ciudadano ateniense encontraba en la política la mejor oportunidad para ser estimado y desarrollar sus dotes socialmente más admirables, el ciudadano moderno ha visto expandirse frente a sí el horizonte de sus posibilidades vitales hasta el punto de valorar intensamente su vida privada, lo cual, más allá de generar tanto ventajas como desventajas, no lo hace necesariamente mejor o peor, sino, simplemente, diferente. Del más elemental análisis se deduce que, entendida y aplicada por sociedades tan diferentes como las antiguas y las modernas, la democracia no puede ser, consistir y significar lo mismo en ambos casos.

Así, la realidad, y más concretamente la realidad de nuestros tiempos, parece confrontarnos con dos tipos de situaciones concretas que operan como obstáculos para la democracia: la falta de participación de muchos ciudadanos y el hecho de que casi nunca se puede alcanzar un consenso absoluto. Dado que la democracia (como cualquier otro régimen) requiere a la postre tomar decisiones, las deliberaciones deben llegar a su fin incluso cuando no se ha alcanzado un verdadero consenso, situación para la cual se suele recurrir a la votación como última solución. Pero las votaciones conllevan la imposición de la decisión de la mayoría, dividiendo necesariamente a la población en mayorías y minorías, o lo que es lo mismo, en ganadores y perdedores. Por consiguiente, la realidad es que la democracia no suele ser precisamente el gobierno de todos, sino más bien el gobierno de las mayorías que se articulan en el seno de la fracción que participa en política. Pero, dada esta circunstancia particular de la democracia, ¿en qué situación quedan quienes no participan, así como también aquellos que, aun participando, no son convencidos por las mayorías, o no logran convertirse en una mayoría? Ambos corren el riesgo de ser juzgados como alejados de la virtud exigida a un buen demócrata: ambos (aunque en distinto grado), el abstencionista y el disidente recalcitrante, «arruinan» la democracia, ambos la alejan del consenso que pretende alcanzar, de lo que debería ser. Por un lado, al ciudadano que no participa se le juzgará como moralmente débil, pusilánime, egoísta o poco comprometido (el *idiotes* de los antiguos griegos); por otra parte, al que se niega sistemáticamente a concordar con la mayoría, probablemente se le observará como principal causa de los conflictos internos de la comunidad política, considerándosele con frecuencia egoísta, centrado en sí mismo, contrario al bien común, o incluso apátrida o extranjero; en el mejor de los casos, simplemente será el menos convincente y hábil en el debate público.

En función de lo anterior es posible afirmar que en democracia, en toda democracia, existe siempre una aspiración al consenso; lo que puede variar es su grado de tolerancia al disenso. Este problema emergió con la mayor fuerza en los primeros tiempos de la modernidad política, cuando, de la mano de Jean-Jacques Rousseau, se concibieron los primeros pasos para reinstaurar la democracia en el mundo, en cierta forma tratando de revivirla al estilo de los griegos. Rousseau es, en cierto modo, el padre de las democracias que manifiestan escasa tolerancia al disenso. Su obra está plagada de inquietud y zozobra frente al hecho, real e incontrovertible, del conflicto. Como buen racionalista, Rousseau aspiró a concebir una sociedad capaz de alcanzar la mayor suma de perfección social, e incluso la felicidad generalizada, desde una visión abstracta e idealista cuya principal aspiración era lograr la máxima armonía política y social. El filósofo ginebrino razonó siempre desde la convicción de que el ser humano es totalmente educable, que los órdenes políticos y sociales son absolutamente perfectibles y que la razón humana puede moldear el mundo a su propia imagen y semejanza. Pero no solo eso: Rousseau incluso consideró factible la expresión del consenso entre todos los ciudadanos en una sola voluntad, llamada «voluntad general». Persistir en el disenso con respecto a la voluntad general, sea esta lo que sea, constituiría entonces una evidencia de egoísmo, de falta de solidaridad con el resto de la comunidad política, de inmoral anteposición de los intereses individuales sobre los colectivos. En el fondo, la comunidad le estaría haciendo un favor al disidente cuando lo obliga a obedecer: «el que se niegue a obedecer la voluntad general será obligado a ello por todo el cuerpo; lo cual no significa otra cosa sino que se le obligará a ser libre» (1973: 21). Y no solo «libre», sino además «racional»; le hará «entrar en razón», según se deduce de la teoría de Rousseau. Y Rousseau sería, como es bien sabido, la principal inspiración de Robespierre y de tantos otros revolucionarios que, con la ilustre pretensión de hacer iguales, libres y felices a todos los franceses, se llevaron a la guillotina a miles de ellos, o perdieron ellos mismos la cabeza bajo tal artefacto.

Aquí nos encontramos con una paradoja familiar para cualquier teórico político, pero no así para el ciudadano común: libertad e igualdad no siempre son complementarias y convergentes. En realidad, es frecuente que la ampliación de una implique la reducción de la otra. ¿Cuál se privilegia entonces en la democracia? Esta, en el sentido originario que concibieron los griegos, era un régimen tanto de igualdad como de libertad. La igualdad entre quienes ostentaban en Grecia la condición de ciudadanos (igualdad que hoy no podemos considerar sino restrictiva, porque de ella se excluía a niños, mujeres, esclavos, pobres y extranjeros) era la garantía de su libertad, una libertad política que se ejercía únicamente dentro de la comunidad política, y en tanto miembros de dicha comunidad. Por ende, podría afirmarse que, en la democracia antigua, de la igualdad (y de la posibilidad del diálogo entre iguales) nacía la libertad. Había buenas razones para verlo de esa manera. En la Antigüedad clásica, el mayor peligro potencial para la libertad lo constituía la posibilidad de ser esclavizado por una nación extranjera, razón por la cual la necesidad de consolidar la pertenencia a una comunidad política era vital; de hecho, el peor castigo entre los griegos era el destierro, ya que implicaba la anulación de la pertenencia/igualdad/libertad del desterrado con respecto a sus conciudadanos. En tales circunstancias, difícilmente el sometimiento a las mayorías dentro de dicha comunidad podría haber sido considerado un mal mayor. No obstante, siglos después, con la progresiva desaparición de la esclavitud, con la regularización de la guerra, la posterior irrupción de las masas en la vida política, pero sobre todo con el surgimiento de ese verdadero Leviatán o «máquina de poder» que constituye el Estado moderno, pasarían a ser precisamente el Estado y el despotismo respaldado por las masas las mayores amenazas a la libertad. De ahí que Constant lograra identificar la naturaleza de una nueva idea de libertad que nacía con la Modernidad. Se trataba de la libertad individual, la libertad con respecto al Estado y frente a las mayorías circunstanciales (dos fuerzas que, cuando operaron de forma violenta, conjunta y sin restricciones legales, dieron origen al totalitarismo del siglo XX).

¿Cómo se neutralizaría esta posible «tiranía de la mayoría» en la Modernidad? Mediante un sabio diseño de instituciones, arte que encontró en los norteamericanos a sus principales maestros. Al independizarse de Gran Bretaña, los llamados «Padres Fundadores» (Jefferson, Adams, Franklin, Hamilton, Jay, Madison y Washington, entre otros) se dieron a la tarea de fundar una república. Como fruto de esa gestación sorprendente, la democracia estadounidense incorporó desde su nacimiento casi todos los elementos característicos de una democracia moderna, puesto que ya en el diseño originario de dicha república quedaron contempladas figuras tales como la Constitución y los derechos inalienables de los ciudadanos, e instituciones como el Congreso y la Corte Suprema. Las versiones antiguas de la democracia desconocían tales elementos, que sin embargo resultan hoy imprescindibles para cualquier democracia moderna, porque salvaguardan las libertades individuales. Con el tiempo emergería así, para el pensamiento político universal, el término «liberalismo político», denominación por la cual se conocerá a toda esta tradición filosófica, legal, política, económica y social que, a lo largo de la Modernidad, se ha empeñado en atemperar tanto 1) el enorme poder del cual gozan quienes manejan el Estado, como 2) la fuerza indetenible que subyace bajo todo gobierno o decisión de origen o elección popular, como también 3) la idea de que es posible conocer e implementar deliberadamente la perfección en política. Y para lograr tales objetivos, el liberalismo político, lejos de formarse una idea concreta y definida acerca de la naturaleza humana, y en vez de pretender ajustar las costumbres de los ciudadanos a un (pre)determinado modelo de virtud cívica o ciudadano ideal, se ha limitado a desarrollar y mejorar paulatinamente un conjunto de principios e instituciones que expresamente defienden la dignidad y las libertades del individuo, desde la convicción de que cada persona ha de contar con la posibilidad de ser y hacer lo que prefiera, mientras respete los derechos de sus conciudadanos. Es precisamente este el conjunto de elementos que el liberalismo aportó a la democracia, con la finalidad de proteger la libertad tal como la entienden los modernos; esos elementos son el constitucionalismo, la división de poderes, el régimen de libertades y el Estado de Derecho. Sin ellos, prácticamente nada de lo que hoy consideramos normal y justo en una democracia existiría. A esta forma de democracia, característica de la Modernidad política, se le conocerá a partir de cierto momento como «liberal-democracia», o «democracia liberal».

Cabe aquí hacer una precisión con respecto a la tan cacareada contraposición entre la «democracia representativa» y la «democracia participativa». En realidad, la representación no excluye ni impide la participación; de hecho, es más bien al contrario: los mecanismos de representación funcionan mucho mejor cuando la participación de la ciudadanía es intensa. Y si intentamos identificar cuáles son las democracias actuales que presentan los mayores y mejores niveles de participación ciudadana, veremos que todas son netamente representativas. Lo que verdaderamente se contrapondría a la democracia representativa sería la democracia directa, que expresamente busca sustituir los mecanismos de representación, en cierto modo con la esperanza de revivir la democracia antigua. Sin embargo, allí donde se ensayó la democracia directa a gran escala, con ausencia o destrucción de la representación política organizada, los resultados fueron desastrosos. Tal fue el caso de los consejos comunales en la Francia revolucionaria, así como también de los sóviets rusos, que a la postre terminaron siendo meros organismos ejecutores de una facción revolucionaria (radical y autocrática) que se apoderó del Estado. Hannah Arendt (2006a: 341) señaló al respecto que:

> [...] la forma para dominar la Asamblea era infiltrarse y, en su día, apoderarse de las sociedades populares, declarar que solo una facción parlamentaria, los jacobinos, era auténticamente revolucionaria, que solo las sociedades afiliadas a ella eran dignas de confianza y que todas las demás sociedades populares eran «sociedades bastardas».

Considerando las razones anteriormente expuestas y otras adicionales, el ya mencionado Giovanni Sartori es enfático a la hora de afirmar que la democracia moderna es, y solo puede ser, liberal-democracia. Para el politólogo florentino, «Fuera del Estado democrático-liberal no existe ya libertad, ni democracia» (1999: 43). Sartori sostiene como un hecho evidente y comprobado que aquellas formas de gobierno verdadera o presuntamente democráticas que sojuzgaron la libertad individual a los designios de una voluntad colectiva o superior, expresada de forma tácita o explícita, terminaron por no ser democráticas en absoluto. Asimismo, Sartori asume y refresca los argumentos que ya diera Constant a comienzos del siglo XIX para hacer ver que la modernidad es incompatible con una visión colectivista, antigua o directa de la democracia, y que cuando esta pretende ser implantada en nuestros días, el resultado final es una desaparición de la democracia.

LA REPÚBLICA CIVIL VENEZOLANA (1958-1998): UNA DEMOCRACIA LIBERAL

Corresponde ahora caracterizar el tipo de democracia que se instauró en Venezuela a partir de 1958. Diversas corrientes teóricas que estudian las transiciones a la democracia sostienen que esta suele sobrevenir como resultado de equilibrios pactados por diversos grupos sociales y de poder, luego de períodos prolongados de luchas que no consagran un claro vencedor; autores que de una u otra forma sostienen este punto de vista son Michael Burton, John Higley, Arend Lijphart y Dankwart Rustow. Desde esta perspectiva, las democracias pasan por la institucionalización de equilibrios que reflejan jurídicamente la composición de una sociedad en sus distintos grupos identitarios, económicos o de poder, así como también el resultado final de una serie de luchas que finalmente encuentran una canalización pacífica y legal de sus diferencias. Por otro lado, estas «democracias pactadas» suelen contar con ciertos inconvenientes que, en ocasiones, pueden atentar contra su estabilidad con el paso del tiempo.

En el caso de Venezuela, y a partir de 1958, buena parte de los elementos que permitieron el funcionamiento de los acuerdos y pactos de élites se encontraban directamente relacionados con el establecimiento de reglas tácitas y explícitas para la asignación y distribución, por parte del Estado, de los abundantes recursos provenientes de la renta petrolera. La cuantía de los recursos, así como la percepción que tenían los distintos actores de que la conflictividad existente hasta el momento no era la mejor vía para satisfacer sus intereses, permitió la implantación de dicho «sistema populista de conciliación de las élites». Según Juan Carlos Rey, la joven democracia se sustentó significativamente sobre un discurso y coalición política de carácter populista. Para Rey, «el éxito de la política populista se basa en que las relaciones en el interior de la coalición no sean suma-cero, lo cual implica que los premios y recompensas a repartirse entre sus miembros han de tomarse del exterior de ella» (Rey, 1998, orig. 1980: 118). En definitiva, la democracia nació atada a los requerimientos de la distribución de la renta petrolera.

En el plano político, los pactos permitieron y facilitaron la participación de la mayor parte de las fuerzas políticas, pero condenaron al ostracismo a las más radicales, tanto de derecha como de izquierda. Al mantenerse fuera del pacto de Punto Fijo, algunos de los sectores de la izquierda más radical crearon grupos guerrilleros que, sin embargo, resultaron tremendamente ineficaces en su lucha armada; con el paso del tiempo, casi la totalidad de sus integrantes fue reincorporada a la vida civil. Por su parte, los sectores más radicales dentro de las Fuerzas Armadas se vieron obligados a ceder ante la línea institucionalista que la democracia logró implantar en su seno. Pero la «democracia pactada» venezolana, profundamente atada a la renta petrolera y poco flexible para evolucionar hacia formas más integrales y complejas de democracia, terminó por convertirse en un mecanismo político obsoleto para afrontar los cambios que imponía la cambiante realidad social del país, derivando así hacia la consolidación de una cultura política caracterizada por el populismo, el estatismo, el rentismo y el clientelismo.

Tal sistema es denominado por algunos, no sin cierto tono despectivo, «puntofijismo». En nuestro caso, preferimos emplear la denominación de Carlos Leáñez de «República Civil», puesto que se ha tratado del único período de la historia republicana de Venezuela durante el cual el Estado se ha encontrado, sin duda alguna, en manos de civiles. Por su parte, Robert Dahl lo catalogó como una «cuasipoliarquía» (Dahl, 1991, orig. 1971: 220). Ahora bien, en virtud de todo lo señalado hasta aquí, y a pesar de sus defectos, no cabe duda de que la democracia instaurada a partir de 1958 fue una democracia liberal, pues se trató de un régimen distinguido por la práctica generalizada sus principios básicos: gobiernos civiles y civilistas; elecciones libres, competitivas y periódicas; una Constitución en todo el sentido de la palabra; el ejercicio del principio de división de poderes; el Estado de Derecho y la defensa sistemática de los derechos individuales. Sus fallas económicas no deben ocultarnos sus virtudes políticas. Durante los primeros 20 años, las ventajas de este modelo superaron sus deficiencias estructurales; sin embargo, como la principal debilidad de Punto Fijo era la relación de dependencia entre la estabilidad del sistema político y la cuantía de la renta petrolera, esta última debía permanecer tan abundante como para satisfacer las expectativas crecientes de todos los sectores sociales y políticos. Así, el crecimiento de la población, el endeudamiento interno y externo del Estado, la decreciente tasa de productividad, la creciente burocratización y clientelismo, el incremento cuantitativo y cualitativo de la pobreza y la «pérdida de reflejos políticos» por parte de los partidos políticos, fueron haciendo que la gente, desde mediados de la década de los años ochenta, fuera perdiendo confianza en el sistema hasta alcanzar extremos alarmantes.

¿Cuál es entonces el balance que corresponde hacer? Los distintos gobiernos de la democracia liberal alcanzaron en 40 años logros innegables que habían mejorado las condiciones de vida de todos los venezolanos, específicamente en cuanto a la consagración y puesta en marcha de derechos sociales y económicos, así como también a la creación de una infraestructura nacional, pero sobre todo, en la apreciable instauración de un sistema de libertades y garantías mínimas que promovieron una cultura política fundamentalmente democrática y pacífica. Y aunque era cierto que el sistema presentaba fallas estructurales y que existía la necesidad de desmontar la dependencia del sistema político de la economía rentista, no creemos exagerar al afirmar que mucho más grave era la ligereza con la que la mayor parte de la población, incluyendo a las élites políticas e intelectuales, abordaba los problemas nacionales. Las evidentes deficiencias del sistema democrático existente ocultaban a muchos sus incuestionables conquistas a lo largo del tiempo, y el hecho de que la democracia venezolana fuera ya para entonces considerablemente longeva implicaba, para una gran mayoría de venezolanos, la imposibilidad de compararla con otros modelos políticos y sociales anteriores y una falta de conciencia con respecto a la importancia de las libertades políticas, o lo que es lo mismo, la pérdida de una perspectiva histórica.

HUGO CHÁVEZ O EL PESO DEL INDIVIDUO EN LA HISTORIA

Un problema clásico dentro de las ciencias sociales es el de sopesar entre la importancia de los actores y la relevancia de las estructuras, ya que ambas son relevantes y permiten abordar aspectos cruciales de la realidad humana y social. Ahora bien, en ciertos casos el peso específico de los actores es esencial, y difícilmente alguien podría objetar que Hugo Chávez constituye uno de estos casos. No en balde su influencia ha sido decisiva en la historia reciente de Venezuela. Nacido el 28 de julio de 1954, cerca de la población de Sabaneta, en el estado de Barinas, sus rasgos característicos como político se relacionan con su carrera militar y su temprana simpatía por los héroes guerreros y la izquierda radical latinoamericana. Como joven cadete, pudo trasladarse a Caracas, y viajar también al Perú y a Panamá, donde se mostró interesado tanto por la revolución nacionalista de Juan Velasco Alvarado como por la insurrección militar del general Omar Torrijos. A partir de los 23 años, Chávez comenzó a vincularse clandestinamente con grupos subversivos de la izquierda radical venezolana, mientras se mostraba apolítico y obediente ante sus superiores. Entre sus contactos más importantes figura «el irreductible líder guerrillero Douglas Bravo, quien creó la Fuerza Armada de Liberación Nacional (FALN) tras ser expulsado, en 1966, del Partido Comunista de Venezuela (PCV) por desviarse de la línea soviética» (Barrera y Marcano, 2006: 85). Bravo era partidario de hacer la revolución socialista, no mediante guerrillas, sino infiltrando las Fuerzas Armadas. También reivindicaba, en un particular ejercicio de sincretismo ideológico, el ideario de Simón Bolívar, Simón Rodríguez (maestro de Bolívar en su juventud) y Ezequiel Zamora para fundirlo con las tesis de Marx. Estas ideas serían tomadas por Chávez y otros oficiales, quienes fundaron la logia conspiradora del Ejército Bolivariano Revolucionario (EBR-200, más adelante MBR-200), a la postre, el núcleo del movimiento conspirador que protagonizaría el fallido golpe del 4 de febrero de 1992.

Detenido y encarcelado en la prisión de Yare, no pasaría demasiado tiempo antes de que se evidenciara que Chávez era un verdadero «animal político». Allí dejó entrever bastantes elementos sobre su concepción del poder, la política y los problemas del país. Con respecto al 4 de febrero, declaró por ejemplo que: «Esta era la concepción, crear el vacío de poder, y nosotros mismos llenarlo» (en Blanco Muñoz, 1998: 148). En relación con el tipo de gobierno que hubiera instaurado en caso de que el golpe hubiera tenido éxito, sostenía que «… un gobierno o régimen especial, no puede ser un gobierno producto de elecciones y con acuerdos entre los poderes. Nada que intente superar ese modelo de democracia liberal, que para nosotros ya murió, puede provenir de elecciones» (en Blanco Muñoz, 1998: 168). Refiriéndose al sistema político que quería superar, pensaba que «la democracia es como un mango, si estuviese verde hubiese madurado. Pero está podrida y lo que hay que hacer es tomarla como semilla […]. Hay que revisar a fondo el concepto de democracia y debemos oír todavía la voz de Simón Rodríguez: hay que inventar modelos, inventar formas» (en Blanco Muñoz, 1998: 121). Chávez también señaló al diario *Cronista Comercial* de Buenos Aires, en edición del 20 de agosto de 1992, que «todo está listo para una guerra civil en Venezuela». En sus declaraciones se aprecian siempre los mismos rasgos personales y elementos discursivos: vehemencia, pasión, frontalidad, proximidad, voluntarismo, utopismo, patriotismo, determinación, persistencia, esperanza, intención de polemizar, retórica del honor y de la dignidad, defensa de los oprimidos y condena a los poderosos. No es un político de consensos o negociaciones; se trata de un revolucionario, alguien volcado por completo a la tarea de derribar todo *statu quo*. Tal como lo señaló a José Vicente Rangel en la entrevista que le concedió para Televén el 4 de marzo de 2007: «Yo soy un subversivo en Miraflores […] siempre ando pensando cómo subvertir».

LAS FASES DEL CHAVISMO

Desde nuestro punto de vista, el proceso político de cambios que se ha dado en llamar «Revolución Bolivariana» ha experimentado diversas etapas en lo relativo a su definición ideológica, estructura organizacional y modos de acción, situación que es importante considerar de cara a su correcta caracterización. Podríamos sostener que dichas etapas han sido fundamentalmente cuatro. En la primera (1983-1992) se trató de un movimiento clandestino y rebelde, vinculado a las Fuerzas Armadas y diversos grupos de la izquierda revolucionaria venezolana. Su ideología combinaba ya el uso de la figura mítica de Bolívar con tesis marxistas. En la segunda fase (1992-2004), el movimiento emplea las vías de la legalidad para acceder al poder y elaborar una nueva Constitución en 1999. Durante tal período, el movimiento se abstuvo sistemáticamente de enarbolar la bandera del socialismo como piedra angular de su proyecto, aunque se evidencian sus rasgos autocráticos. El movimiento se presentó en el plano ideológico como bolivariano.

Solo en la tercera fase (a partir de 2004) el socialismo se ha convertido abiertamente en la línea medular del proyecto. Sin abandonar la figura de Bolívar, que permanece siempre como la referencia insustituible en Venezuela, el movimiento político encabezado por Hugo Chávez aboga abiertamente desde finales de 2004 por un modelo político, económico y social de corte socialista, mientras que, en el marco de una agenda internacional bastante ambiciosa, ha desarrollado vínculos de diversa índole con otros movimientos e ideologías no demasiado afines con la realidad social venezolana, como son determinadas fuerzas políticas de impronta indigenista, en los Andes, o islámica, en el Medio Oriente. Una cuarta etapa podría haber comenzado a asomar a partir de finales de 2007, cuando el movimiento chavista ha comenzado a proporcionar preocupantes indicios de desconocimiento de la voluntad popular expresada en el referéndum de ese año (propuesta de reforma constitucional). Hasta ese momento, y desde 1996, podría afirmarse que el movimiento político conducido por Chávez se mantuvo sujeto a la aprobación por la mayoría de la población, incluso si para ello se vio obligado a violentar muchos de los más elementales principios de la división de poderes, el Estado de Derecho y el régimen de libertades. Pero a partir de 2007, es posible sostener que ese último factor de legitimidad que es el respeto a la voluntad mayoritaria en una contienda electoral (siempre practicado por cualquier gobierno que pueda llamarse democrático) se ha deteriorado seriamente.

EL CHAVISMO COMO IDEOLOGÍA

Al referirnos a la ideología empleada por el actual gobierno, preferimos hablar de «chavismo», y no, por ejemplo, de «socialismo del siglo XXI», «bolivarianismo» o «socialismo bolivariano», porque se resalta así un elemento fundamental: la continuidad en el tiempo de una vinculación constante entre un líder específico y sus seguidores. Otorgar mayor peso específico a la ideología implicaría la apreciación de que estamos frente a un proceso político que mantiene vida independiente y autónoma, más allá de las personas que lo conducen, sobre la base de una serie de convicciones bastante claras y firmemente arraigadas en los militantes del movimiento. Pensamos que la primera de estas dos opciones nos parece algo más pertinente que la segunda (por lo menos hasta el momento en el que se escriben estas líneas) porque el principal elemento de continuidad a lo largo de todas las fases del movimiento, el que las dota de un sentido de organicidad en el tiempo, es la figura del propio Hugo Chávez. La mejor demostración de lo anterior es que quienes apoyan o integran el movimiento han solido calificarse a sí mismos, con el mayor orgullo, como «chavistas»; resulta mucho más esporádico escuchar a alguien autocalificándose de «socialista» o «bolivariano» (eso solo suele pasar entre viejos militantes de partidos de izquierda o entre algunos militares, pero no entre la mayor parte de los votantes del chavismo), porque, en efecto, el seguidor de Chávez lo sigue sobre todo por lo que representa y lo que hace, y no tanto por sus disquisiciones teóricas, que tenderán a ser aceptadas en la medida en que provengan de él. En cierto modo, Chávez ES la revolución.

En tal sentido, al chavismo quizás se le podría considerar como lo que Foran denomina «una efectiva y poderosa cultura de resistencia» (1997: 207-208). En su estudio de la relación entre cultura y revolución, Foran destaca el papel que juegan las «contraculturas» de carácter revolucionario que generalmente no forman parte de la cultura oficial, visible y apoyada por el Estado y las élites. En el caso venezolano, esta «cultura de resistencia», si es que efectivamente puede ser catalogada de tal, consistiría en la identificación progresiva que se ha venido desarrollando entre los elementos ideológicos y recursos retóricos propios del discurso de Hugo Chávez, por un lado, y las «ideas-fuerza» o mitos predominantes en la mayor parte de la sociedad venezolana, por otro. En efecto, la esencia del discurso de Hugo Chávez encuentra su raíz en las creencias profundamente arraigadas en buena parte de la sociedad venezolana. Si a ello agregamos la orientación a la acción que ha caracterizado al propio Chávez, quien irrumpió en la historia de Venezuela a través de un alzamiento militar y que posteriormente saldría indemne de situaciones bastante comprometidas, casi podríamos afirmar que él mismo se ha convertido en el ícono o representación de una serie de ideas, sentimientos y modos de pensar. Lo interesante de esta «cultura de resistencia», si en verdad la podemos llamar así, es que no existía, como tal, antes de la llegada de Chávez: él mismo se ha constituido como la articulación de ese sentir popular, dándole forma a una serie de creencias y sentimientos que se encontraban difusa pero extensamente arraigados en la sociedad venezolana, hasta convertirlos en un proyecto político de corte pretendidamente revolucionario. A la vista de una porción considerable de la población venezolana, fue Chávez quien articuló el discurso contra los políticos del pasado, se rebeló radicalmente contra ellos, armó un proyecto político alternativo y lo puso en marcha, empeñándose como nadie en demostrar que él sí distribuye equitativamente la renta petrolera. De ahí el marcado carácter personalista del movimiento chavista.

¿Cuáles serían los elementos distintivos de esta cultura política venezolana, convertidos en ideología política? Por una parte, conviene aquí recordar la pertinencia del concepto de «bolivarianismo-militarismo», que debemos a Germán Carrera Damas. Lo que Carrera denomina «bolivarianismo» no es tanto el legado desapasionadamente estudiado del pensamiento político de Simón Bolívar, sino más bien el uso oficial de cierta interpretación de la figura histórica del Libertador para efectos netamente políticos; cuando dicha interpretación es manejada por los militares, que largamente han ejercido el poder en Venezuela, termina constituyendo lo que el historiador venezolano llama una «ideología de reemplazo» (2005). Por otra parte, recordemos que Douglas Bravo, guerrillero de los años setenta, fue a su vez uno de los principales artífices de la fusión entre el bolivarianismo-militarismo y el socialismo marxista-leninista. Según Bravo, la vía venezolana y latinoamericana al socialismo pasaba por la recuperación del legado de Bolívar y por la infiltración de las Fuerzas Armadas para emplearlas como instrumento de la revolución. Chávez personificó esta concepción y la puso en práctica. La coyuntura ideal para intentar

acceder al poder se presentó en la década de los noventa, cuando los requerimientos que imponían la globalización y la apertura de los mercados
sometieron a grandes presiones al modelo democrático que nació en Punto
Fijo. A partir de 2004, el movimiento recuperó públicamente su original
vocación socialista («socialismo del siglo XXI»); sin embargo, los orígenes
militares del movimiento, así como el peso específico del bolivarianismo-
militarismo dentro del mismo, han determinado que la implementación
del modelo socialista no impida el predominio del componente militar
en la composición del alto gobierno de Chávez. Conviene en este punto
mencionar a Forrest Colburn, quien:

> [...] ha argumentado que el socialismo (o, más precisamente, el marxis-
> mo-leninismo) ha servido como patrón para la construcción cultural de
> regímenes posrrevolucionarios [...] en cierto sentido, una cultura política
> internacional anulando el efecto de otra, local (citado por Foran, 1997:
> 207). [Traducción del autor].

Esto se aplicaría casi al pie de la letra al caso venezolano, pues el
«socialismo del siglo XXI», al considerarse precisamente como «socialismo», ha tendido a presentarse como una fórmula interesante, compren-
sible y hasta cierto punto familiar ante el resto de las izquierdas a nivel
mundial, capaz de establecer relaciones con ellas. Todo ello difícilmente
podría encontrarse en una construcción cultural como es el bolivarianismo-militarismo, de alcance mucho más limitado, tanto en términos geo-
gráficos como cronológicos. Este, sin embargo, cumple con la función de
aportar al movimiento chavista una mayor conexión con la población local
de la que, al menos en un principio, permitiría la oferta socialista en una
sociedad bastante orientada al consumo y el individualismo económico.
En resumen, el bolivarianismo-militarismo, entendido como «el partido
militar que opera sobre la figura mítica de Bolívar», se articula dentro de
un proyecto socialista que intenta ser original y democrático, para confi-
gurar de este modo la ideología del chavismo, ideología que el movimiento
(ahora régimen) se ha empeñado en convertir en oficial. Ante la necesidad
de definir al chavismo como régimen, nos aproximaremos a tal fenómeno
desde tres conceptos que consideramos pertinentes: populismo, revolución y totalitarismo.

CHAVISMO Y POPULISMO

Desde nuestro punto de vista, el populismo es más una práctica política que un régimen político. Lo característico del populismo sería, sobre todo, la retórica unificadora del «pueblo» que es ejercida por un líder mesiánico o carismático; lo que difícilmente sería el populismo es un proceso de institucionalización de cambios importantes en la estructura del Estado. A pesar de que ciertos autores diferencian entre populismos y movimientos multi/interclasistas (recordemos que, para Juan Carlos Rey, la democracia venezolana entre 1958 y 1998 se constituyó en un «sistema populista de conciliación de las élites»), lo importante en términos generales es que el populismo no funciona ni argumenta sobre la base de diferencias de clase, sino que tiene una cierta pretensión homogeneizadora. La separación o distinción retórica se hace entre el «pueblo» y el «no pueblo», entre el pueblo, entendido como depositario de todas las virtudes, y unas élites corrompidas, «traidoras a la patria». Así, el populismo es esencialmente particularista y nacionalista, nunca universalista o internacionalista. Suele surgir en momentos de crisis aguda y de falta de representación política, y ostentar el carácter de una cruzada moral. Algunos autores lo relacionan con las dinámicas propias de la modernización acelerada, sin que por ello el populismo sea una reacción contra la modernización como tal; otros lo identifican con un sentido o deseo original y genuino de renovación de la política. En todo caso, el jefe populista solo estaría en condiciones de lograr el éxito cuando la impericia de las élites ya ha dividido efectivamente a la población.

Todos estos aspectos se reconocen en lo que definimos como «segunda fase del chavismo», correspondiente al período 1992-2004. En efecto, en esa época la gran mayoría de la población venezolana no se sentía representada por la clase política, considerada culpable del declive económico. Fracasada la rebelión militar, pero convertido Hugo Chávez en una figura pública, se dieron las condiciones ideales para el uso de un vibrante discurso moralista, nacionalista y patriótico, algo que en el caso venezolano difícilmente podía evadir la figura mítica de Bolívar. Ese discurso se dirigió de igual modo a resaltar las virtudes reales o imaginarias del pueblo venezolano, oprimido y maltratado por unas «cúpulas podridas» que «destrozaron el país y lo sumieron en la más profunda de las miserias», en palabras del propio Chávez. Se trataba de un discurso ideal para captar el mayor apoyo posible en una población que, en su inmensa mayoría, estaba descontenta con la situación política y económica, porque en vez de mitigar las diferencias internas de dicha sociedad, las acentuaba para movilizarla como un bloque contra las organizaciones políticas y la clase política en general. Más allá de las diferencias de clase, y por encima de todo tipo de ideologías políticas, el vibrante discurso populista de Hugo Chávez aglutinó en torno a sí a toda una multiplicidad de políticos, partidos y votantes que lo catapultaron al poder.

Sin embargo, cerrar ahí el análisis constituiría, a nuestro entender, un error importante. El chavismo, antes y después de esta «fase populista», se ha caracterizado por elementos que, en su conjunto, lo definen como algo esencialmente distinto y más complejo. En efecto, el populismo suele ser un vehículo circunstancial para la implementación de proyectos políticos que, a la postre, ameritan una definición más amplia; de hecho, esto sería lo más frecuente, dado que la naturaleza misma del populismo hace difícil su consolidación en el tiempo y su cristalización como forma de gobierno.

CHAVISMO Y REVOLUCIÓN

¿En qué medida se puede considerar al proceso político chavista una revolución? En primer lugar, habría que definir lo que entendemos por «revolución», tarea para nada sencilla. Las definiciones clásicas manejan conceptos más restrictivos, mientras que los enfoques más recientes tienden a ser menos rígidos y a definir un número mayor de fenómenos sociales y políticos como «revoluciones». Para los enfoques marxistas y sus derivados, la revolución no puede ser un simple cambio de élites, sino una modificación profunda y duradera en las estructuras sociales, sustentada en una ética capaz de demostrar racionalmente que el movimiento revolucionario es capaz de instaurar un orden mejor que el anterior. Por ello se suele distinguir entre revoluciones políticas (las que solo cambian las élites) y sociales (las que en efecto modifican la estructura social de base).

Por un lado, la irrupción del chavismo en Venezuela ciertamente ha representado la sustitución de una clase política por otra. Por otra parte, la nueva Constitución permitió el alineamiento de todos los poderes públicos y las Fuerzas Armadas en función de los objetivos del movimiento revolucionario, y se manifestó en la promulgación de decretos y leyes que apuntan a la sustitución progresiva de los modos capitalistas de producción por otros de corte pretendidamente socialista. En definitiva, estos cambios se han verificado más en la esfera política que en la social, aunque ciertos cambios en la estructura social comienzan a apreciarse. Por ahora, si bien la sustitución de una clase política por otra ha servido para que el movimiento chavista haya podido ir ocupando paulatinamente todas las ramas del Estado y orientarlas en función de sus objetivos, los resultados de dichas mutaciones en el ámbito de lo social todavía están lejos de ser radicales o definitivos. La economía sigue moviéndose en función de patrones esencialmente capitalistas (en 2006, Venezuela fue el sexto mayor socio comercial de los Estados Unidos, después de México, Canadá, China, Japón y Alemania) y los intentos por implantar el socialismo parecen guardar, de momento, una fuerte relación con las prácticas de corte estatista, keynesiano y cepalista que pusieron en práctica los gobiernos venezolanos de los años sesenta, setenta y ochenta.

Otro elemento que desde la óptica del marxismo y otros enfoques teóricos distancia al gobierno chavista de ser una verdadera revolución, es el hecho de que llegó al poder mediante elecciones abiertas y democráticas. Esta circunstancia despoja a la Revolución Bolivariana del contenido épico e insurreccional que suelen tener las grandes revoluciones de la historia, al tiempo que dificulta mucho la tarea retórica de condenar a los gobiernos anteriores como regímenes represivos, autoritarios y excluyentes. Consciente en alguna medida de ello, el gobierno chavista ha querido reinterpretar las asonadas militares de 1992 como «insurrecciones de una vanguardia popular», y también ha resaltado el apoyo popular que recibió el gobierno de Chávez en momentos críticos como abril de 2002 y durante la huelga general promovida por la oposición entre los años de 2002 y 2003. Sin embargo, el respaldo popular al presidente Chávez se ha manifestado casi siempre y mayoritariamente de forma ordenada e institucional, mientras que los incidentes más violentos cometidos por el oficialismo han solido estar protagonizados por grupos reducidos, presuntamente vinculados a la estructura política y partidista del chavismo.

Por otro lado, el chavismo recuerda en cierta medida lo que Barrington Moore (1966) denominaba «revoluciones desde arriba», esto es, revoluciones conservadoras y militaristas en las cuales los procesos de modernización no modificaron las estructuras sociales vigentes, sino que fueron canalizados para perpetuar estructuras y valores sociales tradicionales y fuertemente jerárquicos (caso de Alemania y Japón). En tal sentido, podría pensarse que el chavismo es apoyado en tanto perpetúa el rentismo, el militarismo y ciertos mitos nacionales. Desde esta perspectiva, el chavismo desarrollaría una «revolución regresiva», contraria a la modernización. Aunque el marxismo y otros enfoques suelen negarse a considerar al fascismo y otros movimientos regresivos como «revolucionarios» (en tanto interpretan la revolución como un proceso necesariamente modernizador), consideramos que sí es factible hablar de «revoluciones regresivas». Desde este punto de vista, está claro que el movimiento chavista sí se encuentra dirigido por revolucionarios, esto es, por radicales dispuestos a emplear la violencia para generar un cambio de régimen y cambios sociales (sean estos modernizadores o contrarios a la modernización).

Otros enfoques teóricos más recientes hacen énfasis en las condiciones estructurales para el surgimiento de las revoluciones. En el caso venezolano, diversos factores se combinaron para aumentar la ingobernabilidad y favorecer el tipo de condiciones estructurales que se relacionan con los cambios abruptos de gobierno y, por ende, con las revoluciones. Las presiones estructurales que generaron la globalización liberal, la necesidad de competir en mercados internacionales y el crecimiento demográfico interno, así como el progresivo declive del modelo rentista, configuraron una situación de creciente ingobernabilidad en la que los diversos actores políticos aumentaron sus luchas por el control de la renta petrolera. La rivalidad entre las élites ayudó a su fragmentación, lo cual, a su vez, facilitó la quiebra de la democracia de la República Civil.

Por otra parte, desde las teorías de las relaciones internacionales, a una revolución se la distingue, entre otras cosas, por su empeño en forzar cambios en el *statu quo* regional o mundial. Fred Halliday resume esta idea al señalar que «todos los Estados revolucionarios, casi sin excepción, han intentado promover la revolución en otros Estados», haciendo «del cambio en las relaciones sociales y políticas de otros Estados una parte fundamental de su política exterior» y considerándose «no solo con derecho sino también con la obligación de conducir sus políticas exteriores sobre esta base» (2002: 170). De acuerdo con lo anterior, las revoluciones tenderían siempre, por su propia naturaleza, a ser fuente de conflicto internacional. En consecuencia, a juzgar por la política exterior desarrollada por Caracas en los últimos años, la Revolución Bolivariana se aproxima significativamente a constituir una verdadera revolución, puesto que se ha dirigido cada vez más a incidir en las correlaciones de poder a nivel hemisférico, e incluso a la modificación de los órdenes y estructuras políticas y sociales vigentes, a nivel interno, en otros países latinoamericanos. Lógicamente, para cambiar el *statu quo* internacional, cada revolución empleará los recursos que tiene a su disposición, y en el caso venezolano, los mecanismos para la «exportación de la revolución» necesariamente tenían que pasar por el uso de los recursos provenientes de la renta petrolera para hacer propaganda política, apoyar el surgimiento de fuerzas políticas afines en países vecinos y establecer un sistema de alianzas internacionales que ayuden a la Revolución Bolivariana a fortalecerse en la escena mundial.

En definitiva, ¿podemos hablar entonces de una verdadera revolución en el caso venezolano? Si bien podría aplicársele la definición usada por Skocpol de «revolución política» —y desde nuestro punto de vista, esencialmente regresiva–, no podríamos hablar todavía de una verdadera «revolución social». Para emplear los conceptos y la definición amplia de Charles Tilly (1995), en Venezuela sí se dio una «situación revolucionaria» —en el sentido de que terminó por presentarse una situación de «soberanía múltiple», con varios grupos legítimos disputándose el control del Estado fuera del sistema de normas instituidas–, que de momento parece haberse saldado con un «resultado revolucionario» (transferencia de poder a una nueva coalición gobernante), aunque la estabilidad a largo plazo del nuevo régimen todavía luzca sumamente precaria.

CHAVISMO Y TOTALITARISMO

Algunos de los más duros críticos del gobierno de Hugo Chávez lo acusan de haber constituido un régimen *totalitario*. Lo distintivo en el totalitarismo es su íntima relación con la irrupción de la política de masas, así como su sofisticado empleo del aparato del Estado y de los avances tecnológicos del siglo XX con el fin establecer un control absoluto de la sociedad y la homogeneización total de los individuos, hasta despojarlos de dignidad y convertirlos en seres perfectamente superfluos. Según Popper (2006, orig. 1945), un común denominador entre las ideologías totalitarias es el cultivo mítico de un pasado original puro, incorrupto y virtuoso, que atribuye a cierto «pueblo» un carácter glorioso y superior. Además, los gobiernos totalitarios son particularmente proclives a la «ingeniería social utópica» (cambios disparatados, radicales y totalmente forzados en el orden social y político vigente) por la cual producen múltiples y absurdas instituciones. Tal como sostiene Arendt (2006b), este conglomerado de nuevas instituciones conforma una especie de estructura paralela, integrada en su totalidad al movimiento totalitario, que se superpone de forma más o menos amorfa sobre las organizaciones anteriores. Mediante tal despliegue se van destruyendo los vínculos ciudadanos reales, dejando al individuo solo frente al Estado, incapaz de ejercer sus libertades, convertido en un hombre-masa que es incorporado al movimiento, neutralizado o eliminado. Este frenesí en la creación de nuevas organizaciones no presta tanta atención a la eficiencia de la acción de gobierno como a la capacidad de mantener a las masas en una constante movilización. Según Arendt, el carácter de «movimientos» es un rasgo crucial que diferencia a los regímenes totalitarios de las dictaduras y autocracias convencionales. Los totalitarismos permanecen en constante movilización sin alcanzar nunca un *statu quo*, dirigiéndose siempre hacia la consecución de metas de mayor alcance que, por lo general, rebasan las fronteras de sus naciones de origen.

En concordancia con Popper, también Arendt resalta el carácter mítico de las ideologías totalitarias, el cual lleva a dichos movimientos a desarrollar lo que pudiéramos denominar un «ejercicio mítico de la política», en contraposición a un «ejercicio racional y/o meramente utilitario»; de ahí que la experimentación social en la que ponen tanto empeño se realice sobre todo en función de postulados más propios de la convicción mítica, rayanos en el fervor religioso, antes que en proyectos y argumentaciones de corte más racional. Por eso los movimientos totalitarios suelen aparecer como pintorescos, heterodoxos e insensatos, generando reacciones totalmente dispares; ora son objeto de burlas tanto en su país de origen como fuera de él, ora suscitan un fervoroso seguimiento de las masas, en función de un vínculo predominantemente empático y emocional. El terreno fértil para el totalitarismo suele estar relacionado con la presencia de enormes colectivos que no se sienten incluidos en la sociedad; Arendt los denominaba «desclasados», debido a que no se ven identificados con ninguno de los discursos, instituciones, identidades o principios bajo los cuales se articula la comunidad política, circunstancia característica de los procesos de modernización que puede ser consecuencia de una guerra, de una aguda crisis económica o del agotamiento de la política tradicional. En tales situaciones, el potencial mítico y emocional del movimiento totalitario opera como poderoso motor de la movilización política, eludiendo construcciones teóricamente complejas y sustituyéndolas por mensajes de carácter fundamentalmente emotivo, divulgados una y otra vez a través de los medios de comunicación de masas (propaganda) y encarnados en la figura de un líder que invariablemente luce como un portento de fuerza, determinación y elocuencia, figura incuestionable que dirige al movimiento totalitario en todas sus facetas.

Hasta aquí, la caracterización del totalitarismo que presentan Popper y Arendt guarda una similitud importante con la Revolución Bolivariana, especialmente con la fase que se inicia a partir de agosto de 2004, cuando Hugo Chávez fue ratificado en la presidencia mediante referéndum popular. A partir de entonces, el gobierno revolucionario ha adelantado reformas y un despliegue de medios que lo asemejan cada vez más a un Estado totalitario, aunque esté todavía bastante lejos de serlo plenamente. En efecto, el carácter mítico que define al bolivarianismo-militarismo, así como su efecto «desracionalizador» de la política en general, resultan evidentes a todas luces. Existe en el discurso del chavismo una permanente y más o menos velada exaltación tanto de las raíces indígenas y africanas del pueblo venezolano como de un pasado glorioso, ligado a la Guerra de Independencia, que se verifica en un renovado culto a los héroes, con Bolívar a la cabeza. La figura del líder supremo e incuestionable está perfectamente encarnada en Hugo Chávez, quien ha constituido una forma de identificación y representación social no solo para los colectivos más pobres, sino para muchísimas personas que aborrecían o rechazaban las formas existentes de participación y representación política (especialmente los partidos tradicionales). Por otra parte, el chavismo sigue funcionando permanentemente como «movimiento» hacia un estadio superior, que sin embargo no pretende alcanzar en ningún momento un *statu quo*. De ahí que la gente habitualmente hable del «proceso» o «proyecto»: no hay una estructura o finalidad definida; solo una progresión hacia el Estado total. El uso intensivo de la propaganda y el acaparamiento de los canales de radio y TV, así como la proliferación de organizaciones paraestatales como la Unión Bolivariana de Trabajadores, los empresarios bolivarianos (Empreven), la Universidad Bolivariana, la Clase Media en Positivo, el «movimiento estudiantil bolivariano», los programas de salud paralelos a la red hospitalaria del Estado y otros, dan fe de esta progresión. Con miras a erradicar el capitalismo y recuperar pretendidas formas autóctonas y originarias de socialismo, y en el marco de una verdadera «ingeniería social utópica», se ha llegado incluso a plantear seriamente la vuelta al trueque y la utilización de monedas de uso espacialmente restringido o con tiempo de caducidad (el «guaicaipuro», la «lionza», etc.)

Por otra parte, Friedrich y Brzezinski establecieron seis características para identificar un Estado totalitario: a) una elaborada ideología, enfocada al logro de un estado de perfección final de la humanidad y basada en un rechazo categórico de la sociedad actual; b) un partido único de masas típicamente dirigido por un solo hombre, que agrupa alrededor de un 10% de la población; c) el uso sistemático del terror, físico o psicológico, mediante el control ejercido por una policía secreta, dirigido no solo contra los «enemigos» manifiestos del régimen sino también contra grupos de la población más o menos arbitrariamente seleccionados; d) un cuasimonopolio de los medios de comunicación de masas; e) el monopolio del uso efectivo de las armas de combate, y f) un control centralizado de la totalidad de la economía a través del control burocrático de entidades corporativas formalmente independientes y otros grupos alternos (1968, orig. 1956: 21-22).

Todos estos elementos se verifican en el caso venezolano, en mayor o menor medida. La pretensión ideológica de alcanzar la perfección del ser humano se encarna en la retórica chavista del «hombre nuevo» y en el rechazo absoluto a la sociedad actual, considerada como capitalista, egoísta, decadente y corrupta. En segundo lugar, el partido único, dirigido por un solo hombre y que busca englobar claramente a más de un 10% de la población, se encuentra perfilado en el Partido Socialista Unido de Venezuela (PSUV), para cuya conformación todas las fuerzas leales a Chávez fueron públicamente presionadas desde la Presidencia de la República para que se fusionaran. Dicha fusión, a la postre, no fue total, pero la voluntad absolutista quedó claramente evidenciada. Por otra parte, la existencia y libre funcionamiento de los partidos de oposición está seriamente limitada por leyes «revolucionarias». En tercer lugar, resulta difícil hablar de un «clima de terror totalitario» bajo el gobierno de la Revolución Bolivariana; sin embargo, las amenazas directas de diversos funcionarios públicos, la abierta publicación de escuchas telefónicas y la evidente intimidación a la hora de ejercer el voto evidencian una estrategia oficial para sembrar el miedo a través de los medios del Estado. En cuarto lugar, aunque no existe un monopolio formal de los medios efectivos de comunicación de masas, resulta notoria la proliferación de medios de comunicación públicos (canales de TV, radio, prensa) y alternativos, casi todos estos financiados por el Estado, así como las presiones ejercidas a través de leyes, multas e incluso agresión directa sobre los medios de comunicación privados y periodistas. Quinto, hasta ahora el gobierno revolucionario tiene el monopolio del uso de las armas (hay que acotar que esta es una característica de todo Estado moderno). Por último, y en sexto lugar, existe el propósito manifiesto de alcanzar el control centralizado de la economía. Aunque no existe todavía la propiedad colectiva de la totalidad de los medios de producción, está claro que el Estado-gobierno avanza siempre en esa dirección. Igualmente, destacan medidas como: control de cambio, controles de precios, inamovilidad laboral, creación de cooperativas controladas por el Estado, confiscaciones, barreras a la inversión privada, devaluaciones encubiertas, nacionalización de empresas «estratégicas» (electricidad, telecomunicaciones, siderúrgicas…), etc.

Friedrich y Brzezinski se refieren además al líder del movimiento totalitario como una mezcla de gobernante y sumo sacerdote (1968, orig. 1956: 33), que no se ve obligado a rendir cuentas e interpreta autocráticamente la doctrina por la cual se guía el movimiento. Tal es el papel que desarrolla Hugo Chávez en el gobierno revolucionario venezolano. En cuanto al comportamiento adoptado por el gobierno totalitario en la esfera internacional, los autores señalan la tendencia de este tipo de regímenes a respetar la legalidad internacional en la medida en que facilita el alcance de sus objetivos, pero la rechazan de la forma más abierta cuando limitan sus acciones, pasando a desplegar una diplomacia heterodoxa, chocante y anticonvencional, que suele entorpecer el desarrollo de relaciones fluidas con los demás países (1968, orig. 1956: 354). La política exterior «bolivariana» esconde cada vez menos su menosprecio por las vías tradicionales de la diplomacia, sobre todo cuando le impiden proseguir en la ampliación de sus esferas de influencia.

Otro importante politólogo, Juan Linz, señala tres características que considera esenciales a todo régimen totalitario (2002: 70), a saber: a) un centro de poder claramente definido, b) una ideología oficial y c) una activa movilización canalizada a través de un partido único y una pluralidad de grupos secundarios que conforman una nueva institucionalidad. Estas tres características (las cuales, dicho sea de paso, conforman la definición menos restrictiva entre las consultadas sobre el totalitarismo) estarían muy cerca de cumplirse en la Revolución Bolivariana, en la cual el centro de poder es Chávez mismo, la ideología oficial es el «socialismo bolivariano» y la movilización podría recaer en un partido único y las múltiples organizaciones que conforman el Estado-partido.

Por último, Jacob Talmon acuñó el concepto «democracia totalitaria». De acuerdo con este autor, a partir del siglo XVIII se aprecia con claridad el avance de dos formas de democracia en el mundo occidental, que se diferencian fundamentalmente en su actitud hacia la política. Mientras la democracia liberal «acepta que la política sea materia en la que se pueda acertar y errar, y mira los sistemas políticos como tretas pragmáticas debidas al arbitrio y al ingenio humanos», la democracia totalitaria «está basada en la suposición de una verdad única y exclusiva» y «podría ser llamada mesianismo político, en el sentido de que postula esquemas de realidades perfectas, preordenadas y armoniosas, hacia las cuales los hombres son llevados irremisiblemente» (1956: 1-2). Así, en realidad «la democracia totalitaria moderna es una dictadura que descansa en el entusiasmo popular» (1956: 1-2). La «democracia totalitaria» encarna el espíritu de los razonamientos de Rousseau y deriva en el concepto de «democracia iliberal» que maneja Fareed Zakaria (2006) para referirse a los múltiples regímenes que hoy en día, en todo el planeta, se sostienen en el poder mediante elecciones, pero sin respetar las garantías legales que el liberalismo añadió a la democracia para generar la democracia moderna, que no es otra que la democracia liberal.

En definitiva, durante la década 1998-2008, pero sobre todo a partir de 2001, el proceso chavista acumuló muchos elementos que lo asemejan a la «democracia totalitaria» de Talmon, y que sin duda lo constituyeron como una «democracia iliberal». En efecto, durante esos años la democracia en Venezuela fue ejercida como voluntad de las mayorías que circunstancialmente apoyaron al movimiento chavista, pero vulnerando todos los principios básicos del liberalismo político que protegen al individuo de las decisiones aprobadas por las mayorías circunstanciales y por el Estado. Pero a partir de 2008, con el desconocimiento progresivo del resultado del referéndum de 2007, la Revolución Bolivariana incluso ha llegado a contravenir abiertamente decisiones populares expresadas en las urnas, lo cual lo acerca peligrosamente al terreno de la dictadura.

EL CHAVISMO: UNA DEFINICIÓN

¿Cómo definiríamos, en definitiva, al chavismo y a la Revolución Bolivariana? Se trata en primer lugar de un movimiento de orientación revolucionaria, conducido por un núcleo duro de verdaderos revolucionarios, a cuya cabeza se encuentra Hugo Chávez. Este núcleo, de la mano de una ideología mítica centrada en el culto a Bolívar, busca generar cambios profundos en la estructura de valores e instituciones del país, en función de la progresiva implantación de un socialismo aún escasamente definido, pero que en todo caso luce antimoderno o regresivo, en tanto busca erradicar el capitalismo y la democracia liberal y sustituirlos por un régimen iliberal, de carácter netamente colectivista y estatista. Si de momento solo se puede hablar cabalmente de una «revolución política» (sustitución de una clase política por otra, así como la presencia de una política exterior contraria al *statu quo* internacional), el movimiento persiste cada vez más en su intención de lograr una «revolución social», en la medida en que pretende instituir un régimen de relaciones sociales y económicas fundamentado en la propiedad estatal de los medios de producción y la vulneración de la propiedad privada. Desde que accedió al poder en 1999 y se propuso cambiar la Constitución sobre la base del poder irrestricto de la mayoría circunstancial, su carácter era ya netamente iliberal, en abierta progresión hacia una «democracia totalitaria». Hasta el año 2007, el movimiento podía alegar su carácter democrático, puesto que siempre se había preocupado en ganar el apoyo popular mayoritario; sin embargo, a partir de esa fecha, el desconocimiento progresivo de la voluntad popular expresada en diversos resultados electorales apunta a despojar al chavismo de sus rasgos democráticos y lo acerca peligrosamente al terreno de una dictadura con preocupantes rasgos totalitarios.

CAPÍTULO IX
EL PROCESO DE NEGOCIACIÓN

La Mesa de Negociación y Acuerdos (noviembre 8, 2002-mayo 29, 2003) constituyó la materialización de una iniciativa hemisférica de gestión de crisis en el marco de la crisis interna en Venezuela. Dicha gestión tuvo lugar mediante la facilitación (a cargo del secretario general de la Organización de Estados Americanos –OEA–, César Gaviria, y la representación del Centro Carter) de un proceso de negociación entre los dos principales grupos de actores que conformaban el conflicto venezolano (gobierno y oposición), facilitación que además contó con el apoyo de la «diplomacia preventiva» ejercida por un Grupo de Países Amigos, liderado por Brasil.

En esta sección se presenta una descripción global de la facilitación y las negociaciones llevadas a cabo, utilizando para ello diversos enfoques teóricos para el análisis de procesos de mediación y negociación de este tipo. Se determinan la situación que lo originó, sus características primordiales, el desarrollo de las negociaciones y los resultados que produjo. Para ello se caracteriza a los actores (internos y externos) involucrados en el mecanismo de la Mesa de Negociación y Acuerdos, se analizan sus estrategias de acción y negociación, y se evalúan algunas de las repercusiones del proceso. Igualmente, se intenta resaltar sus mayores aciertos y sus principales carencias.

LA GESTIÓN FORÁNEA

El inicio formal de la facilitación externa en Venezuela comenzó casi inmediatamente después de los hechos de abril de 2002, cuando el presidente Chávez fue brevemente derrocado. Tales acontecimientos concretaron la existencia de una crisis severa y de una grave fractura en la sociedad venezolana, dividida en dos sectores sociales que, en medio del proceso de escalamiento del conflicto, habían desarrollado identidades contrapuestas. Por un lado se encontraba un grupo de la población que esencialmente –pero no exclusivamente– respondía a las clases medias y altas, identificado principalmente con una concepción más bien –aunque no exclusivamente– moderna del mundo y de la vida en sociedad. Debido al colapso del viejo sistema de partidos políticos en Venezuela, este grupo carecía de una sólida representación política, situación que derivó en la conformación de un movimiento social, integrado por sectores del empresariado, sindicatos, medios de comunicación privados, ONG, etc. Esta parte de la sociedad se inclinaba, de forma más o menos explícita, por defender los valores de la democracia liberal (soberanía popular, libertad e igualdad ante la ley, división de poderes, constitucionalismo, Estado de Derecho, imperio de la ley, propiedad privada, alternabilidad en el poder, etc.)

La otra parte de la población, en su mayoría constituida por las clases populares, encontró en Hugo Chávez y su proyecto una novedosa alternativa de representación. El chavismo era un movimiento fundado sobre una alianza cívico-militar que alegaba defender un proceso de progresiva inclusión y participación popular. Las fuerzas vivas del chavismo operaban esencialmente sobre la base de factores culturales de carácter tradicional (ideología mítica, culto a los héroes, movilización populista, vínculos afectivos como base de la sociabilidad, etc.). El movimiento bolivariano impulsó y monopolizó la redacción de una nueva Constitución, adelantó la modificación sustancial de la estructura del Estado y se propuso implantar un nuevo grupo de valores sociales, que a la postre se revelarían como parte de una propugnada «ética socialista». Tal modelo de democracia no era liberal; se le podría caracterizar como mayoritaria, plebiscitaria, popular, populista, totalitaria (Talmon, 1956) y, con toda seguridad, *iliberal* (Zakaria, 2006).

La configuración de estos dos grupos de actores políticos y sociales, aglutinados en torno a visiones contrapuestas de la democracia, implicó la articulación de un nuevo conflicto, distinto al tipo de conflictividad que había tenido lugar durante la época de la República Civil (mal llamada «puntofijismo»). Del conjunto de pugnas y rivalidades propias de un sistema cuasipoliárquico (Dahl, 1991) se pasó a la dinámica particular de un sistema cesarista, en parte como consecuencia de un nuevo discurso y una nueva interpretación de los problemas sociales. Este nuevo conflicto sobrevino como resultado del agotamiento, a partir de la década de los ochenta, del «sistema populista de conciliación de las élites» (Rey, 1980), en parte producto del declive de un modelo político-económico monoexportador, rentista y clientelar que era incapaz de afrontar con éxito las demandas de una sociedad cada vez más urbana, moderna, populosa e insertada en la globalización. Como consecuencia de altas expectativas y un sistema político incapaz de satisfacerlas, se presentó lo que, según diversos autores, podríamos considerar «una situación revolucionaria». El fracaso político de la agenda neoliberal de los años noventa, sumado al efecto de los dos intentos de golpe de Estado de 1992, el primero de ellos protagonizado por Hugo Chávez, generó una inestabilidad general que finalmente sería aprovechada por el propio Chávez en las elecciones presidenciales de 1998.

El proceso chavista avanzó de forma polémica pero no crítica o violenta hasta septiembre de 2001. A partir de ese momento, la polarización global que generó la lucha contra el terrorismo por parte de la administración Bush y otras democracias occidentales terminó por ubicar al gobierno revolucionario de Caracas en el bando contrario a los Estados Unidos. Tal hecho fue observado con desconfianza en Washington, ya que su tradicionalmente más seguro surtidor de petróleo en el hemisferio occidental se colocaba repentinamente en una posición adversa, justo cuando los norteamericanos preparaban operaciones militares en el Medio Oriente. Estos temores habían venido alimentándose desde varios meses atrás, debido a la simpatía manifestada por el gobierno venezolano hacia la Cuba castrista y otros gobiernos contrarios a los Estados Unidos.

Septiembre de 2001 fue también la fecha de la firma de la Carta Democrática de la OEA, mecanismo por el cual los países miembros se comprometieron a respetar y respaldar la democracia (representativa y liberal) en el continente. Desde un principio la Carta fue considerada por el gobierno de Caracas un velado mecanismo de los norteamericanos para mantener el *statu quo* regional, circunstancia que obviamente entraba en conflicto con la postura revolucionaria que ya entonces intentaba mantener el gobierno de Hugo Chávez. A nivel interno, el presidente venezolano registraba un descenso en las encuestas, en parte debido a la precipitada promulgación, en noviembre de 2001, de 49 decretos-leyes con los que se pretendía modificar la estructura social y económica de la nación.

La movilización política y social de la oposición venezolana (bien vista por los Estados Unidos) desembocó en el pasajero derrocamiento de un gobierno que insistía en una retórica revolucionaria (el cual, a su vez, gozaría del apoyo de La Habana). Esta situación evidenció la gravedad del conflicto que tenía lugar en Venezuela, ante lo cual la OEA, a través de su secretario general, el colombiano César Gaviria –con el decidido respaldo de Washington–, inició de inmediato diversas labores dirigidas a gestionar una solución al conflicto en Venezuela. De este modo, por primera vez el sistema hemisférico puso en práctica la Carta Democrática, condenando la «interrupción del orden constitucional en Venezuela». Aunque en un principio estas acciones fueron bien recibidas por el gobierno venezolano, este pronto las percibió como una segunda fase de maniobras foráneas que apuntaban a su neutralización o sustitución. La «injerencia» de la OEA fue vista a la vez como oportunidad y riesgo para la Revolución Bolivariana: oportunidad para lograr una mayor estabilización y reconocimiento internacional, pero riesgo de su posible «domesticación» por parte de la democracia liberal predominante en el hemisferio.

A partir de junio de 2002, en la Asamblea General de la OEA en Barbados, el gobierno venezolano logró neutralizar parte de ese riesgo, cuando la mayor parte de los países se opuso finalmente a la creación de un mecanismo formal de seguimiento o mediación para la situación venezolana, tal como sugerían los Estados Unidos (que incluso establecieron entonces una «oficina para la transición» en Caracas). Al mismo tiempo entró en acción el Centro Carter, un organismo reconocidamente neutral que fue invitado por el gobierno venezolano. De este modo, OEA, PNUD y Centro Carter (el «Tripartito») cooperaron para generar un mecanismo de facilitación por el cual la comunidad internacional intentó gestionar pacíficamente la crisis venezolana. Detrás de esta iniciativa, estaba claro que Washington buscaba neutralizar el potencial revolucionario del gobierno de Hugo Chávez.

Por su parte, la oposición venezolana, bastante dividida luego de los hechos de abril de 2002, encontraba en la facilitación externa –y más aún si se convertía en una mediación– una oportunidad para reorganizarse, obtener mayor visibilidad a nivel internacional y acordar salidas políticas más allá de los términos marcados por la Constitución y las leyes. En virtud de lo anterior se creó, en julio de 2002, la Coordinadora Democrática, un paso previo para dotar a la dispersa oposición venezolana de una mínima organización que le permitiera participar en un proceso de negociación con facilitación externa. La fase de prenegociación se extendería desde abril a noviembre de 2002, cuando finalmente se creó la Mesa de Negociación y

Acuerdos. Los términos en los cuales funcionaría este mecanismo quedaron estipulados en la «Síntesis Operativa», negociada con la participación del Centro Carter y la OEA.

LOS TÉRMINOS DE NEGOCIACIÓN

Todo proceso de negociación que cuente con la asistencia de terceros funciona sobre la base de unas reglas claramente definidas al inicio del proceso. En el caso que nos ocupa, tales reglas se resumieron en la llamada «Síntesis Operativa» (obra exclusiva del Secretario General de la OEA, César Gaviria. Ver anexos), donde se acordaron los siguientes aspectos:

- El facilitador sería César Gaviria, en calidad de secretario general de la OEA. Sería apoyado por la OEA, el Centro Carter y el PNUD (que actuarían conforme a sus respectivos mandatos y ejercerían el papel de garantes de los acuerdos), y tendría a su cargo la emisión del «reporte oficial» al final de cada sesión de negociaciones.
- El gobierno y la CD nombrarían equipos negociadores, de seis integrantes cada uno, y emitirían sus opiniones al final de cada sesión, sin que comprometieran a la Mesa.
- Las partes y el facilitador buscarían acordar una solución electoral a la crisis del país, pero también en materia de desarme de la población, fortalecimiento del sistema electoral y funcionamiento de la Comisión de la Verdad.
- Los procedimientos y criterios de las rutinas de negociación serían definidas por el facilitador y las partes en la primera reunión, pero desde un principio se proponían Mesas de Trabajo Complementarias y la definición de mecanismos para que la Asamblea Nacional revisara los acuerdos de la Mesa que ameritaran su visto bueno.

Los lineamientos establecidos en este tipo de documentos previos pueden llegar a determinar, en cierta medida, el rumbo posterior de las negociaciones. En este caso, desde un principio se estipuló que la negociación estaría enfocaría a «solucionar la crisis del país por la vía electoral», y así lo ratificaría poco después la Asamblea General de la OEA en su resolución 833. Lo anterior deja entrever algunos de los rasgos característicos de este proceso de gestión del conflicto. En primer lugar, ninguna de las partes en conflicto se veía a sí misma como una minoría, pues ambas –especialmente la oposición– se consideraban capaces de ganar en unas elecciones; así, el conflicto venezolano no se concibió como un choque entre identidades permanentes, sino que fue tácita o expresamente –y de forma incorrecta, desde nuestro punto de vista– considerado un problema entre dos posturas políticas que podrían alternarse en el poder. Segundo, ambas partes dieron a entender que no considerarían un problema mayor o insoluble el hecho de perder en unas elecciones, señalando implícitamente –de forma genuina o para guardar las apariencias– que confiaban en una futura alternancia en el poder. Tercero, los facilitadores no insistieron con propuestas que fueran más allá de los términos acordados por las partes en conflicto.

En cuanto a la OEA, presionar para buscar una salida más compleja que unas elecciones solo habría tenido sentido si varios Estados miembros del organismo hemisférico se hubiesen sentido amenazados de forma directa o inminente por el conflicto venezolano, pero esa no era la percepción existente en aquel momento. En cuanto al Centro Carter, su razón de ser es la búsqueda de la paz, y todas sus actividades en Venezuela estuvieron dirigidas a ayudar a las partes a entenderse y a encontrar por sí mismos las respuestas al conflicto que experimentaban; por lo tanto, no contemplaba desarrollar una agenda deliberadamente orientada a consolidar un determinado resultado político. De ahí que tanto la OEA como el Centro Carter respaldaran, como objetivos secundarios de las negociaciones, el funcionamiento de una Comisión de la Verdad, el desarme de la población o el fortalecimiento de los mecanismos electorales, pero que no dedicaran sus principales esfuerzos a la defensa de algún tipo específico de democracia (liberal, iliberal, etc.). Además, la negativa rotunda del gobierno venezolano a aceptar una mediación formal, lo cual consideraba una violación a su soberanía, impedía a la OEA y al Centro Carter superar formalmente el nivel de facilitadores.

Así, el proceso de facilitación y negociación se constituyó sobre el supuesto generalizado de que unas elecciones garantizaban «suficiente democracia» en Venezuela. A tal presunción contribuyó el disimulo del gobierno venezolano –que buscaba sobrevivir su momento de mayor precariedad–, la debilidad de la oposición –que veía cerrarse ante sí los caminos legales– y el interés de naciones y gobiernos como el de Brasil –que buscaban la estabilidad regional en términos favorables a sus propios intereses–. La facilitación internacional no centró su preocupación en la posibilidad de que la orientación revolucionaria del gobierno de Caracas pudiera alterar las reglas del juego de la democracia liberal en Venezuela, y que esa influencia pudiera extenderse en la región. Sin embargo, desde una dimensión política, era precisamente eso lo que estaba en juego; por ende, tanto el gobierno como la oposición se mostraron, en la práctica, tan poco dispuestos a reconocer una derrota electoral. Esta preocupación era justificada, pues ambos sabían o intuían que la elección sellaría el tipo de régimen que se consolidaría a partir de entonces en Venezuela y, por consiguiente, una paz (u orden) favorable o adversa.

ACTORES INVOLUCRADOS

a) Actores nacionales

La unidad del bloque oficialista, cimentada sobre el liderazgo indiscutible de Hugo Chávez y el empleo del aparato del Estado, contrastó desde el principio con la división reinante entre las fuerzas políticas y sociales de oposición. Ello se vio reflejado en la composición de los equipos negociadores. El del gobierno contaba con varios ministros en funciones y altos cargos de gobierno. La necesidad de este equipo de coordinar no solo la estrategia de negociación, sino las tareas de gobierno, además de contar con un presidente carismático que los encauzaba por una línea definida de acción política, favorecía e incluso forzaba a los negociadores del gobierno a mantener la unidad. Como «negociadores duros» hay que calificar a José Vicente Rangel (para entonces vicepresidente, y además jefe de los negociadores del gobierno) y a María Cristina Iglesias (ministra del Trabajo); los más moderados eran Nicolás Maduro y el gobernador Ronald Blanco La Cruz. El papel de Rangel fue verdaderamente esencial a todo lo largo del proceso, ya que su experiencia, su temple, su trayectoria como periodista, su habilidad negociadora y sus nexos personales con múltiples sectores de la vida política en Venezuela, así como su posición de vicepresidente, le permitían manejar unos incomparables niveles de información, influencia y poder. Desde nuestro punto de vista, Rangel se desempeñó siempre con el más absoluto pragmatismo en función de la estabilidad del país, pero de una estabilidad que perpetuara al chavismo en el poder, a costa de desplazar la institucionalidad propia de la democracia liberal.

Por su parte, entre los negociadores de oposición se contaban algunos diputados, un gobernador y un empresario. La unidad entre ellos radicaba más en el buen entendimiento del equipo que conformaban que en la concordia y unidad de propósito entre las fuerzas políticas a las cuales representaban. El hecho de que en la CD se dieran cita partidos políticos de prácticamente todas las orientaciones políticas, desde la izquierda revolucionaria hasta organizaciones conservadoras, es una muestra clara de que la toma de decisiones en esa organización no era nada sencilla. Esta falta de una postura ideológica común y de un liderazgo claro suele caracterizar a las fuerzas de oposición en todo país que atraviesa revoluciones o cambios acelerados en su sistema político, y se hace particularmente visible en momentos de gran conflictividad política (Väyrynen, 1991), como los que tuvieron lugar en Venezuela durante el proceso de negociación.

Los negociadores de oposición fueron seleccionados por su capacidad negociadora y con el objeto de representar a los múltiples sectores que conformaban la CD. En efecto, la presencia de un empresario (Rafael Alfonzo), un sindicalista (Manuel Cova), un exguerrillero (Américo Martín), un socialdemócrata experto en relaciones internacionales (Timoteo Zambrano), un diputado salido de las filas del chavismo (Alejandro Armas) y un gobernador de centroderecha (Eduardo Lapi), da una idea de la dificultad encontrada por la CD a la hora de representar a todos los sectores que se aglutinaban en ella, al tiempo que indica la voluntad de ofrecer una imagen plural. Los negociadores «duros» eran el empresario Alfonzo y el gobernador Lapi; los demás, diputados de centro-izquierda, se caracterizaban por su mayor flexibilidad a la hora de negociar. Zambrano fungió como líder del equipo negociador de oposición, siempre con una actitud ponderada.

b) Actores externos

Las instancias mediadoras estaban representadas por el Centro Carter, la Organización de Estados Americanos y el PNUD. Tal como lo estipulaba la Síntesis Operativa, el secretario general de la OEA, César Gaviria, cumplió la función central en ese sentido, e incluso se alojó en Venezuela durante varios meses para cumplir con esta tarea, especialmente al principio de las negociaciones. El papel ejercido por Gaviria fue excepcional. Se trataba de un expresidente de Colombia (durante cuyo mandato había nacido la nueva Constitución de 1991), quien ya en calidad de secretario general de la OEA fue un impulsor decisivo de la Carta Democrática, lo cual explica todo el empeño y la experiencia desplegadas para que dicho instrumento abriera una vía factible hacia la gestión del conflicto venezolano. El colaborador de Gaviria, Fernando Jaramillo, también jugó un destacado papel en el proceso (sobre todo después de la firma del acuerdo de mayo de 2003), así como también su sustituto, el brasileño Valter Pecly Moreira. Por su parte, el Centro Carter aportó su experiencia en procesos de mediación, avalada por un equipo de profesionales altamente calificados en la materia, entre los cuales los más destacados fueron Jennifer McCoy y Francisco Díez; el propio expresidente Jimmy Carter fue crucial a la hora de ayudar a las partes a superar los momentos de mayor desencuentro, e incluso superó el rol de facilitador y jugó en la práctica el papel de mediador cuando llegó a ofrecer propuestas concretas a las partes enfrentadas. El papel del PNUD fue casi testimonial.

Por último, el Grupo de Países Amigos se conformó con el objetivo de respaldar al facilitador y al proceso de negociación. Desde un principio, el gobierno brasileño protagonizó las actuaciones de esta instancia, que en un primer momento fue recibida con escepticismo por Estados Unidos y México. A pesar de que el presidente Chávez solicitó la inclusión de países como Rusia o Argelia en el Grupo, este finalmente estuvo conformado por seis democracias liberales y occidentales; dos paíese eran sudamericanos (Brasil y Chile), dos norteamericanos (Estados Unidos y México) y dos europeos (España y Portugal, ambos miembros de la Unión Europea y con vínculos históricos con América Latina). Cuatro de tales gobiernos (Washington, México, Madrid y Lisboa) eran de centro-derecha o liberal-conservadores, otro era de una coalición de centro (Santiago de Chile) y solo uno (precisamente el de Brasilia) se orientaba hacia la izquierda o centro-izquierda.

Tal composición sugiere que la hábil diplomacia de Itamaratí se las ingenió para, a través del mecanismo de los Países Amigos, formalizar un cerco sobre Caracas y a la vez erigirse en su interlocutor privilegiado, una posición que le permitió jugar un papel decisivo en el conflicto venezolano: si bien por un lado forzó al gobierno de Chávez a negociar con la oposición, también contribuyó decisivamente a reducir el nivel de presión que sobre la Revolución Bolivariana ejercían Washington, Madrid e indirectamente también Bogotá, a través de César Gaviria. No era casualidad que los gobiernos conservadores de Bush, Aznar y Uribe –a la cabeza de países amenazados por diversas organizaciones terroristas y en medio del contexto de polarización internacional que marcó la *War on terror* desde el 11 de septiembre– ejercieran gran presión sobre el gobierno de Hugo Chávez.

Brasil se colocó así como un árbitro en medio de las influencias ejercidas por los demás países sobre dicho conflicto, posición que le permitiría ganar gran influencia a partir de entonces sobre Venezuela y la dinámica política regional. Una Venezuela chavista servía a los intereses del gobierno de Lula en diversas maneras; si por un lado hacía ver al presidente brasileño como líder de una «izquierda más responsable», por otra parte era útil para hacer frente común contra el ALCA; además, ofrecía nuevas posibilidades de negocio para Mercosur y Brasil, pues Chávez era contrario a fortalecer la Comunidad Andina. Brasilia ganó así peso diplomático en la región, aportando nuevos elementos a su favor para ser vista como una «potencia responsable» en el hemisferio. Tanto el presidente Lula como el canciller Celso Amorim y el asesor presidencial brasileño Marco Aurelio García fueron personajes esenciales en la sutil diplomacia brasileña.

En el cuadro 1 se detalla el nombre y función de los actores más importantes que participaron en el proceso de facilitación/negociación en Venezuela.

Cuadro 1
Actores presentes en la mesa de negociación y acuerdos

	Gobierno revolucionario	Instancias mediadoras	Coordinadora Democrática
Organizaciones y fuerzas políticas que protagonizaron el conflicto	Partidos políticos en ejercicio del gobierno; factores políticos y sociales que lo apoyaban.	Organización de Estados Americanos (OEA) Programa de las Naciones Unidas para el Desarrollo (PNUD) Centro Carter (CC).	Partidos políticos adversos al gobierno de Hugo Chávez; ONG y demás organizaciones civiles contrarias a la «revolución».

| Representantes de las partes en la Mesa de Negociación y Acuerdos | José Vicente Rangel (vicepresidente ejecutivo) Roy Chaderton (canciller) María Cristina Iglesias (ministra de Trabajo) Aristóbulo Istúriz (ministro de Educación) Ronald Blanco La Cruz (gobernador Edo. Táchira) Nicolás Maduro (diputado) Asesor jurídico: Omar Meza Ramírez | **OEA:** César Gaviria (facilitador) Fernando Jaramillo Roberto Menéndez Jorge López Javier Montes Patricio Corbacho **Centro Carter:** Francisco Díez Jennifer McCoy **PNUD:** Antonio Molpeceres | **Timoteo Zambrano** (diputado Parlatino) **Alejandro Armas** (diputado) **Manuel Cova** (diputado) **Rafael Alfonzo** (empresario) **Américo Martín** **Eduardo Lapi** (gobernador Edo. Yaracuy) **Asesor jurídico:** Juan Raffalli |

Grupo de Países Amigos	Funcionarios que desempeñaron un papel importante
Brasil	**Gilberto Saboia** (subsecretario general de Política Bilateral), **Celso Amorim** (canciller) y **Marco Aurelio García** (asesor de Lula)
Chile	**Cristian Barros** (viceministro de Relaciones Exteriores)
México	**Gustavo Iruegas** (subsecretario para América Latina y el Caribe)
Estados Unidos	**Roger Noriega** (secretario de Estado adjunto encargado para el Hemisferio Occidental) y **Peter DeShazo**
España	**Ana Palacio** (canciller) y **Miguel Ángel Cortés** (secretario de Estado para la Cooperación Internacional e Iberoamérica)
Portugal	**Joao Rocha Paris** (secretario general del Ministerio de Negocios Extranjeros)
Representación de la ONU	**Danilo Türk** (Enviado Especial de la ONU) y **Diego Cordobés**

Fuente: http://asesormesanegociacion.com/ (Consultado en julio de 2005).

MAPA DEL CONFLICTO

a) Actores nacionales

El «mapa del conflicto» es una herramienta empleada por mediadores para establecer una visión general del conflicto en el que pretenden intervenir. También es útil para comprender el conflicto y evaluar si el proceso de negociación-facilitación que se desarrolló fue correctamente planteado. Nuestro mapa del conflicto está compuesto por diez elementos, que para el caso venezolano son los que aparecen en el cuadro 2.

Cuadro 2
«Mapa del conflicto» venezolano

Motivos que originaron el conflicto	Fracaso y quiebra del modelo puntofijista. Carácter revolucionario del nuevo gobierno, el cual modifica el sistema político sin negociar.
Problemas de relación entre las partes	Pugnas históricas entre los partidos de centro y la izquierda radical. Dominio progresivo de las instituciones por parte del gobierno.
Discrepancias en la interpretación de los hechos	«Imperialismo y oligarquía acaparan recursos; revolución es la respuesta» vs. «Estado necesita una reforma, revolución chavista no es la respuesta».
Intereses incompatibles	Estado + organizaciones populares vs. sociedad civil.
Barreras estructurales	Desigualdades profundas. Predominio estatal vs. economía privada.
Diferencias de valores	Democracia liberal vs. democracia iliberal de orientación marxista.
Obstáculos que se oponen al arreglo	Visiones diferentes de la democracia. Intransigencia del presidente. Construcción de identidades colectivas contrapuestas.
Procedimientos destinados a resolver o encauzar la disputa	Salida pacífica, constitucional, democrática y *electoral* demandada por la resolución 833 de la Organización de Estados Americanos y estipulada en la Síntesis Operativa. Facilitación/mediación externa.

| Factores individuales / estructurales que podrían mejorar la relación | No existe «cultura de la guerra» en Venezuela (aunque existe violencia criminal y apoyo a la «mano dura» de líderes militares). Presencia de facilitadores externos, frente a casi inexistencia de los internos. Superávit petrolero podría limar asperezas, pero es monopolizado por el Estado. |
| Puntos de coincidencia y valores comunes | Discurso y prácticas populistas y clientelares. Rentismo. Tradición de tolerancia combinada con respeto a la decisión de las mayorías. |

Fuente: elaboración propia.

a) Motivos que originaron el conflicto: hablar de causas o motivos siempre resulta verdaderamente difícil en ciencias sociales. Sin embargo, consideraremos dos tipos de motivos, que pudiéramos denominar estructurales y específicos. Por motivos o causas «estructurales» entendemos la problemática de carácter general que permite el surgimiento de conflictos de gran envergadura; en cambio, motivos «específicos» serían aquellas causas o acciones concretas que condujeron directamente al conflicto, aun cuando se pudiera haber evitado en caso de seguirse otro tipo de acciones.

Estructuralmente, la sociedad venezolana venía desde hacía casi 20 años evidenciando signos de descomposición política, social y económica. El «sistema político de conciliación de las élites», así como el modelo económico rentista y monoexportador, demostraron ser insostenibles frente a una sociedad que crecía aceleradamente y que se hacía cada vez más compleja. Esta situación, aunada a la percepción de que una corrupción generalizada aquejaba a la estructura del Estado, condujo a la pérdida de credibilidad de los partidos políticos tradicionales –verdaderos monopolizadores de la participación política– y al consiguiente descalabro del sistema político venezolano. Se consolidó así, a nivel estructural, una situación potencialmente revolucionaria (Tilly, 1995).

En cuanto a los motivos específicos, la irrupción de un actor con pretensiones revolucionarias constituyó sin duda alguna el catalizador del conflicto a principios del siglo XXI. Dichas pretensiones se verificaron a través del discurso explosivo del presidente Chávez, el conjunto de reformas que se pretendió implantar –sin negociación política– mediante la Ley Habilitante en noviembre de 2001, el manejo de los asuntos públicos por parte de oficiales militares y la adopción de una nueva política exterior.

Todo ello, aunado a la resistencia ofrecida por los sectores democrático-liberales al cambio propuesto por el chavismo, ocasionó la polarización de la sociedad venezolana en dos bandos que desarrollaron identidades colectivas contrapuestas que escalaron el conflicto.

b) Problemas de relación entre las partes: los primeros problemas de relación entre las partes se remontan, con seguridad, hasta la década de los años cincuenta. En esa época, los socialdemócratas de Acción Democrática y los radicales del Partido Comunista de Venezuela y otras organizaciones partidistas eran rivales que luchaban por el apoyo de las masas. Ambas tendencias de la izquierda lucharon contra la dictadura de Marcos Pérez Jiménez, pero quien capitalizó la victoria final fue AD, que pactó con la centroderecha para la consolidación de la transición a la democracia (Pacto de Punto Fijo). Los comunistas no participaron en dicho pacto, situación que ayudó a radicalizar la decisión, tomada por una parte de estas agrupaciones políticas, de pasar a la lucha clandestina. La animadversión entre comunistas y socialdemócratas ha sido proverbial en la segunda mitad del siglo XX en Venezuela, hasta el punto de que una parte de la izquierda revolucionaria planificó la infiltración de las Fuerzas Armadas como mecanismo de toma del poder. El MBR-200, movimiento militar subversivo que protagonizó los dos intentos de golpe de Estado de 1992 y a la cabeza del cual se encontraba el propio Hugo Chávez, pertenecía a esta orientación.

La elección de Hugo Chávez como presidente en 1998 significó la llegada en bloque al poder de la izquierda venezolana más radical. Parte de su radicalismo se manifiesta en cierto espíritu de revancha por los 40 años de desplazamiento en la vida política (de ahí la crítica incesante que hace este sector con respecto al llamado período «puntofijista»). El descontento masivo hacia AD y Copei que la sociedad venezolana demostró en los noventa permitió al fin a la izquierda radical convertirse en una fuerza política de peso, aunque de la mano de un líder cesarista o populista. El carácter revolucionario de esta opción política terminó planteando un choque entre dos formas de concebir la democracia.

c) Discrepancias en la interpretación de los hechos: para el gobierno y sus partidarios, Venezuela es un país rico en el cual, durante cuatro décadas de «puntofijismo», unos pocos grupos se enriquecieron inmensamente a expensas de las mayorías y de común acuerdo con las grandes compañías transnacionales, especialmente las de EE.UU. Como remedio se plantea el «socialismo del siglo XXI». Para la oposición, mucho más heterogénea, los problemas de Venezuela tienen diversas causas según las distintas orientaciones políticas, que van desde posturas en alguna medida similares a la que sostiene el gobierno, hasta quienes postulan una mayor apertura de la economía, pasando por los que propugnan una mayor eficiencia de las políticas públicas y las políticas capitalistas de creación y redistribución de la riqueza. En otras palabras, frente a una interpretación esencialmente marxista, existía un conjunto de interpretaciones diferentes que, sin embargo, carecían de unidad ideológica o no contaban con el respaldo de partidos políticos ideológicamente coherentes, teniendo por único común denominador su oposición al chavismo.

d) Intereses incompatibles: es complicado catalogar de «incompatibles» los intereses opuestos de partes enfrentadas, porque a menudo estas percepciones tienden a cambiar a lo largo del conflicto. Sin embargo, buena parte de las divergencias entre los intereses del gobierno y los de la oposición giraban en torno a las distintas posturas que ambos bandos mantienen con respecto al papel del Estado y la economía capitalista. El gobierno chavista mantiene una retórica anticapitalista y privilegia el papel del Estado en la economía, restringiendo el margen de acción de la iniciativa privada, favoreciendo la inamovilidad laboral, controlando los precios, regulando el cambio de divisas y creando cooperativas tuteladas por el sector público. La oposición mantiene, en general, una visión más liberal, aunque con importantes diferencias entre las distintas corrientes políticas, que van desde los neoliberales hasta los socialdemócratas. Otras diferencias importantes oscilan en torno a la participación de los militares en la vida pública y la ocupación de cargos administrativos, la política exterior, el cambio de la concepción de seguridad y defensa, la reelección presidencial, el control de la educación por parte del Estado, etc. En cualquier caso, todas estas diferencias coinciden con las que existen entre la democracia liberal y las llamadas democracias iliberales, populares, plebiscitarias o incluso totalitarias.

e) Barreras estructurales: como barreras estructurales es necesario señalar no solo las diferencias ideológicas ya apuntadas, sino también las profundas desigualdades que, en todo sentido, predominan en la sociedad venezolana. Tales diferencias van desde la situación económica hasta las distintas percepciones de la vida que pueden tener los venezolanos dependiendo de sus necesidades específicas. En consecuencia, podemos considerar como una barrera estructural (precisamente como consecuencia de esas desigualdades) la dificultad de crear políticas públicas a nivel nacional que tengan la capacidad de beneficiar a unos sectores sin perjudicar a los otros, situación que complica la posibilidad de alcanzar consensos políticos, especialmente en presencia de un grupo revolucionario. Fácilmente se aprecia que la mayoría de los partidarios del gobierno se han ubicado habitualmente en los sectores D y E de la sociedad, los que viven en condiciones más precarias y que tienen necesidades más urgentes. Esta necesidad imperiosa lleva a ver con buenos ojos el suministro de ayudas directas, más allá del costo que dichas medidas implican para el Estado, de su repercusión negativa en la economía o de su posible mantenimiento y sostenibilidad a lo largo del tiempo. En cambio, la mayor parte de la oposición se encuentra en las clases medias y altas, que en términos relativos tienden a valoran más las políticas de seguridad personal y económica, así como las medidas para la creación de empleo.

f) Diferencias de valores: nuevamente, aquí las diferencias de valores que se apreciaban entre el gobierno y la oposición son las mismas que se aprecian entre la democracia mayoritaria o «totalitaria», por un lado, y la democracia liberal, por el otro. Podría decirse que en general los políticos oficialistas manejan un discurso que privilegia la igualdad en todos los órdenes, mientras que los de la oposición se debaten entre dar una mayor importancia a la igualdad o la libertad. La concepción de la democracia que maneja el gobierno pasa por un Estado fuerte y omnipresente, en estrecha relación con una tupida red de organizaciones populares tuteladas y financiadas por el Ejecutivo nacional, mientras que, en líneas generales, para la oposición es fundamental que la sociedad civil, a través de organizaciones múltiples e independientes, protagonice la actividad política y económica.

g) Obstáculos que se oponen al arreglo: las diferentes visiones de la política que ostentan las partes, su larga historia de desavenencias, el carácter pretendidamente revolucionario de unos versus las convicciones liberal-democráticas de los otros, las identidades colectivas que se fueron configurando durante los últimos años, sus diferentes sistemas de valores, percepciones y necesidades, las diferentes posturas en torno al momento en el cual era propicio realizar un proceso electoral que permitiera la canalización pacífica del conflicto y la composición de la junta directiva del Consejo Nacional Electoral, así como la velada indisposición a ir a un proceso electoral por parte de ciertos sectores tanto del gobierno como de la oposición; todos son elementos que podemos considerar obstáculos para alcanzar un arreglo entre las partes enfrentadas. A todo ello hay que agregar la intransigencia de diversos grupos radicales en ambos bandos, haciendo mención especial al papel radical jugado por el propio presidente Chávez.

h) Procedimientos destinados a resolver o encauzar la disputa: las instituciones del Estado venezolano anteriores al gobierno de Chávez, si bien ofrecían posibilidades ciertas de diálogo intersectorial, ya venían perdiendo su capacidad de responder eficientemente a la conflictividad existente en el país. Pero con el avance y consolidación de un gobierno con pretensiones revolucionarias, los mecanismos de gestión y resolución de conflictos que habitualmente ofrece el Estado de Derecho se vieron cada vez más orientados a servir a una nueva concepción de los asuntos públicos. Esta situación generó un nivel de inestabilidad interna que, aunada a la presión de ciertos actores internacionales (especialmente los Estados Unidos), favoreció el desarrollo de una mediación internacional para manejar el conflicto en Venezuela. Tal como evidenciaba la Síntesis Operativa, hubo un consenso entre las partes para considerar que la salida al conflicto debía ser electoral, a pesar de las divergencias en torno al momento oportuno para la realización de dicha consulta; por lo tanto, encontrar las condiciones propicias para la realización de la consulta electoral se convirtió en la principal tarea de la Mesa de Negociación. El sistema político venezolano se apartó en general de procedimientos menos conflictivos, como la búsqueda de consensos parlamentarios, o más violentos, como una guerra civil. Así, el conflicto se centró en una tensa lucha política y social entre dos facciones con visiones divergentes de la democracia, entendida esta fundamentalmente como realización de elecciones.

i) Factores individuales o estructurales que podrían mejorar la relación: un elemento que sin duda ayudó a que el conflicto en Venezuela no se escalara hasta una guerra civil es el hecho de que el país no ha experimentado ninguna guerra, ni interna ni contra naciones extranjeras, a lo largo de todo el siglo XX. No se puede decir, por tanto, que exista una «cultura de la guerra» en la sociedad venezolana, aunque sí existe una cultura de la violencia (particularmente de la violencia criminal). Sin embargo, por otro lado, prácticamente no existía ninguna persona o institución interna que pudiera desarrollar una función mediadora que contribuyera a mejorar las relaciones entre gobierno y oposición, ya que casi todas habían manifestado en alguna oportunidad su cercanía a alguno de los bandos o estaban seriamente divididas internamente. De ahí que el papel de César Gaviria, trasladándose a Venezuela durante los primeros meses del proceso de negociación en calidad de facilitador, constituyera un importante factor de moderación del conflicto. Por otra parte, la nueva bonanza petrolera representaba una abundancia extraordinaria de recursos que habría podido significar nuevas oportunidades para todos los sectores y que debería haber proporcionado nuevos márgenes para la negociación, pero el gobierno revolucionario, en control del aparato del Estado y posteriormente de PDVSA, no estaba dispuesto a negociar una de sus principales bazas de poder a través de nuevos acuerdos multisectoriales al estilo del Pacto de Punto Fijo.

j) Puntos de coincidencia y valores comunes: son muchos los valores comunes que existen entre todos los venezolanos; durante muchos años la convivencia y la tolerancia han ocupado un lugar destacado en la cultura política nacional. Sin embargo, en medio de la dinámica de polarización que se fue desarrollando en el país, del desplazamiento de una clase política por otra, y del forjamiento de nuevas identidades colectivas opuestas, esos valores parecen haber perdido parte de su vigencia. Por otra parte, como elementos negativos, también es posible afirmar que las prácticas políticas populistas y clientelares, así como la inclinación por un modelo económico rentista, son tendencias en buena medida compartidas tanto por el chavismo como por la oposición.

Pero el elemento más importante de cara a este «mapa del conflicto», al cual los líderes políticos de ambos grupos manifestaron adherirse por igual, es el compromiso común de respetar el resultado de un proceso electoral; en otras palabras, ambos bandos parecían aceptar públicamente –o al menos no se atrevían a manifestar lo contrario– su compromiso con el elemento esencial de todo régimen democrático: la soberanía popular y el respeto a las decisiones de la mayoría de la población. En tal sentido, el proceso de facilitación parece haber identificado acertadamente el principal valor compartido por ambos bandos en conflicto, haciendo girar las posibilidades de entendimiento en torno a una salida electoral y enfocándose en la gestión del conflicto. Sin embargo, por esa misma razón no habría estado particularmente dirigido a lograr la transformación del conflicto, algo para lo cual era necesario que las percepciones de los bandos enfrentados se modificaran hasta lograr la consolidación de unas reglas del juego comúnmente aceptadas.

La conclusión principal que nos deja este mapa del conflicto es la preeminencia del choque entre «dos formas de entender la democracia» como eje sobre el cual giró la mayor parte de las divergencias entre las partes en conflicto. No en balde este elemento se presenta o incide sobre casi todos los diez aspectos que conforman el mapa del conflicto.

b) Actores externos: intereses, objetivos y posibilidades de cooperación

Es un hecho que todos los actores que participan en política –y por ende también en un proceso de mediación– tienen sus propios valores, intereses, objetivos y agendas, y que en función de ellas pueden cooperar o mantener discrepancias. El «mapa del conflicto» presentado anteriormente describe de forma breve las características de los actores internos, esto es, de las partes que se encontraban en conflicto en Venezuela, así como las relaciones que se presentaban entre ellas. Ahora bien, parece pertinente presentar también un esquema de la posición e intereses de los actores externos que tuvieron una mayor implicación en el conflicto venezolano, así como su relación con los actores internos, con la finalidad de comprender sus posibles alianzas y acciones concertadas.

Con la ayuda de «Mactor», un programa de prospectiva, se ilustra en la figura 1 la relación que, según el autor, existía entre los principales actores involucrados y los objetivos presentes en el ámbito de las negociaciones[1].

---

1 En nuestro análisis con «Mactor», seleccionamos a los *actores externos* más involucrados con el conflicto venezolano, a saber: los seis países integrantes del Grupo de Amigos, Cuba, Colombia, Rusia, China, la Unión Europea (UE), la Comunidad Andina de Naciones (CAN), Mercosur, la Organización de Estados Americanos (OEA) y el Centro Carter (Carter). Asimismo, se colocaron los principales *actores internos* (chavismo radical y moderado –identificados en los diagramas con la nomenclatura ChavDur y ChavMod– y oposición radical y moderada –OpoDur y OpoMod–), con la finalidad de estudiar la correspondencia entre objetivos y actores de carácter interno y externo. De igual modo, se seleccionó una serie de *objetivos*, presentes en el sistema internacional, que los diversos actores externos podían albergar en diversa proporción. Los objetivos seleccionados fueron los siguientes (en cada caso se indica la nomenclatura abreviada usada en los diagramas):

1.- Democracia liberal (D.Liberal): interés en la preservación del tipo de democracia que privilegia la división de poderes, el Estado de Derecho, la defensa del individuo y las minorías, la alternabilidad en el poder, el régimen de libertades y otros valores esencialmente occidentales.

De este modo podemos agrupar a los principales actores internos y externos que se vieron involucrados en el conflicto venezolano en tres grupos, correspondientes a las tres circunferencias que aparecen en el diagrama.

El grupo del «*statu quo*» o liberal-conservador involucra especialmente a la «oposición dura», los Estados Unidos y Colombia, actores vinculados a los objetivos «*statu quo*», «democracia liberal», «cambiar gobierno en Venezuela» y «preservar comercio con Venezuela». Estos países compartían además, especialmente entre 2001 y 2002, un enfoque similar con respecto a la lucha antiterrorista a nivel internacional.

En el extremo opuesto se ubica el grupo de los actores que más abiertamente buscan una modificación del orden internacional, que denominamos grupo «Prorrevolucionarios». En este grupo se incluyen principalmente naciones como Rusia y Cuba, que ven con buenos ojos la consolidación del objetivo «revolución» en Venezuela porque favorece sus propios intereses y les permite ampliar sus cuotas de poder en la región, objetivos representados aquí como «aumentar peso diplomático» y «aumentar comercio con Venezuela».

En el grupo de los «Moderados» se percibe con claridad el liderazgo de Brasil, que se mantiene casi equidistante de todos los intereses y posiciones involucradas en el conflicto. El grupo involucra también, en líneas generales, a casi todos los actores externos que jugaron un papel discreto

---

2.- Revolución (Revolución): interés en la modificación profunda del tipo de gobierno y sociedad en Venezuela, acompañada de una reestructuración acorde en su sistema de alianzas internacionales.

3.- *Statu quo* (StatuQuo): Mantenimiento de la situación anterior a la llegada de Chávez al poder, con preeminencia de la influencia estadounidense, la OEA, la Comunidad Andina, la democracia liberal y la cooperación en la lucha antiguerrillera con Colombia.

4.- Preservar paz en Venezuela (Paz Vzla): consolidación de la paz y reducción o extinción de la violencia en Venezuela.

5.- Aumentar comercio con Venezuela (AumComVzla): mejorar el comercio con Venezuela, modificando y ampliando la actual situación contractual.

6.- Preservar comercio con Venezuela (PreComVzla): mantener y fortalecer el comercio con Venezuela a través de mecanismos contemplados en el *statu quo*.

7.- Aumentar peso diplomático (Peso Dipl): aprovechar el conflicto venezolano para mejorar el propio poder o influencia en la región.

8.- Cambiar gobierno en Venezuela (CambioGob): interés en lograr que la Revolución Bolivariana en general y Hugo Chávez en particular dejasen la Presidencia en Venezuela.

9.- Solución negociada al conflicto en Venezuela (SoluNegoc): interés en que la solución al conflicto en Venezuela sea consensuada y pacífica.

10.- Victoria en el conflicto venezolano (VictConfl): entendemos por tal la imposición total de los propios objetivos e intereses sobre los del adversario en el conflicto venezolano.

en el conflicto (México, Chile, Portugal, Mercosur, Comunidad Andina), a las facciones más moderadas tanto del chavismo como de la oposición e incluso, en determinados momentos, a países como España o China, que si bien se mantenían más bien alineados con los otros grupos (España con el del *statu quo*, China con el de los prorrevolucionarios), también ofrecieron una postura moderada en determinados momentos. En una situación similar a la que ocupa España (que varió su posición con el cambio de gobierno de Aznar a Zapatero) encontramos también a la Unión Europea, a la OEA y al Centro Carter, todos los cuales abogaban por una solución negociada en Venezuela pero con una visible preferencia hacia la preservación de la democracia liberal. El grupo de los «Moderados» actúa en pro de la consecución de objetivos tales como «solución negociada al conflicto en Venezuela» y «paz en Venezuela», si bien no abandonan su interés por otros como «aumentar peso diplomático» y «aumentar comercio con Venezuela» (precisamente porque sus intereses se veían mejor satisfechos en la medida que en ese país se consolidara una posición intermedia, no demasiado afín ni al grupo del *statu quo* ni al de los prorrevolucionarios).

Figura 1
Afinidades de las actitudes externas frente al conflicto venezolano
(Plan de correspondencias Actores / Objetivos)

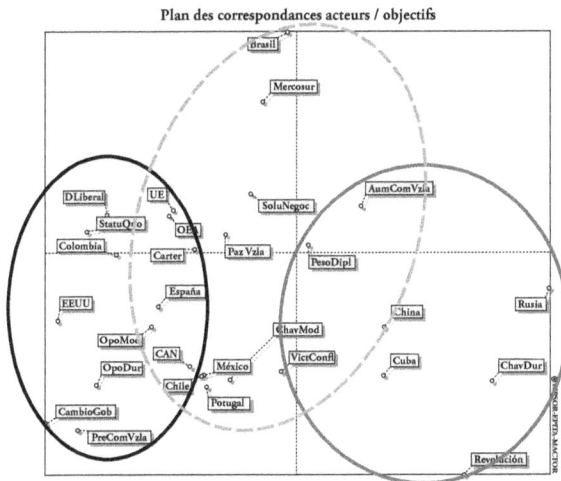

Fuente: elaboración propia.

Ahora bien, lo relevante en este punto es que los diagramas anteriores permiten hacerse una idea de las posibilidades de cooperación entre los diversos actores externos e internos que jugaron un papel relevante en el conflicto venezolano. Es importante señalar que no necesariamente los actores cooperan por el hecho de mantener intereses compartidos; sin embargo, es obvio que la tendencia a cooperar con respecto a problemas comunes se incrementará ostensiblemente en la medida en que se compartan intereses. En ese sentido, pensamos que los tres «grupos» aquí definidos sí reflejan de forma bastante acertada el comportamiento de los actores involucrados en el caso venezolano y las posibles relaciones de cooperación que se desarrollaron entre ellos.

INICIATIVAS DEL CENTRO CARTER

Es importante señalar que durante todo este período, el Centro Carter no se limitó a ejercer funciones de observación y capacitación durante el proceso electoral, sino que también desarrolló varias iniciativas de «construcción de la paz» (*peacebuilding*). Todas ellas son descritas en el informe «El Centro Carter y el Proceso de Construcción de la Paz en Venezuela, junio 2002-febrero 2005», que aparece en el sitio en Internet de dicha organización. Tal como se cita en dicho informe, desde un principio:

> [...] la representación del Centro Carter comprendió que en Venezuela la negociación política a alto nivel era imprescindible pero no suficiente para administrar un conflicto de aguda polarización y con una dinámica de escalada en todos los planos sociales. Era necesario apoyar un proceso de paz, en diversos sectores sociales y con distintas instancias de visibilidad, que pudiera ir desde los niveles políticos más altos hasta las comunidades de base, tan afectadas por el conflicto, como así también desde las bases sociales hacia sus líderes (Centro Carter: 2005, p. 3).

Entre las actividades más importantes, se patrocinó la visita al país de reconocidos expertos en resolución de conflictos (Ury, Lederach, etc.), que trabajaron para implementar la tesis del «Tercer Lado». Con la participación de múltiples organizaciones externas y locales[2], y con la coope-

---

2 A. C. Convidemos, A. C. Hagamos Democracia, Amnistía Internacional, Apalancar, Cecodap, Centro

ración técnica del PNUD, se desarrolló el programa «Fortalecer la Paz en Venezuela», a través de los colectivos que se constituyeron a través de este proceso: «Constructores de Paz», «Paz en Movimiento» y «Aquí Cabemos Todos». Se promovieron reuniones entre los representantes de medios de comunicación y el gobierno, con la finalidad de bajar el tono del enfrentamiento a nivel público; igualmente se construyeron redes sociales de voluntarios que trabajaron para la difusión de una cultura de paz, y se dictaron charlas, talleres y seminarios de gestión y transformación de conflictos, justicia de paz y educación para la paz, con la finalidad de preparar a líderes comunitarios y personas con capacidad de ejercer como «conectores» en las redes sociales. Además, se generaron documentales y programas de radio.

La labor de construcción de la paz desarrollada por el Centro Carter sirvió para constituir un grupo de redes sociales comprometidas con dicha tarea, así como para ayudar a difundir las bases de lo que significa una cultura de paz. Estas iniciativas sirvieron para familiarizar a una serie de académicos, voluntarios y líderes comunitarios con los estudios para la paz, así como con mecanismos prácticos para la implementación de actividades de construcción de la paz. Por otra parte, es difícil calibrar el alcance político y social de estas iniciativas. La idea del construir un Tercer Lado se basa en el principio de que una fuerte y coordinada acción ciudadana es capaz de mediar entre los liderazgos políticos que protagonizan el conflicto y, por lo tanto, ayudar en su gestión y transformación. Desde ese punto de vista, en el caso venezolano el «Tercer Lado» no pareció desarrollar una movilización social verdaderamente fuerte; al mismo tiempo, hubiera sido deseable una mayor compenetración con este programa por parte del liderazgo político del país, pero eso no resultó posible.

---

para la Resolución de Conflictos del Colegio de Abogados de Lara, Cesap, Constructores de Paz, Escuela de Vecinos, Fe y Alegría, FIPAN, Fundación Centro Gumilla, Fundación Planeta Libre, Instituto MEAD, IPYS, Los del Medio, Red de Apoyo por la Justicia y la Paz, Provea, RedSoc, Asociación Scout de Venezuela, Sinergia, Tercer Escenario, Centro de Mediación de la Defensoría del Pueblo, Centro para la Paz y los Derechos Humanos de la UCV, Cinemateca Nacional, FACES/UCV, FIDES, Fundación Celarg, Universidad del Zulia, URBE, Seminario Letras UCV, Museo de Ciencias, MACCSI, Ministerio de Educación, Programa de Coordinación Interfacultades de la UCV, Teatro Teresa Carreño, Universidad Central de Venezuela, Ateneo de Caracas, Cadena Capriles, Cámara de Radio, Corporación Andina de Fomento, DAI, Daycohost, Embajada Británica, Fundación Polar, UNICEF, Vale TV.

Sin embargo, las iniciativas de construcción de la paz contaron en Venezuela con varias ventajas previas, que hacían menos necesario adelantar empresas de mayores dimensiones en ese ámbito. El hecho de que en Venezuela no existiera una *cultura de la guerra* propiamente dicha (debido a la ausencia de guerras en ese país durante más de un siglo) constituía un activo de gran importancia para la transformación positiva del conflicto. A pesar de las elevadas tasas de violencia criminal que existen en Venezuela –que no han dejado de aumentar en los últimos años–, es posible afirmar que los venezolanos prácticamente se han olvidado de cómo se hace la guerra; mientras la violencia criminal es un fenómeno anómico, bastante desorganizado, fruto de la descomposición o disolución social, la guerra por motivaciones políticas, tanto interna como contra otros países, requiere altos niveles de estructuración social y política, así como motivaciones económicas bastante concretas; la sociedad venezolana se encuentra más cercana a la primera situación que a la segunda. Por último, el espíritu democrático, entendido como el respeto a la voluntad de las mayorías y como cierto pacifismo y tolerancia generalizados, constituye un valor que podríamos considerar apreciablemente arraigado en la sociedad venezolana.

DESARROLLO DEL CONFLICTO Y LAS NEGOCIACIONES

a) Diagrama de la negociación (modelo de McGrath)

El modelo de McGrath para mediaciones permite comprender la naturaleza de un proceso de negociación en el cual interviene un mediador, indicando la dinámica interna que se produce dentro de las partes en conflicto. Los negociadores se encuentran sujetos a distintas fuerzas contradictorias, calificadas de «referencia» (ejercidas por los sectores representados por los negociadores), de «acuerdo» (que llevan a los negociadores a buscar una solución negociada, pero cediendo lo mínimo posible) y «creativas» –ejercidas por la mediación y demás fuerzas neutrales con la finalidad de proporcionar alternativas para alcanzar el acuerdo negociado– (ver figura 2).

En el caso que nos ocupa, tanto en el gobierno como en la oposición existían factores radicales y moderados. Los radicales de ambos lados se sentían capaces de derrotar a la contraparte sin necesidad de negociar, por lo cual eran menos proclives a lograr una salida negociada y más dados a incrementar el conflicto. Las pugnas de dichas facciones con los moderados influían negativamente en el curso de las negociaciones, generando una gran presión sobre los equipos negociadores.

Tal como suele suceder en los conflictos intraestatales, la unidad fue siempre mayor en el gobierno que en la oposición, debido al liderazgo incuestionable del presidente Chávez y al hecho de que el jefe de los negociadores del gobierno fuera el vicepresidente de la República, José Vicente Rangel. La «línea directa» entre el presidente de la República (quien tomaba las decisiones) y el vicepresidente (quien las ejecutaba) dotó de gran fortaleza y eficiencia al gobierno en su posición negociadora. Si ambos correspondían a «la línea dura» del oficialismo, el papel de moderados recayó en los miembros más jóvenes del equipo negociador del gobierno. En consecuencia, el gobierno prácticamente no cambió su posición a todo lo largo de las negociaciones, ya que además contaba precisamente con las ventajas inherentes al hecho de manejar el aparato del Estado. En resumen, en el oficialismo las fuerzas de referencia ejercían una clara preponderancia sobre las fuerzas de acuerdo y las fuerzas creativas.

Figura 2
Modelo de McGrath aplicado al caso venezolano

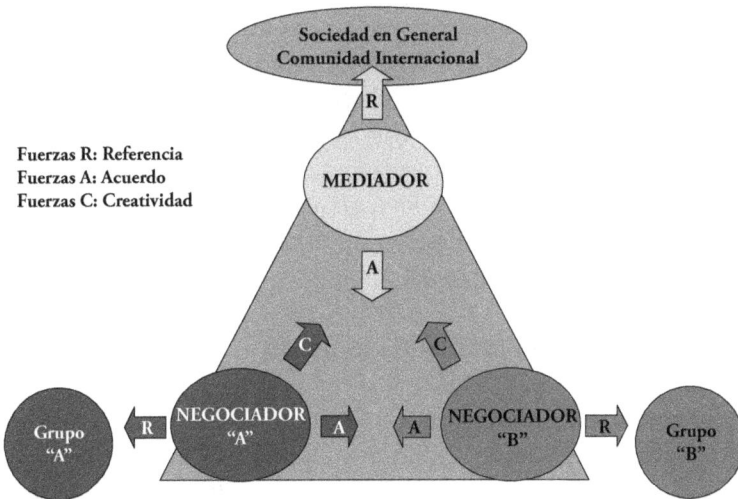

Fuente: elaboración propia (basado en el Modelo de McGrath, HARTO (2004: 265-268)

Por su parte, la CD no contaba con un liderazgo tan sólido, pues las distintas organizaciones que la conformaban mantuvieron constantes desacuerdos con respecto a las líneas de acción a seguir. Esta situación generaba importantes dificultades al equipo negociador de oposición, a quien tocaba la difícil tarea de representar un grupo de fuerzas políticas bastante heterogéneas. En la medida en que el conflicto se fue escalando, las líneas de acción planteadas en un principio se fueron modificando, como es natural. Por otra parte, entre los negociadores de oposición, los que seguían una línea más dura eran los que menos se habían dedicado a la política. En resumen, es posible afirmar que las fuerzas de referencia, las de acuerdo y las creativas fueron casi equivalentes en el caso de la Coordinadora Democrática, lo cual tendió a anular su peso en la negociación.

Por su parte, el facilitador César Gaviria intentó siempre que la Mesa no colapsara frente a la presión de los radicales de ambos bandos; de hecho esta constituyó en varios momentos el único espacio para la comunicación entre los sectores enfrentados. El hecho de que Gaviria casi se mudara a Caracas durante varios meses –especialmente durante el paro opositor de 62 días que tuvo lugar entre el 2 de diciembre de 2002 y el 2 de febrero de 2003– evidenciaba que su presencia ayudaba a mantener bajo cierto control el conflicto. Por su parte, la actuación del Grupo de Países Amigos fue tan sutil como importante. Su labor diplomática fue discreta pero decisiva para que el gobierno de Hugo Chávez aceptara firmar un acuerdo con la oposición casi cuatro meses después de finalizado el paro opositor (29 de mayo de 2003). Para esos momentos, la oposición se había debilitado tanto como el gobierno se había fortalecido, y es probable que sin la diplomacia preventiva ejercida por los Países Amigos, el gobierno venezolano se hubiera negado a llegar a un acuerdo en el marco de la Mesa de Negociación; así lo sugieren los reiterados intentos de la Revolución Bolivariana para desconocer el mecanismo de mediación y su rechazo a la presión internacional.

b) Estrategias y posibilidades de acuerdo

Tal como se mencionó anteriormente, los términos de la negociación quedaron resumidos en la Síntesis Operativa y en la resolución 833 del Consejo Permanente de la OEA. En ambos documentos se señalaba que la solución a la crisis venezolana debía ser electoral, de modo que la

«Zona de Acuerdo Posible» (ZAP) consistía en una variedad de opciones electorales. Por lo tanto, lo mínimo que ambos actores podían exigir a su contraparte era alcanzar la realización de algún tipo de comicios, pero tampoco se verían obligados (desde el principio y bajo los términos de la negociación) a ceder más allá de eso. En otras palabras, el «Nivel Máximo de Concesión» (NMC) de ambas partes consistía en ir a un proceso electoral en condiciones desventajosas.

Por lo general, en las negociaciones que tienen lugar en medio de conflictos intraestatales, el «partido defensor» es el Estado, que intenta mantener su control sobre la situación. En este caso, para el gobierno venezolano el mejor resultado posible era una rendición incondicional de la oposición, que le permitiera fortalecerse en el poder y continuar con su proceso de cambios. Negociar sin llegar a un resultado concreto era una situación incómoda, aunque evitaba al gobierno tener que ceder ante la oposición en un acuerdo, y de paso le proporcionaba tiempo para mejorar su imagen, terminar de purgar a la Fuerza Armada y consolidarse en el poder. Por otro lado, si había que ceder unas elecciones, lo mejor es que no fueran antes de lo que estipulaba la Constitución, y siempre y cuando se cambiara previamente la composición de la directiva del Consejo Nacional Electoral. Por último, unas elecciones inmediatas representaban una derrota para el gobierno, en tanto que satisfacían los objetivos centrales de las propuestas de la oposición. Pero en ningún caso el gobierno aceptaría modificar a largo plazo la naturaleza de su proyecto político «revolucionario», gobernando en consenso con la oposición.

Figura 3
Sistema de preferencias de los actores durante las negociaciones

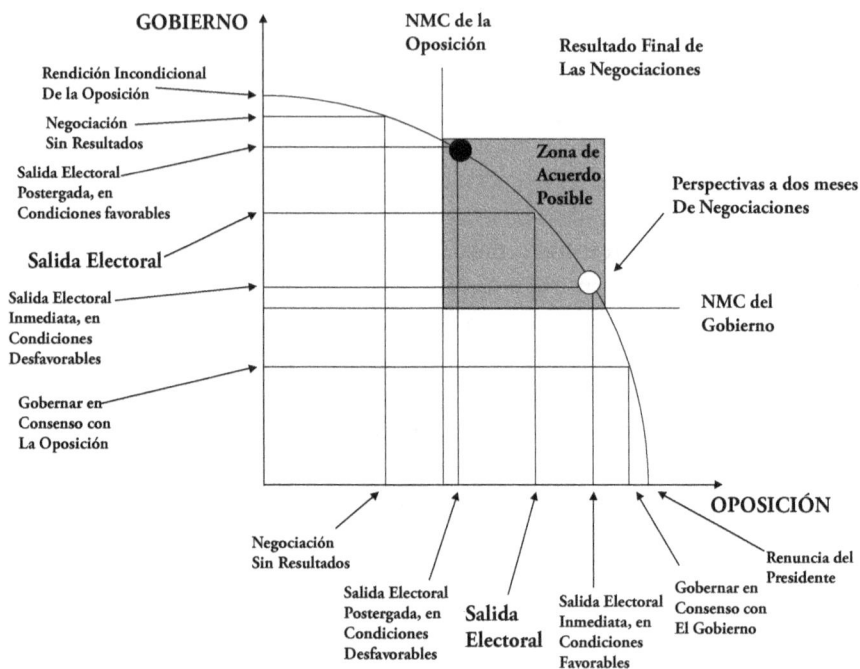

GOBIERNO

NMC de la
Oposición

Resultado Final de
Las Negociaciones

Rendición Incondicional
De la Oposición

Negociación
Sin Resultados

Salida Electoral
Postergada, en
Condiciones favorables

Zona de
Acuerdo
Posible

Perspectivas a dos meses
De Negociaciones

Salida Electoral

Salida Electoral
Inmediata, en
Condiciones
Desfavorables

NMC del
Gobierno

Gobernar en
Consenso con
La Oposición

OPOSICIÓN

Negociación
Sin Resultados

Renuncia del
Presidente

Salida Electoral
Postergada, en
Condiciones
Desfavorables

Salida
Electoral

Salida Electoral
Inmediata, en
Condiciones
Favorables

Gobernar en
Consenso con
El Gobierno

Fuente: elaboración propia (basado en MITCHELL, 1989: 201)

La «Mejor Alternativa al Acuerdo Negociado» (MAAN) del gobierno consistía en soportar las periódicas demostraciones de protesta de la oposición en la calle y los medios de comunicación, así como el peligroso escenario de una huelga de los trabajadores petroleros. A pesar del riesgo que esta situación acarreaba para el país y para el gobierno, también representaba una oportunidad para este último, pues una rebelión de esas características le permitiría echar mano definitivamente a PDVSA, la empresa petrolera, encarcelar a diversos líderes opositores y depurar los organismos de la fuerza pública de disidentes, recurriendo al uso de la fuerza en caso de necesidad. Sin embargo, esta situación era bastante arriesgada, ya que nadie garantizaba que no se volviera a producir un levantamiento militar o que el movimiento social de la oposición lograra incluso derrocar nuevamente al gobierno en un eventual asalto a Miraflores; en cualquier caso, las posibilidades de verse deslegitimado interna e internacionalmente aumentaban en estas circunstancias.

Por su parte, la CD consideraba la renuncia voluntaria del presidente Chávez como su mejor escenario. Otra buena opción hubiera sido que el gobierno cediera y negociara parte de las políticas que deseaba aplicar, pero eso desvirtuaba el carácter revolucionario del gobierno y por lo tanto este no estaba dispuesto a aceptarlo. Una consulta electoral inmediata era el objetivo realista que los opositores se fijaron en las negociaciones, pero se trataba de un escenario muy peligroso para el gobierno, no solo porque implicaba que debía dar su brazo a torcer y perder autoridad, sino porque además las principales encuestas de aquel momento desfavorecían a Chávez y su gestión. Lo mínimo que la oposición podía aceptar en un acuerdo negociado era que el gobierno se comprometiera a permitir una salida electoral postergada, en los términos que estipulaba la Constitución y con garantías de observación internacional. Por último, negociar sin llegar a ningún acuerdo era un escenario bastante negativo y estéril para la oposición.

Una de las debilidades importantes de la oposición en el proceso de negociación radicaba en que no existía una MAAN claramente definida; de hecho, existían dos posibles opciones. Para los opositores moderados, la MAAN consistía en que, una vez que el Consejo Nacional Electoral decidió otorgar una fecha para la realización del referéndum consultivo que demandaba la oposición, se levantara el paro y se prosiguiera por vías legales y constitucionales. Por su parte, los opositores radicales sostenían que el gobierno impediría la realización de una consulta electoral cercana en el tiempo, y que por lo tanto era necesario presionarlo hasta lograr que aceptara un acuerdo negociado; esta era su MAAN. La falta de un liderazgo bien definido en la oposición le impedía unirse para implementar una estrategia concreta.

Es importante resaltar que la MAAN del gobierno y la de los opositores radicales resultaban en cierto modo coincidentes: mientras que el primero se mostraba dispuesto a soportar el costo político de la movilización opositora y sus acciones de desobediencia civil, la oposición radical se mostraba dispuesta a emprender tales acciones. Por tanto, consideramos que no fue una casualidad que el paro opositor de dos meses se hubiera disparado como lo hizo; de alguna manera la actitud predominante en ambos actores era propicia para el conflicto y no para la negociación, en tanto en ambas partes prevaleció la actitud radical.

Ahora bien, en el escenario de la confrontación que finalmente se produjo, el gobierno contaba con el tiempo a su favor. Desde nuestro punto de vista, la debilidad estructural de la estrategia que finalmente adoptó la oposición durante las negociaciones consistió en que su herramienta más poderosa a la hora de forzar una negociación no era sostenible en el tiempo (al menos en los términos en los que fue implementada). La percepción de que la paralización de las actividades de la industria petrolera asestaría un golpe mortal al gobierno, sustentada en buena medida en el viejo mito venezolano, que databa de la época de López Contreras, de que «las huelgas petroleras tumban gobiernos» demostró ser errónea.

En realidad, el gobierno contaba con reservas internacionales excedentarias, fruto de varios años de alzas en los precios del petróleo, y estaba dispuesto a usarlas para sobrellevar el paro. En un petro-Estado como Venezuela, la capacidad de resistencia del Estado superaba con creces la de la sociedad civil en un escenario de desgaste como el que implicaba la paralización de las actividades de PDVSA. En otras palabras, fue una situación estratégicamente similar a la que se presenta en una «guerra de asedio», en la cual los asediados contaban con mayores reservas y mejor abastecimiento que los que asediaban.

Luego de que el paro terminó, la oposición se vio agotada y desmoralizada, y sus líderes más importantes (Carlos Fernández, Carlos Ortega) terminaron optando por el exilio. El gobierno, por el contrario, había consolidado su posición, habiendo comprobado la lealtad de una Fuerza Armada que había sido depurada después del 11 de abril y controlando completamente a partir de entonces la compañía estatal petrolera, PDVSA. Desde aquel momento, la Revolución Bolivariana demostró públicamente su incomodidad con la actuación internacional que se desarrollaba a través de la Mesa de Negociación y Acuerdos y el Grupo de Amigos; de hecho, solo la presión ejercida por este grupo (visible mediante comunicados emitidos después de varias reuniones de sus cancilleres) pudo forzar al gobierno a firmar el acuerdo del 29 de mayo de 2003. En la figura 4 se puede apreciar cómo durante los meses de mayor conflictividad (el paro opositor de diciembre de 2002 y enero de 2003) la oposición mejoró su capacidad de presión sobre el gobierno (colores más intensos significan mayor tensión), pero la insostenibilidad de su estrategia lo sumió en una debilidad que solo fue parcialmente subsanada por la presión internacional.

Figura 4
Estatus del conflicto durante las negociaciones

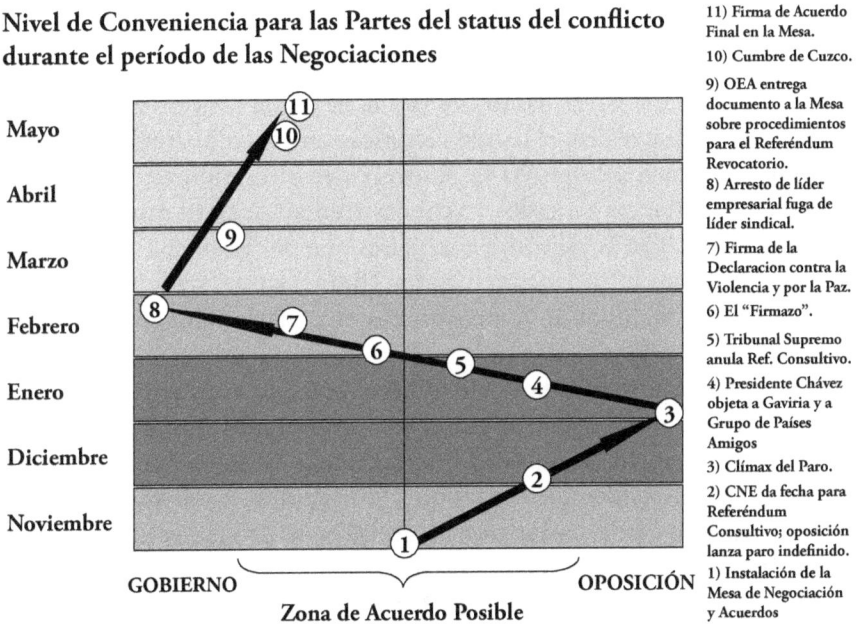

Nivel de Conveniencia para las Partes del status del conflicto durante el período de las Negociaciones

11) Firma de Acuerdo Final en la Mesa.

10) Cumbre de Cuzco.

9) OEA entrega documento a la Mesa sobre procedimientos para el Referéndum Revocatorio.

8) Arresto de líder empresarial fuga de líder sindical.

7) Firma de la Declaracion contra la Violencia y por la Paz.

6) El "Firmazo".

5) Tribunal Supremo anula Ref. Consultivo.

4) Presidente Chávez objeta a Gaviria y a Grupo de Países Amigos

3) Clímax del Paro.

2) CNE da fecha para Referéndum Consultivo; oposición lanza paro indefinido.

1) Instalación de la Mesa de Negociación y Acuerdos

Fuente: elaboración propia.

Con la firma del acuerdo, el trabajo de la Mesa de Negociación y de César Gaviria llegaba a su fin. Al determinar que los referendos revocatorios eran el instrumento idóneo para saldar la crisis política en Venezuela, el acuerdo consagró una opción bastante buena para el gobierno, pues no excedía los términos expuestos por la Constitución. En cambio, la oposición no encontraba en el acuerdo mayor ventaja que el compromiso por parte del gobierno de no modificar la Ley Orgánica del Sufragio y la Participación Política, así como la voluntad, por parte de los organismos externos que habían fungido como facilitadores, de hacer un seguimiento al proceso revocatorio en calidad de garantes.

A partir de ese momento se entró en una dinámica diferente, donde la comunidad internacional jugó un papel mucho más modesto. Desde la firma del acuerdo hasta la realización del referéndum revocatorio presidencial (de mayo de 2003 a agosto de 2004), los objetivos del gobierno revolucionario fueron: 1) manejar y reducir la presión externa, 2) ganar tiempo para recuperar su popularidad mediante los nuevos programas sociales llamados «misiones», 3) avanzar en el control de los poderes públicos; todo ello en función de diferir la realización de la consulta electoral hasta el momento en el que las condiciones fueran absolutamente propicias (lo que el presidente Chávez llamó la «batalla de Santa Inés», rememorando las maniobras que realizó el bando victorioso en ese combate de la Guerra Federal venezolana del siglo XIX). A nivel externo, el gobierno venezolano se dedicó a establecer acuerdos y ventajas comerciales con muchos países miembros de la OEA, así como con países que pudieran constituir polos de poder alternos a los Estados Unidos (Brasil, Rusia, China, etc.), con la finalidad de ir minando la presión que internacionalmente se ejercía sobre Caracas.

La oposición procedió a movilizar al máximo a sus seguidores para lograr la convocatoria del referéndum revocatorio, mientras proseguía con sus exhortaciones a la comunidad internacional –básicamente a las democracias liberales occidentales– para que, en virtud de los diversos tratados interamericanos e internacionales, no cesara en su presión sobre el gobierno de Hugo Chávez. A nivel interno se logró una apreciable movilización, gracias en buena medida a que la CD contaba con el apoyo de los medios de comunicación privados; sin embargo, poco pudo hacer frente al control que el gobierno revolucionario extendió sobre los poderes públicos, y menos aún para granjearse el apoyo de otros gobiernos que no fueran los de Estados Unidos y Colombia.

c) Etapas de la negociación

El proceso de negociación y mediación en Venezuela puede dividirse en cinco fases: 1) Prenegociación, 2) Instalación de la Mesa, 3) Conflicto agudo, 4) Aproximación y concreción, 5) Posnegociación y Ejecución de los acuerdos.

1) Prenegociación: se extiende desde la primera misión exploratoria del Centro Carter (junio de 2002, dos meses después del 11 de abril)

hasta la instalación de la Mesa. Aproximación de los factores que posteriormente se constituirían el Tripartito de mediadores (Centro Carter, OEA, PNUD). Tanteo de las partes para sondear su disposición hacia un eventual proceso negociador. Discusión y preparación de los términos de la negociación, finalmente plasmados en la llamada Síntesis Operativa, donde se determinó que la solución a la crisis venezolana debía ser electoral (se prefiguró una Zona de Acuerdo Posible -ZAP-).

2) Instalación de la Mesa: se inicia el día 8 de noviembre y se extiende hasta el 2 de diciembre, cuando la oposición lanzó el paro general. Presentación de propuestas iniciales de las partes (referendo revocatorio varios meses después por parte del gobierno; referendo consultivo inmediato por parte de la oposición). Amenazas y exhibición de poder para negociar (mientras el gobierno amenazaba con no transigir de ninguna manera, la oposición puso un ultimátum: de no negociarse una pronta consulta electoral, el paro general se dispararía el 2 de diciembre). Reiterados intentos del facilitador Gaviria por lograr un ambiente de entendimiento, alejado de la confrontación. Se perfilan las estrategias que seguirán las partes en la negociación.

3) Conflicto agudo: se extiende a todo lo largo del paro general de 62 días, desde el 2 de diciembre de 2002 hasta el 2 de febrero de 2003. El conflicto escaló hasta el punto de temerse una escisión de las Fuerzas Armadas. La prolongada huelga de los trabajadores petroleros ocasionó una sustancial subida de los precios internacionales del crudo que preocupó seriamente a la comunidad internacional. Diversos incidentes violentos obligaron a incluir el tema de la condena a la violencia entre los puntos de la agenda a negociar, entorpeciendo la negociación del tema principal: la salida pacífica, constitucional, democrática, que la OEA demandó entonces mediante la resolución 833 de su Consejo Permanente. La oposición trató de forzar al gobierno a aceptar la realización del referendo consultivo, para cuya realización el Consejo Nacional Electoral (CNE) ya había señalado la fecha del 2 de febrero de 2003; una segunda opción señalada por fuerzas políticas de oposición era hacer una enmienda constitucional. Diversos incidentes de violencia escalaron el conflicto a partir de la designación de la fecha del referéndum consultivo y decidieron a la oposición a acometer el paro nacional, al cual se sumó buena parte de los trabajadores petroleros. Ya en enero de 2003 el gobierno impugnó la realización del referéndum consultivo (a tan solo semana y media de su realización) mediante

un recurso aprobado por el Tribunal Supremo de Justicia (TSJ) el 22 de enero de 2003; en el recurso se alegó que uno de los miembros de la junta directiva del CNE, Leonardo Pizani, había pertenecido a organizaciones civiles opositoras. El paro había ocasionado la paralización del país por escasez de combustible; pero esa estrategia se hacía insostenible.

Para entonces el presidente Chávez protestaba por la composición del Grupo de Países Amigos y el papel de Gaviria. Jimmy Carter, quien acababa de recibir el premio Nobel de la Paz, asumió el papel de mediador y puso dos propuestas sobre la Mesa: referéndum revocatorio el 19 de agosto de 2003 («*without tricks*», o sea, el primer día a partir del cual la Constitución permitía su realización) o enmienda constitucional con adelanto de elecciones generales, cualquiera de ambas a cambio del levantamiento inmediato del paro general opositor. Las negociaciones se encaminaron entonces a determinar las condiciones para un eventual referéndum revocatorio (RR), lo cual revela la posición de fuerza que adquiría el gobierno, pues dese el principio esa había sido su mejor oferta. El paro se levantó el 2 de febrero de 2003, empleado por la oposición para recolectar las firmas solicitando el revocatorio (El Firmazo).

4) Aproximación y concreción: con el paro finalizado y el RR como norte de las negociaciones, los niveles de confrontación en la calle disminuyeron. La oposición se encontraba ahora sin capacidad para ejercer mucha presión. En cambio, una vez comprobada la obediencia de la Fuerza Armada, y cuando una parte de la comunidad internacional observaba a la oposición como peligrosa para la estabilidad de los mercados petroleros, el gobierno revolucionario no se veía entonces presionado para alcanzar un acuerdo. Al contrario, la Mesa le parecía entonces un estorbo. Los negociadores del gobierno habían logrado que su propuesta, el RR luego de cumplida la mitad del mandato, fuera la definitiva, y ahora no estaban dispuestos a que se realizara bajo los términos que pedían la oposición o la comunidad internacional. Las negociaciones se hicieron más lentas durante febrero y marzo de 2003. El gobierno nunca aceptó como válidas las firmas recogidas por la oposición en El Firmazo, que según sus promotores alcanzaban los 3.700.000. Con apoyo del Grupo de Amigos, el 17 de febrero las partes firmaron la «Declaración contra la Violencia y por la Paz y la Democracia», aunque diversos procedimientos se desarrollaban contra los medios de comunicación privados, Carlos Fernández (líder de Fedecámaras) era detenido por el Cicpc y diversos atentados tenían lugar

en sedes diplomáticas de España y Colombia, así como en el edificio Teleport, para entonces sede de las negociaciones.

Exhausta como estaba la oposición, la presión sobre el gobierno para lograr la firma de un acuerdo y el cierre de las negociaciones recayó en la comunidad internacional. Una vez restablecido el control sobre la situación interna y habiendo ganado tiempo en la Mesa, el principal objetivo del gobierno era impedir la injerencia de la comunidad internacional, o inclinarla a favor del gobierno: la Revolución Bolivariana no debía estar tutelada por factores externos (CIDH, OEA, ONU, Comunidad Andina, etc.). La oposición, en cambio, pretendía que los facilitadores adquirieran el rango de mediadores. Finalmente, la presión externa fue ayudando a que se concretara el acuerdo entre las partes, firmado definitivamente el 29 de mayo de 2003, cuando se consagró el RR como la vía idónea para solventar el conflicto venezolano; también se sentaron las bases para un cronograma electoral y creó una «Comisión de enlace» para su seguimiento. Los facilitadores pasarían a partir de entonces a vigilar y acompañar la ejecución del cronograma de actividades destinadas a permitir, si la oposición recababa el apoyo necesario, la ejecución del RR. La conformación de la Comisión de la Verdad fue delegada en la Asamblea Nacional, pero nunca fue operativa.

5) Posnegociación, construcción de la paz y ejecución de los acuerdos: esta etapa se extiende desde el 30 de mayo de 2003 hasta la realización del RR, el 15 de agosto de 2004 (casi un año después de lo planteado originalmente por Carter). Las actividades de «construcción de la paz» desarrolladas por el Centro Carter continuarían hasta febrero de 2005. Una vez aceptado el RR como salida a la crisis, la tarea para la oposición era activarlo. En primer lugar, había que nombrar una nueva junta directiva en el CNE, dadas las impugnaciones hechas por el oficialismo contra algunos integrantes de la junta anterior. De los cinco directivos elegidos por negociación, se demostraría que tres fueron favorables al gobierno y dos a la oposición. La nueva junta declaró inválidas las firmas recogidas el 2 de febrero y elaboró un nuevo reglamento en el que se regulaba la recogida de firmas para referendos. Las firmas fueron entonces nuevamente recogidas a principios de diciembre de 2003 en un evento denominado El Reafirmazo, lo cual representaba ya una extensión considerable en el tiempo con respecto al espíritu de lo estipulado en el acuerdo final (en este se había acordado que la Ley del Sufragio no sería modificada, pero si se

consideran los lapsos que señala la ley para cumplir con cada uno de los pasos en la convocatoria de referendos, el RR debería haber tenido lugar, a más tardar, en marzo de 2003).

A pesar de las innumerables garantías exigidas por el nuevo CNE para certificar la identidad de los firmantes, su directiva consideró que más de un millón de las firmas recolectadas podían ser falsas, y señaló que aquellas personas cuyas firmas se consideraron «dudosas» deberían firmar otra vez, para comprobar su veracidad; también podrían «retirar» sus firmas si así lo querían, situación que generó suspicacias debido a la posibilidad de que muchas personas pudieran ser objeto de coerción y retiraran sus firmas. Dado que esta medida constituía una violación del principio jurídico de la carga de la prueba (se presume inocencia a menos que se pruebe lo contrario), y que tanto la OEA como el Centro Carter, que observaban todo el proceso, manifestaron su desacuerdo con el criterio empleado por el CNE, la Sala Electoral del Tribunal Supremo de Justicia resolvió que esa medida era ilegal. Sin embargo, el magistrado responsable de dicho fallo, Alberto Martini Urdaneta, fue objeto de una sanción por parte de los representantes del Poder Ciudadano (Fiscalía, Contraloría y Defensoría) y se vio obligado a dejar su cargo, con lo cual la decisión del CNE que invalidaba las firmas fue ratificada por la Sala Constitucional del TSJ, con mayoría de magistrados cercanos al gobierno. El gobierno terminó por hacerse con el control de todas las ramas del Poder Público.

Finalmente se recogió un número suficiente de firmas para la convocatoria del referendo –a pesar de que el CNE tardó casi una semana en reconocerlas– y el referendo se efectuó el 15 de agosto de 2004, un año después de lo que indicaba la propuesta de Carter. Los resultados oficiales dieron a Chávez como ganador del referendo (59% a favor de no revocar su mandato, 41% a favor de su revocatoria). Por su parte, la oposición consideró en su mayoría que tuvo lugar un fraude y que los resultados fueron invertidos. El Centro Carter y la OEA realizaron algunas recomendaciones y observaciones en torno al proceso del revocatorio, pero ratificaron los resultados oficiales. Dos meses después, y ante la desmovilización de la oposición, el chavismo arrasó en las elecciones regionales, controlando más de un 90% de los cargos de elección popular en el país. A partir de entonces, el gobierno de Hugo Chávez señaló el inicio de una nueva etapa en la revolución bolivariana, que estaría marcada por una nueva política exterior y la prédica del «socialismo del siglo XXI».

Con la firma del acuerdo de la Mesa y la realización del proceso refrendario de agosto de 2004, la conflictividad política en Venezuela tendió a reducirse notablemente; de hecho, a partir de marzo de 2003, la ruta electoral sería la única adelantada por la oposición. Las ineficaces estrategias insurreccionales llevadas a cabo por diversos sectores de la oposición tendieron a desaparecer porque, entre otras cosas, recibieron fuertes presiones externas para ser depuestas. Pero, al descuidar la protección de la institucionalidad de la democracia liberal en Venezuela, la participación externa no parece haber actuado sobre la raíz del conflicto: el enfrentamiento entre dos modelos prácticamente incompatibles de democracia, facilitando así la consolidación –por medios democráticos– de un régimen distinto e iliberal, contrario a los postulados de la Carta Democrática de la OEA y altamente conflictivo a nivel interno y regional. Diversos factores parecen haber contribuido a dicho «descuido», tal como veremos en la próxima sección.

CAPÍTULO X
DEFUNCIÓN DE LA DEMOCRACIA LIBERAL

Tal como se pudo apreciar en nuestra reconstrucción de los acontecimientos a lo largo de los primeros capítulos de este libro, a partir de 2002 fueron varios los actores externos que se mostraron preocupados por el aumento de la conflictividad política en Venezuela, hasta el punto de desarrollar una diplomacia preventiva y un proceso de gestión multilateral de crisis del conflicto venezolano. Desde un principio, dicho proceso se enfocó en que las partes aceptaran y promovieran la realización de una pronta consulta electoral, en el entendido de que las elecciones son la base de la democracia.

Sin embargo, hubo una presión insuficiente para lograr que las instituciones propias de una democracia liberal funcionaran correctamente. A la postre, se aceptó que el movimiento revolucionario del chavismo controlase todas las ramas del Poder Público antes de la realización del RR. Asimismo, la notoria presión que el sistema internacional ejerció sobre el gobierno venezolano durante el período de mayor conflictividad interna tendió a amainar con el paso del tiempo. De hecho, los postulados de la Carta Democrática de la OEA en defensa de la democracia liberal tendieron a ser cada vez más desatendidos en la medida en que evolucionaba la pacificación del conflicto venezolano, y con ella, la acumulación de poder de la Revolución Bolivariana. De esta manera, tal como ha sucedido otras veces en la historia, los demócratas liberales presenciaron y asistieron a la defunción de una democracia liberal, acaecida mediante procedimientos electorales.

¿Cómo es posible que haya sucedido esto? Las razones básicas serán analizadas más adelante en este libro. De momento, se presenta aquí la evolución de una serie de factores que muy probablemente influyeron en el curso que finalmente tomaron los acontecimientos. Tal como el lector podrá constatar, los datos presentados en esta sección permitirán sostener mejor la argumentación final. En general, parece importante destacar que el aumento inusual, significativo y sostenido de los precios del petróleo a partir de principios de 2004 favoreció ampliamente al gobierno de Hugo Chávez, precisamente en el momento más crítico. Sin ánimo de establecer una relación estrictamente causal entre el precio del petróleo y el curso de los acontecimientos –lo cual constituiría un simplificación extrema–, sí es posible sostener que el comportamiento de diversos actores internos y externos, desde el propio electorado venezolano hasta los propios Estados Unidos, podría haber sido influenciado por el conjunto de variables relacionadas con el precio del petróleo. Otra variable esencial es el grado de cohesión interna de las élites enfrentadas.

APOYO POPULAR AL GOBIERNO

Tal como quedó reseñado a lo largo del relato comprendido entre los capítulos II y VII, la popularidad de Chávez sufrió varios altibajos durante el período 2001-2005, y de hecho llegó a estar en crisis durante dos años, desde septiembre de 2001 hasta septiembre de 2003. Durante ese período, la oposición parecería haber capitalizado hasta cierto punto buena parte del descontento creciente de la sociedad con respecto al gobierno chavista. Ese descontento se relacionaba, en el caso de las clases medias, con la amenaza que el gobierno de Chávez parecía representar para la propiedad privada, la educación privada, la seguridad ciudadana y otros valores fuertemente consolidados en dichos estratos sociales. En el caso de las clases bajas, ese desencanto temporal podría haber tenido que ver con el hecho de que, luego de tres años de gobierno, las mejoras prometidas por el chavismo se habían cumplido solo en una forma parcial y reducida.

Sin embargo, con la implementación de los programas sociales conocidos como «misiones», la correlación iría cambiando aceleradamente durante 2004, año que –tal como se evidencia en las siguientes páginas– estuvo marcado por un fuerte crecimiento del PIB venezolano, un ostensible aumento del gasto público real y por un precio del petróleo que prácticamente se duplicó en el transcurso de los siete meses anteriores al RR.

Figura 5
Chavistas y opositores entre 2001 y 2007 (según Keller)

Chavistas vs. Antichavistas

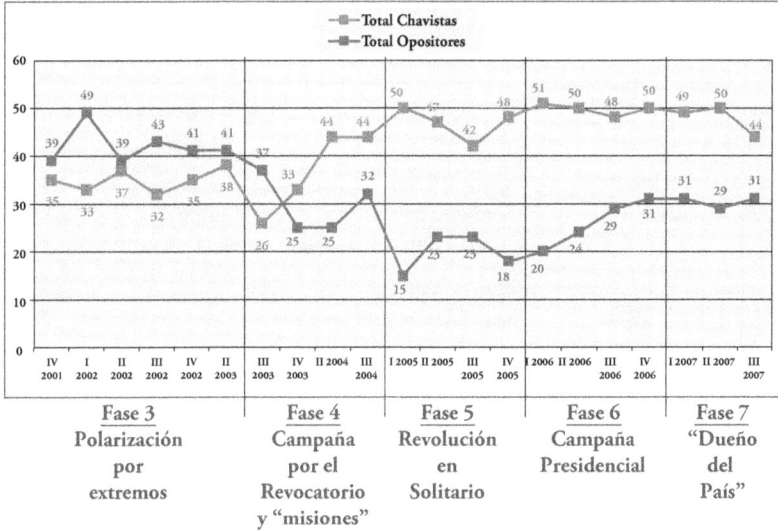

Fuente: KELLER y Asoc., Estudio Nacional de Opinión Pública, n = 1.200, tercer trimestre de 2007

COHESIÓN INTERNA DE LAS PARTES EN CONFLICTO

Mediante el examen de esta variable se intenta dar cuenta del nivel de fortaleza de las alianzas en cada una de las partes en conflicto, así como de coordinación en las acciones desarrolladas. La cohesión de las élites –tanto de las que defienden el *statu quo* como de las revolucionarias o proclives al cambio– es un factor crucial para comprender la evolución del cambio político y de los conflictos políticos. Basándonos en los acontecimientos registrados en la extensa revisión de prensa que permitió la reconstrucción del conflicto presentada en capítulos anteriores, es posible dar cuenta de los momentos en los cuales la cohesión de las élites, tanto del gobierno como de la oposición, tendió a aumentar, mantenerse o disminuir. A través del cuadro 3 se intenta caracterizar, de forma sencilla pero eficaz, la forma en que evolucionó esta variable a lo largo de cada una de las fases del período estudiado.

Cuadro 3
Cohesión interna de actores en conflicto

Período	Gobierno	Oposición
Septiembre 01 - abril 02	Disminuye. Radicalización ocasiona separación de moderados	Aumenta. Fedecámaras y CTV cooperan.
Abril 02 - noviembre 02	Se mantiene. Reordenamiento interno, purgas en la FAN	Disminuye luego del 11 de abril, pero luego sube con creación de CD
Noviembre 02 - mayo 03	Sube. El paro opositor cohesiona al oficialismo	Tiende a disminuir. Discrepancias internas sobre el paro y la Mesa
Junio 03 - febrero 04	Sube. Avanza control del Estado. Se lanzan misiones	Tiende a aumentar. RR unifica estrategia opositora
Febrero 04 - agosto 04	Se mantiene. Campaña une al chavismo. Misiones se popularizan	Disminuye. Radicales desconfían de la vía electoral y protestan
Agosto 04 - marzo 05	Se mantiene. Victoria en RR da lugar a «vía socialista»	Disminuye. División frente a elecciones regionales

Fuente: elaboración propia.

De acuerdo con lo esbozado en el cuadro anterior, el chavismo solo parece haber sufrido un gran momento de crisis y división interna, que coincide con los acontecimientos de abril de 2002 y con la dinámica previa que condujo a ellos. La promulgación de 49 decretos-leyes, así como la radicalización de la postura de Hugo Chávez frente a la oposición y frente a los Estados Unidos, parecen haber sido causas fundamentales de la separación del ala moderada del chavismo, conocida como «miquilenismo» por la fuerte influencia que sobre ella ejercía el moderado Luis Miquilena. Sin embargo, el presidente Chávez logró a partir de entonces volver a imponer progresivamente su liderazgo sobre la coalición de gobierno, para lo cual se valió de la habilidad política de José Vicente Rangel y un control cada vez mayor de las instituciones del Estado. El paro opositor de dos meses fue la prueba de fuego que cohesionó al oficialismo y que demostró el rechazo de la Fuerza Armada hacia cualquier salida anticipada y forzada de Hugo Chávez del poder.

Al contrario de lo que sucedió en el gobierno, la cohesión de la oposición se vio afectada recurrentemente por divisiones internas, que deterioraban su funcionamiento como fuerza política organizada. Los hechos de abril de 2002, el infructuoso paro general a finales de ese año y principios de 2003 (que condujo a negociar el acuerdo de la Mesa en condiciones desfavorables), y el episodio conocido como las «guarimbas» (los disturbios de febrero de 2004, cuando el ala radical de la oposición se oponía a continuar con la convocatoria del RR por considerar que todo el aparato del Estado se encontraba ya en manos de Chávez), fueron situaciones durante las cuales la unidad opositora se fracturó, dando lugar a iniciativas inconexas para perseguir un fin que no siempre era el mismo.

La división total se verificó en las elecciones regionales de octubre de 2004, cuando la oposición no fue capaz de postular candidatos unitarios frente al chavismo, y ni tan siquiera de definir una estrategia común, dando como resultado una conquista casi total de las gobernaciones y alcaldías por parte del oficialismo. La ausencia de un liderazgo indiscutible como el que ofrecía Chávez a sus seguidores, la pluralidad de fuerzas políticas involucradas y las múltiples fuentes de financiamiento eran tres factores que operaban en contra de la unidad opositora. Pero sobre todo, y tal como se comentó previamente en esta investigación, es preciso recordar que el hecho de no ocupar el Estado resulta siempre un factor disgregador para cualquier fuerza política de oposición.

INDEPENDENCIA DE LOS PODERES PÚBLICOS

Este factor es crucial para comprender en qué medida el conflicto es canalizable institucional y pacíficamente, así como para determinar si una eventual pacificación representa la solución consensuada de un conflicto o más bien su «supresión». En el cuadro 4 se presenta, de forma simplificada, la presencia de sentencias y acciones desfavorables, favorables o neutrales al Ejecutivo por parte de las otras cuatro ramas del Poder Público, a lo largo del período estudiado.

Las apreciaciones aquí registradas no corresponden a una revisión exhaustiva de las sentencias y decisiones emanadas de cada uno de los poderes públicos, sino que resumen una apreciación general, fundamentada en nuestra reconstrucción de los hechos y centrada en las decisiones más trascendentes, aquellas que tuvieron una mayor repercusión y notoriedad de cara al conflicto interno que vivía la sociedad venezolana. En líneas generales, se aprecia que tanto en el caso del Poder Legislativo –en donde el oficialismo gozó siempre, durante el período estudiado, de una mayoría simple– como en el del denominado Poder Ciudadano (conjunción de la Contraloría General, la Defensoría del Pueblo y la Fiscalía General, cargos ocupados desde 2000 por personalidades visiblemente afines al gobierno de Hugo Chávez), las acciones, sentencias y decisiones siempre fueron favorables al Ejecutivo nacional a todo lo largo del período estudiado.

Cuadro 4
Actitud de los poderes públicos hacia el Poder Ejecutivo, 2001-2005

Período	Legislativo	Judicial	Electoral	Ciudadano
1) Septiembre 01 - abril 02	Favorable	Neutral	Neutral	Favorable
2) Abril 02 - noviembre 02	Favorable	Desfavorable	Desfavorable	Favorable
3) Noviembre 02 - mayo 03	Favorable	Favorable	Desfavorable	Favorable
4) Jun 03 - febrero 04	Favorable	Favorable	Favorable	Favorable
5) Febrero 04 - agosto 04	Favorable	Favorable	Favorable	Favorable
6) Agosto 04 - marzo 05	Favorable	Favorable	Favorable	Favorable

Fuente: elaboración propia.

No ocurrió lo mismo en las dos ramas restantes del Poder Público nacional, el TSJ y el CNE. En el caso del máximo tribunal de la nación, destacan como sentencias contrarias a los intereses revolucionarios principalmente dos: el rechazo (diciembre de 2001) del recurso presentado por la Fuerza Bolivariana de Trabajadores, y más especialmente el sobreseimiento, el 14 de agosto de 2002, de los juicios por rebelión a los militares insurrectos en abril del mismo año. Cabe afirmar lo propio con respecto al CNE, cuando su junta directiva decidió convocar, el 3 de diciembre de 2002, la realización de un referéndum consultivo contra el presidente Chávez. Sin embargo, a partir de cierto momento, y ya de forma definitiva para el resto del período que nos ocupa, tanto el TSJ como el CNE terminarían emitiendo fallos que coincidían con los intereses del Poder Ejecutivo nacional. En el caso del TSJ el viraje se confirmó a partir del 22 de enero de 2003, cuando la Sala Constitucional del máximo organismo judicial ordenó al CNE «abstenerse de iniciar la organización de procesos electorales, referendarios u otros mecanismos de participación ciudadana».

Asimismo, la llamada «guerra de las salas del TSJ» –por la confrontación que tuvo lugar entre la Sala Electoral y la Sala Constitucional del máximo tribunal del país, con respecto a la validez de las llamadas «firmas planas»– se saldó con el predominio de las fuerzas cercanas al chavismo. Posteriormente, con la aprobación de la Ley Orgánica del TSJ, el tribunal vería aumentados sus miembros para permitir el ingreso de jueces afines a la Revolución Bolivariana, convirtiéndose así en un pilar más del poder de Hugo Chávez. Con respecto al CNE, la conformación de una nueva junta directiva en septiembre de 2003, que –tal como los hechos demostrarían más tarde– constaba de una mayoría chavista de 3 a 2, selló también un viraje definitivo en el carácter de este organismo, que a partir de entonces solo emitiría decisiones favorables al Ejecutivo nacional y al proceso revolucionario.

El control de las ramas del Poder Público garantizó al gobierno revolucionario no solo la recuperación del control de la situación interna del país y el tutelaje del proceso electoral/refrendario para que tuviera lugar en condiciones ventajosas, sino también la preparación de las condiciones para casi establecer una hegemonía en el control político de la sociedad venezolana a partir de finales de 2004.

EVOLUCIÓN Y ESTATUS DE LAS RELACIONES BILATERALES ENTRE VENEZUELA Y OTROS PAÍSES

Aquí se examina la evolución de las relaciones bilaterales del Estado venezolano con sus socios principales y otros Estados relevantes. Durante el período estudiado, dichos países fueron Estados Unidos, Cuba, Colombia, España, Brasil, China y Rusia. Para hacerse una idea general del estado de las relaciones de Venezuela con dichos países antes de la llegada de Hugo

Chávez al poder y durante el período 2001-2005, se diseñó una sencilla escala de cinco niveles:

Sociedad: razonable comunión de puntos de vista en materia diplomática, comercial, demográfica, financiera y de seguridad regional, verificada en una sólida y estable cooperación e intercambio en todos o varios de dichos aspectos. Importante volumen de comercio bilateral y presencia de acuerdos-marco en diversas materias.

Cooperación: aunque se mantengan diferencias relevantes con respecto a determinados tópicos, o aunque el volumen comercial no sea de primer orden, existe una plena cooperación en términos generales, cierto consenso con respecto a valores y un apreciable vínculo económico y político.

Neutralidad: no existen vínculos políticos ni económicos particularmente relevantes entre ambos países, pero tampoco hay problemas estructurales. Situación de relativo alejamiento, pero con mutuo reconocimiento y cooperación en términos muy generales.

Tensión diplomática: situación marcada por evidentes divergencias entre ambos gobiernos, muy particularmente en materias de orden político. Se mantienen los intercambios comerciales, que incluso pueden ser considerables; sin embargo, se manifiesta una voluntad de independencia con respecto a las decisiones del otro gobierno, o bien se solicita una mayor cooperación de su parte.

Ruptura de relaciones: expresión manifiesta de divergencia entre las políticas de ambos gobiernos. Evidencia de una orientación progresivamente divergente en casi todos los órdenes. Agendas contrapuestas. Situación de potencial hostilidad.

Cuadro 5
Evolución de la relación bilateral entre Venezuela y otros países

Período	EE.UU.	Colombia	España	Brasil	Rusia	China	Cuba
Años noventa	Sociedad	Sociedad	Coop.	Coop.	Neutr.	Neutr.	Neutr.
1) Septiembre 01 - abril 02	Tensión	Tensión	Coop.	Coop.	Neutr.	Neutr.	Coop.
2) Abril 02 - noviembre 02	Tensión	Tensión	Tensión	Coop.	Neutr.	Neutr.	Sociedad
3) Noviembre 02 - mayo 03	Tensión	Tensión	Tensión	Coop.	Neutr.	Neutr.	Sociedad
4) Junio 03 - febrero 04	Tensión	Tensión	Tensión	Coop.	Coop.	Coop.	Sociedad
5) Febrero 04 - agosto 04	Tensión	Tensión	Coop.	Coop.	Coop.	Coop.	Sociedad
6) Agosto 04 - marzo 05	Tensión	Ruptura	Coop.	Coop.	Coop.	Coop.	Sociedad

Fuente: elaboración propia.

Tal como se puede deducir de esta escala, los elementos fundamentales que hemos tomado en cuenta para determinar el tipo de relación existente entre Venezuela y los países en cuestión son los intercambios demográficos y comerciales, la definición de las amenazas a la seguridad nacional y la orientación política e ideológica. Con base en lo anterior, el cuadro 5 resume el tipo de relación que Caracas ha mantenido durante el período estudiado con algunos de los países más involucrados en el conflicto venezolano.

El cuadro permite apreciar de forma general el distanciamiento diplomático de Caracas con respecto a democracias liberales que en los años noventa constituyeron sus principales socios (Estados Unidos, Colombia, España) y su progresiva aproximación a naciones que se distinguen por otro tipo de regímenes (Cuba, Rusia, China). Los casos opuestos son los de Estados Unidos y Cuba, que han intercambiado sus papeles como socios y amenazas potenciales. Entre ambos extremos destaca el papel de Brasil, nación que, a pesar del viraje que la Revolución Bolivariana ha tratado de imprimir a la política exterior venezolana, ha sabido mantener el estatus de sus relaciones con Venezuela, mejorando el aspecto comercial pero sin consolidar una verdadera sociedad; no extraña entonces que fuera precisamente Brasilia la casa diplomática encargada de fungir, al frente del Grupo de Países Amigos, como principal Estado mediador en el conflicto venezolano.

Uno de los elementos considerados a la hora de elaborar el cuadro anterior fue la evolución del volumen de los intercambios comerciales entre Venezuela y los países en cuestión. Si analizamos este factor por separado, se pueden establecer otras conclusiones importantes. En las figuras 6 y 7 se muestra la evolución del comercio bilateral de Venezuela con varios países, resaltando en particular a los Estados Unidos. En primer lugar, cabe resaltar que en todos los casos resulta notorio el descenso de los intercambios comerciales durante el período de mayor conflictividad en Venezuela; el año 2003 se vio particularmente afectado por el cese de las actividades en PDVSA durante dos meses y la difícil recuperación posterior. En segundo lugar, es importante señalar que el espectacular aumento del comercio a partir de 2004, ocasionado por la canalización del conflicto en Venezuela y sobre todo por la subida de los precios del petróleo (variable que analizaremos en las siguientes páginas) se presenta en todos los países en cuestión, afines o no al gobierno de Chávez.

Figura 6
Intercambios comerciales de Venezuela con varios países (miles $)

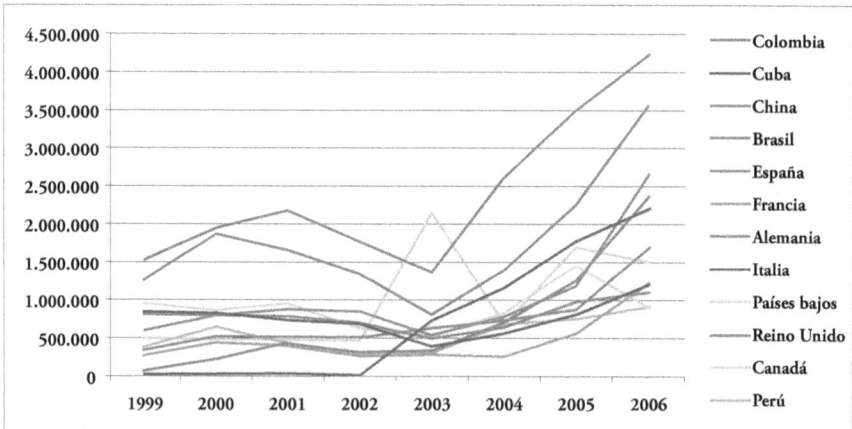

Fuente: elaboración propia con cifras de la Asociación Latinoamericana de Integración (ALADI)

Figura 7
Intercambios comerciales de Venezuela con EE.UU. y otros países
(miles $)

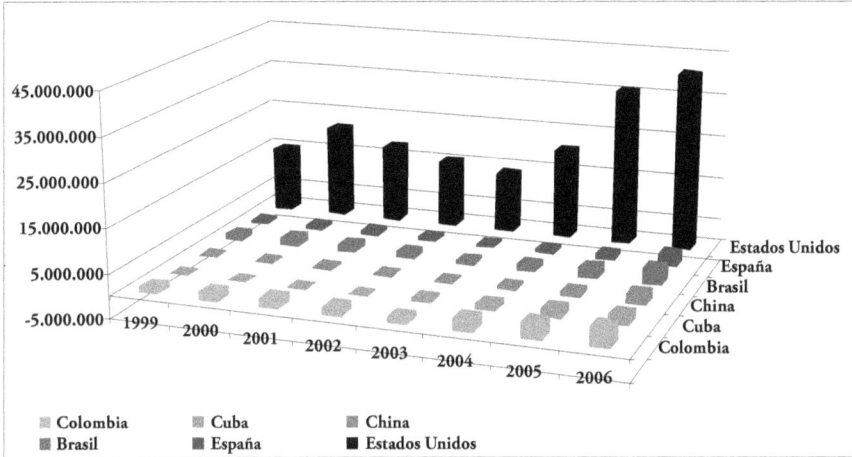

Fuente: elaboración propia con cifras de la Asociación Latinoamericana de Integración (ALADI)

En efecto, tal como se puede apreciar en los gráficos, el comercio no solo aumentó en casos como el de China o Cuba (que pasó de $17 millones en 2000 a casi 1.800 en 2005, siendo prácticamente el único país que aumentó su comercio con Venezuela en 2003); los intercambios bilaterales también se dispararon en el caso de países como Colombia o Estados Unidos. En muchos casos, la balanza comercial resultó favorable a Venezuela, que exportaba básicamente petróleo y sus derivados e importaba todo tipo de manufacturas. Nuestra conclusión al respecto es que, en un contexto de precios crecientes de los hidrocarburos, las discrepancias ideológicas fueron dejadas en un segundo plano ante las oportunidades de negocio que se presentaban para todas las partes. La percepción de que el régimen de Chávez podría representar un peligro para las democracias liberales de la región pudo haber tendido a disiparse durante 2004, cuando el petróleo duplicó su precio y alcanzó precios récord. Incluso los Estados Unidos pueden haber preferido aparcar sus diferencias con una nación adversa con la cual, sin embargo, los intercambios bilaterales se incrementaron en un promedio de 44% anual desde 2003 hasta 2008.

PRECIO DEL PETRÓLEO Y RESERVAS INTERNACIONALES

Estas dos variables, que aquí consideramos como una sola debido al elevado grado de interrelación que existe entre ellas en el caso venezolano, parecen ser determinantes para comprender la evolución del conflicto interno en ese país, ya que aluden al principal ingreso de la nación (manejado por el Estado) y su capacidad financiera. En la medida en que el gobierno pudiera disponer de mayores ingresos petroleros, su poder e influencia en relación con la oposición y la comunidad internacional aumentaría significativamente. La figura 8 muestra la evolución de la producción petrolera de Venezuela desde el año 1973 hasta 2007. Tal como se puede apreciar, el paro opositor de diciembre de 2002 y enero de 2003 llevó la producción a un mínimo histórico, que puso en serio peligro la estabilidad del gobierno de Chávez, que aún hoy no ha logrado reactivar la capacidad productiva hasta los niveles anteriores a dicha huelga.

Figura 8
Evolución de la producción de petróleo en Venezuela, 1973-2007

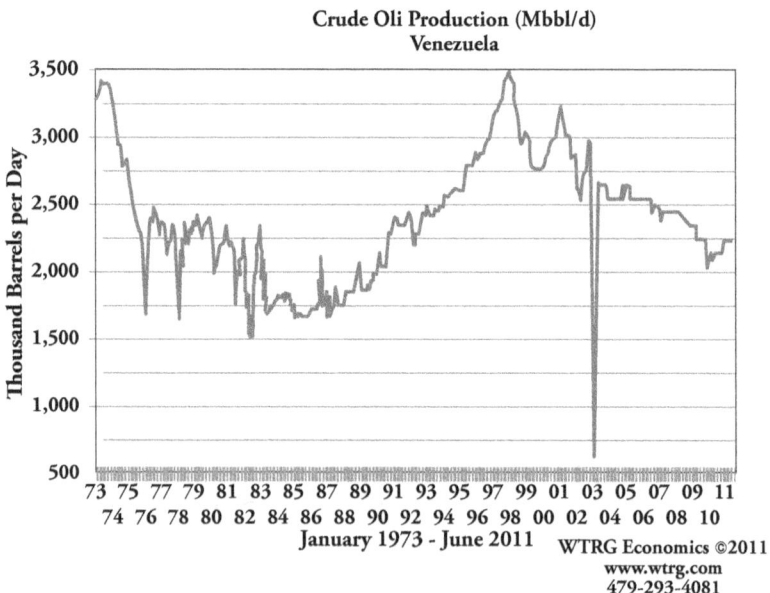

Crude Oli Production (Mbbl/d)
Venezuela

January 1973 - June 2011   WTRG Economics ©2011
www.wtrg.com
479-293-4081

Fuente: http://www.wtrg.com/oil_graphs/PAPRPVE.gif (Consulta: diciembre 2008).

Por otra parte, la figura 9 nos permite apreciar no solo la evolución de los precios del petróleo durante el período estudiado, sino también la relación entre los mercados energéticos y diversos hechos que resultaron especialmente relevantes en dicha materia. La primera apreciación que cabe hacer es que, de acuerdo con el gráfico, el paro opositor parece haber sido un factor determinante en la subida de los precios del petróleo a principios de 2003. La invasión de Irak por parte de los EE.UU. coincidió con una baja temporal en el precio del barril, pero a partir de esas fechas (marzo de 2003) la cotización del crudo no dejaría de aumentar hasta duplicarse, sobrepasando los 50 dólares por barril y coincidiendo el tope de los precios precisamente con la realización del referéndum revocatorio en Venezuela, en agosto de 2004. En resumen, dos picos en los precios petroleros coincidieron con situaciones de incertidumbre en Venezuela[1].

---

1 En la figura 9 se aprecia la evolución general de los precios del crudo, de 2001 a 2005. En inglés se señala una serie de acontecimientos puntuales que influyeron en las diversas alzas y bajas de dichos precios, entre los cuales se encuentran, por ejemplo, los atentados del 11 de septiembre, los huracanes en el Golfo de México o la invasión de Irak. Se resaltan los cortes e incrementos que la OPEP acordó en su producción de crudo, en parte como respuesta a dichos acontecimientos. Sobre el gráfico original hemos resaltado dos «precios pico», los cuales se relacionan, respectivamente, con el momento más álgido del paro opositor (diciembre de 2002) y con la coyuntura del referéndum revocatorio (agosto de 2004). Es interesante hacer notar que episodios conflictivos como los que tuvieron lugar en Venezuela durante ese período motivaron un incremento significativo de la producción por parte de la OPEP, debido a la gran zozobra que ocasionaron en los mercados internacionales.

Figura 9
Evolución del precio del petróleo, 2001-2005

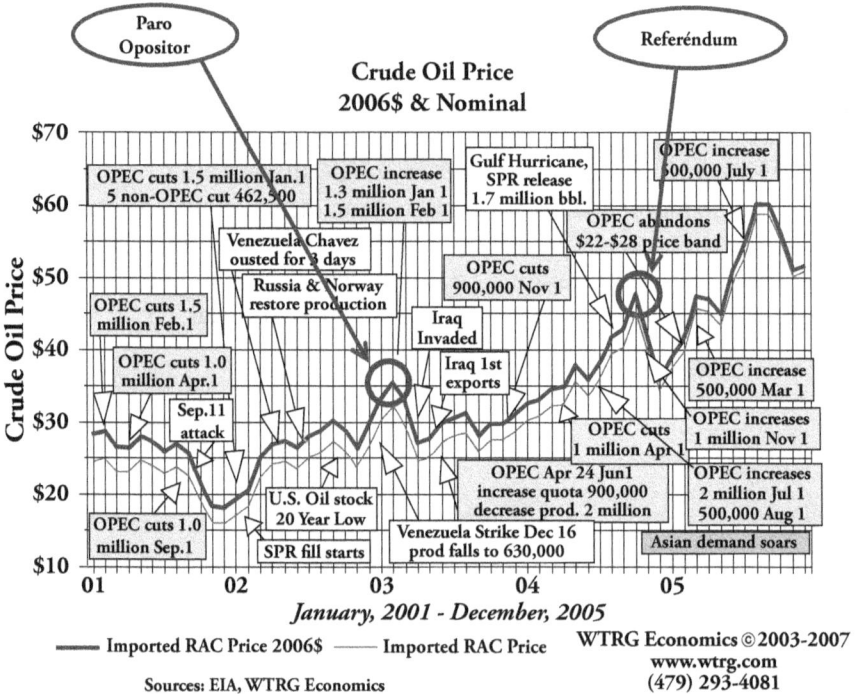

Fuente: http://www.wtrg.com/oil_graphs/crudeoilprice0105.gif (Consulta: diciembre 2008).

Tales circunstancias resultaron absolutamente favorables para el Estado venezolano, y más concretamente para el gobierno de Chávez, que desde enero de 2003 se había hecho con el control directo de la gran corporación estatal PDVSA. La figura 10 muestra la forma en que dicho aumento en los precios del crudo repercutió en un incremento en las reservas internacionales del Estado venezolano. Las cifras oficiales no solo muestran cómo en tres años (de 2002 a 2005) las reservas se expandieron en más de un 100%, sino que además revelan una drástica caída en los fondos del Fondo de Estabilización Macroeconómica.

Figura 10
Evolución de las reservas internacionales, 2000-2005 (millones $)

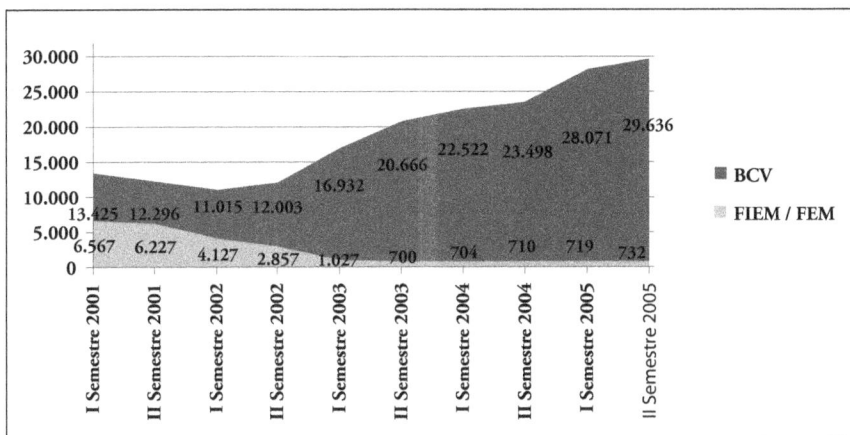

Fuente: elaboración propia con cifras del Banco Central de Venezuela; http://www.bcv.org.ve/cuadros/2/252. asp?id=40 (Consulta: diciembre de 2008). Notas: las reservas internacionales totales son la suma de las reservas del BCV más FIEM/FEM, y excluyen al Fondo de Inversiones de Venezuela.

Gracias a esta inesperada bonanza, el gobierno de Chávez gozaría de un creciente margen de maniobra nada más superar la difícil coyuntura del paro opositor. No se trataba solamente de que a partir de entonces el gobierno revolucionario podría contar con abundantes recursos para adelantar los nuevos programas sociales conocidos como «misiones», recuperando así buena parte de la popularidad perdida durante los años 2001 y 2002, sino que además Venezuela adquiría entonces una relevancia mucho mayor en el hemisferio. En efecto, el hecho de que el precio del petróleo se duplicara precisamente durante los casi 15 meses que mediaron entre la firma del acuerdo final de la Mesa y la realización del RR era un elemento que elevaba el poder negociador del gobierno venezolano frente a los países que hasta entonces lo habían venido presionando de una u otra forma.

GASTO PÚBLICO

Esta variable puede considerarse como una medida de la capacidad de los gobiernos nacionales para garantizarse el apoyo electoral de

las mayorías (y no solo de las más desfavorecidas). El cuadro 6 muestra
el gasto público total (GPT) como porcentaje del PIB durante el período 1998-2006, así como el gasto social total (GST) del gobierno central
durante el mismo período, como porcentaje del PIB y del gasto público
total; las cifras son ofrecidas por Weisbrot y Sandoval (2007). El cuadro no
solo demuestra una sostenida tendencia al crecimiento del gasto público,
sino también un fuerte incremento en el gasto social[2]; ambas tendencias
responden a la visión socialista y fuertemente centralista del gobierno de
Chávez, orientada además a aumentar su popularidad.

Cuadro 6
Gasto público y social del gobierno central como porcentaje del PIB, 1998-2006

	1998	1999	2000	2001	2002	2003	2004	2005	2006
Gasto público total (GPT)	23,7	24,5	29,6	31,6	29,4	31,0	28,4	28,5	31,0
Gasto social total (GST)	8,2	9,4	11,0	12,1	11,2	12,1	11,8	11,6	13,6
GST como % del GPT	34,7	38,5	37,3	38,4	38,2	39,0	41,4	40,6	44,0

Fuente: Mark Weisbrot y José Sandoval, «La economía venezolana en tiempos de Chávez» (julio de 2007);
http://d.scribd.com/docs/22xxzpdk5fs6ej961cq5.pdf

Datos extraídos del Sistema de Indicadores Sociales de Venezuela (SISOV) y Banco Central de Venezuela
(BCV).

---

2 Dice Mark Weisbrot, refiriéndose a los datos que aparecen en el cuadro: «En términos reales (corregido
por efectos inflacionarios), el gasto social por persona se incrementó un 170 por ciento entre 1998 y 2006.
Pero eso no incluye el gasto social realizado por la empresa petrolera estatal venezolana PDVSA, que ascendió
al 7,3 por ciento del PIB en 2006. Si lo incluimos, el gasto social representó el 20,9 por ciento del PIB en
2006, lo que constituye al menos un 314 por ciento más que en 1998 (en términos de gasto social real por
persona)». Fuente: Mark Weisbrot y José Sandoval (julio de 2007): «La economía venezolana en tiempos de
Chávez» http://d.scribd.com/docs/22xxzpdk5fs6ej961cq5.pdf (Consulta: noviembre 2008).

La figura 11 permite además apreciar la evolución de diversos indicadores empleados para medir el gasto social real per cápita. De acuerdo con Carlos Aponte Blank, el gasto social por habitante se incrementó ostensiblemente luego del paro opositor, durante el período que coincide con el lanzamiento de los nuevos programas sociales conocidos como «misiones».

Figura 11
Evolución del gasto social real por habitante, 1997-2005

Gráfico 1
Gasto social real por habitante del Gobierno central (GC), del Gobierno general restringido (GGr) y del sector público restringido (SPr)
(1997-2005, en Bs. de 1997)

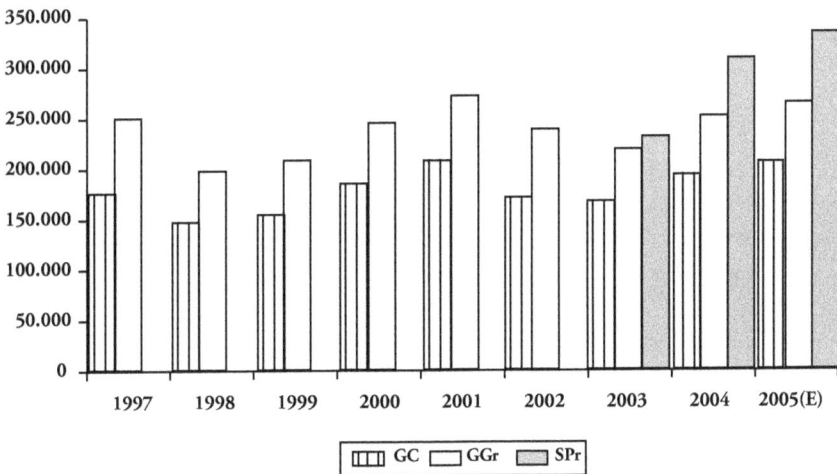

Fuente: Anexo estadístico.

Fuente: Aponte Blank, Carlos. El gasto público social venezolano: sus principales características y cambios recientes desde una perspectiva comparada. *CDC*. [online]. dic. 2006, vol.23, no.63 [citado 19 diciembre de 2008], pp. 85-119. En Internet: http://www.scielo.org.ve/scielo.php?script=sci_arttext&pid=S1012-25082006000300005&lng=es&nrm=iso ISSN 1012-2508

Revisando la información proveniente de otras fuentes (Ecoanalítica), se observa además la manera en que el alza del gasto público parece estar relacionada con la popularidad del gobierno de Hugo Chávez (figura 12).

Figura 12
Crecimiento real del gasto público vs. popularidad

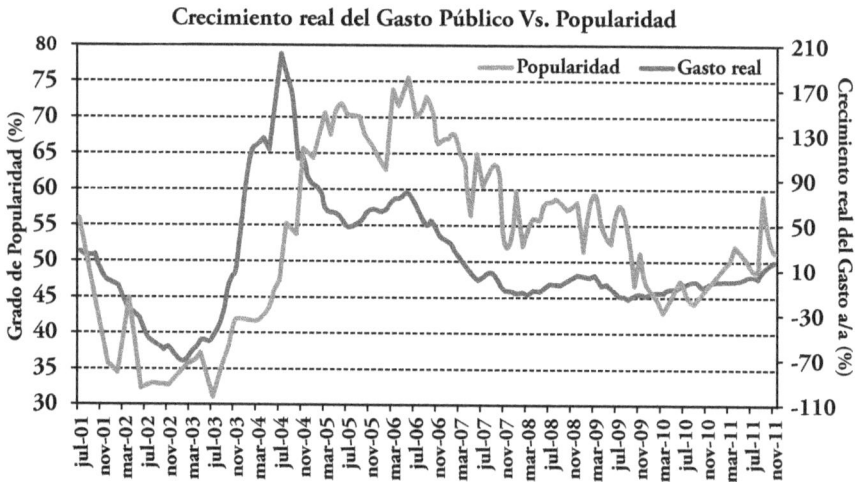

Crecimiento real del Gasto Público Vs. Popularidad

Fuente: Ecoanalítica: Informe semanal. Número 48, Semana II, diciembre 2011. http://www.ecoanalitica. net/newsite/uploads/files/is_48_2011_12_15_esp.pdf

El efecto es todavía mayor cuando se repara en el hecho de que, al superar los efectos del paro de 2002-2003, y debido en buena medida al fuerte aumento del precio del petróleo durante 2004, el PIB creció alrededor de un 18% en 2004 (figura 13). Estas cifras, en conjunto, permiten fortalecer la idea de que la disponibilidad financiera proveniente del aumento de los precios del petróleo fue un factor determinante para el aumento de la popularidad del gobierno de Chávez durante el año 2004, lo cual le facilitó su victoria en el referéndum de agosto del mismo año.

Figura 13
Expansión real del gasto y crecimiento del PIB

Expansion Real del Gasto y Crecimiento del PIB

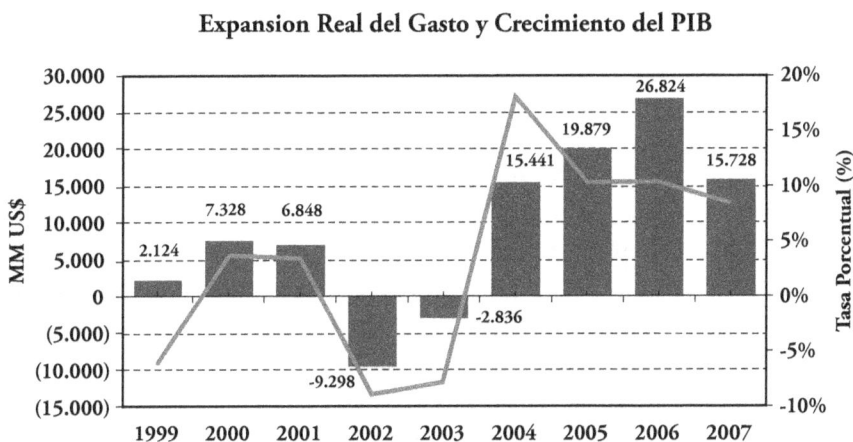

Fuente: Ecoanalítica: Informe mensual. Número 04/Abril 2008. http://www.ecoanalitica.net/newsite/uploads/
im_4_2008_04%20es.pdf

CONCLUSIÓN

Tanto a nivel interno como externo, el petróleo parece ser el elemento crucial para comprender buena parte de lo que sucede en Venezuela a nivel político y social, tanto en lo interno como en lo internacional. A nivel interno, el manejo de la industria petrolera ha permitido habitualmente a los gobiernos de Caracas, desde hace décadas amparados por un voluminoso Estado, controlar la conflictividad social mediante el reparto de la renta petrolera. Esa fue la base del «sistema populista de conciliación de las élites», el sustento de la significativa estabilidad del sistema político durante los años setenta, y el fundamento de la relativa quietud vivida durante el gobierno de Jaime Lusinchi, que abundó en controles y subsidios que fueron viables en la medida en que se sustentaron en un elevado gasto público. El caso negativo que afirma esta tendencia se produjo durante el segundo gobierno de Carlos Andrés Pérez, el cual, para descontento de la mayor parte de la sociedad venezolana, se orientó hacia una drástica reducción del gasto público. El grado de conflictividad social y política alcanzó entonces sus mayores cuotas.

Por otra parte, la inclinación a gestionar la conflictividad política mediante el reparto de la renta parece haberse acentuado durante la administración de Hugo Chávez (aunque no con ánimo de consenso), ya que esta (a partir del fracaso del paro opositor) tomó además un control absoluto y directo de las operaciones de extracción, procesamiento y comercialización del crudo, circunstancia que le permitió manejar con aún mayor discrecionalidad el destino de los ingresos petroleros mediante la implementación de las llamadas «misiones» y otros mecanismos de nuevo cuño. Es importante aclarar que el gasto público no necesariamente va atado a los precios del petróleo, sino que obedece a las decisiones que toma el gobierno; ahora bien, en el caso de un gobierno revolucionario que se ve sometido a la posibilidad de perder unas elecciones, resulta factible pensar que un aumento en los precios del crudo le permitirá aumentar en gran medida su rango de acción.

A nivel externo, y tal como reseñaban importantes diarios y revistas a nivel mundial (ver portada del *Financial Times* del 17 de agosto de 2004 en anexos), existía una gran inquietud por el alza de los precios del petróleo; por consiguiente, la inestabilidad política en países productores (tales como Nigeria o Venezuela) era observada con cierta preocupación. Por ende, resulta plausible afirmar que el entorno internacional estaba interesado, sobre todo, en controlar la escalada de precios. De este modo, es posible que el interés internacional por mantener a Venezuela dentro de los parámetros de la Carta Democrática Interamericana haya cedido en la medida en que aumentaban los precios del crudo, y con ellos, la conveniencia (y en el caso de países pequeños en América Latina, la necesidad) de mantener buenas relaciones con un Estado petrolero.

El requisito mínimo que en aquel momento exigió la comunidad internacional al sistema político venezolano era la realización de unas elecciones, pero los demás elementos propios de una democracia liberal, consagrados en la Carta Democrática de la OEA (división de poderes, Estado de Derecho, régimen de libertades, constitucionalismo), resultaron cada vez menos importantes para las democracias liberales en general y para el sistema interamericano en particular. Incluso los Estados Unidos y Colombia, principales adversarios del régimen de Hugo Chávez a nivel internacional, pero también los principales socios comerciales de Venezuela, comenzaron a suavizar sus políticas de abierta oposición a la Revolución Bolivariana. Con toda probabilidad el formidable aumento en el comercio que se registró entre Venezuela y esos dos países contribuyó a moderar sus perspectivas en relación con la naturaleza del «problema venezolano».

Por otra parte, el grado de cohesión de las élites enfrentadas parece tener un alto grado de incidencia en el desarrollo de la conflictividad política. Por un lado, la irrupción exitosa de movimientos radicales o revolucionarios parece guardar relación con la división de las élites del *establishment* (Selbin, 1997). Por otra parte, en una sociedad polarizada, el conflicto y la inestabilidad suelen incrementase cuando los bandos enfrentados son conducidos por élites bien cohesionadas; en este caso, cabe esperar que el bando que se mantenga unido –generalmente es el que detenta el poder del Estado– prevalezca. En el caso que nos ocupa, hemos visto que, a diferencia de lo que sucedió en el gobierno, la cohesión de la oposición se vio afectada recurrentemente por divisiones internas que deterioraban su funcionamiento como fuerza política organizada.

El fracaso del derrocamiento temporal de Hugo Chávez (abril de 2002), el infructuoso paro general en 2002-2003 –que condujo a negociar el acuerdo de la Mesa en condiciones desfavorables– y el episodio conocido como las «guarimbas» (los disturbios de febrero de 2004, cuando el ala radical de la oposición se oponía a continuar con la convocatoria del RR, por considerar que todo el aparato del Estado se encontraba ya en manos de Chávez) fueron situaciones durante las cuales la unidad opositora se fracturó, dando lugar a iniciativas inconexas para perseguir un fin que no siempre era el mismo. La división total se verificó en las elecciones regionales de octubre de 2004, cuando la oposición no fue capaz de postular candidatos de unidad frente al chavismo, y ni tan siquiera de definir una estrategia común, dando como resultado una conquista casi total de las gobernaciones y alcaldías por parte del oficialismo. La ausencia de un liderazgo indiscutible como el que ofrecía Chávez a sus seguidores, la pluralidad entre las fuerzas políticas involucradas, así como el control de las fuentes de financiamiento eran tres factores que operaban en contra de la unidad opositora.

CAPÍTULO XI
BALANCE GENERAL DEL PROCESO
DE NEGOCIACIÓN-FACILITACIÓN

¿FUE EXITOSA LA GESTIÓN MULTILATERAL DEL CONFLICTO VENEZOLANO?

Definir como «exitoso» un proceso de mediación y negociación es algo sumamente relativo; sin embargo, constituye un ejercicio necesario. Bercovitch (1996) sostiene que una mediación es exitosa cuando genera una diferencia positiva y considerable en el manejo de un conflicto y en la subsiguiente interacción entre las partes. Pero para poder definir con mayor precisión qué es lo que conduce a una mediación hacia el éxito, Bercovitch adopta lo que llama *contingency approach*, un enfoque en el que analiza los elementos concretos que componen la mediación como tal, aplicándolo a múltiples casos que han tenido lugar en todo el planeta. En el cuadro 7 presentamos una comparación entre los factores que Bercovitch considera típicos de las mediaciones exitosas y los que se registraron en el caso venezolano, con la finalidad de constatar en qué medida la mediación que estudiamos aquí puede considerarse «exitosa» de acuerdo con el *contingency approach* de Bercovitch.

Cuadro 7
Características del caso venezolano comparadas con las condiciones típicas de una mediación exitosa según Bercovitch

A) VARIABLES DEL CONTEXTO	CONDICIÓN TÍPICA DE MEDIACIÓN EXITOSA	CASO VENEZOLANO
1) Características de las partes		
1.1) Contexto político	Pocas partes involucradas con alto grado de legitimidad.	En el caso de la oposición, existían muchos actores con reducidos niveles de legitimidad.
1.2) Poder relativo	Las partes demuestran tener un poder similar.	La capacidad financiera del gobierno y su control del aparato del Estado le otorgó mayor fuerza que a la oposición.
1.3) Relaciones previas entre las partes	80% de las mediaciones funcionan cuando las partes en conflicto tienen un pasado amistoso.	Aunque existía una tradición de enemistad entre algunos actores, también hubo numerosas relaciones de amistad en el pasado.
2) Naturaleza de la disputa		
2.1) Duración y *timing* de la mediación	Suele ser más efectiva cuando sigue, y no cuando precede, a una medición de fuerza entre las partes.	La mediación es posterior a los hechos de abril de 2002, pero empieza antes del período de mayor confrontación (el paro).
2.2) Intensidad de la disputa en el momento en que se inicia la mediación	Mientras más costoso e intolerable se esté volviendo el conflicto para las partes, más exitosa tenderá a ser la mediación.	Las partes en conflicto aún sentían que podían vencer a través del conflicto y que no habían empleado todos sus recursos.
2.3) Temas (*issues*)	Lo que se percibe como el tema de la lucha parece ser importante para el éxito de la mediación (70% por recursos, 66,7% etnicidad, 50,4% ideología, 44,7% soberanía/independencia, 40,7% seguridad).	El caso venezolano es complejo en cuanto a definir los motivos por los cuales se lucha. Pensamos que hubo una mezcla de recursos, identidad, ideología y seguridad. En general, se dio un choque entre dos tipos de democracia.
3) Naturaleza del mediador		

3.1) Identidad y características del mediador	Lo ideal es que sea percibido por las partes como alguien conocido, aceptable, razonable, capaz, dotado de autoridad, creatividad, experiencia y recursos. Credibilidad, legitimidad son importantes; según Bercovitch, la imparcialidad quizás no lo es tanto.	César Gaviria, expresidente de un país tan cercano a Venezuela como Colombia, es reconocido por haber impulsado un proceso constituyente en su país, por su capacidad diplomática y por la autoridad adicional que emanaba del hecho de ser secretario general de la OEA.
3.2) Rango del mediador	Mejor las organizaciones regionales que las internacionales.	La OEA puede ser considerada una organización regional.
3.3) Relaciones previas con las partes	Si el mediador comparte religión, cultura y valores con las partes, la mediación se facilita.	Este era el caso. Además, Chávez medió para la liberación de un hermano secuestrado de Gaviria.
B) VARIABLES DEL PROCESO		
1) Inicio de la mediación	Parece ser más efectiva cuando es requerida por ambas partes.	En general, la oposición siempre mostró mayor entusiasmo que el gobierno con respecto a la participación de factores externos.
2) Sitio de negociaciones	Un terreno neutral proporciona mejores condiciones para la mediación.	Dado que el conflicto venezolano no es territorial, este elemento tiene menos importancia.
3) Estrategias de la mediación	El mediador puede asumir diversos rangos, desde los más moderados (las estrategias de *facilitación* de la comunicación) hasta las de mayor protagonismo (estrategias *directivas y de implementación de procedimientos*). Las primeras suelen ser las más empleadas, pero las últimas parecen ser las más eficaces.	Las competencias de la mediación eran bastante reducidas, puesto que solo se le concedió el rango de *facilitador* a Gaviria (y además a su persona, no a la OEA). Sin embargo, en algunos momentos Gaviria y Carter ofrecieron algunos recursos adicionales para propiciar la firma de un acuerdo entre las partes.

Fuente: elaboración propia (basado en Bercovitch, 1996: 11-32)

En general, las conclusiones que podemos extraer del cuadro anterior nos señalan que las características del conflicto en Venezuela no parecían ofrecer, en el momento concreto en que se iniciaron, las mejores condiciones para el desarrollo de un proceso de mediación, si bien tampoco se trataba de una posibilidad descabellada. En otras palabras, el conflicto venezolano estaba todavía «muy verde» para que una iniciativa de mediación resultara exitosa, al menos en comparación con los estudios de Bercovitch. Sin embargo, no se debe olvidar la naturaleza «preventiva» de la facilitación desarrollada por la OEA y el Centro Carter, que tuvo lugar precisamente con la intención de impedir que el conflicto se escalara. Asimismo, conviene tener presente que dicha iniciativa, a partir de mayo de 2002, hizo las veces de «laboratorio» para ensayar el primer intento serio de aplicación de la recientemente aprobada Carta Democrática (septiembre de 2001), labor en la cual el secretario general César Gaviria puso un gran empeño.

Analicemos los diversos aspectos por separado. Con respecto a la presencia de liderazgos representativos de las partes en conflicto, es posible afirmar que mientras Hugo Chávez parecía representar eficazmente al chavismo (movimiento que, de hecho, lleva su nombre), la Coordinadora Democrática, instancia creada para dotar a la oposición de la unidad necesaria para encarar un proceso de estas características, no había alcanzado todavía un grado suficiente de coordinación como para unificar los criterios y las líneas de acción de las numerosas organizaciones que la componían, muchas de ellas con una ínfima representatividad ante la población.

Las relaciones mantenidas en el pasado entre las partes en conflicto podían ser consideradas amistosas solo hasta cierto punto. Aunque la sociedad venezolana había sido reconocida durante las décadas previas por su apreciable inclinación hacia la tolerancia y la convivencia, también es cierto que algunos sectores dentro de la coalición de Hugo Chávez provenían de una izquierda revolucionaria que históricamente había mantenido amargas rivalidades con los socialdemócratas de «Punto Fijo». Adicionalmente, la coalición chavista acarreó el regreso del sector castrense al corazón de la política en Venezuela, situación que pudo haber despertado viejos odios y recelos que parecían ya olvidados.

Por otra parte, el poder entre ambos grupos solo era parcialmente equivalente. La oposición contaba con una movilización decidida, que integraba múltiples organizaciones civiles y se fundaba sobre valores políticos y sociales bastante afianzados; además, contaba con el apoyo externo de la primera administración Bush. Sin embargo, el gobierno se había ido haciendo con el control del aparato del (petro)Estado y, adicionalmente, contaba con el decidido apoyo y asesoramiento de la Cuba castrista; estos elementos, a la postre, terminaron revelándose como muy significativos, aunque no por ello garantizaban la supremacía del gobierno. El acuerdo final, aparte de haber sido firmado de mala gana por el gobierno, no representó un avance significativo para la oposición.

En cuanto al momento en el que se desarrolla la facilitación externa, el conflicto venezolano llegó a un clímax cuando ya se habían iniciado las negociaciones. En este sentido, es probable que la intervención en Venezuela de los facilitadores externos haya ayudado a moderar el conflicto. En efecto, cuando se inició la facilitación, las partes en conflicto todavía aspiraban a imponerse por la fuerza, por lo cual todavía estaban lejos de mostrar la disposición necesaria para que un proceso de mediación fuera exitoso.

En cuanto a la naturaleza del mediador, desde nuestro punto de vista parece haber sido idónea. César Gaviria, para entonces secretario general de la OEA, cumplía con casi todos los requisitos que Bercovitch considera típicos de una mediación exitosa. Sin embargo, sus facultades para ejercer ese papel se vieron bastante moderadas desde el principio, dado que solamente se le otorgó el rango de facilitador, lo cual le imposibilitaba para participar más activamente en la gestión del conflicto.

Por último, si bien los lugares donde se llevaron a cabo las negociaciones no parecen haber favorecido a ninguna de las partes en específico, sí fue decisivo el hecho de que la facilitación externa no fuera deseada de la misma manera por ambas partes. Es un hecho que el gobierno siempre se sintió más incómodo que la oposición con la presencia de los facilitadores externos, especialmente con la OEA.

Por otra parte, si revisamos los elementos que otros autores, tales como Fisas (1998: 208) o Belisario Betancur (expresidente colombiano, citado por Fisas, 1998: 205), establecen como prioritarios o importantes para que una mediación sea exitosa, podría afirmarse que el proceso de mediación en Venezuela cumplió con la mayoría de estos elementos, aunque varios de ellos (especialmente los vinculados con la capacidad de generar condiciones para una paz estable en el futuro) no fueron alcanzados a cabalidad. Por ejemplo, si revisamos los 19 puntos del acuerdo del 31 de mayo de 2003, podremos percatarnos de que fueron cumplidos solo parcialmente; elementos tales como la designación por la Asamblea Nacional de una Comisión de la Verdad y la campaña de desarme de la población civil (puntos 10 y 11 respectivamente) no tuvieron efectos significativos, mientras que el respeto y salvaguardia de la libertad de expresión se cumplió de forma parcial (punto 14) y no se respetaron los plazos estipulados por la Ley Orgánica del Sufragio en la convocatoria de los referendos (punto 17).

Asimismo, el espíritu de convivencia basado en el respeto y acatamiento de las normas fundamentales (en este caso la Constitución venezolana, la Carta Democrática de la OEA y la Convención Interamericana de Derechos Humanos, contemplados respectivamente en los puntos 5, 6 y 7 del acuerdo) fue respetado solo de forma parcial, pues el control progresivo por parte del Ejecutivo nacional de las demás ramas del Poder Público generó la percepción de que, a partir del RR de agosto de 2004, la voluntad del presidente Chávez se convirtió en la norma fundamental. En general solo se cumplió con seguir los pasos (estipulados en los puntos 12, 13 y 15) para hacer de dichos referendos la solución pacífica, democrática, constitucional y (sobre todo) electoral que demandaba la resolución 833 de la OEA. Por otro lado, las iniciativas que posteriormente desarrolló el Centro Carter para la construcción de la paz parecen haber tenido un alcance limitado, aunque representaron un gran esfuerzo por fortalecer la cultura de paz en la sociedad venezolana.

Vemos así que una de las causas fundamentales de tales limitaciones es el hecho de que todos los actores involucrados en el proceso (las partes involucradas, los facilitadores/mediadores y la comunidad internacional) desde un principio enfocaron el proceso de negociación, principal y expresamente, hacia la búsqueda de una solución netamente (o meramente) electoral. Ya el punto 6 de la Síntesis Operativa (el documento que sentó las bases de la mediación) estipulaba que «La Mesa buscará acuerdos para solucionar la crisis del país por la vía electoral, así como también sobre los siguientes temas: fortalecimiento del sistema electoral, desarme de la población civil e instalación y funcionamiento de la Comisión de la Verdad». De igual modo, la resolución 833 de la OEA demandaba una salida «pacífica, constitucional, democrática y electoral» a la crisis existente en Venezuela. Lo cierto es que, a la postre, tan solo se trabajó para la salida electoral y los demás puntos fueron puestos en segundo lugar.

La salida electoral era una condición necesaria para pacificar a la cada vez más turbulenta sociedad venezolana. Era también, probablemente, la única que ninguno de los actores involucrados podría atreverse a rechazar, pero no parece haber sido suficiente para lograr una paz verdaderamente estable. Tal como se apuntó en páginas anteriores, el proceso de la Mesa de Negociación y Acuerdos se constituyó sobre el supuesto generalizado de que unas elecciones garantizaban «suficiente democracia» en Venezuela, pero obvió el hecho crucial de que lo que se encontraba en juego era la sustitución de la democracia liberal por otro régimen de características bien distintas. En tales circunstancias, la realización de una consulta popular, sin garantizar ulteriores términos de entendimiento y cooperación entre las partes, e inmediatamente después de una crisis y enfrentamiento tan severos, no significaba más que dejar a la parte derrotada en los comicios a merced de los ganadores.

¿Por qué se acordó entonces trabajar en pos de una salida electoral? ¿Es que acaso no se comprendió desde un principio la naturaleza del conflicto en cuestión? Veamos a cada actor en particular. En la oposición venezolana operaron varios factores, entre ellos: 1) la firme convicción de contar con el apoyo de las mayorías y, por ende, la confianza en una victoria electoral; 2) el debilitamiento progresivo que sucedió al fracaso de las estrategias insurreccionales (11 de abril y paro general); 3) la incomprensión en ciertos sectores acerca de lo que estaba en juego. En cuanto al gobierno, es posible señalar que pactar una salida electoral: 1) fue un requerimiento impuesto por el sistema internacional que, sin embargo, 2) le permitía ganar tiempo para eventualmente consolidar el control del aparato del Estado y afrontar un escenario electoral en condiciones favorables, 3) aumentar su legitimidad internacional, trasladando la imagen de «golpista» a la oposición, y 4) disimular sus pretensiones revolucionarias mientras se encontraba en una posición de debilidad.

Para las entidades mediadoras, una vez que les fue asignado el papel formal de facilitadores, la salida electoral constituía la exigencia más legítima, simple, realista y viable, además de haber sido aprobada desde un principio por las partes en conflicto. En efecto, la salida electoral facilitó la pacificación (al menos temporalmente) de la sociedad venezolana y la disminución de los niveles de conflictividad en el país, lo cual constituía su objetivo primordial. Y sobre todo, hay que tener presente que desde un principio el gobierno venezolano se negó a aceptar una participación más compleja por parte de instancias foráneas (siempre se opuso a una mediación formal, y solo permitió una facilitación).

Por último, para los países de la región, así como para los que mantenían fuertes intereses en Venezuela, la solución exclusivamente electoral era la que, en promedio, satisfacía mejor los intereses principales de todos sus miembros con respecto al conflicto venezolano, permitiendo alcanzar un máximo de resultados con el mínimo grado de intromisión en los asuntos venezolanos. Si bien los Estados Unidos deseaban una intervención más extensa en Venezuela, abogando en particular por unas elecciones anticipadas, la diplomacia de Brasil, el tono conciliador del Centro Carter y la falta de entusiasmo regional ante tal iniciativa lograron frenar tales exigencias.

En este sentido, podemos afirmar que los principales temas de preocupación de los demás países con respecto al conflicto venezolano eran los siguientes, por este orden:

a) Limitar al máximo las acciones que pudieran ser vistas como una intromisión a la soberanía del Estado venezolano: una intervención más decidida sería vista como un peligroso precedente en la región, algo que ningún país latinoamericano estaba dispuesto a aceptar (máxime si se consideraba lo sucedido el 11 de abril).

b) El precio del petróleo: todos los países que tuvieron relación con Venezuela durante el período estudiado estaban interesados en mantener el precio del crudo bajo ciertas cotas, o en garantizarse suministros preferenciales en caso de no poder frenarlo, sobre todo a partir de abril de 2004, cuando se aceleró la subida de los precios.

c) El mantenimiento o mejoramiento del comercio con Venezuela: mientras países tradicionalmente beneficiados del comercio con Venezuela, como Estados Unidos o Colombia, intentaban fortalecer mecanismos «tradicionales» como la Comunidad Andina o el ALCA, otras naciones como Rusia, China o Brasil (incluso España o Argentina) mostraban un vivo interés por la nueva política exterior del gobierno de Chávez, que buscaba aumentar la cartera de socios comerciales del país para así reducir su dependencia diplomática y económica de los Estados Unidos. Por lo tanto, las perspectivas de los demás países para expandir su comercio con Venezuela estaban concentradas en las acciones del Estado venezolano y no tanto en su sector privado.

d) La preservación de la seguridad nacional: a pesar de ciertos recelos que la Revolución Bolivariana podía generar en los países vecinos, nunca fue considerada como una verdadera amenaza por los gobiernos de la región, o cuando menos, la importancia de mantener buenas relaciones con un vecino petrolero era mayor que cualquier temor que este pudiera infundir en materia de seguridad regional. Solo Colombia y Estados Unidos mantuvieron una posición hasta cierto punto distinta en este sentido. Por otra parte, todo indica que la política de Washington terminó siendo vista como una amenaza mayor que la política exterior del régimen de Hugo Chávez; de ahí la progresiva falta de apoyo latinoamericano a las iniciativas de la Casa Blanca de presionar y aislar a Caracas.

e) La defensa/promoción de la democracia y las instituciones en Venezuela: la preocupación por el hecho de que Chávez controlara las instituciones en Venezuela no fue vista como un problema de primer orden a nivel regional. Con lograr la realización de unas elecciones se garantizaba el cumplimiento de los mínimos estándares democráticos, a pesar de que con ello la democracia liberal quedara severamente limitada, o incluso sustituida por una democracia iliberal, mayoritaria o «totalitaria», con todo lo que ello implica a nivel práctico e ideológico.

La primacía general que ocupaban los temas de soberanía, petróleo y comercio inclinaba la balanza a favor de una solución pragmática y sencilla, que implicara el menor grado posible de «violación de soberanía» o «intromisión en asuntos internos», y que garantizara el mayor grado de estabilidad en un país exportador de petróleo en el hemisferio occidental, más aún cuando el gobierno revolucionario de dicha nación se mostraba cada vez más generoso a la hora de vender sus hidrocarburos a cambio de apoyo político y comercial. En ese contexto, la sustitución de una democracia liberal por una mayoritaria, iliberal o totalitaria no pasaba de ser, como mucho, un hipotético y muy secundario «daño colateral» para las democracias de la región, más aún en aquel momento, cuando la capacidad y la voluntad del gobierno de Caracas para incidir significativamente en el *statu quo* regional no eran percibidas como verdaderamente problemáticas (salvo para Washington y Bogotá).

Así, desde un principio la iniciativa de la Mesa de Negociación y Acuerdos, junto a la del Grupo de Amigos, fue concebida para la «gestión» y no la «transformación» del conflicto. Si la «salida electoral» hubiese estado acompañada por una serie de pactos o acuerdos fundamentales entre las partes enfrentadas, quizás podríamos hablar hoy de la transición a una nueva etapa en la democracia venezolana. Pero la realidad es que tal objetivo era, en aquel momento, altamente improbable y muy poco factible, por no decir que casi imposible. Está claro que el gobierno venezolano no lo hubiera aceptado, al considerarlo una flagrante violación de la soberanía nacional; por otra parte, persistir en ello hubiera ameritado una enorme presión diplomática que solo podía sustentarse en un gran consenso y voluntad política internacional (circunstancia que no existía, y para ejemplo está la agenda particular de Brasil, enfocada a convertirse definitivamente en una potencia de rango mundial). Además, nada hacía ver que la situación en Venezuela ameritara semejante riesgo, especialmente cuando asuntos más importantes se encontraban en la agenda internacional a partir del 11 de septiembre.

En conclusión, ¿fue o no un éxito la mediación en Venezuela? Si el objetivo primordial hubiera sido la transformación del conflicto, los resultados habrían de ser considerados indudablemente limitados, pues la raíz del conflicto (el enfrentamiento entre dos formas de democracia) no fue abordada. Recordemos que Bercovitch considera que el elemento central de una mediación exitosa es la generación de una diferencia positiva y considerable en el manejo de un conflicto y en la subsiguiente interacción entre las partes. Esto no se logró totalmente, porque esa diferencia positiva se limitó a la reducción de la conflictividad (que tuvo mucho que ver con el aumento de los precios del petróleo) y a la realización de elecciones, pero no sentó las bases para la consolidación de un orden político más justo, estable y plural; por el contrario, abrió las puertas para que la democracia liberal fuera sustituida por un régimen iliberal y cada vez más autoritario.

Pero recordemos que el objetivo prioritario que desde un principio se trazó el mecanismo de la Mesa de Negociación y Acuerdos no fue la transformación del conflicto (sobre todo a partir de la creación del Grupo de Amigos), sino la gestión multilateral de la crisis venezolana. Desde una perspectiva cruda y realista, la mediación en Venezuela debería ser considerada bastante exitosa –especialmente en el corto y mediano plazo–, porque a partir de sus gestiones se logró una drástica reducción de la conflictividad, la práctica supresión del conflicto y un reequilibrio internacional que satisfizo a la mayor parte de las naciones implicadas (excepto Estados Unidos y Colombia).

IMPLICACIONES PARA LA DEMOCRACIA LIBERAL Y LAS RELACIONES HEMISFÉRICAS

Ahora bien, el «éxito» de la gestión de crisis en Venezuela quizás podría ser reconsiderado si se atiende a la posterior evolución de los hechos. Ciertamente, la conflictividad disminuyó sensiblemente en Venezuela luego de la participación multilateral; sin embargo, a partir de su victoria en el RR, el gobierno de Hugo Chávez se consolidó en el poder y terminó de controlar casi todo el aparato del Estado venezolano. La Coordinadora Democrática se disolvió y su masa social se desmovilizó casi completamente. El movimiento social (masivo) opositor se desarticuló, y pasaría un buen tiempo antes de que volviera a articularse, lenta y paulatinamente, en torno a los partidos políticos. Estos, sin embargo, se han visto sometidos a presiones y fiscalizaciones abusivas por parte del Estado, medidas que el gobierno revolucionario pudo tomar gracias, precisamente, a la aquiescencia generalizada frente a su control creciente de las ramas del Poder Público. Por otra parte, la popularidad de Chávez llegó a su tope entre 2006 y 2007, justo cuando los precios del petróleo alcanzaron su máximo histórico. Tal como se señaló en la sección anterior, la gestión multilateral de la crisis venezolana, que desde una perspectiva realista resultó exitosa porque ayudó notoriamente a estabilizar el país, no transformó la naturaleza del conflicto, con lo cual el conflicto fue suprimido y permaneció latente. La realidad es que una de las partes se impuso, y con ella, un régimen que podría ser calificado de democrático (debido al apoyo recibido en las urnas, al menos hasta 2007), pero no de liberal (dado que permitía la concentración total de poder en el Estado y menoscabó las libertades individuales).

Ese régimen iliberal comenzó a desarrollar una política exterior cada vez más ambiciosa. Preocupado por la tutela que desde la OEA se había ejercido sobre su revolución, Chávez se esforzó por restarle influencia a dicho organismo hemisférico mediante la promoción de otros esquemas de integración o diálogo interamericano. Esta actitud no solo tenía por objeto protegerse de iniciativas orientadas a moderar su gestión interna, sino que además iba a tono con su carácter pretendidamente revolucionario. En efecto, Venezuela ha ayudado así a consolidar otros regímenes poco liberales o iliberales en la región, mediante el establecimiento de la ALBA –inicialmente una «Alternativa», luego convertida en «Alianza Bolivariana para las Américas»– y también, un poco a despecho suyo, al apoyar la iniciativa brasileña de Unasur, en el reconocimiento de que ese espacio le salvaguardaría de fiscalizaciones multinacionales. La organización más recientemente creada con miras a minar la influencia de la OEA es la Celac (Comunidad de Estados Latinoamericanos y del Caribe), inaugurada en Caracas a finales de 2011.

Siendo la Venezuela de Chávez y el Brasil de Lula las dos naciones de América Latina con una política más «extrovertida» durante los últimos años, y apostando ambas a extender su influencia regional, las dos se opusieron vehementemente a la implantación del ALCA, iniciativa norteamericana que, gracias a esos esfuerzos conjuntos, parece haber desaparecido definitivamente. También la OEA disminuyó notoriamente su papel a la hora de velar por el buen funcionamiento de la democracia en el continente. Su declive comenzó con el nombramiento, apoyado por Caracas, de José Miguel Insulza como secretario general, y continuó con su creciente inoperancia para mediar en diversas crisis internas que han tenido lugar en América Latina. Entre estas, cabe mencionar los casos de Bolivia (2006), Nicaragua (2008)., Honduras (2009) y Ecuador (2010), todos ellos miembros de la ALBA. En estos países se reprodujeron los patrones de conflicto que tuvieron lugar en Venezuela, en buena medida gracias a la promoción realizada por la Revolución Bolivariana. Por su parte, Brasil ha protagonizado, a la cabeza de Unasur, el papel de principal instancia mediadora, logrando de hecho desplazar a la OEA en tales funciones. En cierto sentido, el activismo político de Venezuela ha encontrado en Brasil a su mayor beneficiario y en la democracia liberal a la instancia más perjudicada.

Otro esquema de integración que se ha visto afectado por la política exterior del régimen iliberal de Chávez ha sido la Comunidad Andina de Naciones (CAN), en virtud de la cual Venezuela y Colombia eran, mutuamente, los segundos mayores socios comerciales. Ese comercio beneficiaba particularmente al sector privado de ambos países, pero se ha visto seriamente afectado por la diatriba ideológica propiciada por el régimen de Caracas, acusado también desde el Estado colombiano de mantener una política de aproximación y cooperación con las FARC y el ELN, movimientos subversivos calificados como «terroristas» por los Estados Unidos y la Unión Europea (no así por muchas naciones latinoamericanas). Las reiteradas crisis diplomáticas que han tenido lugar entre Caracas y Bogotá durante los últimos años llegaron a su cénit con el ataque colombiano al campamento que Raúl Reyes (alto mando de las FARC que resultó entonces abatido) mantenía en territorio ecuatoriano; en esa situación conflictiva que tuvo lugar entre Colombia y Ecuador, el presidente venezolano se involucró radicalmente. La situación ha mejorado con la llegada del presidente Santos, pero no se le puede considerar estable, ya que depende del estado de las relaciones personales entre ambos mandatarios y de los objetivos político-ideológicos de la política exterior de la Revolución Bolivariana.

Buena parte de las iniciativas exteriores desarrolladas por el régimen revolucionario de Caracas se encuentran directamente vinculadas con el uso del petróleo como herramienta diplomática, e incluso, de presión regional. Petrocaribe es el nombre adoptado por el poco transparente sistema de venta de petróleo subsidiado que Venezuela está otorgando a diversos países de la región, beneficios que en más de una ocasión –tal como pudo observarse en capítulos anteriores– se han trocado en medidas de presión por parte de la Revolución Bolivariana para obtener la aquiescencia de los gobiernos vecinos con respecto a las reiteradas situaciones de conflicto que esta alimenta o propicia, tanto interna como regionalmente. Este doble carácter que ha ostentado la «petrodiplomacia» chavista, amistoso y coercitivo, se ve claramente reflejado, por ejemplo, en las declaraciones opuestas ofrecidas por el presidente de Costa Rica y premio Nobel de la Paz, Óscar Arias. En septiembre de 2008, Arias defendió su decisión de pertenecer a la iniciativa venezolana Petrocaribe, afirmando que «la generosidad de Venezuela es una realidad porque ofrece a América Latina más o menos cuatro o cinco veces más dinero del que ofrece Estados Unidos». Además, en referencia a Chávez, consideró que:

> [...] si no quiere gastar en su país y le quiere ayudar a los países de América Latina y el Caribe a través de Petrocaribe, es una decisión de él [...]. Él ha querido poner en práctica estos proyectos de financiar factura petrolera a países que compran petróleo a Venezuela, y bien o mal, si es una ventaja para el pueblo de Costa Rica, voy a ser parte de Petrocaribe porque a mí me eligieron para defender los intereses de los costarricenses[1].

Según reseñó EFE en esa oportunidad, Costa Rica importaba de Venezuela 18.000 barriles de hidrocarburos de los 50.000 que consume diariamente, cifra que equivalía al 20 por ciento de las exportaciones del país y que superaba en 800 millones de dólares a lo que genera anualmente

---

1 «Arias afirma que cooperación venezolana en Latinoamérica es mayor a la de EE.UU.», http://www.eluniversal.com/2008/09/29/pol_ava_arias-afirma-que-coo_29A2026851.shtml (Consulta: septiembre 29, 2008).

por el turismo, su principal industria. Sin embargo, en octubre de 2009 el presidente costarricense se mostró indignado con las llamadas «bases de paz» que Venezuela promovía en Costa Rica, y señaló:

> Yo pedí a la Cancillería que averigüe de qué se trata eso. Porque es cómico el nombre «bases de paz» en Costa Rica. Es cómico o es cínico. No hay ningún país más pacífico que Costa Rica en el mundo […] [La paz] es un campo en el que Venezuela no nos tiene que enseñar absolutamente nada. Yo realmente no lo entiendo»[2].

Igualmente, cabe señalar que el gobierno revolucionario de Caracas ha logrado que Buenos Aires y Madrid desarrollen una actitud favorable hacia la Venezuela de Chávez. Las relaciones bilaterales mantenidas con la Argentina de los Kirchner y la España de Rodríguez Zapatero han sido, por lo general, fluidas y amistosas, a pesar de ciertos desaguisados. De hecho, con estos dos gobiernos no solo se entabló cierta simpatía ideológica, sino también un importante grado de entendimiento económico, basado en la voluntad del presidente venezolano de realizar masivas compras de deuda argentina, la inyección de dinero en empresas quebradas de dichos países o en significativas compras de armamento a España.

Por otra parte, en la medida en que la Revolución Bolivariana ha progresado hacia niveles de control y ejercicio político cada vez más alejados, no solo de los estándares de la democracia liberal, sino incluso de la democracia en general (bajo cualquiera de las acepciones en las que esta pueda ser entendida), sus relaciones con regímenes autocráticos no han hecho más que fortalecerse. No se trata de una mera aproximación comercial, sino del intento de estrechar una serie de relaciones bilaterales que permitan al régimen revolucionario aislarse de la influencia constrictiva que las democracias liberales ejercen sobre su gobierno cada vez más autocrático. Vemos así que Venezuela se encuentra hoy en las antípodas de aquella famosa Doctrina Betancourt, por la cual llegó a constituirse en una referencia democrática y democratizadora en la región. Desde fechas muy tempranas el vínculo con Cuba fue evidente, y la participación de ese régimen dentro de la política interna en Venezuela es

---

2 «*Bases de paz* sacuden relaciones entre Venezuela y Costa Rica» (consultado el 14 de octubre de 2009), http://www.eluniversal.com/2009/10/14/pol_ava_bases-de-paz-sacud_14A2893371.shtml

por todos conocida. La aproximación a naciones como Rusia y China se inició en el marco del período aquí reseñado, y no ha hecho más que aumentar con el paso del tiempo. Hoy en día, la Revolución Bolivariana es un conspicuo comprador de armamento ruso, mientras que la innecesaria dependencia financiera de China se ha elevado hasta niveles verdaderamente preocupantes. La obsesión por convertir al gran país asiático en el destino principal de nuestras exportaciones petroleras, si bien luce aún difícil de concretar, ha entorpecido un mayor desarrollo del negocio petrolero nacional.

Una palabra especial merece la relación con regímenes como los de Libia, Siria y especialmente Irán, vista con sospecha desde Washington. Por un lado, resulta obvio que Venezuela se encuentra fuera del rango que ostentan las grandes potencias emergentes –o renacientes– que integran el cuarteto de moda conocido como BRIC: Brasil, Rusia, India y China (algunos prefieren hablar de BRICS, incluyendo a Sudáfrica). En tal sentido, y debido a que Venezuela no es capaz de alcanzar tales cotas de poder, las repercusiones de una revolución antiliberal en un país como el nuestro preocupan bastante poco a la comunidad internacional, y sobre todo, a las democracias occidentales, máxime cuando el gobierno de Caracas se empeña en despilfarrar sus recursos, para deleite de sus socios, con la esperanza de alimentar una influencia internacional difícilmente sustentable en el tiempo. Pero, por otro lado, y al igual que Irán, Venezuela es un «petro-Estado revolucionario», o lo que es lo mismo, un Estado con pretensiones de modificar los equilibrios de poder a nivel internacional y totalmente decidido a emplear su ingreso petrolero en esa tarea. La común animadversión que ambos gobiernos revolucionarios manifiestan hacia Israel, o la actitud amistosa que despliegan frente a regímenes autocráticos, son rasgos que delatan un perfil de racionalidad usualmente conflictivo a nivel internacional. Cierto es que el caso de Irán genera mucha mayor preocupación que el de Venezuela debido al tema nuclear, la religión y la posición geopolítica que caracterizan a Irán, comparados con el perfil mucho menos amenazante de la Venezuela de Chávez; sin embargo, las relaciones entre ambas naciones no han cesado de generar dudas y recelos en diversos gobiernos de Occidente. Las denuncias de cooperación financiera y de encubrimiento de actividades iraníes antioccidentales por parte del gobierno venezolano, así como la supuesta venta de uranio a Teherán y la solidaridad con Al-Asad en medio de la guerra civil siria, constituyen

–por ahora– los principales temas de preocupación con respecto a esta alianza antiliberal.

Adicionalmente, y más allá del nivel (alto o bajo) de preocupación que la Revolución Bolivariana pudiera generar de cara al futuro de otros países, no sería prudente subestimar el impacto que dicho régimen ha tenido ya a nivel interno y externo y que, bajo ciertas circunstancias, podría seguir teniendo. En tal sentido, nos parece necesario recalcar que buena parte de los cambios sufridos por el orden hemisférico con respecto a la década de los noventa, hasta cierto punto son consecuencia de las acciones del gobierno revolucionario de Caracas, el cual, cuando menos, se ha colocado del lado de todos aquellos actores e intereses contrarios a la democracia liberal. Así, por ejemplo, constatamos que la actuación más o menos conjunta de Caracas y Brasilia contribuyó a desvirtuar la Carta Democrática de la OEA al poco de haber nacido. Desde 2003 hasta 2010, el sistema interamericano parece haber tolerado numerosas violaciones al Estado de Derecho en varios países, con un tono mucho más blando al que adoptó en un principio César Gaviria, siempre y cuando provengan de gobiernos respaldados por los votos. Frente a los nuevos patrones de conflictividad que parecen extenderse hoy por el continente –relacionados con el surgimiento de gobiernos electos popularmente, pero que vulneran los contrapesos de la democracia liberal–, los regímenes iliberales han tendido a bloquear la cooperación hemisférica para la lucha contra ese tipo de amenazas, cuando no las han alentado directamente.

La más reciente piedra de tranca que diversos gobiernos latinoamericanos (en una tendencia marcada por la Revolución Bolivariana y en la cual esta tiene la principal responsabilidad) han intentado colocar a la OEA y su Carta Democrática es la citada Celac, organismo del cual quedaron excluidos democracias liberales como Canadá y Estados Unidos, pero al cual se incorporó la dictadura socialista de Cuba. A pesar de que la «cláusula democrática» de esta nueva organización prevé medidas y acciones especiales en el caso de que un gobierno sea derrocado, no contempla con detalle (tal como sí lo hace la Carta Democrática Interamericana de la OEA) los «elementos» que toda democracia liberal requiere para funcionar apropiadamente. Tal como se sostiene en *El Universal*, en su edición del 3 de diciembre de 2011:

La cláusula de la Celac es evidentemente más débil que la Carta Democrática Interamericana, la cual establece con claridad los valores a ser respetados por los Estados miembros: celebración de elecciones periódicas, libres, justas y basadas en el sufragio universal y secreto; el régimen plural de partidos y organizaciones políticas, y la separación e independencia de los poderes públicos.

Particularmente notoria resulta la impotencia y perplejidad en la cual parecen haberse manejado los Estados Unidos con respecto a América Latina, a raíz de esta nueva dinámica impulsada por la Revolución Bolivariana. Si bien sus principales intereses geopolíticos se encuentran hoy en día centrados en las dinámicas que tienen por epicentro al Medio Oriente y en la preocupación que genera el auge de China, la pérdida de influencia norteamericana en su propio hemisferio es un tema que debería preocupar un poco más a los norteamericanos, y con ellos –e incluso más que a ellos–, a todos los que comparten los valores consagrados en la democracia liberal. Más allá del tiempo de vida del que finalmente pueda gozar la Revolución Bolivariana, esta constituye una clara advertencia con respecto a una de las amenazas más insidiosas que existen para las democracias liberales en la región.

Todo lo anterior es consecuencia de la perplejidad y las contradicciones en las que suelen incurrir las democracias liberales frente a los movimientos que las desmontan mediante sus propios procedimientos y mecanismos institucionales, así como también de los intereses contrapuestos que se generan entre ellas. La Guerra Fría, esa época que marcó al continente por las profundas contiendas ideológicas, las dictaduras militares y los grupos guerrilleros, ha desaparecido para dar paso a nuevos tipos de conflictividad política, que a menudo emergen al calor de los votos o se desarrollan al amparo de regímenes electoralmente respaldados. Es probable que todavía nos encontremos en la primera fase, en la irrupción de estos nuevos patrones de conflictividad, y que todavía no conozcamos sus más graves consecuencias. Por una parte, la década de los noventa experimentó la desaparición de los regímenes dictatoriales y contempló con beneplácito la realización de elecciones en todo el continente (con la sola excepción de Cuba), pero, por otro lado, conoció también experiencias autocráticas como la de Fujimori en Perú, con lo cual surgió la necesidad de formular un documento como la Carta Democrática Interamericana. Diez años después de la firma de dicho documento, los mismos estados que la suscribieron decidieron rebajar su relevancia al incorporarse en un organismo como la Celac, mientras sus sociedades van constatando que, sin los contrapesos necesarios que impone la democracia liberal, las elecciones no bastan para impedir el desarrollo de regímenes autocráticos.

Paul Collier, director del Centro de Estudios de Economías Africanas de la Universidad de Oxford, ha señalado recientemente que:

> [...] el pánico que mostraban las autoridades soviéticas a cualquier forma de consulta electoral nos ha llevado a creer que los comicios son, en sí mismos, el logro fundamental. Lo cierto, sin embargo, es que no es tan difícil amañar unas elecciones: tan solo los dictadores verdaderamente paranoicos las evitan. ¿Por qué es tan fácil celebrar elecciones aun en circunstancias poco propicias? Sin duda, porque tanto los partidos políticos como los electores se ven muy incentivados a participar en ellas (2009: 69).

Los estudios del equipo liderado por Collier están especialmente referidos a las naciones africanas, con particularidades muy distintas a las de las sociedades latinoamericanas. Entre los factores de riesgo analizados por este autor se encuentran un nivel de renta per cápita inferior a 2.700 dólares, economías exportadoras de un solo recurso natural, descolonización reciente y ausencia de sólidas identidades nacionales; se trata de circunstancias ampliamente superadas por la mayor parte de los países de América Latina. Sin embargo, no conviene desestimar las inferencias y conclusiones que se pueden extraer de esta línea de investigación. La lección más importante a rescatar es que, en el caso de economías muy pobres y/o monoproductoras, y en la medida en que los diversos componentes de la democracia liberal (Estado de Derecho, división de poderes, régimen de libertades, constitucionalismo como freno al poder del Estado) no están sólidamente afianzados en una nación, aumenta el riesgo de que las elecciones no conduzcan ni a una convivencia más pacífica, ni a la estabilidad política, ni al desarrollo económico del país.

De hecho, tal como nos dice este autor, a muchos autócratas de nuestro tiempo se les da bastante bien la tarea de «ganar elecciones». En aquellas sociedades calificadas con un cero o menos según el índice Polity

IV[3], cuando un presidente se lanza a reelección tiene un 88% de probabilidades de obtener la victoria (Collier, 2009: 55). La mayor parte de las naciones hispanoamericanas han registrado avances en dicho índice durante los últimos años, pero precisamente Venezuela está entre las que experimentaron el mayor retroceso. Por otra parte, las variables estudiadas por el equipo de Collier podrían ostentar cierta validez para algunos casos en América Latina. Por ejemplo, el carácter de petro-Estado que afecta a nuestro país, así como el reducido PIB de los países que integran la ALBA, parecen reforzar la tesis de que, en economías deprimidas o monoproductoras, las elecciones están muy lejos de representar, por sí solas, mecanismos transformadores del conflicto y generadores de paz y progreso. Sin los controles y contrapesos que impone la democracia liberal (propios de economías diversificadas y sociedades abiertas), es difícil impedir que los procesos electorales se desvirtúen. No queremos decir con esto que las elecciones son inútiles, o que deben ser reemplazadas por otras formas de acción política; simplemente hacemos énfasis en el hecho de que la defensa y promoción de la democracia liberal no pasa exclusivamente por la realización de comicios, sino que requiere un trabajo constante en la preservación del régimen de libertades, el Estado de Derecho y la división de poderes.

Los riesgos que entraña un régimen que desmonta la democracia liberal mediante mecanismos institucionales y democráticos pueden llegar a hacerse incluso más complejos y problemáticos cuando se trata de un régimen revolucionario; esto es, que pretende subvertir el *statu quo* no solo interno, sino también regional. Cuando dicha situación no es claramente reconocida por el resto del sistema, se abren las puertas para un nuevo tipo de conflictividad intraestatal e interestatal, tal como de hecho ha sucedido en América Latina a lo largo de los últimos años. En el caso del régimen de Hugo Chávez, este no fue observado por el sistema internacional como un actor revolucionario. El hecho de haber llegado a la presidencia a través de los votos lo ha despojado, a ojos de sus vecinos en la región, de cualquier contenido revolucionario que vaya más allá de la

---

3 El índice Polity IV califica a las sociedades en un rango que va desde el máximo grado de democracia (+10) hasta el máximo grado de autocracia (-10). Las sociedades ubicadas entre +5 y +10 son *«democracies»*; las que obtienen un rango menor a -5 son *«autocracies»* y las que califican entre -5 y +5 son denominadas *«anocracies»* (un grado intermedio entre democracia y autocracia). En el índice 2009, Venezuela quedó ubicada como *«open anocracy»* (entre 0 y +5).

retórica. E incluso cuando ha llegado a ser considerado un actor genuinamente revolucionario, la mayoría de los países de la región no lo consideró una amenaza. Hoy en día, incluso, observamos signos de una relativa
«socialización» de la Revolución Bolivariana a nivel regional, dado que su
frenética «exportación de la revolución» ha disminuido ostensiblemente
el ritmo que mantuvo entre 2005 y 2008. Adicionalmente, cabe señalar
que, al no ser Venezuela precisamente una potencia regional, el temor
que podría infundir a sus vecinos ha sido siempre más bien limitado –salvo en el caso de países vecinos como Colombia–. Tal como se desprende
de las palabras del expresidente Arias, la gran cantidad de dinero que el
gobierno venezolano ha repartido en la región durante los últimos años
le ha ganado la aquiescencia de los gobiernos vecinos con respecto a sus
polémicas políticas internas, cuando no su activa simpatía. Y embargo,
hemos visto que su influencia ha sido notoria en la conflictividad regional,
ha contribuido en la pérdida de influencia de organismos como la OEA
o la CAN, sus regalos se han trocado en presión regional y sus polémicas
relaciones con actores autocráticos o subversivos siguen generando inquietud y preocupación.

En un futuro cercano, Venezuela podría convertirse en objeto de
mayor preocupación regional, no como consecuencia de sus acciones exteriores, sino por la propia descomposición que podría sufrir internamente y
las repercusiones que ello podría acarrear a nivel regional. Con respecto a
futuras dinámicas conflictivas que podrían tener lugar en Venezuela, a raíz
del serio deterioro experimentado en nuestra democracia liberal, cabe mencionar que diversos informes recientes de organismos como International
Crisis Group contemplan la posibilidad de que la violencia política y social
siga incrementándose, especialmente en medio de coyunturas electorales
y otras situaciones en las que el poder del Estado llegue a estar seriamente
disputado. Sobre esa base, *Foreign Policy* (en artículo de Louise Arbour,
titulado «Las guerras de 2012», publicado el 30 de diciembre de 2011 en
la versión en español) llegó a incluir a Venezuela como uno de los «diez
conflictos de los que estar pendientes este año» (2012). Las metodologías
de análisis y pronóstico de conflictos empleadas para la elaboración de estos
pronósticos han llevado a investigadores como Jack A. Goldstone a señalar las dificultades que podría enfrentar Venezuela en un futuro cercano;
en tal sentido, es importante señalar que este autor considera el deterioro
repentino de las instituciones de la democracia liberal como uno de los

factores más fuertemente correlacionados con la irrupción de crisis políticas violentas en un corto-mediano plazo, y que el mayor grado de inestabilidad política y riesgo de estallido de crisis políticas severas a corto plazo lo ostentan los países que no son ni claramente democráticos ni claramente autocráticos (Goldstone y Ulfelder, 2004). Mención aparte merecen las diversas dinámicas de conflicto vinculada con organizaciones criminales, las cuales, según recientemente han señalado analistas como Moisés Naím o Joaquín Villalobos, podrían jugar un papel dramático y muy negativo en un eventual proceso de recuperación de la democracia venezolana. El reciente nombramiento de Rangel Silva (señalado internacionalmente por sus presuntos vínculos con el narcotráfico) como ministro de la Defensa no hace más que aumentar los recelos en este sentido.

Es importante señalar que también se aprecian factores importantes que apuntan en una dirección más positiva. En primer lugar, son muchos los estudios de opinión pública que señalan el hastío de los venezolanos con respecto al conflicto político de los últimos años. En segundo lugar, el liderazgo opositor parece haber aprendido varias e importantes lecciones con respecto a los errores cometidos en el pasado; en efecto, la unidad trabajada, sostenida y materializada en la Mesa de la Unidad evidencia ventajas y aprendizajes importantes con respecto a su predecesora, la Coordinadora Democrática; el papel de Ramón Guillermo Aveledo en ese sentido es inestimable. En tercer lugar, diversos elementos y tendencias hacen pensar que la Revolución Bolivariana experimenta un agotamiento importante, tanto en su modelo político como en su desempeño y liderazgo. Todo ello se evidenció con el desarrollo y los resultados de las primarias del 12 de febrero de 2012. Sin embargo, es importante que no perdamos de vista que un eventual reequilibrio de las fuerzas políticas de gobierno y oposición, luego de varios años de supremacía total de la Revolución Bolivariana, podría también conducir a un incremento de la conflictividad. La naturaleza de los retos que deberán afrontar ahora los demócratas liberales venezolanos es superior a la de los años anteriores, ya que no solo deberán enfrentar a un adversario político que se comporta como revolucionario en el poder, sino que además les tocará lidiar con las consecuencias de un deliberado proceso de desmantelamiento de las instituciones de la democracia liberal y del Estado. Mientras más conscientes seamos de la importancia que reviste la defensa de las instituciones para la recuperación de la democracia, mejores serán las perspectivas de que los venezolanos podamos convivir en paz. El llamado no es a ser pesimistas, sino a asumir con entereza y decisión la naturaleza del enorme reto que tenemos por delante, en conciencia de que buena parte del daño que podíamos sufrir está ya hecho, y nos toca repararlo e impedir que aumente.

Es entonces cuando cabe hablar del carácter apaciguador que tanto la comunidad hemisférica como diversos actores internos desarrollaron, en su conjunto y por la diversidad de sus distintos intereses particulares, con respecto a la irrupción de la llamada Revolución Bolivariana. De haberse identificado a tiempo la naturaleza del riesgo que enfrentaba la democracia liberal venezolana y de haber insistido en el cumplimiento de los postulados acordados y suscritos en la Carta Democrática Interamericana, que claramente condena y penaliza las desviaciones autocráticas contra la democracia liberal, la presión conjunta sobre el régimen de Hugo Chávez habría sido mucho mayor desde un principio. Pero lo cierto es que, por motivos de toda índole (vacilaciones, intereses y ventajas particulares o circunstanciales, subestimación, perplejidad, descuido, etc.), y frente a los evidentes excesos de este régimen, el entorno internacional y fuerzas internas terminaron permitiendo que la Revolución Bolivariana siguiera acumulando poder dentro y fuera de Venezuela y acometiera una tarea de desestabilización regional que ha pasado desde la injerencia en campañas electorales de países vecinos hasta la presunta cooperación con fuerzas subversivas extranjeras. Su carácter revolucionario le ha llevado a tratar de subvertir los órdenes regionales y a intentar establecer alianzas con Estados autocráticos que, en caso de aumentar significativamente su influencia en el hemisferio, podrían perjudicar la estabilidad de la paz y la democracia liberal en la región. Y más allá de las repercusiones regionales del régimen de Hugo Chávez, todavía es difícil saber hacia dónde encaminará a la propia sociedad venezolana; en el peor de los casos, graves conflictos internos podrían tener lugar en Venezuela e influir en un deterioro de la seguridad regional.

Recordemos lo señalado en la introducción de este libro: el apaciguamiento es una actitud que consiste en la concesión –contraria a los propios valores– de ciertas ventajas, o en la aceptación de ciertos hechos consumados, que no siempre es deliberada, sino que con frecuencia surge como «resultado de una inhabilidad para lidiar con un oponente de objetivos ilimitados» –esto es, puede ser el resultado relativamente inconsciente de múltiples errores de cálculo–, y puede ejercerse tanto desde una posición de fortaleza y superioridad con respecto a dicho oponente, como desde una posición de debilidad. No necesariamente constituye un error en términos globales, ya que, tal como lo señalara Churchill en cierta oportunidad (ver cita en la introducción de este libro), el apaciguamiento puede terminar siendo, incluso, la forma más conveniente y menos costosa de tratar con cierto tipo de actores radicales. En tal sentido, conviene recordar la opinión de Joaquín Villalobos, exguerrillero salvadoreño que jugara un importante papel en la firma de los acuerdos de paz en Centroamérica, quien ha dicho, al igual que muchos otros, que a Hugo Chávez «los ataques lo fortalecen y la tolerancia lo debilita» («Chávez quiere comprarse una revolución», *El País*, junio 1, 2007). De ser así, el comportamiento seguido hasta ahora por la comunidad hemisférica terminará de verificarse como la opción más inteligente para lidiar con las amenazas que la Revolución Bolivariana representa. Sin embargo, el apaciguamiento también podría constituir una actitud desacertada que solo tiene por resultado el fortalecimiento de los actores más radicales del sistema. El problema a la hora de evaluar el grado de acierto o desacierto de una actitud apaciguadora es que los elementos de juicio que son necesarios para valorarla solo se hacen visibles luego de transcurrido un buen tiempo, y en los casos donde el apaciguamiento se termina revelando como un error, dicho reconocimiento suele llegar cuando quizás es demasiado tarde para rectificar.

En todo caso, de la experiencia venezolana –y los casos derivados o relacionados con ella, como son los de Bolivia u Honduras– surgen varias preguntas pertinentes para los venezolanos, para los Estados del hemisferio y para los organismos internacionales y multilaterales que operan en él. La principal interrogante gira en torno al tipo de conflictividad política que viene enfrentando la región a principios del siglo XXI, y se relaciona esencialmente con el problema de los gobiernos electos en las urnas que, sin embargo, menoscaban las garantías constitucionales que caracterizan a la democracia liberal. ¿Cómo se defienden las democracias liberales ante tales amenazas? ¿Son eficientes dichas medidas? Asimismo, ¿cuál es la pertinencia de los procesos de gestión de crisis que se han desarrollado durante los últimos años en el continente? Un indicio importante surge al reconocer que el modelo de gestión multilateral de crisis que se implementó en Venezuela no fue replicado posteriormente y más bien terminó por ser desechado. Ello se debe, en buena medida, al surgimiento de Unasur, la instancia que con más voluntad y efectividad se ha encargado de mediar en las distintas crisis (intraestatales e interestatales) acontecidas recientemente. Sin embargo, Unasur no ha operado precisamente, hasta ahora, como garantía en la defensa de la democracia liberal; más bien ha funcionado como un foro de presidentes que se defienden entre sí, y todo ello en función de los intereses geopolíticos de Brasil. La Celac no es más que una continuación de dicho modelo, pero impulsada por otros padrinos (Venezuela, México, Argentina).

Por lo tanto, si las medidas tomadas hasta ahora son insuficientes, ¿cómo debería enfocarse esta problemática? ¿Qué objetivos deberían plantearse? ¿Es factible y legítimo enfocarse principalmente en la defensa y fortalecimiento de las instituciones de la democracia liberal? ¿Constituye el objetivo mismo de defender la democracia liberal una iniciativa ideológicamente sesgada? Desde nuestro punto de vista, está claro que la democracia que apreciamos y conocemos en la actualidad es la democracia moderna y liberal, la cual constituye el producto más acabado y la manifestación más concreta, en términos sociales y políticos, del pensamiento de Occidente, y más particularmente, de los aportes filosóficos y morales de la Modernidad. De hecho, consideramos un hecho cierto que cualquier desarrollo humano ulterior al alcanzado hasta hoy pasa por ampliar las ventajas y conquistas de la democracia liberal, pero no podría nunca tener lugar a través de su menoscabo; así lo demostraron las experiencias totalitarias del siglo XX. Lo anterior se verifica también en el ámbito de las relaciones internacionales, ya que, hasta donde ha permitido comprobar la evidencia, las democracias liberales no hacen la guerra entre sí: prácticamente en todas las ocasiones en las que una democracia liberal ha entrado en guerra ha sido contra regímenes antidemocráticos y antiliberales.

Tomando en cuenta todo lo anterior, cabe concluir que la defensa y fortalecimiento de la democracia liberal en los países que ya la han alcanzado constituye un objetivo fundamental para la preservación de la paz en dichas naciones, así como para que estas mantengan la paz entre sí. En tal sentido, y remitiéndonos al ámbito americano, la Carta Democrática Interamericana constituye un instrumento de gran valor y la guía más práctica para la defensa de la democracia liberal en el continente. Las dificultades y los intereses contrarios a su cumplimiento son muchos y los mecanismos para garantizar su cumplimiento son pocos; con todo, el reto de nuestras naciones consiste en cumplirla y hacerla cumplir, si queremos mantener al continente en la senda de las mejores conquistas políticas, sociales y morales de Occidente.

No corresponde a este libro explicar pormenorizadamente cómo podría trabajarse, dentro de cada sociedad y entre los Estados miembros de la OEA, para el cumplimiento de dicho documento. Sin embargo, las diversas alternativas que ofrece la diplomacia, desde su carácter más amistoso y rutinario hasta sus versiones «preventiva» y «coercitiva», son instrumentos importantes para la consecución de dichos objetivos, siempre y cuando estén orientadas por la firme voluntad política de los gobiernos de proteger las instituciones de la democracia liberal en todo el hemisferio. El reconocimiento de la importancia de dichas instituciones es crucial para la paz y el progreso del continente americano, y las conquistas alcanzadas hasta ahora no han de ser menospreciadas. Por otra parte, en el caso de crisis internas severas que ameriten la mediación de actores externos, el trabajo sistemático por parte de los mediadores y la comunidad hemisférica podría, quizás, enfocarse en llevar a las partes en conflicto a diseñar pactos de gobernabilidad y establecer gobiernos de coalición. Sin embargo, ahondar en la metodología para lograr tales objetivos no constituye el propósito de este volumen y más bien representa una materia para abordar en otro libro.

CONCLUSIONES GENERALES

La naturaleza del conflicto que se articuló en Venezuela durante los últimos años es distinta a la del tipo de conflictividad que existía anteriormente en el país. Del descontento generalizado que la sociedad venezolana en su conjunto manifestaba hacia un liderazgo político desgastado e ineficiente, se pasó a la consolidación de dos identidades colectivas contrapuestas, en gran parte asentadas sobre evidentes desigualdades sociales. La quiebra del sistema político de la República Civil «puntofijista», el discurso del presidente Chávez y la articulación de su propuesta política fueron los factores detonantes y configuradores del nuevo conflicto. Este ha terminado por enfrentar dos visiones políticas difícilmente compatibles, como son un proceso pretendidamente revolucionario y socialista en contraposición a sectores sociales que comparten valores propios de la democracia liberal, pero que durante años se han topado con serias dificultades para verse representados políticamente y encontrar liderazgos consistentes. Estas tensiones políticas y sociales no encontraron una correcta canalización a través de las instituciones, que terminaron por estallar en medio de la lucha entre dos visiones irreconciliables de la democracia.

A raíz de los hechos de abril de 2002, actores externos intervinieron en el conflicto venezolano a través de la mediación/facilitación del secretario general de la OEA, el expresidente colombiano César Gaviria. La Mesa de Negociación y Acuerdos fue un mecanismo de gestión multilateral de la crisis venezolana que estuvo impulsado principalmente por la OEA y los Estados Unidos con la finalidad política de ayudar a la oposición venezolana a mantener el *statu quo* demoliberal que el gobierno de Chávez intentaba modificar. Tal iniciativa tuvo lugar cuando se preparaba la invasión estadounidense a Irak y mientras existía una «configuración conservadora» en el entorno internacional más cercano a Venezuela (gobernaban Bush en Estados Unidos, Aznar en España y Uribe en Colombia); sin embargo, el Brasil de Lula y el Centro Carter moderaron de forma ostensible y progresiva la influencia de dicho entorno.

La metodología que finalmente se empleó en dicho proceso de negociación quedó definida en la llamada «Síntesis Operativa», un decálogo que señalaba como objetivo fundamental de la Mesa el propósito de «solucionar la crisis del país por la vía electoral», tal como lo estipulaba también la resolución 833 del Consejo Permanente de la OEA. Durante siete meses el gobierno revolucionario y la oposición venezolana –representada por la recientemente creada Coordinadora Democrática– negociaron dicha salida en medio de la agudización del conflicto interno, que llegó a su cenit con el paro general protagonizado por la oposición durante dos meses y que afectó sensiblemente la producción de petróleo, principal recurso del país.

Las negociaciones se vieron acompañadas por la creación de un Grupo de Países Amigos, liderado por Brasil. Si bien el gobierno de Lula presionó al de Caracas para que firmara un acuerdo en el marco de la Mesa, también contribuyó a diluir la presión que para entonces ejercían varios países sobre el gobierno revolucionario. De igual modo, a pesar de que el Centro Carter desarrolló varias iniciativas de «construcción de la paz» que estuvieron enfocadas en la transformación del conflicto, y aunque los acuerdos de la Mesa contemplaban diversas medidas para que la solución electoral fuera acompañada de una reconciliación nacional, estas no se cumplieron a cabalidad. En consecuencia, el principal resultado de la Mesa fue acordar que el referéndum revocatorio sería la herramienta idónea para alcanzar la «solución electoral» demandada desde un principio.

Luego de más de un año, en medio de un proceso durante el cual el gobierno de Chávez se vio favorecido por la considerable subida de los precios del petróleo y su progresivo control de todas las ramas del Poder Público en Venezuela, el referéndum se saldó favorablemente para la Revolución Bolivariana. A partir de entonces, el gobierno revolucionario ha emprendido acciones para convertir a Venezuela en un Estado socialista y desarrollado también una política exterior enfocada a la modificación del *statu quo* regional; para ello se ha apalancado en la capacidad financiera que le ha proporcionado una coyuntura favorable de altos precios del crudo.

Si se evaluase el desempeño de la Mesa de Negociación y Acuerdos como una iniciativa para la consolidación de una paz estable en Venezuela, su alcance es relativo, ya que no se lograron acuerdos políticos perdurables, ni un entendimiento sólido entre las partes en conflicto. Ello se debió a que el proceso se centró desde un principio en la gestión del conflicto mediante la búsqueda de una solución electoral, descuidando otros aspectos que hubieran sido necesarios para lograr una verdadera y profunda transformación del conflicto. Sin embargo, desde un principio la mediación foránea fue concebida para la gestión multilateral –y no la transformación– de la crisis venezolana, razón por la cual cabe calificarla, desde una perspectiva muy pragmática y realista, como exitosa. En efecto, el proceso se saldó con la realización de una consulta electoral, la conflictividad interna se redujo y diversos países lograron satisfacer sus objetivos particulares con respecto al conflicto en Venezuela.

Sin embargo, dicha intervención foránea no consideró el desarrollo de un proceso revolucionario en Venezuela, enfocado en subvertir el *statu quo* regional y en desplazar la democracia liberal, no solo dentro del país, sino también en naciones vecinas. Se terminó así permitiendo la vulneración de la homogeneidad interamericana que se presume en la Carta Democrática de la OEA y se aceptó la consolidación de una democracia iliberal o «totalitaria» en la región. La voluntad de los actores externos de no inmiscuirse más de lo necesario en los asuntos internos de Venezuela les llevó a presenciar y tolerar la paulatina toma de los poderes públicos por parte del chavismo y su voluntad de someter las instituciones venezolanas al servicio de la Revolución Bolivariana. Para los intereses puntuales de actores muy concretos (tanto internos como externos), el desarrollo final de los acontecimientos resultó, de hecho, bastante provechoso. En este sentido, el absoluto control del petróleo venezolano por parte del gobierno revolucionario de Caracas, así como la circunstancia de que los hechos se desarrollaran en medio de un alza creciente del precio del crudo, pudo haber representado un factor determinante.

Como consecuencia del afianzamiento del chavismo en Venezuela, nuevos patrones de conflictividad han surgido o se han acentuado en el continente y la democracia liberal ha sido la principal perjudicada. A su vez, dicho afianzamiento sobrevino, en cierto sentido, como consecuencia del manejo multilateral de la crisis venezolana. De hecho, hoy en día se observa que buena parte de los conflictos que tienen lugar en Nicaragua, Ecuador, Bolivia u Honduras parecen seguir un patrón similar al que previamente tuvo lugar en Venezuela, cuyo gobierno además ejerce diversas formas de presión en dichos países. A diferencia de su actuación en el caso venezolano, los Estados Unidos han preferido mantenerse más bien alejados, aceptando e incluso aplaudiendo el protagonismo cada vez mayor de la sagaz diplomacia brasileña, y tomando como un *fait accompli* su propia incapacidad o desinterés para lidiar con las dinámicas propias de la región. Otras naciones liberal-democráticas, como las que conforman la Unión Europea, mantienen por lo general un papel igualmente discreto con respecto a los conflictos en América Latina.

La política exterior de los Estados Unidos hacia América Latina, que hace unos pocos años giraba en torno a proyectos e iniciativas que los acontecimientos recientes hacen lucir como desfasados (la OEA, el TIAR, la Carta Democrática, el ALCA), se encuentra actualmente a la deriva. Las inconsistencias de dicha política exterior, acompañadas de una falta de consensos entre las naciones del sistema hemisférico han facilitado ciertos reacomodos en los equilibrios regionales. La misma idea de un «sistema interamericano», agrupado en torno a la OEA, se encuentra ahora en entredicho (tal como se constató, por ejemplo, durante la V Cumbre de las Américas, celebrada en abril de 2009 en Trinidad), y las naciones latinoamericanas toleran hoy abiertamente la presencia de democracias iliberales en la región. Nuevos foros regionales, como son Unasur o la Celac, donde la preponderancia de Brasil es evidente, sirven ahora para manejar los conflictos regionales mediante conversaciones informales donde el protagonismo de los presidentes y el declive de las cancillerías es evidente; sin embargo, la defensa de la democracia liberal no parece ser un eje de tales iniciativas, y prácticamente el único requisito que se necesita para calificar como «democrático» a un gobierno es el hecho de haber llegado a ocupar el Estado mediante procedimientos electorales.

Tal como ha sucedido otras veces en la historia, los adversarios de la democracia liberal han puesto a los demócratas en el dilema de conculcarles sus libertades mediante mecanismos «democráticos» e institucionales. La respuesta de los demócratas ha venido llena de vacilaciones y errores de cálculo, que consideramos aquí como consecuencia de la falta de claridad con respecto a la naturaleza de la amenaza, a un noción a veces superficial en torno al carácter particular de la democracia moderna y al desconocimiento de la importancia capital de las instituciones del liberalismo político para la defensa y correcto funcionamiento de un régimen democrático en nuestros días. El resultado de esta postura, a medio camino entre la perplejidad, la indecisión y la falta de perspectivas a largo plazo, combinada con la satisfacción puntual de intereses a corto plazo por parte de múltiples actores a nivel interno y externo, es el progresivo retroceso de la democracia liberal en el hemisferio y la apertura a dinámicas cuyo alcance parece hoy en día bastante limitado, pero que en cualquier caso es aún desconocido.

A ese conjunto de dudas, vacilaciones, ventajas puntuales y errores de cálculo que propician, permiten o aceptan el progresivo desmantelamiento de la democracia liberal lo podemos calificar como «apaciguamiento». Más que una política deliberada, el apaciguamiento es un conjunto de concesiones y hechos aceptados que se producen como resultado de una inhabilidad para lidiar con oponentes de objetivos ilimitados. Aunque este «dejar pasar» puede a veces representar la mejor decisión –especialmente cuando se trata de un apaciguamiento desde una posición de fuerza, desarrollado frente a adversarios poco peligrosos–, en otras ocasiones termina sirviendo para permitir que los actores más radicales del sistema se hagan con un poder cada vez mayor.

El problema del apaciguamiento desde una posición de fuerza sobreviene con el paso del tiempo, cuando el actor apaciguado va revelando que sus objetivos no se limitaban a las ventajas que se le cedieron en una primera instancia y adquiere los medios (crecimiento económico, depredación de sus propios recursos y/o alianzas heterodoxas a nivel internacional) para exigir satisfacciones intolerables por el sistema internacional. Solo entonces se hace evidente que la actitud tomada hasta ese momento con respecto a dicho actor constituyó un apaciguamiento. Por esa razón, la presencia de un «actor revolucionario», si verdaderamente lo es, implica en algún momento la existencia de un conflicto existencial (esto es, implica la desaparición de alguna de las visiones en pugna). Esto no conlleva necesariamente el estallido de guerras ni la presencia de conflictos inmanejables –especialmente cuando se habla de actores relativamente pequeños en el panorama internacional–, pero es un hecho que genera una notable polarización y constante inestabilidad, especialmente cuando empiezan a desarrollarse alianzas entre los distintos actores revolucionarios, o si la revolución sobreviene en una verdadera potencia mundial o en países estratégicamente ubicados. Y si dichos actores son iliberales, es nada menos que la libertad individual y los derechos humanos lo que está en peligro; esto es, la Modernidad política. De momento, si atendemos a las tendencias más importantes del siglo XXI, el estallido de revoluciones antiliberales y el auge de los «autócratas populares» parece ser la nota predominante; solo el tiempo dirá si los demócratas liberales serán capaces de hacer frente a tales desafíos, y si la política de apaciguamiento terminará por ser acertada.

CRONOLOGÍA

Etapa 1: la escalada del conflicto

- Septiembre 11, 2001: atentados contra las Torres Gemelas en Nueva York. Firma de la Carta Democrática Interamericana de la OEA (Lima, Perú). Barril de petróleo a $17.
- Octubre, 2001: protestas de la sociedad civil venezolana por el desconocimiento de los decretos-leyes que preparaba el presidente Chávez. *Impasse* con la embajadora Hrinak (EE.UU.).
- Noviembre 13, 2001: se emiten los polémicos 49 decretos-leyes. Se desarrolla la ocupación de Afganistán por tropas estadounidenses y británicas.
- Diciembre 10, 2001: paro de Fedecámaras de 24 horas. Día de la Aviación Militar.
- Diciembre, 2001: dimite el presidente De la Rúa en Argentina, por presión popular.
- Diciembre 26, 2001: extradición de Ballestas a Colombia.
- Enero, 2002: marchas de la CTV. «Miquilenismo» se deslinda del chavismo.
- Marzo 5, 2002: «Pacto de la Esmeralda», suscrito por Ortega, Carmona y Velasco.
- Abril 11, 2002: derrocamiento de Hugo Chávez durante 48 horas. Barril de petróleo a $26.

Etapa 2: incertidumbre y prenegociación

- Abril 13, 2002: resolución 811 del Consejo Permanente de la OEA, «Situación en Venezuela».

- Abril 15, 2002: César Gaviria, secretario general de la OEA, visita Venezuela.
- Abril 18, 2002: Colin Powell, secretario de Estado de los EE.UU., propone a Gaviria como facilitador de un diálogo de reconciliación en Venezuela.
- Mayo, 2002: interpelaciones en la Asamblea Nacional por el 11 de abril. «Mesas de Diálogo», dirigidas por el vicepresidente José Vicente Rangel.
- Mayo 26, 2002: Álvaro Uribe es electo presidente de Colombia. Carmona pide asilo diplomático en la Embajada colombiana en Caracas.
- Junio 2-4, 2022: XXIII Asamblea General de la OEA en Barbados. Declaración sobre la democracia en Venezuela.
- Junio, 2002: visita a Caracas de la misión exploratoria del Centro Carter, con Jenniffer McCoy y Leonel Fernández.
- Julio 4, 2002: se funda Súmate.
- Julio 5, 2002: creación de la Coordinadora Democrática (CD).
- Julio 11, 2002: gran marcha de oposición.
- Julio, 2002: visita de Jimmy Carter a Caracas.
- Finales de julio, 2002: llega a Caracas la Misión Tripartita (OEA, Centro Carter, PNUD).
- Agosto, 2002: gobierno venezolano protesta apertura de una «oficina para la transición» en la Embajada estadounidense de Caracas. Lula es electo presidente del Brasil.
- Agosto 14, 2002: Resolución 821 del Consejo Permanente de la OEA, «Apoyo al proceso de Diálogo en Venezuela». Tribunal Supremo de Justicia emite sentencia sobre el 11 de abril que avala tesis del «vacío de poder» y da por sobreseído el caso de los militares implicados en esa fecha.
- Septiembre, 2002: se crea el Grupo de Boston.
- Octubre 10, 2002: firma de la Declaración de Principios. Gran marcha de oposición.
- Noviembre 8, 2002: se instala la Mesa de Negociación y Acuerdos. Barril de petróleo a $27.

Etapa 3: negociación y confrontación

- Diciembre 2, 2002: se inicia el paro general de la oposición.
- Diciembre 6, 2002: tiroteo en plaza Altamira, protagonizado por Joao de Gouveia.
- Diciembre 7, 2002: paro general se escala y se hace indefinido.
- Diciembre 9, 2002: Jimmy Carter recibe el premio Nobel de la Paz en Oslo. Varias estaciones de radio y TV son asaltadas en diversas partes de Venezuela por partidarios del gobierno.
- Diciembre, 2002: PDVSA es intervenida por el gobierno.
- Diciembre 13, 2002: Resolución 833 del Consejo Permanente de la OEA, «Respaldo a la institucionalidad democrática en Venezuela y a la gestión de facilitación del secretario general de la OEA». Se solicita salida «democrática, constitucional, pacífica y electoral» al conflicto.
- Enero 1, 2003: Lula asume la presidencia de Brasil. Entra en juego el Grupo de Países Amigos, liderado por Brasil, que suministra entonces gasolina a Venezuela. Barril de petróleo a $35.
- Enero 20, 2003: negociadores comienzan a analizar las dos propuestas de Carter.
- Febrero 2, 2003: fin del paro opositor. Realización de El Firmazo. Se decreta el control cambiario.
- Febrero 17, 2003: firma de la «Declaración contra la Violencia, por la Paz y la Democracia».
- Febrero 19, 2003: detención de Carlos Fernández, presidente de Fedecámaras.
- Febrero 25, 2003: detonaciones en el Consulado de Colombia y la Embajada de España.
- Marzo 2003: comienzan a institucionalizarse las «misiones». Invasión norteamericana de Irak.
- Abril, 2003: crisis con Colombia.
- Abril 13, 2003: atentado en el Caracas Teleport, sede de la Mesa de Negociación y Acuerdos.
- Mayo 23, 2003: XVII Cumbre de Jefes de Estado del Grupo de Río, en Cuzco. Se anuncia firma del acuerdo en la Mesa de Negociación y Acuerdos.
- Mayo 29, 2003: firma del acuerdo, en el hotel Eurobuilding de Caracas.

Etapa 4: canalización institucional del conflicto

- Junio, 2003: inicio del programa de reconciliación nacional del Centro Carter.
- julio, 2003: negociaciones para nombrar nueva directiva del CNE.
- Agosto 16, 2003: Venezuela se abstiene de firmar la Declaración de Asunción contra el terrorismo y el narcotráfico. FARC se manifiestan favorablemente sobre Chávez.
- Agosto 25, 2003: elegida nueva junta directiva del CNE. Barril de petróleo a $30.
- Septiembre 12, 2003: nuevo CNE rechaza validez de las firmas recogidas en El Firmazo.
- Septiembre 25, 2003: emitido reglamento del CNE. Obligatorio el registro de las huellas dactilares.
- Octubre, 2003: varios militares dimiten y se concentran en la plaza Altamira. Cumbre de la OEA en Margarita, sobre la pobreza. Crisis diplomática con República Dominicana.
- Octubre 30, 2003: destitución de 4 magistrados de la Corte Primera en lo Contencioso Administrativo, por emitir sentencia contra el ejercicio profesional de médicos cubanos en Venezuela.
- Noviembre, 2003: España acuerda con Colombia venta de tanques. Venezuela acuerda venta de sus acciones en la petrolera alemana Rühr Oel a la rusa Alfa Group. Chávez anuncia que la oposición prepara un «megafraude» para El Reafirmazo. Amenazas a potenciales firmantes. Roces diplomáticos con Chile porque Chávez afirma que algún día le gustaría bañarse en una «playa boliviana».
- Noviembre 24, 2003: Eduard Shevardnadze es derrocado en Georgia por una «revolución de terciopelo».
- diciembre 1, 2003: culmina El Reafirmazo. Tensión por aparente desconocimiento de las firmas por parte del gobierno de Hugo Chávez.
- Enero, 2004: II Cumbre Extraordinaria de las Américas en Monterrey. Venezuela firma la declaración con reservas. Quejas por presiones estadounidenses. Barril de petróleo a $29.
- Enero 23, 2004: oposición denuncia presuntas irregularidades en el conteo de las firmas.

Etapa 5: campaña del revocatorio. Alineamiento de poderes públicos

- Finales de enero, 2004: TSJ emite una sentencia con la que faculta a la Asamblea Nacional para sancionar la Ley Orgánica del TSJ con mayoría simple (en vez de requerir para ello dos tercios del Parlamento, tal como lo estipula la Constitución para todas las leyes orgánicas). Con esa Ley Orgánica, el chavismo incrementaría los magistrados del TSJ de 20 a 32, con jueces afines.
- Febrero, 2004: rectores «chavistas» del CNE alegan «firmas planas». OEA y Centro Carter expresan su disconformidad; semanas después, terminarían avalando el proceso.
- Febrero 14, 2004: Súmate organiza evento en la autopista Fajardo, en el que entrega copia a cada ciudadano que así lo desee de la planilla en que firmó.
- Febrero 19, 2004: Chávez visita Guyana y reconoce a ese país derechos de explotación sobre el territorio Esequibo.
- Febrero 25, 2004: casi a medianoche de ese día (martes de carnaval), el CNE comunica su decisión –con los votos salvados de los rectores «de oposición», Zamora y Mejías– de enviar a «reparos» 148.190 de las planillas en las cuales se solicitaba el RR contra Chávez. Cada planilla contenía 10 firmas.
- Febrero 26, 2004: en ocasión de realizarse en Caracas una nueva cumbre del G-15, el presidente Chávez condecora a Robert Mugabe, presidente de Zimbabue.
- Febrero 27, 2004: fuertes choques en Maripérez, entre una marcha de oposición y la Guardia Nacional. Así se iniciarían las «guarimbas», que se prolongarían hasta el 2 de marzo.
- Marzo 11, 2004: atentados terroristas en Madrid causan casi 200 muertos. Días después, Rodríguez Zapatero sucede a José María Aznar en la Presidencia española. Barril de petróleo a $34.
- Marzo, 2004: «Guerra de las Salas del TSJ», entre Sala Electoral y Sala Constitucional. Al final, magistrados de la Sala Electoral son jubilados. Se va conociendo y aplicando la «Lista Tascón».
- Abril, 2004: nueva tensión con Colombia. Senado colombiano solicita aplicar Carta Democrática al régimen de Hugo Chávez.
- Abril 27, 2004: Coordinadora Democrática decide por mayoría ir a reparos.

- Mayo, 2004: se emite la nueva Ley Orgánica del TSJ, por mayoría simple. Escándalo mundial por las torturas de Abu Ghraib, en Irak.
- Mayo 26, 2004: III Cumbre de Europa y América Latina, en Guadalajara, México. Varios países se muestran interesados en obtener petróleo barato de Venezuela. Días después, la OEA se ve obligada a retirar a Fernando Jaramillo del proceso de observación.
- Mayo 27-31, 2004: se realizan los «Reparos». Tensión ante posible desconocimiento por parte del gobierno.
- Junio 18, 2004: reunión Chávez-Carter-Cisneros en La Orchila.
- Julio 7, 2004: Cumbre de Jefes de Estado de Mercosur y Estados asociados (Puerto Iguazú). Presidentes Chávez y Kirchner crean Petrosur. Astilleros Río Santiago se muestran dispuestos a reparar buques venezolanos.
- Julio 9, 2004: CD presenta el Plan Consenso País.
- Julio 14, 2004: III Encuentro Binacional con Colombia. Se negocian acuerdos energéticos y construcción de gasoducto entre ambos países.
- Julio 20, 2004: Valter Pecly Moreira, sustituto de Jaramillo, visita Venezuela y avala todo el proceso refrendario. CD anuncia la firma de un próximo Acuerdo Nacional por la Justicia Social y por la Paz Democrática.
- Principios de agosto, 2004: Chevron obtiene concesión para exploración y explotación de gas en el Bloque 3 de la Plataforma Deltana. Se conoce que entre septiembre y diciembre Chávez visitará varios países para firmar acuerdos comerciales (Brasil, España, India, Rusia, Catar, etc.).

Etapa 6: afianzamiento hegemónico de la Revolución Bolivariana

- Agosto 15, 2004: Chávez gana el referéndum revocatorio con el 58,32% de los votos. Oposición alega fraude masivo por parte del gobierno. Barril de petróleo en máximo histórico de casi $50, pero baja a los pocos días (Arabia Saudita aumenta producción y disminuye tensión sobre Venezuela).
- Agosto, 2004: Chávez es nombrado «hijo meritorio» y «huésped de honor» en Panamá, por el recientemente electo presidente Martín Torrijos. Costa Rica retira el asilo a Carlos Ortega.

- Septiembre, 2004: gobierno desconoce a la CD, que además se resquebraja. Informes de Gaviria y Pecly Moreira a la OEA. Resolución 869 del Consejo Permanente de la OEA: Resultados del Referéndum Revocatorio Presidencial celebrado en Venezuela el 15 de agosto de 2004. Caracas firma acuerdos para compra de transportes militares con el gobierno del PSOE en España. Macro Rueda [*sic*] de Negocios con Brasil en Manaos.
- Octubre, 2004: chavismo arrasa en elecciones regionales; oposición solo obtiene gobernaciones del Zulia y Nueva Esparta (2 de 23). Abstención de 55%; no participan ni la OEA ni el Centro Carter como observadores. Desaparece la Coordinadora Democrática. Chávez decreta aumento de 1% a 16,66% de las regalías cobradas a las concesionarias extranjeras que explotaban la Faja Petrolífera del Orinoco. Gracias a este factor, de 2003 a 2004 el gobierno venezolano aumentó el gasto público en un 40% (cifra asciende a 58% si se analiza solo el período enero-julio en términos reales).
- Noviembre 2, 2004: George W. Bush es reelecto presidente de los Estados Unidos.
- Noviembre 12, 2004: tiene lugar en Fuerte Tiuna el Taller de Alto Nivel Revolución Bolivariana. Nueva etapa-Nuevo mapa estratégico, que definirá el nuevo rumbo del chavismo hacia el «socialismo del Siglo XXI». Caracas apoya candidatura de José Miguel Insulza a la secretaría General de la OEA. Barril de petróleo a $35.
- Noviembre 18, 2004: es asesinado en Los Chaguaramos el fiscal Danilo Anderson.
- Noviembre-diciembre 2004: Chávez inicia gira de tres semanas por varios países para firmar diversos acuerdos comerciales. Entre otros, se anuncian acuerdos con los astilleros españoles IZAR (a punto de quebrar) y la compañía rusa de armamento Rosoboronexport. Apogeo de la Revolución Naranja en Ucrania; Chávez se pronuncia a favor de Rusia.
- Diciembre 3, 2004: Embajada de El Salvador niega asilo diplomático a los comisarios Henry Vivas y Lázaro Forero.
- Diciembre 7, 2004: entra en vigencia la Ley de Responsabilidad Social de Radio y TV, popularmente conocida como Ley Resorte.
- Diciembre 9, 2004: III Reunión de Presidentes de América del Sur

(celebrada en Cuzco el 8 de diciembre de 2004). Se crea la «Comunidad Sudamericana de Naciones».

- Diciembre 15, 2004: se conoce públicamente que el gobierno de Bogotá había capturado a Rodrigo Granda Escobar, alias *Ricardo*, conocido como «el canciller» de las FARC. Días después, Chávez cierra al comercio binacional la frontera con Colombia y se rompen relaciones diplomáticas.
- Enero-febrero, 2005: luego de los buenos oficios de los gobiernos de Cuba y Brasil, se reanudan las relaciones diplomáticas entre Venezuela y Colombia. Barril de petróleo en $48.

BIBLIOGRAFÍA

AGNEW, John (2005): *Geopolítica. Una re-visión de la política mundial*, Trama editorial, Madrid.

AGÜERO, Felipe (1995): *Militares, civiles y democracia*, Alianza, Madrid.

ÁLVAREZ, Ángel E. (1996): *El sistema político venezolano. Crisis y transformaciones*. Instituto de Estudios Políticos, Facultad de Ciencias Jurídicas y Políticas, Universidad Central de Venezuela, Caracas.

ARENDT, Hannah (1997, original 1993): *¿Qué es la política?* Paidós, Barcelona.

_____. (2006 a, original 1963): *Sobre la revolución*, Alianza, Madrid.

_____. (2006b, original 1948): *Los orígenes del totalitarismo*, Alianza, Madrid.

ARISTÓTELES (1973): *Obras completas*, Aguilar, Madrid.

ARMSTRONG, David (1993): *Revolutions and World Order*, Clarendon Press, Oxford.

BAR-ON, Dan (2000): *Bridging the Gap*, Körber-Stiftung, Hamburgo.

BARRERA T., Alberto y Marcano, Cristina (2006, original 2004): *Hugo Chávez sin uniforme*, Editorial Debate, Caracas.

BERCOVITCH, Jacob –editor– (1996): *Resolving international conflicts. The theory and practice of mediation*, Lynne Rienner Publichers Inc, Boulder, Colorado.

BERLIN, Isaiah (2002, original 1953): *El erizo y la zorra*, Ediciones Península, Barcelona.

BLAINEY, Geoffrey (1988, original 1973): *The Causes of War*, The Free Press, Nueva York.

BLANCO M., Agustín (1998): *Habla el comandante*, Universidad Central de Venezuela, Caracas.

_____. (2006): *Habla el que se fue*, Universidad Central de Venezuela, Caracas.

BOBBIO, Norberto (1989): *Liberalismo y Democracia*, Fondo de Cultura Económica, México.

_____. (1999): *Estado, Gobierno y Sociedad*, Fondo de Cultura Económica, México.

BOBBIO, Norberto; Matteucci, Nicola; Pasquino, Gianfranco (1990): *Dizionario di Politica*, Tascabili degli Editori Associati (TEA), Milán.

BOUTHOUL, Gaston (1984): *Tratado de Polemología*, Ediciones Ejército, Madrid.

BRINTON, Crane (1952, original 1938): *The Anatomy of Revolution*, Prentice-Hall, New York.

BRITTO GARCÍA, Luis (2004): *Venezuela golpeada. Mediocracia contra democracia*, Editorial Hiru, Hondarribia.

BREWER C., Allan y otros (2004): *La guerra de las salas del TSJ frente al referéndum revocatorio*, Editorial Aequitas, C.A, Caracas.

BRZEZINSKI, Zbigniew (2005, original 2004): *El dilema de EE.UU. ¿Dominación global o liderazgo global?*, Paidós, Barcelona.

BULL, Hedley (2005, original 1977): *La sociedad anárquica. Un estudio sobre el orden en la política mundial*, Ediciones de la Catarata, Madrid.

CABALLERO, Manuel (2006): *Por qué no soy bolivariano*, Alfadil, Caracas.

_____. (2004): *Rómulo Betancourt, político de nación*, Alfadil, Caracas.

_____. (2003, original 1998): *Las crisis de la Venezuela contemporánea (1903-1992)*, Alfadil, Caracas.

CARMONA E., Pedro (2004): *Mi testimonio ante la historia*, Editorial Actum, Caracas.

CARRASQUERO, José Vicente; Maingón, Thais; Welsch, Friedrich (2001): *Venezuela en transición: elecciones y democracia 1998-2000*, CDB Publicaciones, Caracas.

CARRERA DAMAS, Germán (2003, original 1970): *El culto a Bolívar*, Alfadil, Caracas.

_____. (1997): *Una nación llamada Venezuela*, Monte Ávila Editores, Caracas.

_____. (2005): *El bolivarianismo-militarismo. Una ideología de reemplazo*, ediciones Ala de Cuervo, Caracas.

CATALÁ, José Agustín –editor- (1998): *Golpes militares en Venezuela (1945-1992)*, El Centauro Ediciones, Caracas.

CLAUSEWITZ, Carl von (2005): *De la guerra*, La esfera de los libros, Madrid.

COLLIER, Paul (2009): «Guerra en el club de la miseria», Turner Publicaciones, Madrid.

CONSTANT, Benjamin (2001): *La libertà degli anticchi, paragonata a quella dei moderni*, Einaudi, Turín.

COTTLE, Simon (2006): *Mediatized Conflict*, Open University Press, Berkshire.

CROCKER, Chester; Hampson, Fen Osler; Aall, Pamela –editores- (2001): *Turbulent Peace. The Challenges of Managing Internacional Conflict*, Endowment of the United States Institute of Peace Press, Washington D.C.

DAHL, Robert A. (1991, original 1971): *La poliarquía*, Tecnos, Madrid.

DE ANDRÉS, Jesús (2005): *Hacia una teoría del golpe de Estado: oportunidades políticas, procesos enmarcadores y estructuras de movilización.* Mimeografiado.

DE BENOIST, Alain (2005, original 2004): *Comunismo y nazismo. 25 reflexiones sobre el totalitarismo en el siglo XX (1917-1989)*, Áltera, Barcelona.

DEL ARENAL, Celestino (1994, original 1984): *Introducción a las relaciones internacionales*. Tecnos, Madrid.

DEL SOL, Chantal (2007, 27 de marzo): «Populismo», conferencia dictada en el Instituto de Investigaciones Históricas de la Universidad Simón Bolívar (*Bolivarium*), Caracas.

DIETERICH, Heinz (2004): *La integración militar del bloque regional de poder latinoamericano*, Instituto Municipal de Publicaciones de la Alcaldía de Caracas.

DÍEZ, Francisco (2003): *Venezuela, relato de una experiencia, en tono personal*, en «Mediadores en Red L@ Revista» n.º 3, julio 2003, Fundación Mediadores en Red, Buenos Aires.

_____. (2003): *Venezuela, relato de una experiencia, en tono personal*, Parte II, en «Mediadores en Red L@ Revista» n.º 4, octubre 2003, Fundación Mediadores en Red, Buenos Aires.

_____. (2004): *Venezuela, relato de una experiencia, en tono personal*, Parte III, en «Mediadores en Red L@ Revista» n.º 5, marzo 2004, Fundación Mediadores en Red, Buenos Aires.

_____. (2004): *Venezuela, relato de una experiencia, en tono personal*, Parte IV, en «Mediadores en Red L@ Revista» n.º 6, julio 2004, Fundación Mediadores en Red, Buenos Aires.

_____. (2005): *Venezuela, relato de una experiencia, en tono personal*, Parte V, en «Mediadores en Red L@ Revista» n.º 7, julio 2005, Fundación Mediadores en Red, Buenos Aires.

_____. (2005): *Venezuela, relato de una experiencia, en tono personal*, Parte VI, en «Mediadores en Red L@ Revista» n.º 8, septiembre 2005, Fundación Mediadores en Red, Buenos Aires.

_____. (2005): *Venezuela, relato de una experiencia, en tono personal*, Parte V, en «Mediadores en Red L@ Revista» n.º 9, diciembre 2005, Fundación Mediadores en Red, Buenos Aires.

DILTHEY, Wilhelm (2000): «El surgimiento de la hermenéutica», *Dos escritos sobre hermenéutica*, ediciones Istmo S.A., Madrid.

DOWSE, Robert y Hughes, John (1999): *Sociología Política*, Alianza, Madrid.

DROR, Yehezkel (1980, original 1971): *Crazy States*, Kraus Reprint, Millwood, New York.

DUNN, John (1994, original 1972): *Modern Revolutions*, Cambridge University Press, Australia.

DURÁN, Armando (2004): *Venezuela en llamas*, Debate, Caracas.

FANON, Frantz (1999, original 1961): *Los condenados de la tierra*, Txalaparta, Tafalla.

FISAS, Vicenç (1998): *Cultura de paz y gestión de conflictos*, Icaria, Barcelona.

_____. (2004): «Modelos de procesos de paz», *Papeles de Cuestiones Internacionales*, otoño 2004, Icaria, Barcelona, pp. 61-67.

_____. (2004): *Procesos de paz y negociación en conflictos armados*, Paidós, Barcelona.

FISHER, Roger; Ury, William; Patton, Bruce (1993, original 1981): *Sí... de acuerdo. Cómo negociar sin ceder*, Norma, Bogotá.

FORAN, John (1997): *Theorizing revolutions*, Routledge, Londres y Nueva York.

FRANCÉS, Antonio y Machado A, Carlos (2002): *Venezuela: la crisis de abril*, Ediciones IESA, Caracas.

FRIEDRICH, Carl J. y Brzezinski, Zbigniew (1968, primera edición de 1956): *Totalitarian Dictatorship & Autocracy*, Frederick A. Praeger Publishers, USA.

GALTUNG, Johan (1998): *Tras la violencia, 3R: reconstrucción, reconciliación, resolución. Afrontando los efectos visibles e invisibles de la guerra y la violencia*, Gogoratuz, Gernika.

GARCÍA CANEIRO, José (2000): *La racionalidad de la guerra*, Biblioteca Nueva, Madrid.

GARRIDO, Alberto (2002): *Documentos de la Revolución Bolivariana*, ediciones del autor, Caracas.

GOLDSTONE, Jack A. (1997): «Population Growth and Revolutionary Crises», *Theorizing revolutions*, pp. 102-120, editado por Foran, John, Routledge, Londres y Nueva York.

_____ y otros (2010): «A Global Model for Forecasting Political Instability», *American Journal of Political Science*, Vol. 52, n.º 1, enero 2010, pp. 190-208.

_____ y Ulfelder, Jay (2004): «How To Construct Stable Democracies», *The Washington Quarterly*, Winter 2004-05, The Center for Strategic International Studies and the Massachusetts Institute of Technology, 28-1, pp. 9-20.

GOLINGER, Eva (2005): *El código Chávez*, Editorial de Ciencias Sociales, La Habana.

GOTT, Richard (2005, original 2000): *Hugo Chávez and the Bolivarian Revolution*, Verso, Londres.

GUÉDEZ, Víctor (2004): *Ética, política y reconciliación*, Criteria Editorial, Caracas.

HALLIDAY, Fred (2002): *Las relaciones internacionales en un mundo en transformación*, Los Libros de la Catarata, Madrid.

_____. (1991): «Revolution in the Third World: 1945 and After», *Revolution and Counter-Revolution*, pp. 129-152, E.E. Rice, Basil Blackwell, Oxford.

HARNECKER, Marta (2003): *Militares junto al pueblo*, Hermanos Vadell Editores, Caracas.

Harto de Vera, Fernando (2004): *Investigación para la paz y resolución de conflictos*, Tirant lo Blanch, Valencia.

_____. (2005): *Ciencia política y teoría política contemporánea*, Trotta, Madrid.

HEIDEGGER, Martin (1974, original 1927): *El ser y el tiempo*, Fondo de Cultura Económica, México.

HOBBES, Thomas (1998, original 1651): *Leviatán o de la materia, forma y poder de una república eclesiástica y civil*, Fondo de Cultura Económica, México.

HOBSBAWM, Eric (1997, original 1962). *La era de la revolución (1789-1848)*, Buenos Aires, Crítica.

_____. (2000, original 1973): *Revolucionarios*, Editorial Crítica, Barcelona.

HOWARD, Michael (1983): *Las causas de las guerras y otros ensayos*, Ediciones Ejército, Madrid.

_____. (2002): *The First World War. A Very Short Introduction*, Oxford University Press.

HUNTINGTON, Samuel P. (1996, original 1968): *El orden político en las sociedades en cambio*, Paidós, Barcelona.

_____. (1997, original 1996): *El choque de civilizaciones y la reconfiguración del orden mundial*, Paidós, Barcelona.

IGNATIEFF, Michael (2002, original 1998): *El honor del guerrero*, Ediciones Santillana, Madrid.

_____. (2005, original 2004): *El mal menor. Ética política en una era de terror*, Taurus, Madrid.

KALDOR, Mary (2001): *Las nuevas guerras*, Tusquets, Barcelona.

KAGAN, Donald (2003, original 1995): *Sobre las causas de la guerra y la preservación de la paz*, Turner y Fondo de Cultura Económica, Madrid.

KANT, Immanuel (2001, original 1795): *Sobre la paz perpetua*, Editorial Tecnos, Madrid.

KARL, Terry L. (1997): *The paradox of plenty. Oil booms and petro-states*, University of California Press, Berkeley y Los Angeles.

KERSHAW, Ian (2006, original 2004): *Un amigo de Hitler*, Océano, Península, Barcelona.

KISSINGER, Henry (2000, original 1957): *A World Restored*, Phoenix Press, Londres.

_____. (1999, original 1994): *La diplomacia*, Ediciones Grupo Zeta, Barcelona.

KLARE, Michael (2003): *Guerras por los recursos*, Ediciones Urano, Barcelona.

KRIESBERG, Louis (1998): *Constructive Conflicts from escalation to resolution*, Powman & Littlefield Publishers Inc, Lanham, Maryland.

KÜNG, Hans (1999, original de 1997). *Una ética mundial para la economía y la política*, Trotta, Madrid.

LACHMANN, Richard (1997): «Agents of revolution. Elite conflicts and mass mobilization from the Medici to Yeltsin», *Theorizing revolutions* (1997), pp. 73-101, editado por Foran, John, Routledge, Londres y Nueva York.

LEDERACH, John Paul (1997): *Building Peace. Sustainable Reconciliation in Divided Societies*, Endowment of the United States Institute of Peace Press, Washington D.C.

_____. (1999): *The Journey Toward Reconciliation*, Herald Press, Scottdale, Pennsylvannia.

_____. (2000): *El abecé de la paz y los conflictos*, Libros de la Catarata, Madrid.

LEE, Richard, y otros (2005): *Ciencias sociales y políticas sociales: de los dilemas nacionales a las oportunidades mundiales*, Unesco, Francia.

LENK, Kurt (1978, original 1973): *Teorías de la revolución*, Anagrama, Barcelona.

LEVINE, Daniel (1973): *Conflict and Political Change in Venezuela*, Princeton University Press.

LEVY, Jack y Thompson, William (2010): *Causes of War*, Wiley-Blackwell.

LIÉVANO A., Indalecio (1988): *Bolívar*, Academia Nacional de la Historia, Caracas.

LINZ, Juan (1996): *La quiebra de las democracias*, Alianza, Madrid.

_____. (2000): *Totalitarian and Authoritarian Regimes*, Lynne Rienner Publishers, Boulder, Colorado.

_____. (conferencia de 1992): «Los problemas de las democracias y la diversidad de las democracias», González-Enríquez, Carmen y Sánchez-Roca, María –eds.- (2000): *Política y democracia. Lecturas de Ciencia Política*, UNED, Madrid.

LÓPEZ MAYA, Margarita (2005): *Del viernes negro al referendo revocatorio*, Alfadil, Caracas.

_____; Gómez Calcaño, Luis; Maingón, Thais (1989): *De Punto Fijo al Pacto Social*, Fondo Editorial Acta Científica Venezolana, Caracas.

LUTTWAK, Edward (2001, original 1987): *Strategia. La logica della guerra e della pace*, Rizzoli, Milán.

_____. (2000, original 1998): *Turbocapitalismo*, Crítica, Barcelona.

MACEIRAS F., Manuel y Trebolle B, julio (1995): *La hermenéutica contemporánea*, Ediciones Pedagógicas, Madrid.

MALAPARTE, Curzio (1931): *Técnica del golpe de Estado*, Ediciones Ulises, Madrid.

MARCUSE, Herbert (1970, original 1965): *Ética de la revolución*, Taurus, Madrid.

MARTÍNEZ MIGUÉLEZ, Miguel (2000): *El paradigma emergente*, Trillas, México.

_____. (2002): *La investigación cualitativa etnográfica en educación. Manual teórico-práctico*, Trillas, México.

_____. (2006): *Ciencia y arte en la investigación cualitativa*, Trillas, México.

MARTÍNEZ MEUCCI, Miguel Á. (2010): «La Mesa de Negociación y Acuerdos (2002-2003) y el proceso de facilitación de la OEA y el Centro Carter», *Politeia* n.º 44, Instituto de Estudios Políticos, UCV, Caracas.

_____. (2008a): «Golpes de Estado en Venezuela durante el período 1989-2004: Evolución del conflicto y contexto sociopolítico», *Análisis Político* n.º 64, Bogotá.

_____. (2008b): «Elementos para una Teoría General del Conflicto», *Heterotopía*, n.º 39, Centro de Investigaciones Populares, Caracas.

_____. (2008c): «Petróleo que todavía apaga fuegos», en *Heterotopía* n.º 40, año XIII, Septiembre-Diciembre 2008, Centro de Investigaciones Populares, Caracas, pp. 31-72.

_____. (2007): «La violencia como elemento integral del concepto de Revolución», *Politeia* n.º 39, Instituto de Estudios Políticos, UCV, Caracas.

_____. (2006): «Pactos de élites y transición a la democracia en Venezuela y Colombia», *Politeia* n.º 37, Instituto de Estudios Políticos, Universidad Central de Venezuela, Caracas.

MARX, Karl (1979): *El manifiesto comunista*, Editorial Andreus.

MÉNDEZ, Miguel (2004): *Conflicto y reconciliación en Venezuela*, Alfadil, Caracas.

MITCHELL, Christopher R. (1989, original 1981): *The Structure of International Conflict*, The MacMillan Press LTD, Houndmills, Basingstoke.

MONEDERO, Juan Carlos (2008).: «Hacia una filosofía política del socialismo del siglo XXI. Notas desde el caso venezolano», *Cuadernos del Cendes* n.º 68, Centro de Estudios del Desarrollo. Disponible en http://www.cendes-ucv.edu.ve/pdfs/revista68/cap4.pdf

MOORE, Barrington (1966): *Social Origins of Dictatorship and democracy: Lord and Peasant in the Making of the Modern World*, Beacon, Boston.

NEGRI, Antonio (1994, 1era edición en castellano): *El poder constituyente. Ensayo sobre las alternativas de la modernidad*, Libertarias/Prodhufi S.A, Madrid.

OAKESHOTT, Michael (2000, original 1991): *El racionalismo en la política y otros ensayos*, Fondo de Cultura Económica, México.

OLIVARES, Francisco (2006): *Las balas de abril*, Debate, Caracas.

ORTEGA Y GASSET, José (1972, original 1926): *La rebelión de las masas*, Revista de Occidente S.A., Alianza, Madrid.

_____. (1997): *¿Qué es filosofía?* Alianza, Madrid.

_____. (1996, original 1957): *El hombre y la gente*, Revista de Occidente S.A., Alianza, Madrid.

_____. (1999): *Ideas y creencias,* Alianza, Madrid.

PADRÓN G., José (1996): *Análisis del discurso e investigación social*, Publicaciones del Decanato de Postgrado de la Universidad Nacional Experimental Simón Rodríguez, Caracas.

PAIGE, Jeffery M. (2003): «Finding the Revolutionary in the Revolution: Social Science Concepts and the Future of Revolution», *The future of Revolutions. Rethinking radical change in the age of globalization*, editado por Foran, John, Zed Books, Londres y Nueva York.

PANEBIANCO, Angelo (1990): *Modelos de partido*, Alianza, Madrid.

PARKER, Noel (1999): *Revolutions and History*, Polity Press, Cambridge.

PASTOR, Jaime (2002): *Qué son los movimientos antiglobalización*, RBA Libros, Barcelona.

PAXTON, Robert O. (2005, original 2003): *Anatomy of Fascism*, Penguin Books.

PAYNE, Stanley G. (2005, original 1980): *El fascismo*, Alianza, Madrid.

PFESTCH, Frank R. y Rohloff, Christoph (2000): *National and International Conflicts, 1945-1995; New empirical and theoretical approaches*, Routledge, New Fetter Lane, Londres.

PLATÓN (1972): *Obras completas*, Aguilar, Madrid.

POPPER, Karl R. (2006, original de 1945): *La sociedad abierta y sus enemigos*, Paidós Surcos, Barcelona.

RANGEL, Carlos (2005, primera edición 1976): *Del buen salvaje al buen revolucionario*, Criteria Editorial, Caracas.

REICHBERG, Gregory; Syse, Henrik; Begby, Endre –editores– (2006): *The Ethics of War*, Blackwell Publishing, Cornwall.

RENOUVIN, Pierre; y Duroselle, Jean Baptiste (2000, cuarta edición en francés de 1991, primera edición en francés de 1970): *Introducción a la historia de las relaciones internacionales*, Fondo de Cultura Económica, México.

REY, Juan Carlos (1998, original 1980): *Problemas sociopolíticos en América Latina*, Facultad de Ciencias Jurídicas y Políticas, Universidad Central de Venezuela, Caracas.

RICE, E.E. (editor, 1999): *Revolution and Counter-Revolution*, Basil Blackwell, Oxford.

RIPSMAN, Norrin y Levy, Jack (2008).: «Wishful Thinking or Buying Time?» *International Security*, Vol. 33, n.º 2 (otoño 2008), pp. 148-181,

ROMÁN M., Paloma y Ferri, Jaime –editores– (2002): *Los movimientos sociales. Conciencia y acción de una sociedad politizada*, Consejo de la Juventud de España, Madrid.

ROMERO, Aníbal (2004): *Fascismo, democracia y teoría política*, Panapo, Caracas.

_____. (1999): *Decadencia y crisis de la democracia*, Panapo, Caracas.

_____. (1997): *Disolución social y pronóstico político*, Panapo, Caracas.

_____. (1996): *La miseria del populismo*, Panapo, Caracas.

_____. (1992): *La sorpresa en la guerra y en la política*, Panapo, Caracas.

ROMERO, Carlos A. (2006): *Jugando con el globo. La política exterior de Hugo Chávez*, Ediciones B, Venezuela S.A, Caracas.

ROMEVA I RUEDA, Raül (2003): *Guerra, posguerra y paz. Pautas para el análisis y la intervención en contextos posbélicos o postacuerdo*, Icaria, Barcelona.

ROTBERG, Robert y Rabb, Theodore (2005, original 1989): *The Origin and Prevention of Major Wars*, Cambridge University Press, Nueva York.

ROUSSEAU, Jean-Jacques (1973): *El contrato social*, Aguilar, Madrid.

SARTORI, Giovanni (1999): *Elementos de Teoría Política*, Alianza, Madrid.

SCHELLING, Thomas (1980, original 1960): *The Strategy of Conflict*, Cambridge, Harvard University Press.

SCHMITT, Carl (primera reimpresión 1999, texto original 1932): *El concepto de lo político*, Alianza, Madrid.

_____. (2003): *Teoría de la constitución*, Alianza, Madrid.

SELBIN, Eric (1997): «Revolution in the real world. Bringing agency back in», *Theorizing revolutions* (1997), pp. 123-136, editado por Foran, John, Routledge, Londres y Nueva York.

SIÉYÈS, Abad de (2004): *¿Qué es el tercer estado? Ensayo sobre los privilegios*, Alianza, Madrid.

SKOCPOL, Theda (2006, original de 1979): *States and Social Revolutions*, Cambridge University Press, Nueva York.

_____. (1984): *Vision and method in historical sociology*, Cambridge University Press, Cambridge.

SHY, John y Collier, Thomas W. (1991, original en inglés de 1986): «La guerra revolucionaria», *Creadores de la estrategia moderna*, editado por Paret, Peter, Ministerio de la Defensa, Madrid.

SOHR, Raúl (2003): *Claves para entender las guerras*, Mondadori, Barcelona.

SOREL, Georges (2005, original 1906): *Reflexiones sobre la violencia*, Alianza, Madrid.

STRAUSS, Leo (1970, original 1968): *¿Qué es filosofía política?*, Ediciones Guadarrama, Madrid.

_____. (2004): *Progreso o retorno*, Ediciones Paidós Ibérica, S.A., Barcelona.

_____. (2005): *Sobre la tiranía*, Ediciones Encuentro, Madrid.

SUN TZU (2004): *El arte de la guerra*, Edaf, Madrid.

TAYLOR, Peter y Flint, Colin (2da edición 2002, 4ta edición original 2000): *Geografía Política*, Trama Editorial, Madrid.

TILLY, Charles (2010, original 2007): *Democracia*, Ediciones Akal, Madrid.

_____. (1995): *Las revoluciones europeas (1492-1992)*, Crítica, Barcelona.

_____. (1999): «Changing forms of revolution», *Revolution and Counter-Revolution* (1999), pp, 1-26, editado por E.E. Rice, Basil Blackwell, Oxford.

TOCQUEVILLE, Alexis de (2005): *La democracia en América*, Fondo de Cultura Económica, México.

_____. (1994): *Recuerdos de la revolución de 1848*, Trotta, Madrid.

_____. (2004): *El Antiguo Régimen y la revolución*, Alianza, Madrid.

TOLSTOI, Liev Nicolaiévitch (2002): *Guerra y Paz*, Planeta, Barcelona.

TORRES, Ana T. (2009): *La herencia de la tribu*, Alfa, Caracas.

TROTSKY, León (2007): *Historia de la revolución rusa*, Veintisiete Letras S.L., Madrid.

VALLENILLA L., Laureano (1991): *Cesarismo democrático y otros textos*, Biblioteca Ayacucho, Caracas.

VAN EVERA, Stephen (1999): *Causes of War*, Cornell, Cornell University Press, Cornell.

VARGAS, Mauricio (2001): *Tristes tigres*, Planeta, Bogotá.

VÄYRYNEN, Raimo –editor– (1991): *New Directions in Conflict Resolution, Conflict Resolution and Conflict Transformation*. International Social Science Research Council, Londres, Sage publications.

VERSTRYNGE, Jorge (2005): *La guerra periférica y el Islam revolucionario*, El Viejo Topo.

VILAS, Carlos M. (1984): *Perfiles de la Revolución Sandinista*, Casa de las Américas, La Habana.

WALLENSTEEN, Peter (2002): *Understanding Conflict Resolution; War, Peace and the Global System*, The Cromwell Press, Trowbridge, Wiltshire.

WALT, Stephen M. (1999): «Revolution and War», O'Kane, Rosemary, ed., (1999): *Revolution: Critical Concepts in Political Science*, Routledge, Londres; pp. 413-458.

WALZER, Michael (2001, original 1997). *Guerras justas e injustas*, Barcelona, Paidós.

WEBER, Max (1978, primera edición de 1958): *Ensayo sobre metodología sociológica*, Amorrortu, Buenos Aires.

_____. (1997): *El político y el científico*, Alianza, Madrid.

WELSCH, Friedrich; Turner, Frederick T. (2000): *Opinión pública y elecciones en América Latina*. Universidad Simón Bolívar, CDB Publicaciones, Caracas.

ZAKARIA, Fareed (2006): *The Future of Freedom. Illiberal Democracy at Home and Abroad*, W. W. Norton & Company, Nueva York.

ZEITLIN, Irving (1982): *Ideología y teoría sociológica*, Amorrortu, Buenos Aires.

ZIZEK, Slavoj (2002): *Did somebody say totalitarianism?* Verso, Londres.

PRINCIPALES DOCUMENTOS CONSULTADOS EN INTERNET

Asesores de los negociadores de oposición (ya desaparecido): http://ase-sormesanegociacion.com/

D'Elia, Yolanda; Cabezas, Luis Francisco (2008).: «Las misiones sociales en Venezuela», *working paper*, ILDIS, http://www.ildis.org.ve/website/administrador/uploads/PolicymisionesYolanda.pdf (Consulta: agosto 2, 2008).

Declaración contra la Violencia, por la Paz y la Democracia: http://www.defensoria.gov.ve/detalle.asp?sec=190800&id=1044&plantilla=8

Diario *El Universal* de Caracas, ediciones anteriores: http://www.eluniversal.com

Discurso de Presentación a la Asamblea Nacional de la Memoria y Cuenta del año 2003 por parte del Presidente de la República Bolivariana de Venezuela, Hugo Chávez, a principios del año 2004: http://www.analitica.com/Bitblio/hchavez/memoria_y_cuenta2004.asp

García Caneiro, José (2004): *La concepción de la guerra en el pensamiento clásico*, http://docubib.uc3m.es/workingpapers/IECSPA/iescpA040101.pdf (Consulta: agosto 25, 2007).

Juristas Andinos, Cronología por países: http://www.cajpe.org.pe/CID.htm

Kornblith, Myriam: *¿Quién le teme al soberano?* http://www.imca.org.ve/Lic_Mirian_Kornblith.htm (Consulta: agosto 24, 2007).

Luis Carlos Palacios (diciembre 8, 2003): «Venezuela: auge y caída», *Analítica*, http://www.analitica.com/va/economia/opinion/4542920.asp (Consulta: agosto 21, 2007).

Resoluciones 821 y 833 del Consejo Permanente de la Organización de Estados Americanos: http://www.oas.org/main/main.asp?sLang=S&sLink=http://www.oas.org/consejo/sp/resoluciones/resoluciones.asp

Sandia, Román J. (abril 27, 2005): «La doctrina Betancourt», *Analítica*, http://www.analitica.com/va/politica/opinion/9503934.asp (Consulta: agosto 17, 2007).

Sentencia de la Sala Electoral del Tribunal Supremo de Justicia del día 22 de enero de 2003 (Sala Accidental. Magistrado Ponente: Luis Martínez Hernández, Exp. n.º AA70-E-2003-000001):

Síntesis Operativa: http://www.defensoria.gov.ve/detalle.asp?sec=190800 &id=1043&plantilla=8

Tribunal Supremo de Justicia: http://www.tsj.gov.ve/decisiones/selec/ Enero/3-220103-X-0002.htm

Universidad de los Andes, *Instituto de Investigaciones Económicas y Sociales*, «Población de Venezuela desde el año 1900 hasta el año 1995», http://iies.faces.ula.ve/censo/pobla_vene.htm (Consulta: agosto 17, 2007).

Voegelin, Eric (1964): «On Aristotle and Revolution», http://www.fritzwagner.com/ev/aristotle_and_revolution.html (Consulta: noviembre 18, 2007), tomado a su vez de CW Vol 11, Published Essays 1953-1965, *Man in Society and History*, 1964, editado por Ellis Sandoz, 2000, pp. 196-197.

ANEXO 1

DOCUMENTO DEL ALZAMIENTO MILITAR
DEL 4 DE FEBRERO DE 1992

ACTA CONSTITUTIVA DEL GOBIERNO
DE EMERGENCIA NACIONAL

Hoy, ___ del mes de _____ de 1992, a las horas, ___ como consecuencia de la victoria del movimiento cívico-militar por el rescate de la dignidad
nacional, estamos reunidos en el Despacho Presidencial del Palacio de Miraflores
los ciudadanos _____

En representación de las fuerzas militares y civiles, actores principales de
la acción revolucionaria, con la finalidad de constituir el órgano del Poder Central de la República de Venezuela. Examinada la situación política surgida de los
últimos acontecimientos que han conmovido al país y en conocimiento cabal de
las necesidades de la República,

Se acuerda:

Artículo 1: Constituir un GOBIERNO DE EMERGENCIA NACIONAL,
cuya máxima expresión se plasmará en el CONSEJO GENERAL NACIONAL,
integrado por miembros que asumen en este mismo acto todas las atribuciones
de los órganos de Poder Público y cuya función primordial es la de producir las
líneas político-administrativas generales por las cuales se regirán los demás poderes
del Estado para la conducción del país y de toda la sociedad hacia nuevas formas
de democracia y para conjurar la crisis moral, política, social y económica que

padece Venezuela hace un largo período, agudizada desde 1988 en adelante. Será también un órgano de apelación frente a conflictos interpoderes y de decisiones concretas con respecto a cualquier problema grave que en el orden político, social o económico trabe el desarrollo de las políticas establecidas para alcanzar los objetivos propuestos en esta misma Acta de rescatar la dignidad nacional, ampliar la democracia y con el auxilio de la ciudadanía, romper la grave crisis que sacude al país. Para su funcionamiento dictará su propio reglamento interno.

Artículo 2: Que el Consejo General Nacional esté constituido por los ciudadanos:

De los cuales actuará con carácter de Presidente de este organismo:

Artículo 3: Que el ciudadano miembro del Consejo General Nacional sea nombrado Presidente de la República para cumplir las funciones de Jefe de Estado.

Artículo 4: Que el Presidente de la República nombrado en este acto ejerza el Poder Ejecutivo con poderes amplios, solo sujeto a las decisiones y directrices emanadas del Consejo General Nacional y de acuerdo con dicho Consejo nombre un Consejo de Estado que, presidido por él, esté compuesto además por un Ministro para la Secretaría de la Presidencia, un Ministro Jefe de Gobierno y un Gabinete ministerial integrado por ocho Ministros jefes de los gabinetes sectoriales correspondientes para ejecutar las políticas que este Consejo General Nacional establezca.

Artículo 5: Que siendo un objetivo central de este movimiento la transformación profunda del Estado venezolano, los Actos, Resoluciones y Decretos de esta nueva forma de gobierno tendrán carácter de Derecho Público y su valor jurídico no podrá ser objetado por las vías ordinarias.

Artículo 6: Que en política internacional se hará una diplomacia lo más abierta posible. Nuestra posición general será de paz, amistad y de solidaridad y colaboración con todos los pueblos del mundo dentro de los principios generales de respeto a la autodeterminación de los pueblos, no intervención en los asuntos internos de otros países, respeto político y beneficio mutuo; la integración continental ocupará una de nuestras prioridades, pero siempre dentro de la doctrina bolivariana. Mantendremos la seguridad en los suministros de crudos y derivados a los mercados internacionales y los acuerdos firmados sobre deuda externa y otros aspectos, válidamente contraídos, serán mantenidos en vigencia siempre y cuando no seamos objeto de retaliación alguna por parte de cualquier potencia extranjera.

Artículo 7: Que esta nueva estructura en el ejercicio del poder dure en el ejercicio de sus funciones el tiempo necesario para garantizar el enrumbamiento del país por el camino de la dignidad nacional, para garantizar a las comunidades el ejercicio de la soberanía y para que, sobre esas bases, una Constituyente democrática electa, legalice con una nueva Constitución la profundización de la democracia como aspiración política nacional de primera magnitud.

En consecuencia en este mismo acto se declara constituido el CONSE-JO GENERAL NACIONAL para la dirección político-administrativa del país nombrado el Presidente de la República para el ejercicio de las funciones de Jefe de Estado de la República de Venezuela.

En fe de lo cual firma

(L.S.)

Fuente: Catalá, José Agustín –editor– (1998), *Golpes militares en Venezuela (1945-1992)*, El Centauro Ediciones, Caracas, pp. 129-131.

ANEXO 2

«DECRETO DE CARMONA», 12 DE ABRIL DE 2002

Acta de constitución del Gobierno de Transición Democrática y Unidad Nacional

Palacio Presidencial de Miraflores, Caracas, viernes 12 de abril de 2002

El pueblo de Venezuela, fiel a su tradición republicana, a su lucha por la independencia la paz y la libertad, representado por los diversos sectores organizados de la sociedad democrática nacional, con el respaldo de la Fuerza Armada unido en un acto patriótico de reafirmación y recuperación de la institucionalidad democrática para reestablecer el hilo constitucional y haciendo uso de su legítimo derecho a desconocer cualquier régimen, legislación o autoridad que contraríe los valores, principios garantías democráticas consagrado en el artículo 350 de la Constitución del 30 de diciembre de 1999.

En concordancia con las bases y principios establecidos en la Carta Democrática Interamericana de fecha 11 de septiembre de 2001, debidamente suscrita por los Estados miembros de la Organización de Estados Americanos incluyendo a Venezuela.

Considerando:

Que el día de ayer 11 de abril de 2002, fecha que será recordada con profunda indignación y tristeza nacional, ocurrieron hechos violentos en la ciudad de Caracas que se debieron a órdenes impartidas por el gobierno de Hugo Chávez Frías de atacar, reprimir y asesinar a mansalva a inocentes venezolanos que manifestaban pacíficamente en los alrededores del Palacio de Miraflores, cometiéndose con ellos graves delitos comunes y de lesa humanidad contra el pueblo de Venezuela.

Considerando:

Que Hugo Chávez Frías y su Gobierno han contrariado los valores, principios y garantías democráticas, en particular los de la democracia representativa, al haber pretendido que eran exclusivas de un solo partido político cuya presidencia ha ejercido en violación de lo establecido en el artículo 145 de la Constitución de 1999 que prohíbe a los funcionarios públicos estar al servicio de alguna parcialidad política y, los de la democracia participativa, al haber propugnado la elección de los magistrados del Tribunal Supremo de Justicia, de los miembros del Consejo Nacional Electoral, del Fiscal General de la República, del Defensor del Pueblo, del Contralor General de la República sin la debida postulación por sendos comités de postulaciones que debían estar integrados exclusivamente por representantes de los diversos sectores de la sociedad, en violación a lo establecido en los artículos 270, 279 y 295 de la Constitución de 1999 propugnando en esa forma el acceso al poder y su ejercicio en violación del Estado de Derecho.

Considerando:

Que Hugo Chávez Frías y su Gobierno, en flagrante violación del principio de la separación e independencia de los poderes públicos consagrados en los artículos 136, 254, 273 y 294 de la Constitución de 1999 consumaron un proceso de concentración y usurpación de poderes, el cual hace inexorable la necesidad del restablecimiento de la separación y autonomía de los poderes públicos, a fin de constituir autoridades que garanticen el respeto a los derechos humanos y libertades públicas y a los valores e instituciones democráticas propias de un Estado de Derecho.

Considerando:

Que Hugo Chávez Frías y su Gobierno, en violación al artículo 328 de la Constitución de 1999 pretendieron vulnerar la institucionalidad y misión histórica de las Fuerzas Armadas Nacionales, su dignidad y papel en el desarrollo nacional, al imponerle funciones contrarias a su naturaleza, exigiéndoles lealtad a una sola parcialidad política y a un proyecto político ideológico y personal, lo cual no se corresponde a un marco institucional democrático.

Considerando:

Que Hugo Chávez Frías y su Gobierno han menoscabado sistemáticamente derechos humanos garantizados en la Constitución de 1999 y en los tratados, pactos y convenciones internacionales relativos a los derechos humanos suscritos y ratificados por la República, al punto de que nunca como en estos últimos tres años los organismos interamericanos de protección de derechos humanos han recibido tantas denuncias fundadas de violación de los mismos, en particular relativas al derecho de la vida, al debido proceso, a la libertad de expresión e información y al derecho a la información.

Considerando:

Que Hugo Chávez Frías y su Gobierno han propiciado desde sus altas posiciones una instigación a delinquir, al propiciar violaciones de toda índole a la propiedad privada, así como obstaculizado la investigación y sanción de civiles y militares afectos al régimen que han incurrido en delitos contra la cosa pública en flagrante violación a los principios del Estado de Derecho y contrariando componentes fundamentales del ejercicio de la democracia como son la transparencia de las actividades gubernamentales, la probidad y la responsabilidad de los gobiernos en la gestión pública.

Considerando:

Que Hugo Chávez Frías y su Gobierno promovieron irresponsablemente un clima de confrontación y violencia social, contrario a la unidad nacional, al pluralismo democrático y en general al respecto a los principios y valores democráticos contra todas las instituciones y sectores de la sociedad venezolana.

Considerando:

Que Hugo Chávez Frías y su Gobierno han trazado y ejecutado una política exterior contraria a los más altos intereses económicos, políticos y sociales de la nación, ocasionando un aislamiento de graves consecuencias para el país, manteniendo un tratamiento ambiguo frente al flagelo del terrorismo internacional y desarrollando vínculos irrefutables con la narcoguerrilla colombiana.

Considerando:

Que Hugo Chávez Frías y su Gobierno, mediatizando y controlando la autonomía del poder electoral, en violación al artículo 294 de la Constitución de 1999 y a los convenios internacionales ratificados en el marco de la OIT pretendieron desconocer las legítimas autoridades sindicales del país, para imponer una falsa representación obrera sumisa a sus intereses en franca violación del ordenamiento jurídico nacional y de los acuerdos internacionales que regulan la materia.

Considerando:

Que Hugo Chávez Frías y su Gobierno, con base a la Ley Habilitante del 13 de noviembre de 2000 dictó 48 decretos con fuerza y valor de ley contrarios a la Constitución de 1999 y a la propia Ley Habilitante y, además sin haber realizado el proceso de consulta pública obligatoria que exigen los artículos: 204 y 211 de dicha Constitución que se aplican a los casos de delegación legislativa, lo que significa no solo violación del texto fundamental, sino un quebramiento de la confianza de los sectores productivos del país, promoviendo el irrespeto a la propiedad privada y generando un clima de incertidumbre económica.

Considerando:

Que Hugo Chávez Frías y su Gobierno pusieron a la Administración Pública al servicio de una parcialidad política, contrariando lo dispuesto en el artículo 141 de la Constitución entre otros factores mediante la creación de los denominados Círculos Bolivarianos, a fin de promover acciones violentas y contrarias a la democracia y al Estado de Derecho tendientes a intimidar a la mayoritaria oposición que se ha venido manifestando en todo el país en violación de los derechos a la vida, a la libertad de expresión y a manifestar públicamente garantizados en los artículos 43, 57, 58, 68 de la Constitución de 1999.

Considerando:

Que el ejercicio pleno de la vida en democracia exige la convivencia pacífica y ajustada a derecho de mayorías y minorías en el proceso político, así como el respeto a todas las instituciones, sean religiosas, profesionales, empresariales, políticas, gremiales, sociales y/o comunitarias, sean o no partidarias del gobierno de turno a efecto de promover la unidad y sosiego del pueblo en un marco de libertad, pluralismo, respeto y tolerancia.

Considerando:

Que Hugo Chávez Frías, en el día de ayer, presentó su renuncia al cargo de Presidente de la República ante el Alto Mando de la Fuerza Armada Nacional, y el Vicepresidente Ejecutivo de la República abandonó su cargo, con lo cual se ha configurado un vacío constitucional de poder, con el objeto de restablecer la institucionalidad democrática y llenar el vacío constitucional de poder, para que el gobierno de la República pueda adaptarse a las exigencias y principios constitucionales y a los establecidos en la Carta Democrática Interamericana:

Decretamos:

Constituir un Gobierno de transición democrática y unidad nacional de la siguiente forma y bajo los siguientes lineamientos:

artículo 1: Se designa al ciudadano Pedro Carmona Estanga, venezolano, mayor de edad, con C.I. n.º 1.262.556, Presidente de la República de Venezuela.

Quien asume en este acto y de forma inmediata la jefatura del Estado y del Ejecutivo Nacional por el período establecido en este mismo Decreto.

El Presidente de la República en Consejo de Ministros queda facultado para dictar los actos de efectos generales que sean necesarios para la mejor ejecución del presente decreto y la consolidación del gobierno de transición democrática.

Artículo 2º: Se reestablece el nombre de República de Venezuela, con el cual continuará identificándose nuestra patria desde este mismo instante.

Artículo 3º: Se suspende de sus cargos a los diputados principales y suplentes a la Asamblea Nacional.

Se convoca la celebración de elecciones legislativas nacionales a más tardar para el mes de diciembre de 2002 para elegir a los miembros del Poder Legislativo Nacional, el cual tendrá facultades constituyentes para la reforma general de la Constitución de 1999.

Artículo 4º: Se crea un Consejo Consultivo que ejercerá las funciones de orden de consulta del Presiente de la República. El Consejo de Estado quedará integrado por 35 miembros principales y sus respectivos suplentes en representación de los diversos sectores de la sociedad democrática venezolana; los miembros principales podrán separarse temporalmente de sus cargos sin perder su investidura para ocupar cargos en el Ejecutivo Nacional, estadal o municipal y sus faltas temporales o absolutas serán cubiertas por sus suplentes.

El Consejo Consultivo elegirá de su seno un presidente, dos vicepresidentes y un secretario.

El Consejo Consultivo estará integrado por los 35 ciudadanos que se identifiquen en el Decreto-Ley que a tales efectos se dicte.

Artículo 5º: El Presidente de la República de Venezuela coordinará las políticas de la transición democrática nacional y las demás decisiones adoptadas para garantizarla con los poderes públicos estadales y municipales.

Artículo 6º: Se convocará a elecciones generales nacionales en un lapso que no excederá a 365 días contados a partir de la presente fecha.

El gobierno de transición democrática cesará en sus funciones una vez que el nuevo presidente electo democráticamente asuma su cargo. El Presidente de la República designado en este caso no podrá ser candidato a la Presidencia de la República en dicho proceso electoral.

Artículo 7º: El Presidente de la República en Consejo de Ministros podrá renovar y designar transitoriamente a los titulares de los poderes públicos, nacionales, estadales y municipales para asegurar la institucionalidad democrática y el adecuado funcionamiento del Estado de Derecho; así como a los representantes de Venezuela ante los parlamentos Andino y Latinoamericano.

Artículo 8º: Se decreta la reorganización de los poderes públicos a los efectos de recuperar su autonomía e independencia y asegurar una transición pacífica y democrática, a cuyo efecto se destituyen de sus cargos ilegítimamente ocupados al presidente y demás magistrados del Tribunal Supremo de Justicia, así como al Fiscal General de la República, al Contralor General de la República, al Defensor del Pueblo y a los miembros del Consejo Nacional Electoral.

El Presidente de la República en Consejo de Ministros, previa consulta con el Consejo Consultivo, designará a la brevedad posible a los ciudadanos que ejercerán transitoriamente esos poderes públicos.

Artículo 9º: Se suspende la vigencia de los 48 decretos con fuerza de ley, dictados de acuerdo con la Ley Habilitante de fecha 13 de noviembre de 2000.

El Presidente de la República instalará una comisión revisora de dichos decretos-leyes, integrada por representantes de los diversos sectores de la sociedad.

Artículo 10º: Se mantiene en plena vigencia el ordenamiento jurídico en cuanto no colida con el presente decreto ni con las disposiciones generales que dicte el nuevo gobierno de transición democrática.

Asimismo se mantienen en vigencia todos los compromisos internacionales, válidamente asumidos por la República de Venezuela.

Artículo 11º: El gobierno de transición democrática y unidad nacional entregará sus poderes y rendirá cuenta de sus gestiones a los órdenes del Poder Público que legítimamente se elijan, de acuerdo con lo dispuesto en este decreto y demás disposiciones constitucionales y legales.

Dado en el Palacio de Miraflores en la ciudad de Caracas el día 12 del mes de abril de 2002.

Años 191º de la Independencia y 142º de la Federación.

Señoras y señores, a los fines de seguir adelante con este movimiento de toda la sociedad democrática nacional, a la salida de este recinto se les convoca a firmar el decreto que se acaba de leer como adhesión a este proceso.

Acto de juramentación

Yo, Pedro Carmona Estanga, en mi condición de Presidente de la República de Venezuela, juro ante Dios Topoderoso, ante la patria y ante todos los venezolanos restablecer la efectiva vigencia de la Constitución de la República de Venezuela de 1999 como norma fundamental de nuestro ordenamiento jurídico y restituir el Estado de Derecho, la gobernabilidad y la garantía del ejercicio de las libertades ciudadanas, así como al respecto a la vida, la justicia, la igualdad, la solidaridad y la responsabilidad social.

Fuente: http://www.analitica.com/bitblioteca/carmona_estanga/decreto1.asp

ANEXO 3

OEA/Ser.G
CP/RES. 811 (1315/02)
13 abril 2002
Original: español

CP/RES. 811 (1315/02)
SITUACIÓN EN VENEZUELA

EL CONSEJO PERMANENTE DE LA ORGANIZACIÓN DE LOS ESTADOS AMERICANOS,

CONSIDERANDO que la Carta de la Organización de los Estados Americanos reconoce que la democracia representativa es indispensable para la estabilidad, la paz y el desarrollo de la región y que uno de los propósitos de la OEA es promover y consolidar la democracia representativa dentro del respeto del principio de no intervención;

REAFIRMANDO el derecho de los pueblos de las Américas a la democracia y la obligación de los gobiernos de promoverla y defenderla;

TENIENDO EN CUENTA que la Carta Democrática Interamericana reconoce como elementos esenciales de la democracia representativa, entre otros, el respeto a los derechos humanos y las libertades fundamentales; el acceso al poder y su ejercicio con sujeción al Estado de Derecho; la celebración de elecciones periódicas, libres, justas y basadas en el sufragio universal y secreto como expresión de la soberanía del pueblo; el régimen plural de partidos y organizaciones políticas y la separación e independencia de los poderes públicos;

REITERANDO que son componentes fundamentales del ejercicio de la democracia la transparencia de las actividades gubernamentales, la probidad, la responsabilidad de los gobiernos en la gestión pública, el respeto por los derechos sociales y la libertad de expresión y de prensa y que la subordinación constitucional de todas las instituciones del Estado a la autoridad civil legalmente constituida y el respeto al Estado de Derecho de todas las entidades y sectores de la sociedad son igualmente fundamentales para la democracia;

TENIENDO PRESENTE el deterioro del orden institucional y del proceso democrático en Venezuela;

CONSIDERANDO que en Venezuela se ha producido una alteración del orden constitucional que afecta gravemente su orden democrático, que da lugar a la aplicación de los mecanismos previstos en el artículo 20 de la Carta Democrática Interamericana.

RESUELVE:

1. Condenar la alteración del orden constitucional en Venezuela.
2. Condenar los lamentables hechos de violencia que han provocado la pérdida de vidas humanas.
3. Expresar su solidaridad con el pueblo venezolano y apoyar su voluntad de restablecer una democracia plena, con garantías ciudadanas y de respeto a las libertades fundamentales, en el marco de la Carta Democrática Interamericana.
4. Instar a la normalización de la institucionalidad democrática en Venezuela en el marco de la Carta Democrática Interamericana.
5. Enviar a Venezuela, con la mayor urgencia, una Misión encabezada por el Secretario General de la OEA, con el objeto de investigar los hechos y emprender las gestiones diplomáticas necesarias, incluidos los buenos oficios, para promover la más pronta normalización de la institucionalidad democrática. De sus gestiones se mantendrá informado al Consejo Permanente.
6. Convocar, de conformidad con el artículo 20, párrafo tercero, de la Carta Democrática Interamericana, a un período extraordinario de sesiones de la Asamblea General a celebrarse en la sede de la Organización el jueves 18 de abril de 2002 para recibir el informe del Secretario General y adoptar las decisiones que se estimen apropiadas.
7. Continuar la consideración de este asunto.

ANEXO 4

RESOLUCIÓN 821
Del Consejo Permanente de la Organización
de Estados Americanos

OEA/Ser.G
CP/RES. 821 (1329/02)
14 agosto 2002
Original: español

CP/RES. 821 (1329/02)
APOYO AL PROCESO DE DIÁLOGO EN VENEZUELA

EL CONSEJO PERMANENTE DE LA ORGANIZACIÓN
DE LOS ESTADOS AMERICANOS,

RECORDANDO la resolución AG/RES. 1 (XXIX-E/02), en la cual se acordó respaldar la iniciativa del Gobierno de Venezuela a convocar un diálogo nacional, sin exclusiones, y exhortar a todos los sectores de la sociedad venezolana para que participen en el mismo, con sus mejores y más decididos esfuerzos a fin de lograr el pleno ejercicio de la democracia en Venezuela;

CONSIDERANDO que en la resolución AG/RES. 1 (XXIX-E/02) se acordó brindar el apoyo y la ayuda de la Organización de los Estados Americanos que el Gobierno de Venezuela requiera para la consolidación de su proceso democrático, y que en la Declaración AG/DEC. 28 (XXXII-O/02) se reiteró este apoyo y ayuda;

CONSIDERANDO que las visitas realizadas a Venezuela por el expresidente de los Estados Unidos, Jimmy Carter, y por representantes de la Secretaría General de la OEA, del Programa de las Naciones Unidas para el Desarrollo (PNUD) y del Centro Carter, son gestiones que inciden de manera positiva en el diálogo político;

CONSIDERANDO que el Gobierno de Venezuela, mediante comunicación enviada por el Vicepresidente de la República José Vicente Rangel, al Secretario General de la OEA César Gaviria, expresa su disposición de buscar un mecanismo consensuado de acercamiento entre el Gobierno, los diferentes actores de oposición y otros sectores de la vida nacional, el cual incluiría la designación de una o varias personas calificadas en el ámbito internacional, que faciliten el diálogo y la búsqueda de acuerdos democráticos en el marco de la Constitución de la República Bolivariana de Venezuela;

TENIENDO EN CUENTA que, en carta enviada al Secretario General César Gaviria, sectores de la oposición en Venezuela, agrupados bajo el nombre de Coordinadora Democrática de Venezuela, expresaron su agrado con la propuesta de la OEA, el PNUD y el Centro Carter y su interés de que estos desarrollen dicha propuesta; y

CONSIDERANDO que el Embajador Representante Permanente de la República Bolivariana de Venezuela ha presentado un informe sobre el proceso de diálogo que impulsa en su país el gobierno del Presidente Hugo Chávez Frías,

RESUELVE:

1. Reiterar la disposición de la Organización de los Estados Americanos de brindar el apoyo y la ayuda que el Gobierno de Venezuela requiera para la realización del proceso de diálogo y la consolidación de su proceso democrático.

2. Saludar la iniciativa del Gobierno de Venezuela de impulsar y realizar un proceso de diálogo que cuente con la participación de todos los sectores del país y con el apoyo de la comunidad internacional.

3. Respaldar los buenos oficios realizados en Venezuela por la Organización de los Estados Americanos, el Programa de las Naciones Unidas para el Desarrollo (PNUD) y el Centro Carter, alentándoles a que continúen estos esfuerzos.

4. Alentar al Gobierno y a todos los sectores de la oposición, así como los sectores sociales e instituciones de Venezuela para que a través del diálogo, y en estricto apego a la Constitución de la República, se logre la reconciliación nacional que tanto espera el pueblo venezolano y la comunidad internacional.

Fuente: http://www.oas.org/main/main.asp?sLang=S&sLink=http://www.oas.org/consejo/sp/resoluciones/resoluciones.asp

ANEXO 5

Declaración de Principios por la Paz y la Democracia en Venezuela

- Los abajo firmantes, comprometidos con el pueblo venezolano,
- Reafirmamos que los problemas de Venezuela pueden y deben ser resueltos por los mismos venezolanos, en el marco de la Constitución y de las leyes de la República Bolivariana de Venezuela.
- Reafirmamos nuestra completa adhesión a los principios democráticos y a la justicia oportuna y repudiamos el recurso de la violencia que causó la muerte de personas.
- Reconocemos la necesidad de buscar caminos que fortalezcan la convivencia democrática del pueblo venezolano y que censuren la perturbación a las normas que la rigen.
- Declaramos nuestra disposición para iniciar un proceso de conversaciones sinceras entre todos los sectores, a fin de lograr soluciones aceptables de los conflictos políticos que contribuyen a los desequilibrios que padece nuestro país.
- Reiteramos expresamente nuestra solicitud de apoyo y la asistencia del Grupo de Trabajo conformado por representantes de la Organización de Estados Americanos (OEA), el Programa de Naciones Unidas para el Desarrollo (PNUD) y el Centro Carter (TCC).
- Comprometemos nuestra colaboración abierta con el Grupo de Trabajo a fin de explorar las fases preparatorias para poner en marcha un proceso de acuerdos asistido y verificable, que permita alcanzar, a través de un mecanismo consensuado, soluciones políticas ajustadas al marco constitucional.
- Reafirmamos nuestra convicción de que Venezuela y el pueblo venezolano sabrán superar la presente situación, pacífica y democráticamente,

asegurando la vigencia del Estado de Derecho y la dignidad de todos sus ciudadanos.

Fuente: documento suministrado al autor por Francisco Díez (Centro Carter) vía *e-mail*.

ANEXO 6

SÍNTESIS OPERATIVA

Síntesis Operativa (Caracas, 7 de noviembre de 2002)

La Mesa de Negociación y Acuerdos entre el Gobierno de la República Bolivariana de Venezuela y la Coordinadora Democrática, funcionará con:

Facilitador Internacional: el papel del Facilitador Internacional de la Mesa será desempeñado por el Secretario General de la OEA, César Gaviria.

Participantes: la Mesa se integrará por seis representantes de ambas partes. Los representantes del Gobierno y de la Coordinadora Democrática deben estar designados por el acto administrativo o político que corresponda.

Equipo Técnico Tripartito: la OEA, el Centro Carter y el PNUD, conforme a sus respectivos mandatos, apoyarán técnicamente al Facilitador en su tarea.

Sede: se solicitará a la Conferencia Episcopal Venezolana la facilitación de una sede.

Estrategia de Comunicación: solamente el Facilitador tendrá a su cargo el «reporte oficial» al público del desarrollo y de los avances de la Mesa. Cada parte podrá expresar libremente sus consideraciones, aceptando explícitamente que las mismas no comprometerán a la Mesa sino que serán reflejo de sus propias opiniones.

Objetivos: la Mesa buscará acuerdos para solucionar la crisis del país por la vía electoral, así como también sobre los siguientes temas: fortalecimiento del sistema electoral, desarme de la población civil e instalación y funcionamiento de la Comisión de la Verdad.

Procedimientos: en la primera reunión las partes trabajarán con el facilitador sobre la definición de los procedimientos, el orden y secuencia de las sesiones y la elaboración de criterios para organizar el funcionamiento de la Mesa.

Mesas de Trabajo Complementarias: se propone el establecimiento de Mesas de ttabajo Complementarias, con delegados de ambas partes, para elaborar propuestas y recomendaciones específicas en los temas de la Agenda para luego llevarlas a la Mesa principal.

Acuerdos asistidos y verificables: la OEA, el Centro Carter y el PNUD, conforme sus respectivos mandatos, desarrollarán un papel de garantes del proceso para lograr el cumplimiento de los acuerdos.

Asamblea Nacional: si cualquiera de los acuerdos a que se llegue por medio de este proceso requiere ser considerado en el seno de la Asamblea Nacional, se encontrará un mecanismo adecuado, previamente acordado entre las partes, para que este cuerpo tenga oportuno conocimiento de ellos y pueda actuar conforme a sus atribuciones constitucionales.

Caracas, 7 de noviembre de 2002

Fuente: http://www.defensoria.gov.ve/detalle.asp?sec=190800&id=1043&plantilla=8

ANEXO 7

RESOLUCIÓN 833

Del Consejo Permanente de la Organización de Estados Americanos

OEA/Ser.G
CP/RES. 833 (1349/02) corr.1
16 diciembre 2002
Original: español

CP/RES. 833 (1349/02)

RESPALDO A LA INSTITUCIONALIDAD DEMOCRÁTICA EN VENEZUELA Y A LA GESTIÓN DE FACILITACIÓN DEL SECRETARIO GENERAL DE LA OEA

EL CONSEJO PERMANENTE DE LA ORGANIZACIÓN DE LOS ESTADOS AMERICANOS,

HABIENDO ESCUCHADO la presentación del Representante Permanente de Venezuela ante la Organización de los Estados Americanos sobre los incidentes que pudieran desestabilizar el orden constitucional democrático en Venezuela;

HABIENDO ESCUCHADO el informe oral del Secretario General sobre su papel en el proceso de facilitación con relación a la situación en Venezuela;

TENIENDO EN CUENTA la grave situación política por la que atraviesa la República Bolivariana de Venezuela, y deplorando los hechos de violencia que han tenido lugar en ese país;

CONSIDERANDO que la Carta de la Organización de los Estados Americanos reconoce que la democracia representativa es un elemento indispensable para la estabilidad, la paz y el desarrollo de la región;

CONSIDERANDO que el artículo 1 de la Carta Democrática Interamericana proclama que «los pueblos de América tienen derecho a la democracia, y sus gobiernos la obligación de promoverla y defenderla» y, teniendo en cuenta lo dispuesto en los artículos 2, 3, 4 y 7 de la Carta Democrática Interamericana;

RECORDANDO la resolución CP/RES. 811 (1315/02) de 13 de abril de 2002, «Situación en Venezuela», la resolución AG/RES.1 (XXIX-E/02) de 18 de abril de 2002 «Apoyo a la democracia en Venezuela»; la declaración AG/DEC. 28 (XXXII-O/02) «Declaración sobre la Democracia en Venezuela», de 4 de junio de 2002; la resolución CP/RES. 821(1329/02) de 14 de agosto de 2002 «Apoyo al proceso de diálogo en Venezuela»; y el Comunicado del Presidente del Consejo Permanente de la OEA, de 9 de diciembre de 2002, en los cuales se reitera la disposición de la Organización de los Estados Americanos de brindar el apoyo y la ayuda que el Gobierno de Venezuela requiera para la consolidación de su proceso democrático;

Convencidos de que la Mesa de Negociación y Acuerdos y la facilitación del Secretario General de la OEA constituyen esfuerzos urgentes, importantes y constructivos para la búsqueda de una solución constitucional, democrática, pacífica y electoral en Venezuela; y

Teniendo en cuenta la iniciativa del Gobierno de Venezuela de impulsar y realizar un proceso de diálogo, sin exclusiones, y las gestiones de facilitación de la Organización de los Estados Americanos, el Programa de las Naciones Unidas para el Desarrollo y el Centro Carter para encontrar una solución constitucional, democrática, pacífica y electoral,

RESUELVE:

1. Respaldar plenamente la institucionalidad democrática y constitucional de la República Bolivariana de Venezuela, cuyo gobierno preside Hugo Chávez Frías, y rechazar categóricamente cualquier intento de golpe de Estado o alteración del orden constitucional venezolano que afecte gravemente el orden democrático.

2. Respaldar enérgicamente y de manera inequívoca al Secretario General de la Organización de los Estados Americanos en sus gestiones de facilitación del diálogo, que cuentan con la cooperación del Centro Carter y el PNUD, en aras de encontrar a la brevedad una solución pacífica a la crisis, respetando el orden constitucional y en el marco de la Carta Democrática Interamericana.

3. Urgir al Gobierno de Venezuela y a la Coordinadora Democrática para

que en negociaciones de buena fe alcancen una solución constitucional, democrática, pacífica y electoral en el marco de la Mesa de Negociación y Acuerdos
que cuenta con la facilitación del Secretario General de la OEA.

4. Respaldar el derecho del pueblo venezolano de elegir a sus gobernantes
de acuerdo con las normas constitucionales y expresar en forma terminante que
cualquier situación que contravenga el Estado de Derecho y la institucionalidad
democrática de Venezuela es incompatible con el sistema interamericano y, particularmente con la Carta Democrática Interamericana.

5. Instar al Gobierno de Venezuela a velar por el respeto, y a todos los
sectores de la sociedad a preservar el libre ejercicio de los elementos esenciales
de la democracia para favorecer una salida constitucional, democrática, pacífica
y electoral.

6. Hacer un llamado a todos los sectores de Venezuela a que respeten los
principios consagrados en la Carta Democrática Interamericana, incluidos, entre
otros, el respeto a los derechos humanos, el Estado de Derecho, la transparencia
y la buena gestión de los asuntos públicos.

7. Instar al gobierno de Venezuela a que vele por el pleno disfrute de la
libertad de expresión y de prensa y hacer un llamado a todos los sectores de la
sociedad venezolana para que contribuyan al fomento de la paz y de la tolerancia
entre todos los venezolanos y a todos los actores sociales a que se abstengan de
estimular la confrontación política y la violencia.

8. Reiterar la determinación de los Estados Miembros de seguir aplicando
con estricto apego a la letra y el espíritu, y sin distinción, los mecanismos previstos por la Carta Democrática Interamericana para la preservación y defensa de
la democracia representativa y el rechazo al uso de la violencia para reemplazar
cualquier gobierno democrático en el Hemisferio.

9. Solicitar al Secretario General de la OEA que continúe informando al
Consejo Permanente sobre sus gestiones de facilitación con relación a la situación
en la República Bolivariana de Venezuela y teniendo en cuenta la existencia de
otros mecanismos en el sistema interamericano, como la Reunión de Consulta
de Ministros de Relaciones Exteriores.

Fuente: http://www.oas.org/main/main.asp?sLang=S&sLink=http://www.oas.org/consejo/sp/resoluciones/
resoluciones.asp

ANEXO 8

**Propuestas Carter: I. Referéndum Revocatorio;
II. Enmienda Constitucional**

Propuesta para restablecer la Paz y la Armonía en Venezuela
para ser considerada en la Mesa de Negociaciones y Acuerdos

I.- Referéndum Revocatorio - 19 de agosto de 2003

1. La oposición anuncia la finalización del paro. El Gobierno anuncia que no habrá represalias contra los trabajadores públicos que recurrieron a sus derechos sindicales. Quienes sean encontrados culpables de sabotaje o de otros delitos, serán penados conforme a la ley.
2. El Presidente garantiza su disposición para que el referéndum revocatorio sea realizado no más tarde del día 19 de agosto.
3. La Mesa de Negociaciones y Acuerdos terminará el Borrador de Acuerdo que se encuentra actualmente bajo análisis, agregando la siguiente propuesta con el fin de resolver la cuestión electoral:

   a) La Mesa buscará que el Tribunal Supremo de Justicia ratifique su sentencia anterior acerca de que la mitad del período presidencial se cumple el 18 de agosto de 2003. La oposición obtendrá las firmas requeridas, según lo especifica la Constitución. El Presidente también garantiza la seguridad y todos los recursos financieros necesarios.
   b) La Asamblea Nacional designará un nuevo CNE conforme lo previsto en la Ley del Poder Electoral. Si en el curso de un mes no se logra un acuerdo, ambas partes aceptan que el Tribunal Supremo de Justicia los designe.

c) Crear una Comisión Conjunta, compuesta de venezolanos y expertos extranjeros, para supervisar todas las etapas de estos procesos electorales. Sus tareas incluirían: proveer asistencia técnica, monitorear el proceso electoral y controlar la objetividad de la cobertura de los medios masivos de comunicación.

d) Tener todos los preparativos listos de manera que si el referéndum requiere luego la realización de elecciones, las mismas puedan hacerse no más tarde del 19 de septiembre, pudiendo todos ser candidatos.

e) Acordar que todos los referendos revocatorios para los que se hayan recogido firmas (gobernadores, alcaldes o diputados) se realizarán el mismo día que el referéndum presidencial – 19 de agosto.

4. Asimismo, la Mesa de Negociaciones y Acuerdos garantizará que se traten los siguientes temas en el Acuerdo:

a) Los derechos humanos básicos consagrados en la Declaración Universal de los Derechos Humanos, el Pacto Internacional de Derechos Civiles y Políticos, la Declaración Americana de los Derechos y Deberes del Hombre y la Convención Americana sobre Derechos Humanos, así como todos los demás derechos y garantías de los que gozan los ciudadanos venezolanos a partir de la Constitución de 1999, que deberán ser garantizados a todos los participantes del proceso independientemente de sus lealtades políticas en los hechos ocurridos durante la crisis reciente.

b) Los mecanismos y los tiempos necesarios para la renovación de los Poderes Públicos - el Tribunal Supremo de Justicia y el Poder Ciudadano (Fiscal General, Contralor General y Defensor del Pueblo).

c) El Gobierno y la oposición acordarán antes de que se realicen las elecciones generales que, luego de que estas se hayan llevado a cabo, se lanzará un proceso de Consulta Nacional con los líderes clave y cuyo propósito será la reconciliación de las diferencias existentes y la promoción de la justicia social. Dicho proceso de Consulta puede ser organizado por representantes aceptables de la comunidad internacional, inclusive por aquellos que patrocinaron la Mesa de Negociaciones y Acuerdos.

II.- Enmienda constitucional

5. La oposición anuncia la finalización del paro. El Gobierno anuncia que no habrá represalias contra los trabajadores públicos que recurrieron a sus derechos sindicales. Quienes sean encontrados culpables de sabotaje o de otros delitos, serán penados conforme a la ley.

6. La oposición recogerá las firmas necesarias para proponer la enmienda constitucional. El Gobierno garantiza la seguridad y los recursos financieros necesarios.

7. La Mesa de Negociaciones y Acuerdos terminará el Borrador de Acuerdo que se encuentra actualmente bajo análisis, agregando la siguiente propuesta con el fin de resolver la cuestión electoral:

a) Acortar el período presidencial de 6 a 4 años, con una reelección. Acortar el período de los Diputados de la Asamblea Nacional de 5 a 4 años, con 2 posibles reelecciones consecutivas, coincidiendo con la elección presidencial. El Presidente podrá oponerse durante la campaña del referendo aprobatorio de la enmienda, pero acatará cualquier enmienda aprobada por el pueblo.

b) Cláusula transitoria especificando que, de aprobarse la enmienda, el mandato del actual Presidente y de los Diputados terminará inmediatamente y que todos podrán presentarse nuevamente como candidatos. El Presidente podrá oponerse durante la campaña del referendo aprobatorio de la enmienda, pero acatará cualquier enmienda aprobada por el pueblo.

c) La Mesa acordará una redacción acorde a la Constitución del texto de esta enmienda, en consulta con el Tribunal Supremo de Justicia, en el plazo de una semana desde la presentación de la enmienda propuesta.

d) La Asamblea Nacional acordará la integración de un nuevo CNE con el apoyo de la Mesa, dentro del plazo de siete días de acordado el texto de la enmienda. Si no hubiere acuerdo en los nombres, ambas partes aceptan que el Superior Tribunal de Justicia los designe.

e) El CNE realizará el Referéndum Aprobatorio de la enmienda, dentro de los 30 días de recibidas las firmas solicitándola, tal como lo prevé la Constitución. Si la enmienda pasa el referéndum aprobatorio, las elecciones se realizarán dentro de los siguientes 120 días.

f) Crear una Comisión Conjunta, compuesta de venezolanos y expertos extranjeros, para supervisar todas las etapas de estos procesos electorales. Sus tareas incluirían: proveer asistencia técnica, monitorear el proceso electoral y controlar la objetividad de la cobertura de los medios masivos de comunicación.

8. Asimismo, la Mesa de Negociaciones y Acuerdos garantizará que se traten los siguientes temas en el Acuerdo:

   a) Los derechos humanos básicos consagrados en la Declaración Universal de los Derechos Humanos, el Pacto Internacional de Derechos Civiles y Políticos, la Declaración Americana de los Derechos y Deberes del Hombre y la Convención Americana sobre Derechos Humanos, así como todos los demás derechos y garantías de los que gozan los ciudadanos venezolanos a partir de la Constitución de 1999, que deberán ser garantizados a todos los participantes del proceso independientemente de sus lealtades políticas en los hechos ocurridos durante la crisis reciente.

   b) Los mecanismos y los tiempos necesarios para la renovación de los Poderes Públicos - el Tribunal Supremo de Justicia y el Poder Ciudadano (Fiscal General, Contralor General y Defensor del Pueblo).

   c) El Gobierno y la oposición acordarán antes de que se realicen las elecciones generales que, luego de que estas se hayan llevado a cabo, se lanzará un proceso de Consulta Nacional con los líderes clave y cuyo propósito será la reconciliación de las diferencias existentes y la promoción de la justicia social. Dicho proceso de Consulta puede ser organizado por representantes aceptables de la comunidad internacional, inclusive por aquellos que patrocinaron la Mesa de Negociaciones y Acuerdos.

Fuente: documento suministrado al autor por Francisco Díez (Centro Carter) vía *e-mail.*

ANEXO 9

Caracas, «Posada de la Paz», 1 de abril de 2003.

Ejercicio de definición de pequeños pasos entre los titulares de los medios audiovisuales y el gobierno, para construir confianza

I.- Aspectos metodológicos

1. Ejercicio facilitado. Se deja expresa constancia de que estas conversaciones se realizan no directamente, sino a través de la facilitación del profesor William Ury y de Francisco Díez del Centro Carter, y que las mismas no constituyen una negociación sino un ejercicio de definición de pequeños pasos unilaterales, tanto de los medios audiovisuales como del gobierno.

2. Carácter unilateral. Se aclara igualmente que los pequeños pasos listados más abajo no implican un compromiso que ate o limite de manera alguna a las partes, ante la gran dificultad de hacer concesiones o realizar intercambios. Los pasos listados son solamente acciones, que pueden ser tomadas unilateralmente con el propósito de enviar señales de buena voluntad hacia el otro lado y que se listan con el fin de poder ser adecuadamente leídas.

3. Canal de comunicación directa. Se coincidió en la conveniencia de abrir un canal de comunicación consensuado entre el ministro Diosdado Cabello y los titulares de los medios electrónicos de comunicación, a partir de:

- Una lista de contactos con números telefónicos, nombres, *e-mail, t-motion* y fax, que fue ya intercambiada entre el ministro y los responsables de los medios.
- Una reunión semanal, a partir del 9 de abril, todos los días miércoles entre las 9:00 y las 11:00 a.m., entre el ministro Cabello, hasta 2 representantes

de los medios y un representante del Centro Carter, según lo acuerden los mismos medios, a realizarse en este mismo lugar.

4. Inicio y calendario. Una vez aprobado este documento por ambas partes, se iniciará el desarrollo de cada paso unilateral, conforme el calendario *semanal* establecido en cada ítem más abajo, comenzando el *miércoles 9 de abril* con la primera reunión bilateral. Luego de transcurridas las primeras 4 semanas, en oportunidad de la reunión del 7 de mayo, se hará una evaluación conjunta en una sesión de trabajo de un día completo, o bien en el Centro Carter en Atlanta o aquí mismo.

5. Vinculación con la Mesa. Se acuerda mantener un vínculo informal y reservado de los participantes en este ejercicio con la Comisión sobre Medios acordada en la Mesa de Negociación y Acuerdos, de forma de optimizar ambos espacios y los productos que se generen en cualquiera de ellos. Francisco Díez informará permanentemente al secretario general, César Gaviria.

6. Mecanismo de resolución de diferencias. En caso de desacuerdos o diferencias entre las partes, ambas se comprometen a intentar resolverlas primero directamente entre ellos. Si no fuera posible, acuerdan solicitar la facilitación de Francisco Díez y, si fuera necesario, de William Ury o del presidente Carter.

7. Medios del Estado. Todos los puntos referidos genéricamente como medios se aplicarán no solo a los medios de comunicación privados, sino también a los medios de comunicación del Estado o controlados por el Estado.

II.- Aspectos sustanciales referidos al gobierno

PEQUEÑOS PASOS DEL GOBIERNO

Listado de pasos específicos, ilustrativos de acciones que puede tomar el gobierno para enviar hacia los medios de comunicación señales de buena voluntad, a fin de apoyar las iniciativas de la Mesa de Negociación y Acuerdos.

1) Respeto hacia la integridad física y moral de periodistas, reporteros y trabajadores de medios

El ministro asegura que el presidente, personalmente, pedirá que se respete su rol y función, e igualmente respeto a la integridad de los equipos e infraestructura de los canales. El ministro enviará la grabación a los medios para que sea transmitido este pedido y los medios avisarán si el mismo será retransmitido y cuándo.

- *Ubicación en el calendario*: este paso se iniciará en el curso de la 1ra. Semana del ejercicio (entre el 9 y el 16 de abril).

2) Evitar los ataques directos a los dueños y ejecutivos de los medios de comunicación

El ministro asegura que el presidente y los altos funcionarios del gobierno evitarán atacar personalmente a los dueños y ejecutivos de los medios, salvo que las referencias a los mismos se deban a desmentir falsas noticias. En especial se evitará utilizar, para referirse a ellos, calificativos de delitos cuya tipificación no haya sido decidida por los tribunales competentes, y particularmente los siguientes: golpistas, traidores, narcotraficantes, vendepatrias, terroristas.

- *Ubicación en el calendario*: este paso se iniciará en el curso de la 1ra. semana del ejercicio (entre el 9 y el 16 de abril).

3) No usar el control de cambios con fines políticos

Siempre que los medios cumplan con los requisitos del régimen de control de cambio, el ministro se compromete a que el gobierno no utilice criterios políticos para impedir el acceso a las divisas. Se le enviará copia de las solicitudes al ministro de forma que él pueda proceder de la misma manera que lo hizo con las áreas de transporte y aviación.

- *Ubicación en el calendario*: este paso se iniciará en el curso de la 1ra. semana del ejercicio (entre el 9 y el 16 de abril).

4) Reducir y programar el tiempo y la frecuencia de las cadenas presidenciales

El ministro avisará con una antelación no inferior a 4 horas acerca de la realización de las cadenas y se propone no realizar más de 4 por mes, salvo situaciones de contingencia. Las cadenas no serán de carácter partidista.

- *Ubicación en el calendario*: este paso se iniciará en el curso de la 2da. semana del ejercicio (entre el 16 y el 23 de abril).

5) Recibir sus propuestas sobre la Ley de Contenidos

El ministro se ofrece como canal para introducir las propuestas de los medios en la Asamblea y facilitar que las discusiones en ese ámbito consideren a las mismas. El ministro y los titulares de los medios iniciarían un análisis de los puntos que les interese tratar, intentando funcionar de manera similar a la utilizada en el tratamiento de la Ley de Telecomunicaciones, evitando introducir cambios unilaterales una vez alcanzado un consenso.

- *Ubicación en el calendario*: este paso se iniciará en el curso de la 2da. semana del ejercicio (entre el 16 y el 23 de abril).

6) Procedimientos administrativos, tributarios y judiciales

Los titulares de los medios proponen examinar en conjunto con el ministro los aspectos procedimentales de los procesos en curso (ámbito de sustanciación, evacuación de las pruebas, plazos, etc.) en un diálogo directo que no comprometa la instancia administrativa.

- *Ubicación en el calendario*: este paso se iniciará en el curso de la 3ra. semana del ejercicio (entre el 23 y el 30 de abril).

7) Aclaración sobre las concesiones

Disposición del ministro para resolver el tema de los títulos administrativos y los derechos y deberes de los medios previstos en la ley de telecomunicaciones. El ministro debería dictar un acto administrativo que está dispuesto a analizar con cada medio, comprometiéndose a mantener un criterio uniforme para todos.

- *Ubicación en el calendario*: este paso se iniciará en el curso de la 4ta. semana del ejercicio (entre el 30 de abril y el 7 de mayo).

III.- Aspectos sustanciales referidos a los medios audiovisuales

PEQUEÑOS PASOS DE LOS MEDIOS AUDIOVISUALES

Listado de pasos específicos, ilustrativos de acciones concretas que pueden tomar los medios de comunicación para enviar al gobierno señales de buena voluntad, a fin de apoyar las iniciativas de la Mesa de Negociación y Acuerdos.

1) Respeto a la programación infantil (conforme LOPNA y Decreto 2625).

Los canales se comprometen a no transmitir ni programas ni promociones con contenidos para adultos en horarios infantiles según el Decreto 2625 y, dentro del respeto a la legislación, se buscará con el ministro una solución que dé cuenta de la especificidad de los canales temáticos.

- *Ubicación en el calendario*: este paso se iniciará en el curso de la 1ra. semana del ejercicio (entre el 9 y el 16 de abril).

2) Respeto a la dignidad humana

a) Condenar la violencia dondequiera que ella ocurra, usando como referencia la Declaración firmada en la Mesa de Negociación y Acuerdos.

b) Evitar la transmisión de cacerolazos a personeros del gobierno y a sus familias en el contexto de sus vidas privadas.

c) Rechazar a los grupos violentos, sean estos de la oposición o del oficialismo, condenándolos a ambos y enmarcándolos en la Declaración Contra la Violencia generada en la Mesa de Negociación y Acuerdos.

d) Evitar que los conductores de programa utilicen en sus espacios televisivos, para referirse al gobierno, al presidente y a los altos funcionarios de cualquiera de los poderes, adjetivos ofensivos o sus derivados, y particularmente: asesino, tirano, pillo, animal, loco, demente.

- *Ubicación en el calendario*: este paso se iniciará en el curso de la 1ra. semana del ejercicio (entre el 9 y el 16 de abril).

3) Mensajes institucionales a favor de la paz y la reconciliación nacional

a) Diseño y transmisión de campaña en pro de la reconciliación nacional y del orden público, sin sesgo político y de manera balanceada.

b) Negociar un mecanismo que, como segunda fase, permitiría elaborar junto con los medios del Estado, campañas de este tipo.

- *Ubicación en el calendario*: este paso se iniciará en el curso de la 2da. semana del ejercicio (entre el 16 y el 23 de abril).

4) Proteger la institucionalidad de la Fuerza Armada

- Pasar promociones que sustenten la institucionalidad militar:

a) Nos comprometemos a mantener un estricto respeto a la institucionalidad de la Fuerza Armada.

b) En caso de noticias que afecten o se originen por miembros de la Fuerza Armada, los medios al trasmitirlas se comprometen a señalar la responsabilidad del individuo sin involucrar a la institución.

c) Evitar la transmisión de mensajes que atenten de manera generalizada contra la institucionalidad de la Fuerza Armada.

d) No ofrecer espacio a mensajes de civiles o militares fuera del marco constitucional llamando a la ruptura del sistema democrático y condenar todo llamado a la violencia de cualquier lado que este provenga.

- *Ubicación en el calendario*: este paso se iniciará en el curso de la 3ra. semana del ejercicio (entre el 23 y el 30 de abril).

5) Propaganda electoral e institucional balanceada

1. Que se aplique la misma tarifa (incluyendo la tarifa cero) para espacios de campañas electorales o referendarias del gobierno y de las distintas opciones.
2. Equilibrio informativo entre los diversos candidatos y opciones electorales.

- *Ubicación en el calendario*: este paso se iniciará en el curso de la 4ta. semana del ejercicio (entre el 30 de abril y el 7 de mayo).

IV.- Compromiso de las partes con el Centro Carter

Todos los participantes se comprometen ante el Centro Carter a mantener bajo confidencialidad los contenidos de este documento y de las reuniones semanales aquí acordadas, salvo mutuo acuerdo.

Por otro lado, también se comprometen expresamente a no revertir ninguno de los pasos que se vayan efectivamente dando, sin darle al Centro Carter, de una manera fehaciente, la posibilidad de reconstruir este proceso.

Fuente: documento suministrado al autor por Francisco Díez (Centro Carter) vía *e-mail*.

ANEXO 10

DECLARACIÓN CONTRA LA VIOLENCIA, POR LA PAZ Y LA DEMOCRACIA

(Caracas, 18 de febrero de 2003)

Convencidos de nuestras elevadas responsabilidades en este momento histórico, y conscientes también de la profunda vocación democrática del pueblo venezolano, que por ello ama la paz y desea la reconciliación, rechaza las opciones contrarias a la Constitución y abraza la democracia, las delegaciones que en esta Mesa de Negociación y Acuerdos representan al Gobierno Nacional, y los sectores políticos y sociales que lo respaldan, y a la Coordinadora Democrática que agrupa a la oposición, hemos decidido suscribir en forma conjunta la presente DECLARACIÓN CONTRA LA VIOLENCIA, POR LA PAZ Y LA DEMOCRACIA EN VENEZUELA.

Con ella, esperamos dejar meridianamente clara nuestra convicción de que el pueblo venezolano tiene una inquebrantable voluntad para fortalecer sus valores esenciales como sociedad organizada, amenazados por un clima de confrontación y de conflicto que debe detenerse. Esperamos, con esta declaración, contribuir significativamente en el afianzamiento de un clima de entendimiento entre todos los venezolanos.

Por lo anterior:

1) Rechazamos la intemperancia verbal, las recriminaciones mutuas, el lenguaje hiriente y cualquier retórica que de alguna manera contribuya o estimule la confrontación. Proponemos el uso de un lenguaje de respeto mutuo, de tolerancia, de consideración por las ideas ajenas, de supremo aprecio por la vida y sus valores esenciales, y especialmente por la dignidad humana cuya preeminencia ha sido consustancial al pueblo venezolano. En consecuencia, hacemos

un llamado, directo e inmediato, a todos los actores políticos y sociales, para que den su efectivo aporte dirigido al restablecimiento de un clima de paz y sosiego en todo el país, mediante la pronta moderación del tono, estilo y contenido de sus expresiones. Ello es absolutamente necesario para que el país tenga la convivencia democrática que todos requerimos y deseamos.

2) De manera enfática manifestamos que la violencia, en cualquiera de sus expresiones o modalidades, practíquela quien la practique y cualquiera sea su origen, es absolutamente injustificable y por ello condenable. De allí que emplacemos a todas las autoridades y organismos administrativos y jurisdiccionales competentes a actuar sin contemplaciones, para investigar y sancionar la pérdida de vidas humanas o las lesiones a estas dirigidas, así como cualesquiera otros hechos de violencia; y en general se respete y se exija respeto para la Constitución y las leyes de la República. En este mismo sentido, exhortamos a la Asamblea Nacional para que, mediante la sanción de la ley que corresponda y con los mecanismos que en ella se prevean, ponga en funcionamiento la Comisión de la Verdad para el logro de los propósitos antes enunciados, tomando en consideración los aportes que en este sentido produzca la Mesa de Negociación y Acuerdos.

3) Rechazamos categóricamente que manifestaciones de violencia e intolerancia, así como expresiones que signifiquen agravio u ofensa, puedan ser forma de dirimir las diferencias políticas. Por ello, nos comprometemos a colocar todo nuestro esfuerzo en crear condiciones que permitan fortalecer y consolidar un clima de paz y tolerancia, en el cual se resuelvan las divergencias por medios pacíficos y democraticos.

4) Hacemos un llamado al pueblo venezolano para que todos observemos conductas que se enmarquen en los principios y normas que sustentan los derechos humanos y su efectivo respeto. De esta forma, debe cesar y proscribirse toda actitud directa o indirecta de agresión, amenaza, hostigamiento o violencia, que en cualquier forma quebrante o impida el libre ejercicio de los derechos consagrados en la Constitución y en las leyes, así como en los Tratados Internacionales que comprometen a Venezuela.

5) Exhortamos a todas las Iglesias e instituciones religiosas, a los gremios profesionales, sindicatos, partidos políticos y organizaciones similares de la sociedad, a promover acciones y emitir mensajes destinados a exaltar los valores democráticos y los principios de paz, tolerancia y convivencia, y a condenar la violencia en cualquiera de sus manifestaciones. En la medida en que tales acciones y mensajes se hagan del público conocimiento y esas organizaciones conforme sus propios procedimientos continúen asumiendo un papel activo para la

realización de los propósitos que los originan, se estará dando un aporte de gran importancia para el mantenimiento y fortalecimiento de la paz y la democracia en nuestro país.

6) En esta campaña por la paz y la democracia y contra la violencia y la intolerancia, los medios de comunicación social públicos y privados juegan un papel de fundamental trascendencia, mediante la emisión de programas y mensajes que promuevan la paz, la tolerancia y la convivencia. Las partes en esta Mesa ratifican su total respeto a la vigencia efectiva de los derechos constitucionales a la libertad de expresión y de información, conforme a los principios que el texto magno establece en sus artículos 57 y 58. En ese sentido, tanto las actividades que desarrollen los medios de comunicación públicos y privados, como las expresiones que a través de ellos se viertan, así como las actividades que se dirijan a establecer cualquier responsabilidad que de tales actividades o expresiones se derive, deben enmarcarse estrictamente en la Constitución y en las leyes, de forma que no signifiquen limitaciones indebidas en el ejercicio de tales derechos. Las partes ratifican su convencimiento respecto a que los medios de comunicación social, públicos y privados, son indispensables para el cabal ejercicio de los fundamentales derechos antes mencionados, todo dentro del marco de los deberes y derechos fijados por la Constitución y las leyes para todos los ciudadanos.

7) Asumimos el compromiso de mantener y perfeccionar un enlace permanente entre los factores políticos y sociales que apoyan al Gobierno de la República, y los que están representados en la Coordinadora Democrática. Ello nos permitirá ejercer una acción sostenida que se dirija al cumplimiento efectivo de los contenidos de la presente Declaración, y a evitar todos los hechos que pudieran lesionarla y fuesen capaces de acarrear consecuencias lamentables. El trabajo que hemos iniciado en ese sentido, desde esta Mesa de Negociación y Acuerdos, nos comprometemos a mantenerlo y a mejorarlo.

8) Por último, expresamos que en el curso de los próximos días dedicaremos nuestro esfuerzo a trabajar y desarrollar temas conexos al fundamental que se contiene en la presente Declaración, como lo son el que se refiere a la Comisión de la Verdad y el del desarme de la población civil. Ellos son compromisos que las partes adquirieron ante las comunidades nacional e internacional, particularmente de cara al pueblo de Venezuela, en la Declaración de Principios por la Paz y la Democracia en Venezuela y la llamada Síntesis Operativa que regla las deliberaciones y decisiones de esta Mesa. Ratificamos nuestro reconocimiento, en nombre de todo el país, al valioso aporte proporcionado por el Facilitador, Dr. César Gaviria, y el Grupo de Trabajo Tripartito integrado por la OEA, el

PNUD y el Centro Carter, en la seguridad de alcanzar prontos y nuevos acuerdos en temas de tanta importancia.

Esta DECLARACIÓN la formulamos de buena fe, con el propósito de crear, en el marco de la vigencia plena de la Constitución de la República Bolivariana de Venezuela y de las Leyes, el clima más propicio para solucionar nuestras diferencias en forma democrática y soberana.

En la ciudad de Caracas, a los dieciocho días del mes de febrero del año dos mil tres.

Fuente: http://www.defensoria.gov.ve/detalle.asp?sec=190800&id=1044&plantilla=8

ANEXO 11

ACUERDO FINAL ENTRE EL GOBIERNO Y LA OPOSICIÓN

FOTOCOPIA DEL ORIGINAL

ACUERDO ENTRE LA REPRESENTACIÓN DEL GOBIERNO DE LA
REPÚBLICA BOLIVARIANA DE VENEZUELA Y LOS FACTORES
POLÍTICOS Y SOCIALES QUE LO APOYAN Y
LA COORDINADORA DEMOCRÁTICA Y LAS ORGANIZACIONES
POLITICAS Y DE LA SOCIEDAD CIVIL QUE LA CONFORMAN

1. Los suscritos miembros de la Mesa de Negociación y Acuerdos, representantes del Gobierno Nacional y de las fuerzas políticas y sociales que lo apoyan, así como de las organizaciones políticas y de la sociedad civil que conforman la Coordinadora Democrática, suscribimos el presente Acuerdo con espíritu de tolerancia para contribuir al fortalecimiento del clima de paz en el país. En ese sentido reiteramos los principios y mecanismos que nos trajeron a esta mesa, que constan en la Síntesis Operativa acordada por las partes desde el momento de su instalación, así como nuestra convicción de encontrar una solución constitucional, pacífica, democrática y electoral.

2. Expresamos nuestra total adhesión y respeto a la Constitución de la República Bolivariana de Venezuela. En su respeto y en el régimen legal que la desarrolla, se basa la prevalencia del Estado de Derecho. La Constitución contempla un conjunto de valores y normas para expresar los principios fundamentales de convivencia social y política, y establece los mecanismos de solución de diferencias. Cualquier cambio para atender las experiencias del proceso político que se ha vivido debe ser hecho dentro de sus normas y de una manera preferentemente consensuada.

3. Somos conscientes de que en el momento histórico que vivimos es necesario ponerse de acuerdo sobre lo fundamental para garantizar una democracia participativa, pluralista, vigorosa y auténticamente representativa, donde continuaremos teniendo espacio para todos y donde la justicia social, la tolerancia, la igualdad de oportunidades, el estado de derecho y la convivencia democrática sean los valores esenciales. Tenemos conciencia de que hay que colocar esos valores más allá de la controversia política y partidista, y que los mismos deben guiar las políticas, especialmente en materias de preponderante interés social.

4. Queremos expresar que estamos convencidos de que Venezuela y el pueblo venezolano continuarán transitando el camino democrático con sentido de hermandad, respeto por las convicciones de cada venezolano y voluntad de reconciliación.

5. *Estamos conscientes, que es necesario consolidar en nuestra sociedad el pluralismo contenido en la Constitución, donde la política ejercida por todos los actores de la vida nacional sea coherente con los valores señalados en la misma. Venezuela necesita el concurso de todos para continuar su camino en paz y en democracia, de modo que cada quien exprese sus ideas, asuma sus posiciones y tome decisión entre las distintas opciones que políticamente se le ofrece.*

6. *Expresamos nuestra adhesión a los principios consagrados en la Carta Democrática Interamericana, que declara el derecho de los pueblos a vivir en democracia y la obligación de los gobiernos y todos los ciudadanos de promoverla y defenderla. Todos los sectores, asumiendo lo dispuesto por el Artículo 6º de la Constitución de la República Bolivariana de Venezuela, en relación con la democracia participativa, comparten los valores allí consignados, como aquellos según los cuales al poder no puede accederse sino con sujeción al estado de derecho; la celebración de elecciones libres, justas y transparentes, y la separación e independencia de los poderes públicos; la democracia representativa que se refuerza y enriquece con la participación permanente, ética y responsable de la ciudadanía, en un marco de legalidad; el estricto respeto a los derechos humanos, a los derechos de los trabajadores, a la libertad de expresión, de información y de prensa, a la eliminación de todas las formas de discriminación e intolerancia. Ambas partes también reconocen las estrechas relaciones entre la democracia y la lucha contra la pobreza, entre la democracia y el desarrollo, y entre la democracia y la prevalencia de los derechos humanos.*

7. *Invocamos los principios de la Carta de la Organización de Estados Americanos, OEA, y la Convención Interamericana de Derechos Humanos; el derecho internacional como norma de conducta de los estados en sus relaciones reciprocas; el respeto a la soberanía y a la no-intervención; a la autodeterminación de los pueblos; a la igualdad jurídica de todos los estados; y a la solución pacifica de las controversias.*

8. *Ratificamos la vigencia y nuestra plena adhesión y compromiso con la "Declaración contra la Violencia por la Paz y la Democracia" suscrita el 18 de febrero de 2003, la cual debe considerarse como parte integrante de este Acuerdo.*

9. *Coincidimos plenamente en que el monopolio del uso de la fuerza por parte del Estado, a través de la Fuerza Armada Nacional, y policías metropolitanas, estadales y municipales, es una prerrogativa fundamental e indeclinable en la lucha contra la violencia y en la de*

asegurar la esencia de un Estado democrático. La función de los órganos policiales será dirigida por las autoridades civiles que ejercen su mando conforme lo disponen la Constitución y la Ley, para lo cual se deberá dar cabal cumplimiento a las disposiciones legales y a las decisiones judiciales que regulan las labores de Coordinación de Seguridad Ciudadana. En todo caso, con apego a la Ley, debe racionalizarse la tenencia de armas por parte de los cuerpos de policía, y cualquier otro organismo de seguridad con competencias nacionales, estadales o municipales. Ninguno de estos cuerpos deberá utilizarse como instrumento de represión arbitraria o desproporcionada, así como tampoco para ejecutar acciones que impliquen intolerancia política.

10. *Nos comprometemos a adelantar una vigorosa campaña de desarme efectivo de la población civil, basada en la ley aprobada en la Asamblea Nacional, haciendo para ello uso soberano de todos los mecanismos y recursos que en ella se prevén, así como del apoyo técnico de las instituciones internacionales. Las partes seguiremos las conclusiones de la Mesa de Diálogo realizada por la Asamblea Nacional para un diseño concertado sobre el desarme de la Población Civil.*

11. *Exhortamos a los grupos parlamentarios de opinión representados en la Asamblea Nacional a concluir la Ley para la conformación de la Comisión de la verdad, a fin de que la misma coadyuve en el esclarecimiento de los sucesos de Abril de 2002 y coopere con los órganos judiciales para que se establezcan las debidas responsabilidades y se sancione a los culpables.*

12. *Las partes, en cumplimiento del objetivo establecido en la Síntesis Operativa para buscar acuerdos con el fin de contribuir a la solución de la crisis del país por la vía electoral, coincidimos en que dicha solución se logra con la aplicación del Artículo 72 de la Constitución de la República Bolivariana de Venezuela, en el que se prevé la eventual celebración de referendos revocatorios del mandato de todos los cargos y magistraturas de elección popular que han arribado a la mitad del período para el cual fueron elegidos (Gobernadores, Alcaldes, Legisladores Regionales y Diputados a la Asamblea Nacional), o arribarán a dicha mitad en el transcurso de este año, como es el caso del Presidente de la República conforme a la sentencia del Tribunal Supremo de Justicia del 13 de febrero del 2003. Tales referendos, incluyendo los ya solicitados y los que se solicitaren en adelante, serán posibles si son formalmente requeridos por el número exigido de electores y se aprueban por el nuevo Consejo Nacional Electoral, una vez que se establezca que se han cumplido los requisitos constitucionales y legales.*

13. Coincidimos en que resulta indispensable contar a la brevedad posible con un árbitro electoral confiable, transparente e imparcial, a ser designado en la forma prevista en la Constitución. En este sentido, se considera muy importante el trabajo que se está adelantando en la Asamblea Nacional. Las dos partes manifestamos la disposición a coadyuvar como factor de entendimiento en todo lo referente a la conformación y operatividad del Árbitro Electoral, sin interferir en el proceso normal que se está llevando a cabo por el Poder Legislativo Nacional.

14. Estamos comprometidos con la libertad de expresión, tal como está consagrada en nuestras normas constitucionales y legales; así como en la Convención Interamericana de Derechos Humanos y en la Carta Democrática Interamericana. Las dos partes nos proponemos trabajar con los medios de comunicación públicos y privados, para promover su identificación con los propósitos enunciados en este documento y en la declaración contra la violencia y por la paz y la democracia, particularmente en lo que hace relación a la desactivación de la violencia y a su papel de informar a los ciudadanos sobre las opciones políticas, con un sentido de equidad e imparcialidad, lo cual contribuiría significativamente a crear el clima más apropiado para que se realicen con éxito los procesos electorales y referendos previstos en el Artículo 72 de la Constitución.

15. Asumimos que en la Constitución y en las Leyes de la República se prevén los requisitos y mecanismos idóneos y necesarios para que proceda, por parte de la Autoridad Pública competente, la financiación oportuna de los referendos revocatorios y cualquier otro mecanismo de consulta popular, que deban efectuarse una vez autorizada su procedencia por el órgano público competente. En lo referente el Plan República, éste será activado ante la solicitud de las autoridades electorales, en los mismos términos y condiciones en que habitualmente ha sido ejecutado en procesos electorales anteriores.

16. La OEA, el Centro Carter y las Naciones Unidas, han manifestado su disposición a prestar la asistencia técnica que les sea requerida por las autoridades competentes de la República Bolivariana de Venezuela, para la realización de cualquier tipo de consulta electoral, ajustándose cualquier requerimiento al principio de la legalidad contenido en la Constitución de la República. Esta asistencia técnica podría incluir desde las actividades preparatorias o pre-electorales hasta las actividades propias de observación electoral. En lo referente al apoyo directo que se le puede prestar al CNE, es importante resaltar la voluntad de colaboración, tanto con recursos humanos como materiales, que estas tres organizaciones han ofrecido.

17. La fecha en la que deberán realizarse los referendos revocatorios ya solicitados, así como aquellos que puedan llegar a solicitarse, las determinará el CNE, una vez cumplidos los requisitos legales y constitucionales pertinentes, y en forma que resulte diligente y oportuna, conforme a la Ley Orgánica del Sufragio y Participación Política, comprometiéndonos a no proponer ni impulsar modificaciones a dicha norma.

18. Las partes reconocemos el apoyo y la facilitación que han prestado a esta Mesa los representantes de la OEA, particularmente su Secretario General, el Centro Carter y el PNUD, que con la firma de este Acuerdo culmina constructivamente su función. Reconocemos la importancia de la labor de acompañamiento que estas instituciones pueden cumplir en el futuro para la materialización de este Acuerdo y expresamos nuestra voluntad de seguir contando con la colaboración internacional.

19. Finalmente, ambas partes convienen crear el Enlace permanente establecido en el apartado 7) de la Declaración contra la Violencia por la Paz y la Democracia, designando cada uno dos representantes, con el fin de abrir canales de comunicación y ejercer acciones dirigidas al cumplimiento efectivo de los contenidos de dicha Declaración y de este acuerdo, manteniendo el contacto con la facilitación internacional cuando lo consideren necesario.

Miembros de la Mesa de Negociación y Acuerdos

José Vicente Rangel

Timoteo Zambrano

Roy Chaderton Matos

Alejandro Armas

Aristóbulo Istúriz

Américo Martín

María Cristina Iglesias

Manuel Cova

Nicolás Maduro

Rafael Alfonzo

Ronald Blanco La Cruz

Eduardo Lapi

Asesores de la Mesa de Negociación y Acuerdos

Omar Meza Ramírez

Juan Manuel Raffalli

Facilitación Internacional

César Gaviria
Secretario General de la OEA

Antonio Molpeceres
Representante Residente del PNUD

Francisco Diez
Representante del Centro Carter

ANEXO 12

DECLARACIÓN de la ORGANIZACIÓN DE LOS ESTADOS AMERICANOS y el CENTRO CARTER

02 de marzo, 2004

CARACAS, VENEZUELA. En el día de hoy, se dieron a conocer los resultados oficiales preliminares sobre el proceso de verificación de firmas presentados por el Consejo Nacional Electoral, CNE, para el llamado a referendo revocatorio del mandato del Presidente de la República Bolivariana de Venezuela.

La presencia de la Organización de los Estados Americanos OEA y del Centro Carter en la totalidad de las etapas fue continua, exhaustiva e integral. Durante la recolección de firmas, alrededor de 50 observadores internacionales recorrieron más del 50 por ciento de los centros de recolección en 20 estados del país, recogiendo de primera mano el espíritu democrático y de civismo demostrado por todos los venezolanos. En el actual proceso de verificación y validación de las firmas, la OEA acompañó al CNE en cada una de las etapas técnicas, trabajando en tres turnos durante las 24 horas, lo cual le ha permitido conocer en detalle el desarrollo de cada una de las actividades. Por su parte, el Centro Carter adelantó un análisis del proceso basado en un muestreo representativo estadístico, para determinar si los criterios de verificación establecidos por el CNE fueron aplicados correctamente. Queremos agradecer de manera muy especial a la Unión Europea y a los países del hemisferio que han apoyado nuestros esfuerzos con recursos y el reconocimiento público a nuestra labor.

Como observadores internacionales, nuestro objetivo es asegurar que el proceso sea transparente, se apegue a las normas del país, se respete la voluntad de los ciudadanos y se ofrezca confianza a las partes involucradas y la ciudadanía. Nuestro objetivo incluye hacer recomendaciones que puedan mejorar el proceso y darle confiabilidad a los resultados. En reiteradas oportunidades, hemos expresado en forma privada y en forma pública los criterios internacionales sobre los principios generales que rigen este tipo de procesos. Estos principios incluyen la transparencia y la existencia de controles para prevenir el fraude, así como la facilitación de la participación ciudadana.

Observamos que este proceso en particular tiene suficientes mecanismos de control, tales como el uso de papel de seguridad en las planillas, la inclusión de los números seriales de las planillas en las actas, la identificación plena del ciudadano mediante la solicitud de firma y huella dactilar, la verificación física de las planillas, el cruce de los nombres de los ciudadanos con los datos del Registro Electoral Permanente (REP), el examen de actas para verificar que las planillas estén debidamente relacionadas en la misma y la presencia de testigos y personal entrenado y designado por el CNE.

Hemos tenido algunas discrepancias con el CNE sobre los criterios utilizados en el proceso de verificación. En el caso de las planillas en las que los datos del firmante, aunque no así las firmas, fueron aparentemente llenadas con una caligrafía similar, no compartimos el criterio del CNE, en el sentido de separar estas firmas para que sean ratificadas por los ciudadanos, ya que su número podría afectar el resultado del proceso.

Somos conscientes de que en todo proceso de esta naturaleza pueden existir intentos de manipular la voluntad de los ciudadanos, pero es necesario evaluar el impacto que estos intentos tienen en el universo total. Entendemos la duda que ha expresado el CNE, pero consideramos que se debe partir de la buena fe del ciudadano como principio universal. En los centros de recolección de firmas visitados por la OEA y el Centro Carter durante el proceso de recolección de firmas, se pudo constatar que algunos agentes de recolección, en general, asistieron de buena fe a los firmantes para llenar la información básica.

Consideramos que aquellos ciudadanos que fueron errónea o fraudulentamente incorporados en las planillas deben tener la oportunidad de remover sus nombres durante el proceso de reparo. Asimismo, las firmas que parecen ser similares, las cuales también han sido encontradas, deben ser revisadas cuidadosamente, para poder rechazar las no genuinas.

El período de reparos se ha incluido en el proceso para, en caso de dudas, darle al ciudadano el beneficio de reiterar su firma, o en el caso de que sus datos hayan sido usados en contra de su voluntad, negarla. El CNE ha acogido algunas de nuestras recomendaciones para implementar este período de reparos. En este sentido, apoyamos los esfuerzos del poder electoral y la parte promotora para trabajar conjuntamente en la búsqueda de las garantías necesarias para los ciudadanos que quieran hacer uso de este recurso, y los exhortamos a continuar en esa dirección.

Hacemos un llamado a la ciudadanía a mantener la calma, y sin desconocer su derecho a manifestar, a canalizar sus reclamos dentro de la civilidad y el respeto por la vida. Exhortamos asimismo a la fuerza pública a mantener sus actuaciones dentro del marco del respeto a los derechos humanos y el principio legal del debido proceso. Invocamos también a los medios de comunicación a contribuir a la tranquilidad general, haciendo un llamado a la calma y a la no violencia.

Por último, una vez más hacemos un llamado a las partes a cumplir con los compromisos consagrados en el acuerdo de la Mesa de Negociación y Acuerdos del 29 de mayo de 2003. La solución a la actual conflictividad debe darse a través de una salida pacífica, democrática, constitucional y electoral, tal como está expresado en la Resolución 833 del Consejo Permanente de la Organización de los Estados Americanos, en respaldo de la institucionalidad democrática en Venezuela.

Fuente: documento suministrado al autor por Francisco Díez (Centro Carter) vía *e-mail*.

ANEXO 13

COMUNICADO DE LA MISIÓN DE OBSERVACIÓN A VENEZUELA DE LA OEA Y EL CENTRO CARTER

Jueves, 29 de abril de 2004

CONTACTOS: Javier Montes, OEA, 58-414-249-9554
Kay Torrance, The Carter Center, 404-420-5129

CARACAS, VENEZUELA. En el día de ayer se ha dado a conocer públicamente la intención de la Coordinadora Democrática de participar en el proceso de reparos.

La misión de la Organización de los Estados Americanos y del Centro Carter reconocen los esfuerzos realizados por el Concejo Nacional Electoral, el Comando Ayacucho y las organizaciones de oposición venezolana, para encontrar, a través del diálogo y la búsqueda de consenso, las condiciones propicias para que los venezolanos puedan ejercer sus derechos en esta importante etapa del proceso. Consideramos que se han ofrecido las garantías necesarias para que los ciudadanos puedan ratificar su voluntad, bien sea reconfirmando su firma o retirándola.

Hemos ofrecido nuestra colaboración a las autoridades y funcionarios del CNE, para acompañarlos en esta etapa de reparos, participando como observadores. En este sentido, deseamos reafirmar nuestro compromiso de ejercer esta función con la misma responsabilidad demostrada hasta ahora, poniendo a disposición del CNE, y de la ciudadanía en general, nuestros mejores recursos humanos y técnicos para asegurarles a los venezolanos que, sea cual fuere su voluntad, esta sea respetada.

A fin de asegurar el éxito de esta etapa, hacemos un llamado a la ciudadanía para que participe ejerciendo su derecho y, de esta forma, contribuya al fortalecimiento de la democracia en Venezuela.

El expresidente de los Estados Unidos Jimmy Carter y el Secretario General de la OEA, César Gaviria, acompañarán la misión conjunta a partir del 29 de mayo.

Fuente: documento suministrado al autor por Francisco Díez (Centro Carter) vía *e-mail*.

ANEXO 14

FINANCIAL TIMES
Portada de la edición del 17 de agosto de 2004

ANEXO 15

RESOLUCIÓN 869
Del Consejo Permanente de la Organización de Estados Americanos

CP/RES. 869 (1436/04)

RESULTADOS DEL REFERÉNDUM REVOCATORIO PRESIDENCIAL CELEBRADO EN VENEZUELA EL 15 DE AGOSTO DE 2004

(Aprobada en sesión celebrada el 26 de agosto de 2004)

EL CONSEJO PERMANENTE DE LA ORGANIZACIÓN DE LOS ESTADOS AMERICANOS,

HABIENDO ESCUCHADO los informes verbales que presentaron el Embajador Valter Pecly Moreira, Representante Permanente de la República Federativa del Brasil y Jefe de la Misión de Observación Electoral de la OEA; el Secretario General de la OEA, Dr. César Gaviria y los aportes del Representante Permanente de Venezuela, Embajador Jorge Valero, sobre el Referéndum Revocatorio Presidencial realizado en Venezuela el pasado 15 de agosto de 2004;

CONSTATANDO la amplia y pacífica participación del pueblo venezolano en el Referéndum Revocatorio Presidencial, celebrada de acuerdo a lo establecido en el artículo 72 de la Constitución Nacional de la República Bolivariana de Venezuela;

CONSIDERANDO que uno de los elementos esenciales de la democracia representativa es el acceso al poder y el ejercicio del poder de acuerdo con el Estado de Derecho, la celebración de elecciones periódicas, libres e imparciales basadas en el voto secreto y el sufragio universal, como expresión de la soberanía del pueblo, en conformidad con las disposiciones de la Carta Democrática Interamericana;

CONSIDERANDO TAMBIÉN que el Gobierno Constitucional del Presidente Hugo Chávez Frías ha cumplido con las normas constitucionales de su país y con los compromisos adquiridos con la comunidad hemisférica, al cooperar en la realización del referido Referéndum, contribuyendo así a fortalecer la democracia en las Américas; y

TENIENDO PRESENTE que la resolución CP/RES. 833 (1348/02) abogó para que todas las fuerzas políticas y sociales de Venezuela procuraran una solución constitucional, democrática, pacífica y electoral,

RESUELVE:

1. Hacer un reconocimiento al pueblo de Venezuela y a sus instituciones políticas democráticas por la conducta cívica demostrada en el proceso refrendario y al Presidente Hugo Chávez Frías por haber logrado una ratificación exitosa de su mandato.

2. Reconocer la contribución que brindaron el Secretario General de la OEA, Dr. César Gaviria y el Grupo de Países Amigos del Secretario General para Venezuela, en la facilitación del proceso que condujo a la celebración del Referéndum.

3. Reconocer, en particular, la manera responsable y efectiva en la cual cumplió su mandato la Misión de Observación Electoral de la OEA, presidida por el Embajador Valter Pecly Moreira, Representante Permanente de la República Federativa del Brasil.

4. Expresar su complacencia por la realización del Referéndum Revocatorio Presidencial, celebrado de acuerdo al artículo 72 de la Constitución de Venezuela, así como el cumplimiento del mandato de la resolución CP/RES. 833 (1348/02) del 22 de diciembre de 2002, que instaba a alcanzar en Venezuela una solución constitucional, democrática, pacífica y electoral.

5. Hacer un llamado a todos los actores a respetar los resultados del Referéndum Revocatorio Presidencial, emitidos por el Consejo Nacional Electoral y avalados por la Misión de Observación Electoral de la OEA, el Centro Carter y demás observadores internacionales. Asimismo, exhortar a todos los sectores nacionales a abstenerse de promover la violencia y la intolerancia, con el fin de facilitar la necesaria búsqueda de la reconciliación nacional.

6. Exhortar a todos los sectores en Venezuela a respetar los derechos humanos, el Estado de Derecho, el pleno goce de la libertad de expresión y de prensa,

tal y como lo establecen la Constitución de la República Bolivariana de Venezuela y la Carta Democrática Interamericana.

7. Saludar el ofrecimiento que ha formulado el Presidente Hugo Chávez Frías de impulsar un diálogo nacional. En ese sentido, abogar por un proceso de reconciliación, con respeto a los principios de la Constitución de la República Bolivariana de Venezuela y de la Carta Democrática Interamericana, en el cual participen todos los sectores de la vida pública venezolana, y donde las diferencias se diriman en el marco del sistema democrático y dentro de un espíritu de transparencia, pluralismo y tolerancia.

Fuente: http://www.venezuela-oas.org/Resolucion869.htm

www.ingramcontent.com/pod-product-compliance
Lightning Source LLC
Chambersburg PA
CBHW020652270326
41928CB00005B/77